普通高等教育精编法学教材

新编公安法学概论

New Introduction to Law for Police Academy

马泽红　王海燕◎主编

张生旭　程木英　章晓丹◎副主编

北京大学出版社
PEKING UNIVERSITY PRESS

图书在版编目(CIP)数据

新编公安法学概论/马泽红,王海燕主编. —北京:北京大学出版社,2015.8

ISBN 978 - 7 - 301 - 26247 - 4

Ⅰ. ①新… Ⅱ. ①马… ②王… Ⅲ. ①公安—法学—中国—高等学校—教材
Ⅳ. ①D922.141

中国版本图书馆 CIP 数据核字(2015)第 199072 号

书　　名　新编公安法学概论
著作责任者　马泽红　王海燕　主编
责 任 编 辑　李　倩
标 准 书 号　ISBN 978 - 7 - 301 - 26247 - 4
出 版 发 行　北京大学出版社
地　　址　北京市海淀区成府路 205 号　100871
网　　址　http://www.pup.cn
电 子 信 箱　law@pup.pku.edu.cn
新 浪 微 博　@北京大学出版社　@北大出版社法律图书
电　　话　邮购部 62752015　发行部 62750672　编辑部 62752027
印 刷 者　北京大学印刷厂
经 销 者　新华书店
730 毫米×980 毫米　16 开本　30.5 印张　564 千字
2015 年 8 月第 1 版　2016 年 9 月第 3 次印刷
定　　价　62.00 元

编写说明

目前,全国普通高等学校普遍开设了法学概论课。作为公安高等院校,结合自身特色,突出公安教学和实践一体化,基于以往法律基础课教材建设的成果,我们编写了这本《新编公安法学概论》。

本书编写人员为长期从事各部门法教学和专门从事《法学概论》教学的教师,书中融入了他们多年的教学经验,吸收了法学科研领域中较重要的成果和最新信息,较系统而概括地阐明了法的基本原理和各部门法的基本理论、基本知识。

编写教材,我们力求实现内容丰富性,注重理论透彻解析与注重公安实务需求导向,系统介绍法学基本理论并系统介绍公安行政刑事、执法适用的法律法规,助益公安执法规范化;我们力求实现教材的时代性、实用性,注意吸收反映新制定、修订的法律规范内容,融入最新的法律信息;我们力求实现教材的新形态化,创新体例,增加"教学要求、本章概要、重要概念",引领学生明确重点和学习方向,润养学生的法律人气韵,增加延伸阅读书目,为学生打开探索之门,铺设继续性学习之路;我们力求突出法律教学的实效性,实现案例教学常态化,通过知识原理的解读,增强学生的学习兴趣。

本教材体现了培养和提高大学生法律意识、法制观念、道德素质的宗旨和目的,有助于培养学生的法治自觉和基本公安执法能力,对于助力公安执法规范化进程、构建法治国家具有一定的积极作用。

本书由马泽红、王海燕任主编,张生旭、程木英、章晓丹任副主编。参加本书编写的作者撰稿分工如下(以撰写章节先后为序):

第一章:张生旭

第二章:马泽红

第三章:王海燕(第一、三、五、六、八、十、十一、十二节)、王苹(第二节)、程

木英（第四、七、九节）

第四章：马泽红

第五章：章晓丹

第六章：赵 展（第一至十七节）、马力群（第十八至二十一节）

第七章：董晓文

第八章：丁翠英（第一至六节）、马在鑫（第七至十一节）

第九章：章晓丹

对于本书的编写，尽管我们付出了努力，但由于能力、资料、时间所限，不足之处在所难免，尚请广大读者批评指正。

《新编公安法学概论》编写组

2015 年 6 月

目 录

第一编 基 础 法

第二编　行政执法

第三编　刑事执法

第四编　诉　讼　法

第一编 基础法

第一章 法的一般原理

教学要求

《法学概论》是学习法学各学科的入门课，也是法学教育的起点。而法的一般原理这一章更是《法学概论》的入门课，有着方法论的导向作用。本章总的指导思想在于帮助学生正确把握法学的一些最基本的概念、范畴和原理，明确法的一般运行理论。通过学习，使学生具有一定的法学理论水平，学会运用法学基础理论分析、解释和解决部门法学习和法律实践中的基本问题。

本章概要

本章第一节主要系统地阐释了法的产生、本质、价值、作用等基本概念。第二节使学生在已经掌握的关于法的基本知识的基础上,对什么是社会主义法有一个概括、全面而深层次的了解和认识。第三节进一步理解民主与法制、法制与法治的关系,并在联系实际的基础上正确地认识和领会社会主义法制现代化。

重要概念

法的概念　法的价值　法的作用　社会主义法的本质　法律关系　社会主义法制现代化

第一节　法律概述

引导案例

在我国古代，法与刑是通用的。现在仍然有人认为，法的作用就是惩罚犯罪者。请结合法的作用对这一说法进行评价。

一、法的概念

（一）法的定义

法是反映统治阶级意志的，由国家制定或认可并以国家强制力保证实施的行为规范的总和。

“法律”，通常在广义和狭义两种意义上使用。广义的“法律”同“法”同义。狭义的法律，是专指拥有立法权的国家机关依照法定程序制定和颁布的规范性文件。

“法律”的外延包括：(1) 国家专门机关（立法机关）制定的“法”（成文法）；(2) 法院或法官在判决中创制的规则（判例法）；(3) 国家通过一定方式认可的习惯（不成文法）；(4) 其他执行国法职能的法（如教会法）。

（二）法的特征

法的特征是指法区别其他社会规范所特有的属性。法有如下基本特征：

(1) 法的国家意志性。法是由军事家制定或认可的。制定或认可是国家创制法的两种方式。制定是指特定的国家机关，依照法定程序制定具有法律效力的规范性文件。认可是国家机关对社会上已经形成的习惯、道德等行为规则加以确认，使其具有法律效力。

(2) 法的国家强制性。法是由国家强制力保证实施的。这是法的最显著的特征。因为法是统治阶级意志的体现，统治阶级为了维护自己的利益，必须以警察、监狱、法庭、军队等国家暴力机关做后盾，才能保证法的贯彻执行。谁违背了它，国家暴力机关就要干预，就要制裁。否则，法就会成为一纸空文。

(3) 法的规范性。法是规定人们权利和义务的规范。法的内容是权利义务。法通过规定人们的权利义务来确认、保护和发展一定的社会关系。法以其明确的权利、义务的规定为人们提供行为模式并指明法律后果。法具有极强的规范性。

(4) 法的普遍性。法具有普遍约束力，其效力具有重复性。法在国家权力所及的范围内普遍适用。法为所有社会成员提供统一的行为模式和准则。它与法的规范性有密切关系：规范性是普遍性的前提和基础，普遍性是规范性的发展与延伸。法的普遍性还包括相同的事项和相同的法律主体适用相同的法。

（5）法的程序性。法律是强调程序、规定程序和实行程序的行为规范。法律的本质要求程序化，而程序的性质和功能也保障了法律的效率和权威。

二、法的本质、作用和价值

（一）法的本质

法的本质是指法的质的规定性，是法的内在的、基本的物质精神因素的总和，是法的存在的基础和发展变化的决定力量。关于法的本质，历史上不同的思想家有着许多不同的观点，其中马克思主义关于法的本质的观点是因经得住历史检验而正确的。

马克思主义法学认为：

（1）法是统治阶级意志的体现。因为法是由国家制定或认可的，所以只有上升为统治阶级，掌握了国家政权，才能够将本阶级的意志经一定程序凝练、上升为国家意志。在这个意义上，完全可以说，法是以国家意志的形式表现出来的统治阶级意志。

（2）法的内容是统治阶级的物质生活条件所决定的。物质生活条件包括地理环境、人口、社会生产方式诸多方面。统治阶级的物质生活条件主要是指与一定的生产力发展水平相适应的生产关系，也就是指社会的经济基础。经济基础对法具有决定作用。

法是由统治阶级的物质生活条件决定的。这是从最终意义上来说，并不是说法不受其他因素的影响。实际上，注入统治阶级的政治、哲学、伦理观念、国家形势、民族习惯、历史传统、阶级力量对比状况、国际形势等，都对该统治阶级的法有不同程度的影响。由于这些因素的作用，建立在相同物质生活条件之上的不同国家的法，往往存在很大的差别。

（二）法的作用

1. 法的作用

法的作用是指法对人的行为和社会生活的影响。一方面，法主要是给人们的行为提供一种规范，定分止争，在此意义上法的作用也成为法的规范作用。另一方面，就整个社会而言，法是人定的，反映人们的利益和要求，即法的内容受制定法律的人们的物质生活条件所制约；同时，法又具有社会公共管理职能。在此意义上法具有社会作用。

法的作用可以归纳为以下图示：

- 法的作用
  - 法的规范作用
    - 指引作用——为人们行为提供行为模式
    - 评价作用——提供判断他人行为是否合法及违法性质和程度尺度
    - 预测作用——人们依法估计应怎样行为、行为的后果、依此对自己的行为作出安排
    - 警示作用——法所包括的强制、责任性等信息给人们以威慑、教育和启示的作用
    - 制裁和保护作用——法通过为合法行为人提供诉讼权而保护合法行为不受侵犯;通过对违法行为人的违法行为给予相应的法律制度而维护法治秩序
  - 法的社会作用
    - 政治作用——建立和维护统治阶级所认可的政治、经济社会秩序
    - 执行社会公共事务的作用——法在处理社会公共事务方面的作用,如巩固和维护社会经济秩序、维护公共安全(社会成员的生命和财产安全、生存环境保护)等

2. 法的作用和界限

在强调法的作用时我们还应注意防止两种倾向:

一方面要防止轻视法的作用的观点。特别是在经历了五千年专制统治,终于建立共和政体的中国;轻视法的作用,在任何时候都会增加社会的无序状况,从而给国家、民族带来严重的社会危害。

另一方面要防止过分夸大法的作用的观点。因为徒法不能自行,要使国民对法律产生信仰,非经过一个相当长的历史阶段的培育不可。因为调整社会关系的方法不只是法律一种,我们在强调法的作用,完善立法、执法和法律监督的同时,还要注意积极发挥其他社会规范对社会的调整作用。另外,法律在调整社会生活方面还有滞后性。因此,对法的作用要有一个全面的认识:既要积极培养法律意识,又要注意克服法律的固有弱点,尽力避免法的局限性可能造成的后果。只有这样,才能培养出现代法律的意识。

(三) 法的价值

1. 法的价值的含义

从学术用语的角度来考察,法的价值或法律价值并非中国法律传统固有的概念,而是自西方法学移植而来的一个概念。它在现代西方政治学理论和法学理论中经常被使用。它既被用来指称各种有价值的事物,也被用来指称人们用以评价各种事物的价值标准和价值观。法的价值是法律作为客体对于主体——人的意义,是法律作为客体对于人的需要的满足,是人关于法律的超越的绝对

指向。

2. 法的基本价值

(1) 人权。人权是现代法最基本的价值之一。尊重和保障人权是人类文明的标志,也是一切进步的法的基本特征。一般意义上说,人权是人的价值的社会承认。法律意义上的人权即宪法上表现的“基本权利”,即关于人的先天既存的和后天能够实现的价值在法律上的一般承认。

人权与法有着十分密切的联系。没有法对人权的确认、宣布和保障,人权要么只能停留于道德权利的应有状态,要么经常面临受侵害的危险而无法救济。人权的法律保护首先表现为国内法的保护,其次表现为国际法的保护。两种保护互为补充、互为促进、互为保障。

人权的国内法保护是人权法律保护的最主要、最经常、最有效的形式。人权的国内法保护主要包括:一是人权的宪政保障。确认和保障人权是宪政的核心价值和主要功能。人权的宪政保障在人权的国内法保护中居于首要的、基础的地位。这是由宪法的地位所决定的。二是人权的立法保护。人权的立法保护包括实质上的保护和程序上的保护。三是人权的行政保护。人权的行政保护主要体现在两个方面:首先,政府认真执行宪法的人权条款和权力机关的人权立法,将法定的人权转化为现实的人权。其次,政府将保障人权作为决策的决定性因素,从而将保障人权贯穿于政府的全部行政决策和实践中。四是人权的司法救济。司法救济是人权的法律保护体系中的重要环节,是人权的法律保护的最后一道防线。它为解决私人纠纷提供了一种公正的、值得信赖的、有效的渠道,是纠正和遏制行政机关侵犯人权的行为的最有力的机制。

建立在国际法基础上的国际人权保护和救济制度,就现在的状况来说,具有以下两个方面的内容:一是国家由于加入国际人权公约和遵守公认的国际法原则就意味着承担了保护人权的国际义务;二是有关人权保护的国际机构负起调查、监督人权问题及其解决情况的职责。人权的国际法保护是一个复杂的问题,包括尖锐的政治斗争与外交斗争,既是国际人权法中重要理论与实践问题,也是涉及国家相互关系的重要理论与实践问题。我们要把握问题的实质,从有利于人类进步与世界和平的高度去正确认识与处理,从有利于当前反对恐怖主义、霸权主义、民族分裂主义的大局去认识。

(2) 秩序。秩序是法的内在价值的集中体现。法律是秩序的象征,又是建立和维护秩序的手段。法在建立和维护秩序中的作用主要表现为:① 建立和维护阶级统治秩序。在阶级社会中,最根本的冲突是阶级冲突,它构成对社会秩序的最严重的危害。因此,必须把阶级冲突控制在“秩序”的范围内。国家通过自己的权力系统和法律规则体系建立强有力的秩序,把阶级压迫合法化、制度化,把阶级冲突保持在统治阶级的利益和社会存在所允许的范围之内。② 建立和维护社会生活秩序。有秩序的社会生活是人类其他活动的前提。法为人身提供安全保障,使社会成员有安全感;为社会成员规定明确的权利和义务,并用强制力去保护;用文明的诉讼程序取代野蛮的暴力复仇。③ 建立和维护社会生产和交换秩序。它使生产和交换摆脱偶然性和任意性而取得稳定性和连续性,是法的重要价值。国家在运用市场机制的同时,通过法律对整个社会的生产、分配和交换的规则,则可以避免各部门经济的比例失调,生产和消费的盲目性,在宏观上创造了生产和交换的秩序。④ 建立和维护权力运行秩序。权力,是指个人、集团或国家贯彻自己的意志和政策,控制、操纵或影响他人行为或造成危害的能力。权力运行的效应是双重的,它会对他人和社会带来利益,也可能对他人和社会造成危害。就一般情况来说,无规则、无秩序的权力运行对他人和社会造成危害的可能性极大。因此,建立权力运行秩序是极其重要的。

(3) 自由。根据马克思主义经典作家的论述,自由是主体的意志与客观规律的统一。这里的"统一"是对客观规律的认识、对必然的驾驭以及对客观规律的认同。认识规律,掌握控制和运用规律的能力,只是实现意志自由的前提,而不是自由本身。主体要想实现自由,还应当顺应客观规律,不仅要克服各种偏见与短视,还要超越包括含着任意性在内的本能对自己的左右。因此,可以把自由理解为建立在认识必然性和自愿选择基础上的行动自由。

在法是社会的主要规则的时代,自由需要通过法并在法律的范围内来实现。法对自由的实现起着多方面、多环节的作用:① 提供选择社会,增加自由选择的效能。法律以明确而肯定的语言规定了在各种预设条件下的行为模式及其法律后果,这就减少了人们在社会生活中的偶然性和盲目性,增加了可预测性,提供了行为选择的可能性和自由度。② 为自由意志的外化排除不正当人为障碍。它能够为自由的实现排除社会领域中某些人为的不适当、不公正的障碍或束缚。③ 把自由法律化为权利,使之成为从事一切对别人没有害处的活动的权利。即使自由转化为法律权利(自由权)仅凭单个人的意志和力量是脆弱的,而当主体的自由意志得到了国家的承认时,它就具有合法性,从而表现为"普遍的权利"。以自由权利形式表现出来的意志已经不再仅仅是主体的意志,它同时也是国家的意志。④ 把自由与责任联结,为平等的自由提供保护机制。社会生活中的自由与责任是对立统一的。一方面,责任是对自由的制约和限定;另一方面,责任又是对自由的保护机制。将责任与自由联结,是以使一种行为成为不值得去做的行为的方式而起作用的。它没有取消人去这样做的能力和自由,却使这样做很不值得。

(4) 正义。正义是一个相对的概念,是指它是具有条件的、受限制的、可变的概念,并不是指根本不存在判断是否正义的客观标准。衡量任何一种思想观点、活动以及制度、事业是否合乎正义的最终标准就是看它们是否促进社会进步,是否符合大多数人的最大利益。

法在促进和实现社会正义方面的作用主要表现为:① 促进和保障分配的正义。法在实现分配正义方面的作用,主要表现为把指导的正义原则法律化、制度化、具体化为权利和义务,实现对资源、社会合作的利益和负担权威性的、公正的分配。② 促进和保障诉讼的正义。公正地解决冲突,其主要标志是无偏见地适用公开的规则,类似案件类他处理,同样的情况同样对待,也就是在法律面前一律平等。

(5) 效率。"效率"或"效益"一词可以在多种意义上使用,但通常可以归结为一个基本意义:从一个给定的投入量中获得最大的产出,即以最少的资源消耗取得同样多的效果,或以同样的资源消耗取得最大的效果。一个良好的社会必须是有秩序的社会、自由的社会、正义的社会,也必须是高效率的社会。没有效率的社会无论如何都不能被认为是一个完善的社会。

法对效率的促进作用主要表现为:① 承认并保障主体的物质利益,从而鼓励主体为着物质利益而奋斗。② 确认和保护产权关系,鼓励人们为着效益的目的而占有、使用或转让财产。③ 确认、保护和创造最有效率的经济运行模式,使之容纳更多生产力。④ 承认和保护知识产权。

三、法的产生和历史类型

(一) 法的产生

法是一个历史范畴,他不是从来就有的,它是人类社会发展到一定历史阶段的产物;是随着私有制的出现、阶段的形成、国家的产生而产生的。

(二) 法与原始社会习惯的区别

(1) 法是统治阶级意志的体现,具有鲜明的阶级性;原始社会的习惯体现了全体氏族成员的共同意志和利益,没有阶级性。

(2) 法代表统治阶级的根本利益,是由组成国家的统治阶级以国家的名义制定或认可的;原始社会的习惯是氏族全体成员在长期的共同生产和生活中,自然逐渐地形成的。

(3) 法是靠国家强制力保证实施的;原始社会的习惯主要靠人们自觉遵守以及通过社会舆论、传统的力量来保证它的实施。

(4) 法是维护有利于统治阶级的社会关系和社会秩序;原始社会的习惯为氏族全体成员服务,保证氏族内生产和生活有秩序地进行。

（三）法的历史类型

马克思主义认为，凡是建立在同类经济基础之上、具有相同的阶级本质的法，就归于同一类，构成法的同一种历史类型。

迄今为止的人类历史，除原始社会没有国家和法以外，存在着四种不同的类型的法：

（1）奴隶制法。法的产生是随着国家的产生而产生的。在人类进入阶级社会的第一个历史阶段（即奴隶社会），法是建立在奴隶主经济基础之上，体现奴隶主阶级的意志和利益，是奴隶主专政的工具。著名的奴隶制成文法如：古印度的《摩奴法典》、中国的《周礼》、古罗马的《罗马法大全》等。

奴隶制法的特征是：第一，严格维护奴隶主的私有权，奴隶被当成权利客体而成为奴隶主的私有财产；第二，规定种种酷刑，以维护奴隶主阶级的统治；第三，确认自由民之间的不平等地位，不同等级的人甚至不许通婚；第四，不同程度地保留原始社会行为规范的残余。

（2）封建制法。封建社会时，法的发展在东西方都得到了系统化。但总体来说，封建制法是建立在封建经济基础之上的，体现封建地主阶级的意志和利益，是实现地主阶级对农民阶级统治的工具。世界上比较著名的封建成文法如：阿拉伯帝国的《古兰经》、法兰克王国的《萨利克法典》、法兰西王国的《诺曼底大习惯法》等。

封建制法有以下一些共同的特点：第一，严格保护封建土地所有制和农民对地主的人身依附关系；第二，确保封建等级特权制度；第三，封建制法以残酷而著称。

（3）资本主义法。资本主义是建立在资本主义经济基础之上，体现资产阶级的意志和利益，是资产阶级实行阶级统治的工具。资本主义成文法比较发达，著名的如：1787 年《美国宪法》、1804 年《拿破仑民法典》、1900 年施行的《德国民法典》、1919 年《魏玛宪法》、1889 年《明治宪法》等。

（4）社会主义法。社会主义法是无产阶级领导劳动人民群众，推翻剥削阶级统治，取得国家政权后建立起来的，它与一切剥削阶级类型的法根本不同，是建立在社会主义公有制经济基础上、体现无产阶级和广大劳动人民的意志和利益的一种新型的法。

（四）法与其他社会现象的关系

1. 法与经济基础

首先，法是建立在一定经济基础之上的上层建筑的重要组成部分，即经济基础决定法的本质。

其次，法对经济基础还具有反作用，表现为两种情况：一种是促进生产力的发展，对社会发展起进步作用；另一种是阻碍生产力的发展，对社会发展起反动作用。

2. 我国社会主义法与中国共产党的政策

（1）二者都属上层建筑的范畴，有着一致性。这主要表现在：第一，二者的根本内容是一致的。在我国，工人阶级对国家的领导是通过其先锋队——中国共产党的领导来实现的。因此，党的政策所反映的就是工人阶级和广大人民的意志。社会主义法所反映的也是工人阶级和广大人民的意志。虽然它们两者所反映的具体内容和形式不尽相同，但它们所反映的根本内容是一致的，同属于社会主义上层建筑的重要组成部分。第二，二者的目标是一致的。不论是党的政策还是社会主义法，都是由社会主义经济基础决定的，反映的都是我国社会主义经济、政治和社会生活各方面发展的客观要求，根本目的都是维护工人阶级和广大人民的利益、巩固人民民主专政。第三，二者有密切的联系。① 社会主义法的制定要以党的政策为依据。这是保证我国法社会主义性质的根本所在。② 社会主义法的实施要以党的政策为指导。只有正确地理解党的政策的精神实质，才能正确理解法的精神和内容，进而正确地运用和执行法，更好地发挥法的作用。但是应当注意的是，以党的政策指导法的实施，是从思想、方向上的指导，不是也不能以政策代替法。③ 社会主义法是实现党的政策的重要手段。党的政策通过国家机关制定为明确具体的法律规范，便成为人人必须遵守的行为规则；经过法律的实施，使党的政策得到贯彻执行。党的政策表现为法律以后，就具有国家意志的属性，其实施就由国家强制力做保障。

因此，二者是紧密相连的，它们互相作用、互相补充，共同服务于社会主义经济基础。

（2）二者又有着明显的差异。这表现为：第一，制定的机关不同。法是由国家制定或认可的，属于国家意志；党的政策由党组织制定，虽然同社会主义法一样也反映广大人民意志，但不具有国家意志的属性。第二，实施的方式不同。法以国家强制力保证实施，具有国家强制性，对全体公民具有普遍的约束力。党的政策要求党员和党的各级组织必须遵守，否则要受到党的纪律的惩处；党的政策不具有国家强制性，党外群众对党的政策的遵守和执行，是靠党的政策的正确性、靠人民对党的拥护、党的宣传教育、广大党员的模范带头作用及靠广大群众的自觉而实现的。第三，表现形式不同。法所规定的内容具体、明确，它不仅告诉人们可以做什么、应该做什么和不该做什么，而且还规定了违法所承担的责任；法作为国家的规范性文件，以宪法、法律、法规、条例等法定形式出现。党的政策则比较原则，它以党的纲领、决议、宣告、报告、指示等形式出现，带有号召性和指导性。

在党的政策和社会主义法的关系问题上，既要防止将二者对立起来，也要反对将二者混同；同时还应认识到：法是实现党的政策的重要手段而不是唯一手段；不是所有的党的政策都能以法的形式表现出来的。

3. 我国社会主义法与社会主义道德

法和道德都是行为规范，它们既相互区别，又具有一致性。党中央在将依法治国、建设社会主义法治国家上升为宪法规范以后，又不失时机地将"以德治国"作为党的重大治国方略提了出来，而且还确定了在发展社会主义市场经济新时期公民道德建设的纲要。这就凸显了党中央将道德建设和法制建设并重的治国方针。

（1）社会主义法和社会主义道德的一致性表现在：第一，赖以存在的经济基础相同。二者都是建立在社会主义市场经济基础之上，并随着社会的进步而不断发展和完善。第二，二者所体现的都是广大劳动人民的根本利益。第三，根本目的是一致的。二者都以建立和健全社会主义市场经济秩序为己任，以维护和促进社会主义生产关系的发展和完善为根本目的。

（2）社会主义法和社会主义道德的区别表现在：第一，两者产生的条件不同。社会主义法是在社会主义国家建立以后，在废除旧法的基础上，由国家制定的；而社会主义道德则是在无产阶级带领广大劳动人民同剥削阶级进行斗争中逐步发展形成。第二，表现形式不同。社会主义法有明确固定的表现形式；而社会主义道德没有固定或成文的表现形式，它是存在于人们的意识中的，存在于社会主流的信念之中的。第三，调整的范围不同。社会主义道德所调整的范围要比社会主义法广泛和深刻得多。第四，实施的手段不同。社会主义法是靠国家强制力保证实施的；社会主义道德则是靠社会舆论、人们的信念和思想觉悟来维持的，是通过言传身教、通过教化使人们对道德规范形成内心确信而自觉地遵守。第五，达到目的的方式不同。社会主义法通过确立公民的权利和义务的方式，来保护合法行为、制裁违法行为，达到调整社会关系的目的；社会主义道德则用社会主义道德观来影响人们的言行、思想，通过舆论和良心责备来调整社会关系。第六，发展的前途不同。社会主义法将随着阶级差别的消灭和国家的消亡；社会主义道德将会在社会主义物质文明和精神文明建设中，不断得到全面发展并成为全体社会成员的共同生活准则。

我国社会主义法与社会主义道德的联系表现为相互配合、互相补充、相辅相成。只有将法治和德治很好地结合起来，并正确地加以运用，才能保证社会主义事业的顺利发展。

第二节 社会主义法

引导案例

丁某是某自治州银行行长,1990 年经人检举。检察院立案侦查,有确凿证据证明丁某贪污、受贿 120 万 。从丁某被采取强制措施开始,就有很多人为丁某求情、开脱。还有领导同志说丁某是爬过雪山,参加过解放战争的老革命,没有功劳还有苦劳呢,功过相抵,从轻处罚算了。检察院、法院的工作人员顶住了来自四面八方的压力,秉公执法,公正审理了丁某一案。试用所学的社会主义法的基本原理分析此案。

一、社会主义法的本质和特征

(一) 社会主义法的本质

首先,社会主义法是工人阶级和广大人民意志的表现。其次,社会主义法是由社会主义国家制定或认可的,并由社会主义国家强制力保证其实施的行为规则。最后,社会主义法还具有解放生产力,发展生产力,消除两极分化,最终达到共同富裕的社会本质。

(二) 社会主义法的特征

(1) 社会主义法是阶级性和人民性的统一。社会主义法在反映工人阶级意志的同时,也反映广大人民的意志和利益。

(2) 权利和义务的一致性。社会主义法规定:所有公民在法律面前一律平等。即任何公民都平等地享有宪法和法律规定的权利和义务,不允许任何公民有凌驾于法律之上或超越法律之外的特权。

(3) 广泛性和真实性的统一。公民所享有的权利十分广泛,包含在宪法以及民法、经济法、刑法等各个部门法当中,同时社会主义法给予物质的保障。因此,社会主义法既是广泛的,又是真实的。

(4) 自觉遵守和国家强制力相结合。社会主义法是人民自己制定的,它的实现过程也就是人民利益的实现过程,因此,能够为广大人民所自觉遵守。但是我国在现在和今后一段相当长的历史时期,仍处于社会主义初级阶段,阶级矛盾和阶级差别仍然存在,少数敌视和破坏社会主义制度的敌对分子和国际反华势力必然要阻挠和反抗社会主义法的实施;同时,在人民内部也还有违法和犯罪现象存在。因此,社会主义法还需要国家强制力保证其实施。

二、社会主义法的创制

（一）概念

社会主义法的创制，就是工人阶级和广大人民通过立法机构或享有立法的其他国家机关并依照法定的程序，把自己的意志提升为法律的活动。法的创制包括法的制定（或认可）、补充，同时还包括法的修改和废止。

（二）基本原则

1. 社会主义法的创制原则

（1）实事求是，从实际出发原则。它是我们从事一切工作的出发点，立法工作也不例外。

（2）原则性和灵活性相结合原则。原则性即我国社会主义法的本质；我们一定要坚持社会主义法律制度的基本原则不动摇。灵活性是指立法工作中必须根据实际条件因时因地制宜。原则性是灵活性的基础，灵活性是原则性的体现，原则性必须通过必要的灵活性才能实现。

（3）保持法的稳定性及时立、改、废相结合原则。法律制定和公布以后，必须保持一定的稳定性和连续性。"朝令夕改"，特别是因个别领导人的意志而随意改变法律规范，这不是法治，而是赤裸裸的个人专制，是人治。但社会生活是不断发展变化的，坚持法的稳定性和连续性也不能绝对化。根据发展变化了的客观实际而适时地对法进行立、改、废（按法定程序），才能使法适应形势发展的需要，不断促进我国的经济发展和民主建设。

（4）坚持专门机关工作和群众路线相结合的原则。法制必须讲求立法技术，以保证所指定的法律具有较强的可操作性、法律规范的相互协调性以及一定的前瞻性等，所以需要专门机关负责立法。同时立法是国家的职能活动，也只能由专门的国家机关进行。由我国社会主义法的本质决定，我国立法机关进行法的制定工作必须走群众路线，深入到群众中去，广泛开展立法调研。只有如此，才能正确地总结社会主义建设的经验，制定出反映广大人民意志和利益的法。近年来引进的立法听证就是贯彻立法工作中的群众路线的行之有效的方法之一。

2. 社会主义法的创制程序

社会主义法的创制一般分为法的准备阶段、法的确立阶段和法的完善阶段。准备阶段就是要制定什么法，即立法动议的形成；法的确立阶段也就是法的制定阶段；完善阶段是指法的修改。

我国法律的制定程序，一般要经过四个步骤：（1）法律议案的提出，由具有法律议案提案权的国家机关或工作人员向立法机关提出；（2）法律议案的审议和讨论,这是法律制定的中心环节;(3) 法律议案的通过,这是立法中具有决定意义的环节;(4) 法律的公布,这是立法程序的最后阶段。其他规范性文件的制定,一般也要经过上述几个阶段。

3. 社会主义法律规范

(1) 法律规范的定义

所谓法律规范,就是指国家通过制定或认可的方式形成的、具有国家强制力的、以规定行为人权利义务为主要内容的调整人们行为的规范。它具有特定的逻辑结构,一般由假定条件、行为模式和法律后果三部分构成。它与法律条文有联系;但两者并不等同,即并不是一一对应关系。按行为模式内容,可划分为授权性和义务性规范,义务性法律规范又可分为禁止性和命令性规范;按规范内容的确定性,可划分为确定性、委任性和准确性法律规范。

(2) 权利和义务的概念

权利和义务是法的最核心的内容和要素。权利是法律赋予权利主体实现其利益的一种权能。一个完整的法律权利的结构,由自由权、请求权和诉权三部分构成。义务是法律规定的对法律关系主体作为或不作为的约束。权利与义务两者相辅相成,任何一方都不能独立存在,否则就没有法治。

4. 社会主义法的渊源

法的渊源即用以表现法的各种形式。社会主义国家机关制定的规范性文件是其主要渊源。

法律渊源根据制定机关的权限和效力,可以分为:

(1) 宪法。它具有最高的法律效力。它的制定需要专门的制宪组织。它的修改,也必须经过不同于法律的特殊程序。

(2) 法律。法律分全国人大制定的基本法律和全国人大常委会制定的其他法律。它们的效力仅次于宪法。

(3) 行政法规。行政法规是国务院根据宪法和法律制定的规范性文件,效力仅次于宪法和法律,效力及于全国。

(4) 部门规章。部门规章是国务院各部委和某些工作部门发布的规章。

(5) 地方政府规章。地方政府规章是各省、自治区、直辖市人民政府和设区的市、自治州的人民政府制定的规章。

(6) 地方性法规。它是省、自治区、直辖市和设区的市、自治州的人民代表大会及其常务委员会制定的规范性文件。地方性法规不得与宪法、法律和行政法规相抵触,并报全国人大常委会备案。

(7) 自治条例和单行条例。它由民族自治地方的人民代表大会制定,报全国人大常委会批准之后生效。自治条例和单行条例,只限于民族自治地方适用。

(8) 特别行政区的法。它是依据宪法和特别行政区基本法的制定,实行于特别行政区的法律及其他规范性文件。

(7) 国际条约。我国同外国以及国际组织缔结或加入的国际条约(如我国加入世贸组织的法律文件),经我国最高权力机关批准,或者由我国政府声明承认参加后,在国内具有法律效力,成为我国法的渊源的一种形式。

以(6)(7)(8)所指的规范性文件,其效力只及于该地方,并不得与宪法和法律相抵触。

5. 法律分类

法律分类是指按照一定的标准将法律分成不同的类别。由于可以从不同角度、以不同标准对法律作出划分,因而法律的分类有多种,如根据适用范围的不同可以将法律分为一般法与特别法。根据法律表达形式的不同可分为成文法和不成文法等。法律分类的意义主要在于要有利于人们更好地认识法律,探寻不同类别法律的特点、规律并对法律实践有所帮助。

(1) 成文法与不成文法

这是按照法的创制方式和表达形式为标准对法进行的分类。成文法是指由国家特定机关制定和公布,并以成文形式出现的法律,因此又称制定法。不成文法是指由国家认可其法律效力,但又不具有成文形式的法,一般指习惯法。不成文法还包括同制定法相对应的判例法,即由法院通过判决所确定的判例和先例,这些判例和先例对其后的同类案件具有约束力,但它又不是以条文(成文)形式出现的法,因此也是不成文法的主要形式之一。

(2) 实体法和程序法

这是按照法律规定内容的不同为标准对法的分类。实体法是指以规定、确认权利和义务或职权和职责为主的法律,如民法、刑法、行政法、宪法等。程序法是指以保证权利和义务得以实施或职权和职责得以履行的有关程序为主的法律,如民事诉讼法、刑事诉讼法、行政诉讼法、立法程序法等。实体法和程序法的分类是就其主要方面的内容而言,它们之间也有一些交叉,实体法中也可能涉及一些程序规定,程序法中也可能有一些涉及权利、义务、职权、职责等内容的规定。

(3) 根本法和普通法

这是根据法律的地位、效力、内容和制定的主体、程序的不同为标准而对法所作的分类。这种分类通常只适用于成文宪法制国家。在成文宪法制国家,根本法即宪法,它在一个国家中享有最高的法律地位和最高的法律效力,宪法的内容、制定主体、制定程序及修改程序都不同于普通法,而是有比较高的严格的程序要求;普通法指宪法以外的法律,其法律地位和法律效力低于宪法,其制定主体和制定程序不同于宪法，其内容一般涉及调整某一类社会关系，如民法、刑法、商法、诉讼法、行政法等。

(4) 一般法与特别法

这是按照法的适用范围的不同对法所作的分类。一般法是指针对一般人、一般事、一般时间、在全国普遍适用的法；特别法是指针对特定人、特定事或特定地区、特定时间内适用的法。

一般法和特别法这一法的分类是相对而言的，具有相对性。如以针对人来讲，民法典是适用于一般人的法，它的适用主体是一般主体，而与民法典相对应的继承法则是适用于特定人——继承人与被继承人主体的法律；以针对事来讲，民法典适用于一般民事法律行为和事件，而收养法则是针对收养这一特殊的民事法律行为和事件；以针对地区来讲，宪法、组织法、选举法等是适用于特别行政区的基本法和法律，经济特区法规和规章只适用于特别行政区和经济特区；以针对时间而言，一般法如宪法、刑法、民法等在它们的修改和废止以前一直有效，而有些特别法如戒严令等仅在特定的戒严时期内生效。

(5) 国内法和国际法

这是以法的创制主体和适用主体的不同而作的分类。国内法是指在一个主权国家内，由特定的国家法律创制机关创制的并在本国主权所及范围内适用的法律；国际法则是由参与国际关系的国家通过协议制定或认可的，并适用于国家之间的法律，其形式一般是国际条约和国际协议等。国内法的法律关系主体一般是个人或组织，国家仅在特定法律关系中（为国家财产所有人时）成为主体，而国际法的国际法律关系主体主要是国家。

6. 法律部门和法律体系

法律部门也叫部门法，是根据一定标准和原则所划定的调整同一类社会关系的法律规范的总称。法律体系，也称为部门法体系，是指一国的全部现行有效的法律法规，按照一定的标准和原则，划分为不同的法律部门而形成的内部和谐一致、有机联系的整体。

三、社会主义法的实施

社会主义法的实施是指法在社会生活中的贯彻和实现。其方式主要有法的适用和遵守两种。

（一）社会主义法的适用

1. 概念

法的适用是国家专门机关和由国家授权的社会组织，运用国家权力调整和保护具体的社会关系的活动。法的适用在法的实施中具有特别重要的作用。

2. 法的适用的基本原则和要求

法的适用的结果必然会产生、变更或消灭某种法律关系。我国法的适用的国家机关包括人民法院、人民检察院、公安机关和适用行政法规的行政机关。其基本要求就是“正确、合法、及时”。

正确就是要在办案中查清事实，正确地认定事实和应用法律；合法就是要求严格依法办案，不仅要遵守实体法，而且更要遵守程序法；及时就是要求办案人员在确保正确、合法的前提下，尽量提高办案效率，不得借故拖延办案。

法的适用的基本原则是坚持法律面前人人平等，坚持以事实为根据、以法律为准绳。

坚持法律面前人人平等意味着：(1) 任何公民都平等地享有宪法和法律规定的权利；(2) 任何公民都必须平等地履行宪法和法律规定的义务；(3) 任何公民都不允许有超越宪法和法律的特权；(4) 任何公民的违法犯罪行为都必须平等地受到追究和制裁。

坚持以事实为依据、以法律为准绳就是指执法机关和执法人员，在对案件作出处理时，只能依据客观的证据，不能以人情、权利等因素干扰办案；只能以法律标准办理案件，在程序上、实体上都必须严格执法。

（二）社会主义法的遵守

1. 概念

法的遵守是指国家机关及其工作人员、政党、社会团体、企事业单位和公民，自觉按照法律规范的要求进行活动，把法的要求变成自己的行为，形成现实的社会关系。

遵守社会主义法是保证社会主义法实施的重要条件。社会主义法的实施，不仅要依靠国家机关贯彻执行，而且要依靠广大党员和干部的模范遵守；同时，普通群众也要自觉遵守。只有这样，法的实施才能实现。大学生是社会主义建设事业的接班人，在学习专业知识的同时，也要学习法律知识，应成为遵守法的模范。

2. 违法

违法指法律主体违反法律的规定，致使受法律保护的社会关系的社会秩序受到破坏，依法应承担法律责任的行为。构成违法应具备下列条件：(1) 行为违法性。行为人的行为人的行为违法是首要条件，思想不是法律约束的对象。(2) 行为危害性。行为人的行为必须已经侵害了法律所保护的社会关系，对社会造成了危害。(3) 行为人主观的过错性。行为人在从事违法行为时，主观上存在故意或过失的心理状态。因意外事件而致害的，行为人不负责任。(4) 行为人必须具有责任能力或行为能力。

3. 法律责任和法律制裁

(1) 法律责任是由违法行为引起的依法应承担的责任。法律责任不同于其他社会责任:其一,它的范围、性质、大小、期限,都在法律上有明确的规定;其二,法律责任的认定和追究,只能由国家专门机关依照法定程序来进行;其三,法律责任的实现是由国家强制力做保证的。

按违法的性质和危害程度,可以将法律责任分为违宪法律责任、刑事法律责任、民事法律责任、行政法律责任和经济法律责任。追究法律责任,首先需要坚持合法、合理原则。合法即以法律为准绳,严格按照实体法和程序法办事;合理即实事求是地全面考察影响法律责任构成的有关因素,合理地认定违法者所应负的法律责任。其次是坚持民主、公正原则。民主是指只追究行为人的行为责任,不涉及其他身份地位等因素;责任自负,不株连其他人。公正要求责任与损害一致。再次是坚持及时原则。保证及时地追究行为人的法律责任,是使追究法律责任取得最佳社会效果的条件。

(2) 法律制裁是指由特定的国家机关,对应负法律责任的违法行为人所采取的惩罚性强制措施。承担法律责任是进行法律制裁的前提条件,因此,与法律责任相适应,法律制裁也分为刑事制裁、民事制裁、经济制裁、行政制裁。

(三) 法律监督

法律监督就是对宪法、法律在全国范围内的实施所进行的监督。法律监督从来源上可以分为系统内的监督和系统外的监督两种,如法院内部上级法院通过审判监督程序对下级法院的审判工作进行监督和各级人大从外部对行政机关、司法机关的监督;从监督的阶段上,可以将监督分为事前监督、事中监督和事后监督;从主体上可以分为国家监督和社会监督。

(四) 法律效力和法律解释

1. 法律效力

法律效力是指法在什么空间、时间和对什么人有效的问题。即法的效力包括法的空间效力、时间效力和对人的效力三个方面。解决此问题,是正确使用法律的必要条件。

(1) 法律的空间效力是指法律效力所及的空间范围。凡是中央国家机关制定的法律、行政法规以及其他规范性文件,一经公布,除有特殊规定以外,在我国所有主体管辖范围内生效。地方政权机关制定和颁布的规范性文件,只在它所管辖范围内生效。

(2) 法律的时间效力是指法律何时生效、何时失效和有无溯及力的问题。生效时间一般是法律文件本身规定了的,但也有法律文件规定本法自它法生效若干时间以后再发生法律效力。失效时间除法律法规的规定外,一般采取新法自然代替旧法的原则,也有国家明令废止某项法律法规的情况。法的溯及力问题是指新法颁布以前的行为和时间是否有管辖权的问题,按照现代法治原则,新法一般无溯及力的。

（3）法律对人的效力是指法律对什么人发生法律效力的问题。中国法律当然对中国公民发生效力。如不管此国公民在何国家,此国法律都对该国公民适用,那么,此国法就是采取的属人主义原则;如不管此国境内居留的人是否为该国公民,一律适用该国法,则此国法就是采属地主义原则;除此之外还有保护主义,即不管国籍和所在区域,只要损害了本国或本国公民的利益,均依本国法律进行追究。我国法律在对人的效力上采取的是以属地主义为基础,以属人主义,保护主义为补充的折中主义原则。

2. 法律解释

法律解释是指对法律法规或法律条文的内容、含义所做的理解、说明或解答。法律解释主要分为有权解释和无权解释。

（1）有权解释也称正规解释,是指拥有法律解释权的国家机关依照法定的权限,对有关法律法规所做的解释。根据解释主体的不同,又分为立法解释、司法解释和行政解释。

立法解释专指国家立法机关对法律所做的解释。司法解释是指国家司法机关依据法定权限,在适用法律规范时所做的解释。在我国,拥有司法解释权的只有最高级人民检察院和最高人民法院。司法解释不得与宪法、法律相抵触,否则无效。行政解释是指国家行政机关在依法行使其职权时,对有关法律法规如何具体应用所做的解释。

（2）无权解释也称非正规解释,是指未经国家授权的学者或其他人及组织所做的没有法律效力的解释。它分为学理解释和任意解释两种,其解释不具有法律效力。

学理解释是指在学术研究、教学时间和法制宣传中,由专家、学者、法律工作者,对法律规范进行学术性、知识性、宣传性的解释。任意解释是指公民个人或诉讼当事人、律师等对法律规范按自己的理解所做的说明。

▶四、社会主义法律关系

（一）概念

由法律所调整的社会关系就是法律关系。法律关系表现为权利义务关系。各种不同的社会关系要由不同的法律去调整,从而形成不同的法律关系,如民事法律关系、行事法律关系、行政法律关系、诉讼法律关系等。

（二）构成要素

任何一个具体的法律关系都由法律关系的主体、客体、内容这三个要素构成;缺少其中任何一个要素,就构不成法律关系。

(1) 法律关系的主体就是法律关系的参加者,即法律关系中权利的享有者和义务的承担者。在一个法律关系中最少要有两个法律关系主体,否则就无关系而言。在我国,可以成为法律关系主体的有:公民(自然人)、国家、法人、非法人组织等。另外,在我国的无国籍人和外国人也可称为某些法律关系的主体。

作为法律关系的主体,必须具有权利能力。权利能力就是法律关系主体依法享有权利和承担的义务的资格。在我国,所有的公民都具有平等的权利能力。它始于公民的出生,终于公民的死亡。法人及其他组织的权利能力各以其成立的目的和业务活动范围有所区别。同时作为法律关系的主体还必须具有行为能力,只有如此才能现实地享有权利和履行义务。就公民而言,有权利能力不一定具有行为能力。因为行为能力是指法律关系主体以自己的行为依法行使权利和履行义务,从而使法律关系产生、变更和消灭的资格。未达到成人年龄的人和精神病患者都不具有完全的行为能力,他们的权利享有和义务承担要由监护人来代为进行。法人和各种社会组织的行为能力一般随其权利能力同时产生和消灭。

(2) 法律关系的客体是法律关系的权利和义务所指向的对象。在我国,法律关系的客体一般包括以下内容:第一,物,即可为人们所控制和利用的一切物质财富;第二,与人身相联系的非物质财富,如知识产权、商业秘密、发现权和合理化建议等科技成果权;第三,行为或劳务,如选举中的选举活动、客运中的运送旅客的行为、雇用合同中的雇工的劳动行为等。在法治社会,人身不是法律关系客体。任何行使的将人身作为法律关系客体的行为都是违法行为,都将受到法律的严惩。

(3) 法律关系的内容是指法律关系主体所享有的权利和所承担的义务。在法律关系中,一方享有权利就意味着另一方负有义务。但他们有时也是不对等的:有的法律关系是一方只有一个权利主体,另一方却有多个义务主体,如财产所有权法律关系就是如此。

(三) 法律事实

法律关系的产生、变更及消灭不是自发的,必须有法律规定的一定情况的存在。这种由法律规定的能够引起法律关系的产生、变更和消灭的客观情况,就是法律事实。法律事实必须是法定的,只有那些具有法律意义的事实才能引起法律后果。法律事实按其是否以人的意志为转移,可以分为事件和行为两大类。

1. 事件

事件是与人的意志无关的客观现象,如时间的流逝,地震,海啸,战争等。

2. 行为

行为是人们有意识的活动。

按其形式可分为积极行为(作为)和消极行为(不作为)。订立合同的行为就是积极行为,它是合同法律关系在双方当事人之间产生。拒绝赡养丧失劳动能力又无生活来源的父母的行为,这种行为导致侵权法律关系的产生。

按其是否符合法律的要求,可以将行为分为合法行为和违法行为。合法行为引起法律关系的产生、变更和消灭是很普遍的,如依法订立合同,依法解除收养关系等。违法行为是法律关系主体违反法定义务或约定义务的行为,如遗弃亲子的行为,欠债不还的行为。

第三节　社会主义法制现代化

引导案例

2009年6月1日,《中华人民共和国食品安全法》正式在全国实施。至此,长期以来,没有统一的食品标准、责任不明而导致的市场混乱局面,可望得到依法治理,广大消费者的饮食安全有了法律保障。

一、社会主义民主和法制

(一)民主和专制

民主即多数人的统治或治理。民主的本意和实质是人民当家做主或“民治”。专制是指君主(或国王)独自掌握国家治权进行统治。这两种治理国家的方式从来都是相独立的。

(二)社会主义民主

社会主义民主是全体劳动人民当家做主的政治制度。

现实的社会主义国家的建立已经以宪法的形式将广大群众的政治、经济、文化、教育等方面的民主权利固定下来了,宪法还规定人民享有管理国家,管理各种企事业的权利等。这是实现社会主义民主的政治基础。由于社会主义国家的基本生产资料、国家的经济命脉掌握在人民手中,因此实现社会主义民主具有物质保障。这些都是发展和完善社会主义民主的现有基础。

但是,由于社会主义民主是在没有民主历史传统而有雄厚专制传统的东方国度建立起来的,因此,在这种文化背景下搞社会主义民主建设,其艰巨性是前所未有的:表现在广大群众的文化水平还很低,封建专制的意识还很浓厚(如“文化大革命”中群众的造神运动),由于商品经济不发达而引起的平等意识、公正、公开、公平意识还很欠缺……所以,我们社会主义民主的发展和完善还有很长的路要走。

（三）社会主义法制

1. 法制的概念

“法制”有广义和狭义之分。广义就是依据统治阶级的意志而建立起来的用以维护其阶级统治的法律和制度，在此意义上古往今来所有历史类型的国家都有自己的法制。狭义是指近代意义上的法制，同民主制度紧密相连，是指国家机关及其公职人员、法人、其他组织和公民（自然人）都平等地遵守法律，严格依法办事。狭义的法制有资本主义法制和社会主义法制两种类型。奴隶制和封建制是没有法制可言的。

2. 社会主义法制的基本要求

社会主义法制的基本要求是“有法可依、有法必依、执法必严、违法必究”。这四个环节相辅相成、密不可分。

(1) 有法可依。它是指立法问题，要求制定出符合最大多数人民意志的、促进社会向前发展的法，使人们在社会生活的各方面都有法可依。这是建立和健全社会主义法制的前提和首要任务。

(2) 有法必依。有法不依等于无法，所以有法必依是建立健全社会主义法制的关键。有法必依首先要求一切执法机关及其工作人员必须依法办事。其次，有法必依要求全体公民（自然人）、法人和其他组织都要遵守法律，使自己的行为符合法律规定。再次，有法必依还要求坚持法制统一。一个国家的法制是一个系统，宪法处于最高位；一切法律法规不得与宪法相抵触，否则即归于无效。同时下位法不得与上位法相抵触也是一法制原则，不得违背。

(3) 执法必严。执法必严要求执法机关和执法人员在实施法律的过程中，必须严格地按照法律规定的内容和程序办事。执法必严，就是要求检察机关和审判机关依法独立行使检察权和审判权，禁止任何人、任何机关团体的干预；要求执法人员在办案中严格地遵循“以事实为依据，以法律为准绳”的原则，做到不枉不纵；还要求贯彻“有错必纠”的方针，执法机关和执法人员在办案中，一旦发现错误，应及时纠正，并承担责任。

(4) 违法必究。违法必究就是对一切违法者都要依法追究法律责任并予以法律制裁。违法必究是社会主义法制强制力的体现，是维护社会主义法制权威的保障。做到违法必究，首先要求坚持“法律面前人人平等”的原则。在法治国家，任何个人、任何组织和机构都没有法外特权，任何违法行为都不能逃避法律制裁。其次要求执法机关和执法人员必须秉公执法，不畏权势。只有这样，才能体现法律的普遍约束力，维护社会主义法制的权威。

由此可见，只有认真全面地做到有法可依、有法必依、执法必严、违法必究，才能保证社会主义制度的统一性、连续性和平等性，才能充分发挥社会主义法制在社会主义现代化建设中的作用。

(四) 社会主义法治

1. 法治和人治

“法治”一词是由西方哲学家亚里士多德最早使用并给以科学界定的。他在《政治学》一书中说:“法治应当优于一人之治”,“法治应该包含两重含义:已成立的法律获得普遍的服从,而大家所服从的法律又应该是良好的法律”。中国最早使用法治一词的是梁启超先生,他认为历史上法家的治国主张是“法治主义”、儒家的治国主张是“人治主义”。但是,法家的“任法而治”“依法治国”的思想仍是以君主个人专制为前提的,他们所谓的法只不过是君主治国工具箱中的一个工具而已,君主自己是不受法的约束的。所以,我国历史上是没有近代意义上的“法治”思想的。亚里士多德的法治理想在资本主义社会变成了现实。近代意义上的法治是以民主为前提的,体现社会中绝大多数成员意志的法律获得社会中一切成员普遍的遵守。

“人治”是指君主个人直接运用国家权力,专横非法。君主的话(言出法随)是具有最高约束力的规范;君主本人不受任何法律的约束,甚至不受他自己曾说过的话的约束。人治社会是皇帝的“家天下”,是靠以义务为本位的一套兼有迷信、愚昧、宗法制等伦理道德规范和掺杂了大量说教的刑罚规范作为规范社会的手段的。

2. 法治和法制

所谓狭义的法制是和近代意义上的法治相通的。但是两者是有明显的区别的:第一,法制是法律制度,是以宪法为核心的一国法律体系;法治是一种治国方法,是指所有法律主体包括最高国家机关及其成员都必须服从法律。第二,法制是与国家政权相联系的,而法治则是与民主政治相伴而生的。

区别法治和法制,有利于我们认识法治的真正内涵,防止那种有法律制度就有法治的错误认识,使我国的社会主义法制建设健康发展。

(五) 社会主义民主和社会主义法制的关系

社会主义民主和社会主义法制是密不可分的,两者相互依存、相辅相成。

1. 社会主义民主是社会主义法制的前提和基础

首先,社会主义法制的建立是以社会主义民主的产生为前提的。只有工人阶级和广大人民群众掌握了国家政权、争取了民主,才能把自己的意志上升为国家意志,并通过法律的形式体现出来,建立起自己的法制。其次,社会主义民主决定着社会主义法制的性质和内容。社会主义法制是制度化、法律化的社会主义民主在社会生活各方面的实施,所以,社会主义民主的内容就是社会主义法制内容的重要组成部分。再次,社会主义民主是健全社会主义法制的基础。只有充分发扬民主,才能使人民的意愿和要求充分表达出来,从而制定出真正反映工人阶级和广大人民意志的法律;而只有真正反映工人阶级和广大人民意志的法律,才能得到人民的拥护和自己的遵守;法律的实施同样离不开人民群众的民主监督。

2. 社会主义法制是社会主义民主的确认和保障

首先,社会主义法制确认人民掌握国家政权。工人阶级和人民群众只有将已争得的民主用法律的形式确认和固定下来,使其制度化、法律化,才能确保社会主义民主制度不受侵犯,才能实现工人阶级对整个社会的领导。其次,社会主义制度为人民提供了充分的民主权利,社会主义法制为人民行使民主权利提供了组织形式、方法和程序。严格实施法律,同时,社会主义法制通过制裁危害和破坏社会主义民主的违法行为,保卫社会主义民主制度和人民民主权利。

二、社会主义法制现代化

(一) 概念

法制现代化通常是指一个国家和社会伴随着社会的转型而相应地由传统法制向现代法制转化的历史进程。我国社会主义法制现代化就是要实现法制与法治的双重现代化;就是在建立现代化的法律制度的同时,实现依法治国和依法办事的民主政治,并促成社会由人治到法治的转变。

(二) 社会主义法制现代化的基本要求

法制现代化首先要求建立社会主义法制体系。通过大力引进法制发达国家的法学理论,结合我国实际,制定出适合我国国情、反映当代社会经济发展规律的市场经济法律法规体系;通过立法调研、公开征集对法律草案的意见等多种方式,使立法更加科学化、民主化。

其次,要求加大法制的宣传力度,向全民普及法律知识和培育全民族的法律意识(在法律意识普遍低下的国度里,是不会实现法治现代化的),增强全民守法的自觉性。

再次,要求在加大法律维权力度的同时,培育高效、廉洁且秉公执法的国家机关工作人员队伍,严格执法,公正司法,坚决打击各种违法行为,使破坏市场秩序、破坏法制的行为人受到严厉的制裁(增加违法的成本),从而优化法制环境。

最后,要求法律监督现代化。通过进一步扩大社会主义民主,使市场经济主体通过参与市场经济法制建设、参与法律监督,从健全的法制中受益,从而促进法治社会的实现。

(三) 社会主义法律意识

法律意识是人们关于法律的思想、观点和心理的总称。一个国家或民族的法律意识水平,直接关系到这个国家的法制健全的程度。

在立法上,社会主义国家任何一项法的制定,都是已经成熟了的法律意识要求的产物。

在司法和执法上，法律意识水平的高低，还直接作用于执法和司法人员，决定法律是否得到正确的实施。

对于广大公民来说，提高法律意识水平，更是公民能否自觉守法的重要保障。

因此，要在中国实现法制现代化，就必须在全社会形成良好的、现代的法律意识。同时，我们也要认识到：培养全民族的法律意识，是一个需要全社会在一个相当长的时期共同付出巨大努力的浩大工程，需要你、我、他所有人上下求索方能到达。

一、思考题

1. 如何理解法的作用？
2. 简述社会主义法律关系的构成要件。
3. 如何理解社会主义法对市场经济的保障作用？

二、案例分析

2003 年 3 月 17 日晚，任职于广州某公司的湖北青年孙志刚在前往网吧的路上，因缺少暂住证，被警察送至广州市“三无”人员（无身份证、无暂居证、无用工证明的外来人员）收容遣送中转站收容。次日，孙志刚被收容站送往一家收容人员救治站。在这里，孙志刚受到工作人员以及其他收容人员的野蛮殴打，并于 3 月 20 日死于这家救治站。这一事件被称为“孙志刚事件”。后经广州市中级人民法院、广州白云区人民法院和天河区人民法院三地同时审理，涉案的 18 名被告人受到法律制裁。请通过本章所学的法的基本原理知识分析此案，并简述该案对社会主义法治国家进程的影响。

三、延伸阅读书目

1. 〔法〕孟德斯鸠：《论法的精神》，商务印书馆 2012 年版。

2. 〔美〕约翰·罗尔斯：《正义论》，何怀宏、何包钢、谬申白译，中国社会科学出版社 2001 年版。

3. 〔美〕E. 博登海默：《法理学：法律哲学与法律方法》，邓正来译，中国政法大学出版社 2004 年版。

4. 〔英〕哈特：《法律的概念》，法律出版社 2011 年版。

5. 苏力：《法治及其本土资源》（增订版），北京大学出版社 2015 年版。

6. 梁治平：《寻求自然秩序中的和谐——中国传统法律文化研究》，商务印书馆 2013 年版。

第二章　宪法

教学要求

本课的教学任务与目的是帮助学生掌握和领会宪法学领域的基本概念、基本观点和基本原理，培养学生学习宪法学理论的能力和方法，为进一步学习法学其他科目打下深厚的基础。同时，通过学习，使得学生能够从宪法和社会主义宪政的思维角度观察各种社会现象，并能牢固树立遵守宪法和维护宪法的自觉意识。

本章概要

宪法是国家的根本大法，是一国法律体系和法律制度建立的依据，因此宪法在整个法学体系中具有举足轻重的作用。宪法的学科性质和学科特点有以下几点：(1) 宪法属于基础理论学科。(2) 宪法有很强的政治性和政策性。(3) 宪法研究的都是国家最根本、最重要的问题。(4) 宪法的涉及面很广。这些特点不仅充分表明宪法学和其他法学学科的联系和区别，也充分表明宪法学对于整个学科发展，对于现代国家政治、经济、文化和社会生活的发展具有极为重要的意义。因此，宪法学不仅在法学体系中居于基础地位，而且在民主法治国家建设过程中也同样居于基础地位。

重要概念

宪法的基本原则　宪法的本质属性　宪法实施　宪法保障　宪法监督　公民的基本权利义务　国家性质　政权组织形式　人民代表大会制　国家机构　国家结构形式

第一节　宪法的概念

引导案例

2009年10月14日，司机孙中界驾驶面包车行驶，一男子恳求搭车，上车几分钟后，该车被其他两辆车包围、逼停，随即被指认涉嫌黑车经营。孙中界用菜刀切断左手小指以示清白。最终，上海浦东新区政府召开新闻通气会，表示确实存在使用不正当取证手段，向公众道歉。

一、宪法的概念

在中国古代的典籍中，曾出现过"宪""宪法""宪令""宪章"等词语，主要是指一般的法律、法规，或指颁布法律，实施法律。在西方，宪法一词原意是组织、结构、规定的意思。主要是指有关规定城邦组织与权限方面的法律，或皇帝的诏书、谕旨，或指有关确认教会、封建主及城市行会的特权，以及他们与国王等的相互关系的法律。

由此可见，尽管在中国的古代和西方的古代都出现过宪法这个词，但都不是今天"根本法"意义的宪法。在中国，将"宪法"一词称为根本法始于19世纪80年代，当时的改良主义思想家基于国内外形势，明确指出"立宪法""开议院"，实行君主立宪。郑观应在《盛世危言》中首次使用"宪法"一词。在西方，作为根本法意义的宪法是近代资产阶级革命的产物。

二、宪法的特点

（一）宪法是法律的一种

法是一个统称，宪法是其中一门具体的法，它具有法的共性。这些共同特征就是：它们都是代表统治阶级的意志；都是由国家制定或者认可的，具有国家强制力的行为规范；都是通过对社会关系参加者的权利义务的确认、保护和发展来形成对统治阶级有利的社会关系和社会秩序，是统治阶级治理国家的重要工具；宪法规范的内容与其他法律规范一样，归根到底取决于相应社会的物质生活条件。

（二）宪法是国家的根本法

宪法与普通法律的区别就在于宪法的根本法属性，即它是国家的根本法，是母法。具体表现在：

(1) 宪法的内容比普通法律要广泛、全面、重大。

宪法的内容涉及一个国家的政治、经济、文化、社会、外交等各方面的重大的原则性问题,涉及国家的根本制度、基本制度及根本任务问题。其内容具有根本性、宏观性和全面性的特点。而普通法律所规定的内容只涉及国家生活或社会生活的某一方面的问题,它是宪法某一方面规定或某一项规定的具体化,其内容具有具体和微观的特点。

(2) 宪法的效力高于普通法律。

首先,宪法是普通法律的立法依据或立法基础。宪法是一个国家的根本大法,是法律的法律,普通法律没有宪法的依据就无从产生,因此人们也形象地称宪法为"母法"。国家立法机关在制定普通法律的时候必须以宪法作为依据,有的法律明确宣称"根据宪法制定本法";有的法律不明确宣称,但也是以宪法作为立法基础的。

其次,普通法律与宪法不相抵触。如果普通法律的规定、原则、精神同宪法的规定、原则、精神相抵触,普通法律应该被撤销、改变或宣布无效。在一个多级立法的国家里,依据宪法产生的各个级别的立法都应该以宪法作为标尺,以保证国家法律体系的统一性与一致性。我国《宪法》第 5 条规定,一切法律、行政法规和地方性法规都不得与宪法相抵触。

再次,一切宪法主体都必须以宪法为最根本的活动准则。宪法是一国最高的和最根本的活动准则,一切宪法主体都必须遵守,将其奉为行动的最高准则。我国宪法序言规定,全国各族人民、一切国家机关和武装力量、各政党和各社会团体、各企事业单位,都必须以宪法为根本的活动准则,并且负有维护宪法尊严、保证宪法实施的职责。

(3) 宪法的规定和修改程序比普通法律严格、复杂。

由于宪法所规定的内容是一个国家最根本的制度、原则,是其他法律赖以建立的依据,为了保证宪法的尊严和相对稳定性,绝大多数国家在制宪和修宪程序上作了严格的要求。

我国宪法的修改,由全国人民代表大会常务委员会或者 1/5 以上的全国人民代表大会代表提议,并由全国人民代表大会以全体代表的 2/3 以上的多数通过。法律和其他议案由全国人民代表大会以全体代表的半数通过。

三、宪法的作用

(一) 宪法确认各阶级的政治地位

宪法是阶级斗争最直接的总结和结果,宪法是统治阶级利益和意志的集中体现,宪法的内容和形式受阶级力量对比关系的决定和影响,是各阶级社会政治地位的动态反应。

（二）宪法是公民权利的保障书

宪法最主要、最核心的价值在于，它是公民权利的保障书。从历史上看，宪法或宪法性文件最早是在反对封建专制制度的斗争中，为了确认取得的权利，以巩固胜利成果而制定出来的。从宪法的基本内容来看，即国家权力的正确行使和公民基本权利的有效保障，其中公民权利的有效保障居于支配地位，规范国家权力的有效行使也是为了保障公民的基本权利和自由不受侵犯。

（三）宪法是民主事实法律化的基本形式

宪法与民主联系紧密，民主主体的普遍化或者民主事实的普遍化是宪法得以产生的前提。而且基于宪法在整个国家法律体系中的根本法地位，以及宪法确认的基本内容主要是国家权力的正确行使和公民权利的有效保障，可以说宪法是民主事实法律化的基本形式。正如毛泽东同志指出的："世界上历来的宪政，不论是英国、法国、美国或者苏联，都是革命成功有了民主事实以后，颁布一个根本大法，去承认它，这就是宪法。"

四、宪法的指导思想和原则

我国现行宪法在序言中明确规定，中国人民在马克思列宁主义、毛泽东思想、邓小平理论和"三个代表"重要思想指引下，进行社会主义建设，同时，它们也是我国宪法的指导思想。

宪法的根本原则是指人们在制定和实施宪法的过程中必须遵循的最基本的准则，是贯穿立宪和行宪的基本精神。

（一）人民主权原则

人民主权是指国家中绝大多数人拥有国家的最高权力。主权是国家的最高权力，法国布丹首创这个概念，并认为主权在君；洛克则提出议会主权；真正的人民主权的学说是由法国的卢梭所创立。人民主权学说的出现是国家学说发展史上的一大飞跃，是资产阶级反对封建阶级的锐利武器，胜利后的资产阶级纷纷在宪法中确认人民主权原则。社会主义国家宪法一般表述为"国家的一切权利属于人民"的原则，是无产阶级在创建无产阶级政权过程中，批判性地继承资产阶级民主思想的基础上，对人民主权原则的创造性运用和发展。

（二）基本人权原则

人权是指作为一个人所应该享有的权利，人权在阶级社会里具有鲜明的阶级性，但就其原创意思而言，人权属于应有权利、道德权利。社会主义国家建立后，同样也在宪法中确认了基本人权原则。在措辞上，社会主义宪法并未直接使用"人权"一词，但宪法中有关"公民基本权利"的规定，实质上就是对基本权利的确认。

（三）法治原则

法治是相对于人治而言的，是指统治阶级按照民主原则把国家事务法律化、制度化，并严格依法进行管理的一种方式。社会主义国家的宪法不仅宣布宪法是国家的根本法，而且还规定国家的立法权属于最高人民代表大会，使宪法和法律有了广泛深厚的民主基础，为社会主义的法治原则的实现提供了前提条件。

（四）权利制约原则

权利制约原则是指国家权力的各部分之间相互监督、彼此牵制，以保障公民权利的原则，包括公民权利对国家权力的制约和国家权力对国家权力的制约。在资本主义国家宪法中，权利制约原则主要表现为分权制衡原则；在社会主义国家宪法中则表现为监督原则。

五、宪法的实施保障

宪法在现实生活中的贯彻执行是通过宪法监督保障体制来实现的。宪法监督保障体制是指特定的国家机关依据一定的法律程序，审查和裁定法律、法规和行政命令等规范性文件或特定行为是否符合宪法的规定和精神，以维护宪法权威。

我国现行《宪法》对宪法监督保障制度主要做了以下规定：

(1) 明确宣布了宪法的根本法地位和最高法律效力。《宪法》序言最后一段规定："本宪法以法律的形式确认了中国各民族人民奋斗的成果，规定了国家的根本制度和根本任务，是国家的根本法，具有最高的法律效力。全国各族人民、一切国家机关和武装力量、各政党和各社会团体、各企业事业组织，都必须以宪法为根本的活动准则，并且负有维护宪法尊严、保证宪法实施的职责。"

(2) 规定了宪法监督的总的原则。《宪法》第 5 条规定："国家维护社会主义法制的统一和尊严。一切法律、行政法规和地方性法规都不得同宪法相抵触；一切国家机关和武装力量、各政党和各社会团体、各企业事业组织都必须遵守宪法和法律；一切违反宪法和法律的行为，必须予以追究；任何组织或者个人都不得有超越宪法和法律的特权。"

(3) 确了宪法监督机关。《宪法》第 62 条和第 67 条分别规定全国人大和全国人大常委会拥有监督宪法实施的职权，这一规定将宪法监督赋予最高国家权力机关，有利于宪法在现实生活中的贯彻实施。

(4) 规定了严格的宪法修改程序。《宪法》第 64 条第 1 款规定："宪法的修改，由全国人民代表大会常务委员会或者 1/5 的全国人民代表大会代表提议，并且由全国人民代表大会以全体代表的 2/3 以上的多数通过。"

第二节　宪法的历史发展

一、近代意义宪法的产生

（一）近代宪法的产生有着它深刻的经济、思想、政治和法律条件

（1）比较发达的市场经济是近代意义宪法产生的经济条件。市场经济要求所有社会成员具有最基本的人身自由，以适应市场经济对"劳动力"的需求，市场经济要求有统一的市场，打破封建社会地方割据的局面，市场经济要求平等，反对特权。只有商品所有者之间的平等交换、商品之间的等价交换，才能实现商品的价值和商品所有者利益的最大化，市场经济要求统一而公平的规则。

（2）民主的、大众的和科学的文化是宪法产生的思想条件。封建社会末期，在市场经济发展的基础上，资产阶级启蒙思想家如英国的洛克、法国的孟德斯鸠、美国的潘恩等提出了许多激动人心的代表资产阶级利益和要求的口号和思想，以反对和批判封建统治所赖以存在的思想体系，如以"法治"批判"人治"，以"人民主权"取代"君权神授"，并提出"天赋人权""自然权利论""社会契约论""权利分立论""民主""自由""正义"等适应资本主义商品经济发展需要的口号和理论。这些学说和理论一经提出即深入人心，获得人们的认同和响应，唤起了人们的权利意识和民主意识。在资产阶级夺取政权后，成为资产阶级制定和实施宪法的理论基础。

（3）比较发达的民主政治是近代意义宪法产生的政治条件。资产阶级革命的胜利和资产阶级专政政权的建立是资产阶级宪法产生的政治基础。资产阶级在长期的反封建主义的斗争中建立以普选制、代议制为核心的民主政治制度，这种政治制度适应的资产阶级以全体人民代表的名义进入议会和国家机构，反映资产阶级政治利益和要求。资产阶级在革命胜利之后便将这种政治制度以根本法的形式固定下来，借以维护自己的统治。

（4）宪法产生的法律条件。随着资本主义市场经济的发展，社会关系日益复杂，使得封建社会的诸法合体的立法模式已经远远不能适应社会需要，要根据社会关系的不同性质制定不同的法律。当越来越多的法律出现时，不同规则之间的矛盾与冲突就会越来越明显，这时宪法应运而生，因为只有宪法才能保证法律体系的统一性与内部的和谐一致。

（二）早期主要资本主义国家宪法的产生

近代宪法是资产阶级革命后的产物。从 17 世纪至 18 世纪，英、美、法等国在资本主义发展的基础上，先后爆发了资产阶级革命。革命胜利后，取得政权的资产阶级将在革命过程中建立的民主制以法律的形式予以确认，形成了各自的

宪法。

17 世纪的英国宪法是近代宪法的先驱,被誉为“宪政之母”。英国宪法有两个特点:不彻底性、不成文性。1787 年的美国宪法是世界上第一部成文宪法。1791 年法国宪法是欧洲大陆上的第一部资产阶级成文宪法。

二、我国的现行宪法

新中国成立后先后颁布了一个宪法性文件和四部《宪法》,即《中国人民政治协商会议共同纲领》、1954 年《宪法》、1975 年《宪法》、1978 年《宪法》、1982 年《宪法》。1982 年《宪法》是我国的现行《宪法》,由第五届全国人大第五次会议全体会议于 1982 年 12 月 4 日通过。这部《宪法》以四项基本原则为指导思想,继承和发展了 1954 年宪法的基本原则,全面总结了我国社会主义建设正反两方面的经验,反映了改革开放以来各方面取得的巨大成就,规定了国家的根本制度和根本任务。它由 138 条正文、31 条修正案组成。

1. 1988 年宪法修正案共有 2 条

国家允许私营经济在法律规定的范围内存在和发展,私营经济是社会主义公有制经济的补充;土地的使用权可以依照法律规定有偿转让。

2. 1993 年宪法修正案共有 9 条

增加了“我国正处在社会主义初级阶段”“根据建设有中国特色社会主义的理论”的规定;将“高度文明、高度民主”的奋斗目标改为“富强、文明、民主”;增加“中国共产党领导下的多党合作和政治协商将长期存在和发展”;将“国营经济”改为“国有经济”;将“农村人民公社、农业生产合作社”改为“农村中的家庭联产承包为主的责任制”;将“计划经济”改为“社会主义市场经济”;将县级人大的任期制由 3 年改为 5 年。

3. 1999 年宪法修正案共有 6 条

确立“邓小平理论”的指导地位;增加规定“中华人民共和国实行依法治国,建设社会主义法制社会国家”;增加规定“国家在社会主义初级阶段,坚持以公有制为主体,多种所有制共同发展的基本经济制度,坚持按劳分配为主,多种分配方式并存的分配制度”;将“以家庭联产承包为主的责任制”改为“农村集体经济组织实行家庭承包经营为基础、统分结合的双层经营体制”;关于个体经济和私营经济,作出规定“在法律规定范围内的个体经济、私营经济等非公有制经济,是社会主义市场经济的重要组成部分”;将“反革命活动”修改为“危害国家安全的犯罪活动”。

4. 2004 年宪法修正案共有 14 条

确立“三个代表”重要思想,提出了“推动物质文明、政治文明和精神文明协调发展”;“沿着建设有中国特色社会主义的道路”修改为“沿着中国特色社会主义道路”;“爱国主义统一战线”修改为“在长期的革命和建设过程中,已经结成由中国共产党领导的,由各民主党派和各人民团体参加的,包括全体社会主义劳动者、社会主义事业的建设者、拥护社会主义的爱国者和拥护祖国统一的爱国主义者的广泛的爱国统一战线,这个统一战线将继续巩固和发展”;国家为了公共利益的需要,可以依照法律规定对土地实行征收或者征用并予以补偿,对非公有制经济的政策进行调整,保护公民的私有财产;增加“国家建立健全同经济发展水平相适应的社会保障制度”;增加“国家尊重和保障人权”;对全国人大代表的范围进行扩充,“决定全国或者个别省、自治区、直辖市的戒严”修改为“决定全国或者个别省、自治区、直辖市进入紧急状态”;国家主席的职权之一修改为:“中华人民共和国主席根据全国人民代表大会的决定和全国人民代表大会常务委员会的决定,公布法律,任免国务院总理、副总理、国务委员、各部部长、各委员会主任、审计长、秘书长、授予国家的勋章和荣誉称号,发布特赦令,宣布进入紧急状态,宣布战争状态,发布动员令”;国家主席的职权之一修改为:“中华人民共和国主席代表中华人民共和国进行国事活动,接见国外使节;根据全国人民代表大会常务委员会的决定,派遣和召回驻外全权代表,批准和废除同外国缔结的条约和重要协定”;国务院职权之一修改为“依照法律规定决定省、自治区直辖市的范围内部分地区进入紧急状态”;地方各级人民代表大会每届任期五年;增加了国歌的规定。

第三节　宪法的基本制度

引导案例

某市著名民营企业家、全国人大代表李某,在全国人大代表小组讨论会上论及政府有关民营经济的一些政策和管理措施时,对其所在市的市领导的某些做法大加批评,言辞颇为激烈。该市领导获悉后极为不满,并安排其秘书对李某的通讯往来密切监控。一个月后,该市公安机关以涉嫌诽谤罪,宣布将李某逮捕。请结合宪法学知识,分析李某的哪些权利受到侵犯,并说明依据。

一、人民民主专政制度

(一) 国体

国体亦称国家性质,即国家的阶级本质,它是由社会各阶级、各阶层在国家中的地位所反映出来的国家的根本属性。不同类型国家宪法对国体的表现方式不一致,资本主义国家宪法通常以“主权在民”“全民国家”等超阶级的字样规定国体,否认国家的阶级本质;社会主义国家则公开表明国家的阶级本质,宣布自己是无产阶级专政或人民民主专政的国家。

我国《宪法》总纲第1条“中华人民共和国是以工人阶级领导的、工农联盟为基础的人民民主专政的社会主义国家”表明了社会主义制度是我国的根本制度,人民民主专政是我国国家性质的具体体现。

人民民主专政是一种对人民实行民主和对敌人实行专政有机结合的一种国家制度。民主和专政是一种问题的两个方面,人民民主专政的民主方面和专政方面是辩证统一的,对人民实行民主是对敌人实行专政的基础,对敌人实行专政是对人民实行民主的保障。

(二) 人民民主专政实质上是无产阶级专政

人民民主专政是无产阶级专政的具体体现,两者在精神实质和核心内容上是一致的:

(1) 领导力量一致。两者都是由工人阶级(通过中国共产党)来领导的。

(2) 阶级基础一致。工人阶级要推翻剥削阶级、建设和完善社会主义都必须与广大的农民阶级结成牢固的联盟。

(3) 专政只能一致。无产阶级专政和人民民主专政都担负着保障人民当家做主的地位,不断扩大社会主义民主的范围;维护社会主义制度;组织社会主义经济建设和精神文明建设等职能。

(4) 历史使命一致。无产阶级专政和人民民主战争的最终目的和历史使命都是要消灭阶级,消灭剥削,建设社会主义,实现共产主义。既然人民民主专政在实质上是无产阶级专政,我国宪法为什么还要采用人民民主专政的提法呢?因为人民民主专政更能确切地表明我国的阶级状况和政权基础,更直接地体现出对人民实行民主和对敌人实行专政的两个方面,更充分地反映了我国的国情。

(三) 我国人民民主专政的主要特色

1. 中国共产党领导的多党合作

中国共产党领导的多党合作制度包括以下几个方面的基本内容:坚持中国共产党的领导,坚持四项基本原则是多党合作的政治基础;“长期共存,互相监督,肝胆相照,荣辱与共”是多党合作的基本方针;坚持社会主义初级阶段的基本路线,把我国建设成为富强、民主、文明的社会主义现代化国家和统一祖国、振兴中华是各政党的共同奋斗目标;各政党都必须在宪法和法律的范围内活动。

政治协商的内容包括:国家的重要方针政策及重要部署;政府工作报告;国家财政预算;经济与社会发展规划;国家政治生活方面的重大事项;国家法律的重要法律草案;中共中央提出的国家领导人人选;外交上的重要方针政策;关于

祖国统一的重要方针政策;群众生活的重大问题。

2. 爱国统一战线

爱国统一战线是指中国共产党领导的、各民主党派参加的,包括社会主义劳动者、社会主义事业的建设者、拥护社会主义的爱国者和拥护祖国统一的爱国者组成的广泛的政治联盟。具体包含两个范围的联盟:一个是我国大陆范围内,由全体社会主义劳动者和拥护社会主义的爱国者所组成的政治联盟;另一个是广泛团结的台湾同胞、港澳同胞和海外侨胞,以拥护祖国统一为基础的政治联盟。

目前我国爱国主义统一战线的任务是:为社会主义现代化建设服务;为实现祖国统一大业服务;为维护世界和平服务。

中国人民政治协商会议是中国爱国统一战线的组织形式,是实现中国共产党领导的多党合作和政治协商制度的重要机构,它既不是国家机关,也不是一般的社会团体。

二、基本经济制度和文化制度

(一) 基本经济制度

经济制度是指国家的统治阶级为了反映在社会中占统治地位的生产关系的发展要求,建立、维护和发展有利于政治统治的经济秩序,而确认或创设的各种有关经济问题的规则和措施的总称。

我国《宪法》第6条规定:“中华人民共和国的社会主义经济制度的基础是生产资料的社会主义公有制,即全民所有制和劳动群众集体所有制。社会主义公有制消灭了人剥削人的制度,实行各尽所能、按劳分配的原则。国家在社会主义初级阶段,坚持公有制为主体、多种所有制经济共同发展的基本经济制度,坚持按劳分配为主体、多种分配方式并存的分配制度。”

社会主义公有制是我国经济制度的基础,包括全民所有制经济和集体所有制经济。社会主义全民所有制经济,即国有经济,是国民经济中的主导力量,国家保障国有经济的巩固和发展。国有经济是指:国有企业;矿藏、水流,除法定属于集体所有的森林、山林、草原、荒地、滩涂等自然资源;城市的土地除法定属于集体的农村和城市郊区的土地。农村中的生产、供销、信用、消费等各种形式的合作经济是社会主义的劳动群众集体所有制经济,国家保护城乡集体经济组织的合法的权利和利益,鼓励、指导、帮助集体经济的发展。

劳动者个体经济,私营经济和“三资”企业等非公有制经济是我国社会主义市场经济的重要组成部分。劳动者个体是指城乡劳动者个人占有少量生产资料和产品,从事不剥削他人的个体劳动,收益归已的一种所有制形式。私营经济是指以雇工经营为特征、存在雇佣劳动关系的一种所有制形式。“三资”企业是依照宪法的规定,在无损于我国主权和经济独立的前提下,经我国政府批准而兴办的中外合资企业、中外合作企业、外商独资企业。

根据宪法规定,我国的分配原则是:“社会主义公有制消灭了人剥削人的制度,实行各尽所能、按劳分配的制度”;“国家坚持按劳分配为主体、多种分配方式并存的分配制度”,按劳分配是指在各尽所能的前提下,由代表人民的国家或集体经济组织按照每个公民劳动的数量和质量分配给公民应得的劳动报酬。

在我国目前现阶段,存在着多种所有制形式,在分配形式上也不可能是单一的。目前除了按劳分配这一主要分配方式外,其他分配方式还有:企业发放债券筹集资金,因此出现凭债券取得利息;随着股份经济的产生,股份分红相应出现;在企业经营者收入中,包含部分风险补偿;私营企业雇佣一定数量的劳动力,会给企业主带来部分非劳动的收入。

(二)基本文化制度

我国的文化制度主要包括两方面内容:

1. 教育科学文化建设

发展社会主义教育事业,发展社会主义科学事业,发展卫生事业和体育事业,发展文学艺术和其他文化事业。

2. 思想道德建设

思想道德建设决定着精神文明建设的性质,保证着社会主义建设事业的发展方向。主要是指:普及理想教育,把我国建设成为富强、民主、文明的社会主义国家;普及道德教育,树立和发扬社会主义道德风尚;在人民中进行以共产主义为指导、以爱国主义为基础的思想政治教育;反对资本主义的、封建主义的和其他的腐朽思想。

三、人民代表大会制度

(一)人民代表大会制度的概念

人民代表大会制度是我国人民在长期的革命斗争实践中创建的国家政权组织形式,是指我国人民在中国共产党的领导下,贯彻民主集中制的基本原则,依照法律规定的程序和原则,民主选举各级人民代表大会,再由各级人民代表大会组织对其负责并监督的各级国家机关,组成统一协调的国家政权机关体系,共同行使国家权利,实现人民当家做主权利的一种政治制度。

(二)人民代表大会制度是我国根本政治制度

首先,人民代表大会制度体现了社会主义民主的本质,即人民当家做主。宪法规定,我国的一切权利属于人民,人民既可以对代表大会进行选举和监督,也可以对由人民代表大会产生的各级国家机关及其工作人员进行罢免,充分体现了人民当家做主的社会主义民主实质。

其次，人民代表大会制度直接反映着我们国家的阶级本质。中华人民共和国是以工人阶级领导的、工农联盟为基础的人民民主专政的社会主义国家，我国的政权具有统一战线的意义，人民代表大会制度充分反映了这一阶段本质。

再次，人民代表大会制度是国家的其他制度赖以建立的基础，最能体现我国政治生活的全貌。人民代表大会通过行使各项职权，建立各项政治制度，充分反映了我国政治生活的全貌。

四、选举制度

（一）选举制度的概念

选举制度是指关于选举国家代表与国家公职人员的原则、程序与具体方法的各项制度的总称。它反映了国家权利与公民权利之间的平衡关系，体现了社会主义民主政治发展的客观要求。我国的选举制度体现了人民性、民主性和科学性的特点。

（二）选举制度的基本原则

选举制度的基本原则是贯穿在选举制度运作过程中的、反映选举制度基本价值与功能的原理与基本精神。

1. 选举权的普遍性原则

选举权的普遍性是指一个国家内享有选举权的公民的广泛程度，根据我国宪法规定，中华人民共和国年满 18 周岁的公民，不分民族、种族、性别、职业、家庭出身、宗教信仰、教育程度、财产状况、居住期限都有选举权和被选举权，但是依照法律被剥夺政治权利的人除外。

2. 选举权的平等性原则

选举权的平等性是指每个选民在每次选举中只能在一个地方享有投票权，每一票的效力相同，不允许任何选民享有特权，更不允许对任何选民非法加以限制或歧视。

3. 直接选举和间接选举并用的原则

在我国，不设区的市、市辖区、县、自治县、乡、民族乡、镇的人民代表大会的代表，由选民直接选举；而其余级别的人大代表的选举都由下一级人民代表大会选举。这种直接选举和间接选举并用的原则主要是根据国家的经济、政治与文化发展的实际情况而确定的，具有现实的客观基础。

4. 秘密投票的原则

秘密投票又称无记名投票，选举人在选举时只需在正式代表候选人姓名下注明同意或不同意，也可以另选他人或弃权，而无需署名，选票填好后亲手投入票箱，选举人的意愿是不公开进行的，他人无权干涉，也无从干涉。在我国，全国和地方各级人民代表大会的选举，一律采用无记名投票的方法。

（三）选举的程序

1. 确定选举的组织

在我国，实行直接选举的各级人大代表的选举工作由选举委员会主持，即不设区的市、市辖区、县、自治县、乡、民族乡、镇设立选举委员会，主持本级人民代表大会的选举。不设区的市、市辖区、县、自治县的选举委员会受本级人民代表大会委员会的领导，乡、民族乡、镇的选举委员会受上一级人民代表大会常委会的领导。实行简洁选举的各级人民代表的选举由本级人大常委会主持。

2. 划分选区

选区是以一定数量的人口为基础划分的区域，是选民直接选举产生人民代表的基本单位，同时也是人民代表联系选民进行活动的基本单位。选区可以按居住地区划分，也可以按生产单位、事业单位、工作单位划分。

3. 选民登记

选民登记是指对每一个享有选举权利的公民，从法律上确认其选民资格的行为。选举委员会将符合法律规定条件的公民列入选民名单，承认其选民资格，经登记确认的选民资格“一次登记，长期有效”。

4. 代表候选人的提出

全国和地方各级人民代表的代表候选人，按选区或选举单位提名产生。各政党、各人民团体，可以联合或单独推荐代表候选人，选民或者代表 10 人以上联名，也可以推荐代表候选人，有选民直接选举的代表候选人名额应多于应选代表名额的 1/3 至 1 倍；而间接选举的代表候选人名额应多于应选代表名额的 1/5 至 1/2 倍。在直接选举的地方，由选举委员会汇总的代表候选人名单由各该选区的选民小组反复酝酿、讨论、协商，再由选举委员会根据较多数选民的意见，确认正式代表候选人名单，并在选举日的 5 日之前公布。在间接选举的地方，各级人民代表大会主席团将候选人名单提交全体代表反复酝酿、讨论、协商，然后由人大主席团根据较多数代表的意见确定正式代表候选人名单。

5. 投票选举

选举人对于代表候选人可以投赞成票，可以投反对票，可以另选其他选民，也可以弃权，如果选民在选举期间外出，经选举委员会同意，可以书面委托其他选民代为投票，每一选民接受的委托不得超过 3 人，间接选举中，代表候选人须获得全体代表的过半数选票才能当选。

五、民族区域自治制度

（一）民族区域自治制度的概念

民族区域自治制度是指在中华人民共和国范围内，以少数民族聚居区为基础，建立相应的民族区域自治地方，并设立民族自治机关，行使宪法和法律规定的自治权的制度。

民族区域自治地方是指我国境内少数民族聚居并实行区域自治的行政区域，分为自治区、自治州、自治县三级，各民族区域自治地方都是中华人民共和国不可分离的部分。

民族自治机关只是在民族区域自治地方设立的，行使同级一般行政区域的地方国家机关职权和同时行使自治权的国家机关，包括自治区、自治州、自治县的人民代表大会和人民政府，而自治地方的审判机关和检察机关则不是自治机关，不行使民族自治权。

（二）民族自治地方的自治权

民族自治地方的自治机关除行使宪法规定的一般行政区域的地方国家机关的职权外，还行使宪法、民族区域自治法和有关法律规定的自治权：

（1）民族立法自治权。自治地方的人民代表大会有权制定自治条例和单行条例，自治区制定的自治条例和单行条例，报全国人大常委会批准后生效；自治州、自治县制定的自治条例和单行条例，报省或者自治区的人大常委会批准后生效，并报全国人大常委会备案。同时，民族自治地方根据本地方实际情况，贯彻执行国家的法律、政策，对不适合民族自治地方实际情况的，自治机关可以报该上级国家机关批准变通执行或者停止执行。

（2）财政经济立法权。民族自治地方的自治机关有管理地方财政的自治权，民族自治地方依照国家财政体制的规定，财政收入多于财政支出，定额上缴上级财政，收入不敷支出的，由上级财政补助等相关内容。

（3）教育科学文化卫生自治权。

（4）人口政策自治权。

（5）组织公安部队自治权。民族自治地方依照国家军事制度和当地的实际需要，经国务院批准，可以组织本地方维护社会治安的公安部队。

（6）语言文字自治权。民族自治地方的自治机关在执行职务的时候，依照本民族资质地方资质条例的规定，使用当地通用的一种或几种语言文字。

（7）培养和招收民族干部自治权。

六、特别行政区制度

（一）特别行政区的概念

特别行政区是指在我国版图内，根据我国宪法和法律的规定专门设立的具有特殊的法律地位，实行特别的社会、经济制度，直辖于中央人民政府的行政区域。

我国《宪法》第31条规定："国家在必要时得设立特别行政区，在特别行政区内实行的制度按照具体情况由全国人民代表大会以法律规定。"

（二）中央与特别行政区的关系

1. 中央管理的有关特别行政区的事务

根据基本法的规定，凡是主权范围内的事务均应由中央行使权力、负责管理。这些事物是指：负责管理与特别行政区有关的外交事务；负责管理特别行政区的防务；任务行政长官和主要官员；决定特别行政区进入紧急状态；解释特别行政区基本法；修改特别行政区基本法。

2. 特别行政区高度自治权的内容

特别行政区的高度自治权是特别行政区独特法律地位的体现。具体如下：行政管理权，凡属于特别行政区自治范围内的行政事务，均由特别行政区政府负责管理或处理；立法权，除了有关外交、国防和其他按基本法规定不属于特别行政区自治范围的法律，特别行政区不能自行制定外，其余所有民事的、刑事的、商事的和诉讼程序方面的法律都可以自行制定；独立的司法权和终审权。

第四节　公民的基本权利和义务

引导案例

扈佳佳是河北省廊坊市安次区仇庄乡2009年应届高考生，决定报考军校。报考军校应当经过政治审查，由学校、村委会、派出所和人民武装部四个部门按顺序盖章确认。在取得了学校和村委会的盖章后，2009年6月15日，扈佳佳到仇庄乡派出所盖章，但民警郑支明拒绝在政审表上盖章，理由是扈佳佳的父母2007年因宅基地与邻居斗殴，被治安拘留15天。请运用宪法对公民基本权利和义务进行分析。

一、公民的基本权利和义务概述

公民的基本权利是指宪法赋予的、表明权利主体在权利体系中重要地位的权利。基本权利表明公民的宪法地位，是一国权利体系的基础，是稳定的权利体系，在一般情况下具有不可转让性，具有综合性。

公民的基本义务是指由宪法规定的公民必须遵守和应尽的根本责任。公民的基本义务是公民对国家具有首要意义的义务，它构成普通法律所规定的义务的基础。对国家来讲，公民的基本义务就是国家的权利，国家有权要求公民按照宪法和法律的规定，作出一定行为或者不作出一定行为。

二、公民的基本权利

（一）平等权

平等权是指公民平等地享有权利，不受任何差别对待，要求国家同等保护的权利。在我国宪法中，平等权首先表现为法律面前人人平等的原则。我国《宪法》第34条规定："中华人民共和国年满18周岁的公民，不分民族、种族、性别、职业、家庭出身、宗教信仰、教育程度、财产状况、居住期限，都有选举权和被选举权，但是依照法律被剥夺政治权利的人除外。"

公民在法律面前一律平等既包括公民在使用法律上一律平等，又包括守法上的平等，而不包括立法上的平等，在立法上统治阶级与被统治阶级无法平等。另外法律面前平等只是法律范围内的平等，而不是事实上的平等。

（二）政治权利和自由

政治权利和自由是指公民依照宪法和法律的规定，参与国家政治生活的行为。

1. 选举权和被选举权

选举权与被选举权是指选民依法选举或被选为带一机关代表和特定国际机关公职人员的权利。在我国凡是年满18周岁的公民，不分民族、种族、性别、职业、家庭出身、宗教信仰、教育程度、财产状况、居住期限，都有选举权和被选举权，但是依照法律被剥夺政治权利的人除外。

2. 言论、出版、集会、结社、游行、示威的自由

言论自由是公民对政治和社会各项问题，有通过语言的方式表达其思想和见解的自由。出版自由是由公民以出版物的形式表达其思想和见解的自由。集会自由是公民有为共同的目的临时集合在一定场所，讨论问题或表达意愿的自由。结社自由是公民为一定宗旨，依照法定程序组织或参加具有连续性的社会团体的自由。游行自由是由公民在公共道路或露天场所以集会、游行、静坐等方式表达其强烈意愿的自由。

3. 批评、建议、申诉、控告、检举和取得国家赔偿权

我国《宪法》规定，公民对任何国家机关和国家工作人员，有提出批评和建

议的权利;对于任何国家机关和国家工作人员的违法失职行为,有向国家机关提出申诉、控告或者检举的权利,但是不得捏造或歪曲事实进行诬告陷害。对公民的申诉、控告或者检举,有关国家机关必须查清事实,负责处理,任何人不得压制和打击报复。由于国家和国家工作人员侵犯公民权利而受到损失的人,有依照法律规定取得赔偿的权利。

（三）宗教信仰自由

宗教信仰自由是指每个公民都有按照自己的意愿信仰宗教,也有不信仰宗教的自由;有信仰这种宗教的自由,也有信仰那种宗教的自由;在同一宗教里,有信仰这个教派的自由,也有信仰那个教派的自由;有过去不信教而现在信教的自由,也有过去信教而现在不信教的自由。

宗教信仰自由作为公民的一项基本权利,受宪法和法律的保障。任何国家机关、社会团体和个人不得强制公民信仰宗教或者不信仰宗教,不得歧视信仰宗教的公民和不信仰宗教的公民。国家保护正常宗教活动,任何人不得利用宗教进行破坏社会秩序、损害公民身体健康、妨碍国家教育制度的活动。

（四）人身自由

人身自由是以人身保障为核心而构成的权利体系,是公民参加国家生活、社会生活和享受其他权利的前提条件。

1. 人身自由不受侵犯

人身自由不受侵犯是指公民的人身(包括肉体或精神)不受非法限制、搜查、拘留和逮捕。我国宪法规定,公民的人身自由不受侵犯。任何公民,非经人民检察院批准或者决定或者人民法院决定,并由公安机关执行,不受逮捕。禁止非法拘禁和以其他方法剥夺或者限制公民的人身自由,禁止非法搜查公民的身体。

2. 人格尊严不受侵犯

公民的人格,就是公民作为人所具有的资格。从法律上讲就是作为权利和义务主体的自主的资格。我国宪法明文规定,公民的人格尊严不受侵犯,禁止用任何方法对公民进行侮辱、诽谤和诬告陷害。

3. 住宅不受侵犯

公民的住宅不受侵犯是指任何机关、团体或者个人,未经法律许可,不得随意侵入,搜查或者查封公民的住宅。我国宪法规定,公民的住宅不受侵犯,禁止非法侵入或者非法侵入公民的住宅。

4. 通信自由和通信秘密受法律保护

宪法规定公民的通信自由和通信秘密受法律保护,任何组织和个人不得以任何理由侵犯公民的通信自由和通信秘密,公民的通信,他人不得隐匿、毁弃、拆阅或者窃听。在一定条件下，公安机关和检察院机关为了国家安全或者追查刑事犯罪的需要，可以依法对公民的通信进行检查，《宪法》第14条规定，公民通信自由和通信秘密受法律的保护，除了因国家安全或者追查刑事犯罪的需要，由公安机关或者检察机关依照法律规定的程序对通信进行检查外，任何组织或者个人不得以任何理由侵犯公民的通信自由和通信秘密。

（五）社会经济、文化教育方面的权利

社会经济权利是指公民根据宪法的规定享有的具有物质经济利益的权利，是公民实现基本权利的物质上的保障，文化教育权利则是公民根据宪法规定，在教育和文化领域享有的权利和自由。

（1）财产权。是指公民对其合法财产享有的不受非法侵犯的权利，《宪法》第13规定，公民的合法的私有财产不受侵犯，国家依照法律规定保护公民的私有财产权和继承权。

（2）劳动权，是指有劳动能力的公民有从事劳动的义务并取得相应报酬的权利。《宪法》第42条规定，公民有劳动的权利和义务。国家通过各种途径，创造劳动就业条件，加强劳动保护，改善劳动条件，并在发展生产的基础上，提高劳动报酬和福利待遇，劳动是一切有劳动能力的公民的光荣职责。国有企业和城乡集体经济组织的劳动者都应当以国家主人翁的态度对待自己的劳动。国家提倡社会主义劳动竞赛，奖励劳动模范和先进工作者，国家提倡公民从事义务劳动。

（3）劳动者休息的权利。是指劳动者在享受劳动权的过程中，有为保护身体健康，提高劳动效率，根据国家法律和制度的有关规定而享有的休息和休养的权利。

《宪法》第43条规定，劳动者有休息的权利；国家发展劳动者休息和休养的设施，规定职工的工作时间和休假制度。

（4）获得物质帮助的权利，是指公民因失去劳动能力或者暂时失去劳动能力而不能获得必要的物质生活资料时，有从国家和社会获得生活保障、享有集体福利的一种权利。《宪法》第45条规定，公民在年老、疾病或者丧失劳动能力的情况下，有从国家和社会获得物质帮助的权利，国家发展为公民享受这些权利所需要的社会保险、社会救济和医疗卫生事业；国家和社会保障残废军人的生活，抚恤烈士家属，优待军人家属；国家和社会帮助安排盲、聋、哑和其他有残疾的公民的劳动、生活和教育。

（5）受教育的权利和义务。《宪法》第46条规定，公民有受教育的权利和义务。国家培养青年、少年、儿童在品德、智力、体质等方面全面发展。

(6) 进行科学研究、文学艺术创作和其他文化活动的自由。科学研究自由，是指我国公民在从事社会科学和自然科学研究时，有选择科学研究课题、研究和探索问题、交流学术思想、发表个人学术见解的自由。《宪法》47 条规定，中华人民共和国公民有进行科学研究、文学艺术创作和其他文化活动的自由。国家对于从事教育、科学、技术、文学、艺术和其他文化事业的公民的有益于人民的创造性工作，给予鼓励和帮助。

(六) 特定人的权利

宪法中的特定人是指妇女、退休人员、军烈属、母亲、儿童、老人、青少年、华侨等。

(1) 保障妇女的权利。我国《宪法》第 48 条第 1 款规定："中华人民共和国妇女在政治的、经济的、文化的、社会的和家庭的生活等各方面享有同男子平等的权利。"

(2) 保障退休人员的权利。退休制度是指根据国家有关部门的规定，国有和集体等企业、事业组织的职工和国家机关的工作人员达到一定年龄时，离开劳动或工作岗位，进行休息或休养，并按照规定领取一定的离休金或退休金的制度。

(3) 保障军烈属的权利。我国《宪法》第 45 条第 2 款规定："国家和社会保障残废军人的生活，抚恤烈士家属，优待军人家属。"

(4) 保护婚姻、家庭、母亲、老人和儿童。

我国《宪法》第 49 条规定，婚姻、家庭、母亲和儿童受国家的保护；禁止破坏婚姻自由，禁止虐待老人、妇女和儿童。

三、公民的基本义务

(1) 维护国家统一与民族团结义务。

(2) 遵守宪法和法律。

(3) 保护国家秘密，爱护公共财产，遵守劳动纪律，遵守公共秩序，尊重社会公德。

(4) 维护祖国安全、荣誉和利益义务。

(5) 保卫祖国，依法服兵役和参加民兵组织是中华人民共和国公民的光荣义务。

(6) 依法纳税的义务。

(7) 其他基本义务。

第五节　国家机构

一、国家机构的概述

（一）国家机构的概念和分类

国家机构是指一定社会的统治阶级按照行使职权的性质和范围建立起来的、进行国家管理和执行统治职能的国家机关体系。国家机构是一整套有系统的国家机关的总和，而不是国家机关的简单相加。

按照不同的标准可以对国家机关进行不同的分类，我国国家机关的分类，从行使权利的范围来看，可以分为中央国家机关和地方国家机关；从行使权利的不同职能来看，可分为国家权力机关、国家主席、国家行政机关、国家军事机关、国家审判机关和国家检察机关。

（二）国家结构的组织活动原则

1. 民主集中制原则

民主集中制是指在民主基础上实行集中，在集中指导下民主的一个国家机构组织和活动原则，体现民主与集中的辩证统一。

2. 社会主义法治原则

有法可依、有法必依、执法必严、违法必究是社会主义法治原则的基本要求。在国家机构中具体体现为，国家立法机关要加强立法工作，不断完善社会主义法律体系；依法组织和建立国家机关及其职能部门；所有国家机关的职权都有法律依据；并且各种国家机构都必须依法定程序行使宪法和法律赋予的职权；国家权利机关要加强法律监督，保证同级其他国家机关在宪法和法律的范围内活动。

3. 责任制原则

责任制是国家机关依法对其行使职权、履行职责的后果承担责任的原则。由于各种国家机关形式的国家权力的性质不同，我国宪法规定了两种责任制：集体责任制和个人责任制原则。

4. 联系群众，为人民服务原则

一切国家机关和国家工作人员必须依靠人民的支持，经常保持同人民的密切联系，倾听人民的意见和建议，接受人民的监督，努力为人民服务。

5. 精简和效率原则

一切国家机关实行精简的原则，实行工作责任制，实行工作人员的培训和考核制度，不断提高工作质量和工作效率，反对官僚主义。

二、全国人民代表大会及其常务委员会

（一）全国人民代表大会

全国人民代表大会是最高的国家权力机关，也是最高的国家立法机关。全国人民代表大会由全省、自治区、直辖市、特别行政区和军队选出的代表组成。全国人民代表大会每届任期5年，在全国人民代表大会任期届满的2个月前，全国人大常委会以全体组成人员的2/3以上多数通过，可以推迟选举，延长本届全国人大的任期，但在非常情况结束后1年内，全国人大常委会必须完成全国人大代表的选举。

全国人民代表大会的职权有：修改宪法和监督宪法实施；制定和修改国家基本法律；对国家机构组成人员的选举、决定和罢免；决定国家的重大事项；对其他国家机关予以监督；其他形式的职权。

（二）全国人民代表大会常务委员会

全国人民代表大会常务委员会是全国人民代表大会的常设机关，是最高国家权力机关的组成部分，是在全国人民代表大会闭会期间经常行使最高国家权力的机关，也是国家立法机关。全国人大常委会由委员长、副委员长若干人、秘书长、委员若干人组成。全国人大常委会的任期同全国人民代表大会每届任期相同，都是5年。

全国人大常委会的职权有：立法权；宪法和法律解释权；监督权；重大事项的决定权；人事任免权；全国人大授予的其他权利。

三、中华人民共和国主席

（一）国家主席的性质和地位

国家元首是国家的首脑，是国家对内对外的最高代表。中华人民共和国主席是我国的国家元首，是我国国家机构的重要组成部分，对内对外代表中华人民共和国。

（二）国家主席的产生和任期

中华人民共和国主席、副主席由全国人民代表大会选举产生。在我国，“有选举权和被选举权的年满45周岁的中华人民共和国公民可以被选为中华人民共和国主席、副主席。”国家主席、副主席的任期与全国人大每届任期相同，都是5年，而且连续任职不超过两届。

（三）国家主席的职权

国家主席一般根据全国人大常委会的决定行使职权：公布法律，发布命令；任免国务院的组成人员和驻外全权代表；外交权；荣典权。

四、国务院

（一）国务院的性质、地位、组成和任期

中华人民共和国国务院，即中央人民政府，是最高国家权力机关的执行机关，是最高国家行政机关。国务院由总理、副总理若干人、国务委员若干人、各部部长、各委员会主任、审计长、秘书长组成。国务院的任期与全国人民代表大会每届任期相同，均为5年，总理，副总理、国务委员连续任职不得超过两届。

（二）国务院的领导体制

国务院施行总理负责制。总理负责制是指国务院总理对其所主管的工作负全部责任，与负责全部责任相联系的是对自己主管的工作有完全的决定权。总理负责制表现在：由总理提名组织国务院；总理领导国务院的工作，副总理、国务委员协助总理的工作，国务院其他组成人员都在总理领导下工作，向总理负责；总理主持召开常务会议和全体会议，总理拥有最后决定权，并对决定的后果承担全部责任；国务院发布的决定、命令、行政法规、提出的议案、任免国务院组成人员的决定，都得由总理签署。

（三）国务院的职权

根据宪法条文的规定，对国务院职权概括如下：

（1）国务院有权根据宪法规定行政措施，制定行政法规，发布行政决定和命令。

（2）对国防、民政、文教、经济等各项工作的领导和管理权。

（3）对所属部、委和地方各级行政机关的领导权及行政监督权。

（4）提出议案权。

（5）行政人员的奖罚权。

（6）全国人大及其常务委员会授予的其他职权。

五、中央军事委员会

中央军事委员会即中央军委是国家的最高军事领导机关，领导全国的武装力量，是国家机构的重要组成部分。中央军委由主席、副主席若干人，委员若干人组成。中央军委主席由全国人民代表大会产生并对其负责，根据中央军委主席的提名，全国人大决定其他组成人员的人选。全国人大有权罢免中央军委主席和中央军委其他组成人员。中央军委的每届任期与全国人大相同，为5年。

中央军委实行主席负责制，军委主席有权对中央军委职权范围内的事务作出最后决策。中央军委是国家最高的军事决策机关，行使的职权有：统一指挥全国武装力量；决定军事战略和武装力量的作战方针；领导和管理中国人民解放军的建设，制定规划、计划并组织实施；制定军事法规，发布决定和命令等。

六、地方国家机构

（一）地方各级人民代表大会

地方各级人民代表大会是地方国家权力机关，本级的地方国家机关、审判机关和检察机关都由人民代表大会选举产生，在本行政区域负责与监督。地方各级人大在本级国家机构中处于首要的地位。

省、自治区、直辖市、自治州、社区的市的人民代表大会代表由下一级的人民代表大会选举；县、自治县、不设区的市、市辖区、乡、民族乡、镇的人民代表大会代表由选民直接选举产生，地方各级人民代表大会每届任期5年。

（二）地方各级人民政府

地方各级人民政府是地方各级国家权力机关的执行机关，是地方各级国家行政机关。由本级人大选举产生，并对人大负责并报告工作，人大闭会期间，对本级人大常委会负责并报告工作。

我国各省、自治区、直辖市、自治州、市、县、自治区、乡、民族乡、镇的人民政府都实行省长、自治区主席、州长、市长、县长、区长、乡长、镇长、负责制。

七、人民法院与人民检察院

（一）人民法院

我国现行《宪法》第123条规定："中华人民共和国人民法院是国家的审判机关。"这一规定明确了人民法院的性质。根据这一规定，在我国，审判权必须由人民法院统一行使，即只有人民法院才有审判权，其他任何机关、团体和个人都无法进行审判活动。

我国人民法院的组织体系由以下法院组成：全国设立最高人民法院、地方各级人民法院和专门法院。地方各级人民法院分为高级人民法院、中级人民法院、基层人民法院；专门人民法院包括军事法院、海事法院、铁路运输法院。

最高人民法院监督地方各级人民法院和专门人民法院的审判工作，上级人民法院监督下级人民法院的审判工作。这表明上下级人民法院之间的关系不是领导关系，而是监督关系。根据这一规定，上级人民法院不能直接指挥命令下级人民法院如何进行审判，只能对下级人民法院在审判活动中是否正确使用法律进行审查监督。

（二）人民检察院

我国《宪法》第129条规定："中华人民共和国人民检察院是国家的法律监督机关。"这一规定明确了人民检察院的性质。

全国设立最高人民检察院、地方各级检察院和专门人民检察院。地方各级人民检察院分为省、自治区、直辖市人民检察院;省、自治区、直辖市人民检察院,自治州和设区的市人民检察院;县、不设区的市、自治县和市辖区人民检察院。专门人民检察院包括军事检察院、铁路运输检察院等。

省一级人民检察院和县一级人民检察院,根据工作需要,提请本级人民代表大会常务委员会批准,可在工矿区,农垦区,林区等区域设置人民检察院,作为派出机构。

最高人民检察院是国家最高检察机关。最高人民检察院领导地方各级人民检察院和专门人民检察院的工作,上级人民检察院领导下级人民检察院的工作。这表明,在人民检察院系统内上下级人民检察院之间的关系是领导与被领导的关系,最高人民检察院领导地方各级人民检察院和专门人民检察院,上级人民检察院领导下级人民检察院,下级人民检察院必须接受上级人民检察院的领导和最高人民检察院的领导,对上级人民检察院负责。

一、思考题

1. 我国宪法规定的“一切权力属于人民的原则”主要体现在哪些方面?
2. 近代中国出现过哪三种不同性质的宪法?
3. 我国公民基本权利和基本义务的内容是什么?

二、案例分析

据《成都日报》报道,“峨眉山风景名胜区针对本地、外地不同游客,实行两种不同的游览点门票价格”,为此该名胜区管委会被四川大学法学院8名学生推上法庭。11日,该案在峨眉山市中级人民法院开庭。据悉,这是全国首例风景区门票价格地域歧视案件,引起众多风景名胜区的关注。今年4月13日,四川大学学生张祥、乌卓等一行8人结伴去峨眉山游玩。购票时他们发现风景区全价门票为80元/人,同时,对学生实行优惠票价40元/人。让他们惊讶的是,他们还见到了另一本地学生,凭学生证,竟可以10元/人的价格购得门票。该票样式为:票面铅印价格为50元,却以加盖印章的形式在票面上标出10元。学生们认为,同样的风景,不同地域的游客却价格不一样,这是对外地游客的歧视,是一种价格欺诈行为。7月2日,他们以风景区管委员会对游客实行地域性歧视待遇为由,将其推上法庭,要求赔礼道歉。

运用宪法学知识分析:原告所享有的宪法上的平等权是否能对峨眉山风景区管理委员会发生效力?峨眉山风景区的差别对待是否构成对原告的依据宪法享有的平等权的侵犯?

三、延伸阅读书目

1. 林来梵:《宪法学讲义》,法律出版社 2011 年版。
2. 张千帆主编:《宪法学》(第三版),法律出版社 2014 年版。
3. 胡锦光主编:《宪法》,北京大学出版社 2013 年版。
4. 许崇德主编:《宪法》(第五版),中国人民大学出版社 2014 年版。

第三章 民　　法

教学要求

通过本章讲授和学习，你应该能够正确理解民法的调整对象，平等主体间的人身关系和财产关系；能够掌握民法基本原则、主要民事制度和主要民事权利制度；具备分析、处理一般财产纠纷、债务纠纷、侵权纠纷等的能力。

本章概要

民法是法律体系中重要的法律部门，是调整平等主体之间的人身关系和财产关系的法律规范的总称。本章介绍民法基本理论体系，具体阐述民法基本制度，包括民法基础内容，如民法基本原则、民事主体制度、民事法律行为制度、民事责任制度、诉讼时效规则。并以民事权利为主线，详述主要民事权利制度，如物权、债权、继承权等。进而介绍权利保护制度，侵权责任规范内容。本章内容以现行民事法律规范为依据进行编写，结合典型案例进行阐释。

重要概念

民法　民事法律关系　诚实信用　民事权利能力　民事行为能力　法人　民事法律行为　代理　物权　所有权　债权　合同　不当得利　无因管理　侵权行为　继承权　民事责任　诉讼时效

第一节 民法概述

引导案例

1955年,战士张小平家有7间空房,当时县政府某机关正缺少办公用房,在街道干部的劝说下,他家便将这7间房借给县政府某机关使用。“文化大革命”期间,小张家的房产证不慎丢失。1984年,县政府机关早已搬入办公楼,这7间房已被县政府机关下属单位占用。小张家根据国家有关私房政策,要求县政府归还房屋,可因小张家无房产证,县政府拒不退还。尽管让过去为他们办理房产证的同志和劝他们借房的街道干部,以及当时借房的县委领导作证,问题仍未得到解决。小张回家探亲时,为了解决这件事,心中萌发一个大胆念头:到法院告状。但他与家人商量时,家里人都说,借房的不是一般老百姓,是全县的首脑机关,法院还管得了县政府?

请分析:本案应进行何种诉讼?为什么?

一、民法概念

民法是调整平等主体间的财产关系和人身关系的法律规范的总称。民法是一个独立的法律部门,在国家法律体系中有重要的地位。我国民法的主要渊源是《民法通则》,该法于1986年4月12日在第六届全国人大第四次会议上通过,自1987年1月1日起实施;此后,我国相继制定了《合同法》《物权法》《侵权责任法》等法律及行政法规中的民事规范、最高人民法院的司法解释。

二、民法的调整对象

民法的调整对象是指民法调整的社会关系的范围与性质。根据我国《民法通则》第2条的规定,我国民法调整平等的自然人之间、法人之间、其他社会组织之间以及它们相互之间发生的财产关系和人身关系,即我国民法是调整平等主体间的财产关系和人身关系的法律规范的总和。

可见,民法调整的社会关系的本质特点在于其平等性,这是民法区别于其他法律部门的根本特点。所谓平等主体,是指主体以平等的身份介入到具体的社会关系当中,而不是在一般意义上判断主体间的平等性,例如国家和公民虽然在一般意义上不是平等关系,但只要在其发生的具体法律关系中,各个主体都是以平等的身份出现,就可以判断是否具有平等性,如果具有平等性,就受到民法的调整。民法中的平等,是指在财产关系和人身关系中当事人的地位平等,并不涉及在政治关系中当事人的地位平等问题。

（一）平等主体之间的人身关系

人身关系，指与人身不可分离、以人身利益为内容、不直接体现财产利益的社会关系。人身关系包括人格关系和身份关系。人格关系是基于人格利益而发生的社会关系。《民法通则》规定的“人格尊严”就属于一般人格利益，同时《民法通则》还规定了生命、健康、姓名、名称、肖像、名誉等具体人格利益，这些利益通过法律确认就分别成为一般人格权和具体人格权。身份关系是以特定的身份利益为内容的社会关系，如配偶关系、父母对子女的关系等。

民法调整的人身关系具有如下特点：第一，主体地位平等。民法调整的人身关系的主体具有平等的法律地位，相互之间没有隶属关系。第二，与人身不可分离。人身关系是基于人身利益而发生的关系，离开了人身就不会发生人身关系。第三，不直接体现财产利益。人身关系中权利人的权利和义务人的义务，都不直接体现财产利益。但是，人身关系与财产利益又有联系。有的人身权可以转化为财产利益，例如企业名称权可以依法转让，有偿转让即可获得财产利益。

（二）平等主体之间的财产关系

财产关系，指人们在产品的生产、分配、交换和消费过程中形成的具有经济内容的关系。财产关系的范围极为广泛，民法不可能调整全部财产关系，哪些财产关系应由民法调整呢，根据我国《民法通则》第 2 条的规定，民法调整的财产关系只是发生在平等的民事主体之间的财产关系。

根据财产关系的内容，财产关系可分为财产归属关系和财产流转关系。前者为静态的财产关系，后者为动态的财产关系。财产归属关系主要是财产所有关系，其经济性质属于所有制范畴。财产流转关系指财产由一人向另一人转移而发生的关系。财产流转的主要内容的经济性质属于商品交换关系，其典型表现是商品买卖关系、货币借贷关系、货物运送关系、货物保管关系等。

三、民法的特征

（一）民法与社会经济发展相适应

民法调整的财产关系和人身关系是与一定社会发展时期中商品经济发展的要求相适应的。从本质上讲，民法就是把一定社会里商品经济发展的客观要求直接上升为法律规范。

（二）民法是私法

民法是私法的核心部分。民法作为私法的组成部分，主要调整私法关系。区分公法、私法的意义主要体现在：第一，区分公法和私法，有助于在私法领域提倡当事人意思自治，尽可能减少国家的干预。第二，在公法领域中，公共权力法定，没有法律的明确授权，公权力机关不得任意从事行为；而在私法领域奉行私法自治的理念，法不明文禁止则为允可，赋予了当事人广泛的自由。第三，区分公法、私法对于正确认定法律责任的性质也非常重要。出现社会纠纷以后，如果涉及私法关系，产生的就是私法上的后果，即当事人个人之间的责任；如果涉及公法关系，则产生个人对国家怎么负责的问题。[①] 第四，保障公民的基本人权不受侵犯。区分公法、私法就是要确立私法不可侵犯的观念，国家应当充分地尊重和保障公民权利不受侵犯。

（三）民法是权利法

民法最基本的职能在于对民事权利的确认和保护，这就使民法具有权利法的特点。

（1）民法始终以保护权利为己任。民法就是一部权利法，历史上，民法一直强调对私权的充分保护。

（2）民法体系的构建是以权利为基本的逻辑起点。在民法总则中，民法的主体制度实际上确认了权利的归属；民事法律行为和代理实际上是民事权利的行使，他们从动态上表彰民事权利；诉讼时效则为民事权利行使的期限限制。而民法的分则完全是以权利为内容展开的，并分别形成了物权、债权、人身权等权利体系。

（3）民法通过救济手段确认权利。民法将侵害各种权利的责任形态集中加以规定，使受害人一旦遭受侵害之后能够明确其在法律上享有的各种补救手段，甚至可以在各种救济手段之间进行理性的选择。

明确民法是权利法，不仅有助于明确民法的性质和功能，而且有助于我们在当前的民事立法中，贯彻以民事权利为中心构建民事权利体系的思想，真正使我国民法典成为一部现代的权利宣言和权利宪章，从而为我国社会主义市民社会的发育和市场经济的完善提供制度支撑。

（四）民法是实体法

作为实体法，民法既是行为规范又是裁判规则。民法作为行为规范主要具有两方面的功能：确立交易规则和确立生活规则；同时民法规则也是司法审判机关正确处理民事纠纷所遵循的基本准则。

四、民法与邻近法律部门的关系

（一）民法与经济法

在法律发展史上，经济法属于新兴的法律部门，对于什么是经济法，国内外

① 谢怀栻：《外国民商法精要》，法律出版社 2002 年版，第 51—52 页。

众说纷纭,国外就此问题存在大经济法、狭义经济法和最狭义经济法三种观点。我国存有五种观点,即大经济法观点、狭义经济法观点、经济行政法说、纵横统一说和学科经济法论。我们认为经济法实际上是经济行政法,它是国家权力作用于经济生活,由国家行政机关对国民经济实行组织、管理、监督、调节的法律规范的总称。经济法在内容上包括:反不正当竞争法、反垄断法等法律。民法和经济法的根本区别在于,经济法主要调整经济管理关系,在性质上主要属于公法;而民法不仅调整平等主体之间的财产关系,还调整平等主体之间的人身关系,其性质为私法。

(二) 民法与商法

所谓商法,又称商事法。形式上的商法,专指在民法典之外的商法典以及公司、保险、破产、票据、海商等单行法;实质上的商法,指一切有关商事的法律规范。

(1) 联系。商法为民法的特别法,民法和商法的关系是普通法和特别法的关系。商法调整的对象是民法调整对象的一部分。商法的基本原则来源于民法的基本原则。民法中的各种基本制度是商法的依据。

(2) 区别。第一,主体不同,商法的主体必须是以营利为目的的商人(商自然人和商法人);民法的主体是一般的人。第二,调整范围不同,商事关系几乎全是纯粹的财产关系;而民法不仅调整财产关系,而且还调整人身关系。第三,商法具有国际性,而民法的许多制度具有地域性。

(3) 立法体制。关于民法和商法的关系历来存在着民商合一和民商分立的观点。所谓民商合一,就是指制定一部民法典,将其统一适用于各种民商事活动中,不再单独制定一部商法典。而民商分立则意味着严格区分民法与商法,在民法典之外还要制定一部单独的商法典。民商分立的体制最早起源于法国,在19世纪末期和20世纪初期,相当多的大陆法系国家立法时采纳了民商分立体例。然而,到了20世纪初,瑞士制定了《民法典》,在《民法典》中包括了公司法、商业登记法等商法的内容,从而实现了民商合一的立法体例。我国民事立法实际上采取的是民商合一的体例,由民法典统一调整社会商品经济关系。

五、民法基本原则

民法的基本原则反映民事生活的根本属性。民法基本原则是对民事法规具有普遍效力意义的行为准则,它不仅是制定、解释、执行民法的出发点和依据,是民事主体进行一切民事活动的基本准则,也是民法的性质和特征的集中体现。根据我国《民法通则》的有关规定,我国民法有如下五项基本原则。

(一) 平等原则

我国《民法通则》第3条规定:“当事人在民事活动中的地位平等。”民事主体地位平等原则，是我国民法将平等主体之间的财产关系和人身关系作为其调整对象的必然体现。民法的平等原则集中反映了民法所调整的社会关系的本质特征，也是全部民事法律制度的基础。我国民法平等原则的具体表现是：

其一，当事人参与法律关系的地位是平等的，任何一方都不具有凌驾或优越于另一方的法律地位。平等是与隶属关系相对立的，即一方不能隶属于另一方，法律地位的平等就决定了当事人必须平等协商，不得对另一方发出强制性的命令或指示。其二，适用规则的平等。任何民事主体参与民事活动都要平等地受到民事法律的拘束，不享有法外的特权，不能凌驾于法律之上，即"法律面前人人平等"。其三，权利保护的平等。在任何一方的权利受到侵害之后，他们都应当平等地受到民法的保护和救济。

（二）意思自治原则

意思自治是私法的基本原则，也是私法与公法相区别的主要特征。它赋予市场主体享有在法定范围内的广泛的行为自由，因而该原则在民法中处于支配地位，被认为是民法最基本的精神和原则。

《民法通则》第4条规定，民事活动应当遵循自愿原则，又称意思自治原则。所谓自愿原则，是指当事人有权根据自己的意志，决定是否实施某种民事法律行为，参加或不参加某种民事法律关系。其含义包括：(1) 民法规范民事主体的行为方面，体现当事人意思自治。(2) 民事主体依据自己的意愿设立、变更或者终止民事法律关系，他人不得非法干预。(3) 双方和多方的民事行为的内容以及形式由当事人自愿协商。

（三）公平原则

所谓公平原则，就是指民事主体应本着公平正义的观念实施民事行为，司法机关应根据公平的观念处理民事纠纷，民事立法也应该充分体现公平的观念。我国《民法通则》第4条规定：民事活动应当遵循公平原则。这就将公平原则确定为一项基本原则。公平原则体现在以下几个方面：

(1) 公平的理念贯彻在整个民事法律制度的设计当中。例如，在合同法中，情事变更制度、显示公平制度等都是公平原则的具体体现。

(2) 公平原则是民事活动的一项基本原则。所谓公平就是以利益的均衡作为价值判断标准以调整主体之间的经济利益关系。民事主体在从事民事活动的过程中，应当按照公平的观念正当地行使权利和履行义务。

(3) 在侵权法中公平原则体现为公平责任原则。公平责任，又称衡平责任，是指当事人双方在对造成的损害均无过错的情况下，由人民法院根据公平的观念，责令加害人对受害人的财产损失给予适当补偿。我国《民法通则》第132条关于"当事人对造成的损害都没有过错的，可以根据实际情况，由当事人分担民事责任”的规定,是公平责任原则的重要法律依据。

(4) 公平原则是法官适用民法应当遵循的重要理念。

(四) 诚实信用原则

《民法通则》第4条规定,民事活动应当遵循诚实信用的原则。诚实信用原则是一项重要原则,常常被称为民法特别是债法中的最高指导原则或称为“帝王规则”,该原则要求民事主体从事民事活动时应当诚实、守信用,正当行使权利和履行义务。

诚实信用原则主要体现在:(1) 民事主体行使民事权利,与他人之间设立、变更或消灭民事法律关系均应当诚实、不做假、不欺诈,不损害他人的利益和社会利益。(2) 民事主体应恪守信用,履行义务;不履行义务给他人造成损害时,应自觉承担责任。(3) 法官以及仲裁员处理民事案件时应贯彻诚实信用原则,主要体现在以事实为依据,保护各方当事人的权利,平衡当事人的利益。(4) 在立法上,不仅需要在民事基本法上确立诚实信用为基本原则,而且还应根据需要制定若干体现诚实信用原则的具体条款。比如,《合同法》第92条规定:“合同权利义务终止后,当事人应当遵循诚实信用原则,根据交易习惯履行通知、协助、保密等义务。”

案例3-1-1 退休的老赵想买一处安静的住房,颐养天年。远达公司明知自己在建的商品住宅楼旁将兴建一机场,但却对老赵说,此处远离市中心,难得的安静,没有将新建机场的事告知老赵,老赵相信了远达公司的介绍而购买了该处住房。此案中远达公司有告知义务而故意不告之,其行为违背了诚实信用原则。

(五) 公序良俗原则

公序良俗,是由“公共秩序”和“善良风俗”两个概念构成的。在《法国民法典》中,两者被统称为公序良俗。而在《德国民法典》中,只有善良风俗而没有公共秩序的概念。“社会公德和社会公共利益”一语出现在我国《民法通则》第7条中,被认为确立了我国民法的一个基本原则 。

社会公德是社会公共道德的简称,又称善良风俗,是指由社会全体成员所普遍认可、遵循的道德准则。它一直是我国民法所恪守的一个基本理念,如我国民法提倡家庭生活中互相帮助、禁止遗弃虐待老人和未成年人,禁止有伤风化、违背伦理的行为。提倡拾金不昧的良风美俗,确认因维护他人利益而蒙受损失者有权获得补偿,这些都是正面倡导社会公德的规定。

社会公共利益是指全体社会成员共同利益。我国《民法通则》不仅将尊重社会公共利益作为一项民事活动的基本原则,而且在民事法律行为制度中,将尊重社会公共利益作为民事法律行为的有效条件之一。《民法通则》第58条明确规定,违反社会公共利益的民事行为无效。确定公序良俗原则有助于实现对社会秩序的控制，有助于遵循社会所普遍认同的道德，从而使社会有序发展。

第二节　民事法律关系

引导案例

甲有闲置房5间。2000年1月，甲将其中3间房屋租给好友乙，另两间房屋租给丙，租期未定。为方便起见，甲委托乙向丙代收房屋租金，并约定，乙需每年1月向甲预付乙、丙1年的租金。2000年12月，乙未征求甲的意见，就以甲的名义将租给丙的2间房租给了赵某夫妇，租期为5年。赵某夫妇依约按时向乙缴纳房租，但乙自2002年起便没有再向甲缴纳房屋租金。甲于2002年2月、4月向乙讨要果两次房租未果，因碍于好友的情面和忙于生意，甲未再向乙提及房租事宜。2005年1月，甲因生意需要，要求乙和赵某夫妇腾房，赵某夫妇以租期未到为由不同意腾房。甲向法院起诉，要求赵某夫妇腾房，并要求乙和赵某夫妇偿付各自所欠的3年的房租。

请分析：甲与乙存在什么法律关系？其法律后果如何？赵某夫妇与甲之间有没有合法的租赁关系？甲能否请求法院判决乙和赵某夫妇偿付3年的租金？为什么？

一、民事法律关系概述

（一）民事法律关系的概念和特征

1. 概念

民事法律关系是平等主体之间发生的，具有民事权利义务内容的社会关系，是民法调整平等主体间的财产关系和人身关系在法律上的表现。民事法律关系是法律关系的一种，如人身关系、物权关系、债权关系和财产继承关系等。

民法的调整功能是通过将社会关系转化为法律关系来完成的，民事法律关系之形成，实际上是民法使社会关系秩序化的目的实现之过程。因此，民事法律关系在民法理论研究中占有重要地位。

2. 特征

（1）民事法律关系是平等主体之间一定的财产关系和人身关系。每个法律部门都调整一定的社会关系，民法所调整的社会关系是平等主体之间的财产关系和人身关系，民事法律关系是平等的财产关系和人身关系在法律上的表现。

（2）民事法律关系因当事人的意志所确定。民法属于私法范畴，民事法律关系是由当事人自主设立的，其内容直接体现当事人的意思，其产生、变更和终止在大多数情形下取决于当事人所为的民事行为,而不是国家或他人的意志,如合同、遗嘱。

(3) 民事法律关系具有法律强制力,其内容的实现为法律所保障。民事法律关系是民法规定和保护的一种社会关系,其实现由国家强制力来保障。民事权利可以放弃,但民事义务不得违反,不履行民事义务,则要承担民事责任。例如,违约行为、侵权行为会受到民法的制裁。

(二) 民事法律关系的分类

按照不同的标准,对民事法律关系可作如下主要分类:

(1) 按照是否直接具有财产利益的内容,民事法律关系可分为财产法律关系和人身法律关系。财产法律关系是指直接与财产有关的具有财产内容的民事法律关系。人身关系是指与主体不可分离的,不直接具有财产内容的民事法律关系。

(2) 根据义务主体的范围,民事法律关系可分为绝对法律关系和相对法律关系。绝对法律关系是指义务主体不特定,权利人以外的一切人均为义务人的民事法律关系。相对法律关系是指义务主体为特定人的民事法律关系。

(3) 根据权利的实现方式,可以把财产法律关系区分为物权关系和债权关系。物权关系是指权利人可以直接支配物,不需要义务人实施某种积极行为予以配合即可行使并实现其权利的民事法律关系。债权关系,是指权利人必须有义务人的一定行为相配合,才能行使和实现其权利的民事法律关系。义务人的一定行为通常是积极的行为,所以债权关系属于相对法律关系。

(4) 根据形成和实现的特点,民事法律关系可分为权利性民事法律关系和保护性民事法律关系。权利性民事法律关系,是指民事主体依其合法行为而形成的,能够正常实现的民事法律关系。保护性民事法律关系,是指因不法行为而发生的民事法律关系。

二、民事法律关系构成要素

民事法律关系即民事权利义务关系,是由民法调整的,民事法律关系的要素是构成民事法律关系必须具备的条件,任何一种法律关系都必须具备主体、内容、客体三个要素,缺一不可。

(一) 民事法律关系的主体

民事法律关系的主体又称民事主体,指参与民事法律关系、享受民事权利和承担民事义务的人。民事主体主要包括自然人、法人和非法人组织,在某些情况下,国家也可以成为特殊的民事主体。当事人中享有权利的一方是权利主体,承担义务的一方是义务主体。民事法律关系中的每一方主体可以是单一的,也可以是多数的。例如,在债权关系中,债权人和债务人都既可以是一个人,也可以是多个人。

(二) 民事法律关系的内容

民事法律关系的内容是指民事法律关系中的权利主体所享有的权利和义务主体所承担的义务。

1. 民事权利

(1) 概念

民事权利是指民事主体为实现某种民事利益,而依法为某种行为或不为某种行为的可能性。是民事法律关系的核心内容,我国的民事法律制度是以民事权利为轴心建立起来的。

(2) 分类

民法是以民事权利为中心的。保护民事主体的合法权利,是民法的主要任务。民事权利根据不同的标准可以作以下分类:

第一,财产权和人身权。以民事权利所体现的利益性质为标准,民事权利可以分为财产权和人身权。财产权指以财产利益为内容的权利,如物权、债权等;人身权,是以人身利益为内容,与权利主体不可分离的权利。人身权又可以分为人格权和身份权。

第二,绝对权和相对权。以效力范围为标准,民事权利可以分为绝对权和相对权。绝对权是指无须通过义务人实施一定的行为即可实现,并可以对抗不特定人的权利,如人身权、物权、知识产权、继承权。相对权是指必须通过义务主体实施一定的行为才能实现,且只能对抗特定人的权利,如债权。

第三,支配权、请求权、抗辩权与形成权。以权利实现方式为标准,民事权利可分为支配权、请求权、形成权和抗辩权。

支配权是指权利人可以直接支配权利客体(物、人身利益与智力成果)并实现其利益的权利,典型者如物权、知识产权、人身权。所谓侵权,就是指侵犯支配权,支配权常常是确认之诉的对象。

请求权是指典型的相对权。请求权是指权利人要求他人为特定行为(作为或不作为)的权利。其特点是:第一,具有相对性;第二,具有非公示性;第三,大多表现为实体权利。

请求权作为独立的实体权利,连接了实体法与程序法的权利,因为民事诉讼可分为三种,即确认之诉、给付之诉、变更之诉,这三种诉讼中给付之诉是民事诉讼的核心,而给付之诉的基础就是请求权。请求权可以独立存在,也可以只是某权利的内容(权能)。

请求权在民法的意义还在于,它确立了诉讼时效制度的范围,从而使诉讼时效与取得时效之间有明显的区别。一般认为,诉讼时效适用的对象是请求权(只适用于债权请求权和继承法上的请求权)。

抗辩权广义上是指对抗请求权或否认他人的权利主张的权利,有的称为异议权。狭义上仅指对抗请求权的权利。抗辩权的作用在于对抗请求权,又可分为一时抗辩权和永久抗辩权。

依照我国《担保法》的规定,抗辩权是指债权人行使债权时,债务人根据法定事由,对抗债权人请求权的权利。抗辩权是以法律规定的抗辩事由为依据,以对方当事人请求权的存在和有效为前提,这一权利的行使可以造成对方请求权的消灭或者使其效力延期发生。

形成权是指权利人依单方意思表示使民事法律关系发生、变更、消灭的权利。形成权必须通过行使才能产生效力,否则虽然权利人享有权利,但法律关系不会发生任何变动。形成权的行使不以相对人的同意为要件,故对相对人的影响甚大,只有及时行使才能使法律关系尽快明确,为此需要在法律上规定除斥期间。依此期间,权利人逾期不行使将导致权利的消灭。如果法律规定了该期间,即是形成权的存续期间;没有规定的,依约定期间;无约定的,应当在合理期间内行使,否则权利即告消灭。

第四,主权利和从权利。以能否独立存在为标准,民事权利可以分为主权利和从权利(如合同债权与保证合同债权)。主权利是从权利的基础与前提,从权利依附于主权利而存在。所以,从权利随主权利成立而成立、生效而生效、变更而变更、转让而转让、消灭而消灭。权利人不能在转让主权利的情况下而单独保留从权利,也不能在抛弃主权利的情况下而单独享有从权利。

第五,既得权和期待权。以权利是否已实际取得为标准,可将民事权利分为既得权和期待权。既得权是指权利人已经实际取得而可现实享有其利益的权利。绝大部分的民事权利都是既得权。期待权是指权利人尚未实现取得而于将来可能取得的权利。将来能否实际取得,则取决于一定的条件是否成就。如继承开始前继承人的继承权、附条件与附期限行为中权利人的权利等均为期待权。

2. 民事义务

(1) 概念

民事义务是指民事法律关系的义务主体为满足权利主体法律上的利益而必须为一定行为或不为一定行为的法律约束。民事义务是民事权利的对称。权利的实现往往须借助于其他人的行为或不行为,因此,此主体的义务,往往为彼主体的权利,离开了权利,不可能有义务,同样,没有义务支持的权利也是不可能存在的。如果说权利表示着主体一定限度内的意志自由,则义务表示着主体的意志自由受限制的状态。基于法律规定或当事人约定承担了义务的当事人,不论愿意与否,都必须进行一定的行为或不行为,否则,将承担民事责任。

(2) 分类

以义务人行为的方式为标准,可将民事义务区分为积极义务和消极义务。要求义务人作为的义务为积极义务,大部分民事义务皆为积极义务。要求义务人不作为的义务为消极义务。例如,不得建造妨碍邻人眺望视野之建筑的义务,公司董事解职后不得从事与原公司业务相同业务的竞业禁止义务,即为消极义务。

(3) 附随义务

在合同关系中,还存在着附随义务,这是在法律规定和当事人的约定之外,基于诚信原则的要求产生的义务,目的在于要求当事人以对待自己事务的注意对待他人事务,求得当事人双方的利益之平衡。附随义务主要有协助义务、通知义务、照顾义务、保护义务和忠实义务等类型。

(三) 民事法律关系的客体

民事法律关系的客体是指民事主体享有的民事权利与承担的民事义务所共同指向的对象。民事法律关系的客体主要有:物、行为、智力成果及人身利益。其中,物是最主要的民事法律关系的客体。

1. 物

民法上的物是指能够为人所控制并具有价值的物质对象。物是民事法律关系最主要的客体,如物权关系、继承权关系,均以物为客体。民法中的物虽具有物理属性,但与物理学意义上的物不同,要求有可支配性、存在性和效用性。

在民法上,客体也可称为"标的",如果客体为物,则习惯上可称之为"标的物"。

2. 行为

即指为满足他人利益而进行的活动。主要是劳务、服务一类的行为,如交付物、完成工作。行为主要是债权这一民事法律关系的客体。

3. 智力成果

智力成果是人们脑力劳动创造的精神财富。智力成果是一种无形财产,是知识产权法律关系的客体。如文学、艺术、科技作品、发明、商标等。

4. 人身利益

人身利益包括生命健康、姓名、名誉、荣誉等。人身利益是人身权法律关系的客体。

三、民事法律事实

(一) 概念

民事法律关系的变动是指民事法律关系的发生、变更和消灭。民事法律事实是符合民法规范,能够引起民事法律关系发生、变更和消灭的客观情况。民事法律关系的发生,是指建立民事法律关系,例如,由于被继承人死亡发生继承关系。民事法律关系的变更是指民事法律关系三个要素中的一个或数个发生变化,有主体的变更、内容的变更、客体的变更三种形式,例如将租赁关系更改为买卖关系,即为民事法律内容的变更。民事法律关系的消灭,是指终止民事法律关系,如合同一方当事人行使解除权,可使合同关系归于消灭。

(二) 分类

根据民事法律事实是否体现民事主体的意志,可以将其分为事件和行为。

(1) 事件。是指那些与民事主体意志无关的,并能够引起民事法律关系变动的客观现象。如时间的经过、人的出生、死亡、地震、洪水、战争、动乱等。

(2) 行为。是指与民事主体意志有关的,并能够引起民事法律关系变动的法律事实。行为是很常见的法律事实。民法上的行为既包括合法行为,也包括违法行为,前者如签订合同、立遗嘱、缔结结婚等,后者如侵权行为、违约行为或无效民事行为等。行为又可分为表意行为和非表意行为。表意行为是行为人意思的表示,旨在设立、变更和消灭民事法律关系的行为。非表意行为是指行为人主观上没有产生民事法律关系效果的意思表示,客观上引起法律效果的行为,如非故意致人损害的行为。

(三) 民事法律事实构成

民事法律事实构成,是指能引起民事法律关系发生、变更、消灭的几个法律事实的总和。

通常情况下,一个法律事实足以构成一个民事法律关系发生、变更、消灭的原因,但在有的情况下,须具备几个法律事实作为原因,才能使一个民事法律关系发生、变更和消灭。例如,在遗嘱继承的情况下,继承关系之发生,有赖于被继承人死亡、被继承人留有遗嘱、继承人接受继承三个法律事实。

案例 3-2-1 甲、乙毗邻而居,乙得病需钱治疗,甲便给乙送去 3000 元,并对乙说:"你先用着,以后再说。"乙接受,并表示谢意。三年以后,甲、乙因口角闹翻,甲要求乙返还 3000 元,乙以该款项系赠与以及诉讼时效已经届满为由拒绝。双方为此发生纠纷。本案例所涉及的实际上是对民事法律事实的判断问题。甲送钱,乙接受,实际上意味着双方通过各自的行为默示地成立了一个合同。合同性质上属于法律行为,其所引发的法律效果应当依据当事人的意思来确定。从甲的意思表示看,只是允许乙使用该笔款项,并无赠与(使用完可以不还)的意思,因此应当认为借款而非赠与合同。关于诉讼时效,债权的诉讼时效应当从债务履行期限届满之日起算。但本案中的借款合同并未确定履行期限。不能确定履行期限的,诉讼时效期间从债权人要求债务人履行义务的宽限期届满之日起计算，但债务人在债权人第一次向其主张权利之时明确表示不履行义务的，诉讼时效期间从债务人明确表示不履行义务之日起计算，即从乙拒绝之日起计算。

第三节　民事主体

引导案例

赵晔是某中学学生，16岁。一天，在放学回家的路上，他看到某商场正在进行有奖销售，每消费30元可领取奖券一张，最高奖金额为5000元，便买了一本价值为30元的图书，领到一张奖券。几天后，抽奖结果公布，赵晔所持奖券中了最高奖，非常高兴，便将中奖的消息告诉了母亲刘兰，母子二人马上去该商场兑了奖，刘兰把这5000元钱放到家里的箱子中。

第二天，赵晔与刘兰发生争执，赵晔一气之下，便偷偷将5000元钱拿出，到商场中购物消气，其见到商场中正在促销玉镯，便花了4800元买了一只玉镯。几天后，一直在炒股的刘兰因为购买股票，想用箱中的钱，却发现箱中的钱已经不见，于是质问赵晔，赵晔在质问之下说出真相。但赵晔认为钱是自己中奖所得，自己有权决定想买什么就买什么。刘兰认为赵晔还小，钱应当由自己和赵晔的父亲支配。于是马上拉着赵晔到商场，说赵晔购买玉镯未征得父母同意，要求退货。售货员说玉镯售出无法退货。

请分析：

1. 赵晔购买图书的行为的法律效力如何？奖金究竟属谁所有？为什么？
2. 赵晔购买玉镯的行为的法律效力如何？刘兰能否要求退货？为什么？
3. 刘兰是否有权将此笔钱用于购买股票？请说明理由。

一、民事主体的概念与特征

民事主体是指依照法律规定能够参加民事法律关系，享有民事权利和承担民事义务的人。民事主体包括自然人、法人以及其他可享受民事权利、承担民事义务的非法人组织和国家。

民事法律关系主体具有下列特征：

（1）必须具有民法规定的主体资格。只有具备民事主体资格的人才能成为合格的民事法律关系主体。民法关于民事权利能力的规定实际上就是规定民事法律关系主体资格的，即只有具有民事权利能力的人才能成为民事法律关系主体。

(2) 能够以自己的名义享受民事权利、承担民事义务。不能以自己的名义享有权利、承担义务的组织,不能成为民事法律关系的主体,如公司内设机构不具有营业资格,不能以自己的名义订立合同,不能享有合同权利或承担合同义务。

(3) 法律地位具有平等性。在民法上任何民事法律关系的主体地位都是平等的,不存在管理与服从等不平等的关系。这与行政法上的行政机关与行政相对人之间的管理与服从关系截然不同。

二、自然人

自然人是相对于法人的概念,是指基于出生这一自然状态而作为民事主体的人。自然人与公民是两个既有区别又有联系的概念。公民是指具有一国国籍,并根据该国宪法和法律规定,享有权利和承担义务的自然人。所以,自然人的范围大于公民。

(一) 自然人的民事能力

自然人的民事能力包括自然人的民事权利能力和民事行为能力。

1. 自然人的民事权利能力

(1) 自然人的民事权利能力概念

自然人的民事权利能力,是指法律赋予自然人享受民事权利和承担民事义务的资格。在古代奴隶制社会,奴隶作为奴隶主的财产,不具有民事权利能力,不能成为民事主体。我国《民法通则》第 10 条规定:"公民的民事权利能力一律平等。"《民法通则》第 8 条第 2 款规定,除法律另有规定外,民法通则关于公民的规定,也适用于我国领域内的外国人和无国籍人。

自然人的民事权利能力是自然人取得具体民事权利和承担民事义务的前提,因而,应把"民事权利能力"与"民事权利"区别开来。民事权利能力只是民事主体享有民事权利的一种可能性,只有具备民事权利能力,才能享有相应的民事权利;民事主体须实施民事法律行为或其他法律事实,才能现实取得具体的民事权利。权利能力不能放弃,而民事权利可以放弃。此外,民事权利能力既包括享有权利的资格,也包括承担义务的资格,而民事权利则不包含民事义务的含义。

(2) 自然人民事权利能力的开始

① 一般原则。现代民法典一般都认为:自然人的权利能力因出生而取得,我国《民法通则》第 9 条亦作出相同规定。自然人权利能力因出生的事实而自然取得并人人平等,是法律之伟大进步。但由于医学的发展,使得人们对出生有了更加精确的解释,也就产生了不同学说。关于出生的学说大致有:露出说、断

带说、初啼说、独立呼吸说等。民法之所以对出生的界定展开细究,主要是因为出生与以下两方面问题有关:其一为继承;其二为主体性问题。法律不能仅仅考虑纯粹医学上的合理性,而应当以保护人的存在为出发点,因此,应选择在以上各种学说中出生最早的时间为法律上的出生。

② 胎儿保护问题

对于胎儿的继承权,如果法律严格遵循“权利能力始于出生”的原则,那么,父母(或者任何一方)在胎儿出生前死亡,则胎儿出生后就不能继承遗产。为了保护胎儿的利益,我国《民法通则》虽然没有作出规定,但《继承法》第 28 条规定:“遗产分割时,应当保留胎儿的继承份额。胎儿出生时是死体的,保留的份额按照法定继承办理。”对此,本书认为:这种规定是出于对胎儿的保护之需要,而不是以其具有权利能力为基础。如果胎儿出生时是死体,则不发生“人”的继承问题,由其他法定继承人继承;如果出生为活体(哪怕生存了 1 秒钟),然后又死亡的,首先由胎儿继承遗产,他所继承的遗产再作为遗产由他的继承人继承。

(3) 自然人民事权利能力的终止

自然人的民事权利能力终于死亡(这里的死亡,即自然人生命的结束),因此,已故的自然人不再享有民事权利能力。在某些民事领域里,对已故公民的名誉、肖像及作品的署名或修改的保护,是维护社会秩序、社会利益和已故公民的亲属利益的需要,而非承认已故公民为民事主体。因为自然人死亡,其民事权利能力终止,当然也就不再享有法律保护的权利。

2. 自然人的民事行为能力

自然人的民事行为能力,指自然人以自己的行为亲自参加民事活动,取得民事权利和承担民事义务的资格。行为能力是理性能力的直接体现,其所要解决的问题是:一个具有权利能力的人能否以其独立的意志设立、变更、或者消灭权利义务关系。因此,享有民事权利能力的人,不一定具有民事行为能力。公民是否享有民事行为能力,有什么样的民事行为能力,取决于他们对自己行为后果的判断、识别能力。有无相应的民事行为能力,是判断其能否独立从事民事活动,以及其所实施的民事行为是否有效的重要标志。依自然人的年龄和智力状况,可将自然人的行为能力分为三类:

(1) 完全民事行为能力人。18 周岁以上的人为完全行为能力人,可以独立进行民事活动。此外,在我国,已满 16 周岁未满 18 周岁,如其能以自己的劳动收入为主要生活来源的,视为完全民事行为能力人。他们依法从事的民事法律行为具有法律效力,其行为后果应由该公民独立承担。

(2) 限制民事行为能力人。已满 10 周岁的不满 18 周岁的未成年人和不能完全辨认自己行为后果的精神病人,为限制行为能力人。他们可以进行与其年龄、智力相适应的民事行为,其他民事活动由其法定代理人代理,或征得其法定代理人的同意后独立为之。

(3) 无民事行为能力人。10 周岁以下的未成年人和完全不能辨认自己行为的精神病人是无民事行为能力人。他们一般不能独立进行民事活动,而应由法定代理人代为进行,但对与其生活相关的简单民事活动,应认为是可以独立进行的。

此外,在自然人的民事行为能力问题上,应注意以下两点:

第一,对于精神病人的行为能力的确定,应依照民事诉讼的特别程序进行,只有人民法院根据利害关系人的申请,并依据司法精神病学鉴定或参照医院的诊断鉴定方可确认其属于限制行为能力人或无民事行为能力人。

第二,对于纯粹以未成年人或精神病人为受益人的民事行为,应认定有效。如未成年人或精神病人可以独立接受他人的赠与。

(二) 监护

1. 监护的概念及目的

监护是指对无民事行为能力人和限制民事行为能力的人身、财产及其他合法权益进行监督保护的法律制度。承担监护的人为监护人,须为完全行为能力人。监护人的权利义务由法律直接规定。监护就是这样一种对行为能力欠缺者实施的救济制度,无民事行为能力人和限制行为能力人通过其监护人得以间接参加民事法律关系。

2. 监护的设立

(1) 未成年人的监护人

未成年人的父母是未成年人的法定监护人,如果未成年人的父母死亡、失踪或没有监护能力的,一般由下列人员中有监护能力的人担任监护人:

祖父母、外祖父母;兄、姐;关系密切的其他亲属、朋友愿意承担监护责任,经未成年人父母所在单位或其住所地的居委会、村委会同意的;没有以上规定的监护人,由未成年人父母的所在单位或未成年人住所地的居委会、村委会、民政部门担任监护人。法定或指定监护人在自己不方便的时候,也可通过委托协议将监护职责委托给他人履行,此时成立委托监护。比如某夫妇被双双公派到非洲某国工作 2 年,临行前将 5 岁的孩子委托给其姑姑监护,即成立委托监护。

(2) 精神病人的监护人

无民事行为能力或限制民事行为能力的精神病人的监护人,一般由下列有监护能力的人员按顺序担任。

配偶;父母;成年子女;其他近亲属;其他亲属、朋友愿意承担监护责任,经精神病人的所在单位或其住所地的居委会、村委会同意的;无以上规定的监护人,由精神病人的所在单位或其住所地的居委会、村委会或民政部门担任监护人。

上述范围内的人员担任未成年人或精神病人的监护人，一般按以上顺序排列，对担任监护人有争议的，应由未成年人的父母所在单位或精神病人的所在单位或被监护人住所地的居委会、村委会在近亲属中指定，被指定人对指定监护不服提起诉讼的，由人民法院裁决。

根据最高人民法院《关于贯彻执行〈中华人民共和国民法通则〉若干问题的意见（试行）》（以下简称《民法通则意见》）第 21 条规定，夫妻离婚后，与子女共同生活的一方无权取消对方对该子女的监护权，但是，未与该子女共同生活的一方，对该子女有犯罪行为、虐待行为或者对该子女明显不利的，人民法院认为可以取消的除外。

3. 监护人的职责

（1）保护被监护人的人身等其他合法权益，照顾被监护人的生活，关心教育被监护人。

（2）管理被监护人的财产，除为被监护人的利益外，不得处分其财产。

（3）代理被监护人进行民事活动及民事诉讼活动。

（4）被监护人造成他人损害承担民事责任（但单位担任监护人的例外），即监护人尽监护责任的，可以适当减轻其民事责任。被监护人有财产的，从本人财产中支付赔偿费用，不足部分，由监护人适当补足。

（5）监护人不履行监护职责或者侵害被监护人的合法权益，应当承担责任。给被监护人造成财产损失的，应当赔偿损失，并经利害关系人申请，人民法院可撤销其监护人资格。

4. 监护关系的终止

（1）自然终止，如未成年人随着年龄的增长而成为成年人，监护关系自动解除。

（2）因撤销而终止，如精神病人恢复精神健康后，需通过民事特殊程序方可撤销原监护关系。此外，人民法院可根据有关单位或人员的起诉，变更监护关系，撤销原监护人的资格，重新指定监护人。

（3）监护人或被监护人一方死亡或者监护人成为无民事行为能力人或限制民事行为能力人。

案例 3-3-1 2011 年 11 月中旬，江苏省某市新开发区大同路居委会向开发新区法院申请撤销王建华对王某的监护权，经法院审理查明，王某父母于 2006 年离婚后，由其父王建华抚养。但王建华长期以来不尽抚养义务，经常不给王某饭吃，亦不准王某祖母照顾王某生活。并经常采用打骂、罚跪、挨饿、赶出家门等方式对王某进行虐待，严重损害了王某的身心健康。王某在校读书期间，王建华曾多次将王某从课堂上拉回家，撕毁了王某的某市高级技术学校的入学通知书，还到学校干扰王某学习，侵害了未成年人的受教育权。王某于 2011 年 10 月 5 日向大同路居委会申请，要求指定其祖母作为监护人。王某之母表示同意，其祖母也愿意履行监护职责。法院最终以监护不利为由撤销了王建华的监护权。

（三）宣告失踪和宣告死亡

这两种法律制度是为保护下落不明的自然人和其他利害关系人的合法权益，以及稳定社会经济秩序而设立的。

1. 宣告失踪

失踪指自然人离开其住所而下落不明，杳无音讯。宣告失踪是指人民法院经利害关系人申请，依法定程序推定并宣告下落不明满一定期限的自然人为失踪人的法律制度。

（1）宣告失踪的条件

自然人下落不明持续满 2 年，经利害关系人（被宣告失踪人的近亲属及其他有民事权利义务关系的人）的申请，人民法院依特定程序宣告失踪。

（2）宣告失踪的后果

自然人被宣告失踪后，人民法院在判决宣告某一公民失踪的同时，应从失踪人的配偶、父母、成年子女或关系密切的其他亲属、朋友们中指定财产代管人。财产代管人有权从失踪人的财产中支付失踪人所欠税款、债务和应付的其他费用，同时其有权追索债务，实现失踪人的债权。

如果被宣告失踪的人重新出现或有人确知其下落时，应由失踪人本人或利害关系人向人民法院申请，撤销失踪宣告。

2. 宣告死亡

宣告死亡是指人民法院经利害关系人申请，依法定程序推定并宣告下落不明满一定期限的自然人死亡的法律制度。

（1）宣告死亡的条件

根据《民法通则》和《民事诉讼法》的有关规定，对公民进行死亡宣告必须符合下列条件：自然人离开居住地而失踪的，自音讯消失之日起满 4 年或因意外事故下落不明的，从意外事故发生之日起满 2 年的；战争期间下落不明的，从战争结束之日起满 4 年的。经失踪人的利害关系人申请，人民法院受理此类案件后，应当发出寻找失踪人的公告，公告期满 1 年，仍无失踪人下落的，人民法院方可根据事实，作出宣告死亡的决定。

应注意，宣告失踪并不是宣告死亡的程序，如果利害关系人只申请宣告失踪，则不宣告死亡；同一顺序的利害关系人，有的申请宣告失踪，有的申请宣告死亡，且符合宣告死亡条件的，则应宣告死亡。

应注意申请宣告死亡的利害关系人的顺序是:配偶;父母;子女;兄弟姐妹;祖父母、外祖父母;孙子女;外孙子女;其他有民事权利义务关系的人。因意外事故下落不明,经有关机关证明该公民不可能生存的,公告期为3个月。

(2)宣告死亡的法律后果

宣告死亡的法律后果与自然死亡相同,具体来讲,宣告死亡自宣告死亡之日起会引起下列后果:首先引起财产继承关系的开始,如果被宣告死亡之人生前有合法婚姻,则其与配偶的婚姻关系归于消灭。此外,监护身份消灭。

(3)宣告死亡的撤销

宣告死亡毕竟是一种法律推定,事实上被宣告死亡的人仍有可能生还。因此,我国《民法通则》第24条第2款规定:“有民事行为能力人在被宣告死亡期间实施的民事法律行为有效。”死亡宣告与失踪宣告一样,可依法撤销。一旦被撤销,该公民有权请求返还财产(原物及孳息)。原物被第三人善意取得时,则免除原物返还义务;若宣告死亡系利害关系人恶意隐瞒真相所致,属于侵权行为,侵害人不仅应返还所取得的财产及孳息,还要负赔偿责任。在人身关系方面,配偶尚未再婚的,婚姻关系自行恢复;原配偶已再婚的,再婚效力不受撤销宣告的影响,即使再婚后又离婚的,原婚姻关系也不当然恢复。此外,如果子女在宣告死亡期间被他人合法收养的,仍然有效,不受撤销宣告的影响。

三、法人

(一)法人的概念及条件

法人是相对于自然人而言的另一类民事主体。民事活动的参与者,不仅有自然人,还有各类社会组织。民法将符合一定条件的社会组织拟制为法律上的人,即法人。法人就是指具有民事权利能力和民事行为能力,依法独立享有民事权利和承担民事义务的组织。

社会组织要成为法人,应具备以下条件:

(1)依法成立。这是确认法人合法民事主体地位的重要依据。首先,这种组织是国家法律允许成立的。其次,不同类型的法人其成立程序各不相同。如具备法人条件的企业法人的成立一般须经主管机关批准,并经行政管理机关核准登记才能取得法人资格,而机关法人、事业单位法人,社会团体法人的成立程序则不同。

(2)有自己的名称、场所,具有一定的组织机构,是一种独立的社会组织。法人的名称是使法人特定化的标志,法人只有以自己的名义进行的民事活动,才能为自己取得民事权利,设定民事义务。法人还应有自己从事生产、经营或其他业务的场所,法人的场所可以有多个,但其住所只能有一个,即法人以其主要办事机构所在地为其住所。法人还必须有健全的组织机构(各类法人的组织机构各不相同),法人的组织机构是产生、执行法人意志的机构,并对外代表法人以独立的民事主体资格参与民事活动的个人或集体。其主要分为意思机关、执行机关和监督机关。其中,法定代表人是指依照法律或法人组织章程的规定,代表法人行使职权的负责人。另一方面,法人又是一种区别于其成员的组织体,它不因法定代表人或部分成员的死亡、退出而影响其民事主体地位的存续。

(3) 拥有独立的财产。法人必须拥有必要的财产或经费。这是法人参与民事活动的物质基础。法人的财产或经费实质上是其独立于法人成员的财产,也独立于法人创立人的财产。由于法人的性质、业务活动的范围不同,因此,不同的法人所应当具有的必要财产或经费的来源及数额有所不同。如公司法人在成立时,其注册资金不得少于法律规定的最低限额。

(4) 能够独立承担民事责任。正因为法人拥有独立的财产,所以自己有全部财产对其行为后果承担民事责任。这里要注意:法人的法定代表人在其职权范围内,代表法人进行的各种行为视为法人的行为。除法律另有规定外,法人的成员、法人的创立人对法人的行为(包括债务)不承担民事责任。这一特征是法人与非法人团体的本质区别。

(二) 法人的分类

1. 企业法人和非企业法人

根据法人设立的宗旨和活动性质不同,我国《民法通则》把法人分为两大类型:

(1) 企业法人。它是以营利为目的的经营组织。企业法人除符合法人的一般条件外,还必须具有一些特殊的条件,如有符合国家规定的资金数额,有组织章程,必须经主管机关核准登记等。企业法人的设立、分立、合并或其他重要事项的变更,应当向登记机关登记并公告。

(2) 非企业法人。这类法人是以国家管理和非经营性的社会活动作为主要职能的,包括国家机关法人、事业单位法人和社会团体法人。机关法人是指依法享有国家赋予的权力,并因行使职权的需要而享有相应的民事权利能力和民事行为能力的国家机关。事业单位法人是指为社会公益事业目的,由国家机关或者其他组织利用国有资产举办的,从事文化、教育、卫生、体育、新闻等公益事业的单位。社会团体法人是指由自然人或法人自愿组成,为实现社会成员共同意愿,按照其章程开展活动的非营利性法人。由于非企业法人同企业法人存在着本质的区别,《民法通则》规定了他们不同于企业法人的成立程序;符合法人一般条件的、有独立经费的国家机关自成立之日起,具有法人资格;符合法人一般条件的事业单位和社会团体,依法需要办理法人登记的,经核准登记取得法人资格。

2. 公益法人和营利法人

这是按照法人活动的目的进行的划分。凡是以公益事业为目的而成立的法人是公益法人,如我国的机关法人,事业单位法人和社会团体法人。凡是以营利为目的设立的法人是营利法人。需要注意的是:有些公益法人在提供公共服务时往往也是有偿的,如学校、医院、艺术团体等,这是其维护自身生存,实现其职能和目的的手段。其与营利法人(如公司)的重要区别在于是否将所得利益分配给其成员。

3. 社团法人与财团法人

按照法人的成立基础,可以将法人分为社团法人和财团法人,这是大陆法系民法通行的一种分类。社团法人是自然人或法人自愿组成,为实现共同意愿,按照其章程开展活动的非营利性法人。社团法人通常仅能在实现其章程所定目的的所必需的范围内进行民事活动,超出这一范围,社团法人即无权利能力。

财团法人也称捐献法人(基金会法人)是以既定用途的捐助财产作为成立基础,并设有专门管理机构对该财产进行管理的法人。财团法人通常是公益性的法人,只是财产管理人。它一般依某笔财产的捐助者的意思设立,以捐赠的财产为基础,其既非财团的所有人,也非该财团的实际受益人,如宋庆龄基金会。

4. 公司法人与非公司法人

公司是典型的企业法人,根据企业的组织形式的不同,企业法人可分为公司法人和非公司法人。公司法人是根据《公司法》规定的条件和程序而设立的法人,在我国包括有限责任公司和股份有限公司。而非公司法人不是根据《公司法》而是根据《全民所有制工业企业法》等其他规定设立的企业法人。

5. 本国法人与外国法人

按照法人的国籍,可以将法人分为本国法人和外国法人。本国法人是指具有本国国籍,依照本国法律设立并在境内设有住所的法人。我国《民法通则》将法人分为企业法人、机关法人、事业单位法人和社会团体法人。外国法人是指不具有本国国籍,非依本国法律设立的具有外国国籍的法人。区分本国法人与外国法人有助于确定外国法人的法律地位,确定对其的法律适用。

(三)法人的民事能力

1. 法人的民事权利能力

法人的民事权利能力是指法律赋予法人,作为民事主体参与民事法律关系,享有民事权利和承担民事义务的资格。法人的民事权利能力与自然人的民事权利能力不同,其特殊性在于以下几个方面:

(1)法人的民事权利能力始于成立,终于法人终止(破产、被撤销或解散)。

(2) 民事权利能力的范围不同。法人作为一种社会组织,不享有以生命、健康、身体、肖像及亲属关系为前提的权利能力。同样,作为民事主体的自然人也不享有专属于法人的从事某些方面经营的权利能力。

(3) 民事权利能力的限制不同。法人的民事能力受以下限制:首先是法律、行政法规的限制。如《公司法》规定,公司不得成为其他公司的无限责任股东;其次,受法人自身目的范围的限制。各种法人成立的目的不同,其活动范围也不同。因此,各法人享有不同的权利能力,如企业法人可以从事以营利为目的的经营活动,机关法人则不能。

2. 法人的民事行为能力

法人的民事行为能力是指法人以自己的意思独立进行的民事活动,取得民事权利和设定民事义务的资格。与自然人相比,法人的民事行为能力具有以下特点:

(1) 法人的民事行为能力与其权利能力同始终;

(2) 法人的民事行为能力与其权利能力的范围是一致的;

(3) 法人的民事行为能力一般是通过法人机关或代理人来行使和实现的。

(四) 法人的设立、变更和终止

1. 法人的设立

法人的设立不同于法人的成立。法人的设立是指为创办法人组织,使其具有法人资格而进行的多种连续的准备行为;法人的成立则是一种社会组织取得法人主体资格的事实(结果)。法人的设立并不必然导致法人成立。法人的设立方式有多种,如命令设立、发起设立、募集设立和捐助设立。

关于法人的设立原则,机关法人采取特许主义方式,即直接根据国家的法律规定或主管机关的行政命令而设立;事业单位、社会团体法人,不需登记的,采特许主义;需办理登记的,采行政许可主义(核准主义)。当然我国的事业单位、社会团体并不都需要登记才能成立。对企业法人而言则较为复杂,非公司企业法人采取的是许可设立主义(即应经主管部门批准后,向工商行政管理部门登记取得法人资格),而股份有限责任公司的设立须经国务院授权的部门或者省级人民政府批准,采取的是许可设立主义,而有限责任公司一般采取准则主义设立。

2. 法人的变更

法人的变更指法人的存续期间,法人的组织形式、设立宗旨、活动范围以及其他登记事项的变更。法人的变更,是为了适应复杂的市场形势,追求自身利益更大化的需要。遇到下列事项,法人应当向登记机关办理变更登记并公告。

（1）法人的组织机构的变更

法人的组织机构的变更指法人的合并、分立及责任形式的变更。企业法人因合并而消灭，原法人的权利义务由变更后的法人享有和承担；因分立而消灭的法人，其权利义务由分立的法人来承受，而且分立后的数个法人应对分立前的法人债务负连带责任。

（2）法人的其他重要事项的变更

法人的其他重要事项的变更指法人的活动宗旨、业务范围、名称、住所、资本额的变动，法定代表人、增减分支机构等方面的变更。这些变动虽不影响法人的民事主体资格，但可能使其权利能力和行为能力的范围发生变化。因此，这些变更均要进行变更登记并公告（如登报）。

3. 法人的终止

（1）法人的终止

法人的终止是指法人法律人格的丧失。引起法人终止的原因有：依法被撤销；解散；依法宣告破产；其他原因。

（2）法人终止的程序

法人终止的程序是清算程序，即法人消灭时，由依法成立的清算组织，依其职权清理并消灭法人的全部财产关系的法律程序。清算工作由清算组织进行。清算期间，法人不能开展生产经营活动，即停止清算范围以外的活动。

四、其他民事主体

（一）非法人组织的概念及特征

我国的民事主体，除自然人、法人以外，还有一些组织可以自己的名义参与民事活动，享受民事权利，承担民事义务，这些组织我们称之为非法人组织（非法人团体）。如设立法人的筹备组织，法人的分支机构，破产清算组织及个人独资企业，合伙企业，企业集团及不具备法人条件的中外合作经营企业等。所谓非法人组织，是指具有民事权利能力和一定的民事行为能力，但不具备法人资格，不能独立承担民事责任组织。具有民事主体资格的非法人组织具有以下特点：

（1）合法成立的具有稳定性的组织体。非法人组织在实体上须符合法律规定，即其活动宗旨不得违反有关法律中的强制性规定，其在程序上一般需履行法定的核准登记程序。该组织有自己的名称、负责人、组织机构和场所，具有一定的稳定性。

（2）须有能够相对独立的财产或经费。这是非法人组织对外进行民事活动的物质基础，但非法人组织对这些财产或经费只有相对独立的占有、使用或处分权，而不一定享有这些财产的所有权。所以，这些财产是相对独立的。

（3）具有不完全民事责任能力。由于非法人组织拥有相对独立的财产，因此，其不具有完全独立的民事责任能力。但对于其行为的后果，该非法人组织有足够财产的，则应以其财产承担民事责任。只有在其财产不足以清偿全部债务或承担民事责任时，才由该非法人组织的创设人承担补充性的连带责任。

（4）独立实施民事法律行为。非法人组织拥有自己的名称、组织机构和场所，可以自己的名义对外进行民事活动，依法享受民事权利和承担民事义务，具有相对独立的实体权利和诉讼权利。

（二）较典型的非法人组织类型

我国《著作权法》《民事诉讼法》等法律已承认了非法人组织的一定民事主体地位。其中，比较典型的非法人组织有合伙企业、个人独资企业及企业法人的分支机构。

1. 合伙企业

（1）合伙企业的概念及特征

合伙企业是指在我国境内由各个合伙人依法订立合伙协议，共同出资，合伙经营，共享利益，共担风险，并对合伙企业债务承担无限连带责任的营利性组织。可见，合伙企业有相对独立的财产，在责任的承担上也有相对独立性，其具有以下特点：

合伙以合伙协议为成立要件；合伙一般由全体合伙人共同出资（可以为资金、实物、技术等），共同经营；合伙人共负盈亏（合伙人按协议约定分享经营收益和经营亏损，如果未约定该比例的，由各合伙人平均分配和分担）。

（2）合伙的内部关系

合伙人内部对合伙财产实行共有共管。所谓共有，是指合伙财产属于全体合伙人共有，包括合伙经营过程中增值的财产；所谓共管则指共同经营，各个合伙人对于合伙事务，均有决定权、执行权和监督权。

（3）合伙债务的承担

根据《合伙企业法》的有关规定，合伙债务首先以合伙企业的全部财产承担（包括各合伙人投入的财产和合伙期间经营积累的财产）。例如，合伙企业的财产不足承担合伙债务时，由各合伙人承担无限连带责任。偿还合伙债务超过自己应当承担数额的合伙人，有权向其他合伙人追偿。

2. 个人独资企业

（1）个人独资企业的概念及设立条件

个人独资企业是指依照《个人独资企业法》在中国境内设立，由一个自然人投资，财产为投资人个人所有，投资人以其个人财产对企业债务承担无限连带责任的经营实体。设立个人独资企业应具备下列条件：投资人为一个自然人，有合法的企业名称;有投资人申报的出资;有固定的生产经营场所和必要的生产经营条件;有必要的从业人员。

(2) 个人独资企业的终止

个人独资企业有下列情形之一时,应当解散:投资人决定解散;投资人死亡或被宣告死亡,并无继承人或继承人决定放弃继承;被依法吊销营业执照等其他情形。

个人独资企业解散的,财产应当按顺序清偿:首先,偿还所欠职工工资和社会保险费用;其次,清偿所欠税款;最后,清偿其他债务。企业财产不足清偿债务时,投资人应当以其个人的其他财产偿还。个人独资企业解散后,原投资人对该企业存续期间的债务,仍应承担无限清偿责任,但债权人在5年内未提出清偿请求的,该责任消灭。

3. 企业法人的分支机构

企业法人的分支机构是企业法人的组成部分,是其业务活动的机构,虽隶属于企业法人,但其领有营业执照或经营业务的许可证,有自己的名称、组织机构和可支配、使用的属于企业法人的财产,对外从事经营活动。企业法人的分支机构在进行民事活动中所发生的债务责任由所属的企业法人承担。

第四节 民事法律行为和代理

引导案例

甲晚10点30分酒后驾车回家,车速每小时80公里,该路段限速60公里。为躲避乙逆向行驶的出租车,发生相撞,导致出租车内乘客丙重伤,丙因住院治疗花去10万元。后经处理事故的交通警察查明甲的汽车系1个月前从丁某处买的报废车辆,未办理过户手续。

请分析:此次事故对于丙的损失应由哪些人应承担责任?

一、民事法律行为

民事行为,属于表示行为的一种,是指以意思表示为核心要素的表示行为。在所有类型的民事法律事实中,民事行为可谓是最重要的一种。民事行为是实现私法自治的工具,是民事主体实现个人自由的重要手段。民事行为除了包含民事法律行为以外,还包含可撤销的民事行为、效力未定的民事行为等。

(一) 民事法律行为

1. 民事法律行为的概念及特征

民事法律行为是民事行为的一种,是引起民事法律关系最常见的法律事实。《民法通则》第54条规定,民事法律行为是指民事主体设立、变更或终止民事权利义务的合法行为。例如依法订立合同,立遗嘱,代理等行为。

民事法律行为的特征有如下几个方面:

(1) 民事法律行为是以行为人的意思表示为构成条件。意思表示是指行为人把要求设立、变更或终止民事权利义务关系的内心意思以一定的方式表示于外部的行为(为他人所知晓)。法律行为是一种人的有意识的活动,即表现为行为人以法律允许的方式将其内心愿望表达出来,因而意思表示为民事法律行为最基本的要素。

(2) 民事法律行为是以发生一定民事后果为目的的民事行为。民事法律行为的目的性是明确的,是为设立、变更或终止一定的民事权利或义务的民事行为,其要引起的是行为人预期的民事法律后果。

(3) 民事法律行为是合法的民事行为。所谓合法,就是说它所追求的效果"不违反法律或者社会公共利益",即民事法律的内容、形式均应合法。这是法律对当事人的干预,说明自由是有边界的。违法行为中的意思表示,也能引起法律效果,但那不是当事人意思表示的效果,是法律直接规定的效果。如侵权引起赔偿,并不是侵权人本意,而是法律规定。

2. 民事法律行为的分类

依据不同的标准,可将民事法律行为分为以下几类:

(1) 单方民事法律行为、双方民事法律行为和多方民事法律行为。这是根据民事法律行为的成立是由几方当事人的意思表示构成来划分的。

单方民事行为,又称一方行为、单独行为,是指根据一方意思表示就可成立的民事行为。赠与和立遗嘱则是单方法律行为。

多方民事行为是指通常需要两项以上的意思表示才可成立的民事行为。多方民事行为包括双方民事行为、共同行为和决议。如订立合同是双方法律行为,即当事人双方的意思表示一致,合同方可成立。

(2) 有偿民事法律行为和无偿民事法律行为。这是根据当事人向对方给付某种利益时是否要求对方给予相应的对价来划分的,如买卖行为是有偿民事行为;赠与行为则属于无偿民事行为。在民事活动中,无偿民事法律行为所占比例较小。

有偿民事法律行为是指当事人一方取得某种利益时应向对方给付对价。

无偿民事法律行为是指当事人一方取得某种利益时不需要向对方给付

对价。

(3) 诺成性民事法律行为和实践性民事法律行为。这是根据民事法律行为的成立是否以交付实物为条件划分的。

诺成性民事法律行为是指双方当事人意思表示一致即可成立的法律行为。

实践性民事法律行为是指除了双方当事人意思表示一致外,还需要交付标的物才能成立的法律行为,也叫要物行为,如民间借贷,小件寄存保管合同。

(4) 单务法律行为与双务法律行为。单务法律行为是指法律行为的当事人一方负有义务,而另一方只享有权利的法律行为,如赠与合同等。

双务法律行为是指法律行为的双方主体都负有义务的法律行为,如买卖合同告示。大部分法律行为是双务法律行为。

(5) 要式法律行为与不要式法律行为。这是以民事法律行为的成立是否必须依照法律或行政法规采用特定的形式为条件划分的。

要式行为是指法律规定必须采取某种特定形式或履行某种特定程序方可成立的法律行为。如房屋买卖合同。

不要式法律行为为民事行为的常态,即法律没有要求特定形式,当事人可自由选择某种形式的法律行为。

3. 民事法律行为的形式(意思表示)

民事法律行为可采取下列形式:

(1) 口头形式。口头形式是用口头语言形式进行意思表示的形式,包括当事人双方当面洽谈、电话交谈等直接对话方式。口头形式的法律行为属于不要式法律行为,在日常生活中,采用较多,一般运用于数额不大或即时清结的民事法律行为。而对于数额巨大,内容复杂,不能即时清结的民事法律行为,则不宜采用口头形式。

(2) 书面形式。书面形式不仅指以普通文字的方式进行,而且还包括电报、电传、传真、电子数据交换和电子邮件等数据电文形式。书面形式又可以分为一般书面形式和特殊书面形式(公证形式、鉴证形式、审核登记形式)。

(3) 视听资料记载形式。视听资料记载形式是指以现代化的科学技术成果来表达行为人的意思表示形式。如录音、录像、网络、语言、图像等视听资料形式,虽然这种记载形式信息量大、内容丰富、便于保存、便于使用等优点,但容易被伪造、篡改。一般说来,须有两个以上无利害关系人作证或其他证明,才可作为民事法律行为的有效形式。如录音遗嘱。

(4) 推定形式。推定形式是指当事人通过有目的、有意义的积极行为将其内在意思表现于外部,使他人可以根据一般常识、交易习惯、相互间的默契,推知当事人已作出了某种意思表示,从而使该民事法律行为成立。这种形式,既不是通过语言，也不是通过文字来表示，而是通过为某种积极的行为来进行意思表示，因而推定形式又称为积极的默示形式。如租赁合同届满后，承租人继续交纳租金，出租人予以接受，由此可推定当事人双方作出了延长租期的法律行为。

（5）沉默形式。通常情况下，沉默不是意思表示，不能成立法律行为，只有在法律有特别规定的情况下，当事人的消极行为才被赋予一定的表示意义，并产生成立法律行为的效果。如《民法通则》第 66 条规定，本人知道他人以本人名义实施民事行为而不作否认表示的，视为同意。（这时的沉默，因法律的具体规定，被认定为同意代理的意思表示。）

4. 民事法律行为的有效条件

民事法律行为的有效条件又称民事法律行为的生效要件，是指民事行为要获得能引起民事法律关系的设立、变更和终止的法律效力所必须具备的条件。民事行为不具有这些有效条件，则是无效民事行为、可变更、可撤销的民事行为或效力未定的民事行为。民事法律行为一般有效条件是：

（1）行为人具有相应的行为能力。行为人具有相应的行为能力是针对自然人而言的，法人和其他组织不存在具有相应的行为能力的问题。在我国现行民事立法中，完全民事行为能力人可以独立为民事行为。10 周岁以上未成年人作为限制民事行为能力人只能进行与其年龄、智力相适应的民事行为；不能完全辨认自己行为的精神病人可以进行与其精神健康相适应的民事行为；无民事行为能力人通常不能独立实施民事行为，由他的法定代理人代理进行。

依据《民法通则意见》第 6 条以及《合同法》第 47 条规定，限制民事行为能力人、无民事行为能力人为纯粹获得法律上利益的民事行为，如接受奖励、报酬等，民事行为的效力不受影响。

（2）当事人的意思表示真实。所谓意思表示真实包含两个方面的含义：一是指行为人表现于外部的行为与其内心意思相一致。二是在当事人意志自由的前提下，进行意思表示的状态。将意思表示真实作为民事法律行为的有效条件，是为了贯彻意思自治原则（又称私法自治），以维护民事流转的正常秩序。《民法通则意见》第 77 条规定："意思表示由第三人义务转达，而第三人由于过失转达错误或者没有转达，使他人造成损失的，一般可由意思表示人负赔偿责任。但法律另有规定或者双方另有约定的除外。"可见，意思表示一旦作出就会产生相应的后果。

（3）不违反法律或行政法规。不违反法律或者行政法规的规定，是民事法律行为的基本要求，这里所说的不违反法律，不仅包括不得违反民法中的强制性规定，而且也包括不得违反其他部门法中的强制性规范。即法律行为的内容、形式合法，不得违反社会公德、社会公共利益。

(4) 符合民事行为的特别成立要件。一般民事行为符合上述三个条件即生效,但有的民事行为需要符合民事行为的特别成立要件。民事行为的特别成立要件,是指依据法律或行政法规的规定或者依据当事人的约定,某些民事行为的成立,除当事人和意思表示外,还应具备特别的事实要素,如实施特定的事实行为或采用特定的形式等。如当事人缔结婚姻关系必须亲自到婚姻登记部门办理结婚登记,才具有法律效力。

(二) 欠缺有效条件的民事行为

欠缺有效条件的民事行为是指因不同程度上缺少民事法律行为的有效条件,导致不发生法律效力或法律效力处于不确定状态的民事行为。具体如下:

1. 绝对无效民事行为

(1) 绝对无效民事行为的概念

绝对无效民事行为指不具有民事法律行为根本性有效条件,因而不能发生当事人预期的法律后果的民事行为。无效民事行为自始无效(绝对无效)。无效民事行为作为民事行为,也能产生一定的后果,但其产生的是与行为人预期的法律后果不同甚至相反的法律后果。

(2) 绝对无效民事行为的种类

① 欠缺相应民事行为能力人所实施的民事行为。对自然人而言,无民事行为能力人实施的民事行为(纯获利益的行为除外)和限制民事行为能力人依法不能独立实施的行为原则上无效。对法人而言,如果其超越的经营范围为国家特许经营、限制经营、禁止经营的,无论相对人是否善意均无效。

② 意思表示不真实的民事行为。包括因受欺诈、胁迫、乘人之危而实施的民事行为。这里需注意的是:依《合同法》的规定,因欺诈、胁迫而订立的合同具有损害国家利益时才为无效合同,否则为可撤销的合同。但《合同法》毕竟只规范双方法律行为,故单方法律行为仍应适用《民法通则》的上述规定。

③ 违反法律、行政法规禁止性规范的民事行为。《民法通则》第 58 条规定,违反法律的民事行为绝对无效。在违法的认定上,规定只有违反法律、行政法规中强制性规定的行为方属无效,地方性法规、部门规章和地方规章不是认定民事行为合法性的标准,全部法律中非属强制性规定的规范,也不能用于民事行为合法性的判断。所谓禁止性规范首先是指效力性的禁止性规范。最高人民法院《关于适用〈中华人民共和国合同法〉若干问题的解释》(二)第 14 条,《合同法》第 52 条第 5 项规定的"强制性规定",是指效力性强制性规定。至于违反管理性的禁止性规范,应区分类型予以处理。

④ 违反社会公共利益的民事行为。

⑤ 双方恶意串通,损害国家、集体、第三人利益的行为。

⑥ 以合法形式掩盖非法目的的民事行为。《民法通则》第 60 条规定:民事行为部分无效,不影响其他部分效力的,其他部分仍然有效。

2. 可撤销的民事行为(相对无效的民事行为)

可撤销的民事行为是指民事行为虽已成立并生效,但因意思表示不真实,可以因行为人撤销权的行使,使其自始不发生效力的民事行为。

可撤销的民事行为即相对无效的民事行为,在撤销权人(受损害的当事人)行使撤销权之前,该民事行为仍然有效。可撤销的民事行为主要有以下情形:

(1) 因重大误解而为的民事行为。重大误解的民事行为,指表意人的表示行为无意识地与其真实意愿不一致的行为。它表现为表意人对民事行为的重要条件在认识上发生错误,并因此作出意思表示。依照最高人民法院的司法解释,行为人因对行为的性质、对方当事人、标的物的品种、质量、规格和数量等的错误认识,使行为的后果与自己的意思相悖,并造成较大损失的,属于重大误解的民事行为。重大误解不同于误传行为。所谓误传的民事行为,指第三人在向相对人传达表意人的意思时,由于传达人的原因,无意识地使表意人的意思与其表示发生不一致的情况。《民法通则》第 59 条第 1 款规定,行为人对行为内容有重大误解的,一方有权请求人民法院或者仲裁机关予以变更或者撤销。另外,基于保护相对人和交易安全,作出重大误解的民事行为的行为人,对于因撤销或者变更该民事行为而导致的相对人或者第三人的损失,应当负有赔偿损失的责任。

(2) 显失公平的民事行为。民事行为成立时显失公平,是指出于非自愿的原因,实施民事行为的结果对一方当事人过分有利,对他方当事人过分不利。

(3) 因受欺诈、胁迫而实施的民事行为。

《民法通则》第 58 条第 1 款第(3)项规定,一方以欺诈、胁迫的手段或者乘人之危,使对方当事人在违背真实意思的情况下所为的民事行为无效。

欺诈,是指当事人一方故意编造虚假情况或者隐瞒真实情况,使对方陷入错误而为违背自己真实意思表示的行为。受欺诈而为的民事行为属于意思表示不真实的民事行为。欺诈的构成条件为:一是有具体的欺诈行为,即将欺诈故意表示于外部。二是欺诈人主观心理状态为故意。这种主观上的故意涉及两个方面:使相对人陷于错误的故意;使相对人基于错误而意思表示的故意。三是受欺诈方作出意思表示。四是受欺诈方实施的民事行为与欺诈行为之间有因果关系。

受胁迫而为的民事行为,是指以给公民或其亲友的生命健康、名誉、荣誉、财产等造成损害或者以给法人的商誉、财产等造成损害相威胁,迫使对方未被真实意愿而作出的意思表示。《民法通则》第 58 条第 1 款规定,受胁迫而为的民事行为无效。但《合同法》只规定一方以胁迫的手段订立的损害国家利益的合同无效;而以胁迫手段订立的损害集体或者第三人的利益的合同,则属于可变更、可撤销的合同。

乘人之危的民事行为是一方当事人乘对方处于危难境地而提出苛刻条件迫使对方当事人作出接受的意思表示而产生的显失公平的民事行为。

应注意:行使撤销权,应在法律规定的撤销期间内。《民法通则意见》第73条规定:从行为成立时起超过1年,当事人才请求变更或撤销的,人民法院不予保护。《合同法》规定:撤销权人自知道或应当知道撤销事由之日起满1年。撤销权人经过该期间不行使权利的,则该权利消灭,可撤销的民事行为因而转化为有效的民事行为。

(三)效力未定的民事行为

1. 效力未定的民事行为的概念

效力未定的民事行为是指某些民事行为成立后,能否按行为人的意愿发生法律效力,尚不能确定,需等待享有追认权的第三人作出追认或拒绝的意思表示以后,才能确定其效力的民事行为。

2. 效力未定的民事行为的种类

效力未定的民事行为主要包括:

(1)无处分权的行为人行使了处分权;

(2)狭义无权代理;

(3)债权转让未经债权人同意的行为;

(4)限制民事行为能力人实施的超越其行为能力范围的民事行为。

3. 效力未定的民事行为的特征

(1)其法律效力处于悬而未决的不确定状态,既非有效,也非无效;

(2)其法律效力可以补救,一经有追认权人的追认,便可自始有效;

(3)若有追认权的人,不予追认或明示拒绝追认,则该行为自始确定不发生法律效力;

(4)效力未定行为的相对人享有催告权与撤销权。

(四)效力未定的民事行为与可撤销的民事行为及无效民事行为的关系

(1)效力待定合同的产生是因为该意思表示不完全具备合同的生效要件。但它也并非是因为不符合意思表示真实和不违反法律及社会公共利益这两个要件,而是不符合当事人具备相应的民事行为能力这一要件。

(2)效力未定的民事行为,其是否发生效力尚未确定,须待其他的行为而确定。所谓其他的行为,可以是第三人的同意,也可以是有权人的追认,还可以是补正某种权源的行为。这使得效力未定的民事行为不同于无效的民事行为。无效的民事行为,自始就确定当然地无效,不因任何其他行为而再生效力,也不因任何其他行为而确认其不生效力。

(3) 效力未定的民事行为,既存在转换成无效民事行为的可能性,也存在转换成有效民事行为的可能性。因此,效力未定的民事行为不同于可撤销的民事行为,可撤销的民事行为,从行为成立之时就发生法律效力,只不过有撤销权的一方当事人有权予以撤销,从而使其效力归于消灭。

(4) 效力未定的民事行为,在经权利人承认后即发生法律效力,成为有效民事行为。这使它与无效民事行为相区别,后者是绝对的无效。它与可撤销民事行为也不相同,后者在权利人撤销前是有效的,而它在权利人承认前并不发生效力,而是处于效力待定的状态。

(五) 民事行为被确认无效或被撤销的后果

民事行为被确认无效或被撤销以后,都不会发生行为人预期的法律后果,对当事人不具有法律约束力,但能引起其他法律后果:即凡是尚未履行的,不再发生;正在履行的,应当立即停止履行。对于已经全部履行或者部分履行的,对于当事人已经取得的财产和造成他人损失,依下列办法处理:

(1) 返还财产。双方均无重大过错的,适用双方返还的原则;一方有过错的适用单方返还原则。有过错的一方应返还从对方取得的财物,无过错的一方从对方取得的财产应依法处理。

(2) 有过错的一方应赔偿对方因此所受的损失;双方都有过错的,应该各自承担相应的责任。

(3) 追缴财产。对从事内容违法的行为当事人,应追缴双方取得的财产,收归国家、集体所有或返还第三人。

(六) 附条件的民事法律行为

1. 附条件的民事法律行为的概念

附条件的民事法律行为是指设定一定的条件,并把条件的成就与否作为决定其效力发生或消灭的根据的民事法律行为。

附条件的民事法律行为中的条件,是限制民事法律行为效力的事实,既可以是事件,也可以是行为。该条件应符合下列要求:

(1) 未来性。该条件应是的事实。

(2) 或然性。即该事实将来可能发生,也可能不发生。

(3) 约定性。该条件是当事人约定而非法定的事实。

(4) 合法性。违法的事实不能作为条件。

2. 附条件的民事法律行为的行使

对附条件法律行为,是民法意思自治原则的体现,因而受到法律的保护。但对当事人恶意促使条件成就的,法律视为条件不成就;恶意使条件不成就的,法律视为条件成就。

（七）附期限的民事法律行为

1. 附期限的民事法律行为概念

期限是指表意人选定的用以控制民事法律行为的效力发生或终止的某种将来在客观上确定要发生的事实。

2. 期限的法律要件

（1）须属将来的事实，已经发生的事实不能被设定为期限。

（2）须属必成事实，即其发生为确定的事实。不可能发生的事实（如千年以后赠与），不能被设定为期限。

3. 期限与条件的区分

（1）条件是不确定的偶然性事实，期限是确定的必然性事实。

① 时期确定，到来不确定，为条件。例如“等60大寿送电视一台”，60岁虽确定，但人之寿命不可测，是否能活到60岁不可知，具有偶发性。

② 时期不确定，到来也不确定，为条件。如“司法考试通过之日”，能否考得上，已属不确定，至于哪一年考得上，则更加不确定，故显然属于条件。

（2）条件之事实成就与否是不确定的，期限是肯定会到来的。

① 时期确定，事实的发生也确定，如“今年9月9日”，是期限。

② 时期不确定，到来确定，为期限。例如“临终时将物送给你”，何时死虽难预料，但人必有一死，死期终会到来。

4. 始期和终期

（1）始期。这是使民事法律行为效力发生的期限。在始期届至之前，民事法律行为的效力是停止的，在期限到来时，民事法律行为的效力始发生，故也称停止期限。如签订合同注明“自明年1月1日生效”，该日期就是该合同的始期。

（2）终期。这是民事法律行为效力终止的期限，在终期届至时，既有的效力便告解除，故也称解除期限。如合同条款中约定“本合同于明年年底终止”，明年底就是该合同所附的终期。

5. 期限的效力

（1）期限到来前之效力。

① 附始期的民事法律行为，在期限未届至时，不生效；而附终期的民事法律行为，在期限未届满时，其效力不终止。

② 因期限届至而享有利益的当事人取得“利益期待权”，该权利可作为处分行为和继承的标的，并受侵权行为法的保护。因期限未到来而享有的利益，是为“期限利益”，亦受法律保护。

（2）期限到来后的效力。附始期的民事法律行为，在始期届至时，发生效力；而附终期的民事法律行为，在终期届满时，终止其效力。

二、代理

引导案例

甲某在某市书法界小有名气，常有人请他题字作诗。该市某宾馆为了庆祝5周年对宾馆进行装修，请甲某题字五幅，甲某满口答应，但是后来因为种种原因，甲某迟迟没有时间完成作品，就让自己的几个同学以自己的名义做了3幅，自己仅题了2幅交给了宾馆。由于其学生的作品与甲某风格相差很大，水平也远不及甲某，结果代做的事被该宾馆经理发现。双方遂产生纠纷，宾馆只同意支付2幅字的报酬，并要求甲某承担因为耽误装修给宾馆造成的损失。甲某则坚持认为自己已经按期交付了作品。甲某和宾馆孰是孰非，需要通过代理的相关法律规定加以解决。

（一）代理概述

1. 代理的概念

代理作为一种独立的法律制度，是市场经济发展的结果，在现代市场经济中起着不可或缺的作用。对于自然人来说，代理制度是保证自然人取得民事权利和承担民事义务的重要手段，并能有效地补充民事主体行为能力之不足；对于法人等社会组织来说，代理制度是保证社会组织开展业务活动的必要手段。所谓代理，是指代理人在代理权限范围内以被代理人的名义独立实施民事法律行为，所产生的法律效果直接归属于被代理人的一种法律制度。在代理关系中，涉及三方主体，即被代理人（本人）、代理人、第三人（相对人）。

2. 代理的特征

（1）代理行为是民事法律行为代理人从事的行为主要包括三类：一是民事法律行为（例如订立合同）；二是代理诉讼行为；三是某些财政、行政行为（例如代理专利申请、代理商标注册）。其中，后两种行为均包含“意思表示”的要素，实际上属于准民事法律行为。

并非所有的民事法律行为都可以代理，某些具有人身性质的民事法律行为（例如立遗嘱、结婚）以及双方当事人约定必须由本人亲自实施的民事法律行为，不得代理。

（2）代理人应在代理权限内独立地为意思表示，实施代理行为。

（3）代理人以被代理人的名义实施代理行为。这一特征，使代理人与居间人、行纪人区别开来。委托合同中的受托人可以以“委托人”的名义，也可以以“自己”的名义与第三人订立合同；行纪合同中的行纪人必须以“自己”的名义与第三人订立合同。《民法通则》只承认以“被代理人”的名义进行的代理,《合同法》则承认了隐名代理制度(受托人可以以“自己”的名义与第三人订立合同)。

(4) 代理行为的法律效果直接归属于被代理人,即代理行为所产生的权利归被代理人享有,所产生的义务由被代理人承担。

代理人代理活动的不利后果由被代理人承受,代理人在代理活动中对第三人造成的损害,应先由被代理人对第三人承担责任。但是如果对不利后果或损害造成代理人有过错,被代理人有权追究代理人的民事责任。

代理人与法定代表人的区别如下:第一,代理人与被代理人是两个独立的民事主体,而法定代表人与法人同属一个民事主体;第二,法定代表人实施的民事法律行为就是法人实施的民事法律行为,因此不存在效力归属问题;而代理人从事的法律行为不是被代理人的法律行为,只是其效力归属于被代理人。

3. 代理的适用范围

(1) 代理的适用范围非常广泛,主要包括:

① 代理各种民事法律行为。

② 代理各种民事诉讼行为。

③ 某些申请行为、申报行为。如专利申请,纳税申报的行为皆可适用民法中的代理制度。

(2) 不可适用代理的行为包括:

① 人身性质的行为不得代理,如订立遗嘱、婚姻登记、收养子女等人身性质的行为不得代理。

② 违法行为不得代理。这种行为是法律所禁止的,任何人不得实施。《民法通则》规定:代理人明知被委托的事项违法仍进行代理活动的,或被代理人知道代理人的代理行为违法不表示反对的,由被代理人和代理人负连带责任。

③ 当事人约定只能由义务人亲自履行的行为不得代理。

(二) 代理的分类

1. 委托代理、法定代理和指定代理

以代理权发生的原因的不同,代理可以分为委托代理(意定代理)、法定代理和指定代理,这种分类是我国民事立法上关于代理的最基本的分类。

委托代理是基于被代理人的委托授权而发生的代理。委托代理是最常见、最广泛适用的一种代理形式。被代理人授予代理权的意思表示属于单方法律行为,仅凭其一方的意思表示即发生法律效力。被代理人授予代理人代理权限应当以书面形式,授权范围尤为重要,因此授权委托书的内容应当明确。由于委托书授权不明的导致第三人受到损害的,被代理人应向第三人承担民事责任,代理人负连带责任。

法定代理是根据法律的直接规定而发生的代理关系，即代理人的代理权是基于法律的直接规定而发生的。法定代理主要是为无行为能力人或限制行为能力人设立代理人的方式。在法律有特别规定的情况下，某些社会团体也可以成为其成员的法定代理人。

指定代理是根据人民法院和有关单位的指定而发生的代理。"有关单位"是指依法对被代理人的合法权益负有保护义务的组织，如法院为失踪人指定财产代管人等。

2. 本代理和再代理

以代理人选任和产生的不同，可将代理分为本代理和再代理（复代理）。

本代理是指基于被代理人选任代理人而发生的代理。

再代理（复代理或转代理）是指为被代理人的利益将其所享有的代理权转托他人而产生的代理。再代理是基于被代理人为本人（被代理人）选用代理人而发生的代理关系，又称复代理（转委托）。复代理人仍是被代理人的代理人，而不是原代理人的代理人，其代理权限亦不得超过原代理人。再代理具有以下特征：

(1) 再代理是由代理人以自己的名义选任的；

(2) 再代理人不是原代理人的代理人，而仍然是被代理人的代理人；

(3) 再代理权不是由被代理人直接授予的，而是由原代理人转委托的。

一般情况下，代理人应亲自行使代理权。最高人民法院《关于贯彻执行中华人民共和国民法通则若干问题的意见（试行）》第 80 条规定，由于急病、通讯联络中断等特殊原因，委托代理人自己不能办理代理事项，又不能与被代理人及时取得联系，如不及时转托他人代理，会给被代理人的利益造成损失或者扩大损失的，属于《民法通则》第 68 条中的"紧急情况"。

此外，根据代理权限范围的大小标准，可将代理分为一般代理和特别代理；以代理权授予一人或数人为标准，还可将代理分为单独代理和共同代理。

（三）代理权的行使和消灭

1. 代理权行使的原则

代理权的行使是指代理人在代理权限范围内，以被代理人的名义、依法有效地实施民事法律行为，代替被代理人行使民事权利和承担民事义务，以达到被代理人所希望的或客观上符合被代理人利益的法律效果。代理人在行使代理权的过程中应当遵循以下原则：

(1) 不得擅自转委托的原则。一般情况下，代理人应亲自进行代理行为，即转委托有条件，除紧急情况下，必须事先征得被代理人同意或事后告知被代理人并取得同意。否则，由代理人对自己转托的人（再代理人）的行为负民事责任。

《民法通则》第 68 条规定:“委托代理人为被代理人的利益需要转托他人代理的,应当事先取得被代理人的同意。事先没有取得被代理人同意的,应当在事后及时告诉被代理人,如果被代理人不同意,由代理人对自己所转托的人的行为负民事责任,但在紧急情况下,为了保护被代理人的利益而转托他人代理的除外。”

(2) 禁止滥用代理权的原则。代理人应诚实信用,忠实履行其义务,不得滥用代理权,代理人一般不得有以下三种行为:第一,代理人不得以被代理人的名义与自己发生民事行为;第二,未经许可,代理人不得一人同时担任双方当事人的代理人。第三,代理人不得与第三人恶意串通,而损害被代理人的利益,即代理人不得受贿或图谋私利。

此外,代理人还负有报告的义务、保密的义务等。

(3) 禁止越权代理的原则。代理人必须在代理权限范围内行使代理权,否则,为无权代理(除非被代理人事后追认);代理人应对其越权行为承担相应的民事责任。

(4) 禁止违法代理的原则。违法代理是指代理违法事务或利用代理进行违法活动。

2. 代理关系的终止

(1) 委托代理的终止原因

① 代理期限届满或代理事务完成;

② 被代理人取消或代理人辞去委托;

③ 代理人死亡或代理人丧失民事行为能力;

④ 作为被代理人或代理人的法人终止。(被代理人死亡不必然引起委托代理的消灭。)

(2) 法定代理或指定代理的终止原因

① 被代理人取得或恢复民事行为能力;

② 被代理人或代理人死亡;

③ 人民法院或有关单位撤销指定;

④ 监护关系消灭。

(四) 无权代理

无权代理是指没有代理权而以他人的名义与第三人进行民事活动。其具体主要分为两种情形,即狭义的无权代理和表见代理。

1. 狭义的无权代理及其后果

(1) 自始不具有代理权的“代理”行为

自始不具有代理权的“代理”行为,即行为人既未获得授权,也未经过有关机关指定为代理人,更无法律上的依据成为代理人,却擅自以他人的名义与第三人实施民事行为。

(2) 超越代理权的"代理"行为

一般情况下,无权代理行为须有被代理人的追认,被代理人才承担民事责任,未经追认的行为,由无权代理人自己承担民事责任。但是"本人"知道他人以自己的名义实施民事行为而不作否认表示的,视为同意,对"本人"发生法律效力。如果第三人明知行为人无代理权仍与其实施民事行为,造成被代理人损失的,行为人与第三人对"被代理人"负连带责任。

2. 表见代理

(1) 表见代理的概念

表见代理是属于广义的代理,是指被代理人的行为足以使善意的第三人相信无权代理人具有代理权,而基于此依赖第三人与无权代理人实施民事法律行为,该行为与有权代理发生相同的法律后果(由被代理人承受)的制度。表见代理是为保护善意第三人利益与交易的安全而设立的,对于疏于注意的被代理人,其应自负后果。

(2) 表见代理的构成要件

表见代理的构成要件如下:

第一,须行为人不具有代理权。成立表见代理的第一要件是行为人无代理权。如果行为人有代理权,则属于有权代理,不发生表见代理的问题。

第二,须有使相对人相信行为人具有代理权的事实和理由,这是成立表见代理的客观要件。这一要件是以行为人与被代理人之间存在某种事实上的或法律上的联系为基础的。被代理人与代理人之间在客观上有某种较为紧密的联系,因客观情由掩盖了无权代理人无权代理的实质,给他人以假象,致使善意第三人确信无权代理人具有代理权。

第三,第三人善意且无过失,这是表见代理成立的主观要件,即第三人不知道行为人所为的行为系无权代理行为。如果第三人主观上有恶意,即明知行为人没有代理权仍与之实施民事法律行为,这种情况就失去了法律保护的必要,故表见代理不能成立。《民法通则》第66条第4款规定:第三人知道行为人没有代理权、超越代理权或者代理权已经终止还与行为人实施民事法律行为给他人造成损害的,由第三人和行为人负连带责任。

第四,须行为人与相对人之间的民事行为具备民事法律行为成立的有效要件。表见代理发生有权代理的法律效力,因此,表见代理应具备民事法律行为成立的有效要件,即不得违反法律或者社会公共利益等。如果不具备民事法律行为的有效要件,也不能成立表见代理。

表见代理具有与有权代理具有同样的效力,代理行为的法律效果可以直接归属于被代理人。如果被代理人由此受到损失,有权向无权代理人请求赔偿,如果双方均有过失,按过错程度分担损失。

对于第三人(相对人)来说,可自由选择主张表见代理,即由被代理人承担法律后果;也可以主张狭义无权代理(放弃表见代理),追究无权代理人的责任。

第五节 物 权

引导案例

黎某从杭州买回一件孔雀蓝真丝连衣裙,价值 210 元。黎某的男朋友白某见后,觉得有些单调,作为画家的他即在此连衣裙的前襟绘上几朵玉兰花。在给黎某送去的路上将连衣裙丢失,未找到。事隔两月,黎某和白某偶然发现,那件与众不同的连衣裙被穿在一位张小姐身上。他们从张小姐处了解到:这件连衣裙是不久前张小姐的姑妈送给张小姐的生日礼物。据张小姐的姑妈讲:这件连衣裙是其从同事王女士手中以 260 元的价格买来的。而王女士则声称连衣裙是托别人买的,这件穿上不合体,因此才转卖。二人找到王女士。在再三追问下,王女士才承认,连衣裙是两个月前逛夜市时拾得的。据此,黎某要求张小姐返还连衣裙,张小姐则以连衣裙是姑妈买来送给自己的为由,自己为善意取得,拒绝返还。因此双方涉讼。

请分析:本案连衣裙应归谁所有?王女士所得的 260 元价款应如何处理?理由是什么。

一、物权概述

(一)物权的概念和特征

物权是民法中最基本的权利。它反映的是人们在社会生活中基于对物质资料的占有而产生的社会关系。我国《物权法》第 2 条规定:“本法所称物权,是指权利人依法对特定的物享有直接支配和排他的权利,包括所有权、用益物权和担保物权。”

物权法要回答三个问题。第一,“物”是谁的,即这个东西是谁的;第二,对这个物,权利人享有什么样的权利,其他的人负有什么样的义务;第三,怎样保护物权,侵害物权的人要承担什么样的法律责任。

物权具有以下特征:

(1)物权的客体是物。物权的客体是物,这使物权与债权、知识产权和人身权区别开来,同时,物权的客体是特定的独立之物,不包括行为和精神财富。债权的客体可以是行为等。这里的物,原则上是有体物,但也包括无形物和法律特别规定情形下的权利。

(2) 物权是支配权。物权是支配权,它是由权利人直接行使的。物权人可以依自己的意思对标的物直接行使权利,无须他人的意思或义务人行为的介入。任何类型的物权都是以权利人对于物的直接支配为特征的,只是支配的范围大小不同。在这一点上物权和债权不同,债权人的债权,必须依赖于债务人履行债务的行为才能实现。

(3) 物权是绝对权。物权的实现不需要义务人的积极行为予以协助,权利人在合法的范围内能够无条件地绝对地实现其权利,即物权是绝对权。物权的权利主体是特定的,义务主体是除权利人以外的任何不特定的人,其义务主体所负的是不作为的义务,即义务人不得妨碍权利主体对物的占有、支配、管领。

(4) 物权是排他性权利。物权的排他性是由物权是支配权的特性所决定的。物权的排他性表现在:物权具有排除他人侵害、干涉的效力;同一物上不能同时有两个不相容的物权并存。

(5) 物权的变动必须公示。物权对第三人利益的影响甚大,因而物权的存在与变动,要具有相应的外在表现形式,能够为一般人所辨识。因此,《物权法》规定了物权公示制度。通常动产以交付为公示,不动产以登记为公示。

(二) 物权的种类

我国《物权法》第 2 条规定,物权包括所有权、用益物权和担保物权。而用益物权和担保物权统称为他物权。

1. 自物权和他物权

根据物权的权利主体是否为物的所有人,可以把物权分为自物权与他物权。自物权是权利人对于自己的财产所依法享有的占有、使用、收益和处分的权利,也就是所有权。所有权是物权中最完整、最充分的权利,也称为完全物权。他物权是依法对他人所有的物享有的物权。由于他物权的内容是占有、使用、收益或处分的某一方面的有限支配,故也称限制物权。他物权包括用益物权和担保物权两大类。

2. 用益物权和担保物权

根据他物权设立的目的不同,他物权可以分为用益物权和担保物权。用益物权是指以物的使用收益为目的的物权。如建设用地使用权,宅基地使用权、地役权等。担保物权是指以担保债权的实现为目的,即以确保债务的履行为目的的物权,包括抵押权、质权、留置权。

3. 动产物权和不动产物权

按物权客体种类的不同,可以将物权分为动产物权和不动产物权。动产物权是指以能够移动的财产为客体的物权，包括动产所有权等。不动产物权是指以不能移动的财产为客体的物权，包括不动产所有权等。这种分类的意义在于动产物权与不动产物权的取得方法、成立要件、变动方式等各不相同。

（三）物权法的基本原则

物权法的基本原则，是贯穿于物权法始终，反映物权的本质、规律和立法指导思想的根本准则，也是制定、解释、适用、研究物权法的基本准则。物权法的基本原则贯穿在整个物权法制度和规范中，体现物权立法的基本理念和精神，其与物权法中的其他规则相比具有纲领性的作用，对其他规则具有整体的约束力。

1. 平等保护原则

所谓物权上的平等保护原则，是指物权的主体在法律地位上是平等的，依法享有相同的权利，遵守相同的规定，其物权受到侵害以后，应当受到物权法的平等保护。平等保护原则包括以下几个方面的内容：一是法律地位的平等，即所有的市场主体在物权法中都具有平等的地位。无论是国家享有的物权，还是集体、私人享有的物权，都受到物权法的平等保护。二是适用规则的平等性。三是保护的平等性，即在物权受到侵害之后，各个物权主体都应当受到平等保护。平等保护原则是民法平等原则在物权法中的具体化，《物权法》第 3 条确立了这一原则，并具体体现在第 56 条、第 63 条、第 66 条中。

2. 物权法定原则

关于物权的创设，立法上有两种体例，法定主义和放任主义。现代各国民法，大都采取法定主义而排斥放任主义。我国《物权法》亦采法定主义原则。物权法定原则又称为物权法定主义，指物权的种类和内容只能由法律规定，禁止当事人意思决定。《物权法》第 5 条确立了此原则。

物权法定原则主要包括两个方面的内容。第一，种类法定。哪些权利属于物权，哪些不是物权，要由物权法和其他法律规定。第二，内容法定。物权的内容必须要由法律规定，当事人不得创设与法定物权内容不符的物权。

3. 一物一权原则

一物一权原则是指同一物之上不得设立两个内容相同的物权。根据“一物不能二主”的原则，一物之上只能存在一个所有权，而不能是多重所有。因为所有权是一种最终的支配权，如果一物之上可以并存多项所有权，则难以确定物的真正归属，容易产生各种产权纠纷。确立此原则有利于确立社会财富的归属关系，定纷止争。一物一权的“权”不包含他物权，允许所有权人在自己所有的物上设定以使用为目的的用益物权或以担保为目的的担保物权，这是所有权人行使所有权的方式和实现所有权价值的途径，并不违反一物一权原则。

4. 公示公信原则

物权公示公信原则是关于物权变动的基本规则，主要适用于基于法律行为而发生物权变动的情况，此种物权变动是物权法规制的重点。《物权法》第 6 条原则性地确立了物权变动的公示公信原则，第 9 条、第 23 条针对不动产、动产变动作出了具体规定。

所谓物权变动，是指物权的设立、转移、变更和废止的各种情况。

物权公示，是指以一定公开外在的、易于查知的形式展示物权存在和变动的情况。物权公示原则，就是法律上要求当事人必须以法定公开的方式展现物权变动的事实，否则不能发生物权变动的效力和公信力的原则。我国《物权法》规定：不动产物权的设立、变更、转让和消灭，应当依照法律规定登记。动产物权的设立和转让，应当依照法律规定交付。物权公示的目的在于使利益相关人知晓物之权属状态，以作交易之决计。

物权公信原则，指依法定方式进行公示的物权，具有使社会一般人信赖其正确的效力，并保护基于此合理信赖而实施的行为的效力的原则。也就是即使公示的物权状况和真实的权利状态不符，法律对信赖公示的善意第三人从公示的物权人处所取得的权利仍予以保护的原则。

二、所有权

（一）所有权的概念和特征

所有权即财产所有权，是指所有人依法对自己的财产享有占有、使用、收益和处分的权利。我国《物权法》第 39 条规定："所有权人对自己的不动产或者动产，依法享有占有、使用、收益和处分的权利。"所有权具备物权的全部特征，与他物权相比，其法律特征表现在以下几个方面：

（1）所有权是自物权。所有权是所有人对自己的物享有的权利，即在自己所有的物上行使权利，收取利益。这种自物权发挥着定分止争、确定财产归属的作用，而他物权则不然。用益物权和担保物权是在他人的财产上所设定的物权，故称他物权。

（2）所有权是完全物权。所有权是最全面、最充分的物权。所有权包括占有、使用、收益和处分四项权能，所有人对所有物可以行使全面、完全的支配权利，除受法律限制外，不受其他限制，不受他人影响。所有人还可以将这四项权能的一项、两项、三项甚至四项权能让与他人；而他物权的行使则会受到所有权的限制，仅能对物进行某一方面或某几方面的支配。因而他物权被称为限定物权或限制物权。所有权是构成一切限制物权的基础。财产的使用权、收益权、承包权以及诸如采矿权、共有权、相邻权等以使用、收益为目的的权利，都来源于所有权,是所有权派生的权利。抵押权、质权、留置权等担保性质的他物权同样是以所有权为基础的。

(3) 所有权是无期物权。所有权在存续的期限上是没有限制的,只要物存在,所有权就存在。所有权的转让只导致所有人的更换,该物之上的所有权并不消灭。

(4) 所有权具有排他性。所有权可以依法排斥他人的非法干涉,不允许其他任何人肆意妨碍或侵害,且所有权实行一物一权,任何财产只能有一个所有权,而不能出现两个或多个所有权。而他物权可以同时存在于一物之上。

(二) 所有权的权能

所有权的内容即所有权的权能,包括占有、使用、收益、处分四项权能。

1. 占有

占有即所有人对物的实际控制。占有属于所有权的事实权能,往往是行使其他权能的前提和基础。占有可以由所有人享有,也可以由非所有人占有。非所有人占有根据有无法律根据,可以分为合法占有和非法占有。合法占有是指依照法律规定或所有人的意志由非所有人占有。非法占有是指没有法律根据,也没有取得所有人的同意而占有他人财产。非法占有是对所有权的侵犯,但非法占有又可根据占有人有无过错分为善意占有和恶意占有。善意占有是指非法占有人在占有某物时,不知道或不应该知道其占有为非法。恶意占有是指非法占有人在占有某物时,已经知道或者应当知道其占有是非法占有。根据这两种非法占有的不同,确定民事责任的依据也有所不同。

2. 使用

使用是指权利主体对物按照其性能和用途加以利用,实现物的使用价值。它是为了满足生产和生活需要,对物进行利用。使用是直接于占有物之上具有的权能,因而使用权能的存在以占有物为前提。使用可以分为所有人使用和非所有人使用。非所有人使用又可分为合法使用和非法使用。合法使用,指有合法根据或有当事人约定而使用他人的物。如农民依法取得土地使用权而后对土地的利用、耕作;承租人对租赁物的使用。非法使用,指无合法根据或未经约定而使用他人的物。如未经批准在国家或集体的土地上进行建筑。

3. 收益

收益,是指权利主体收取基于物而产生的利益。包括孳息和利用原物进行生产经营活动所产生的利润等。民法上的收益主要指孳息,包括天然孳息和法定孳息。法定孳息是依法律关系取得的利益。如利息、租金。自然孳息是依物的性能而收取的利益。如果实、动物的生产物等。收益还包括取得物的经营利润。收益权能是在市场经济条件下所有权的一项最重要的权能。人们对物的所有权的享有，主要是为了物的利用和收益。收益权能一般由所有人行使，也可以与所有权分离。也就是收益既可由所有人享有，也可由非所有人享有。除法律或合同另有规定外，物的收益归所有人所有。

4. 处分

处分是指对物依法处置以决定其命运的权能。处分分为事实上的处分和法律上的处分。前者指通过事实行为对物进行消费或者变更物质形态。法律上的处分是指通过法律行为对物进行转让。事实上的处分导致物的形态的变更或消灭，而法律上的处分引起所有权的消灭或发生限制所有权的效力。处分权能一般均由所有人享有，但在法律有专门规定的情况下，非所有人也可以享有，例如国有企业对国家授予其经营管理的财产的处分权等。

综上所述，所有权权能中的每项权能都具有相对独立性和可分性，在一定条件下可以从所有权中分离出来，由非所有人享有和行使，而并不影响所有权的存在。恰恰相反，这种分离正是所有人行使所有权的表现，也是实现所有权价值的手段。

（三）所有权的类型

根据所有权主体的不同，我国民法将所有权分为国家财产所有权、集体财产所有权和个人财产所有权。

1. 国家财产所有权

在我国，社会主义国家不仅是国家政权的承担者，而且是国有财产的所有者。《物权法》第45条规定，法律规定属于国家所有的财产，属于国家所有即全民所有。所谓国家所有权是指国家对国有财产的占有、使用、收益和处分的权利，它是全民所有制在法律上的表现。我国国家所有权客体范围相当广泛，既包括了土地及其他自然资源的所有权，也包括了各类动产和不动产。由于国家本身是主权的享有者和政权的承担者，国家可以凭借其公共权力通过征收、国有化、没收等方式强制性地将公民个人或集体的财产收归国有。

2. 集体财产所有权

集体经济是社会主义公有制经济的重要组成部分。集体财产所有权是指集体组织以及集体组织全体成员对其财产享有的占有、使用、收益和处分的权利，它是劳动群众集体所有制在法律上的表现。集体财产所有权的主体是具有独立法人资格的各个集体组织，具有多样性。集体财产的范围也比较广泛，即除了法律规定的国家专有财产外，可以是其他任何财产。例如：集体组织可以享有土地所有权，但不包括地下的矿产资源（为国家专有）所有权。集体组织所有权一般由该集体自己行使。

3. 个人财产所有权

所谓个人财产所有权,就是指公民个人依法对其所有的动产或者不动产享有的权利,以及私人投资者投资到各类企业中所依法享有的出资人的权益。这是我国宪法规定的公民的基本权利之一。个人财产所有权的主体主要是自然人,但不限于自然人。自然人可以拥有的财产范围是相当广泛的。凡是法律不禁止个人拥有的财产都可以是自然人财产所有权的客体,主要有:合法收入、房屋、生活用品、文物、图书资料、林木、牲畜及法律允许自然人所有的生产资料和合法财产。而且,随着私营经济的日益发展,自然人财产所有权的范围将随之扩大,我国《物权法》按照《宪法》的规定,根据宪法扩大私有财产保护范围的精神,进一步强化了对公民私有财产的保护。

(四) 所有权的取得

1. 所有权的取得的含义

所有权取得,是指民事主体依据合法方式和根据获得所有权。我国《物权法》第 7 条明确规定:“物权的取得和行使,应当遵守法律,尊重社会公德,不得损害公共利益和他人合法权益。”根据我国《物权法》的规定所有权的取得必须是合法的,否则,不受法律的承认与保护。

2. 所有权取得的方式

根据所有权取得的法律事实不同,所有权的取得可分为原始取得和继受取得两种。

(1) 原始取得

原始取得,又称最初取得,是指不以原所有人的所有权和意志为依据,直接依据法律的规定而取得所有权。包括生产、没收、添附,取得原物的孳息,动产先占,善意取得,无主财产的归属。无主财产的归属按法律的特别规定,如无人继承的财产,被继承人生前是集体组织成员的,按《继承法》的规定,归所在的集体组织享有。

1) 遗失物的拾得

遗失物是指非基于遗失人的意志而暂时丧失占有的物,可见遗失物并非无主财产。所谓拾得,指发现并实际占有遗失物。虽发现而不占有,不为拾得,故发现与占有这两个要素缺一不可。拾得遗失物属于法律事实中的事实行为,因此不以拾得人有行为能力为构成要件。

遗失物正常情况下由权利人领回,也就是物归原主。遗失物自发布招领公告之日起 6 个月内无人认领的,归国家所有,不认定无主物。此时国家取得所有权非基于权利人的意思或依赖权利人的权利,故为原始取得。

遗失物通过转让被他人占有的,权利人有权向无处分权人请求损害赔偿,或者自知道或者应当知道受让人之日起 2 年内向受让人请求返还原物,但受让人通过拍卖或者向具有经营资格的经营者购得该遗失物的,权利人请求返还原物时应当支付受让人所付的费用。权利人向受让人支付所付费用后,有权向无处分权人追偿。

2）善意取得

善意取得是所有权特别取得的重要方式,各国物权保护立法对此都有规定。善意取得,指受让人以财产所有权转移为目的,善意、对价受让且占有该财产,即使出让人无转移所有权的权利,受让人仍取得其所有权。善意取得既适用于动产,又可适用于不动产。善意取得中的受让人需是善意的,不知出让人是无处分权人,否则不构成善意取得。善意取得基于占有的公信力,旨在维护交易安全。

根据我国《物权法》第 106 条规定,无处分权人将不动产或者动产转让给受让人的,所有权人有权追回;除法律另有规定外,符合下列情形的,受让人取得该不动产或者动产的所有权:

第一,受让人受让该不动产或者动产时是善意的;

第二,以合理的价格转让;

第三,转让的不动产或者动产依照法律规定应当登记的已经登记,不需要登记的已经交付给受让人。

受让人依照前款规定取得不动产或者动产的所有权的,原所有权人有权向无处分权人请求赔偿损失。

以上三项条件必须同时具备,否则不构成善意取得。

(2）继受取得

继受取得又称传来取得,是指通过某种法律行为或其他法律事实从原所有人处取得所有权。如因继承而取得遗产的所有权;继受取得包括因订立买卖合同、赠与、互易、继承、受遗赠或其他合法原因而取得物的所有权。

(五）所有权的变动

1. 不动产的所有权变动规则

我国《物权法》第 9 条规定:“不动产物权的设立、变更、转让和消灭,经依法登记,发生效力;未经登记,不发生效力,但法律另有规定的除外。”该条规定了不动产物权变动的基本规则:登记是不动产物权变动的生效要件。不动产物权变动必须经登记的公示程序,未经登记,不产生物权变动的效力。这里“但法律另有规定的除外”应该是全国人大制定的法律,如《物权法》规定的依法属于国家所有的自然资源,所有权可以不登记。《不动产登记暂行条例》的颁布实施,进一步完善了不动产登记制度,使之进一步细化和具备可操作性。

2. 动产的所有权变动规则

(1) 动产所有权变动概述

我国《民法通则》第72条第2款规定:“按照合同或其他合法方式取得财产的,财产所有权自交付时起转移,法律另有规定或者当事人另有约定的除外。”但是《物权法》第23条规定:“动产物权的设立和转让,自交付时发生效力,但法律另有规定的除外。”由此可见,动产物权的变动应当适用交付的规则。交付的公示程序是动产物权变动的生效要件。基于同位阶法律新法优于旧法的原则,动产所有权的变动时间以交付为原则,交付是动产物权变动法定的公示方法,所以交付是法定的义务,因而在发生物权变动时,当事人不能通过合同随意免除交付的义务,也不能擅自约定交付的方式和交付的效力。如质押,不能约定质物交给其他人视为交付。

(2) 交付方式

很少有立法直接定义什么是交付。我国民法理论上一般认为,交付是指将自己占有的物或所有权凭证移转给他人占有的行为。其要义包含两点:一是客观上占有的转移,二是主观上有转移占有的意思,二者缺一不可。交付的最初含义是指对物的实际控制的转移,现代法上又发展出观念上的交付方式。即交付分为现实的交付和观念的交付两种情况。

现实交付,是指动产物权的出让人将动产的占有实际地移转给受让人,由受让人直接占有该动产。

观念交付又称拟制交付,是指特殊情况下,并不现实交付动产,而是采用变通方法,观念上认同已经完成交付。我国《物权法》第25条至第27条规定了三种观念交付的形式。包括简易交付、指示交付和占有改定。

简易交付是指动产物权转让前,如果权利人已经依法占有了该动产,就无须再实际交付,从法律行为发生效力时起直接发生物权变动的效力,依据《物权法》第25条,《合同法》第140条,动产物权设立和转让前,权利人已经依法占有该动产的,物权自法律行为生效时发生效力。例如受让人通过租赁、借贷、委托等方式实际占有了该动产,则从移转标的物所有权的合同生效时起,视为交付。

指示交付又称返还请求权的让与,指动产物权转让时,如果该动产已经由第三人占有,转让人可以将其对第三人的返还请求权转让给受让人,以代替物的实际交付。最典型的形态是《合同法》第135条的规定,当事人以提取标的物的单证、如仓单、提单等的交付,以代替标的物交付。

占有改定又称继续占有,指在动产物权转让时,如果转让人希望继续占有该动产,当事人双方可以订立合同,特别约定由转让人继续占有该动产,而受让人因此取得对标的物的间接占有,以代替标的物的实际交付。《物权法》第27条对此作出了规定:“动产物权转让时,双方又约定由出让人继续占有该动产的,物权自该约定生效时发生效力。”

应当注意的是船舶、航空器和机动车,这些动产价值比较大,我国《物权法》第 24 条对此作出了规定:“船舶、航空器和机动车等物权的设立、变更、转让和消灭,未经登记,不得对抗善意第三人。”即对于价值较大的动产物权,登记只是对抗效力,而不是生效要件。

(六) 所有权的保护

保护所有权,不仅是民商法的任务,也是我国各个部门法的共同任务。通常所说的所有权的保护是指所有人在其权利受到侵害时,通过民事诉讼程序请求人民法院予以保护。因财产所有权受侵害的情形不同,所有人提出的诉讼请求也不同。民法保护财产所有权的方式有:请求确认所有权、请求返还原物、请求恢复原状、要求停止侵害、请求排除妨害、消除危险、赔偿损失。

三、业主的建筑物区分所有权

(一) 业主的建筑物区分所有权的概念

我国《物权法》第 70 条对业主的建筑物区分所有权进行了定义:“业主对建筑物内的住宅、经营性用房等专有部分享有所有权,对专有部分以外的共有部分享有共有和共同管理的权利。”这是我国法律第一次对建筑物区分所有权的概念作出规定。

(二) 专有权

1. 专有权的概念

所谓专有部分所有权,简称为专有权,是指区分所有人对其建筑物内的住宅、经营性用房等专有部分所享有的单独所有权。所谓专有部分,是指具有构造上及使用上的独立性,并能够成为分别所有权客体的部分。

2. 专有部分所有权的客体

专有权的客体是建筑物内的住宅、经营性用房等专有部分。在区分所有的情况下,专有部分要成为区分所有权的客体,必须要具备如下条件:

(1) 具有构造上的独立性,能够明确区分。

(2) 具有利用上的独立性,可以排他使用。

(3) 能够登记成为特定业主所有权的客体。

(三) 共有权

1. 共有权的概念

所谓建筑物区分所有人对共有部分的共有权,是指区分所有人依据法律、合同以及区分所有人之间的规约,对建筑物的共用部分所共同享有的财产权利。

2. 共有权的行使

我国《物权法》第 72 条第 1 款规定:“业主对建筑物专有部分以外的共有部分,享有权利,承担义务;不得以放弃权利不履行义务。”

(1) 法定共有的范围

法定共有,是指依照法律规定由全体业主对于共有部分享有的共有权。法定共有的规定属于强行法,开发商不得通过合同来处理法定的共有财产。法定共有的类型主要有:绿地;小区内没有经过市政规划的用于通行的道路;物业管理用房;维修资金及建筑区划内的其他公共场所和公用设施。

(2) 车位车库的归属

所谓车库是指隶属于整个小区,具有独立的空间、以存放车辆为目的的附属建筑物。车库又常常被称为地下车库,但不仅仅限于地下车库,因为在有些建筑物内,地上一层或者二层也可能兴建车库,这也涉及其归属问题。车库本身四周是封闭的,其可以通过登记表彰权利的范围。

所谓车位,是指车库中的停车位,以及规划用于停车的具体地点。根据《物权法》第 74 条第 1 款的规定,建筑区划内,规划用于停放汽车的车位、车库应当首先满足业主的需要。所谓首先满足业主需要,就是指开发商在修建了车位、车库之后应当首先将其出租、出售给业主,而不能以高价卖给第三人。

(四) 管理权

1. 管理权的概念

所谓管理权,是指业主基于专有部分的所有权从而依法享有对业主的共同财产和共同事务进行管理的权利。管理权是专属于业主的权利。

2. 物业管理

所谓物业管理,就是指由业主自行或者委托物业服务机构以及其他管理人,对业主共有财产和共同事务进行管理和服务的行为。它包括了对建筑物的保存、改良、利用、处分以及对区分所有权人共同生活秩序的维持等内容。

业主对于物业管理享有如下权利:

(1) 自行管理权。

(2) 自主聘任权。

(3) 解聘权。所谓解聘权,就是指在开发商前期聘任了物业服务机构之后,业主也可以通过一定的程序解聘开发商前期选聘的物业服务机构。

(4) 监督权。

案例 3-5-1 2013 年 11 月,王先生通过中介公司购买了公寓房一套。2014 年 1 月,王先生未经有关部门同意,将北卧临街的北外墙和窗户都拆除,破墙开店。王先生的行为遭到楼上居民的全体反对。他们认为,北外墙是承重墙,拆除将破坏房屋的承重结构,威胁居住安全。王先生所在小区的物业公司、业主委员会和房地局办事处多次劝阻并发出告知书,要求王先生按原房屋结构进行修复,王先生置之不理。法院审理后要求其恢复原状。本案中,王先生对该房屋即北外墙拥有专有权,并有权排除他人妨碍。但行使此专有权不得改变建筑物之固有用途,不得侵犯他人权利。王先生已超越本人行使权利的界限,有义务消除危险,恢复原状。

四、相邻关系

(一)相邻关系的概念

相邻关系是两个或两个以上相互毗邻的不动产的所有人或使用人,在行使不动产的所有权或使用权时,因相邻各方应当给予便利和接受限制而发生的权利义务关系。

(二)相邻关系的种类

相邻关系产生的原因很多,种类复杂。主要的相邻关系有以下几方面:

(1)因用水、排水产生的相邻关系。

(2)因通行所产生的相邻关系。

(3)因建造、修缮建筑物以及铺设管线所形成的相邻关系。

(4)因通风、采光而产生的相邻关系。

(5)因保护环境所产生的相邻关系。

(6)因挖掘土地、建造建筑物等发生的相邻关系。

(三)处理相邻关系的原则

我国《物权法》第84条规定:“不动产的相邻权利人应当按照有利生产、方便生活、团结互助、公平合理的原则,正确处理相邻关系。”根据这一规定,在处理相邻关系时,应注意如下原则:

(1)依据法律法规和习惯处理相邻关系。

(2)团结互助、兼顾各方的利益。

(3)有利生产、方便生活。

(4)公平合理。

(5)依法给予补偿。

五、共有

(一)共有的概念和特征

所谓共有是指某项财产由两个或两个以上的权利主体共同享有所有权。我国《物权法》第93条规定:不动产或者动产可以由两个以上单位、个人共有。共有的法律特征是：

（1）共有的主体不是一个而是两个或两个以上的公民或法人。

（2）共有的客体即共有物是特定的,它可以是独立物,也可以是集合物。

（3）在内容方面,共有人对共有物按照各自的份额享有权利并承担义务,或者平等地享有权利、承担义务。

（二）按份共有

1. 按份共有的概念

按份共有又称分别共有,是指两个或两个以上的共有人按照各自的份额分别对共有财产享有权利和承担义务的一种共有关系。

2. 按份共有人的权利和义务

（1）按份共有人有权依其份额对共有财产享有占有、使用和收益权。

（2）按份共有人有权按照约定管理其共有财产。关于共有物的利用,物权法没有规定共有物究竟应当如何利用。对此,法律实际上是委诸当事人自由确定的。

（3）按份共有人享有物权请求权。物权请求权是基于物权而产生的、为了恢复物权的圆满状态的权利。

（4）按份共有人有权处分其份额。

（5）按份共有人享有优先购买权。

（6）全体共有人有权处分共有财产。

我国《物权法》第103条规定:“共有人对共有的不动产或者动产没有约定为按份共有或者共同共有,或者约定不明确的,除共有人具有家庭关系等外,视为按份共有。”

（三）共同共有

1. 共同共有的概念和特征

我国《物权法》第95条规定:“共同共有人对共有的不动产或者动产共同享有所有权。”

共同共有是指两个或两个以上的公民或法人,根据某种共同关系而对某项财产不分份额地共同享有权利并承担义务。共同共有的特征是：

（1）共同共有根据共同关系而产生,以共同关系的存在为前提。

（2）在共同共有中,共有财产不分份额。

（3）在共同共有中,各共有人平等地享受权利和承担义务。

2. 共同共有人的权利和义务

共同共有人对共有财产享有平等的占有、使用权。对共有财产的收益,不是按比例分配,而是共同享用。对共有财产的处分,必须征得全体共有人的同意。

《民法通则意见》第89条规定,在共同共有关系存续期间,部分共有人擅自处分共有财产的,一般认定无效。但第三人善意、有偿取得该财产的,应当维护第三人的合法权益,对其他共有人的损失,由擅自处分共有财产的人赔偿。根据法律规定或依据共有人之间的协议,可以由某个共有人代表或代理全体共有人处分共有财产。无权代表或代理的共有人擅自处分共有财产的,如果其他共有人明知而不提出异议,视为其同意。

3. 共同共有的形式

在我国,共同共有的基本形式有两种,即夫妻共有财产和家庭共有财产。

(1) 夫妻共有财产

依据我国《婚姻法》第17条的规定,夫妻在婚姻关系存续期间所得的财产,归夫妻共同所有。夫妻对共同所有的财产,有平等的处理权。

案例3-5-2 小李是机关干部,小周为工厂工人,二人结婚已有11年。后小周辞职经商,依法登记为个体户。小李起初反对小周下海经商,但后来见收入不少,就不再反对,但一直没有参与小周的经营。小周的收入用于家庭消费和储蓄。一次小周因车祸导致其损失货物价值8万元,债主找小李要账。小李有存款9万元,是其多年来的工资收入和继承的财产所得。此案中9万元的财产是小李、小周夫妻共有财产,而小周所欠债务为共同债务,因此小李有义务偿还债务。

(2) 家庭共有财产

家庭共有财产是指家庭成员在家庭共同生活关系存续期间,共同创造、共同所得的财产。

六、用益物权

(一) 用益物权的概述

1. 用益物权的含义和特征

用益物权是对他人之物在一定范围内使用、收益的定限物权。我国《物权法》第117条规定:“用益物权人对他人所有的不动产或者动产,依法享有占有、使用和收益的权利。”由此可见,用益物权具有如下特征:

(1) 用益物权以不动产、动产为权利客体。

(2) 用益物权以占有、使用、收益为其权利内容。

(3) 用益物权是在他人所有之物上设立的权利,是一种他物权。

(4) 用益物权的权能并不完全,是一种定限物权。

2. 用益物权的体系

用益物权起源甚早，其种类和内容因历史传统、国情地域不同而不同，深具固有法色彩。我国《物权法》在第三编对用益物权进行了科学化、体系化的整合，确立了土地承包经营权、建设用地使用权、宅基地使用权和地役权四种主要的用益物权，建构了用益物权体系。

（二）土地承包经营权

1. 土地承包经营权的含义

土地承包经营权又称农村土地承包经营权，是指农业生产经营者以从事农业生产为目的，对集体所有或国家所有的由农民集体使用的土地进行占有、使用和收益的权利。

2. 土地承包经营权的效力

土地承包经营权取得后即发生一定的效力，既排除他人的非法侵害，又约束承包方与发包方。一般而言，土地承包经营权的效力是指承包方与发包方之间的权利义务关系。

土地承包经营权人（承包方）的权利主要有：占有、使用及收益权；自主经营权；依法流转权；承包地被依法征收的，有权依法获得相应的补偿；法律、行政法规规定的其他权利。

土地承包经营权人（承包方）的义务主要有：维持土地的农业用途，不得用于非农建设；依法保护和合理利用土地，不得给土地造成永久性损害。

土地承包经营权人（发包方）的权利主要有：发包本集体所有的或者国家所有依法由本集体使用的农村土地；监督承包方依照承包合同约定的用途合理利用和保护土地；制止承包方损害承包地和农业资源的行为；在特定情况下收回承包地；在特定情况下调整承包地。

七、担保物权

（一）担保物权的概念和特征

担保物权是指以确保债务的清偿为目的，于债务人或者第三人所有的物或者权利之上所设定，以取得担保作用的一种定限物权。它具有以下特征：

（1）担保物权以确保债务履行为目的。担保物权的设立，通过使债权人对于债务人或第三人特定的财产享有优先受偿权，以确保债务履行和债权的实现。

（2）具有从属性。受担保的债权为主权利，担保物权为从权利，它以主债的成立为前提，随主债的转移而转移，并随之消灭而消灭。

（3）具有物上代位性。担保物权是以取得或支配特定财产的交换价值为内容的权利。

（二）担保物权的种类

1. 抵押权

抵押权，是指债权人对于债务人或第三人提供的，不转移占有而作为债务履行担保的财产，在债务人不履行债务或发生当事人约定的实现抵押权的情形时，可就该财产折价或者就拍卖、变卖该财产的价款优先受偿的权利。在抵押关系中，享有抵押权的债权人为抵押权人，提供抵押物的债务人或第三人为抵押人，抵押人提供的担保财产为抵押物。

抵押权具有如下特征：

第一，抵押权是不转移占有的担保物权，这是它与质权的重要区别。

第二，抵押物为债务人或第三人提供的动产或不动产。

第三，抵押权是以抵押财产的变价受偿的权利，即当债务人不履行债务或发生当事人约定的实现抵押权的情形时，债权人有权依照法律规定，将已抵押财产折价或拍卖、变卖，所得的价款优先于其他债权人受偿。这种优先受偿不是指在债务人不履行债务时直接转移抵押物的所有权，而是在债务人不履行债务时，将抵押物变价，使抵押权人享有优先于其他债权人就抵押物变价后的价值的受偿权。

抵押权登记又称抵押登记、抵押财产登记，是指登记机关根据当事人的申请，依照法定程序，将抵押财产上设定的抵押权及抵押权变更、终止等记载于特定的抵押财产登记簿上的行为。关于抵押权登记的效力，我国对于不动产抵押权和权利抵押权采取登记生效主义，对于动产抵押权采取登记对抗主义。

我国《物权法》第 187 条是关于不动产及不动产物权抵押登记及其效力的规定。依据本条规定，以不动产及不动产物权设定抵押的应当登记，且不动产及不动产物权抵押登记采取登记成立主义。依照登记成立主义，在不动产及不动产物权上设立抵押权未经登记，不产生效力。

根据我国《物权法》188 条的规定，以正在建造的船舶、航空器及其他动产抵押的，抵押权自抵押合同生效时设立；未经登记，不得对抗善意第三人。这说明我国动产抵押权的登记模式采用书面成立——登记对抗主义。具体而言：动产抵押合同签订后，若未登记，抵押人将抵押财产转移，对于善意取得该物之人，抵押权人无权行使追及权。

2. 质权

质权是指债务人或第三人将出质的财产或权利移交债权人占有或控制，作为债权的担保，在债务人不履行债务或者发生当事人约定的实现质权的情形时，债权人以该财产或权利折价或拍卖、变卖所得价款优先受偿的权利。

质权具有如下特征：

第一，质权以占有为公示方法。

第二，质权的标的为动产或财产权利，但不包括不动产。

第三，质权具有留置效力，并就标的物直接支配以实现质权。

3. 留置权

留置权是指债务人不履行到期债务时，债权人所享有的留置其已经合法占有的债务人的动产，并就该动产优先受偿的权利。

留置权具有如下特征：

第一，留置权是法定的担保物权。

第二，留置权与原始债权具有牵连性。

第三，留置权以合法占有债务人的动产为要件。

第四，留置权的效力具有双重性。

第六节　债　　权

引导案例

刘某承包一西瓜园，恰逢收获季节时突然病故。好友刁某因联系不上刘某家人，便主动为刘某办理后事和照看西瓜园，并将西瓜卖出，获益5万元。其中，办理后事花费1万元、摘卖西瓜的雇工费以及其他必要费用5000元。刁某认为自己应得劳务费5000元。关于刁某的行为，请分析：5万元是否属于不当得利？刁某应向刘某家人给付多少钱？

债法乃是规制债权债务关系的法律，也是以债的关系为规范内容的法律，是财产法的重要组成部分。债法在理论上可分为形式意义上的债法和实质意义上的债法。形式意义上的债法，是指独立的债法典或者民法典中的债编，例如《瑞士债务法》。实质意义上的债法，是一个国家或地区的立法中所有涉及债的关系的法律规范的总和，既包括独立的债法典或者民法典中的债编，也包括其他法律中有关债的关系的规范，例如《保险法》中关于保险合同的规定，《海商法》中关于海上运输合同的规定等。

一、债的概述

（一）债的概念

债，是指特定当事人之间得请求为一定给付的民事法律关系，又称为债的关系。其中，可以请求他人为给付的权利称为债权，享有债权的当事人称为债权人。应债权人的请求而负有的给付义务为债务，负有此项债务的当事人称为债务人。民法上的债，泛指某种特定的权利和义务关系。在这种民事法律关系中，债权人有权要求债务人按照合同的约定或依照法律的规定履行义务，而他方则负有满足该项请求的义务。

（二）债的要素

（1）债的主体。是指参与债的关系的当事人，即债权人和债务人。债权人和债务人均可以是一人或数人。

（2）债的内容。是债权与债务，债权与债务通过给付连接起来。债权人有权请求债务人为给付。债务人有义务向债权人作出给付。债权债务相互依存，无债权就无债务，无债务也无债权。

（3）债的标的。又称债的客体，是指债权债务所共同指向的对象，即给付。

（三）债权的特征

债权与物权是关系密切的财产权，可从二者对比的角度分析债权的特征：

（1）债权反映动态的财产流转关系，物权反映静态的财产归属关系。

（2）债权是请求权，表现为权利人有请求相对人为或不为特定给付的权利，而相对人则负有满足该项请求的义务；物权是支配权，表现为权利主体对客体的支配。

（3）债权是对人权、相对权，债权人对于其债权原则上只能请求特定的债务人履行，而不能直接请求第三人履行，即债权的权利主体和义务主体均是特定的；物权是对世权、绝对权，物权的权利主体可以对抗不特定的义务主体，即物权的权利主体是特定的，义务主体却是不特定的。

（4）债权具有相容性，即在同一标的物上，允许同时或先后设立数个内容相同的债权，彼此之间不发生排他的效力；物权具有排他性，即一物之上只能存在一个所有权或者内容不相矛盾的数个他物权。

（5）债权具有平等性，即数个债权并存时，不论其发生先后，均具有平等的受偿地位；而物权（主要是担保权）具有优先性，在物权与债权的标的物竞合时，物权具有优先于债权受偿的效力。

（6）债权的产生既可以是合法的（如合同之债），也可以是不合法的（如侵权行为之债），既可以是当事人之间约定的（如合同之债），也可以是直接由法律规定产生的（如不当得利和无因管理之债）；物权的产生则必须是合法的、法定的，非依法律规定不产生合法物权。

二、债的发生原因

债的发生原因也叫债的发生根据，是产生债的法律事实。能够产生债的法律事实有以下几类：

（一）合同

合同是当事人之间设立、变更、终止民事权利义务关系的协议。基于合同产生的债的关系,是合同之债,合同是产生债的最基本的、最重要的原因。在现实经济生活中,各民事主体主要是通过订立合同来明确相互间的权利义务关系。合同之债是民事主体积极主动地参与民事活动的法律表现。

（二）侵权行为

侵权行为是指不法侵害他人的合法权益,应承担民事责任的行为。受害人有权请求侵权人予以赔偿,侵权人有义务赔偿受害人的损失,双方形成债的关系。因为侵权行为会引起侵害人与受害人之间的债权债务关系,所以侵权行为也是债的发生根据。因侵权行为发生的债叫侵权行为之债。

（三）不当得利

不当得利是指没有法律或合同上的根据取得利益,而致他人受损害。发生不当得利的事实时,因为一方取得利益没有合法的根据,是不正当的,另一方因而受到损害,所以依照法律规定,受损的一方有权请求不当得利人返还所得的利益,不当得利人有义务返还其所得利益。当事人之间发生债权债务关系。因不当得利所发生的债,称为不当得利之债。

（四）无因管理

无因管理是指没有法定的或者约定的义务,为避免他人利益受损失而管理他人事务的行为。对他人事务进行管理的人是管理人,因管理人管理事务而受到利益的人为本人,又称受益人。管理人有权请求本人支付为管理支出的必要费用等,本人有义务予以支付,管理人与受益人之间就产生一种债的法律关系。因无因管理发生的债,称为无因管理之债。

（五）缔约上的过失

广义上的缔约过失是指当事人在缔约过程中具有过失,从而导致合同不成立、无效、被撤销或不被追认,使他方当事人受到损害的情况。过失方应赔偿对方受到的损失,由此产生缔约上的过失责任,形成债的关系。

（六）单独行为

又称单务约束,是指表意人向相对人作出的为自己设定某种义务,使相对人取得某种权利的意思表示,如遗嘱,设定幸运奖。

（七）其他

除上述事实外,其他法律事实也可以引起债的产生,如拾得遗失物。

三、债的分类

（一）意定之债与法定之债

依据债的发生原因,可以将债分为以下种类:

(1) 意定之债。指依据法律行为发生的债。包括合同之债、单方行为所生之债(悬赏广告、捐助行为)、多方行为所生之债(设立公司协议所生之债)。

(2) 法定之债。指依据法律规定而发生的债。包括侵权行为之债、不当得利之债、无因管理之债、缔约过失之债、拾得遗失物之债等。

区分法定之债与意定之债具有以下意义:法定之债的内容由法律直接规定;意定之债的内容主要由当事人自主决定,法律规定一般仅具有补足当事人意思的作用。所以其法律适用不同,构成要件也不同。

(二) 劳务之债与财物之债

依据债的标的性质,可以将债分为以下种类:

(1) 劳务之债。指债务人须提供一定劳务来履行债务的债。如委托合同、雇佣合同、表演合同、授课合同。劳务之债有标的(客体),但无标的物。

(2) 财物之债。指债务人应给付一定的财产来履行债务的债。如买卖合同、租赁合同、承揽合同、侵权损害赔偿之债。财物之债有标的(客体),亦有标的物。

区分劳务之债与财物之债,具有以下意义:劳务之债一般不得由第三人代为履行,不得强制履行;财物之债一般可由第三人代为履行,一般可以强制履行。

(三) 特定(物)之债和种类(物)之债

依据财物之债标的物性质,可以将债分为特定物之债和种类物之债,它是对财物之债进一步的分类,标准是看该财物是特定物还是种类物。

(1) 特定之债。指给付的标的物为特定物的债。特定物包括两类物:一是特定条件下独一无二的物,又称不可替代物,如张择端的名作《清明上河图》。二是原本为种类物,后经行为人之意志指定而特定化的物,如消费者张某从佳美电器城一批 29 寸长虹彩电中挑出的一台,约定 3 天后交付给张某。

(2) 种类之债。指给付标的物为种类物的债。种类物具有相同品质、可用相同的物替代的物,又称可替代物,如常见的工业制品、农产品等。

区分特定物之债与种类物之债具有以下意义:这是对财物之债的分类,劳务之债无标的物,不能区分为特定之债与种类之债。在交付之前,标的物意外灭失的,若为特定物,则免除义务人实际履行的义务;若为种类物,则不免除实际履行义务。

(四) 简单之债与选择之债

依据债的标的是否具有选择可能性,可以将债分为以下种类:

(1) 简单之债。指债的标的是单一的,当事人无法就标的进行选择的债,又称不可选择之债。

(2) 选择之债。指债的标的为两项以上,当事人可以从中选择其一来履行的债。

区分简单之债与选择之债具有以下意义：选择之债在履行时必须转化为简单之债，转化的方法主要有以下三种：一是当事人补充协议确定。二是行使选择权。就行使选择权而言，该选择权为形成权，一方作出单方意思表示即可。选择权的归属，依当事人约定；如无约定，推定为债务人享有；债务人于合理期间或约定期间内未行使的，转归对方行使。三是其他标的出现履行不能。

（五）单一之债与多数人之债

依据债的一方主体人数的多少，可以将债分为以下种类：

（1）单一之债。指债权人和债务人均为一人的债。

（2）多数人之债。指债权人或债务人为二人以上的债。

区分单一之债与多数人之债具有以下意义：多数人之债包含双重法律关系：债权人与债务人间的关系（外部关系）；债权人之间或者债务人之间的关系（内部关系）。

（六）按份之债与连带之债

依据同一个债，按其多数人一方主体是否有连带关系，可以将债分为以下种类：

（1）按份之债。指债的一方当事人为多数，各自按照确定的份额享有权利或者承担债务的债。债权人为两人以上的为按份债权；债务人为两人以上的为按份债务。

（2）连带之债。指债的多数债权人中的任何一人都有权请求对方履行全部债务，或者债的多数债务人中的任何一人都有义务履行全部债务的债。前者为连带债权，后者为连带债务。

区分按份之债与连带之债的意义在于效力不同。按份之债无内部关系。连带之债有内部关系。在连带债务，对外承担债务超过自己应承担份额的债务人，就超出部分，有权请求其他连带债务人依照内部的份额比例分担。

四、债的担保

（一）债的担保概述

1. 债的担保的概念

债的担保，是指法律为保证特定债权人债权的实现，以第三人的信用或者以特定财产保障债务人履行义务、债权人实现权利的法律制度。

2. 债的担保的特征

（1）债的担保具有从属性。所谓从属性，是指担保之债与被担保之债形成主从关系及补充关系。担保之债是从债，被担保之债是主债。主债无效，担保之债亦不能存在。

（2）债的担保具有自愿性。债的担保，有的是由法律直接规定的，称之为法定担保。在一般情况下，债的担保是由当事人通过合法自愿设立的，在《担保法》规定的五种担保方式中，只有留置是由法律直接规定的，称之为法定担保。

（3）债的担保具有明确的目的性。债的担保是保证债权人利益的，不论设定何种担保，当事人设定担保的目的都是确保债权人的目的能够得到满足。

3. 债的担保的种类

（1）人的担保。人的担保，是指在债务人的全部财产之外，又附加第三人的一般财产作为债权实现的总担保。保证是人的担保的典型。

（2）物的担保。物的担保，是以债务人或第三人的特定财产作为抵偿债权的标的，在债务人不履行其债务时，债权人可以将财产变价，并从中优先受偿的制度，主要有抵押、质押、留置等。

（3）金钱担保。金钱担保，是债务人在约定给付以外交付一定数额的金钱，该金钱的返还与丧失和债务履行与否联系在一起，使当事人双方产生心理压力，从而促其积极履行债务，保障债权实现的制度。其主要方式有定金、押金。

（二）债的担保方式

现代各国立法上，债的担保方式一般都包括人的担保和物的担保两类。依照《民法通则》和《担保法》的规定，债的担保方式有保证、定金、抵押、质押、留置五种。后三种担保属于担保物权的性质。由于担保物权为物权中的问题，我们在物权法中已有论述。因此，这里仅说明保证和定金两种担保方式。

1. 保证

（1）保证的概念和特征

保证，是指第三人和债权人约定，当债务人不履行或不能履行其债务时，该第三人按照约定或法律规定履行债务或者承担责任的担保方式。这里的第三人称为保证人；债务被担保的人称为被保证人；债权人既是主合同的债权人，又是保证合同中的债权人；“按照约定或法律规定履行债务或者承担责任”称为保证债务，也称为保证责任。保证具有以下特征：

第一，附从性。保证的附从性，具体表现在以下几个方面：首先，成立上的附从性。保证以主合同的成立为前提，于其存续中附从于主合同。其次，范围和强度上的附从性。由保证的目的所决定，保证的范围和强度原则上与主合同债务相同，不得大于或强于主合同债务。最后，变更、消灭上的附从性。主合同债务消灭时，保证债务也随之消灭。主合同债务变更时，保证债务一般随之变更，但不得增加其范围和强度。我国《担保法》第24条规定：“债权人与债务人协议变更主合同的，应当取得保证人书面同意，未经保证人书面同意的，保证人不再承担保证责任。保证合同另有约定的，按照约定。”

第二,独立性。保证债务虽附从于主合同债务,但并非主合同债务的一部分,而是另一个独立的债务,在附从主合同债务的范围内有独立性。因此,保证合同可以约定保证债务仅担保主合同债务的一部分,可以有自己独立的变更或消灭原因。

第三,补充性或连带性。按照我国《担保法》第17、18条等条款的规定,保证分为一般保证和连带责任保证。在一般保证中,先由主债务人履行其债务,只有在对其财产强制执行而无效果时才由保证人承担保证责任。在连带责任保证中,不存在上述履行的前后限制,主债务人不履行债务时,债权人可以请求主债务人履行债务,也可以请求保证人在其保证范围内承担保证责任。

(2)保证的条件

第一,保证人的代为清偿能力。我国《担保法》第7条规定明确了保证人的基本资格要求,即"具有代为清偿能力"。

第二,提供保证的合格主体。根据我国《担保法》第7条的规定,除法律另有规定者外,凡具有代为清偿债务能力的法人、公民或者其他组织,都可以作为保证人。

第三,禁止提供保证的主体。我国《担保法》第8条规定:"国家机关不得为保证人,但经国务院批准为使用外国政府或者国际经济组织贷款进行转贷的除外。"

(3)保证合同的内容

保证合同,是指保证人与债权人约定,在主债务人不履行其债务时由保证人承担保证债务(保证责任)的协议。保证合同是单务合同、无偿合同、诺成性合同、要式合同、附从合同。根据我国《担保法》第15条第1款的规定,保证合同应当包括以下内容:

第一,被保证的主债权种类与数额。

第二,债务人履行债务的期限。

第三,保证的方式。

第四,保证担保的范围。

第五,保证期间。

第六,双方认为需要约定的其他事项。

2. 定金

(1)定金的概念

定金,是指合同当事人为可确保合同的履行,依据法律规定或者当事人双方的约定,由当事人一方在合同订立时或订立后、履行前,按合同标的额的一定比例,预先给付对方当事人的金钱或其他代替物。

定金属于金钱担保。定金是通过一方当事人向对方当事人交付一定数量的金钱或其他代替物,合同履行与否与该金钱或其他代替物的得失挂钩,使当事人心理产生压力,从而积极适当地履行债务,以发挥担保作用。

在实践中应注意将定金与其他形式的金钱担保(金钱质)加以区别。最高人民法院《关于适用〈中华人民共和国担保法〉若干问题的解释》(以下简称《担保法解释》)第118条规定:当事人交付留置金、担保金、保证金、订约金、押金或者订金等,但没有约定定金性质的,当事人主张定金权利的,人民法院不予支持。

(2) 定金的类型

根据我国《担保法》及其司法解释,定金的种类主要有:

第一,违约定金。是指交付定金的当事人若不履行债务,接受定金的当事人可以予以没收的定金。我国《担保法》第89条规定:"当事人可以约定一方向对方给付定金作为债权的担保。债务人履行债务后,定金应当抵作价款或者收回。给付定金的一方不履行约定的债务的,无权要求返还定金;收受定金的一方不履行约定的债务的,应当双倍返还定金。"本条所规定的定金,符合违约定金的基本特征。违约定金是最常见的定金种类。

第二,立约定金。也称为订约定金,是指为担保合同订立而设立的定金。以定金交付为订立主合同之担保,若其后一方拒绝订立主合同,应承受定金罚则。《担保法解释》第115条规定:当事人约定以交付定金作为订立主合同担保的,给付定金的一方拒绝订立主合同的,无权要求返还定金;收受定金的一方拒绝订立合同的,应当双倍返还定金。此种定金在商品房买卖中常见。

第三,成约定金。是指作为合同成立或生效要件的定金。以定金交付作为主合同成立或生效要件,不交付定金,主合同即不成立或不生效。《担保法解释》第116条规定:当事人约定以交付定金作为主合同成立或者生效要件的,给付定金的一方未支付定金,但主合同已经履行或者已经履行主要部分的,不影响主合同的成立或者生效。此种定金往往适用于收受定金处于优势的场合。

第四,解约定金。是指用以作为保留合同解除权的代价的定金,即交付定金的当事人可以抛弃定金以解除合同,而接受定金的当事人也可以双倍返还定金而解除合同。在此种定金情形下,双方均可随时行使单方约定解除权,但必须承担定金罚则。对此,《担保法解释》第117条也予以确认。此种定金只适用于双方都怀着精诚合作以达双赢的愿望,但又互不信任(如第一次打交道)的场合。

(3) 定金的成立

根据我国《担保法》的规定,定金由当事人订立定金合同成立。定金合同除需具备合同成立的一般条件外,还须具备以下条件:① 定金合同以主合同(主债)的成立和有效为前提。这是由定金合同的从属性决定的。主合同无效或被撤销时，定金合同不发生效力，主合同因解除或其他原因消灭时，定金合同也随之消灭。② 定金合同以定金的交付为成立要件。定金合同为实践性合同。因此只有双方当事人的意思表示一致，而没有一方向令一方交付定金的交付行为，定金合同不能成立。关于定金交付的时间，立约定金应于合同成立前交付，成约定金于合同订立时交付，违约定金和解约定金既可以在主合同成立同时交付，也可以在主合同成立后、履行前交付。③ 定金的数额由当事人约定，但不得超过主合同标的额的20%。超过部分人民法院不予保护。实际交付的定金数额多于或者少于约定数额，视为变更定金合同。收受定金一方提出异议并拒绝接受定金的，定金合同不生效。

（4）定金的效力

定金作为合同担保方式之一，其担保功能主要是通过定金处罚来实现的，定金的效力也与此相关。定金的效力因定金的种类不同而不同。

立约定金的处罚条件是当事人违背承诺拒绝订立合同。其效力表现在：给付定金的一方拒绝订立主合同的，无权要求返还定金；收受定金的一方拒绝订立合同的，应当双倍返还定金。

成约定金是合同成立或生效的条件，其效力表现在：交付定金的一方拒绝交付定金，合同即不成立或不生效。

解约定金以当事人一方解除合同为处罚条件，其效力表现在：给付定金的一方解除合同的，无权要求返还定金；收受定金的一方解除合同的，应当双倍返还定金。

违约定金于当事人一方因过错而不履行债务时发生制裁效力，或者说定金罚则生效：给付定金的一方不履行规定的债务的，无权要求返还定金；收受定金的一方不履行约定的债务的，应当双倍返还定金。对此，《担保法解释》第120、122条作了如下解释：① 因当事人一方迟延履行或者其他违约行为，致使合同目的不能实现，可以适用定金罚则，但法律另有规定或者当事人另有约定的除外；② 当事人一方不完全履行合同的，应当按照未履行部分所占合同约定内容的比例，适用定金罚则；③ 因不可抗力、意外事件致使主合同不能履行的，不适用定金罚则；④ 因合同关系以外第三人的过错，致使主合同不能履行的，适用定金罚则。

五、不当得利

（一）概念

我国《民法通则》第92条规定："没有合法根据，取得不当利益，造成他人损失的，应当将取得的不当利益返还受损失的人。"不当得利是指没有合法根据，致使他人受有损失而取得的利益。由于该项利益没有法律上的根据，应当返还受害人，从而形成以不当得利返还为内容的债的关系。

（二）不当得利的构成要件

不当得利的构成要件包括以下四个方面：

（1）须一方受有利益。一方受益，是不当得利的必要条件，没有一方利益的取得，也就不会发生不当得利。一方受有利益，是指一方当事人因一定的事实结果而使其得到一定的财产利益。受有利益是指财产的增加，包括财产的积极增加和消极增加。前者指财产或权利的范围的扩大。如财产权利的取得、财产权的扩张及其效力的加强、财产权利限制的消灭、取得财产的占有以及债务消灭等。后者指财产本应减少而没有减少，如本应支出的费用而没有支出、本应负担的债务而不再负担或少承担以及本应设定的权利限制而没有限制等。

（2）须他方受有损失。他方利益受损，是构成不当得利的另一必要条件。如果虽然有一方获得利益，而无他方受损，则不构成不当得利。如捡得他人废弃之物，并不构成不当得利。他方利益受损，既包括积极损失，也包括消极损失。积极损失，又称直接损失，是指现有财产利益的减少；消极损失，又称间接损失，是指财产应增加而未增加，亦即应得财产利益的损失。

（3）须一方受利益与他方受损失间有因果关系。所谓受利益与受损失间有因果关系，是指他方的损失是因一方受益造成的，一方受益是他方受损的原因，受益与受损之间有变动的关联性。至于损失和利益的范围是否相同，损失和利益的表现形式是否一致，损失和利益是否同时发生，则在所不同。

（4）须无合法根据。罗马法上将无合法根据称为无原因，德国、日本的民法称之为无法律上的原因，瑞士民法称之为无适法原因，我国《民法通则》称之为“没有合法根据”。没有合法根据，是不当得利构成的实质性条件。所谓无合法根据，是指受益没有合法根据，并不要求取得权利或取得财产也无合法根据。当事人于取得利益时没有合法根据，其利益的取得当然为没有合法根据；其取得利益时虽有合法根据，但其后该根据丧失的，该利益的取得也为没有合法根据。

（三）不当得利之债的效力

1. 不当得利之债主体间的效力

不当得利一经成立，受损人与受益人之间即发生债权债务关系，受损人有权请求受益人返还不当得利，受益人负有返还不当得利的义务。如受益人死亡的，依继承法的规定，其继承人负返还不当得利的义务。

2. 不当得利之债返还请求权的标的及范围的效力

根据我国《民法通则》第 92 条的规定，不当得利返还请求权的标的为受有利益一方所取得的不当得益。根据相关司法解释“返还的不当利益，应当包括原物或原物所生的孳息。利用不当得利所取得的其他利益,扣除劳务管理费用后,应当予以收缴”的规定,受益人返还的不当得利,可以是原物、原物所生的孳息、原物的价金、使用原物所取得的利益,也可以是其他利益。不当得利的返还以返还原物为原则,以偿还价额为例外。只有在原物毁损、灭失等情况下,在不能返还原物时,才能以偿还价额的方式进行。

案例 3-6-1 甲、乙两公司订有100包服装的购销合同。后乙派人去甲公司取货,由于甲公司工作人员疏忽,装了102包,乙公司工作人员亦未觉察。乙拉货回去后,甲公司察觉并举证多装了两包货物,遂请求乙公司返还。此时原物尚存,乙公司负有返还不当得利即两包货物的义务。

▶六、无因管理

(一) 无因管理的概念

无因管理是指没有法定的或者约定的义务,而为他人管理事务。因无因管理在本人和管理人之间形成债的关系。

(二) 无因管理的构成要件

(1) 管理他人事务。管理他人事务,是无因管理成立的前提条件。没有对他人事务的管理,当然不会成立无因管理。管理他人事务,既包括对他人事务的管理行为,如对他人财物的保存、利用、改良、管理、处分等;也包括对他人提供服务,如为他人提供劳务帮助。管理人所管理的事务,包括有关人们生活利益的一切事项,既可以是经济性的事项,也可以是非经济性的事项。管理的事务可以是事实行为,如将危急病人送往医院;也可以是法律行为,如雇人修缮房屋;可以是继续性的行为,也可以是一次性的行为;既可以是民事法律行为,也可以是事实行为。无因管理中的事务必须是他人的事务,管理人管理自己的事务,无论其管理是为了何人的利益,都不能构成无因管理。

但管理下列事务的,一般不发生无因管理:① 违法或者违背社会公德的行为,如为他人看管赃物;② 不足以发生民事法律后果的纯粹道义上的、宗教上的或者其他一般性的生活事务,如接待他人的朋友;③ 单纯的不作为行为;④ 依照法律规定须由本人实施或者须经本人授权才能实施的行为,如放弃继承权的事务。

(2) 有为他人利益而管理的意思。为他人管理的意思,是构成无因管理的主观要件,同时它也是无因管理阻却违法性的根本原因和区分无因管理与侵权行为的主要依据。管理的意思,是指管理人于管理事务时所具有的为他人谋利益的意思。判断管理人是否具有为他人利益管理的意思,可以从动机和后果两个方面考察。从动机上看,管理人必须是为了避免他人利益受损失而进行管理或服务;从后果上看,管理人管理或服务行为所取得的利益最终归属本人享有,而不是为管理人享有。

管理人是否具有为他人谋利益而为管理的意思,应为管理人员举证责任。管理人主观上同时既有为他人的目的又有为自己的动机,客观上自己也同时受益的,仍可成立无因管理。

(3) 没有法定或约定的义务。没有法定或约定的义务是构成无因管理的重要条件。无因管理上的“无因”是指无法律上的原因,即无法律意义上的义务,包括法定义务和约定义务。所谓法定的义务,是指法律直接规定的义务。这里的法律不限于民法,也包括其他法律。

(三) 无因管理之债的效力

无因管理成立后,在管理人与本人之间产生债权债务关系,即无因管理之债。无因管理之债发生于管理人开始管理之时,即管理人着手管理他人事务时起,即发生妥善管理等义务,而本人于事务管理结束或管理过程中,负有向管理人支付费用、补偿损失等给付义务。下面主要从管理人和本人的义务的角度来说明无因管理的效力。

1. 管理人的义务

管理人的义务,是指管理人着手管理事务后依法承担的义务。无因管理的管理人原本无管理的义务,但因无因管理的成立,管理人也就承担了一定的义务。管理人的义务主要表现在以下几个方面:(1) 适当管理义务。管理人在管理他人事务时,应尽适当管理的义务。管理是否适当,应以本人的管理要求、管理的社会常识、管理人所具有的管理知识水平等综合因素进行判断。总之,管理人应当以有利于本人的方法进行管理。管理人未尽注意义务,管理不适当,给本人造成不应有的损失的,应当依法承担相应的民事责任。(2) 通知义务。管理开始后,管理人应将管理开始的事实通知本人。管理人的通知义务以有可能和有必要为限。如果管理人不知本人是谁,或不知本人的住址、本人下落不明或由于其他原因无法通知的,则免除通知义务。管理人发出通知后应中止管理行为,听候本人的指示,但紧急事务除外。管理人未履行通知义务的,对因其不通知所造成的损失应负赔偿责任。(3) 报告与结算义务。管理人于开始管理后应及时地将管理的有关情况报告给本人,尤其是管理过程中发生的财务支出情况,应列明清单,并应本人的要求予以说明。管理人的报告义务也应以管理人能够报告为限。管理关系终止时,管理人应向本人报告管理事务的始末,并将管理事务所取得的各种利益,如取得的权利、物品、金钱及孳息等转移于本人。管理人若为自己的目的而使用本人金钱的,应自使用之日起支付利息。

2. 本人的义务

本人应当承担的义务也就是管理人的权利。本人的义务主要是偿还管理人支出的费用,所以管理人的权利主要是得请求本人偿付由管理事务所支出的必要费用。本人的义务主要表现在以下几个方面:(1) 偿还必要费用。根据《民法通则》第 93 条及有关司法解释的规定,必要费用“包括在管理或者服务于活动中直接支出的费用,以及在该活动中受到的实际损失”。因此,管理人有权请求本人偿还的必要费用包括两部分:一是管理人在管理事务中直接支出的费用;二是管理人在事务管理中受到的实际损失。管理人因管理本人事务而受到的损失,应由本人给予补偿,它不受本人对该损失有无过错的影响。但此项损失的发生应与管理事务的行为有因果关系,且应以实际损失为限。管理人在管理中受到的实际损失,并非全部由本人偿付。除管理人处于急迫危险状况外,管理人对该损失的造成有过错的,应适当减轻本人的责任;如果管理人对损失的发生没有过错,而该损失又大于本人因无因管理所得到的利益,则应从公平原则出发,由双方分担责任。(2) 清偿必要的债务。管理人在管理事务过程中,以自己的名义为本人负担的债务,本人应当负责清偿,例如,甲以自己的名义雇请丙修缮乙的危房,甲有权请求乙直接向丙支付修缮费用。但该债务应以必要地或对本人有益的为限。对于管理人所设立的不必要的债务,本人不应承担,而应由管理人自行清偿。

第七节　合　　同

引导案例

2008 年 8 月,刘某与张某两人合伙经营了一家店铺,同年 12 月,刘某与张某达成协议解除了合伙关系,刘某给付了张某人民币 6 万元,店铺让刘某一个人独自经营。解除合伙后,刘某店铺经营的非常红火,张某眼红,遂经常到刘某店铺闹事。2009 年 2 月,张某与刘某再次签订一合同,约定刘某给付张某人民币 5000 元,张某不得到刘某店铺干扰其正常经营。合同签订后,刘某反悔,不同意给付张某 5000 元。两人就该合同的法律效力发生纠纷。

请分析:张某与刘某再次签订的合同约定刘某给付张某 5000 元是否有效?

一、合同法概述

(一) 合同的概念

合同又称契约。在民法学说史上,合同与契约是两个有区别的概念。我国现行法律已将二者等同,统称为合同。大陆法系国家一般都采用狭义的合同概念,即合同仅指债权债务关系的合同,强调债的协议及合意。英美法系国家采用广义的合同概念,即合同不仅包括债权合同,也包括物权和身份合同,其传统的合同概念,强调诺言。自 1999 年 10 月 1 日起施行的《中华人民共和国合同法》(以下简称《合同法》)第 2 条第 1 款对合同的概念作了统一规定:“本法所称合同是平等主体的自然人、法人、其他组织之间设立、变更、终止民事权利义务关系的协议。”《合同法》将合同视为市场交易的法律形式,准确、科学地界定了合同的概念。

(二) 合同的特征

(1) 合同是平等主体之间的协议。这里的平等主体包括自然人、法人和其他组织。《合同法》界定的合同主体范围扩大了,不仅包括中国公民,而且包括在中国的外国人和无国籍人。合同是自然人、法人和其他组织这些平等民事主体之间的协议。

(2) 合同是以设立、变更、终止民事权利义务为内容的民事法律行为。《合同法》是民法的组成部分。合同是将双方当事人意思表示一致的内容赋予法律效力,是一种民事法律行为,其目的是设立、变更、终止民事权利义务关系。当事人依据合同内容实现其利益。

(3) 合同是两个或两个以上当事人意思表示一致的协议。这是合同最本质的特征。合同的成立必须是当事人协商一致的产物,是事实上达成的合意。如果各方当事人意思表示对立,就无法达成协议。这一特点,也是合同区别于单方法律行为的标志。

(三) 合同法的概念与特征

1. 合同法的概念

合同法,即有关合同的法律规范的总称,是调整平等主体之间交易关系的法律。它包括界定合同的法律规范、订立合同的法律规范、合同成立条件的法律规范、合同内容的法律规范、合同效力的法律规范、合同无效、合同被撤销、效力未定的法律规范、合同履行的法律规范、合同解释的和适用的法律规范等。

2. 合同法的特征

合同法有以下基本特征:

(1) 合同法属于私法范畴。合同法主要是规范与当事人的合同相关的法律问题,主要涉及私人利益,所以,合同法属于私法范畴。

(2) 合同法是财产法。合同法主要涉及的是当事人之间的财产关系,基本上不涉及人身关系,因此,合同法属于财产法。

(3) 合同法是交易法。在财产法中,合同法主要规范财产的交易关系。有关财产的归属关系和流转关系，主要由物权法和债权法分别来调整。

（4）合同法是自治法。作为私法范畴的一个主要组成部分，合同遵循私法的基本原则：意思自治原则，强调合同自由，合同当事人有充分处置自己事情的权利。因此，合同法规范多为任意性规范，只有在少数场合才规定强制性规范，也被称为“任意法”。主要是为了引导当事人的行为，或者补充当事人的意思的不完备。

（四）合同法的基本原则

合同法的基本原则，是指适用于合同法全部领域的基本准则。合同法必须遵循的基本原则包括：平等原则、自愿原则、公平原则、诚实信用原则、合法性原则、公序性原则。

1. 平等原则

平等原则，亦即法律地位平等原则，是指合同当事人享有同等的法律地位，一方当事人不得将自己的意志强加给另一方。我国《合同法》第 3 条明确规定：“合同当事人的法律地位平等，一方不得将自己的意志强加另一方。”平等原则具体体现在：

（1）合同当事人人格平等，每个合同当事人都具有平等地参加缔约的资格。合同当事人的地位平等，在具体的合同关系中没有隶属和服从关系。

（2）合同当事人地位平等，首先体现在合同当事人无论是在订立合同的权利上，还是在履行合同的权利上，一方当事人不能有高于另一方当事人的权利；其次体现在合同当事人维护自己合同债权的权利平等；最后体现在合同当事人在具体的合同中的权利不平等并不意味着地位不平等。

（3）一方不得把自己的意志强加给另一方。法律保障合同当事人的平等人格和地位，就必须保障合同当事人的意志不受他人干涉，一方当事人无权将自己的意志强加给他人，将自己的意志强加给对方，就是侵害对方当事人的平等权利。应当注意的是，在司法实践中，法律地位平等只是形式上的平等，是法律推定的每个参与缔约的当事人都具有平等的地位。至于现实生活中的各种因素是否影响到了实际的缔约过程，并不在考量的范围内。

2. 自愿原则

合同自愿原则的具体内容包括：

（1）缔约合同的自愿和自由；

（2）选择缔约相对人的自愿和自由；

（3）决定合同内容的自愿和自由；

（4）变更和解除合同的自愿和自由；

（5）选择合同形式的自愿和自由。

在司法实践中，选择合同自愿原则对合同的适当限制。国家作为公共管理机构，为促进竞争，防止垄断，维护交易秩序和社会公共利益，对合同设置了一些必要的限制。这些限制规范，与合同自愿原则并不矛盾。

另外，格式合同对合同缔结的自由也有一定的限制。我国《合同法》第39—41条对此作出了明确具体的规定。

3. 公平原则

与合同原则相辅相成，公平原则是法律确立的以公平理念确定民事主体的民事权利，民事义务乃至民事责任的基本原则，是对滥用合同自愿原则的制约。我国《合同法》第5条明确规定了公平原则："当事人应当遵循公平原则确定各方的权利和义务。"确定公平原则的目的在于规范合同当事人之间的利益关系。公平原则不仅要求实现形式上的公平，而且要求实际实施上的公平，它要求合同当事人之间，合同当事人与社会之间，合同当事人与他人之间，建立理想的公平关系。

合同的本质就是平等主体间的意思表示一致，合同原则的公平是指合同主体的法律地位平等。合同原则的形式公平，为合同原则的实际公平奠定基础，可以让当事人在权利义务的分配上，进行平等的协商，实现利益的相对均衡。只有在形式平等的基础上，合同当事人才能根据自己的具体情况和对自己的利益的追求，自主决定合同的订立，选择确定的权利义务，实现合同的实际公平。

合同原则的实际公平就是合同当事人的权利和义务必须对等，即合同当事人现有的权利和承担的义务大体相当。在双务合同中，任何一方当事人既要享有权利，又要承担相应的义务，要付出相应的代价。在相互独立的主体之间，不得无偿平调或者进行不等价交换，提倡和保障公平交易。合同公平原则要求对免责条款的效力实行必要的限制，我国《合同法》第53条对此作出了明确规定："在违约责任的承担上，公平原则要求，当违约情况出现时，责令违约人承担的违约责任要公平，不能违背法定规则的限制；在合同风险承担方面，公平原则要求，如果法律对这种风险责任没有规定，而合同又没有约定，但风险出现造成损失时，合同当事人应当合理的承担或是分担。"

4. 诚实信用原则

诚实信用原则是民法的重要原则，具有补充法、弹性法、解释法、衡平法的作用。当法律规定出现空白时，法官可以依据诚实信用原则判决案例，补充法律规定的不足；当法律规定的幅度较大时，可以根据诚实信用原则在规定的幅度中选择适当的标准；当法律不明确规定时，可以依据诚实信用原则进行解释；当法律规定与实际情况严重不符时，可以依据诚实信用原则作出公平的判决。

诚实信用原则是市场经济活动中形成的基本道德规则。它要求人们在市场经济活动中讲信用，恪守诺言，诚实不欺。这一原则为一切市场参加者树立了“商人”的道德标准，反映了市场经济的客观规律的要求。

诚实信用原则具有下列几项功能：一是确定行为规则，即确定诚实守信、善意的方式行使权利和履行义务的行为规则；二是平衡利益冲突，即平衡当事人之间、当事人与社会之间、当事人与第三人之间的利益冲突；三是解释法律和合同，即在法律和合同缺乏明确的规定时，司法人员应当根据诚实信用原则准确地给予解释。

5. 合法性原则

合法性原则，就是当事人订立和履行合同，都必须遵守国家法律、法规的规定。根据我国《合同法》第7条规定，当事人订立、履行合同，应当遵守法律、行政法规。合法性原则是根据《民法通则》第6条守法原则衍生出来的。一切民事活动都必须遵守法律，这是民法对民事主体进行民事活动的基本要求。订立和履行合同，也是民事活动，当然应该遵守法律。合法性原则要求当事人订立和履行合同，必须遵守《合同法》，同时也不能违背《民法通则》的基本规定；合法性原则还要求当事人订立和履行合同，必须遵守其他法律和行政法规的规定；当事人在订立和履行合同时的一切违反法律、法规规定的行为都是无效的，都将不受法律保护。

6. 公序性原则

公序性原则，又称公序良俗原则，是指一切民事活动应当遵守公共秩序及善良风俗。我国《民法通则》第7条规定：“民事活动应当尊重社会公德，不得损害社会公共利益……”《合同法》第7条规定：“当事人订立、履行合同，应当遵守法律、行政法规，尊重社会公德，不得扰乱社会经济秩序，损害社会公共利益。”不得“损害社会公共利益”，按照我国民法学的解释，其地位和作用相当于外国民法中的“公共秩序和善良风俗”。公序良俗原则的发展经历了从政治的公序到经济的公序的过程，而经济的公序又可以分为指导的公序和保护的公序。指导的公序是为了贯彻国家经济政策，从个人间合同关系中强行排除不符合国家政策的东西，是关系全体人民公共利益的公序。保护的公序是指保护劳动者、消费者、承租人和接受高利贷的债务人等现代市场经济中的弱者的公序，即是对市场经济中弱者的个人利益予以特殊保护的公序，这也是近年来最为活跃的领域。公序性原则要求合同当事人在订立、履行合同过程中，不得损害社会整体利益和第三人的个人利益，是合同当事人处理自己与社会利益、公共秩序和第三人关系的基本准则。

二、合同的订立

（一）合同订立的概念

合同的订立又称合同的签订，也称缔约。是指两个或两个以上当事人依法就合同内容经过协商达成一致的行为。合同的主体是合同的当事人，即订立合同的自然人、法人和其他组织。在合同关系中，订立合同的当事人即是订约主体。我国《合同法》第9条规定："当事人订立合同，应当具有相应的民事权利和民事行为能力。当事人依法可以委托代理人订立合同。"按照该条的要求，订立合同的当事人必须具有相应的民事权利能力和民事行为能力。

民事权利能力，是指法律赋予民事主体享有民事权利，承担民事义务的资格或是法律地位。我国自然人终生享有民事权利能力，自然人之间民事权利平等，每一位自然人都有依法订立合同的权利能力。

民事行为能力，是指民事主体通过自己的行为，取得民事权利、承担民事义务的能力或者资格。

（二）合同的形式

合同的形式，是合同当事人意思表示一致的表现形式，是合同内容的外部表现，是合同内容的载体。它属于合同的要件，其作用在于证明合同关系的存在形式和确定当事人之间的权利义务关系。我国《合同法》规定，当事人订立合同，有书面形式、口头形式和其他形式。法律、行政法规规定采用书面形式或当事人约定采用书面形式的，应当采用书面形式。

1. 书面形式。

它是指用文字的方式表现合同内容的形式。《合同法》规定，书面形式是指合同书、信件和数据电文等可以有形地表现所载内容的形式。

2. 口头形式。

它是指当事人基于口头约定达成协议而订立的合同。口头形式的合同在社会生活的各个领域中被广泛适用，凡法律未规定特定形式或当事人未约定采用特定形式的合同，都可采取口头形式。

3. 其他形式。

它是指采用书面形式、口头形式以外的方式来表现合同的形式，包括推定和沉默两种形式。推定形式是指当事人不直接用书面或口头意思表示，而是通过实施某种行为来为意思表示。沉默形式是指当事人无语言表示，又无作为表示，而以消极行为来进行意思表示。

（三）合同成立的概念与构成要件

1. 合同成立的概念与构成要件

合同的成立是合同订立的组成部分，它标志着合同的产生和存在，属于静态协议。合同的成立，是指合同当事人对合同的标的、数量等内容达成一致，达成协议而建立合同关系。在一般情况下，合同的成立具有以下的要件：

（1）须有两个以上当事人，且当事人具有订约的能力。合同是一种合意，仅仅有一方当事人是不可能产生合意的。合同成立必须有利益相互对立又相互联系的双方或多方当事人。该双方或多方当事人一般是订约主体，又是合同主体；也可以由合同当事人委托代理人，代理自己一方订立合同，即合同的当事人仅仅是合同的主体，而合同当事人的代理人则仅仅是合同的订约主体。当事人具有订约能力，实质上是法律对合同主体资格作出的一种规定。

（2）当事人对合同的主要条款达成合意。这是合同成立的根本要件。合同的各方当事人除自身的意思表示外，各方的相互意思表达一致，合同方能成立。

（3）合同的客体必须确定和可能。合同的客体确定，合同的内容才能明确、具体；合同客体可能，则合同内容才可能实现。

2. 合同成立的时间

（1）采用合同书形式的合同成立时间

我国《合同法》第 32 条规定："当事人采用合同书形式订立合同的，自双方当事人签字或者盖章时合同成立。"这是对采用合同书形式订立的合同成立时间的规定。

（2）未采用法定或约定形式的合同成立的时间

法律、行政法规规定或者当事人约定采用书面形式订立合同，当事人未采用书面形式，但一方已经履行主要义务，对方接受的，该合同成立。

（四）合同的内容

合同的内容，就是合同当事人所约定的权利义务，包括合同的权利和合同的义务，简称债权债务。合同条款是合同内容的表现形式，是合同内容的载体。合同当事人合意的产物，合同的内容必然是当事人协商一致的结果。从这个意义上说，合同的条款应当是在不被禁止性法律规范的情况下，由当事人自由决定，而不是由法律规定。根据我国《合同法》第 12 条规定：合同的内容由当事人约定，一般包括以下条款：

（1）当事人的名称或者姓名和住所。这是每一个合同必须具备的条款。当事人是合同的主体，合同中如果不写明当事人。谁与谁做交易都搞不清楚，就无法确定权利的享受和义务的承担，发生纠纷也难以解决，特别是在合同涉及多方当事人的时候更是如此。合同中不仅要把应当规定的当事人都规定到合同中去,而且要把各方当事人名称或者姓名和住所都规定准确、清楚。

(2)标的。标的是合同当事人权利义务指向的对象。标的是合同成立的必要条件,是一切合同的必备条款。没有标的,合同不能成立,合同关系无法建立。不同性质的合同,其相应的标的物也不一样。例如:借款合同的标的是货币,租赁合同的标的是租赁物。

(3)数量。在大多数的合同中,数量是必备条款,没有数量,合同是不能成立的。许多合同,只要有了标的和数量,即使对其他内容没有规定,也不妨碍合同的成立与生效。因此,数量是合同的重要条款。

(4)质量。质量是对标的的质的规定,具体指标准、技术要求,包括性能、工艺等。一般以品种、型号、规格、等级来体现。订立合同时对此应作具体详尽的规定。

(5)价款或者报酬。价款是指取得合同标的的一方当事人向对方用货币支付的价金。如买卖合同中的货款,租赁合同中的租金等。报酬则是指合同的一方当事人对提供劳务或者完成一定工作量的另一方当事人给付的酬金。如雇用合同中的佣金,运输合同中的运费等。

(6)履行期限、地点和方式。合同的履行期限,就是合同当事人实现权利和履行义务的时间界限。它直接关系到合同义务完成的时限,涉及当事人的经济利益,也是确定其是否违约的依据之一。履行地点是指当事人履行合同义务和对方当事人接受履行的地点。履行方式是指当事人履行合同义务的具体做法。

(7)违约责任。是指当事人一方或者双方违反合同规定,不履行或者不能完全履行合同的义务,应承担的法律责任。违约责任对当事人的利益关系重大,应在合同中明确规定。以利于促使当事人自觉履行合同,解决合同纠纷,保护当事人的合法权益。在法律规定的范围内,可以在合同中约定定金、违约金、赔偿金等,以及赔偿金的计算方法等。

(8)解决争议的方法。解决争议的方法是指合同发生争议后解决的方法和途径,在通常情况下当事人应当在合同中明确发生争议后,是通过诉讼还是仲裁方式解决。

当事人也可以参照各类合同的示范文本订立合同。这一条文将合同的主要条款全部列出来,为当事人提供一个一般合同条款的模式,供当事人参考、选择使用,具有积极意义的。

(五)订立合同的程序

合同的订立程序,实际上是当事人之间通过协商,使双方的意思表示达成一致的过程。我国《合同法》规定,当事人订立合同,采用要约、承诺方式。

1. 要约

要约是当事人一方以缔结合同为目的向对方当事人所做的意思表示。《合同法》规定,要约是希望和他人订立合同的意思表示。要约必须具备四个要件:

(1) 内容具体明确。要约是特定人的意思表示,是相对人所做的意思表示。要约的内容应具备合同的必要条款。

(2) 要约必须有订立合同的意图,表明经受要约人承诺,要约人即受该意思表示的约束。

(3) 要约必须向要约人希望与缔结合同的受要约人发出,但在特定的场合下,要约人可以向不特定的人发出要约。

(4) 要约必须送达受要约人。

要约人在要约的有效期限内不得随意撤回、撤销或变更其发出的要约,并在受要约人依法承诺时,与之建立合同关系。受要约人若在要约有效期间作出承诺,合同即告成立。我国《合同法》规定,要约可以撤回,撤回要约的通知应当在要约到达受要约人之前或者与要约同时到达受要约人。

2. 承诺

承诺是受要约人同意要约的意思表示。承诺必须具备以下要件:

(1) 承诺必须由受要约人向要约人作出;

(2) 承诺必须是对要约明确表示同意的意思表示;

(3) 承诺的内容不能对要约作出实质性的变更;

(4) 承诺应在要约有效期限内作出。

我国《合同法》规定,承诺可以撤回,但撤回承诺的通知应当在承诺通知到达要约人之前或者与承诺通知同时到达要约人。

三、合同的效力

(一) 合同效力的概念

效力又称法律效力。因此,合同效力也叫合同的法律效力。合同效力,是指法律赋予依法成立的合同,对当事人乃至第三人所具有的约束力。我国《合同法》第 8 条规定:“依法成立的合同,对当事人具有法律约束力。当事人应该按照约定履行自己的义务,不得擅自变更或解除合同。依法成立的合同,受法律保护。”这里所说的法律约束力并不是法律效力本身,而是法律效力在合同上的具体体现。这是因为,合同当事人的合意,并不是法律。但是由于合同效力是合同法等法律赋予的,又是以国家强制力所保障的,所以对当事人乃至第三人有强制力和约束力。合同的效力,实际上就是法律认可的当事人合意的效力,因此可以说是国家意志与当事人合意的结合,能最大限度体现当事人的要求。

用法律标准来评价已成立的合同,法律对各方当事人的合意,可能给予认定、否定或者相对否定评价。由于评价结果的不同,合同效力分为有效、无效、效力待定、可撤销等类型。与这四种类型相对应的合同,分别称为有效合同、无效合同、效力待定合同和可撤销合同。

(二)有效合同

一般来说只有符合法律所规定的生效条件合同,才是有效的合同,否则有可能不仅无效而且会受到法律的制裁。

合同的有效要件是法律评价当事人合意的标准,故应不同于合同的成立要件。按照我国《民法通则》第55条的规定,合同的一般有效要件如下:

(1)行为人具有相应的民事行为能力。这一要件要求当事人能够了解合同的状况和法律效果,对保护其合法权益和减少纠纷均具有意义。自然人签订合同,原则上须有完全行为能力,限制行为能力人和无民事行为能力人不得亲自缔约,由其法定代理人代为签订,但有如下例外:

第一,可独立签订接受奖励、赠与、报酬等纯获利益,或被免除义务的合同。

第二,限制民事行为能力人可以签订与其年龄、智力和精神健康状况相适应的合同。

第三,可独立签订日常生活中的格式合同或事实合同,如利用自动售货机、乘坐交通工具、进入游园场所。

第四,签订处分自由财产的合同,如学费、旅费等由法定代理人预定使用目的的财产和处分。

第五,其他征得法定代理人同意的合同。按照我国原来的法律规定及其理论,法人签订合同严格地受其宗旨、目的、章程及经营范围的制约,超过经营范围的合同无效。但随着市场经济的发展,根据相关的司法解释,当事人一般的超范围经营而签订的合同并非无效。最高人民法院关于适用《中华人民共和国合同法》若干问题的解释(一)第10条规定:"当事人超越经营范围订立合同,人民法院不因此认定合同无效。但违反国家限制经营、特许经营以及法律、行政法规禁止经营规定的除外。"

(2)意思表示真实。意思表示真实,是指缔约人的表示行为应真实地反映其内心的效果意思,即其效果意思与表示行为相一致。它作为合同的有效要件,是意思自治原则的当然要求。意思表示不真实,对合同效力的影响应视具体情况而定。在一般误解等情况下,合同仍为有效。在重大误解时,合同则可被变更或者撤销。在乘人之危致使合同显失公平的情况下,合同可被变更或者撤销。在因欺诈、胁迫而成立合同的场合,若损害国家利益,合同无效;若未损害国家利益,合同可被变更或撤销。

(3) 不违反法律或者社会公共利益。这里的法律,一方面应作扩大解释,既包括全国人民代表大会及其常务委员会通过的法律,又包括国务院颁发的行政法规;另一方面应作缩小解释,仅指其中的强行性规范,不包括任意性规范。合同不得违反强行性规范,是由合同制度的目的所决定的,为一般的原则。除了法律的强行性规范外,合同还不得违反社会公共利益。我国《合同法》第 7 条规定:“当事人订立、履行合同,应当遵守法律、行政法规,尊重社会公德,不得扰乱社会经济秩序,损害社会公共利益。”这是由于社会生活广泛,经济往来繁多,情况复杂,法律不可能将一切情况都规定无遗,故以不得违反社会公共利益作为最后防线。需要注意的是,“社会公共利益”是一个不确定的概念,通常指不特定多数人的利益,凡是我国社会生活的政治基础、公共秩序、道德准则和风俗习惯等,均可列入其中。违反它的合同严重背离合同制度的目的,危害巨大,不能允许。将不违反社会公共利益作为合同的有效要件,一方面可弥补社会发展使法律调整出现的漏洞和脱节的不足;另一方面,也利于纯化社会道德伦理和整肃社会风气。

(三) 无效合同

无效合同是指已经成立,因欠缺法定有效条件而不发生法律效力的合同。我国《合同法》第 52 条规定,有下列情况之一的合同无效:

(1) 一方以欺诈、胁迫的手段订立合同,损害国家利益;

(2) 恶意串通,损害国家、集体或者第三人利益;

(3) 以合同的形式掩盖非法目的;

(4) 损害社会公众利益;

(5) 违反法律、行政法规的强制性规定。

最高人民法院《关于适用〈中华人民共和国合同法〉若干问题的解释》(二)第 14 条规定:“合同法第五十二条第(五)项规定的‘强制性规定’,是指效力性强制性规定。最高人民法院《关于适用〈中华人民共和国合同法〉若干问题的解释》(一)第 9 条规定:“依照合同法第四十四条第二款的规定,法律、行政法规规定合同应当办理批准手续,或者办理批准、登记等手续才生效,在一审法庭辩论终结前当事人仍未办理批准手续的,或者仍未办理批准、登记等手续的,人民法院应当认定该合同未生效;法律、行政法规规定合同应当办理登记手续,但未规定登记后生效的,当事人未办理登记手续不影响合同的效力,合同标的物所有权及其他物权不能转移。”

(四) 效力待定的合同

效力待定的合同是指合同已经成立,但因其不完全符合有关生效要件的规定,因此其效力能否发生尚不确定,一般须经有权人追认方能生效。主要有:

(1) 限制民事行为能力人订立的合同,经法定代理人追认后,该合同有效,但纯获利益的合同或者与其年龄、智力、精神健康状况相适应而订立的合同,不必经法定代理人追认。

(2) 行为人没有代理权、超越代理权或者代理权终止后以被代理人名义订立的合同,代理经被代理人追认的,合同有效,未经被代理人追认,对被代理人不发生效力,由行为人承担责任。

(3) 无处分权人处分他人财产,经权利人追认或者无处分权的人订立合同后取得处分权的,该合同有效。

(五) 可撤销的合同

1. 可撤销合同的概念

可撤销合同是指合同当事人订立合同时意思表示不真实,经有撤销权的当事人行使撤销权,使已经生效的合同归于无效的合同。撤销权在效力上具有一定的灵活性,不仅有撤销的效力,还有变更的效力。

2. 可撤销的原因

根据我国《合同法》第 54 条规定,有下列情形之一的,当事人一方有权请求人民法院或者仲裁机构变更或撤销:

(1) 因重大误解订立的;

(2) 在订立合同时显失公平的;

一方以欺诈、胁迫手段或者乘人之危,使对方在违背真实意思的情况下订立的合同,受损害方有权请求人民法院或者仲裁机构变更或者撤销。

3. 撤销权的行使

撤销权行使的限制,具有撤销权的当事人自知道或者应当知道撤销事由之日起 1 年内没有行使撤销权的,或者知道撤销事由后明确表示或者以自己的行为放弃撤销权的,其撤销权消灭。

(六) 无效合同与可撤销合同的后果

合同无效或者被撤销后,因该合同取得的财产,应当予以返还;不能返还或者没有返还的,应当折价补偿。有过错的一方应当赔偿对方因此所受到的损失,双方都有过错的,应当各自承担相应的责任。当事人恶意串通,损害国家、集体或第三人利益的,因此取得的财产收归国家所有或者返还集体、第三人。

四、合同的履行

(一) 合同履行的概念与特征

1. 合同履行的概念

合同的履行,是指债务人或者第三人作出作为债务内容的给付,并因此使债权目的达到而归于消灭。合同的履行是合同效力的主要内容,又是合同关系消灭的主要原因,是整个合同法律的核心。

2. 合同履行的特征

合同的履行具有以下法律特征:

(1) 合同的履行是一个过程。合同履行是对合同债务从当事人约定付诸实施并予以完成的完整过程。在这个过程中,有的合同的履行只是一个单个行为的开始到结束,有的则是反复数个行为的集合。

(2) 合同的履行是有目的的行为。合同的履行必须实现债权人的全部合同债权,以实现合同约定的目的为核心。

(3) 合同的履行是合同消灭的主要原因。合同法的作用在于,以法律的强制性,保障合同当事人正确履行合同,使合同关系归于消灭,通过合同关系的不断产生,不断履行和不断消灭,实现社会财富的流转和增值。

(4) 合同的履行必须是债务人全面地、适当地履行其合同义务。在一般情况下,合同的履行只是实施履行合同标的的行为,如支付价款、提高劳务报酬等。在特殊情况下,当事人不实施某种行为,也可以作为合同的履行。

(二) 合同履行的基本原则

合同履行的基本原则,是合同当事人在履行合同债务时必须遵守的基本原则。合同法的基本原则都是合同履行必须遵守的基本原则,如诚实信用原则、公平原则、平等原则等。此外,合同履行还有其本身特征所决定必须遵守的专属原则,如适当履行原则、协作履行原则等。《合同法》第 60 条规定了合同履行的基本原则,规定合同履行原则包括遵守约定原则和诚实信用原则。遵守约定原则就是适当履行原则。

1. 适当履行的原则

我国《合同法》第 60 条第 1 款规定:“当事人应当按照约定全面履行自己的义务。”这里所规定的就是合同必须遵守的全面适当原则,也称遵守约定原则,或者称约定必须遵守原则。

2. 诚实信用原则

诚实信用原则是合同履行的基本原则之一。我国《合同法》第 60 条第 2 款规定:“当事人应当遵守诚实信用原则,依据合同的性质、目的和交易习惯履行通知、协助、保密等义务。”诚实信用原则被封为合同法乃至民法的最高指导原则。被称为“帝王条款”或“帝王原则”。正因如此,我国《民法通则》第 4 条就规定了诚实信用原则,指导一切权利的行使和所有义务的履行,而《合同法》第 6 条又再次将其作为基本原则加以规定。

(三) 合同的保全

合同的保全,是指法律为防止债务人的财产不当减少而给债权人的债权带来不应有的危害,允许债权人对债务人或者第三人的行为行使代位权或者撤销权来保护其债权的制度。合同法规定了债权人的代位权和撤销权两种保全制度。

1. 债权人的代位权

债权人的代位权,是指债务人怠于行使其对第三人享有的权利而危害债权人的债权时,债权人为保全自己的债权,以自己的名义行使属于债务人权利的权利。

2. 债权人的撤销权

撤销权是指因债务人放弃其到期债权,无偿转让财产或以明显不合理的低价转让财产且受让人知道该情形,对债权人造成损害的,债权人可请求人民法院撤销债务人行为的权利。

五、违约责任

(一)违约责任的概念与特征

违约责任,又称违反合同责任,是指合同当事人不履行合同义务或者履行合同义务不符合约定所承担的民事责任。违约责任是以有效的合同的存在为前提的。

违约责任具有以下特征:

(1)违约责任是一种财产责任。合同是因双方责任所产生的债。债权本身就是一种流转性的财产权,这就使合同成为一种最常见的财产流转的法律形式,体现了合同关系就是财产关系。从合同的内容看,或直接具有财产价值,或可以用金钱加以衡量,当事人不履行合同要向非违约方给付一定的金钱。

(2)违约责任具有补偿性。违约责任的主要目的是在填补或补偿因违约行为造成的损失,这是平等、等价有偿原则的体现。违约方通过承担违约责任来填补非违约方因违约行为所遭受的财产损失,并使其得到全部补偿。

(3)违约责任具有相对性。违约责任一般只能在特定的合同当事人之间发生,即违约方向非违约方承担民事责任,而不是向一般第三人承担责任,这是合同相对性原则的体现。

(4)违约责任具有一定的任意性。违约责任和其他法律责任一样,都具有强制性。在债务人不履行合同时,强迫其承担不利后果。但是,违约责任仍有一定的任意性。当事人可以在法律法规规定的范围内,经过协商对一方的违约责任预先作出约定,还可以设定免责条款以限制或免除其在将来可能发生的责任。违约责任的约定也是受到法律限制的,当事人认为违约金过高时,可以请求法院给予降低,最高人民法院《关于适用〈中华人民共和国合同法〉若干问题的解释

(二)》第 29 条规定,当事人主张约定的违约金过高请求予以适当减少的,人民法院应当以实际损失为基础,兼顾合同的履行情况、当事人的过错程度以及预期利益等综合因素,根据公平原则和诚实信用原则予以衡量,并作出裁决。当事人约定的违约金超过造成损失的 30% 的,一般可以认定为《合同法》第 114 条第 2 款规定的“过分高于造成的损失”。

(二) 承担违约责任的方式

根据我国《合同法》的规定,当事人承担违约责任的方式主要有:继续履行、支付违约金、赔偿损失、采取其他补救措施。

1. 继续履行

继续履行也称为强制继续履行、依约履行、实际履行,是指在一方违反合同约定的义务,拒绝履行或部分履行合同时,另一方有权依据合同的规定要求其继续完成合同义务的履行行为,它是作为一种拒绝履行或部分履行的一种补救方式。我国《合同法》第 107 条规定,“当事人一方不履行合同义务或者履行合同义务不符合约定的,应当承担继续履行、采取补救措施或者赔偿损失等违约责任”。从这一规定中可以看出,继续履行属于违约责任的范畴。

2. 支付违约金

违约金是指按照当事人的约定或者法律的规定,一方当事人违约时应当向对方当事人支付一定数额的货币。约定的违约金低于造成损失的,当事人可以请求人民法院或者仲裁机构予以增加;约定的违约金过分高于造成的损失的,当事人可以请求人民法院或者仲裁机构予以适当减少。

3. 赔偿损失

赔偿损失额应当相当于因违约所造成的损失,包括合同履行后可以获得的利益,但不得超过违反合同一方订立合同时预见的或者应当预见的因违反合同可能造成的损失。

4. 采取补救措施

采取补救措施主要适用于当事人交付的标的物之类不符合约定的情形。可以选择要求对方采取修理、更换、重做、退货、减少价款或者报酬等。

(三) 违约责任的免责事由

免责,是指因出现了法定的免责条件和合同的免责事由,而导致合同不能履行,债务人将被免除违约责任。免除当事人承担违约责任的法定条件和合同约定的免责事由。违约责任的免除存在三种情况:其一,非违约方免于追究;其二,当事人在合同中约定的免责事由出现;其三,发生不可抗力。

1. 免责条款

免责条款,是指当事人在合同中约定的,限制或免除未来责任的条款。免责条款既然是一种合同条款,就必然是合同的组成部分,这是免责条款发生效力的前提。免责条款必须经双方当事人达成协议订入合同。它具有事先约定性,是对未来可能产生的责任的约定。免责条款的目的是排除或限制未来的违约责任,这是区别于其他合同条款的显著特征。免责条款是为了保护提出免责条款的一方,在其发生违约行为时,可依合同免除其应承担的责任或通过规定最高赔偿金来限制其承担的违约责任。免责条款的提出,必须是明示的,不允许以默示方式作出,也不允许事后推定。其他合同条款多数也是以明示的方式作出,但有的却可以采用默示或推定的方式。

2. 不可抗力的概念和构成要件

(1) 不可抗力的概念

我国《合同法》第 117 条第 2 款规定:“本法所称不可抗力,是指不能预见、不能避免并不能克服的客观情况。”不可抗力是《合同法》唯一的法定免责事由,在合同责任和侵权责任中均适用。不可抗力分为两类:一类是自然原因引起的,如地震、水灾、旱灾、虫灾、台风等自然灾害;另一类是社会原因引起的,如战争、社会动乱、罢工、政府封锁禁运以及政府禁令等偶发事件。

(2) 不可抗力的构成要件

① 具有不能预见性。当事人在订立合同时,对是否发生不可抗力不能预见。在判断是否可以预见时,通常以一般人的预见能力和现有的科学技术水平作为衡量的标准,有时还应结合具体当事人的知识水平、业务能力和实际经验等进行综合判断。

② 具有不能避免与不能克服性。对于不可抗力及其后果的发生,从现有的科技水平和人的能力都是无法控制的,即使当事人尽了最大努力也不能避免。在不可抗力发生后,当事人亦无力克服其造成的损害后果。

③ 不可抗力属于客观情况。不可抗力属于客观事件,是独立于人的行为之外的事件。

第八节　侵权行为

引导案例

被告舒某某居住在某纸箱厂于 1996 年 10 月建成的一栋家属楼内。该楼建成后,存在着普遍的玻璃安装质量问题,在本案发生之前已数次发生窗户玻璃坠落事件,住户们对此提出了意见,但作为该楼房的所有人某纸箱厂未及时进行修缮,并且在该楼楼脚附近修建乒乓球台。1999 年 8 月 11 日下午 7 时许,舒某某在酒后关阳台南边的窗户时,窗户玻璃破碎并坠落,玻璃碎片下落插入当时正在楼下打乒乓球的原告金某某头顶部，致其当场受伤昏迷，后被送往医院抢救治疗。经医院诊断为：开放性颅脑损伤、脑水肿、急性脑膨出、颅内异物。金某某经手术治疗后脱险并出院，但仍需作颅骨修补术。2002年元月金某某入院做了颅骨修补术，术后继发癫痫。同年2月再次入院治疗，出院后仍时有发作，需继续治疗。金某某为此共花去医疗费6621.99元，误工工资723.90元。金某某遂向某市城西区人民法院提起诉讼，要求被告舒某某赔偿各种费用共计10300元。

请分析：舒某某、纸箱厂是否应承担侵权责任？理由是什么。

我国制定的《侵权责任法》，继承《民法通则》的立法经验，坚持大陆法系立法传统，借鉴英美法系侵权法的长处，广泛吸收各国侵权法成功的立法经验，成为法律移植方法论下创制法的又一成功范例。它不仅在我国法律制度上具有重要意义，对民事立法、民事理论研究也产生重要影响，同时开创大陆法系成文法之先河，对大陆法系侵权法建构具有重要影响。

一、侵权行为概述

（一）侵权行为的概念

侵权行为一词源于罗马法"私犯"的概念，古罗马时期，一般意义上的侵权行为或称侵害，系指非法实施的一切行为。其内涵多源自古希腊，所指非一，弹性极大。既包含狭义的"放肆""侮辱"，也包含广义的"不法"与"犯罪"，还涵括极为抽象的"不公平"或"非正义"。[①] 延及现代民法理论对侵权行为界定，观点不一。依据我国《民法通则》第106条，《侵权责任法》第2、6、7条之规定，侵权行为指行为人由于过错或者法律特别规定不问过错，不法侵害其他民事主体合法权益，依法应对损害承担民事责任的行为，这称为广义上的侵权行为。广义上的侵权行为可分为狭义侵权行为和准侵权行为。前者指侵权人本人的加害行为，后者指他人的加害行为以及物件造成损害。

（二）侵权行为的特征

（1）侵权行为是一种由侵害人单方实施的不法行为。侵权行为不同于单方或多方的民事法律行为，如遗嘱、合同行为，因为侵权行为不属于民事法律行为。侵害人并不以发生某种民事法律后果为目的，只要行为符合法律规定的侵权行为构成要件，直接发生损害赔偿的法律效力，故此属于事实行为。事实行为有合法与违法之分，显然侵权行为属于不合法的事实行为。

（2）侵害的对象是民事权益，包括民事权利与民事利益，其中民事权利限于绝对权利，主要是物权、人身权和知识产权等。与此相对应，债务不履行行为侵

---

① 〔古罗马〕查士丁尼：《法学阶梯》，徐国栋译，中国政法大学出版社1999年版，第445页。

害的是债权(相对权),不构成侵权行为,即债权不成为侵权行为的侵害对象。

(3) 侵权行为的效力产生法定之债。侵权行为本质上是侵害行为,依法律规定产生民事责任,或者说产生侵权之债,它是法定之债的一种。

(三) 侵权行为的分类

1. 一般侵权行为和特殊侵权行为

这是根据对侵权行为不同规定所作的分类。一般侵权行为,又称普通侵权行为,是指行为人因过错而实施的致人损害的侵权行为,其适用过错责任原则和一般侵权责任构成要件。特殊侵权行为,是指他人的损害确系与行为人有关的行为、事件或特别原因所致,由民法特别责任条款或民事特别法予以规定的侵权行为。特殊侵权行为属于立法对其作出特别规定。其适用的归责方式不统一,多数情况下,以不问过错为原则,有些情况下,适用过错推定原则,也有情况下适用无过错责任原则。其责任构成要件亦不统一,依据法律具体规定而定。总之,一般侵权行为适用侵权责任法的一般条款,特殊侵权行为适用法律的特别规定。

2. 侵害财产权行为和侵害人身权行为

这是根据侵害对象的不同所作的分类。侵害财产权行为,是指行为人侵害他人财产权包括所有权、知识产权等行为。侵害人身权行为,是指行为人侵害他人人格权和身份权行为。

3. 单独侵权行为和共同侵权行为

这是根据侵权行为主体人数所作的分类。单独侵权行为,是指致害人仅为一人的侵权行为。共同侵权行为,是指致害人为两人以上的侵权行为。共同侵权行为的共同致害人对受害人负连带赔偿责任。

4. 积极侵权行为和消极侵权行为

这是根据侵权行为的性质和行为方式不同所作的分类。积极侵权行为,是指行为人以一定作为方式致人损害的侵权行为。消极侵权行为,是指行为人以一定不作为方式致人损害的侵权行为。

二、侵权责任的归责原则

侵权责任是行为人实施侵权行为依照法律所承担的民事责任。

(一) 归责原则概述

1. 归责原则概念

归责的根本意义在于法律判定损害后果由何人来承担责任,解决损害结果责任归属的问题。归责的核心在于依据什么标准来决定让某人对损害后果承担责任。归责原则是指确定侵权行为人承担侵权责任的一般准则。

归责原则是侵权责任理论的核心,是侵权责任法的灵魂。一定的归责原则决定着侵权行为的分类,也决定着责任构成要件、举证责任的负担、免责条件、损害赔偿的原则和方法、减轻责任的根据等。准确掌握侵权责任法的归责原则,就能理解和掌握整个侵权责任法规范的功能。归责原则在司法实务上也具有重要的审判实践意义,是处理侵权纠纷的基本准则。

2. 归责原则体系

侵权责任归责原则有二元说和三元说之分。两者的分歧点在于过错推定责任是否属于独立的归责原则。从《侵权责任法》的立法体系来看,应该说我国立法采纳了二元说,即采用过错责任和无过错责任相结合的二元归责体系,立法者把过错推定当作过错责任的一种特殊形式,规定在过错责任中,故放入同一个条文。

(二) 过错责任原则

1. 概念

过错责任原则,是指行为人只有在主观上具有过错的情况下才承担民事责任,没有过错,则不承担民事责任。在这里,过错是行为人承担民事侵权责任的根据。我国《民法通则》第 106 条第 2 款、《侵权责任法》第 6 条确立了过错责任原则作为侵权法上的一般归责原则的地位。

2. 特征

(1) 性质上是主观归责原则。过错责任原则要求有过错才有责任。它表现为行为人主观上的故意和过失两种情形。过错责任原则强调的是行为人主观上的可非难性,否则就不能要求其承担侵权责任。

(2) 以过错作为侵权责任必备构成要件。行为人是否承担责任,要看是否具备法律所规定的一切构成要件。适用过错责任原则之时,行为人的主观过错是必备要件之一,如果没有主观过错,即使其行为与损害后果有因果关系,也不能构成侵权责任。

(3) 以过错为确定责任范围的依据。过错责任要求以过错作为确定责任范围的依据,过错程度确定责任范围大小,这体现在多方面。比如在某些情况下,行为人的责任可以根据过错的不同程度加重或者减轻。行为人可以因为故意和重大过失而导致责任的加重,也可以因为没有过错或过错轻微而导致责任的免除或减轻。

3. 适用规则

(1) 适用范围

过错责任原则适用于一般侵权行为,没有法律特别规定,均适用过错责任原则。我国《侵权责任法》也规定了部分适用过错责任原则的侵权行为类型,如第

36条规定的网络侵权责任、第37条规定的违反安全保障义务的侵权责任、第54条规定的医疗损害责任。

（2）责任构成

适用归责原则不同，侵权责任的构成要件亦不相同。适用过错责任原则确定侵权行为及赔偿责任，其构成要件是四个，即违法行为、损害事实、因果关系和过错，须四个要件同时具备，缺一不可。

案例3-8-1 张某，女，网名“红颜静”，主持管理e龙网站社区一个文学版块。俞某，网名“大跃进”，在e龙网站进行上网活动。某日，张、俞等网友聚会后，张某发现俞某以“大跃进”网名在公开版块发出侮辱她的帖子，内容低俗。张某要求其不要乱写，不要侮辱他人。但之后俞某仍长时间继续此行为。本案中，俞某明知发帖内容会损害张某名誉而在网站公开版块发帖，主观上有过错，客观上实施侵害行为，造成张某名誉受损，二者具备因果关系，属于故意侵害他人名誉权的侵权行为，同时也是网络侵权行为，适用过错责任原则，应承担侵权责任。

（3）举证责任

在举证责任问题上，采取“谁主张，谁举证”的规则。即在适用过错责任时，原告应就被告的过错问题进行举证，若其不能证明被告具有过错，则原告就要承担败诉的法律后果。

（三）过错推定原则

1. 概念

过错推定原则，是指根据法律的特别规定，从损害事实的发生本身推定行为人有过错，如果行为人不能证明自己没有过错，应当承担侵权责任的归责原则。我国《侵权责任法》第6条第2款对此作出了规定。

过错推定，就是指在受害人能够举证证明损害事实，违法行为和因果关系三个要件的情况下，如果加害人不能证明对于损害的发生自己没有过错，那么就从损害事实的本身推定加害人在致人损害的行为中有过错，并为此承担赔偿责任。[①]

过错推定其本质还是在过错的认定上，因此过错推定责任仍然是基于过错的责任，是过错责任原则的一种特殊形式而规定在过错责任中，因此它不是一种独立的归责原则。

2. 特征

（1）免除了受害人就侵权人的过错举证问题。受害人只需证明侵权人的行为或物件与损害结果之间有因果关系，而不必证明被告具有过错。

---

① 杨立新：《侵权责任法》，法律出版社2010年版，第62页。

（2）在适用过错推定时，法律对抗辩事由作出了严格限定。如法律规定抗辩事由为不可抗力，第三人过错和受害人自身的过错。侵权人只有在证明存在这些抗辩事由的情况下，才能表明其没有过错，从而推翻对其过错的推定。

（3）过错推定适用于特殊侵权行为责任。建筑物、悬挂物致人损害的民事责任就是关于过错推定责任的规定。

3. 适用规则

（1）适用范围

我国《侵权责任法》明确规定了八种过错推定责任情形。

第一，关于校方对于无行为能力人的校园侵害责任（《侵权责任法》第 38 条规定）。

第二，关于医疗机构在一些法定情形下的医疗损害责任（《侵权责任法》第 58 条规定）。

第三，关于动物园对于其饲养动物的侵权责任的规定（《侵权责任法》第 81 条规定）。

第四，关于建筑物及其搁置物、悬挂物脱落、坠落致人损害侵权责任（《侵权责任法》第 85 条规定）。

第五，关于堆放物品倒塌致人损害侵权责任（《侵权责任法》第 88 条规定）。

第六，关于在公共道路上堆放、倾倒、遗撒妨碍通行物致人损害侵权责任（《侵权责任法》第 89 条规定）。

第七，关于林木折断、果实坠落致人损害侵权责任（《侵权责任法》第 90 条规定）。

第八，关于地面施工或窨井等地下设施致人损害侵权责任（《侵权责任法》第 91 条规定）。

以上关于物件损害责任，《侵权责任法》第 11 章，从第 85—91 条，除第 86 条和第 87 条外，皆适用过错推定原则。

（2）责任构成

适用过错推定责任原则的构成要件与适用过错责任原则的构成要件具有一致性，即必须具备损害事实、违法行为、过错和因果关系四大要件。

（3）举证责任

原告承担违法行为、损害事实、因果关系三个要件的证明责任，如果受害人仅仅能证明损害事实的存在，而不能证明是何人的行为所致时，不能适用过错推定原则。法官从损害事实的客观要件以及它与违法行为之间的因果关系中推定行为人在主观上有过错。行为人须证明自己没有过错，证明成立，否认行为人的侵权责任，证明不足或不能证明，推定过错成立，行为人应当承担侵权民事责任。

（四）无过错责任原则

1. 概念

无过错责任原则，是指行为人造成他人民事权益的损害，根据法律明文规定，不论加害人是否具有过错，均须为其加害行为承担侵权责任的归责原则。我国《侵权责任法》第7条对此作出了规定。无过错责任原则，以已经发生的损害后果为价值判断标准，与该损害结果有因果关系的行为人，不问其有无过错，都要承担侵权责任。

2. 特征

（1）规则标准简单。无过错责任原则归责的价值判断标准与其他归责原则不同之处在于，确定责任的有无不是过错，只是损害事实。有损害有责任，无损害无责任，标准简单明了。

（2）不以过错为构成要件。在无过错责任情况下，行为人承担责任，不取决于他是否有过错，而取决于损害结果与其行为及其物件之间是否有因果关系。

（3）有法律的特别规定。按照我国《侵权责任法》第7条的规定，只有在有法律规定时，才能适用无过错责任原则归责。如果没有法律规定，就不能适用无过错责任原则确定侵权责任。

3. 适用规则

（1）适用范围

其一，关于监护人就被监护人侵权承担的替代责任（《侵权责任法》第32条规定）。

其二，关于用人单位就工作人员职务侵权承担的责任（《侵权责任法》第34—35条规定）。

其三，关于生产者、销售者对受害人的产品责任以及生产者的最终责任（《侵权责任法》第41—43条规定）。

其四，关于机动车与行人、非机动车间发生道路交通事故责任（《侵权责任法》第48条、《道路交通安全法》第76条规定）。

其五，关于医疗产品责任（《侵权责任法》第59条规定）。

其六，关于环境污染侵权责任（《侵权责任法》第8章，第65—68条规定）。

其七，关于高度危险作业责任（《侵权责任法》第9章，第69—77条规定）。

其八，关于饲养动物致人损害侵权责任（《侵权责任法》第10章，第81条除外）。

其九，关于建筑物及设施倒塌损害责任（《侵权责任法》第86条第1款规定）。

其十，关于因帮工致人损害责任（《人身损害赔偿解释》第13条规定）。

其十一,关于因帮工遭受损害责任(《人身损害赔偿解释》第 14 条规定)。

其十二,关于遭受工伤但不属于《工伤保险条例》调整的责任(《人身损害赔偿解释》第 11 条规定)。

(2) 责任构成

适用无过错责任原则,其责任构成只须具备三个要件:一是违法行为,二是损害事实,三是违法行为与损害事实具有因果关系。在适用无过错责任原则的情况下,只要具备以上三个要件,行为人就应当承担赔偿责任,而不要求具备主观过错的要件。

(3) 举证责任

具体规则是:① 受害人应当举证证明违法行为、损害事实和因果关系三个要件的存在。② 在受害人完成证明责任以后,无过错责任就已经构成。如果加害人主张受害人的故意或重大过失是致害原因,应当承担证明责任,能够证明的,免除赔偿责任,否则被告承担侵权责任。

三、侵权责任构成要件

侵权责任的构成必须具备一定的条件,这些条件就是侵权责任的构成要件,它是承担侵权民事责任的必备条件。受归责原则的影响和制约,由于对过错和违法行为之间关系认识不同,存在不同立法例和学说。我国理论界及司法考试辅导用书中亦是存在三要件与四要件之争。坚持通说与国家统一性,本书采用四要件之原则性界说,即损害结果、违法行为、因果关系和过错。

(一) 损害事实的客观存在

1. 概念

损害,指受害人人身或财产方面的不利后果。损害事实,就是损害存在的客观事实,是侵权责任构成要件之首要条件。侵权责任的成立必须要以有损害后果为前提,如果没有损害后果,也就不会构成侵权责任。可以总结为:无损害无侵权。

2. 分类

侵权行为侵犯的客体是民事主体的民事权益。所谓民事权益,包括民事权利和民事利益。民事权利,是指民法上的法定权利或绝对权利,而不包括债权之类的相对权。我国《侵权责任法》第 2 条第 2 款对此进行了详细列举。第 2 条列举的都是民事权利,并未列举民事利益,但实际也包括法律所保护的利益。

损害事实主要分为财产损失和非财产损害。

就财产损失而言,民法理论认为,其是指一切财产上不利的变动,包括财产的积极减少和消极的不增加。现有财产的积极减少,称为积极损失,如人身伤害中受害人所支出的医疗费等；应增加的财产而未增加，称为消极损失，如因误工减少的收入等。

狭义的非财产损害，仅指肉体痛苦与精神痛苦，须以自然人生理与心理的感受性为基础，故其主体范围仅限于自然人，且不包括精神病人和植物人。最高人民法院《关于确定民事侵权精神损害赔偿责任若干问题的解释》采狭义论。

（二）加害人实施了违法行为

1. 概念

违法行为又称加害行为，或称违法加害行为，是指民事主体违反法律而实施的致使他人民事权益受到损害的不法行为。

加害行为是否须有“违法性”争议颇大，通说及司法解释认为加害行为须具违法性，否则不成立侵权。所谓违法，指行为客观上与法律强制性规定相悖，且不具有违法阻却性。违法加害行为，包括作为和不作为。作为，即不当为而为之，以积极的举止动作致人损害，如伤害他人健康、言语诽谤他人，侵害他人财产等。多数加害行为是作为。不作为，即当为而不为之，以消极的无所作为致人损害。不作为违法行为的前提是行为人负有特定的作为义务，这种特定的作为义务，不是一般道德义务，而是法律所要求的具体义务。特定的法定作为义务的来源，主要有三种：(1) 法律的直接规定。例如，我国《婚姻法》规定，父母有管教未成年子女的义务等。违反法律上的作为义务而不予履行，即为不作为的违法行为。我国《侵权责任法》第 37 条、第 46 条、第 55 条、第 91 条等作出了相应规定。(2) 业务上或职务上的要求。例如，修建地下建筑物应负预防危险的作为义务，游泳场救护员负有抢救落水者的作为义务等。违反职务上或业务上的作为义务而不作为者，为不作为的侵权行为。(3) 来自行为人先前的行为。行为人先前的行为给他人带来某种危险，对此，必须承担避免危险的作为义务。例如，成年人甲带 10 岁的乙前往水库游泳，甲即负有保护乙的作为义务。

2. 分类

依据违反的准则不同，违法行为可分为侵害权利的违法行为、违反法律保护规定的违法行为和违背善良风俗的违法行为。

依据行为人是否具有作为义务，违法行为可分为积极的违法行为和消极的违法行为。积极违法行为即作为违法行为。消极违法行为即不作为违法行为。

总之，原则上一般侵权行为须具备违法行为之要件，当然也存在例外情形。

（三）损害事实与违法行为之间具有因果关系

1. 概念

侵权法上的因果关系，是指加害行为和损害后果之间引起和被引起的关系。

因果关系作为侵权责任的构成要件，是确认侵权责任的前提。若加害行为和损害事实之间无因果关系，则侵权责任不成立。责任人只对自己有关行为造成的损害后果负责，如果损害后果的发生与自己有关行为无关，就不必对损害后果承担责任。

2. 分类

根据不同标准，对因果关系可以进行不同的分类，可以分为直接因果关系和间接因果关系，一因一果、多因多果、一因多果与多因多果的因果关系。

（四）行为人须有过错

行为人有无主观过错，是决定他应否承担民事责任的一个重要条件。过错是指行为人实施违法行为的心理状态，以及对其违法行为的损害后果所采取的主观态度，主要分为故意和过失。故意，指明知损害的必然或可能发生而希望或放任其发生的主观心理状态。过失是对损害的发生具有主观上的疏忽或者过于自信，即加害人应当预见到其行为可能导致损害的后果，因疏忽大意没有预见，或者虽然已经预见，但轻信可以避免损害的发生，以致造成损害后果的一种主观心理状态。

有无过失判断标准，我国民法实践采用客观标准。客观标准，是指以一个正常理性人应有的注意程度作为标准判定行为人是否尽到了注意义务。我国民法上将过失分为重大过失与一般过失。有时候法律基于某些考虑对一些人确定了较高的注意义务，当行为人违反了这种较高的注意义务，但是并未违反一般人的注意义务时，属于一般过失；但是如果行为人连一般人应尽的注意义务也未遵守时，则为重大过失。如搬家公司的工作人员忘记拉上车厢挡板致使某人坠车受伤，即因其专业人员身份未尽到一般注意义务构成重大过失。

四、免责事由

侵权法上的免责事由，又称免责条件或者抗辩事由，是指违反法律规定的义务而致人损害者依法可以不承担（完全免除）或者减轻（部分免除）民事责任的事由。

我国《侵权责任法》第 26 条至第 31 条，规定了免责事由的数种情形。主要包括：过失相抵、受害人故意、第三人过错、不可抗力、正当防卫和紧急避险。

过失相抵，是指当被侵权人对于损害的发生具有过错的，依法减轻或者免除侵权人责任的法律制度。依通说其效力主要是：加害人可以据此主张减轻或免除相应的民事责任；法院可不待当事人主张，依职权减免加害人的民事责任。

受害人故意，作为一种免责事由，是指受害人明知自己的行为会发生损害自己的后果，而希望或放任此种结果发生。受害人的故意导致了加害人责任的免除，因为，受害人的损害是其自身的故意行为所致。

第三人过错，是指除被侵权人和侵权人之外的第三人，对被侵权人损害的发生或扩大所具有的过错，包括故意和过失。由于第三人过错可能是损害发生的唯一原因，也可能是损害发生的部分原因，所以，第三人过错既可能是免责事由，也可能是减责事由。

不可抗力，是指不能预见、不能避免并不能克服的客观情况。因不可抗力造成他人损害的，不承担责任。法律另有规定的，依照其规定。

正当防卫，是指为了使公共利益、本人或者他人的财产或人身免受正在遭受的不法侵害而对行为人本身采取的防卫措施。因正当防卫造成损害的，不承担责任。正当防卫超过必要的限度，造成不应有的损害的，正当防卫人应当承担适当的责任。

紧急避险，是指为了防止公共利益、本人或者他人的合法权益免受正在遭受的紧急危险，不得已而采取的损害另一种较小利益的行为。因紧急避险造成损害的，由引起险情发生的人承担责任。如果危险是由自然原因引起的，紧急避险人不承担责任或者给予适当补偿。紧急避险采取措施不当或者超过必要的限度，造成不应有的损害的，紧急避险人应当承担适当的责任。

五、特殊侵权责任

特殊侵权责任是指当事人因与自己有关的行为、物件、事件或者其他特别原因致人损害，依照民法上的特别责任条款或者民事特别法的规定应当承担的侵权责任。我国《侵权责任法》第32—91条对此作出了特别规定。

（一）被监护人致人损害的民事责任

《侵权责任法》第32条第1款规定：无行为能力人、限制行为能力人造成他人损害的，由监护人承担民事责任。监护人尽了监护责任的，可以适当减轻他的民事责任。这就是监护人对于被监护人行为的替代责任。监护人的责任是无过错责任。只要发生被监护人的加害行为，监护人即代为承担责任。基于监护责任是替代责任，如被监护人行为人自己有财产的，应当首先从被监护人的财产中支付赔偿费用，不足的部分再由监护人承担赔偿责任。随着社会发展，无行为能力人、限制行为能力人通过创作、接受赠与或者继承等方式取得财产的情况越来越多，因此第32条第2款作出此种规定。

（二）用人单位的工作人员职务侵权责任

《侵权责任法》第34条规定："用人单位的工作人员因执行工作任务造成他人损害的，由用人单位承担侵权责任。"此条款的规定更加公平合理，不再人为地按照身份不同作出划分，一律将用人的一方称为"用人单位"，将另一方称为

"工作人员",工作人员执行工作任务过程中的侵权责任,均由用人单位承担侵权责任,不再区分工作人员具有主观上的何种过错状态(故意、重大过失与一般过失)。这样,无论用人单位性质如何,只要是其工作人员因执行工作任务造成他人损害的,一律由用人单位承担侵权责任。

(三) 产品责任

产品责任,又称为产品侵权责任,是指产品制造商、销售者因生产、销售缺陷产品致使他人遭受人身、财产损害而应当承担的侵权责任。

我国的产品缺陷责任有如下特点:第一,产品缺陷责任是由法律直接规定的责任,是一种特殊侵权责任。第二,产品制造者、销售者对产品缺陷造成的损害负连带责任。如果产品缺陷属于产品运输者、仓储者的责任,由产品制造者、销售者追偿。第三,受害者是因产品缺陷而遭受人身或财产损害的消费者。

我国《侵权责任法》建立了产品售后警示和召回制度。产品投入流通后发现存在缺陷的,未及时采取补救措施或者因补救措施不力造成损害的,应当承担侵权责任。

(四) 机动车交通事故责任

机动车交通事故责任,是指因机动车运行而导致损害,机动车一方承担的侵权责任。

1. 机动车交通事故责任的一般规定

机动车发生交通事故的侵权责任,根据《道路交通安全法》第76条规定:机动车发生交通事故造成人身伤亡、财产损失的,由保险公司在机动车第三者责任强制保险责任限额范围内予以赔偿;不足的部分,按照规定承担赔偿责任:第一,机动车之间发生交通事故的,由有过错的一方承担赔偿责任;双方都有过错的,按照各自过错的比例分担责任;第二,机动车与非机动车驾驶人、行人之间发生交通事故,非机动车驾驶人、行人没有过错的,由机动车一方承担赔偿责任;有证据证明非机动车驾驶人、行人有过错的,根据过错程度适当减轻机动车一方的赔偿责任;机动车一方没有过错的,承担不超过10%的赔偿责任。另外,交通事故的损失是由非机动车驾驶人、行人故意碰撞机动车造成的,机动车一方不承担赔偿责任。

2. 因租赁、借用机动车发生交通事故的责任承担

因租赁、借用等情形,机动车所有人与使用人不是同一人时,发生交通事故后属于该机动车一方责任的,由保险公司在机动车强制保险责任限额范围内予以赔偿。不足部分,由机动车使用人承担赔偿责任;机动车所有人对损害的发生有过错的,承担相应的赔偿责任。

3. 转让并交付机动车但未办理登记的机动车发生交通事故的责任承担

当事人之间已经以买卖等方式转让并交付机动车但未办理所有权转移登记,发生交通事故后属于该机动车一方责任的,由保险公司在机动车强制保险责任限额范围内予以赔偿。不足部分,由受让人承担赔偿责任。

4. 买卖拼装或报废机动车发生交通事故的责任承担

以买卖等方式转让拼装或者已达到报废标准的机动车,发生交通事故造成损害的,由转让人和受让人承担连带责任。

5. 盗抢机动车发生交通事故的责任承担

盗窃、抢劫或者抢夺的机动车发生交通事故造成损害的,由盗窃人、抢劫人或者抢夺人承担赔偿责任。保险公司在机动车强制保险责任限额范围内垫付抢救费用的,有权向交通事故责任人追偿。

6. 机动车驾驶人发生交通事故后逃逸的责任承担

机动车驾驶人发生交通事故后逃逸,该机动车参加强制保险的,由保险公司在机动车强制保险责任限额范围内予以赔偿;机动车不明或者该机动车未参加强制保险,需要支付被侵权人人身伤亡的抢救、丧葬等费用的,由道路交通事故社会救助基金垫付。道路交通事故社会救助基金垫付后,其管理机构有权向交通事故责任人追偿。

(五) 医疗损害责任

医疗损害责任,是指医疗机构及其医务人员在诊疗活动中因过错或法律规定有无过错情况造成患者人身损害,由医疗机构承担赔偿责任。

医务人员在诊疗活动中未尽到与当时的医疗水平相应的诊疗义务,造成患者损害的,医疗机构应当承担赔偿责任。患者有损害,因下列情形之一的,推定医疗机构有过错:

第一,违反法律、行政法规、规章以及其他有关诊疗规范的规定;

第二,隐匿或者拒绝提供与纠纷有关的病历资料;

第三,伪造、篡改或者销毁病历资料。

(六) 环境污染责任

环境污染责任,是指因污染环境导致侵害他人人身和财产权益所应承担的侵权责任。一般而言,环境侵权包括环境污染和环境破坏。

我国法律规定考虑到环境污染和破坏造成的严重后果以及致害者与受害者双方的经济条件,为了保护环境和受害人的利益,因污染环境造成损害的,污染者应当承担侵权责任。具体如下:

(1) 因污染环境发生纠纷,污染者应当就法律规定的不承担责任或者减轻责任的情形及其行为与损害之间不存在因果关系承担举证责任。

（2）两个以上污染者污染环境，污染者承担责任的大小，根据污染物的种类、排放量等因素确定。

（3）因第三人的过错污染环境造成损害的，被侵权人可以向污染者请求赔偿，也可以向第三人请求赔偿。污染者赔偿后，有权向第三人追偿。可见第三人原因不能免责。

案例 3-8-2 2010 年某煤矿企业与外商签订了一份买卖 1000 吨焦煤的合同。如果按照正常的开采速度，将无法按时交货，将导致违约并承担巨额违约金。该煤矿企业决定使用露天爆破的方式进行采煤。该煤矿左边为养鸡场，右边是居民区。爆破的震动和噪音使居民无法正常休息，鸡的产蛋量大幅下降；煤灰的大量扩散，使周围居民患呼吸疾病的人数大大增加。居民和鸡场要求煤矿企业停止爆破，并赔偿损失。此案中煤矿企业的行为属环境侵权。环境污染造成他人损害的，应承担责任。环境责任的构成要件是：污染环境的违法行为、损害事实、污染行为与损害结果有因果关系。

（七）高度危险责任

高度危险责任，是指行为人实施高度危险作业造成他人损害所应承担的侵权责任。我国《侵权责任法》第九章作出了相应规定。高度危险作业包括高空、高压、易燃、易爆、剧毒、放射性、高速运输工具等对周围环境有高度危险的作业。高度危险责任的特征为：

（1）行为的高度危险性。即某一种危险转变为现实损害的可能性很大，主要表现为高度危险造成他人损害的几率很大。

（2）受害人特别保护的必要性。也就是说与行为的高度危险性相伴随的是受害人特别保护的必要性。

（3）责任的无过错。高度危险责任的构成并不需要考虑加害人的过错，只要发生一定的损害后果，行为人就要承担相应的责任。

（4）根据《侵权责任法》的规定，能够证明损害是因受害人故意造成的，不承担责任或者被侵权人对损害的发生有过失的，可以减轻侵权者的责任。

（八）饲养动物损害责任

饲养动物致人损害侵权责任是指动物饲养人或管理人在动物造成他人损害时，依法应当承担的民事赔偿责任。

饲养的动物造成他人人身或财产损害时，动物的所有人或者管理人应当承担赔偿责任，但能够证明损害是因被侵权人故意或者重大过失造成的，可以不承担或者减轻责任。对于违反管理规定，未对动物采取安全措施造成他人损害的，动物饲养人或者管理人应当承担侵权责任。同时，饲养动物应当遵守法律，尊重社会公德，不得妨害他人生活。具体特征如下：

(1) 禁止饲养的烈性犬等危险动物造成他人损害的,动物饲养人或者管理人应当承担侵权责任。

(2) 动物园的动物造成他人损害的,动物园应当承担侵权责任,但能够证明尽到管理职责的,不承担责任。

(3)遗弃、逃逸的动物在遗弃、逃逸期间造成他人损害的,由原动物饲养人或者管理人承担侵权责任。

(4) 因第三人的过错致使动物造成他人损害的,被侵权人可以向动物饲养人或者管理人请求赔偿,也可以向第三人请求赔偿。动物饲养人或者管理人赔偿后,有权向第三人追偿。

(九) 物件损害责任

物件致人损害责任是指建筑物等脱落、坠落致损的,所有人、管理人或者使用人应当承担侵权责任的规定。其归责原则适用过错推定原则,责任性质为民事侵权责任而不属于国家赔偿责任。

物件致人损害责任具体来说主要有以下几个方面:

(1) 建筑物、构筑物或者其他设施及其搁置物、悬挂物发生脱落、坠落造成他人损害,所有人、管理人或者使用人不能证明自己没有过错的,应当承担侵权责任。所有人、管理人或者使用人赔偿后,有其他责任人的,有权向其他责任人追偿。

(2) 建筑物、构筑物或者其他设施倒塌造成他人损害的,由建设单位与施工单位承担连带责任。建设单位、施工单位赔偿后,有其他责任人的,有权向其他责任人追偿。因其他责任人的原因导致建筑物、构筑物或者其他设施倒塌,造成他人损害的,由其他责任人承担侵权责任。

(3) 从建筑物中抛掷物品或者从建筑物上坠落的物品造成他人损害,难以确定具体侵权人的,除能够证明自己不是侵权人的外,由可能加害的建筑物使用人给予补偿。

(4) 堆放物倒塌造成他人损害,堆放人不能证明自己没有过错的,应当承担侵权责任。

(5) 在公共道路上堆放、倾倒、遗撒妨碍通行的物品造成他人损害的,有关单位或者个人应当承担侵权责任。

(6) 因林木折断造成他人损害,林木的所有人或者管理人不能证明自己没有过错的,应当承担侵权责任。

(7) 在公共场所或者道路上挖坑、修缮安装地下设施等,没有设置明显标志和采取安全措施造成他人损害的,施工人应当承担侵权责任。地下设施造成他人损害,管理人不能证明尽到管理职责的,应当承担侵权责任。

第九节 人 身 权

引导案例

2008 年 10 月 18 日凌晨 1 时许，著名导演谢晋因心源性猝死，逝世于酒店客房内。2008 年 10 月 19 日至同年 12 月，宋祖德在其开设的新浪网博客、搜狐博客、腾讯网博客上分别上传了《千万别学谢晋这样死！》《谢晋和刘 xx 在海外有个重度脑瘫的私生子谢 xx！》等多篇文章，称谢晋因性猝死而亡、谢晋与刘 xx 在海外育有一个重度脑瘫的私生子等内容。2008 年 10 月 28 日至 2009 年 5 月 5 日，刘信达在其开设的搜狐网博客、网易网博客分别上传了《刘信达愿出庭作证谢晋嫖妓死，不良网站何故黑箱操作撤博文?》《刘信达：美 × 确是李 × × 女儿，照片确是我所拍》《宋祖德十五大预言件件应验！》《宋祖德的 22 大精准预言！》等文章，称谢晋事件是其亲眼目睹、其亲自到海外见到了“谢晋的私生子”等内容。

2008 年 10 月至 11 月期间，齐鲁电视台、成都商报社、新京报社、华西都市报社、黑龙江日报报业集团生活报社、天府早报社的记者纷纷通过电话采访了宋祖德。宋祖德称前述文章其有确凿证据，齐鲁电视台及各报社纷纷予以了报道。成都商报社记者在追问宋祖德得知消息来源于刘信达后，还通过电话采访了刘信达。刘信达对记者称系自己告诉了宋祖德，并作出了同其博客文章内容一致的描述。谢晋妻子徐 × × 以宋祖德、刘信达侵害谢晋名誉为由起诉，请求停止侵害、撤销博客文章、在相关媒体上公开赔礼道歉并赔偿经济损失 10 万元和精神损害抚慰金 40 万元。

请分析：原告能否胜诉？

一、人身权的概念和特征

（一）人身权的概念

人身权，乃人格权和身份权的合称，又称人身非财产权，是指民事主体依法享有的，与其自身不可分离亦不可转让的没有直接财产内容的法定民事权利。人身权是民事主体享有的最基本的民事权利，自然人可能因为某种法定原因丧失某种财产权利或者政治权利，但不可能丧失基本的人身权利。

（二）人身权的特征

与其他民事权利相比较，人身权具有以下特征：

（1）财产性。根据民事权利是否直接包含财产内容，可以将其分为财产性权利和非财产性权利。人身权以民事主体的人格利益和特定的身份为客体，而人格利益和身份本身并不具有直接的财产内容，它所体现的是人们的道德情感、社会评价等。正是在此种意义上说，人身权属于非财产性权利。但是，人身权与财产权又存在一定的联系，具体表现为：其一，人身权是某些财产权取得的前提。例如，亲权是遗产继承权取得的前提。其二，人身权可以转化为财产权。如，附着良好信誉的法人名称可以有偿转让，并获得财产利益。其三，人身权受到损害时的财产性补偿。如自然人名誉权受到损害时的精神损害赔偿。

（2）不可转让性。根据民事权利是否可以自由转让，可以将其分为可以转让的民事权利和不可转让的民事权利 。人身权与民事主体不可分离决定了人身权的不可转让性，除法律另有规定外，人身权不得以任何形式买卖、赠与和继承。例如，名誉权不得转让也不可能转让。但是，人身权的不可转让性也存在例外，即某些人身权脱离民事主体本身仍具有法律意义或者经济价值。人身权的不可分离性决定其不可剥夺性，即民事主体违反民事义务，仅能依法追究民事责任，而不能剥夺其人身权利。

（3）不可放弃性。个人作为存在于社会的个体，个人利益必然隐含和体现了社会利益。依据庞德的观点，个人生活方面的利益作为一种社会利益，即指“文明社会生活要求每个人都能根据当时社会标准进行生活”而个人自我主张利益如身体、精神利益乃“文明社会生活”的基础，对此基础的动摇即是对社会利益的侵犯。由此决定了生命权、身体权和健康权等人身权具有不可放弃性，禁止免除对人身伤害的侵权行为责任，是各国立法和实务的一致立场。我国《合同法》第53条也禁止当事人通过约定免除造成人身伤害的民事责任，从而体现了对社会公共利益和道德的保护。

（4）法定性。根据民事权利的产生方式，可以将其分为法定权利和约定权利。人身权利的取得基于法律的直接规定，而无须民事主体之间的特别约定。尽管某些民事权利的取得，需要民事主体一定的行为，但该行为所能产生的权利则是法律预先设定的，民事主体不能通过约定或者单方行为创设人身权。

（5）绝对性和支配性。根据民事权利的效力是否可以对抗不特定的一切人，可以将其分为绝对权和相对权。人身权的不可分离性决定了权利人可以向任何人主张人身权，并排斥任何人的非法干涉。根据民事权利的功能，可以将其分为支配权和请求权。民事主体可以基于人身权直接支配其人格利益或者身份，而无须对方当事人为特定的行为，由此决定了人身权属于支配权。

二、确立人身权法律制度的意义

确立人身权法律制度的意义主要体现在如下几个方面：

第一,自生物物种角度而言,人身权制度保护、确立民事主体的人身权不受侵犯,为人类的繁衍和延续提供了前提条件。否则,人与人之间相互残杀或者损害健康等,人类作为生物物种之一,则难以健康发展。

第二,保护基本人权的需要。各项具体人身权是人所共享的基本人权在民法领域的体现 。如生存权是首要人权,生存权有赖于生命权和健康权的拥有并得到严格的保护。

第三,保护人格尊严的需要。我国《宪法》第 38 条宣称“人格尊严不受侵犯”、《民法通则》第 101 条规定“人格尊严受法律保护”,因而需要建立人身权法律制度,特别是建立具体人格权和一般人格权制度,充分保护民事主体的人格尊严。

三、人身权的分类

根据人身权依存的社会关系,可将人身权分为人格权和身份权。

(一) 人格权

人格权,是法律赋予民事主体以人格利益为内容的,作为一个独立的法律人格所必须享有且与其主体人身不可分离的权利。人格权作为基于人的存在而须臾不分的权利,只要自然人出生、法人成立,无需任何意思表示或经过特别授权,就当然取得并受到法律保护,其实质是国家通过法律赋予的一种资格。人格权是民事主体维系其存在,进行民事活动的前提,离开了这些权利,民事主体的人身利益得不到保障,就丧失了开展民事活动、建立民事权利义务关系的基础。

1. 一般人格权

一般人格权,是以民事主体全部人格利益为标的的概括性权利。通常包括人身自由、人格尊严、人格独立与人格平等。

(1) 人身自由是指公民依法享有的人身不受侵犯和自主行为的权利。如公民享有身体自由权,非依法律不得对公民进行逮捕、拘禁、搜查或处罚;享有婚姻自由权,有权依法自主缔结或解除婚姻关系;有通信自由权,非依法律规定并经法定程序,其通信不得被扣押、隐匿或毁弃;有住宅自由权,其住宅不受侵犯,不受非法搜查或者非法侵入。

(2) 人格尊严是指民事主体作为“人”所应有的最基本的社会地位、社会评价,并得到最起码的尊重的权利。人格尊严不受民事主体行为能力、文化程度、财产状况、宗教信仰等因素的影响,所有民事主体所应获得的最基本的社会地位和最起码的尊重是一样的。

(3) 人格独立指民事主体的人格由自己支配,其存在不依赖任何外在力量,其意志不受任何外部势力的干预与强制。

(4) 人格平等指民事主体之间地位平等,不存在人身依附与从属关系,任何一方不得将自己的意志强加给另一方。人格平等意味着民事主体享有平等的资格和机会。至于最终结果是否平等,则取决于每个人的能力、努力程度、机会的把握、风险的防范等因素。

2. 具体人格权

(1) 生命权

生命权是法律赋予自然人的以生命维持和生命安全为内容的权利。世界上大多数国家均将生命权视作一项独立的权利。法律上的生命是人赖以存在的前提,也是公民行使其他一切民事权利的基础。一个人生命的终止也就同时意味着自然人自身的消亡,其他任何权利都不再具有任何意义,因此,生命的存在与生命权的享有是每个公民的最高人身利益,民法以充分保护生命权为其重要目的。

(2) 身体权

身体权是指自然人对其肢体、器官和其他组织的完整依法享有的权利。与生命权不同,身体权主要以保护人的肢体、器官、组织的完整性为目标。同时,公民的身体权又与其生命权、健康权密切相关。我国《民法通则》第 119 条规定:侵害公民身体造成伤害的,应当赔偿医疗费、因误工减少的收入、残废者生活补助费等费用。身体权是公民享有生命权与健康权的物质保证,侵害公民的身体权将不可避免地侵害公民的健康权乃至其生命权。

(3) 健康权

健康权是自然人依法享有的保持其自身及其器官以至身体整体的功能安全为内容的人格权。身心健康是公民生存和进行正常民事活动的前提条件,也是公民作为民事主体所应享受的基本利益。无论是对公民器质健康、生理健康或者心理健康的侵害均构成侵害公民的健康权。同时由于健康与公民生命、身体的密切关系,侵害公民身体,剥夺公民生命的同时也构成对公民健康的侵害。

(4) 姓名权与名称权

姓名与名称是自然人、法人用以确定、表明自己身份。彼此间相互区别的符号,是使自然人或法人特定化的标志,也是社会个体体现个性及人格独立的标志。

(5) 名誉权

名誉权是公民或法人对自己在社会生活中获得的社会评价、人格尊严享有的不可侵犯的权利。《民法通则》第 101 条规定:公民、法人享有名誉权,公民的人格尊严受法律保护,禁止用侮辱、诽谤等方式损害公民、法人的名誉。名誉是社会或他人对特定公民、法人的品德、才干、信誉、商誉、功绩、资历和身份等方面评价的总和。公民、法人享有维护自己获得公正社会评价的权利,是其参与社会关系，进行正常社会经济活动的重要保障，法律禁止侵犯他人的名誉权。名誉权主要包括公民名誉权和法人名誉权两种。

（6）肖像权

肖像权是指公民通过各种形式在客观上再现自己形象而享有的专有权。肖像作为公民的形象标志，与姓名一样是标明特定自然人的符号，反映特定自然人的形象特征，直接关系到自然人的人格尊严与社会评价，与自然人的人格不可分离。因此，公民有权决定是否在艺术作品中再现其形象，是否同意其他社会组织或个人使用其肖像。肖像权的内容有：

第一，形象再现权，即公民享有通过造型艺术或其他形式来再现自己形象的专有权，通常表现为肖像的决定权和实施权。公民有权自己拥有其肖像，排除他人未经同意制作、取得其肖像，并有禁止他人侮辱、毁损其形象的权利。

第二，肖像使用权，即公民有权决定是否允许将其肖像进行展出、传播、复制、用作商标或进行广告宣传。未经肖像权人同意，任何人不得以营利为目的在纸张、书籍、报刊、网络等载体中使用其肖像。

（7）隐私权

隐私权又称个人生活秘密权，是指公民不愿公开或让他人知悉个人秘密的权利。公民为了维持正常的生活和精神的安宁，往往希望保护自己私生活中的秘密，世界上许多国家都将隐私权作为一种宪法权利加以保护。我国法律现在虽然还未明文确定隐私权为一项具体的人格权，但《民法通则意见》第 140 条第 1 款规定："以书面、口头等形式宣扬他人的隐私.或者捏造事实公然丑化他人人格，以及用侮辱、诽谤等方式损害他人名誉，造成一定影响的，应当认定为侵害公民名誉权的行为。"《最高人民法院关于确定民事侵权精神损害赔偿责任若干问题的解释》则进一步将隐私权从名誉权中分离出来作为一项独立的人格权予以保护。

对公民的隐私权构成侵害的，受害人有权要求加害人停止侵害，恢复名誉，消除影响，赔礼道歉，并可以主张精神损害赔偿。非法披露、利用死者隐私，或者以违反社会公共利益、社会公德的其他方式侵害死者隐私的，死者近亲属亦可向人民法院起诉要求精神损害赔偿。最高人民法院《关于审理利用信息网络侵害人身权益民事纠纷案件适用法律若干问题的规定》第 12 条规定："网络用户或者网络服务提供者利用网络公开自然人基因信息、病历资料、健康检查资料、犯罪记录、家庭住址、私人活动等个人隐私和其他个人信息，造成他人损害，被侵权人请求其承担侵权责任的，人民法院应予支持。"这是我国对公民隐私权的进一步保护。

（8）荣誉权

荣誉权，是指公民、法人或其他组织所享有的，因自己的突出贡献或特殊劳动成果而获得光荣称号或其他荣誉的权利。

荣誉权与名誉权相比都表明了民事主体在社会中的信誉与评价，在一定程度上表现出关联性，如名誉会因当事人获得荣誉称号而提高，荣誉权受到损害往往也会有损名誉权。

公民、法人或其他组织的荣誉权受到侵害的，有权要求侵害人停止侵害，恢复名誉，消除影响，赔礼道歉。公民的荣誉权受到侵害的，还可以主张精神损害赔偿，但法人或其他组织不能以荣誉权等人格权受到侵害为由主张精神损害赔偿。最高人民法院《关于审理利用信息网络侵害人身权益民事纠纷案件适用法律若干问题的规定》第11条规定："网络用户或者网络服务提供者采取诽谤、诋毁等手段，损害公众对经营主体的信赖，降低其产品或者服务的社会评价，经营主体请求网络用户或者网络服务提供者承担侵权责任的，人民法院应依法予以支持。"

（二）身份权

1. 身份权的概念

身份，是主体在团体或者社会体系所形成的稳定关系中所处的地位。身份权是指主体基于其身份而享有的权利。身份权主要包括亲权、配偶权、亲属权和荣誉权等。

2. 身份权的特征

（1）身份权以人格的独立和平等为前提。古代社会，身份权曾盛极一时，家长权与夫权是其典型代表。家长对子女的绝对支配，丈夫对妻子的人身支配，这都使得古代的身份权具有严重的人身依附性，体现了人格的不独立和不平等。而现代社会，基于人格独立、平等和尊严基础上的人格权制度日渐昌盛，个人逐渐摆脱了封建的身份关系的束缚和家族权的支配而具有了独立、平等的人格。在此基础上，形成了现代社会新型的身份权。

（2）内容上权利与义务交融，身份权虽称之为权利，其实处于一个过渡阶段，是边缘形态的权利。如亲权中的抚育子女权，其实这即是父母的权利，也是父母的义务。

（3）身份权一般基于一定的亲属关系而产生，由自然人专属享有。如亲权基于父母子女关系产生，配偶权基于夫妻关系产生等。

3. 身份权的种类

根据身份不同，身份权可以分为亲属法上身份权和亲属法外身份权。前者包括配偶权、亲权、亲属权；后者包括荣誉权、知识产权中的人身权等。

四、人身权的保护

我国法律不仅保护民事主体的财产权,而且也保护民事主体的人身权,禁止任何组织和个人非法侵害民事主体的人身权。民事主体的人身权受多个部门法的保护,如刑法、行政法等,民法对人身权的保护方法也很多,主要根据侵害的程度和范围来确定行为人的责任。随着网络的发展,利用信息网络侵害他人姓名权、名称权、名誉权、荣誉权、肖像权、隐私权等人身权益引起的纠纷案件日益增多,最高人民法院及时出台了《关于审理利用信息网络侵害人身权益民事纠纷案件适用法律若干问题的规定》,进一步保护民事主体的合法权益。

(一)侵害生命权的责任

侵害他人人身身体致人死亡的,侵权人应承担死者的丧葬费、抚恤金以及死者生前扶养人的生活费等费用。

(二)侵害健康权的责任

侵害他人身体致人伤害的,侵权人应当承担受害人的医疗费、误工费、护理费、交通费和住宿费以及因伤致残的生活补助费等费用。

(三)侵害名誉权、荣誉权及其他人人身权的责任

侵害他人名誉权、荣誉权及其他人人身权的,行为人应当停止侵害,为受害人消除影响、恢复名誉,受害人有权要求行为人向自己赔礼道歉、赔偿损失。

第十节 继 承 权

引导案例

许某与黎某生育了一子一女。儿子许宏于1995年与汤某结婚,生育一子,取名许某某。1999年许宏去世,汤某在丈夫去世后,未另行结婚,一直与许某夫妇共同生活,不仅用自己的全部收入供养两位老人及孩子许某某,而且承担了全部的家务劳动。女儿许杨于2001年与董某结婚,生育一女,取名董某某。2010年许杨因工致残,瘫痪在床,生活不能自理,同年许杨与董某离婚。迫于生计,许杨搬回家与父母同住。2013年许某夫妇相继去世,死后留下了一套房屋和3万元积蓄。许杨认为,自己是许某夫妇现存的唯一子女,生活困难又瘫痪在床,因而应是唯一继承人。汤某则认为,自己照料两位老人20年,应当有继承遗产的权利,其子许某某也应有权代其父亲许宏继承其应得的份额。

请分析:应如何分配许某夫妇的遗产?并说明理由。

一、继承的含义和种类

(一) 继承的含义

继承,是指依法将死者遗留的个人合法财产转移给继承人所有的法律制度。在继承关系中,遗留财产的死者称为被继承人,死者遗留的个人合法财产称为遗产。依法享有继承权,能够取得被继承人遗产的人称为继承人。继承依法享有的取得遗产的权利称为继承权。继承权因法律的直接规定而产生,是一种财产权,但该权利的产生又以人身关系为前提,只在一定的亲属关系之间存在该项权利。

(二) 继承的种类

根据继承人继承遗产的方式,继承可以分为法定继承和遗嘱继承。

法定继承是指继承人依照法律规定的顺位、继承份额以及遗产分配的原则和方法取得遗产的法律制度。

遗嘱继承是指继承人按照遗嘱的指定取得遗产的法律制度。

区分法定继承和遗嘱继承的主要意义在于:一方面,法定继承和遗嘱继承适用依据不同,法定继承的适用依据是法律规定,而遗嘱继承的适用依据是遗嘱;另一方面,在继承方式的适用上,遗嘱继承具有优先于法定继承的效力。

二、法定继承

(一) 法定继承的含义和特征

法定继承又称无遗嘱继承,是指继承人的范围、继承顺序、代位继承以及遗产分配的原则等,均按法律的直接规定予以确定的继承方式。法定继承作为我国遗产转移的主要方式,具有以下特征:

第一,法定继承人的范围、继承顺序、继承份额和遗产分配原则等方面的内容都由法律明确规定,而不是由被继承人指定。因此,法定继承的适用具有强行性。

第二,法定继承人与被继承人之间存在特殊的身份关系。在法定继承中,法律规定继承人的根据是继承人与被继承人之间的亲属关系,这是发生法定继承的纽带。

第三,法定继承的效力受遗嘱继承的制约。法定继承的效力次后于遗嘱继承。继承开始后,被继承人立有合法有效遗嘱的,应优先适用遗嘱继承。只有在无法按照遗嘱继承方式处理被继承人遗产时,才得适用法定继承。

（二）法定继承人的范围和继承顺序

1. 法定继承人的范围

（1）配偶。配偶是指在被继承人死亡时与其有合法夫妻关系的人。在被继承人死亡前已经离婚的前妻（前夫），或者非法与被继承人同居者，都不能被认为是被继承人的配偶，无权作为死者的继承人。

（2）子女。子女是被继承人的晚辈直系血亲，包括婚生子女、非婚生子女、养子女和有扶养关系的继子女等。非婚生子女享有与婚生子女同等的权利，任何人不得加以危害和歧视；养子女与养父母之间因合法的收养关系而形成法律上的父母子女关系，养子女有权继承养父母的遗产，但丧失对亲生父母的继承权。继子女与继父母间因扶养而形成了拟制血亲关系，继子女有权继承继父母的遗产，即只有形成了扶养关系的继子女才能作为继父母的继承人，当然同时也享有对亲生父母遗产的继承权。

（3）父母。父母是被继承人的长辈直系血亲，包括亲生父母、养父母和有扶养关系的继父母。

（4）兄弟姐妹。兄弟姐妹是被继承人最近的旁系血亲，他们有相互继承遗产的权利。这里的兄弟姐妹既包括同父母兄弟姐妹，也包括同父异母或同母异父的兄弟姐妹和养兄弟姐妹、有扶养关系的继兄弟姐妹。兄弟姐妹不仅在亲属关系中比较密切，而且也相互负有一定的扶养义务，特别是父母死亡，未成年的弟妹一般是靠兄姐扶养教育长大的，根据权利和义务一致的原则，他们之间有相互继承遗产的权利。

（5）祖父母、外祖父母。祖父母、外祖父母为孙子女、外孙子女的法定继承人，有权继承孙子女、外孙子女的遗产。

（6）对公婆、岳父母尽了主要赡养义务的丧偶儿媳、丧偶女婿。依照《继承法》第 12 条的规定，丧偶儿媳对公婆，丧偶女婿对岳父母尽了主要赡养义务的，作为第一顺序继承人。依照最高人民法院《关于贯彻执行〈中华人民共和国继承法〉若干问题的意见》第 30 条的规定，对被继承人的生活提供了主要经济来源，或在劳务方面给予了主要扶助的，应当认定尽了主要赡养义务或主要扶养义务。我国法律将尽了主要赡养义务的丧偶儿媳与丧偶女婿列为第一顺序继承人，具有重大现实意义。它发扬了中华民族赡养老人的传统美德，即使年老的公婆、岳父母在丧失子女后，在精神上得到安慰，生活上得到照料，又使尽了主要赡养义务的丧偶儿媳和丧偶女婿享有继承权，在财产利益上得到报偿。

2. 法定继承的顺序

继承顺序是法律规定的继承人继承遗产的先后顺序。继承开始后，法定继承人按照先后顺序来继承遗产。

法定继承人的继承顺序分为以下两个顺序：

第一顺序继承人包括：配偶、子女、父母、对公婆或岳父母尽了主要赡养义务的丧偶儿媳或丧偶女婿。

第二顺序继承人包括：兄弟姐妹、祖父母、外祖父母。

在两个法定继承人顺序之间，第一顺序继承人有优先权，即被继承人死后，先由第一顺序的继承人继承遗产，第二顺序继承人不继承。不论第一顺序继承人有多少，也不论第二顺序继承人有多少，只要第一顺序还有一个人继承，就排斥一切第二顺序继承人继承。在没有第一顺序的继承人或第一顺序的继承人全部放弃继承权或被剥夺继承权的情况下，才由第二顺序的继承人继承遗产。处于同一顺序的法定继承人享有平等的继承被继承人遗产的权利，他们同时继承，不分先后，而且继承遗产的份额除法律另有规定或继承有约定外，应当均等。

3. 继承人之外的遗产取得人

（1）概念和种类

继承人之外的遗产取得人，是指法定继承人以外的依照法律规定有权取得被继承人遗产的公民。法定继承人之外的遗产取得人，往往与被继承人有密切联系。

依我国《继承法》第 14 条规定，继承人之外的遗产取得人有两类：一是依靠被继承人扶养的缺乏劳动能力又没有生活来源的人；二是对被继承人扶养较多的人。这两类人都是被继承人的法定继承人以外的人。

（2）取得遗产份额的确定

被继承人死亡后，继承人之外的遗产取得人就有权亲自或由其法定代理人主张取得被继承人的适当份额的遗产。当然这并不意味着他们享有与法定继承人同等的权利。依《继承法》第 14 条的规定，应当根据遗产取得人的实际状况和遗产的数量确定其可获得遗产的份额。对依靠被继承人扶养的人来说，要依被继承人扶养的情况而定，应考虑能满足基本生活需要；对被继承人生前扶养较多的人，则需参考其对被继承人进行扶养的实际状况而定。

（三）代位继承和转继承

1. 代位继承

（1）概念

代位继承，是指被继承人的子女先于被继承人死亡的，由被继承人的子女的晚辈直系血亲代替被继承人的子女继承应继遗产份额的法定继承方式。我国《继承法》第 11 条对此作出了规定。在代位继承中，先于被继承人死亡的子女称为被代位（继承）人，代替被代位人行使继承权的称为代位（继承）人，代位继承人享有的权利称为代位继承权。代位继承是法定继承制度必要补充的特殊形式。

（2）特征

① 被代位继承人仅限于被继承人的子女。"被继承人的子女"，应当根据《继承法》第10条规定，认定为包括婚生子女、非婚生子女、养子女和有扶养关系的继子女。

② 被继承人的子女必须先于被继承人死亡。如果被继承人子女不是先于被继承人死亡，那么，他应作为第一顺序继承人参加继承，不需要代位，也无位可代。

③ 代位继承人的代位继承基于被代位继承人的继承权而成立，如果被代位继承人丧失继承权，代位继承权就不能成立。

④ 代位继承人只限于被继承人子女的晚辈直系血亲。对此应注意两个问题。第一，被继承人子女的晚辈直系血亲的辈数不受限制。《继承法意见》第25条规定："被继承人的孙子女、外孙子女、曾孙子女、曾外孙子女都可以代位继承，代位继承人不受辈数的限制。"第二，被继承人子女的晚辈直系血亲应当包括晚辈直系自然血亲和晚辈直系拟制血亲。

⑤ 不论代位继承人人数多少，只能继承他的父亲或母亲有权继承的遗产份额。

⑥ 代位继承只适用于法定继承，不适用于遗嘱继承或者遗赠。先于遗嘱人死亡的遗嘱继承人、受遗赠人晚辈直系血亲或者任何他人，都不得代位继承遗嘱人的遗产或接受遗嘱人的遗赠。

2. 转继承

转继承是指继承人在继承开始后，遗产分割前死亡，其应继承的遗产转由他的合法继承人来继承的制度。实际接受遗产的已死亡的继承人的合法继承人称为转继承人，已死亡的继承人称为被转继承人。

3. 代位继承和转继承的区别

（1）发生条件不同。代位继承中，被代位人先于被继承人死亡；转继承中，第一次继承中的继承人后于被继承人死亡，这个区别是最重要和决定性的。

（2）主体不同。代位继承人只能是被代位继承人的晚辈直系血亲；转继承人并不限于被转继承人的晚辈直系血亲，还包括被转继承人的其他法定继承人，如配偶、父母、兄弟姐妹、祖父母、外祖父母。

（3）适用范围不同。代位继承只适用于法定继承；转继承适用于法定继承和遗嘱继承。

案例 3-10-1 钱甲，男，21岁，学生。钱乙，男，52岁，农民。钱丙，男，已故，原系养猪专业户。钱丙与其妻没有婚生子女，早年收养孙某为养子，改名钱乙，钱乙婚后生一子钱甲,2008 年,钱乙因病早逝。2010 年,钱丙与其妻先后逝世。钱甲以钱丙收养孙的身份要求继承祖父的遗产。钱丙的胞弟钱丁也提出要继承其兄丙的遗产,理由是钱甲是钱丙的第三代,而且是养孙,没有继承权。自己是钱丙的同辈人,而且是同胞兄弟,是钱丙的遗产唯一继承人。为此,二人发生争执。本案中,养子钱乙有继承其养父钱丙遗产的权利,他早于养父死亡,其子钱丙可以代位继承其应继承的遗产份额。钱丁是钱丙的第二顺序的继承人,在第一继承人有代位继承的情况下,钱丁无权继承遗产。

(四)法定继承中的遗产分配

依照我国《继承法》第 13 条规定,法定继承人分配遗产依照以下原则进行。

第一,一般情况下应均等分配。同一顺序的法定继承人之间继承遗产的份额,一般应当均等。

第二,特殊情况下,可以不均等分配。我国《继承法》第 13 条第 2—5 款明确规定:对生活有特殊困难的缺乏劳动能力的继承人,分配遗产时,应当予以照顾。对被继承人尽了主要扶养义务或者与被继承人共同生活的继承人,分配遗产时,可以多分。有扶养能力和有扶养条件的继承人,不尽扶养义务的,分配遗产时,应当不分或者少分。继承人协商同意的,也可以不均等。

三、遗嘱继承

遗嘱继承,又称指定继承,是指继承人按照被继承人生前所立合法有效的遗嘱,继承被继承人遗产的继承方式。在遗嘱继承中,立遗嘱的被继承人称为遗嘱人,遗嘱所指定的继承人称为遗嘱继承人。遗嘱继承人只能是法定继承人中的一人或数人。在遗嘱继承中,由哪些人来继承,每个继承人继承遗产份额的多少,则均由被继承人所立的合法遗嘱加以确定。

(一)遗嘱的概念与特征

遗嘱是指公民生前按照法律规定的方式处分自己的财产或其他事务,并于其死后生效的民事法律行为。继承法上所称的遗嘱是狭义的,即仅指遗嘱人对其遗产和相关事务的处理。所以,遗嘱作为一种法律行为具有自己的法律特征:

(1)遗嘱是遗嘱人的单方法律行为。遗嘱人立遗嘱基于自己的意思表示即可,不必事先征求继承人的意见或征得受遗赠人的同意,遗嘱人所立遗嘱只要符合法律的要求即可发生效力。

(2)遗嘱是以从遗嘱人死亡时发生执行效力为目的的法律行为。遗嘱执行的法律效力,应从遗嘱人死亡时开始。遗嘱人在死亡以前,可以变更遗嘱、甚至撤销遗嘱。

(3)遗嘱是要式法律行为。

（4）遗嘱人必须具有遗嘱能力，遗嘱应是遗嘱人的真实意思表示。

（二）遗嘱继承人的范围

遗嘱继承人的范围是指哪些人可以作为遗嘱指定的继承人，依照合法有效的遗嘱而取得财产。

我国《继承法》第16条第3款规定："公民可以立遗嘱将个人财产赠给国家、集体或者法定继承人以外的人。"由此看来，在我国遗嘱继承人的范围与法定继承人的范围是一致的。换言之，能够作为遗嘱继承人的，只能是被继承人的配偶、子女、父母、兄弟姐妹、祖父母、外祖父母、对公婆或岳父母尽了主要赡养义务的丧偶儿媳或丧偶女婿以及父母先于被继承人死亡的孙子女、外孙子女等。法定继承人范围以外的人不能成为遗嘱继承人，只能成为受遗赠人，如国家、集体等。这是我国继承法与他国继承法的不同之处。

（三）遗嘱继承的适用条件

（1）不存在效力优先于遗嘱继承的遗产转移方式。即没有遗赠扶养协议。我国《继承法》第5条对此作出了规定。

（2）被继承人立有遗嘱且合法有效。

（3）遗嘱继承人没有放弃或丧失继承权，也未先于被继承人死亡。我国《继承法》第27条对此作出了规定。

这三项要件全部具备时，发生遗嘱继承，缺少任何一个要件，皆不发生遗嘱继承。

（四）遗嘱的形式及要求

遗嘱的形式是遗嘱人处分自己的财产以及有关事务为内容的意思表示的方式。遗嘱的形式是遗嘱生效的形式要件，也是保证遗嘱真实合法的重要条件。我国《继承法》第17条规定了5种形式的遗嘱。

1. 自书遗嘱

自书遗嘱，又称亲笔遗嘱，是遗嘱人生前亲笔书写的书面遗嘱。本人必须签名，并注明制作遗嘱的年、月、日。

2. 代书遗嘱

代书遗嘱，又称代笔遗嘱，是由遗嘱人口述内容，他人代为书写的遗嘱。依据《继承法》的规定，代书遗嘱时应当有两个以上见证人在场见证，由其中一人代书，代书人书写的遗嘱要经遗嘱人确认，注明年、月、日，并由代书人、其他见证人和遗嘱人签名。

3. 录音遗嘱

录音遗嘱，是指遗嘱人口述遗嘱内容，以录音设备录制来表达遗嘱人意愿的遗嘱形式。要有两个以上的见证人在场见证，说明制作的地址、年、月、日，制作完毕以后要将遗嘱封存,并由见证人签名,注明年、月、日。

4. 口头遗嘱

口头遗嘱,又称口授遗嘱,是遗嘱人以口头形式设立的遗嘱。只有在危急情况下,才可以订立口头遗嘱。必须由两个以上的与遗嘱继承无利害关系的见证人在场见证。危急情况解除后,遗嘱人能够用书面或其他形式立遗嘱时,原先所立的口头遗嘱无效。

5. 公证遗嘱

公证遗嘱,是指依据公证程序和方式所订立的遗嘱。订立公证遗嘱,要求遗嘱人亲自与公证员一同办理,在公证员面前书写或口述遗嘱内容,公证机关要审查遗嘱人的身份和遗嘱内容。以上四种遗嘱,经遗嘱人亲自申请,经公证机关公证的,即成为公证遗嘱。经过公证的遗嘱具有最强的证据效力和证明效力,其效力高于其他形式的遗嘱,因此国家提倡公民采用公证遗嘱的形式订立遗嘱。

(五) 遗嘱的有效条件

遗嘱的有效条件,是指遗嘱产生法律效力所应具备的条件。一般认为,有效的遗嘱必须具备法定的形式要件和实质要件。我国《继承法》第17条、第22条等对此作出了相应规定。

(1) 遗嘱人在立遗嘱时必须具有遗嘱能力。立遗嘱是一种民事法律行为,立遗嘱人必须具有完全民事行为能力,即遗嘱能力。无民事行为能力或限制民事行为能力人所立的遗嘱无效。遗嘱能力以立遗嘱当时状况为准。无完全民事行为能力人所立的遗嘱,即使其后来有了行为能力,仍属无效遗嘱。遗嘱人立遗嘱时有行为能力,即使后来丧失了行为能力,也不影响其遗嘱的效力。遗嘱是遗嘱人处分自己财产的行为,不能由他人代理。

(2) 遗嘱必须是遗嘱人的真实意思表示。遗嘱人的真实意思表示,是指遗嘱所体现的内容应与遗嘱人的真实意愿一致。依照《继承法》第22条的规定,下列遗嘱因意思表示不真实而无效:一是受胁迫、受欺诈所设立的遗嘱;二是伪造的遗嘱;三是内容被篡改的遗嘱,篡改的内容无效。

(3) 遗嘱的内容必须合法。遗嘱的内容合法,是指遗嘱的内容应当符合法律的强制性规定,符合公序良俗的要求,否则所立遗嘱无效。以下两种情况,遗嘱因内容不合法而无效:一是遗嘱没有保留继承人必要遗产份额的,对应当保留的必要份额的处分无效。二是遗嘱中处分不属于遗嘱人自己财产的部分内容无效。

(4) 遗嘱的形式必须符合法律规定。遗嘱是要式法律行为,必须符合法律所要求的形式,也就是必须采纳《继承法》第17条规定的5种形式,否则,即使遗嘱的其他条件都具备也是无效的。

（六）遗嘱的变更与撤销

遗嘱人立遗嘱至死亡前，可以变更或撤销原先所立的遗嘱，这是遗嘱自由原则的体现。

遗嘱的变更是指遗嘱人依法改变原先所立遗嘱的部分内容。遗嘱的撤销是指遗嘱人废止原先所立遗嘱全部内容的行为。

遗嘱的变更和撤销方式有明示方式和推定方式两种。

明示方式是指遗嘱人以明确的意思表示变更、撤销原遗嘱。明示方式有以下两种：

（1）发表声明。直接发表声明，变更或撤销原遗嘱。

（2）再立新遗嘱。新遗嘱的内容部分或全部否定原遗嘱，就是在实际上变更或撤销原遗嘱。我国《继承法》第 20 条第 2 款的规定指的就是这种情况。依据《继承法》第 20 条最高人民法院《关于贯彻执行〈中华人民共和国继承法〉若干问题的意见》第 42 条规定，若被继承人留有数份内容相冲突的不同形式的遗嘱，其效力原则是：公证遗嘱优于其他一切遗嘱；无公证遗嘱的，以最后遗嘱为准。自书、代书、录音、口头遗嘱，不得变更、撤销公证遗嘱，只有到公证机关另行办理公证后，再立一份公证遗嘱，才能变更、撤销前一份公证遗嘱。

推定方式指遗嘱人虽未以明确的意思表示变更、撤销所设立的遗嘱，但法律根据遗嘱人的生前行为推定遗嘱人有变更或撤销遗嘱的意思表示，并实际产生变更或撤销遗嘱的法律后果。推定方式有以下两种：（1）遗嘱人生前的行为与遗嘱的意思表示相反，而使遗嘱处分的财产在继承开始前灭失、部分灭失，或所有权转移、部分转移的，遗嘱视为被撤销或部分被撤销。（2）遗嘱人故意销毁遗嘱的，推定遗嘱人撤销原遗嘱。

案例 3-10-2 宋峰，男，39 岁，河南省某县某贸易公司经理。宋刚，男，37 岁，河南省某县某村小学教师。宋某系河南省某村农民，家有房产五间，老伴早亡。他们生有二子宋峰和宋刚。1995 年和 1997 年宋峰、宋刚相继结婚。宋峰无工作，在家务农，无固定收入，而宋刚在村小学任教，经济较其兄要好，并收入稳定。2005 年，宋某考虑到这一情况，立下遗嘱，“我死后，房产归宋峰继承。”并到公证处办理了公证。此后，宋峰进城开办了贸易公司，生意越做越红火，收入颇丰，相比之下，仍当小学教师的宋刚显得寒酸多了。根据变化了的这一情况，2007 年，宋某又写下遗嘱，“我死后，房产归宋刚继承。”写后，将遗嘱交给了宋刚。2010 年，宋某去世，宋峰、宋刚因为房产继承发生了争执，二人各持一份遗嘱，宋峰说，我这份遗嘱是公证遗嘱，应当有效。宋刚说，我这份遗嘱是最后遗嘱，应当有效。本案中宋某有权变更自己的遗嘱。但是，宋某 2005 年所立的遗嘱办理了公证，而 2007 年立遗嘱时未办公证，所以后一份遗嘱不能变更前一份公证遗嘱。本案应以公证遗嘱为准,房产归宋峰继承。

四、遗赠

遗赠是自然人以遗嘱的形式将个人合法财产的一部分或全部赠给国家、集体或法定继承人以外的人,并于遗嘱人死亡时发生执行效力的单方法律行为。遗嘱人在遗赠中也称为遗赠人,遗嘱指定接受遗赠财产的人称为受遗赠人,也称遗赠受领人。

遗赠和遗嘱继承都是立遗嘱人通过遗嘱处分其财产的行为,但两者之间存在着区别。接受遗赠的主体只能是国家、集体或法定继承人以外的人;而遗嘱继承的主体只能是法定继承人范围以内的人。受遗赠人应当在知道受遗赠后2个月内,作出接受或放弃受遗赠的表示。到期没有表示的,视为放弃受遗赠;而遗嘱继承人放弃继承的,应当在继承开始后遗产处理前,作出放弃继承的明确表示,没有表示放弃的,视为接受继承。受遗赠人只能取得受遗赠的遗产;而遗嘱继承人还有权参与其他遗产的分配。

五、遗赠扶养协议

遗赠扶养协议是指遗赠人(受扶养人)与扶养人签订的关于承担遗赠人生养死葬的义务,遗赠人将其财产于死后赠与扶养人的协议。公民可以与扶养人签订遗赠扶养协议。按照协议,扶养人承担该公民生养死葬的义务,该公民将自己所有的财产赠给扶养人。扶养人可以是自然人、法人、其他组织。但不能是法定继承人,因为法定继承人与被继承人之间具有法定的互相扶养和互相继承的权利义务关系,不必以协议的形式来确定。遗赠扶养协议是一种双务合同,对扶养人和受扶养人都具有约束力。

六、遗产的处理

(一)遗产的认定

1. 遗产的含义

遗产是继承法律关系的客体,即继承权的标的。虽有自然人的死亡这一事实的发生,若无遗产的存在也不能成立继承法律关系。《继承法》第3条规定:“遗产是公民死亡时遗留的个人合法财产……”。

遗产只能是自然人死亡时遗留下的个人的合法财产,并且须依继承法的规定能够移转给他人的财产,被继承人生前占有的他人的财产,虽于继承开始时未返还,也不属于遗产;被继承人生前与他人共有的财产,只有其应有的部分才为遗产;虽为被继承人生前享有的财产权利和负担的财产义务,但因具有专属性不能转由他人承受的财产,也不能列入遗产;被继承人非法取得的财产,依法不能由个人所有的财产,都不能作为遗产。

2. 遗产的范围

(1) 遗产包括的财产

遗产包括积极财产与消极财产。依据我国《继承法》第3条规定,遗产包括以下财产:

① 公民的收入。公民的收入主要是指劳动收入,也包括其他的合法收入。

② 公民的房屋、储蓄和生活用品。公民的房屋是公民个人所有的私房;储蓄是公民个人的存款;生活用品是公民个人所有的生活资料。公民租住的房屋(包括单位的公房),公民以个人名义私存的公款储蓄等,均不在其内。

③ 公民的林木、牲畜和家禽。公民的林木,是指依法归公民个人所有的树木、竹林、果园等,既包括公民在其使用的宅基地、自留地、自留山上种植的林木,也包括公民在其承包经营的荒山、荒地、荒滩上种植的归其个人所有的林木。但公民承包经营的归集体所有的果园等,不在其列。

④ 公民的文物、图书资料。

⑤ 法律允许公民所有的生产资料。

⑥ 公民的著作权、专利权中的财产权利。

⑦ 公民的其他合法财产。除上述财产外,公民的其他合法财产也可作为遗产,这主要包括担保物权和依法可继承的用益物权;有价证券;以财物为履行标的的债权债务。

(2) 遗产中不能包括的权利义务

下列权利义务不能列入遗产:

① 与被继承人的人身不可分的人身权利。

② 与人身有关的和专属性的债权债务。因为这些债权债务具有不可转让性。指定了受益人的人身保险合同中的受益权,被继承人死亡后其亲属应得的抚恤金等,都不属于遗产。

③ 国有资源的使用权。被继承人生前依法取得和享有的国有资源使用权,虽然该权利在性质上属于用益物权,但因其取得须经特别的程序,是授予特定人的,因此也不能列入遗产。

④ 承包经营权。我国《继承法》第4条规定:"个人承包应得的个人收益,依照本法规定继承,个人承包,依照法律允许由继承人继续承包的,按照承包合同办理。"因此,承包经营权不能作为遗产。承包人死亡时尚未取得承包收益的,可把死者生前对承包所投入的资金和所付出的劳动及其增殖和孳息,由发包单位或者继续承包合同的人合理折价、补偿,其价额作为遗产。

3. 遗产认定应注意的问题

遗产是被继承人死亡时遗留的个人合法财产,在确认遗产时要注意将被继承人的遗产与共有财产分开。在分割遗产时,除有约定的以外,应当先将夫妻共同所有的财产的一半分出为配偶所有,其余的为被继承人的遗产;遗产在家庭共有财产之中的,应当先分出他人的财产,其余的为被继承人的遗产,只能对此部分遗产进行分割。

确认遗产时还要注意将被继承人的遗产与保险金、抚恤金区分开。被继承人生前和保险公司签订的人身保险合同,如在合同中指定了受益人的,则当被继承人死亡后,其保险金归指定的受益人,不能作为遗产,也不得用来清偿死者生前所欠的债务。如果没有指定受益人,则被继承人死亡后,给付的保险金可作为死者的遗产。发给死者家属的抚恤金,属于死者家属的财产,是对其精神关怀和物质帮助,不是死者生前个人财产,不是遗产。

(二) 继承的开始

1. 继承开始的时间

继承的开始是产生死者财产权利义务的转移。确认继承开始的时间至关重要。

依照我国《继承法》第 2 条的规定,继承从被继承人死亡时开始。这里的死亡包括自然死亡和宣告死亡。依照最高人民法院《关于贯彻执行〈中华人民共和国继承法〉若干问题的意见》第 2 条的规定,相互有继承关系的几个人在同一事件中死亡,如不能确定死亡先后时间的,推定没有继承人的人先死亡。死亡人各自都有继承人的,如几个死亡人辈分不同,推定长辈先死亡;几个死亡人辈分相同,推定同时死亡,彼此不发生继承,由他们各自的继承人分别继承。

2. 继承开始的法律效力

(1) 继承开始,无须继承人任何意思表示,继承人当然取得继承权,并取得遗产所有权。

(2) 以继承开始时的状况为准,确认遗产的范围和数额。继承开始后,被继承人生前的个人合法财产才转化为遗产。继承开始前已灭失或处分的财产不能列入遗产。

(3) 以继承开始时的状况为准,确认继承人。应当注意不能把先于被继承人死亡的人列为继承人,也不能把后于被继承人死亡的人不列为继承人。

(4) 法定继承中,继承人是否属于生活上有特殊困难的缺乏劳动能力的继承人,分割遗产时是否应予以照顾,也应以继承开始时的状况为准加以确认。

(5) 继承开始的时间是 20 年诉讼时效的起算时间。

(三) 继承权的接受、放弃与丧失

1. 继承权的接受

继承权的接受,是指享有继承权的继承人参与继承,接受被继承人遗产的意思表示。继承人接受继承的意思表示,可以是明示的,也可以是默示的。依照我国《继承法》第 25 条第 1 款的规定,只要继承人没有作出放弃继承权的意思表示,即视为接受继承权。

2. 继承权的放弃

继承权的放弃,是指继承人于继承开始后,遗产分割前作出的放弃继承遗产权利的意思表示。继承权的放弃应在继承开始后、遗产分割前作出。依据我国《继承法》第 25 条第 1 款规定,放弃继承权的意思表示仅得以明示方式作出,默示不构成对继承权的放弃。这种明示方式原则上应为书面形式。若用口头方式表示放弃的,本人承认或有其他证据证明的,也应当认定其有效。

3. 继承权的丧失

继承权的丧失,又称继承权的剥夺,是指继承人因法定事由被依法剥夺作为继承人的资格。根据我国《继承法》的规定,继承权丧失的事由有:(1) 故意杀害被继承人;(2) 为争夺遗产而杀害其他继承人;(3) 遗弃被继承人或者虐待被继承人,情节严重;(4) 伪造、篡改或者销毁遗嘱,情节严重。

(四) 遗产的分割与债务的清偿

在单独继承时,即遗产的承受人仅为一人的情况下,遗产无需分割;而在共同继承时,遗产的分割则势在必行。同时,由于我国实行概括继承制度,遗产的分割与债务的清偿密不可分。

1. 遗产的分割

遗产的分割是指多个继承人或受遗赠人,按照各自的应继份额分配遗产的行为。

(1) 遗产的分割顺序

依据我国《继承法》第 5 条的规定,遗赠扶养协议优于遗嘱继承和遗赠,遗嘱继承和遗赠优于法定继承。

遗产分割时,应当保留胎儿的继承份额。胎儿的遗产份额应由其母亲代管。胎儿出生时是死体的,保留的份额按照法定继承办理。胎儿出生后死亡的,该部分财产由其继承人继承。

(2) 遗产的分割方法

遗产分割时,为充分发挥遗产的效用,可根据遗产的性质、种类、使用方法等情况采取以下方法分割:① 实物分割。当遗产为可分割物时,可按各取得遗产人应分得的份额,对遗产进行分割。② 折价分割。如果遗产不宜进行实物分割，而各取得遗产的人又不愿意取得该遗产的，则可以将该遗产变卖，折合成现金再进行分割。③ 补偿分割。对于不宜实物分割的遗产，如果取得遗产人中有人愿意取得该遗产的，则由其取得该遗产的所有权，然后由其将超过其应继份额部分作价补偿给其他继承人。④ 保留共有。遗产不宜实物分割，取得遗产人又都愿意取得遗产，或者取得遗产人基于某种生产、生活目的，愿意继续保持遗产共有状态的，则可以由取得遗产人共同拥有该遗产。

2. 债务的清偿

遗产债务，是指被继承人生前个人依法应当缴纳的税款和承担的个人债务。对于债务的清偿应遵循以下原则：

(1) 有限清偿原则。依照我国《继承法》第 33 条的规定，继承遗产应当清偿被继承人依法应当缴纳的税款和债务，缴纳税款和清偿债务以被继承人的遗产实际价值为限。超过遗产实际价值部分，继承人自愿偿还的不在此限。

(2) 保留特定份额原则。依照最高人民法院《关于贯彻执行〈中华人民共和国继承法〉若干问题的意见》第 61 条规定，继承人中有缺乏劳动能力又没有生活来源的人，即使遗产不足清偿债务，也应为其保留适当遗产，然后再清偿遗产债务。

(3) 优先执行遗赠扶养协议原则。遗赠扶养协议受赠人不承担债务清偿责任。

(4) 遗产已分割尚未清偿债务时的清偿原则如下：① 先由法定继承人用所得遗产清偿；② 不足的，剩余债务由遗嘱继承人、受遗赠人依比例偿还，但以遗产价值为限；③ 无法定继承的，经由遗嘱继承人、受遗赠人依比例偿还，但以遗产价值为限。

第十一节　民事责任

引导案例

某市电力公司进行农村电网改造，在高某的楼房的西南角仅离建筑物 1.5 米处架设电线杆及裸露的供电线路，且设立的电线杆不规范，对高某一家的人身安全构成严重威胁，高某多次阻止未果。

请分析：高某有权要求电力公司承担何种民事责任？

一、民事责任的概念和特征

（一）民事责任的概念

民事责任是指民事主体违反民事义务而应承担的民事法律后果。民事责任是法律责任的一种，是保护民事权利的重要方式。

（二）民事责任的特征

（1）民事责任以违反民事义务为前提。违反民事义务就会承担法律上的不利后果，即民事责任。这里民事义务包括合同义务，也包括侵权法上的不得侵害他人权利的义务以及其他民事义务。

（2）民事责任兼具对国家责任性和对当事人补偿责任性。民事责任体现国家对当事人关系的干预，表现了国家强制力对违反义务行为的追究，故此，民事责任是对国家所承担的责任。另外，民事责任其意义在于对受害人提供补救，使其遭受损失得以弥补，因此，民事责任又是对当事人的责任。

（3）民事责任兼具强制性与一定程度任意性。民事责任强制性表现在民事责任最终以国家强制力为保障实现，由法院通过公权力进行强制性确定。民事责任的任意性表现在，允许当事人在法律认可的范围内预先约定责任内容，并允许当事人在民事责任确定后达成和解协议处分当事人的权利。

（4）民事责任具有财产性。法律文明发展演变为民事责任主要是财产责任，如损害赔偿、支付违约金等；以非财产责任为辅，如恢复名誉、赔礼道歉等。

（5）民事责任具有补偿性。民事责任以补偿当事人所受损害为主要目的。就违约责任而言，目的是使当事人利益实现，合同恢复到适当履行状态；就侵权责任而言，目的是使受损害方所受损害得以恢复、弥补。

二、民事责任的分类

根据不同标准，对民事责任可以进行不同的分类。

（一）合同责任和非合同责任

以民事责任是否由合同关系引起为标准，民事责任可以分为合同责任和非合同责任。

合同责任，即合同上的责任，是指因违反合同约定的义务、合同附随义务或违反《合同法》规定的义务而产生的责任。它不仅包括违约责任，还包括因合同变更、解除所产生的民事责任，保证责任等。

非合同责任，是指非因合同关系所产生的民事责任。包括侵权责任和其他责任。侵权责任，是指因侵犯他人的财产权益和人身利益而产生的责任。其他责任就是合同责任与侵权责任之外的其他民事责任，如因不当得利、无因管理产生的责任等。

(二) 财产责任和非财产责任

以责任的内容为标准,民事责任可以分为财产责任和非财产责任。

财产责任,是指以一定财产为内容的民事责任,如支付违约金等。

非财产责任,是指不以财产为内容的民事责任,如消除影响、赔礼道歉等。

(三) 单独责任和共同责任

以承担民事责任的主体人数为标准,民事责任可以分为单独责任和共同责任。

单独责任,是指由一个民事主体独立承担的民事责任。多数责任都属于单独责任。

共同责任,是指由两个或两个以上民事主体共同承担的民事责任。学理上又可分为按份责任和连带责任等。如侵害人为两个以上的人对受害人承担的责任。

(四) 按份责任、连带责任和不真正连带责任

共同责任还可以分为按份责任、连带责任和不真正连带责任。

按份责任,是指多数当事人按照合同的约定或者法律的规定,各自承担一定份额的民事责任。债务人可以拒绝清偿超出其应承担的份额的债务。如果合同没有约定或法律没有规定这种份额,则推定为均等的责任份额。

连带责任,是指多数当事人按照合同的约定或者法律的规定,连带地向权利人承担责任。如因违反连带债务或者共同实施侵权行为而应承担的连带责任。在连带责任中,权利人有权要求责任人中的任何一人或数人承担全部或部分的责任,责任人不得推脱。

按份责任和连带责任的区别:债务的连带性,是对于债权人的外部关系而言而不是针对内部关系而言的。任何连带责任在债务人内部关系上都是按份责任。同按份责任一样,如果合同没有约定或者法律没有规定这种份额,则推定为均等的责任份额,如果哪个债务人清偿超过了自己应承担的份额,有权向其他债务人作相应的追偿,这称之为代位求偿权。

不真正连带责任,是指各债务人主观上不具有同一目的,基于各自的发生原因而对权利人各自负担全部的赔偿责任。《侵权责任法》第 59 条、第 68 条、第 83 条规定的都是不真正连带责任制度。

案例 3-11-1 王明委托李瑄保管一块手表,李瑄在保管期间借给胡友青使用,胡友青在使用时不小心将其摔毁。这样李瑄对王明的违约损害赔偿责任与胡友青对王明的侵权损害赔偿责任即构成不真正连带责任。各个债务基于不同的发生原因而独立存在,他们没有共同目的,主观上也无联系,给付内容相同也

出于偶然巧合。如果手表损失是800元，那么李瑄和胡友青的赔偿责任都是如此。债权人张明一旦实现对两位债务人其中之一的请求权，即不能再从其他债务人处获得赔偿，不得分别或同时从各个债务人处各获得800元的赔偿。

（五）过错责任和无过错责任

以是否需要过错要件为标准，民事责任可以分为过错责任和无过错责任。

过错责任，是指行为人违反民事义务并致他人损害时，应以过错作为责任要件和确定责任范围依据的责任。根据此原则，若行为人没有过错，虽有损害发生，行为人也不负责任。此外，确定责任范围时应确定受害人是否有过错，受害人如果有过错可能减轻和免除侵害人的责任。我国侵权责任法一般侵权行为责任采用过错责任归责原则。

无过错责任，是指行为人只要给他人造成损失，不论主观是否有过错都应承担的责任。我国《合同法》第107条、《民法通则》第106条第3款、《侵权责任法》第7条规定的违约责任和特别侵权责任即是无过错责任。当事人只能通过证明免责事由的成立而获免责。

三、民事责任的形式

民事责任的形式是民事责任的承担方式，是民法规定的承担民事责任的具体形式。民事责任承担形式以损害赔偿为中心，也包括其他多样化的责任形式。现代民法民事责任的多样化适应了对受害人的合法权益提供更充分的救济与保障的发展要求。我国《民法通则》第134条对具体形式作出了规定。

（一）停止侵害

停止侵害，是指请求或责令侵害人停止正在实施的侵害行为。此种责任形式适用于各种侵权行为，其主要作用在于及时制止侵害行为，防止侵害后果扩大。责令停止侵害，实际上是要求侵害人不实施某种侵害行为，即不作为。

（二）排除妨碍

排除妨碍，是指当行为人不法实施的侵害行为使受害人无法正常行使自己的财产权、人身权时，受害人有权请求排除妨碍。这种责任方式的主要特点是清除妨碍物，以排除对公共利益或其他民事主体合法权益的损害。如违法设置路障的，行人可以请求行为人除去路障等。

（三）消除危险

消除危险，是指消除可能危及他人财产或人身安全的危险和隐患。此种责任以造成损害的可能性为要件，只要有损害的可能，那么，可能的受害人就有权要求责任人消除危险。如甲家窗外搁置物随时可能掉落砸伤人，即构成对他人安全的潜在威胁。消除危险能够防患于未然，是一种积极的民事责任形式。

（四）返还财产

返还财产，是指不法占有人返还其非法占有物给财物的相应权利人。

返还财产是广泛适用于合同责任、侵权责任和不当得利返还责任的责任形式。包括两种情况：一是我国《民法通则》第92条规定的返还不当得利；二是我国《民法通则》第117条规定的返还原物。返还原物的权利人是财产的所有人、合法占有人或使用人，责任人是非法占有人，前提是原物尚存，如果原物已毁损灭失，只能请求赔偿损失或恢复原状。

（五）恢复原状

恢复原状，是指将受害人的财产、民事权利恢复到受侵害之前的状态。

广义的恢复原状，是指恢复权利到被侵害前的原有状态。例如，通过消除影响、恢复名誉使被侵害的名誉权得到恢复。狭义的恢复原状，是指将损害的财产修复，即通过修理恢复财产原有的状态。恢复原状的适用是以修复的可能和必要为前提，如物已损毁灭失，则只能适用损害赔偿责任形式。

（六）修理、重作、更换

修理、重作、更换，是指对交付的不合格产品而承担的责任形式。此责任形式主要适用于买卖合同和加工承揽合同中。修理，是指使受损害的财产或者不符合合同约定质量的标的物具有应具备的功能；重作，是指重新加工制作新的标的物；更换，是指以符合质量要求的标的物替换已交付的不合格的标的物。

（七）赔偿损失

赔偿损失，是指因违约行为或侵权行为而承担的以财产赔偿受害人所受损害的责任形式。

赔偿损失是适用最广泛的一种责任形式，适用于违约责任与侵权责任两大责任领域。

（八）支付违约金

支付违约金，是指根据当事人约定或者法律规定，一方违约时向另一方支付一定数额的金钱的责任形式。这是违反合同所承担民事责任的一种方式。

（九）消除影响、恢复名誉

消除影响，是指行为人因侵害了民事主体的人格权而应承担的在影响所及的范围内消除不良后果的一种责任形式。恢复名誉，指行为人因侵害了民事主体的名誉而应承担的在影响所及的范围内将受害人的名誉恢复至未受侵害时状态的一种责任形式。一般来说，在什么范围内造成损害的，就应当在什么范围内消除影响。

（十）赔礼道歉

赔礼道歉，是指责令违法行为人向受害人公开认错、表示歉意的责任形式。

主要适用于侵害人身权的情况。包括口头和书面形式。赔礼道歉作为一种责任形式,不同于道义上的赔礼道歉,它依靠国家强制力保障实施,故当事人在诉讼中以赔礼道歉的方式承担了民事责任,应当在判决书中写明。

承担民事责任的形式,可以单独适用也可以合并适用,根据适用条件加以确定。

第十二节　诉讼时效

引导案例

卢某于1983年出国,后定居国外。走前卢某将在家乡村镇的两间房屋委托给朋友周某照看。1985年周某因车祸身亡,卢某对此并不知晓。2005年卢某回国才知好友死亡,并发现早在1986年卢某在家乡的房屋已经被邻居黄某拆毁。卢某非常气愤,起诉黄某,可黄某却称诉讼时效已过,法院不应保护卢某的所有权。

请分析:本案诉讼时效期间从何时起算?卢某可通过诉讼有效保护自身权利的期间是什么?

一、诉讼时效制度的概述

(一)诉讼时效的概念

诉讼时效,是指权利人在法定期间内不行使权利即丧失请求人民法院依法保护其民事权利的制度。学说上亦称为消灭时效。《民法通则》第7章和最高人民法院颁布的《关于审理民事案件适用诉讼时效制度若干问题的规定》(以下简称《诉讼时效规定》),作出了相应规定。

诉讼时效与除斥期间是两个容易混淆的概念。除斥期间,又称预定期间,是指法律规定某种权利预定存在的期间,权利人在此期间内不行使权利,预定期间届满,便发生该权利消灭的法律后果。但诉讼时效届满,实体权利本身并不因此而消灭。

(二)诉讼时效的适用范围

诉讼时效的适用范围只能由法律规定,当事人不可依意思自治而加以协商。依照我国民法理论和现行法规定,诉讼时效只能适用于债权请求权,不能适用于物权请求权与占有保护请求权。债权请求权包括合同债权请求权、侵权请求权、不当得利请求权、无因管理请求权、缔约过失请求权等。对于法律规定的例外情形可以免于适用诉讼时效的规定。如最高人民法院《关于贯彻执行〈中华人民共和国民法通则〉若干问题的意见(试行)》第170条和《诉讼时效规定》第1条的规定。

诉讼时效规定属于强制性规范,当事人不得自由协商选择确定。依据《诉讼时效规定》第2条的规定,当事人违反法律规定,约定延长或者缩短诉讼时效期间,预先放弃诉讼时效利益的,人民法院不予认可。

案例3-12-1 张明在市场出售自家宠物狗,孙云有意购买。张明未告知此狗的病情。孙云付款后,张明说:"狗若出现问题,你要在3个月内起诉我,过期就不能再起诉我了。"孙云带走宠物狗。3个月后,小狗病死。本案中,张明与孙云约定期间与法律规定冲突,约定无效,孙云仍然享有起诉权。

(三)效力

诉讼时效届满产生何种法律效力,各国法不尽相同,有起诉权丧失说、胜诉权丧失说、实体债权消灭说、抗辩权发生说等,我国持抗辩权发生说。具体意指:

(1)不丧失起诉权。

(2)一经抗辩,驳回原告诉讼请求。

(3)法院不得主动释明和援用。

(4)实体权利依然存在。诉讼时效并不消灭实体权利,诉讼时效期满后的原实体权利继续存在。超过诉讼时效期间,当事人自愿履行的,不受诉讼时效的限制。

二、诉讼时效的种类

(一)普通诉讼时效

普通诉讼时效指由民事基本法统一规定、普遍适用于法律未作特殊诉讼时效规定的各种民事法律关系的时效。我国《民法通则》第135条规定了普通诉讼时效是2年。

(二)特殊诉讼时效

特殊诉讼时效指法律法规规定的仅适用于某些特定情况的诉讼时效期限。特殊诉讼时效的适用优先于普通诉讼时效。依据不同情形,分为以下几种:

(1)1年诉讼时效。我国《民法通则》第136条规定了四种情形。第一,身体受到伤害要求赔偿的。第二,出售质量不合格的商品未声明的。第三,延付或者拒付租金的。第四,寄存财物被丢失或者损毁的。

(2)3年诉讼时效。我国《海商法》第265条和《环境保护法》第66条作出了相应规定。

(3)4年诉讼时效。我国《合同法》第129条作出了相应规定。

(三) 权利的最长保护期

我国《民法通则》第 137 条规定:诉讼时效期间从知道或者应当知道权利被侵害时起计算。但是,从权利被侵害之日起超过 20 年的,人民法院不予保护。也就是,权利人不知或不应当知道自己的权利已被侵害,自权利被侵害之日起经过 20 年的,其权利也失去法律的强制性保护。

对此,学说解释不同。有认为它是关于最长诉讼时效的规定,有认为它是关于除斥期间的规定,也有认为它是关于权利的最长保护期限的规定。第三种学说比较可取。《民法通则》20 年期间规定不是除斥期间,因为它不是权利的存续期间,而是权利的保护期间,与除斥期间宗旨不同。当然 20 年期间也不是诉讼时效期间,因为它与诉讼时效期间的起算点不同。它以权利被侵害之日为起算点,而诉讼时效期间以权利人知道或应当知道权利被侵害之日为起算点。这样,最长权利保护期的设立可以克服诉讼时效制度可能导致的无限期保护权利的缺点。另外他们的特征也不同。诉讼时效具有可变性,可以被中止、中断、延长,而最长保护期属于不变期间。

三、诉讼时效的起算、中止、中断、延长

(一) 诉讼时效的起算

诉讼时效的起算是指确定诉讼时效期间开始的时间点。诉讼时效期间是从知道或者应当知道权利被侵害时起计算。权利人知道自己权利遭受侵害,这是其请求法院予以保护权利的基础,从这一时间点开始计算诉讼时效期间,符合诉讼时效是权利人请求法院保护其权利的法定期间的本旨。所谓"应当知道",是一种法律上的推定,不管当事人实际上是否知道权利受到侵害,只要客观上存在知道的条件和可能,即使当事人因主观过错,应当知道而没有知道其权利受到侵害的,也应当开始计算诉讼时效期间。

(二) 诉讼时效的中止

(1) 概念。诉讼时效的中止是指在诉讼时效进行中,因发生一定的法定事由使权利人不能行使请求权,故暂时停止计算诉讼时效期间,待阻碍时效进行的法定事由消除后继续进行诉讼时效期间的计算。诉讼时效制度的目的,在于使怠于行使权利者承担不利后果。但权利人不行使权利并非出于怠情,而是因为不得已的事由时,使权利人承担怠于行使权利者同样的不利后果,未免有失公允,因此设立中止制度。

(2) 中止事由。诉讼时效中止的事由采取法定主义。依据我国《民法通则》第 139 条的规定,包括不可抗力和其他障碍。

不可抗力为不能预见、不能避免、不能克服的客观情况,如自然灾害、战

争等。

其他障碍为概括性规定。主要包括如下情况:① 权利人为无行为能力人、限制行为能力人而无法定代理人或法定代理人已死亡或丧失行为能力;② 继承开始后,没有确定继承人或遗产管理人;③ 其他构成行使权利之障碍的事由,这些事由由法官以自由裁量权加以决定。

(3) 中止事由发生时间。依据我国《民法通则》第 139 条的规定,可以中止的时间为诉讼时效期间的最后 6 个月。这是督促权利人及时行使权利的规定。在时效期间最后 6 个月前的期间发生的法定中止事由并不能使诉讼时效期间中止,因为权利人还有足够的时间行使权利。只有中止事由发生于期间的最后 6 个月内时,才可使诉讼时效期间中止,因为此时发生中止事由,才可能导致权利人没有足够的时间行使权利。

(4) 法律效果。诉讼时效中止后,中止的期间不计入时效期间内,待中止事由消除后,时效期间继续进行,与中止前已经过的时效期间合并计入总的时效期间。

(三) 诉讼时效的中断

(1) 概念。诉讼时效的中断是指在诉讼时效进行中,因法定事由的发生致使已经进行的诉讼时效期间全部归于无效,诉讼时效期间重新计算。中断的法定事由的发生使趋于不确定的社会关系确定化,使诉讼时效失去适用理由,因而产生使诉讼时效暂不适用的效力。

(2) 中断事由。中断事由总括起来有三大类:权利人起诉、权利人主张、义务人承认。我国《民法通则》第 140 条,《诉讼时效规定》第 10 条、第 13 条、第 16 条作出了详尽解释。

(3) 法律效果。诉讼时效一经中断,已经过的诉讼时效期间不算入内而重新计算,理论上可反复中断,只要不超过最长保护期间 20 年即可。对于特殊情形的具体规定,《诉讼时效规定》第 11—19 条作出了详尽解释。

(四) 诉讼时效的延长

诉讼时效的延长是指在诉讼时效期间届满以后,权利人基于某种正当理由,向人民法院提起诉讼时,经人民法院调查确有正当理由而把法定时效期间予以延长。诉讼时效的延长发生在诉讼时效期间届满之后。在诉讼时效期间完成以后,如果权利人未能行使权利是由于某种特殊情况造成的,人民法院可根据具体情况酌情延长诉讼时效。此制度是法官自由裁量权对法定主义列举式规定不足的弥补与衡平。

一、思考题

1. 自然人民事行为能力的类型。
2. 民事行为的效力类型。
3. 物权和债权的特征。
4. 所有权取得的方式。
5. 法定继承人范围及继承顺序。
6. 侵权责任归责原则的类型。

二、案例分析

1. 李某与妻子朱某、女儿李梅(12周岁)一家三口住在贫困山村。为脱贫致富,2008年12月李某分别向信用社和复员军人张某各借款1万元,又向邻村借款1万元,共计3万元,购买邻村一台旧卡车开始货运业务。2009年7月,在尚未办理各项车辆运输保险的情况下,李某冒着大雨天、山路十分湿滑的危险为村民刘某运货进城,不幸坠入山谷,车毁人亡。朱某得知后,痛不欲生,当晚悲痛离世,留下孤儿李梅。村委会在全权处理李某、朱某丧事并清查其财产债务后,会同乡民政干部组织召开了一个特别会议,参加人有村委会和乡民政干部、邻村村长、信用社负责人、刘某、张某、李梅。经查,李某夫妇共有财产5000元存款、房屋及家庭生活用品。问:(1) 该案涉及哪些方面的法律问题?(2) 你认为本案依法如何处理?

2. 甲将自己的3间私房出租给乙。后甲因做生意急需资金,对乙表示欲将此房出卖。乙表示愿意购买,与甲签订购房协议,约定房价为10万元,15日内付清。不久,乙依约付清房款,但因甲外出做生意,过户手续一直未办理,后丙听说此事,表示愿以12万元购买。甲即要求乙补交2万元,乙坚决反对提价,认为自己已交清房款,房子已属于自己所有,甲无权再要求补交房款。甲见状即将房子以12万元的价格卖给了丙,并办理了过户手续。丙据此期限要求乙腾房。乙认为自己买房在先,而且租期尚未届至,因此拒绝腾房。问:(1) 此房屋的所有权现应属于谁?(2) 丙是否有权要求乙腾房?

三、延伸阅读书目

1. 王泽鉴:民法研究系列丛书之《民法思维》《民法总则》《民法物权》《债法原理》《侵权行为》,北京大学出版社2009年版。
2. 王泽鉴:《民法学说与判例研究》,北京大学出版社2009年版。
3. 马特:《物权法前沿理论与实务研究》,知识产权出版社2014年版。
4. 韩世远:《合同法总论》(第3版),法律出版社2011年版。
5. 杨立新:《侵权责任法:条文背后的故事与难题》,法律出版社2010年版。

6. 江必新、何东林等:《最高人民法院指导性案例裁判规则理解与适用·合同卷》中国法制出版社2012年版。婚姻家庭卷,中国法制出版社2013年版。

7.《德国民法典》,陈卫佐译注,法律出版社2015年版。

8.〔德〕卡尔·拉伦茨:《德国民法总论》,王晓晔等译,法律出版社2003年版。

9.〔法〕弗朗索瓦·泰雷、菲利浦·森勒尔:《法国财产法》,罗结珍译,中国法制出版社2008年版。

10.〔意〕彼得罗·彭梵得:《罗马法教科书》,黄风译,中国政法大学出版社2005年版。

第二编　行 政 执 法

第四章　行政法概述

教学要求

本课程将全面系统阐释行政法与行政诉讼法的基本理论、基本知识和基本制度。通过本教程的学习，让学生能掌握行政法基本概念、基本理论和基本制度，正确分析行政机关的权力与相对人的权利两者关系，从法律角度认识并树立行政机关依法行政的观念，从而深入理解“依法行政”与“依法治国”两者的内涵，培养学生运用本课程所学法律知识，分析和解决实际问题的能力。

本章概要

行政法是一门基础学科，集实体性、规范性和程序性为一体。在法学体系中占有重要的地位，涉及我国国家生活和社会生活的各个方面。行政法主要研究行政法的产生和发展的规律，行政法的本质、内容和形式，行政法的地位和作用，国家行政管理关系以及在这种关系中当事人的地位，由此确立行政法的原则、原理和理论体系。

重要概念

行政 行政行为 行政权 行政法 行政法律关系 行政责任 行政救济 行政处罚 行政强制 行政许可

第一节　行政法的基本概念

引导案例

刘某是某国有农业机械厂的工人，因为迟到早退违反纪律，被调离了原来的岗位，刘某心怀不满，在一次生产设备出现故障的情况下，故意隐瞒不报，造成产品质量大幅度下降，工厂对他不负责任的行为罚款500元。刘某更加怀恨在心，于是又趁值夜班的机会，故意造成电线短路，烧坏生产设备，造成轻微生产事故。工厂向公安机关报了案，公安机关依法对刘某作出行政拘留15天，罚款200元的行政处罚，同时责令刘某赔偿工厂的损失。本案中工厂对刘某的处罚行为与公安机关对刘某的处罚行为有什么区别？

一、行政、行政权、行政法的概念

（一）行政的含义

行政法，顾名思义是关于行政的法。但行政法上的行政有其特定的涵义。行政一词按照通常的意义理解，是指一定的社会组织基于特定的目的对一定范围内的事务进行组织、管理的活动。这是一般意义上的行政，是为一般行政。按照这种解释，行政存在于所有社会组织之中。企业、事业单位、群众团体、国家机关，都有其组织与管理活动，当然也就都存在着行政。但是，行政法上所说的行政并不泛指一般行政，而是指公共行政，即国家行政机关对公共事务的组织与管理。

公共行政不同于一般行政。公共行政是一种国家职能活动，公共行政的目的在于实现公共利益所追求的目的是谋求公共利益，维护公共秩序，增进公共福利，而一般行政则是为了自身的利益；公共行政的范围与对象是社会公共事务，而一般行政则是自身事务；由于公共行政以公共利益为目的，所以国家行政机关在其活动中享有许多特权，可以采用许多一般的组织管理活动所不具有的手段，如可以命令企业履行一定的义务，对于违反命令者可以给予处罚等制裁，而一般行政则对外不具有这些手段。正是由于它们在性质、目的、对象、手段等方面存在着极大的差异，因而具有不同的法律意义，应当分别适用不同的法律。

行政法上的行政还与宪政有关。宪政意味着国家机关职能分工。国家机关的职能分工使国家机关之间有了分别，公共行政作为一种由行政机关这个特定的主体从事的活动从国家活动中分离出来。行政法上的这种职能分工后的公共行政具有从属性质。宪政意味着民选的代表组成的国家机关是国家最高权力机关，它通过制定法律来集中全体民众的意志，法律成为社会任何团体、个人的最高行为准则，在民主、法治政治中，从国家职能中分化出来的公共行政具有从属性：行政机关从属于国家权力机关，行政活动从属于法律。公共行政的从属性，为行政法的产生提供了可能和基础。因为在国家职能未分工之前，根本不存在约束国王、皇帝及其所统属的国家机关活动的法律的机制，没有一种法律能够约束封建皇帝和国王。这就难以避免行政的专横与任性，对此，历史已作出了最好的说明。国家职能分工之后才能有民主政治，而民主政治的功用，即在于在法律上实现了对国家活动的规范，尤其是对公共行政的规范，使其在法律范围内运作。

国家行政在运作过程中有形式意义的行政与实质意义的行政之分。形式意义的行政是根据行使国家职能的机关来区别国家职能并确定公共行政的范围。立法机关从事立法职能活动，行政机关从事行政职能活动，司法机关从事司法职能活动。实质意义的行政是以职能活动的权力内容和特点来确定公共行政的范围。制定普遍性行为规则的立法职能活动就是立法活动，运用法律规范以解决法律纠纷或争议的职能性活动就是司法活动或行政司法活动，运用组织管理手段处理国家及社会性事务的职能性活动就是行政活动。按照这种观点，行政机关的职能活动中大部分是形式意义上的行政，如行政许可、行政检查和行政处罚等，但也有实质意义上的立法活动，如行政机关制定、发布行政法规和规章等，还存在着实质意义上的司法活动，如行政复议、行政裁决等。除此之外，实质意义上的行政还可能包括行政机关以外的其他社会组织依授权或委托所从事的某些行政活动，并不以行政机关的活动为限。行政法上的行政以行政机关的形式意义上的行政为主体，以及实质意义上的行政为补充。

（二）行政权

公共行政本质上是行使权力的活动，因此，要理解行政法，就必须对公共行政的内核——行政权力进行深入的分析。

行政活动是一种行使权力的活动。所谓权力就是一种可以强制他人服从的力量。对此，我们可以从两个方面观察：一方面，行政机关必须享有权力，作为公共秩序的维持者、公共利益的维护者的行政机关应当享有履行职责的必要权力，这是一个事实问题。但是，另一方面，由于权力的运用也产生了许多法律问题，因为权力毕竟具有强制性质。所谓权力就是可以强制他人服从的力量，行政机关所从事的活动可能对公民或其他社会组织的利益造成一定的损害，引来行政上的纠纷。在某种意义上，这种纠纷几乎是不可避免的，由此也就引出了对行政活动进行法律规范、约束的必要性。

很明显，行政权力是作为行政主体的国家行政机关履行职能所必需，享有权力是基于管理这一基本事实的需要,无权力便无法进行管理。事实问题并不属于法律的范畴,因为法律只能对事实加以确认。法律所注意的是享有权力的后果,防止或避免因权力行使可能带来的消极后果,如果没有法律对行政机关行使的权力、权力行使的程序和规则加以规定,那么,侵害公民、法人或其他社会组织权益的现象就会屡屡发生。因此,行政权力的行使不应当是随心所欲、漫无限制的,而应当有一定的法律限制,超出法律的限制就要承担相应的法律后果。正是因为行政关系的权力性质,使行政活动与行政法联系起来。尤其是进入现代社会,国家行政管理的范围日益扩大,可以说无所不在,无所不包,社会生活中的人们为取得和发展自身利益的多数活动都在国家行政机关的控制和管理之下,所以行政活动的状况如何,直接关系到人们的切身利益。如果行政权力没有控制,不依法行政,就不会形成稳定的社会秩序,社会也会因此而失去发展的可能。因此,在现代社会,对行政活动进行法律调整更为必要。行政活动必须依法进行是行政法产生和发展的奠基性原则,也是当今各国公认的行政法原则。依法行政是行政活动的内在要求,从本质上说,行政法主要是对行政权力加以规范,对行政活动进行监督、约束的法律。

（三）行政法的概念

行政法是关于行政权力的授予、行使,以及对行政权力进行监督和对其后果予以补救的法律规范的总称。对于这一概念,可作如下理解:

(1) 行政法的核心是对行政权力的控制。但是国家行政权力并不必然与行政法产生联系。行政权力的法律意义在于,它的运用即意味着对公民、法人或其他组织的合法权益构成影响,这种影响中必然包含着某种损害。为了避免或消除这种损害,需要行政法对行政权力加以约束和控制。因此,行政法的产生是因为公共行政的权力性质,这就决定了行政法必然以行政权为核心,而且,是对行政权力进行控制的法律。

行政法以行政权力为核心意味着,它始终或主要焦点是以行政权为其规范对象。这就是说,哪里有行政权的存在,哪里也就需要有行政法。行政法在对行政权力加以规范时,可能会出于对各种因素的考虑,但就规范规定的形式上看,它必定会以行政权力为对象和内容。

(2) 行政法是规范承担行政权力的组织、行政权力的活动,以及对权力行使的后果进行补救的法律。这是就行政的内容而言,它主要由三个部分组成。

首先,行政权力必然有其承担者,行政法规范行政权,当然首先应对作为行政权力承担者的行政组织加以规范。诸如行政机关在法律上处于何种地位,哪些行政机关在法律上具有主体地位,具备何种资格或条件才能成为行政主体等。这些问题构成行政法问题,成为行政法必须加以规范的重要内容。因为,要使行政权力依法行使,不明确掌握权力的行政组织的职责权限、行政机关的法律地位以及相互之间的关系是根本不可能的。

其次,行政权力的行使表现为行政行为。行政行为可以改变公民、法人或其他组织的地位,它可以赋予或剥夺公民、法人或其他组织的权利,也可以设定或免除公民、法人或其他组织的义务,会对公民、法人或其他组织的权益产生多方面的影响。因此,行政行为在客观上需要遵循一定的规则和程序。诸如行政机关应当享有哪些权力,依据这些权力可以采取何种行为,采取这些行为方式应当遵循何种程序等等,都需要在法律上予以明确,这些行为规则也就构成行政法的主要内容。

最后,既然行政权力的运用会影响甚至损害相对人的权益,那么,作为规范行政权力的行政法就必须考虑权力行使所产生的后果,有权力必有救济,有权力也必有制约。一旦行政活动侵犯或损害相对人的合法权益,就应当在法律上为相对人提供救济的途径,使相对人能够通过法定的救济途径来维护自己的合法权益,使受到侵犯的权利得到恢复,受到损害的利益得到赔偿。这样才能将行政权力与法律责任联系起来,使行政权力处于可控的责任状态,使公民、法人或其他组织的权益处于有保障的状态。

上述规定行政权力的组织、行政权力的活动以及对权力行使后果进行补救三个方面的规范构成了行政法的主要内容。

(3) 行政法的目的在于表现为依法行政,确认或建立符合人民利益和意志的行政法律秩序。行政法产生或存在的目的是为了建立行政上的秩序状态。其他社会活动需要秩序,国家行政活动同样、而且更需要形成一定的秩序。因为,一方面行政权力容易被掌权者滥用;另一方面行政活动对社会产生一定的指导作用,行政上的秩序需要通过行政法实现。国家行政机关在活动中,必须严格依法办事,否则必然产生个人专横、以言代法等弊端,使公民无所适从。因此,行政法对行政活动加以规范的目的,即在于杜绝行政机关滥用权力的现象,依法行政,建立符合人民利益和意志的行政法律秩序。

依法行政是行政法的根本原则,是贯穿所有行政法规范的核心,是行政法的精神。封建时代的法律对行政权力虽也曾有过一些规定,但这些规定只是服务于建立专制统治的秩序,它只规定官吏们对君主、国王应负的责任,而不注重于官吏与人民之间的关系,不是近代意义的行政法。近代意义上的行政法就是以依法行政为原则和基础的行政法。因此,依法行政是我们理解全部行政法规范的钥匙。

▶二、行政法的基本原则

行政法基本原则是指导和规范行政法的立法、执法以及指导、规范行政行为的实施和行政争议的处理的基础性法则,是贯穿于行政法具体规范之中,同时又高于行政法具体规范,体现行政法基本价值观念的准则。

由于行政法没有一部统一的法典,其法律规范散见于各种不同形式的法律规范性文件之中,故基本原则有特殊重要的意义:首先,它有利于保障各种不同立法主体制定的不同法律文件在立法精神上的统一,防止其相互矛盾和冲突;其次,它有利于补充和协调制定法,规范行政活动和行政救济,因为制定法不可能详尽无遗,需要基本原则起到补充调整作用;最后,行政领域内自由裁量权的存在乃不可避免之事,但自由裁量并非任意裁量,对于行政机关的自由裁量行为需要有基本原则加以规范和判断。

我国行政法的基本原则可以概括为这样三个原则:责任行政原则、行政合法性原则和行政合理性原则。这三个原则是行政法治原则的具体化,也是行政法治原则在中国特定国情下的具体要求。下面对这三个原则分别阐述。

(一) 责任行政原则

行政法的首要的基本原则是责任行政原则,这是实现法治行政的基本要求,也是行政法的基础。

1. 责任行政原则的含义

所谓责任行政是指国家行政机关必须对自己所实施的行政活动承担责任,整个行政活动应处于一种负责任的状态,不允许行政机关只实施行政活动,而对自己的行为不承担责任。

在社会生活中,任何人都必须对自己的行为负责,这是一个社会实现秩序状态的基本要求。无论是公民个人,还是社会组织,甚至包括国家机关,都应当毫无例外,因为它是一个社会赖以存在的基本条件。假如社会允许某些不负责任的行为存在,那么社会将无秩序可言。法律的产生正是基于此,它存在的目的即在于通过对某种行为责任的追究,以实现社会的一定秩序状态。

国家行政机关同公民、社会团体一样,也应当对自己的行为负责,特别是国家行政机关的活动本身的性质、特征决定了行政活动更应建立于责任基础之上。因为从性质上讲,行政活动具有公共性质,以整个社会为对象,以公共利益为目标,如果行政活动可以随意实施而无需承担责任,那就会引导整个社会进入无秩序状态。从特征角度分析,行政活动是以行政权力作用于公民、社会团体为特征,公共权力的运用就是以对公民、社会团体的权益产生影响为特点。如果这种活动可以不负责任,那就将对公民、社会团体的权益构成极大的威胁,从而危及整个社会。

在政治制度、法律制度的发展历史上,确实存在过国家无责任的历史时期,在这一社会历史时期中,专制、滥用权力等现象都是难以避免的,甚至在某种意义上说是必然的。从社会规律上讲,国家活动如果不按客观规律进行,迟早要受到惩罚,但这种责任是自然规律的结果,不是人类社会自身的控制,且常常要付出极大的代价。正是为了克服封建专制、防止行政权力滥用,才有了近代民主制度、行政法治的产生。行政法正是在这种背景下产生的,它的出现就是为了使国家行政活动从无责任状态进入到一种责任状态,将整个行政活动置于责任行政的基础之上,因此,责任行政原则是行政法的价值、目的所在。

当然,我们所说的责任行政原则中的责任并不是通常所说的责任,而是一种法律责任,它有着严格的界定。

责任行政原则是全部行政法产生的基础,是贯穿所有行政法规范的核心和基本精神。行政法规范之所以产生,其目的就在于克服行政活动中的无责任状态,把全部行政活动置于一种法律责任的基础之上,而不能随心所欲、任意行政、滥用职权。为服务于这一根本目的,行政法规范确立了行政权力行使的规则,行政活动实施的程序,以及违反这些规则和程序所要负担的法律上的后果。因此,我们可以说责任行政是行政法的基本原则。

2. 责任行政原则的内容

作为行政法的基本原则,责任行政原则具体包括以下几项内容:

(1) 责任行政原则的基本目标是实现行政活动的有责任状态。行政活动并非毫无拘束,可以任意所为,而是有着基本的责任所在。根据行政行为的性质、种类的不同,需要确定相应的责任。责任行政原则的基本要求是,政府机关的每一个人都必须对自己的行为负责,不论职位的高低,也不论工作性质,有行为必有责任,所不同的是,根据行为性质的不同,承担不同的责任。如实施违法的行为应承担被撤销的责任,而行为造成损害,则应承担赔偿责任。

(2) 责任行政原则要求必须有明确的主体。责任行政原则首先体现在行政组织方面。行政组织是一个庞大的系统,包括各种不同级别、管辖不同的地域、具有不同的职权的众多的行政机关以及行政工作人员。这些组织和人员必须权限划清,职责分明,从而使每一个行政行为都能准确地判明究竟为何者的责任,否则,责任行政无法实现。所有的行政组织法规范都是为了明确行政组织在法律上的主体地位,为判明责任奠定基础。

(3) 责任行政原则要求将行政机关的各种活动与责任相连,不存在无责任的行政活动。权力与责任是行政活动的两面。行政活动需要权力,但也应当承担责任。在授予行政机关权力的同时,必须明确相应的责任。无责任即无授权,权力和责任必须一致。在我们以往的行政活动中,甚至包括某些行政法规范中,往往只见授权,不见责任,在各项行政法律、法规中,往往是规定权力多,明确责任少,致使行政法规范往往难以落实。

责任和权力相连还包括根据行政行为的性质确定应负的责任。如造成损害,就应当承担赔偿责任;行政活动违法越权,就应当承担该项行为的无效责任;是行政机关的政治行为,就应当使权力机关承担政治责任,活动和责任的相适应也是责任行政原则内在的要求。

(4) 责任行政原则要求建立实现责任的法律制度。责任行政原则不仅要有法定的责任形式,而且要有实现这些责任的法律制度。一旦行政机关的活动违反法律规定,责任即从法律规定转化为实际状态。诸如行政诉讼、制度、行政复议制度、行政赔偿制度,都是实现责任原则的必要的法律制度。假如没有这一些制度,责任行政将变得毫无意义。行政机关依其行为违法的形式和所造成的后果分别承担不同的责任,违法的行为撤销,造成损害的行为赔偿,能返还原物的返还原物,无法返还原物的,则应以金钱赔偿。总之,通过必要的法律制度,实现法定的责任形式。

(二) 行政合法性原则

1. 行政合法性原则的含义

所谓行政合法性原则是指行政机关的活动必须遵守法律。法律规定了行政机关活动的权限、手段、方式,行政活动都必须以法律为依据,法无明文规定不得为之;严格遵守法律的有关规定,违法者必须承担相应的法律后果。

实行责任行政原则的必然要求是行政活动的合法性原则。因为,行政机关应对自己的行为承担责任,但是,在何种情况下,对于何种行为,应当承担何种责任等问题都必须有明确的标准和规定,这样才便于人们遵守和执行,否则,责任行政原则也就失去了存在的必要条件。行政活动是非常复杂的,其中既包含着受到一定羁束的活动,也需要享有一定的自由裁量权的活动,在某些特殊的情况下还需要具有平时行政所不具有的特殊手段,如紧急处置权等,从而使判明责任并承担责任成为一个非常复杂的问题。要使责任行政原则落实,使行政活动承担恰如其分的责任,就应当在法律上明确承担责任的标准。行政行为合法,公民必须服从,行政行为违法,则要承担相应的责任。因此,行政合法性原则的最终目的在于实现责任行政的状态,二者相辅相成、不可分割。

在行政合法性原则中的"法"有广义和狭义两种不同的理解。在 21 世纪以前,"法"常被狭义地理解,即仅仅指议会制定的法律。人们认为合法性原则要求行政机关的一切活动都要严格遵从权力机关制定的法律。无法律即无行政。行政机关只能被动地执行法律,不允许与法律有任何的偏差。对行政合法性原则的这种解释是与当时的社会经济条件相适应的。当时国家职能较少,权力机关也有足够的时间和能力来制定各种法律,把一切行政活动都纳入到法律规范的框架之内。但是,随着社会经济的发展变化,社会问题日益增多,权力机关已无法包容全部法律的制定，而且由于行政管理范围的扩大，活动的专业性、技术性增强，社会经济的复杂多变要求政府必须主动地进行多方面的管理，于是委托立法开始出现，权力机关将某项规范性文件的制定权力授予行政机关，行政法规、规章等日益增多。在这种社会背景下，对行政合法性原则的解释和运用也随之变化。各国学者从实际出发，对合法性原则中的“法”作了扩大的解释，不仅是指权力机关制定的法律，而且包括了行政机关依授权制定的法规，当然，这种行政法规不能与法律相抵触。

2. 行政合法性原则的内容

(1) 行政活动只能在法定范围内，依照法律规定进行。行政机关不能自由地采取行动，只能在法律授权的范围之内采取措施。法律规定了每个行政机关的组织和权限，行政活动的方式和手段，行政机关只能依据法律规定行事，超越权限的行为是无效的行为。

行政活动和公民的活动最大的区别在于：对于公民来说，在不违反法律和道德的情况下，可以从事一切活动，而无须法律的授权，只有当法律明令禁止时，公民才不得为之。但是，对于行政机关而言，只有法律规定才得为之，行政机关的每项活动都必须有法律依据，所以，行政机关的每项活动都必须在法定范围之内。之所以存在这种区别，主要是因为行政机关是公共权力机关，公共权力以影响公民的权益为特征，没有法律的授权，行政机关不能剥夺公民的权利，也不得为公民设定义务。

(2) 行政行为必须符合法律。行政行为必须符合法律规定。法律根据行政机关实施行政活动时的要素作出规定，行政行为在具体要素上要符合法律规定。具体来说，行政行为符合法律包括下列几个方面：

第一，行政行为必须证据充分。行政行为的作出必须基于一定的事实，行政处罚是因为有违法行为存在，行政许可是因为有相对人的申请存在。但在法律上，所谓事实必须要有充分的证据证明，没有根据则很难称之为事实。因此，法律相应规定每一行政行为作出时的事实、证据要件，只有符合这些要件，行政行为才是合法的行为。

第二，行政行为不能超越法定权限。权力是行政行为的核心，也是实施行政行为不可缺少的要素。享有行政权力才能为行政行为，享有哪一种行政权力才能为哪一方面的行政行为。权力总是有一定的限度的，为此法律从各种角度为行政权力设定了各种界限，行政行为不得超越界限。权限的“限”表现在多方面，行政权力的存在既有时间上的限制，也有空间地域上的限制，既有权力运用程度上的限制，也有行使权力所采取的方式、手段上的限制，同时还有针对特定事项的限制。例如行政处罚权只能针对违法行为行使，在采取行政处罚时只能适用罚款、拘留等法定手段，而在运用这些手段、方式时又不能超过法定幅度。这种限制就是权限所在，行政行为不能超越法定权限，必须在法定权限范围内实施行政行为，否则即属于不合法的行为。

第三，行政行为必须符合法定程序。任何行政行为的实施都表现为一定的过程，要经过法定的程序。行政行为要保证正确，都有与其行为性质相适应的程序要求。为此，法律明确规定每一种行政行为所要经过的程序，行政行为的实施必须符合法定的程序，这是合法性原则的内在要求。例如行政处罚，与其行为性质相适应，法律规定必须经过传唤、讯问、取证和适用法律作出裁决四个程序，这是行政处罚的基本程序，否则，难以保证行政处罚正确。再如行政机关在作出影响相对人权益的决定时，必须听取相关人的意见，这是该种行为性质所要求的，也是大多数法律、法规规定的程序。

（三）行政合理性原则

1. 行政合理性原则的含义

行政机关的活动不仅要合法，而且要做到合理。所谓行政合理性原则是指行政行为内容要客观、适度、符合公平正义等法律理性。在行政法中，行政合理性原则的存在有其客观基础，也就是说，是实际行政的活动需要，行政行为固然应当合法，但是，任何法律都有限度，尤其是规范行政活动的法律，这种限度表现在以下两个方面：

（1）法律不可能规范全部行政活动。由于行政活动的复杂多变，使国家行政活动呈现出多样性和复杂性，行政活动必须适应复杂多变的社会现实。因此，行政机关需要享有一定程度的自由裁量权。法律不可能也不应该对全部行政活动都作出缜密的规定，有些行政活动并不具有法律意义，而有些行政活动则非法律所能调整，它们属于行政机关自由裁量权的范畴。如行政活动中某些紧急情况，意外情况的发生等。此时，行政机关只能在法定的原则指导下，运用自由裁量权，斟酌选择，采取适当的措施或作出合适的决定。

（2）法律对行政活动的规范不可能面面俱到，详细无遗，即法律对行政机关活动的权限、行为的内容作出规定时，不可能也不应该事无巨细，需要给行政机关以一定的自由裁量的余地。因为行政机关在管理中所面对的情况是十分复杂的，在行政实践中，不会出现两次完全相同的情况，每一种情况的发生都有其具体状态。行政机关需要有根据具体情况灵活处理的权力，采取特定情况下较为适当的措施。

2. 行政合理性原则的内容

对行政合理性原则的把握，既要在法的范围之内，又不能随意扩大范围。行政合理性原则的内容可以概括为以下几个方面：

(1) 行政行为必须符合法律的目的。任何法律的制定都是基于一定的社会需要,为了达到某种社会目的,所有的法律规范都服务于该目的。无论是法律授予行政机关某种权力,或者是规定某种行为的具体内容,都是为了实现该立法的目的。因此,无论有无成文的法律规定,行政机关运用权力首先要考虑法律的目的所在,必须符合法律的目的。法律给予行政机关自由裁量权的目的正是为了有效地实现立法的目的,凡不符合法律的目的的行为都是不合理的行为。

(2) 行政行为必须具有合理的动机。行政行为的动机必须符合法律的要求,出于善良的动机,而不能以执行法律的名义,将行政机关的主观意志,甚至包括个人的偏见、歧视、恶意等强加于公民和社会组织,从而使行政行为具有了双重动机。这就要求行政机关出以公心,不抱成见,平等地对待所有的被管理者。

(3) 行政行为必须考虑相关的因素。行政行为的作出涉及多种因素,合理的行政行为应当考虑到相关因素,不应该考虑与行为无关的因素。因此,行政机关作出行政决定时,应当全面考虑行为所涉及或影响的因素,尤其是法律、法规所明示或默示的要求行政机关考虑的因素,不能以无关的因素为根据,这样才能使行政行为有充分、合理的依据,而不忽视法律的要求,超越法律所规定的范围,作出不合理的决定。

(4) 行政行为必须符合公正法则。公正是社会的普遍要求,因而也成为法的一般原则,在有些人看来,公正是无法捉摸,可以任意解释的。其实,公正有着客观的标准。无论是在制定法中,还是在没有法律规定的情况下,公正都在作为法的一般原则起着作用。行政机关在活动时,必须符合公正法则才是合理的行为。

公正的客观标准可以概括为以下几点:第一,公正的总标准是同等情况同等对待,即在相同的情况下,行政行为无论是赋予权利,还是设定义务都应一视同仁,给予相同的对待,由这个总标准可以派生出许多具体标准;第二,遵循比例法则,即行政机关所作的决定和相对人应受的对待应成比例;第三,遵循惯例,即行政机关在没有充分理由的情况下,不能不遵循既成的先例或惯例,惯例是形成的既定法,经实践检验为正确,行政机关在通常情况下,应当遵守,除非有充分的理由;第四,行政机关行为前后应一致,即在相同的情况下,先前所作的行为和其后所采取的行为应相同。

总之,公正是普遍的要求,在每一种客观情况下,总是存在着公正的标准,违背一般人的理智,以致大多数人认为是不公正的即是不合理的行为。只有公正的行为才是合理的行为,它是可以在任何场合下对行政机关的行为进行判断的标准。正因为如此,公正法则成为行政合理性原则的具体内容之一。许多国家在对行政行为进行审查判断时,都是以公正法则为标准。

三、行政法的法源

法源指法的存在形式,法律部门中法律规范的来源或出处,亦即法律规范的载体。由于行政法调整的社会关系广泛而难以制定一部统一的法典,故法律规范极为分散,法源众多。一般来说,我国行政法的法源包括宪法、法律、行政法规、部门规章、地方性法规、自治条例、单行条例、地方政府规章等。此外,我国与外国政府签订的条约、协定,国家机关的法律解释,国家行政机关与执政党、社会组织联合发布的文件中有时也载有某些行政法规范,它们也应认为是行政法的法源。

(一) 行政法的基本法源

在行政法的各种法源中,最高国家权力机关制定的宪法、法律、最高国家行政机关制定的行政法规、自治条例、单行条例以及宪法、组织法授权的特定中央部门行政机关和地方行政机关制定的规章是基本法源。行政法律规范的其他载体是非基本法源。非基本法源数量较少,应用率低。

1. 宪法

作为国家根本法的宪法,不仅是行政法的渊源,同时也是其他法律部门的渊源,但是由于行政法与宪法有着最为密切的联系,所以宪法作为行政法的渊源,包含着更多的行政法规范和重要的行政法原则。宪法包含的行政法规范主要有:

(1) 关于公民基本权利和义务的规范。如关于公民批评权、建议权、申诉权,取得赔偿权,言论、出版、集会、结社、示威自由权,非经法定程序不受逮捕权,劳动权,受教育权,社会保障权以及纳税的义务,遵守法律、公共秩序,尊重社会公德的义务的规范。

(2) 关于国家行政机关组织、基本工作制度和职权的规范。如关于国务院各部委和审计机关的基本职权的规范,关于地方各级人民政府的组织、基本工作制度和基本职权的规范,关于民族自治地方人民政府的组织、基本工作制度和基本职权的规范等。

(3) 关于行政管理活动基本原则的规范。如关于人民参与管理的原则、法制统一的原则、工作责任制原则、民族平等原则、行政机关工作人员接受人民监督和保障公民权利的原则等基本原则的规范。

(4) 关于国有经济组织、集体经济组织、外资或合资经济组织以及个体劳动者在行政活动中的权利、义务的规范。如关于国有企业在法律规定的范围内享有经营管理自主权的规范,关于集体经济组织在遵守有关法律的前提下享有独立进行经济活动自主权的规范,关于国家保护私营经济合法权益,对私营经济实行引导、监督和管理的规范等。

此外,还有关于国家行政区域划分和设立特别行政区的规范,关于国家发展教育、科学、医疗卫生、体育、文学艺术等的规范。

2. 法律

法律是指国家最高权力机关制定的规范性文件,包括全国人民代表大会制定的基本法律,如《中华人民共和国行政诉讼法》,也包括全国人民代表大会常务委员会制定的非基本法律,如《中华人民共和国治安管理处罚条例》。其中,凡是涉及行政机关的组织、行政活动以及行政救济内容的部分都可以认为是行政法的渊源。法律作为行政法的渊源,有的整体上具有行政法的性质,如《中华人民共和国国务院组织法》《中华人民共和国行政处罚法》等,有的部分具有行政法性质,如《中华人民共和国环境保护法》《中华人民共和国食品卫生法》等。法律是行政法最重要的渊源。

3. 行政机关制定的规范性文件

在宪法和法律之下,行政法的渊源还包括行政机关制定的规范性文件。作为行政法的渊源,行政机关制定的规范性文件主要包括:(1) 行政法规,是国务院依宪法授权制定的规范性文件;(2) 部门规章,是国务院各部委和某些工作部门发布的规章;(3) 地方政府规章,是各省、自治区、直辖市人民政府和设区的市、自治州的人民政府制定的规章。

行政机关制定的规范性文件都是普遍性规则,具有法律效力,对行政活动具有约束力,所以也是行政法的渊源。由于现代行政的扩张,行政机关制定的规范性文件大量存在,其中大部分为支配行政关系,构成行政法最主要的渊源。但是行政机关制定的规范性文件作为行政法渊源必须具备一定的条件,即不能与国家法律抵触,而且名称的不同意味着制定机关与效力的不同,下一位阶的规范性文件不能与上一位阶的规范性文件相抵触。

4. 地方性法规和自治条例、单行条例

根据宪法与地方各级人民代表大会和各级人民政府组织法的规定,省、自治区、直辖市的人民代表大会及其常务委员会,省、自治区的人民政府所在地的市和经国务院批准的较大的市,以及经济特区市的人民代表大会及其常务委员会等权力机关可以制定地方性法规,民族自治地方的权力机关有权制定自治条例和单行条例。地方性法规、自治条例和单行条例中有关行政活动的法律规范是行政法的渊源。但地方权力机关制定的规范性文件必须按照法定程序报有关机关备案、批准,方能在本行政区域内生效。

(二) 行政法的其他法源

除了上述基本法源外,行政法还有一些其他法源,主要包括下述两类:

（1）国际条约和协定。国际条约或国家间协定有的涉及国内行政管理，成为调整国家行政机关与公民、法人或外国人之间行政关系的行为准则。因此，它们也是行政法的渊源。如我国和世界很多国家签订的领事条约，其中关于护照和签证的颁发，同派遣国国民的联系，公证和认证等规定都涉及国家行政管理，再如我国和世界一些国家签订的《万国邮政公约》《国际劳工公约》等协定，其中很多规定涉及国家行政管理，调整一定领域的行政关系。

（2）法律解释。法律解释是法律在具体的适用过程中，为进一步明确界限或进一步补充，以及如何具体运用而由有权机关所作的解释。根据全国人大五届常委会第十九次会议通过的《关于加强法律解释工作的决定》，正式有效的法律解释为立法解释、司法解释、行政解释和地方解释，它们对行政活动具有约束力，构成行政法的渊源。其中尤其是最高人民法院的司法解释具有特殊重要的地位，因为最高人民法院对法律的司法解释通常非常具体，具有很强的操作性。如2000年最高人民法院对行政诉讼法的解释基于和针对的就是行政诉讼实践中出现的一些具体问题，因此，司法解释在法律渊源中具有重要地位。

第二节　行政主体

引导案例

由某市交通局出资设立了吉祥加油站，并领取了营业执照。顺昌加油站张贴了一个“过往车辆须知”的通知，规定：凡是过往车辆都应在吉祥加油站加油，违者罚款100元。2006年10月5日，一辆外省的货车经过吉祥加油站，站内人员要求司机赵某加油。赵某不同意。站内人员指着墙上的通知说，不加油就罚款100元，双方为此发生争执。吉祥加油站的做法合法吗？为什么？

一、行政主体概述

（一）行政主体的概念

行政主体是指享有行政职权，能以自己的名义行使国家行政职权，作出影响行政相对人权利义务的行政行为，并能由其本身对外承担行政法律责任的组织。行政法首要的问题是谁有资进行管理，即谁有管理者主体资格。法律上的行政主体具有以下几个特征：

（1）行政主体是承担行政职权，实施行政活动的组织。并非所有的组织都能成为行政主体，只有行使国家行政职权的组织才能成为行政主体。不享有行政职权，不能实施行政活动，因而不是行政主体，这一点使行政主体与其他国家机关和社会组织相区别。其他国家机关所享有的不是行政职权,因而不是行政主体;其他社会组织没有法律、法规的特别授权,不能行使国家行政权和实施行政行为,因而也不具有行政主体资格。

(2) 行政主体必须是能以自己的名义实施行政活动的组织。所谓以自己的名义,是指能够依照自己的意志作出处理决定,能以自己的名义采取措施。能否以自己的名义实施管理是判定一个行政机关是否行政主体的标准之一,在各种各样的行政机关中,有些行政机关虽然实施具体的行政活动,但它们并不能以自己的名义作出,因而不能成为行政主体。这一点使之与接受行政机关委托行使一定职权,实施一定行政行为的组织相区别。被委托的组织虽然在委托范围内可以行使国家行政职权,实施行政行为,但它们不能以自己的名义,而只能以委托行政机关的名义行使行政职权,实施行政行为,因而被委托的组织不属于行政主体。

(3) 行政主体必须是能够承担行政活动的法律效果的组织,主要是承担由此产生的责任。一个组织是否是行政主体,重要标准是看其是否承担行政活动所产生的责任,如果仅仅实行政活动,但并不承担由此产生的责任,那么,这个组织就不是行政主体。如某个社会团体不是行政机关,它虽然接受行政机关的委托从事公务活动,但并不负担由此而产生的责任,责任由委托的行政机关承担,受委托的社会团体就不能成为行政主体。再如公务员虽然行使国家行政职权,实施行政行为,但他们对自己行使职权的行为并不由其本身对外承担法律责任,在行政诉讼中,不能作为被告应诉。公务员实施的职权行为,由其所在的行政机关对外承担行政法律责任,在行政诉讼中,由其所在的行政机关为被告应诉,因而,公务员不是行政主体。

(4) 行政主体包括行政机关和法律、法规授权的组织。行政主体主要是指行政机关,但又不限于行政机关,法律、法规授权的非行政机关的社会组织,如企业、事业单位,行使某项行政职权,实施某种行政行为,该组织即取得行政主体地位。

(二) 行政主体与相关概念的区别

为了进一步明确行政主体的概念,我们有必要将行政主体与下述其他相关概念加以比较和区分。

1. 行政主体与行政机关

行政主体当然主要是指行政机关,因为享有行政职权、实施行政活动,并对自己的行为承担责任的主要是行政机关,但行政主体不能简单地等同于行政机关,行政机关是生活中的用语,行政主体则是一个法学上的概念。二者区别在于:

(1) 并非所有的行政机关都能成为行政主体。行政机关只有具备一定的条件才能成为行政主体,因而,某个政府机构可能是行政机关,但它并不一定就是行政主体。例如内部的某个办事机构、协调性机构,它们仅负责管理、协调内部事务,并不对外行使职权,因此也不会有责任需要承担,不具有行政主体资格。

(2) 并非行政机关在所有场合都能成为行政主体。行政机关在法律上可以具有双重身份,即民事主体与行政主体。它既可以民事主体的身份从事活动,如到商店购买办公用品,也可以行政主体的身份从事行政活动,如作出行政处罚。当行政机关租用办公用房、购买办公用品时,其身份是民事主体;当其以权力享有者的身份进行管理时,其身份是行政主体。在不同的活动中,需要遵循不同的规则。在行政法上关注的是行政机关的行政主体身份。

(3) 成为行政主体的不限于行政机关。在行政法上,行政主体是以行政权力的享有者的身份出现的,行政权力为行政机关所享有,因而,行政机关是最主要的行政主体,但行政机关对行政权力并不构成独占。在许多情况下,非行政机关的社会团体也可能享有行政权力,也即在行政法上具有行政主体身份。尤其是在现代社会,国家行政的范围日益扩展,公共职能不断扩张,许多事情授权于非行政机关的社会组织实施,它们因法律、法规的授权而取得行政法上的行政主体地位。

2. 行政主体与国家公务员

国家公务员是接受国家的委托,依法执行行政职务的人员。行政主体与国家公务员不可分割,但也不能因此将行政主体等同于国家公务员。行政活动是由一个个具体的公务员实施的,公务员有执行职务的权力,但公务员并不负担由此而产生的法律效果,因为公务员与国家之间存在着一种职务上的委托关系,公务员由于实施行政职务而产生的责任归属于国家。也就是说,公务员并不是行政主体,但行政主体又离不开公务员,行政主体是由一个个公务员组成的集合概念。行政主体即属于由若干公务员组合起来的法律上的人格。

3. 行政主体与行政法主体

行政法主体即行政法律关系主体。在行政法律关系的双方当事人中,一方是作为管理者的行政机关,称为行政主体;另一方是作为被管理者的公民、法人或其他组织,称为行政相对人,即行政管理作用、影响的对象。行政主体通常是相对于行政相对人而言,表明其在行政法律关系中所处的地位。因而,行政主体只是行政法律关系的一方当事人,不能将行政主体等同于行政法主体。

二、行政主体与行政机关

(一) 行政机关的概念

行政机关是指依宪法或行政组织法的规定而设置的行使国家行政职权的国

家机关。具体是指政府序列中的各机关,如国务院及其部门等。

首先,行政机关是国家机关,是由国家设置、代表国家行使国家职权的机关。这一点使它与政党、社会组织、团体相区别。政党,特别是执政党,虽然能对国家政治、经济的发展起重要的甚至是决定性的影响作用,但它们不是国家机关。社会组织、团体虽然经法律、法规的授权,也可能行使一定的国家行政职权,但它们不是由国家设置的专门代表国家行使国家职能的机关,因而不属于国家机关。

其次,行政机关是行使国家行政职能的国家机关。这一点使它与立法机关、司法机关相区别。立法机关、司法机关虽然也都是国家机关,但立法机关行使的是国家立法职能,司法机关行使的是国家司法职能,而行政机关行使的是国家行政职能,即执行法律,管理国家各项行政事务。

最后,行政机关是依宪法或行政组织法的规定而设置的行使国家行政职能的国家机关。这一点使它与法律、法规授权的组织相区别。法律、法规授权的组织不是依宪法或行政组织法设置的,它们行使一定的职权是基于具体法律、法规的授权,因此,行政机关是固定的、基本的行政主体,而法律、法规授权的组织只有在行使其所授职权时才具有行政主体的地位。

行政机关是一个庞大的组织系统,其内部组成机构各种各样,以地域划分,有中央行政机关和地方行政机关;按职能区别,有维持秩序的公安机关,也有提供服务的民政机关。对各行政机关的行政主体地位予以明确,必须根据其类型的划分。

(二) 行政机关的分类

根据不同的标准,对行政机关可以作不同的分类:

1. 中央行政机关与地方行政机关

根据行政机关的职权管辖的范围,行政机关分为中央行政机关与地方行政机关。中央行政机关的管辖范围及于全国,而地方行政机关的管辖范围只及于相应地方行政区域。

中央行政机关包括国务院、国务院各部委、国务院直属机构和国务院办事机构。

国务院即中央人民政府,是最高国家权力机关的执行机关,也是最高国家行政机关。国务院由全国人民代表大会选举产生,对全国人民代表大会负责,受全国人民代表大会及其常务委员会监督。国务院由总理、副总理、国务委员、各部部长、各委员会主任、审计长、秘书长组成,实行总理负责制。国务院依法享有职权,管理全国性行政事务,可以制定行政法规,采取行政措施,因此,国务院是一个行政主体。

国务院各部委是国务院的工作部门,部委的设立经总理提出,由全国人民代表大会决定,在全国人民代表大会闭会期间,由全国人大常委会决定。部、委实行部长、主任负责制。部长、主任领导本部门的工作,召集、主持部务会议、委务会议。国务院的行政职能,根据性质的不同分配于各部委承担。因此,各部委必须按照国务院的行政法规、决定、命令行使权力,执行国务院的行政法规、决议和命令,但在自己的职权范围内就自己所管辖的事项,各部委可以成为行政主体,以自己的名义实施活动,并承担由此产生的责任。

直属机构是国务院主管各项专门业务的机构。国务院直属机构由国务院根据工作需要和精简的原则设立,无需全国人大或全国人大常委会批准。直属机构具有自己主管的专门行政事务,它可以在主管的事项范围内,对外发布命令、指示,因此,直属机构可以作为行政主体。

地方行政机关包括地方各级人民政府及其工作部门。地方行政机关一般分为:省、自治区、直辖市的人民政府;设区的市、自治州的人民政府;县、自治县、县级市人民政府;乡、民族乡、镇人民政府。在某些地方,省级地方行政机关与县级地方行政机关之间还设有一级人民政府,即自治州人民政府、设区的市和市管县的市级人民政府。此外,我国地方行政机关还包括特别行政区政府,如香港特别行政区政府。

地方各级人民政府是地方各级人民代表大会的执行机关,同时也是地方各级国家行政机关。国家行政活动在全国范围内实施,涉及地方性的行政事务,主要由地方各级国家行政机关实施。地方行政机关的地位可以分为政治上和行政上两个方面。在政治方面,地方行政机关是地方各级国家权力机关的执行机关,又是国务院统一领导下的国家行政机关。既要对地方权力机关负责并报告工作,又要对上一级国家行政机关负责并报告工作。但这并不影响其在行政法上的行政主体地位。在管辖的行政区域内的各项行政事务,地方行政机关依法对自己的行为所产生的法律后果承担责任。

根据宪法和有关法律的规定,地方各级人民政府可以根据工作需要,设立若干工作部门。地方各级人民政府职能部门的设置,省级人民政府是厅、局等;市、县级人民政府是局。职能部门在政治上是地方政府的组成部分,直接对政府负责,但在行政上是专门权限的行政机关,负责所辖行政区域内的某项专门行政事务。就其管辖权限而言,按照国家法律和本级人民政府的政策、决议行使权力,处理行政事务,具有一定的行政主体资格。

2. 一般权限行政机关与部门权限行政机关

根据行政机关权限的性质,行政机关分为一般权限行政机关与部门权限行政机关。一般权限行政机关的权限是全面的,涉及各个行政领域和各种行政事务,如国务院和地方各级人民政府;部门行政机关的权限是局部性的,仅涉及特定行政领域和特定行政事务,如国务院各部委、地方人民政府的工作部门。

一般权限行政机关和部门权限行政机关都是独立的行政主体,能以自己的名义对外行使职权,由其本身承担相应职权行为的法律责任。但部门权限行政机关受一般权限行政机关的领导,一般权限行政机关有权向部门权限行政机关发布命令、指令、指示,部门权限行政机关对一般权限行政机关的命令、指令、指示有服从的义务。

3. 外部管理行政机关与内部管理行政机关

根据行政机关的管理对象,行政机关可以分为外部管理行政机关与内部管理行政机关。外部管理行政机关管理的对象是作为外部行政相对人的个人、组织,如公安、工商、海关、民政等行政机关,内部管理行政机关管理的对象是行政机关的内部机构及人员,如办公厅、机关事务局、编制委员会、研究室、档案局以及人事、财务、后勤等工作机关。行政主体资格为外部管理机关所具有,内部管理机关通常不具有行政主体资格。

4. 派出机关与派出机构

派出机关与派出机构是我国行政组织序列中的一种。所谓派出机关是指由一级人民政府经有权机关批准在一定行政区域内设立的行政机关。根据《中华人民共和国地方各级人民代表大会和地方各级人民政府组织法》的规定,我国的派出机关主要有省、自治区人民政府经国务院批准设立的行政公署;县、自治县人民政府经省、自治区、直辖市人民政府批准设立的区公所;市辖区、不设区的市人民政府经上一级人民政府批准而设立的街道办事处。所谓派出机构是由政府的工作部门根据行政管理的需要在一定行政区域内设立管理某项行政事务的机构。在我国派出机构种类较多,如公安派出所、税务所、工商所等。

(三) 行政主体的种类

行政主体的类型不同,在取得主体资格的方式上就会有区别。行政主体类型的划分大致有以下几种:

(1) 地域性行政主体与公务性行政主体。根据行政主体实施行政权所针对的对象,可以将行政主体区分为地域性行政主体与公务性行政主体。地域性行政主体是指以行政地域为主体的构成基础,有权对管辖地域范围内的一切人和事实施行政活动的行政主体。公务性行政主体是指以某项行政事务为对象实施行政活动的行政主体。前者如国家各级行政机关,后者如国家行政机关的职能部门。

(2) 实质行政主体与形式行政主体。根据行政主体与法人之间的关系可以将行政主体区分为实质行政主体与形式行政主体。所谓实质行政主体即具备独立法人资格的行政主体,而形式行政主体则是指仅在形式上具备行政主体资格,实质上并不具备法人资格的行政主体。就此我们也可以称实质行政主体为法人型行政主体,形式行政主体则可以称为非法人型行政主体。

实质行政主体与形式行政主体是一种重要的划分类型。行政机关的独立性程度不同,在法律上所处的地位也有区别。现代社会的组织形式日益复杂,相互之间的关系也错综复杂,并非一个法人资格所能解决。就行政机关而言,国家是公法人,具有独立的法人资格,各行政机关则不具有法人资格,但国家是实质上的行政主体,行政机关则是形式上的行政主体。作为实质上的主体,所有行政机关的行为最终责任归属于国家,但国家不可能在各种具体的行政活动中出现,需要由其所设立的国家行政机关代表。行政机关在这里担当着形式上的行政主体角色。作为形式上的行政主体,并不要求具备法人资格,只要具有国家行政职权即可成为行政主体。

三、其他行使行政职权的组织

行政职权除了由国家行政机关行使外,其他非国家行政机关的组织经法律、法规授权或行政机关的委托,也可以行使一定的行政职权。法律、法规授权行使一定行政职权的组织与行政机关一样,也具有行政主体的地位。行政机关委托行使一定行政职权的组织本身不具有行政主体的地位,其行使行政职权的行为责任归属于委托的行政机关,委托行政机关是相应行政行为的主体。

(一)法律、法规授权的组织

1. 法律、法规授权的组织的含义

法律、法规授权的组织是指依具体法律、法规授权而行使特定行政职能的非国家机关组织。在具体的行政管理活动中,有时会有某个非行政机关的组织行使行政职权的情况,由于行政活动的广泛性和复杂性,某项行政事务可能由非行政机关的社会组织管理。该社会组织是基于特定法律、法规的授权而进行管理,因而称之为法律、法规授权的组织。与行政机关相比,法律、法规授权的组织具有以下特征:

第一,法律法规授权的组织是指非国家机关的组织。它们不同于行政机关,不具有国家机关的地位,它们只有在行使法律、法规所授职权时,才享有国家权力和承担行政法律责任,在非行使法律、法规授权时,它们只是一般的民事主体,享有民事权利和承担民事义务。

第二,法律、法规授权的组织行使的是特定行政职权而非一般行政职权。所谓特定职权,即限于相应法律、法规明确规定的某项具体职权或具体事项。

法律、法规授权的组织主要有以下几种：

(1) 事业组织。事业组织是指为国家创造或改善生产条件，从事为工农业生产服务活动，不以营利为目的的单位。事业单位比较复杂，就其性质而言，事业单位不是行政机关，不具有行政主体地位，但更多的情况下是接受法律、法规的授权，实施某项行政活动，此种组织即为具有行政主体地位的事业单位。如食品卫生法授权卫生防疫站、食品卫生监督站对仪器卫生进行检查监督，对违反食品卫生法的行政相对人给予行政处罚；高等教育法授予高等院校学位授予权等。

(2) 社会团体。社会团体虽然不是行政机关，但是法律、法规往往授权它们行使某些行政职能，如各种行业协会，它们有的依法律、法规的授权管理本行业的行政事务。在国外，律师协会、医师协会一类组织不仅行使确认资格、颁发证照的职权，而且可对其组织成员实施处罚制裁等。我国的注册会计师协会等亦具有此种职权。

(3) 基层群众性自治组织。基层群众性自治组织是指城市和农村按居民居住的地区设立的居民委员会和村民委员会。基层群众性自治组织与国家基层政权有着极密切的联系。基层群众性自治组织的工作受基层人民政府或其派出机关指导；城市居民委员会受市或辖区的派出机关——街道办事处的指导；村民委员会受乡、民族乡、镇人民政府的指导。居民委员会、村民委员会除了根据相应组织法的授权，协助基层人民政府工作外，还经常根据其他法律、法规的授权，行使某些行政职能和办理某些行政事务，如代税务机关收税，代民政机关发放救济灾款、救济物资等。

(4) 企业组织。企业组织主要是行政管理的对象，但在特定情况下，法律、法规也可授权其行使一定行政职能。特别是在我国目前体制转轨时期，一些全国性专业公司有许多刚由行政机关改制而成，在一定时期内仍具有一定行政性。故法律、法规往往会授权它们行使某些行政职能，主管部委也往往会委托它们处理某些行政事务。当法律、法规授予其某些行政职权时，它因此而取得行政主体地位。

2. 被授权组织的法律地位

被授权组织的法律地位体现在以下三个方面：

(1) 被授权组织在行使法律、法规所授职权时，享有与行政机关相同的行政主体地位。

(2) 被授权组织以自己的名义行使法律、法规所授职权，并由其本身就行使职权的行为对外承担法律责任。

(3) 被授权组织在执行其本身的职能时，不享有行政职权，不具有行政主体的地位。

（二）行政机关委托的组织

1. 行政机关委托的组织的概念

行政机关委托的组织是指受行政机关委托行使一定行政职权的非国家机关的组织。这意味着被委托的组织不是行政机关或国家国家机关，它们的基本职能不是行使行政职权或其他国家职权，而是从事其他非国家职能性质的活动，如生产活动、经营活动等。行政机关虽然也可以在本系统内相互委托，如上级行政机关委托下级行政机关行使某种职能，但这种委托是行政机关系统内的相互协作，不同于行政机关对非国家机关的组织的委托，其被委托机关、机构、单位不属于本节研究的被委托组织。

同时，被委托的组织仅能根据委托行使一定的行政职权，而不能行使一般的行政职权，即行政机关委托其行使的并且依据法理是允许其他组织行使的某种行政职权。有些行政职权，根据法理是不允许委托非行政机关的组织行使的，如行政立法权、对行政相对人实施涉及其人身自由的行政处罚或行政强制措施权，颁发营业执照或其他重要的许可证照权等。

最后，被委托的组织行使一定的行政职权是基于行政机关的委托，而非基于法律、法规的授权，因此，其行使职权是以委托行政机关的名义，而不是以被委托组织自己的名义进行，其行为对外的法律责任也不是由其本身承担，而是由委托的行政机关承担。

2. 被委托组织的条件和范围

被委托组织的条件通常由具体法律、法规规定。例如行政处罚法规定，行政机关依照法律、法规或者规章的规定，可以在其法定权限内委托其他组织实施行政处罚，但受委托的组织必须符合以下条件：

（1）属于依法成立的管理公共事务的事业组织；

（2）具有熟悉有关法律、法规、规章和业务的工作人员；

（3）对违法行为需要进行技术检查或者技术鉴定的，应当有条件组织进行相应的技术检查或者技术鉴定。

被委托组织的范围是相当广泛的，一般来说，被委托组织的范围通常也是受行政机关委托行使行政职权的组织的范围。当法律、法规授权这些组织行使行政职权时，它们即为被授权组织；当法律、法规未授权，而是行政机关委托它们行使一定行政职权时，它们即为被委托的组织。在实践中，下述两类组织也经常受行政机关委托行使某些行政职权：

第一，群众性治安保卫组织。群众性治安保卫组织是指在全国范围内普遍设立的治安保卫委员会和主要在一些大中城市设立的联防队。治保会和治安联防队通常被委托行使某些行政管理职权。

第二，某些私人组织。在某些行政管理领域，法律、法规还规定主管行政机关可委托私人组织行使某种行政职能，办理某种行政事务，如国务院发布的家畜家禽防病条例规定，农牧部门及其畜禽防疫机构可以委托有条件的饲养户（或检疫单位）检疫，家畜出售者可持有被授权检疫的饲养户（或检疫单位）的检疫证明进入市场。

四、行政主体与国家公务员

（一）国家公务员的概念

国家公务员是指国家依法定方式和程序任用的，在中央和地方各级国家行政机关中工作的，依法行使国家行政职权，执行国家公务的人员。

首先，国家公务员是经法定方式和程序任用的人员。所谓法定方式，是指宪法、组织法、国家公务员法和其他有关法律规定的方式。根据我国现行法律规定，国家公务员任用的主要方式有选任、考任、委任、调任四种方式。所谓法定程序，是指宪法、选举法、国家公务员法和其他有关公务员任用的法律、法规规定的程序。例如考试任用程序包括公告、通知、报名、资格审查、笔试、口试、身体检查、确定正式录用对象和送达录用通知书等步骤。国家公务员的任用必须经过上述法定方式和法定程序，否则，就不能取得国家公务员资格。用人单位未经法定方式和程序任用公务员是非法的，所授予的公务员资格是无效的。

其次，国家公务员是在中央和地方各级国家行政机关中工作的人员。这意味着国家公务员不包括国有企事业单位领取国家工资的干部，不包括社会团体的工作人员，也不包括在立法机构、司法机关中工作的人员。

最后，国家公务员是指行政机关中依法行使国家行政职权、执行国家公务的人员。国家公务员虽然是在国家行政机关中工作的人员，但在国家行政机关中工作的人员并不都是国家公务员。只有在国家行政机关中依法行使国家行政职权、执行国家公务的人员才是国家公务员。这意味着国家公务员不包括在国家行政机关中工作的工勤人员。

（二）国家职务关系

国家公务员接受国家的委托，担任国家行政职务，即与国家之间产生一种法律关系——国家职务关系。国家为使公务员有效地完成工作任务，赋予其各种相应的职务上的权利，同时，公务员接受国家的委托，就必须履行其职责，努力完成工作任务，这是公务员对国家应当履行的义务。国家和公务员相互之间的权利义务，构成了国家职务关系的全部内容。也是我们深入了解、把握国家与公务员之间法律上的关系的关键所在。

在外部行政管理关系中，国家公务员代表行政机关，以所在行政机关的名义行使国家行政职权,其行为的结果归属于相应的行政机关。外部行政管理法律关系是行政机关与作为行政相对人的个人、组织发生的关系,而不是国家公务员与相对人发生的关系。国家公务员在行政管理法律关系中并非作为一方当事人出现,不具有一方当事人的资格。

在行政诉讼中,国家公务员既不能作原告,也不能作被告,不具有诉讼当事人的地位。根据行政诉讼法的规定,只有公民、法人或其他组织认为行政机关具体行政行为侵犯其合法权益时,才能提起行政诉讼,取得行政诉讼的原告资格;只有作出具体行政行为的行政机关或通过行政复议改变原具体行政行为的复议机关,才能被诉和取得行政诉讼被告的资格。

（三）国家公务员执行公务的行为

1. 执行公务的标志

执行公务的标志是公务员为了向行政相对人表明自己的身份,使相对人易于识别,而于行为时设置的一种外形标记。例如,警察穿戴的制服,治安人员佩戴的印有“执勤”字样的袖章,工商、税务、卫生、计量、市容管理等工作人员在执行职务时佩戴的其他执法标志。

设置执行公务的标志有着多方面的意义:首先,有利于公务员迅速向相对人表明其身份,便于其对相对人实施管理;其次,有利于相对人迅速识别公务员的身份,便于其要求公务员为其提供服务;最后,有利于区分公务员执行公务的行为和非执行公务的行为,以确定相应行为的效力和责任归属;最后,有利于对公务员执行公务的行为实施监督。由于执行公务的标志有上述诸种作用,故现行法律、法规上越来越多地要求各执法机关为其公务员执行公务设置相应的执法标志。

2. 公务员执行公务行为的识别

公务,即国家公共事务,这里特别指国家行政机关主管的事务。国家公务员即执行公务的国家工作人员。国家公务员的职责即是执行公务,代表国家行政机关和以国家行政机关的名义对社会实施管理。

然而,国家公务员的行为并非都是执行公务的行为,具有国家公务员身份的人同时也具有公民的身份。具有公务员身份的人只有以公务员的身份实施的行为才是执行公务的行为,而以公民身份实施的行为不能认为是执行公务的行为。

在行政法上,对国家公务员执行公务的行为和非执行公务的行为加以区分十分必要,对执行公务的行为和非执行公务的行为明确其界限也是非常重要的,它不仅关系到对相对人的效力,而且关系到行为责任的归属。实践中通常综合考虑下述四种因素:(1) 时间因素。公务员在上班时间实施的行为,通常可以认为是公务行为。反之,公务员在下班以后实施的行为则一般视为个人行为。

(2) 岗位因素。公务员在其工作岗位上实施的行为通常认为是公务行为。反之,公务员离开工作场所实施的行为则多视为个人行为。(3) 职责因素。公务员非在上班时间和工作场所实施的行为如与其职责有关,通常亦可认为是公务行为。反之,如其行为既非在上班时间或工作场所实施,又不能证明相应行为与其职责有关,则应认为该行为是个人行为。(4) 命令因素。公务员依行政首长命令、指示或委托实施的行为通常可以认为是公务行为。反之,如其行为既无首长命令、批示、指示或委托依据,又非在上班时间、工作场所实施或能证明与其职责有关,则应认为该行为是个人行为。

上述四个方面的因素应综合考虑,不存在绝对的、唯一的标准。

(四) 国家职务关系的保障

国家职务关系在公务员一经国家任用后即产生。由于这种职务关系涉及国家与公务员、公务员与相对人、公务员与所在机关等诸多方面,因而,必须要有一定的保障。国家职务关系的保障分为公务员的保护和国家行政机关对职务关系保护两个方面。

1. 公务员的保护

公务员的保护是指公务员的权利和利益受到侵害时所具有的救济手段,如公务员执行公务不受妨碍,公务员执行职务的行为所造成的损害由国家承担国家赔偿责任等。如果没有救济手段,公务员很难执行职务。公务员的保护内容分为防止公务员受到来自于公众的侵害和来自于行政机关的侵害两个方面:

(1) 防止来自于公众的侵害。公务员对于来自于公众的侵害所具备的保护手段有:第一,刑法上的保护。公务员在执行职务过程中,有可能遇到妨碍执行职务的障碍,主要有对公务员实施威胁、侮辱、暴行、抗拒、行凶等妨碍执行职务的行为。为此刑法规定了妨碍执行公务罪,对妨碍执行职务的行为给予刑法上的保护。第二,民法上的保护。民法上的保护表现在公务员执行职务所发生的侵权行为,只在本人有严重过错时才承担责任。

(2) 防止行政机关的侵害。为了防止行政机关的侵害,公务员具有行政上的保护手段和司法上的保护手段:① 行政上的保护手段。行政上的保护手段主要存在于公务员法中,公务员的职务关系受法律保障。例如公务员一经任用,非因法定事由,非经法定程序不得随意被解职或行政处分;公务员认为行政机关的决定侵犯其权利或利益时可以提起申诉。② 在许多国家,公务员防止行政机关侵犯其权利和利益所具有的最有效的保护手段,是向法院提起诉讼。例如法国公务员制度中规定,公务员可以向行政法院提起越权之诉,请求撤销违法的行政决定。不论普遍性的行政行为或具体的行政处理,只要对公务员的权利和利益有不利影响,都可提起诉讼,而且为了方便公务员对行政机关的起诉,行政法院在程序上承认一个例外规则，公务员控告行政机关拒绝给付薪俸和补助金的诉讼，可以提起越权之诉，但必须遵守越权之诉期间。在我国，公务员认为行政机关的决定侵犯其权利或利益，不能向法院提起诉讼，只能依特别途径解决。我国《行政复议法》第 8 条第 1 款明确规定："不服行政机关作出的行政处分或者其他人事处理决定的，依照有关法律、行政法规的规定提出申诉。"而我国《行政监察法》第 37 条规定："国家公务员和国家行政机关任命的其他人员对主管行政机关作出的行政处分决定不服的，可以自收到行政处分决定之日起 30 日内向监察机关提出申诉，监察机关应当自收到申诉之日起 30 日内作出复查决定；对复查决定仍不服的，可以自收到复查决定之日起 30 日内向上一级监察机关申请复核，上一级监察机关应当自收到复核申请之日起 60 日内作出复核决定。"

2. 国家对职务关系的保护

国家为保障职务关系稳定正常，对公务员设定了职业纪律和职务要求，公务员违反这些要求，国家行政机关有权给予必要的处理。国家行政机关的处理方式有三种：

（1）行政处分。行政处分是国家行政机关在机关内部对公务员实施的一种惩戒措施。国家公务员违反法律、法规或职业道德、纪律时，应承担相应的责任，行政机关要给予适当的行政处分，以维持正常的国家职务关系。行政处分所针对的对象主要是职务关系，即对职务关系有变更、消灭。行政处分分为警告、记过、记大过、降职、降级、撤职、开除公职。这些处分形式分别视公务员的违法、违纪行为的性质及情节轻重而实施，开除是职务关系的解除，国家职务关系因此而消灭，其他处分形式都是职务关系的变更。

（2）追偿权。对于国家公务员执行职务行为中所造成的损失，国家行政机关应承担赔偿责任，但国家行政机关保有对公务员的追偿权，即可以要求有重大过失或故意而造成损害的公务员承担部分或全部赔偿费用。这种追偿正是职务关系的体现。对外而言，任何公务员执行职务的行为都是代表其所在的行政机关的行为，其行为所产生的责任应由作为行政主体的行政机关承担，但就行政机关内部而言，公务员有忠于职守的义务，公务员未遵守义务，当然不能免除其应承担的责任。

然而，追偿权的行使是有条件的，否则，它有可能演变为国家代位责任，即国家并不真正对公务员执行职务所造成的损害承担赔偿责任，而是先由国家赔偿之后，再由国家对公务员追偿，追偿成为行政机关转嫁责任的一种手段。

追偿权行使的限制主要有以下规则：

第一，公务员执行职务造成损害的行为必须具备一定的性质，即必须是故意或重大过失。公务员行使国家权力是具有一定的风险的，因为国家权力就是一种强制他人服从的权力，其一运用，就意味着影响相对人的权利和义务。这里必然包含着某种损害的可能。因此，应当允许公务员执行职务的行为具有一定的过错：只要这种过错未达到一定的严重程度。公务员执行职务时的过错可以分为三个等级：一般过失、重大过失和故意。追偿权的行使限定于重大过失和故意，至于一般过失，则不得行使追偿权。

第二，追偿金额与过错行为相适应。国家对公务员行使追偿权所应考虑的并不是赔偿数额，而是要与公务员执行职务时的过错相适应。公务员执行职务的行为过错严重则追偿多，反之则追偿少。

第三，要考虑公务员承担赔偿的责任能力。设立追偿权目的在于职务关系的保障，而不在于实际赔偿，而且国家赔偿往往数额巨大，而公务员的赔偿能力有限，且其收入还要用于维持生活。因此，国家对公务员行使追偿权必须考虑公务员承担责任的能力，要使其能够维持基本的生活水平。

(3) 追究刑事责任。公务员在执行职务的过程中如果有明显的违法行为，情节严重构成犯罪的，如采用暴力行为野蛮殴打他人，以致造成人身伤害或死亡的，国家依法对此追究其刑事责任。

第三节　行政行为概述

引导案例

某市原有甲、乙、丙、丁四家定点屠宰场，营业执照、卫生许可证、屠宰许可证等证照齐全。1997 年国务院发布《生猪屠宰管理条例》，该市市政府根据其中确认并颁发定点屠宰标志牌的规定发出通告，确定只给甲发放定点标志牌。据此，市工商局吊销乙、丙、丁三家屠宰场营业执照。乙、丙、丁三家屠宰场对此不服，找到市政府，市政府称，通告属于抽象行政行为，需遵守执行。三家屠宰场提起行政诉讼。怎样理解市政府的通告？

一、行政行为的概念和特征

(一) 行政行为的概念

行政行为是指行政主体实的产生法律效力的行为。这种行为是行政主体所有行为中的一个部分，而不是全部。行政行为应当具备以下要件才能成立：

(1) 主体要件。行政行为必然是行政主体的行为。行政主体包括行政机关以及法律、法规授权的组织。当然并非所有的行政机关都是行政主体，有些行政机关不行使行政管理职权，确定行政主体时要充分考虑行政主体的范围和主体的要求；法律、法规授权的组织是指非行政机关，主要是一些社会团体、事业法人或者特殊的企业法人，经过法律、法规的特别授权后，享有部分行政职能，在一定的领域享有行政职权，这样，虽然法律、法规授权的组织不是行政机关，但是享有行政职权，也会成为行政主体。

（2）权力要件。行政行为是行政主体行使行政权力的行为，如果行为者具备行政主体资格，但是没有行使行政权力，作出的行为也不是行政行为。例如行政机关购买办公大楼的行为，是行政机关以民事主体的身份进行的民事行为，而不是行政行为；在某些情形中，行政机关会成为行政相对人，例如在环境和卫生检查中，行政机关也会成为行政管理的相对人。因此，行政行为必须以行政权力的运用为核心内容。

（3）法律要件。行政行为是产生一定法律后果的行为。这种法律后果主要表现为行政行为对于相对人的权利义务发生影响。包括积极的影响和消极的影响，例如行政许可赋予相对人某种资格、行政处罚剥夺相对人的权利等。

任何行政行为必须同时具备上述三个要件，缺少任何一个要件都不构成行政行为。

（二）行政行为的特征

行政行为是行政主体行使行政权力的外在表现形式，是行政权力的具体实现。因此，行政行为具有其本身的特点，具体如下：

（1）行政行为的执行性。行政机关行使的任何权力都是执行性的权力，即执行法律。因此，行政行为首先具有执行性的特征。行政行为可能表现为行政机关对于具体事务的处理，如行政处罚，或者表现为制订规范性文件的活动，例如地方人民政府颁布的规范性文件。但是无论何种形式，都是执行法律的活动。行政行为的执法性主要表现为：第一，行政行为的权限和内容必须符合法律，没有法律规定，行政行为即为超越权限的行为。第二，行政行为必须符合法定程序。行政程序是对行政行为时间和空间上的要求，行政机关不得任意行使职权，应当符合程序规定。第三，行政行为不具有最终性，应当受到法律的监督。行政行为一经作出，就具有法律效力，但是这种效力并非最终的效力，相对人不服的，可以通过相应的途径寻求救济。

（2）行政行为的单方性。行政行为一般表现为行政机关依照自己单方意志作出决定的行为，不需要行政相对人的同意或者认可，包括依职权的行政行为以及依申请的行政行为。依职权的行政行为较为容易理解其单方性，例如行政强制执行，以行政机关的意志为转移，相对人并不能起到决定性作用。依申请的行政行为虽然以相对人的申请为前提，但是否许可还是由行政机关单方决定，相对人并没有决定的权利。理解行政行为的单方性必须以执行性为前提，行政行为的单方性并不表明行政机关可以任意作为,而是必须依据法律规定作出决定。当然,行政行为还有一种特殊的行为方式,即行政合同,它以行政机关和相对人双方的合意为基础才能成立,这是行政行为的一种例外情况。

(3) 行政行为的裁量性。任何调整行政法律关系的法律规定都不可能对行政管理规定得事无巨细,行政事务复杂多变且每一事项都有其特殊性,而法律无法完全预料这些情况并规定处理办法,所以法律上一般赋予行政机关一定程度和范围内的自由裁量权,由行政机关在法律规定的范围和幅度内,自行决定,作出行政行为。因此,几乎所有行政行为都是行政机关自由裁量行使职权的结果,行政行为中必然包含着行政机关的主观性。认识到行政行为的主观因素,是考察行政行为是否合理的基础。

(4) 行政行为职权和职责的统一性。行政机关行使权力,对于相对人的权利义务发生影响,从形式上看,行政行为表现为明显的权力特征和强制特征,但换个角度,行政机关作出的每一个行为也是履行法定义务的行为,即行政机关通过行政行为履行职责,完成行政法律规定的行政义务。因此,行政行为表现为职权与职责统一的特征。

二、行政行为的内容

(一) 行政行为内容的含义

行政行为对于行政管理相对人的权利义务发生影响,这种影响表现于行政行为的内容中。行政行为的内容是指行政行为所包含的意思表示以及行政行为所要达到的目的。一般情况下,行政行为的内容体现如下特征:

(1) 行政行为的内容是行政行为中明确表达出来的。行政行为作出后,行政机关通过直接表达其意思表示希望达到的目的。当然有些行政行为的意思表示虽然明确,但行政行为的目的是隐含的,例如在抽象行政行为中,行政行为的意思表示明确,但是目的未必在行文中直接表现出来。

(2) 行政行为的内容是行政行为的主要构成要件。行政行为如何发生效力以及发生什么样的效力,行政行为是否在行使行政权力,是否会影响相对人的权利义务,都是通过行政行为的内容表现出来。因此,在这种意义上,行政行为必须具备相应的内容。

(3) 行政行为的内容具有多样性。行政管理活动涉及各个领域,行政机关可以采取多种手段实现行政管理目的,因此行政行为的内容呈现多种形式。

(二) 研究行政行为内容的意义

行政行为的核心在于行政权力的应用,而行政权如何发生作用,就表现在行政行为的内容上。因此,研究行政行为的内容,具有非常重要的意义,具体表现在以下几个方面：

（1）从行政行为的内容可以考察行政权的范围。从行政行为的内容出发，可以直接发现一个国家行政权力具有多大的影响，行政权与立法权、司法权的分界等。通过考察行政行为的内容，可以更深入地了解行政权应用的范围。

（2）从行政行为的内容可以设计如何保护相对人的合法权益的途径。通过考察行政行为的内容，可以发现行政行为影响相对人的权益范围，针对这一范围，可以规划设计对于行政相对人权利保护的途径。例如通过发现行政权影响相对人的人身权、财产权以及受教育的权利等，可以在相关制度中全面保护相对人的合法权益。

（3）从行政行为的内容可以认识监督行政权的重要意义。通过对于行政行为内容的分析，可以发现行政权力广泛影响社会生活，行政行为的内容可以说是包罗万象。因此，对于发生广泛影响的行政权力的作用应当给予必要的监督和控制，避免行政权的滥用。

（三）行政行为的内容

行政行为虽然多种多样，但其内容却具有一定的共同特征，可以归纳为以下几个方面：

（1）赋予权利或者免除义务。行政行为的内容可能表现为赋予相对人更多的权利。一般表现为两种形式：一是增加权利，赋予相对人原来所没有的权利。例如颁发许可证、发放抚恤金、社会生活保障金等；二是减少或者免除相对人的义务。例如减免税收、出口退税等。

（2）设定义务或者剥夺权利。行政行为的内容可能表现为对于相对人权益的消极影响，包括明显的设定新义务或者是对于既有权利的剥夺。设定新的义务，例如责令排除污染，责令拆除违章建筑、责令退耕还田等；对于现有权利的剥夺，例如责令停产停业、吊销许可证和执照以及没收财产等。这些内容对于相对人的权利义务会产生消极影响。

（3）确定法律事实或者法律地位。

首先确认法律事实。确认法律事实是行政行为对于现存的状态的确认，这种状态是一定法律关系的基础。例如对于公民出生的登记、对于婚姻事实的登记、对于收养关系的确认等，都属于对于法律事实的确认。这种确认成为行政相对人享有某种权利或者承担某种义务的依据，是产生一定法律后果的行为。

其次，确认法律地位。确认一定主体的法律地位，是行政行为确定某种法律关系是否存在的主要形式。例如人民政府对于森林使用权属作出的确认、土地部门对于土地使用权作出的确认、房管部门对于房屋所有权的确认等。

一个行政行为可能同时具备多种内容，各种行政行为的内容之间并没有互相排斥的关系。一个行为可能同时赋予权利和设定义务,例如房管局既向相对人颁发房屋所有权证,同时又要求交纳一定的费用。

三、行政行为的分类

行政行为的表现形式众多,根据不同的标准可以划分为不同的种类。下面介绍几种重要的行政行为分类。

(一)抽象行政行为和具体行政行为

1. 抽象行政行为

抽象行政行为一般在两种意义上使用。一是静态意义上的抽象行政行为,指行政机关制定的具有普遍约束力的规范性文件,例如国务院的行政法规;二是动态的抽象行政行为,指行政机关制定具有普遍约束力的规范性文件的活动,例如国务院制定行政法规的行为。一般情况下这两种意义上的含义是通用的,不予以区别。

抽象行政行为是行政主体行使职权的一种重要形式,具有调整范围广泛的特征,在行政管理中发挥重要作用,而且因为调整范围的广泛性和长期性,对于相对人权利义务的影响非常大,所以抽象行政行为是行政行为中重要的一种类型。

2. 具体行政行为

具体行政行为是指行政主体针对特定的对象,就特定的事项作出的处理决定。具体行政行为与抽象行政行为相比,具有特定性和直接性,即对于特定对象的权利义务直接发生影响,并且调整对象是特定的对象。例如行政处罚、行政许可、行政强制执行等都属于具体行政行为。

3. 具体行政行为与抽象行政行为的区别

具体行政行为与抽象行政行为的概念不同,范围也不一样,在法律适用上以及法律监督方面都有区别,应当予以区分。二者区别主要表现在以下几个方面:

(1) 调整范围不同。抽象行政行为一般调整不特定的多数人和事,但是具体行政行为仅仅针对特定的人和事。当然是否属于特定的对象,并不在于对象的数量是否众多,而在于这一数量是否确定。例如房屋拆迁行政决定中,虽然涉及多数人的权利义务,但是这一范围是确定不变的,因此,拆迁决定是具体行政行为;而有关机关制定的拆迁管理的规范性文件,例如规定拆迁如何补偿的规定,调整的范围则更为广泛,是不特定的群体,因此是抽象行政行为。

(2) 能否反复适用不同。抽象行政行为一般以规范性文件的形式表现出来,这些规范性文件不仅适用一次,在有同样条件的情况下,会反复适用,即规范性文件在其效力期间内,一直有调整和约束力;但是具体行政行为仅仅对于本次事项的处理有效,对于其他事项则不适用。当然在判例法国家,行政判例也有一定的约束力,但是这种约束力仅仅指法律理由部分,而不是全部都有约束力。有时根据行政前后一致的要求,行政机关应当对于同样情况有基本同样的处理,但并非是前面的具体行政行为本身的约束力导致。所以具体行政行为仅仅适用一次。

(3) 影响相对人权利义务的方式不同。具体行政行为对于相对人的权利义务直接作出决定,直接影响相对人的权利义务;但是抽象行政行为本身一般并不会直接导致相对人权利义务的变化,抽象行政行为一般表现为规范,只有通过具体行政行为的实施活动,才能实现抽象行政行为的目标和作用。

(4) 行为程序不同。抽象行政行为与具体行政行为遵循不同的程序和规则,受不同程序规则的约束。抽象行政行为程序接近于立法程序,一般要求有征求意见程序以及公布程序具体行政行为则强调调查程序以及听证程序,程序要求上有所不同。

4. 区分具体和抽象行政行为的意义

具体行政行为和抽象行政行为是行政法学中的一组基本概念。首先涉及行政行为的不同表现形式以及效力,抽象行政行为与具体行政行为有所不同;其次受到监督和审查的范围与程度不同。抽象行政行为一般不受行政诉讼的司法审查,而具体行政行为一般都可以提起行政诉讼;另外,部分抽象行政行为可以被申请行政复议,由有权行政机关审查这些抽象行政行为的合法性,包括国务院各部门的规定等,其他的抽象行政行为不能被申请复议。而具体行政行为一般都可以进入行政复议程序,予以审查。具体行政行为受到审查后,其效力可以由复议机关和人民法院直接予以认定,维持或者撤销,但是对于抽象行政行为,即使属于可以审查的范围,审查机关也不直接予以撤销,一般表现为对于违法的抽象行政行为,在本案中不适用。

(二) 羁束行政行为和自由裁量行政行为

根据法律规定的行政主体的权限范围不同,可以将行政行为分为羁束行政行为与自由裁量行政行为。

1. 羁束行政行为

羁束行政行为是指法律明确规定了行政行为的范围、条件、刑事、程序、方法等,行政机关没有自由选择的余地而作出的行政行为。羁束行政行为是法律明确规定了处理结果的行为,行政机关不能任意作为,相对人则确切知道行为产生的法律后果。

2. 自由裁量行政行为

自由裁量行政行为是指法律仅仅规定行政行为的范围、条件、幅度和种类等，由行政机关根据实际情况决定如何使用法律而作出的行政行为。自由行政裁量行政行为范围较为广泛，这是行政管理灵活性的需要，而且也是适应行政管理事务多样性的要求。自由裁量行政行为表现为多种形式，例如种类上的自由裁量权，在治安管理处罚决定中规定，行政机关可以对于违法公民处以警告、罚款、拘留等行政处罚，至于行政机关具体会适用何种处罚，则由行政机关根据相对人的违法情节而定；还有数量上的自由裁量权，例如法律一般规定处罚的限度为 1000—10000 元，行政机关根据实际情况决定处以多少罚款；还有的法律规定一般情节下如何处罚以及情节严重是如何处罚，但是没有规定情节严重的标准，这种规定程度标准的权利也是行政机关的自由裁量权。

3. 羁束行政行为与自由裁量行政行为划分的意义

区分行政机关的羁束行政行为和自由裁量行政行为具有重要意义。首先，行政机关是否有自由裁量权，决定了行政机关行为时的不同要求。行政机关形式羁束权利，只能严格执行法律；而行使自由裁量权时，则可以根据实际情况，在基本合理的前提下，在法定幅度和范围内自由作出决定。其次，在行政诉讼中，区分羁束行政行为和自由裁量行政行为直接决定了司法审查的不同程度。因为行政诉讼审查行政行为的合法性，只有在行政处罚显示公正时，才成为司法审查的例外情况。因此，如果属于自由裁量权范围内的事项，法院一般不予审查；但如果是羁束行政行为，则受到法院的全面审查。最后，区分羁束行政行为与自由裁量行政行为还决定了行政赔偿的范围。在行政赔偿中适用有违法赔偿原则，对于羁束行政行为违法造成的损失应当予以赔偿，而对于自由裁量行政行为，因为无法审查其合理性，即使造成损失，国家也不承担赔偿责任。

（三）依申请的行政行为和依职权的行政行为

根据行政主体行使职权的前提条件不同，可以将行政行为分为依申请的行政行为和依职权的行政行为。

1. 依申请的行政行为

依申请的行政行为是指行政行为以相对人的申请为前提条件，行使行政权力而作出的行政行为。没有相对人的申请，行政机关不能主动为之。依申请的行为主要表现为行政许可。行政许可中，行政机关应接受行政相对人的申请，对于申请的条件进行审查，如果认为符合条件的，依法颁发许可；如果认为不符合条件的，驳回申请。但是如果没有相对人的申请，即使相对人符合颁发条件，行政机关也不能主动颁发许可。

2. 依职权的行政行为

依职权的行政行为是指行政机关主动行使行政权力而作出的行政行为。在依职权行使行政行为中，不需要有相对人的申请启动行政程序，而是行政机关根据自己的判断主动行使权力。行政行为大多都是依职权的行为,例如行政处罚、行政征收等。

依申请的行政行为与依职权的行政行为的划分,在行政法学上占有非常重要的地位。首先,依职权的行政行为与依申请的行政行为的开始程序不同。依申请的行为,没有申请就没有行为,但是依职权的行为的开始则不取决于相对人的意思表示。其次,区分依职权的行为和依申请的行为,还决定了不同的行为在行政程序中举证责任的分配不同。在依职权行政行为中,一般由行政机关主动调查证据,因此,由行政机关承担举证责任;但是在依申请的行政行为中,行政机关审查相对人提供的证据是否充分,一般由相对人承担举证责任。

(四)单方行政行为和双方行政行为

按照行政行为能否因为行政机关单方意思表示发生效力为标准,可将其分为单方行政行为和双方行政行为。

1. 单方行政行为

单方行政行为是指行政机关单方意思表示就能够产生法律效力,具有强制力、确定力和拘束力。大部分行政行为都是单方行政行为,例如行政许可、行政强制执行、行政处罚等。在单方行政行为中,行政机关可能是依职权的行为,也可能是依申请的行为;在行为过程中可能要听取相对人的意见,但是最终的行政决定由行政机关单方作出即发生法律效力。

2. 双方行政行为

双方行政行为是指必须经过行政主体和行政相对人双方意思表示以一致才能成立的行为。这种双方行政行为的主要表现形式是行政合同。行政合同实质上是一种行政契约,由行政机关作为一方当事人,为实现行政管理目的,与相对人经过协商一致后签订的合约。这种契约同时具有行政性和合同性,即行政权力的应用、行政目的实现以及相对人同意各因素的结合。在双方行政行为中,行政机关一般享有一定的行政特权。

3. 单方行政行为与双方行政行为划分的意义

划分单方行政行为和双方行政行为可以全面认识行政行为的各种形式,行政机关不都是单方强制的行为,也有与相对人双方协商一致后的合同形式。现代行政广泛运用的招标投标,就是双方行政行为广泛运用的重要表现。区分双方行政行为和单方行政行为,还可以明确不同行为生效的条件,单方行政行为以行政机关单方意思表示为生效条件,而双方行政行为必须有相对人一方的同意或者认可,行政行为才能成立。

(五)要式行政行为和非要式行政行为

按照行政行为是否必须具备法定的形式为标准,行政行为可分为要式行政行为和非要式行政行为。

1. 要式行政行为

要式行政行为是指法律、法规规定必须具备某种方式或形式才能产生法律效力的行政行为。例如行政许可必须以颁发许可证和执照的方式表现出来，才能具备许可的效力；行政处罚必须以书面形式，制作书面行政处罚决定书才能对相对人发生效力。因此，要式行政行为是对行政行为外在表现形式的要求，必须以法定形式表现出来。

2. 非要式行政行为

非要式行政行为是指法律没有明确行政行为的具体形式，行政机关根据实际需要作出各种形式的行政行为。非要式行政行为在行政法上表现的情况不多，一般出现在法律授予行政机关行使紧急权力的情况下，例如行政机关紧急封锁、戒严、交通管制等。只要能够向相对人表达这样的意思，无论通过何种形式表现出来，都具有法律效力。

3. 划分的意义

区分要式行政行为和非要式行政行为，一般要严格按照法律规定进行审查和区分。对于要式行政行为，在审查该行为的合法性时，形式是否合乎法律规定是确认该行为是否合法的重要方面，如果不符合法定条件，则不发生法律效力。例如行政处罚法规定行政机关收缴相对人罚款时，应当向相对人出具省级财政部门统一印制的收据，没有收据的，当事人可以拒绝缴纳罚款，就是因为行政行为不符合法定形式而不产生效力的表现。而作为非要式行政行为，对于其形式是否合法一般不予审查，主要审查其实质内容是否符合法律规定，即实体正义能否实现。非要式行政行为的形式要件不是该行为发生效力的条件。

（六）几种特殊的行政行为

1. 行政终局裁决行为

行政终局裁决行为是指法律规定由行政机关最终裁决的具体行政行为。终局裁决行政行为确定了行政机关对于法律规定的特定领域的事项具有最终决定权，而不是由法院作出最终的决定。对于行政终局裁决行为，行政相对人不得向法院起诉。

行政终局裁决行为意味着对司法审查的排除，剥夺了行政相对人的司法救济权。如果对于终局裁决行为设置过宽，会导致行政行为受到司法审查的范围过小，因此，有关司法解释明确规定了行政终局裁决行为只能由全国人大及其常委会通过立法程序制定的法律才有权设定，行政机关不能通过行政立法自行设定终局裁决行为。同时考虑到终局裁决行为的特征，关系到公民基本权利的事项不得设定终局裁决行为。

2. 国家行为

国家行为又称“政治行为”“统治行为”“政府行为”，指涉及国家重大利益，具有强烈政治性的行为，一般与国家的主权有关。即虽然是行政机关作出的行为，但却代表整个国家的利益和主权，例如国防和外交行为。这些行为一般排除在司法审查的范围以外，行政相对人不得因为不服国家行为而起诉。排除国家行为的司法审查主要是考虑国家行为并不针对个别的人或者特定群体的利益，而是为国家利益实施的行为。如果行政相对人因为国家行为遭受财产损失，一般可以通过国家补偿的途径得到救济。

四、行政行为的成立、生效与有效

（一）行政行为的成立

行政行为的成立是指行政行为应当具备哪些要件，才能构成行政行为，具备行政行为的效力。不同的行为方式，成立的要件要求也不同。

1. 具体行政行为的成立要件

（1）行为主体是行政主体。行政行为是行政主体的行为。从形式上考察，如果行为的主体不具有行政主体资格，则其行为不可能是行政行为。因此，行为主体具有行政主体资格是行政行为成立的第一要件。

（2）行为本身具有行政管理的内容。行政行为必然是行政主体行使行政权力的行为。因此，权力的行使和行政职能的运用是行政行为的内容。某些具备行政主体资格的行政机关虽然作出了行为，但是并没有行政管理的内容，也不是行政行为。

（3）以行政机关的名义实施。行政行为必须表现为以行政机关的名义实施的行为。如果行政行为采用书面形式，应当加盖行政机关公章；如果不采用书面形式，应当由行政机关工作人员实施。否则该行为就不成为行政行为。

2. 抽象行政行为的成立要件

抽象行政行为的成立与具体行政行为不同，因为具体行政行为与抽象行政行为有重要区别，抽象行政行为表现为一定的规则，一般不直接影响相对人的权利义务。抽象行政行为的成立需要具备以下要件：

（1）行政主体制定了具有普遍约束力的规则。抽象行政行为是行政机关制订的针对不特定对象、调整不特定相对人的权利义务关系的规则，主要针对未来事务的调整。抽象行政行为在形式上表现为各种规则和条文，而不是具体的处理结果。因此，抽象行政行为必须在形式上表现为一定的规则。

（2）行政主体制定的规则有调整行政法律关系的内容。行政主体制定的规则，应当具备行政管理内容，是行政主体行使行政权力的行为，否则，该行为不是抽象行政行为。

(3) 该规则是由行政主体的名义作出。如果不是行政主体的名义发布该规则,则该规则不能成为抽象行政行为。

(二) 行政行为的生效

行政行为的生效是指行政行为成立后,能否对相对人发生效力,产生确定力、约束力或者执行力。不同的行为方式,生效条件不同。

1. 具体行政行为的生效

(1) 即时生效。即时生效是指行政行为一经作出就具有法律效力,对相对人立即生效。即时生效的行政行为一般表现为行政机关采取某种强制措施或者紧急处理行为,例如行政机关的即时强制等,就是行政机关一采取强制措施,就立即生效。

(2) 送达生效。行政行为采用行政决定或者其他书面形式作出时,应当是送达给相对人才发生效力,例如行政处罚决定书只有送达给被处罚人才生效。但是根据有关司法解释,行政行为在作出后,相对人一直不知道行政行为的内容的,最长起诉期限为从行政行为作出之日起5年。从这一规定看,行政行为虽然没有送达,但是如果经过一定的时间,还是会产生效力。

(3) 附条件生效。附条件生效是指行政行为本身附有生效的日期或条件,一旦该期限届满或者条件具备,该行政行为就发生效力。

2. 抽象行政行为的生效

(1) 该抽象行政行为已经公布。抽象行政行为生效的重要环节是公布程序,公布程序体现了行政民主和行政公开的行政法治原则,是行政机关执法的重要前提,也是行政相对人守法的前提条件,只有行政相对人事先知道、了解抽象行政行为,才能够预期行为的法律后果,才能够自觉的遵纪守法。因此,公布程序是抽象行政行为生效的必要条件。没有公布的抽象行政行为对于行政相对人没有约束力。

(2) 抽象行政行为的生效期限届至。抽象行政行为的生效一般是在公布后的某一时间,因此,抽象行政行为并不一定公布后立即生效,而是在其本身规定的生效日开始生效。

3. 行政行为的生效的意义

行政行为的生效,是指行政行为对相对认发生约束力,对相对人权利义务开始发生影响。根据行政行为"效力先定"原则,行政行为一经作出,就推定为合法的,相对人必须遵守;只有在特别情况下,才能停止行政行为的执行。因此,行政行为生效后,无论是否合法的行政行为,都是有效的行政行为。

(三) 行政行为的合法要件

行政行为的合法要件是指行政行为应当符合基本要求,才能是合法的行政行为。行政行为的生效要件与合法要件是不同的。有些行政行为虽然生效,但却是违法的行政行为。因此,符合生效要件的行政行为不一定是合法的行政行为。行政行为合法必须符合下列条件:

1. 具体行政行为的合法要件

具体行政行为是行政机关行使权力影响对人权利义务的行为,但并不是所有生效的具体行政行为都是合法的行为。合法行政行为应当同时具备以下条件:

(1) 行政行为主体具有行政权限。"越权无效"是行政法上的重要原则,因此,行政职权的存在是行政行为合法的第一要件。行政机关不能行使其他行政机关的职能,包括不同部门的行政机关各司其职,以及上下级行政机关之间遵守分权范围。

(2) 行政行为证据确凿。行政行为必须有充分的根据,必须遵守"先取证,后裁决"的基本原则,才能公平执法、公正执法,行政行为才能够有充分的事实根据。同时行政机关不仅要调查、收集证据,而且证据必须达到"确凿"的程度。所谓证据确凿,一般认为是要求行政机关收集的证据,能够使正常人得出和行政机关一样的结论,就属于达到证据确凿。

(3) 行政行为程序合法。现代行政不仅要求实现实体正义,而且要求实体正义用公平的形式表现出来,因此,程序法在现代行政中占有非常重要的地位。行政行为不仅要求证据确凿,而且必须符合法定程序。违反法定程序的行政行为无效。这一原则,在行政诉讼法、行政复议法以及行政处罚法中都有明确规定。

(4) 行政行为适用法律、法规正确。一般情况下,行政机关作出决定的依据较为广泛,包括法律、法规、规章以及规章以下其他规范性文件。但是行政机关适用的规范并不必然是审查行政行为是否合法的根据,其中只有法律、法规是审查行政行为是否合法的依据,而规章只起参照的作用,规章以下规范性文件的效力,法律上并没有明确。

(5) 行政行为没有滥用职权。行政行为不仅要形式上合法,而且动机和目的也要合法,行政机关没有滥用职权是合法行政行为的必然要求。例如行政处罚法明确规定对公民进行5元以下的罚款可以当场收缴,超过这个限额就不能适用当场收缴程序。例如,行政机关故意规避法律,将本应当一次收缴的50元罚款分为10次分别收缴,就是明显的滥用职权;或者是行政机关工作人员打击报复等,也可能构成滥用职权,这种情况下的行政行为,形式上符合法律规定,但是实质上违反了法律,是不合法的行政行为。

上述五个条件必须同时具备才构成合法有效的行政行为。

2. 抽象行政行为的合法要件

与具体行政行为不同,抽象行政行为的合法性要求较为简单。主要包括以下条件:

(1) 符合法律、法规的规定,或者与法律、法规不相抵触。行政机关制定的各种规范性文件,作为调整行政法律事务普遍应用的规则,首先,不得违反宪法和法律。宪法是国家根本大法,确定了国家事务的基本原则,因此不能有违宪的内容;其次,法律作为全国人大及其常委会规定的规范,是全体公民意志的反映,法律以下的所有规范性文件都应当符合法律,当然有时候宪法、法律将某些立法权限授予行政机关,行政机关就法律尚未调整的事项作出规定,这时候,一般要求行政机关制定的规范性文件与宪法和法律不相抵触。

(2) 主体有制定行政法规的权限。抽象行政行为与具体行政行为一样,强调行为主体具有行政权限。一般情况下,较高层级的行政机关都具有作出抽象行政行为的资格,但是仍然各自具有不同的权限范围。因此,行政机关只能在权限范围内作出抽象行政行为,不能超越职权。

(3) 合法的程序。抽象行政行为的合法要件包括应当符合法定的制定程序,违反程序的抽象政行为无效。

一、思考题

1. 如何理解行政法的特点?
2. 如何理解行政机关的含义、性质、特征?
3. 行政行为的含义和特征是什么?
4. 行政行为成立的要件有哪些?生效要件有哪些?合法要件有哪些?

二、案例分析

近日,7名在沈阳市区随意涂写小广告的违法商贩被“请”进了沈阳市大东区城市管理局,“邀请”他们的是一个被市民形象地称之为“呼死你”的电话系统。当天,沈阳市启动语音警告提示系统,对城市“牛皮癣”制造者留下的电话号码进行长时间不间断拨打,结果8名被呼者中7人前来接受处罚。经沈阳市大东区城管局市容办主任李骥介绍,市容管理人员发现非法小广告中的电话号码后,先拍照取证,再进行电话核实并录音,确认其行为非法后,立即输入到语音警告提示系统,进行24小时拨打,直到他们关机或停机。这套系统不仅能对本地号码进行拨叫,对外地号码也同样有效,机主申请了呼叫转移,系统也能跟踪到位。如果被拨者接听来电,就会听到让其前来接受行政处理的语音提示。

请问:采用“呼死你”系统的手段是一种什么行为?是不是一种行政行为?

如果在执法过程中由于错误造成了相对人的合法利益的损害，行政机关是否要承担责任？

三、延伸阅读书目

1. 张正钊、胡锦光主编：《行政法与行政诉讼法学》，中国人民大学出版社2015年版。

2. 胡锦光：《行政法案例分析》，中国人民大学出版社2010年版。

3. 姜明安、李洪雷：《行政法与行政诉讼法教学案例》，法律出版社2004年版。

4. 罗杰：《行政行为法典型案例》，中国人民大学出版社2003年版。

5. 姜明安主编：《行政法与行政诉讼法》，北京大学出版社2015年版。

第五章　治安管理处罚法

教学要求

本章以《治安管理处罚法》和修订后的《公安机关办理行政案件程序规定》为基本依据，以治安案件查处的相关规定为主要内容。作为培养预备警官的高等公安院校，治安管理处罚是公安机关行政执法的重要内容，为此，本章的设置是为了使学生掌握治安案件查处工作的基础知识和基本概念，对治安案件查处工作形成基本的认识，为其他公安专业课的授课打下良好基础。

本章概要

《治安管理处罚法》属于公安机关履行管理职能的基础性法律，为公安机关执法提供理论依据。主要包括治安管理处罚的基本概念、治安管理处罚的基本规则，治安管理处罚的基本制度，以及治安管理处罚的程序性规则。《治安管理处罚法》自2006年3月1日实施以来，在维护社会稳定与和谐、确保公共安全、维护公民利益、维护良好的社会秩序、预防犯罪等方面起到了重要作用。

重要概念

一事不再罚　治安管理处罚　管辖　治安管理处罚的调查　治安管理处罚的决定　治安管理处罚的执行

第一节　治安管理处罚概述

治安管理处罚是具有治安处罚权的公安行政主体依法对行政相对人违反行政法律规范,尚不构成犯罪的行为给予的行政制裁。治安行政处罚是行政处罚的重要组成部分,是公安机关维护公共利益和社会秩序,保护合法权益而普遍、经常实施的一种具体行政行为,是公安行政执法的主要内容之一,在公安行政执法活动中占有很重要的地位。

引导案例

甲是一名无业游民,28岁,常冒充部队高官行骗,一日,甲又冒充是某部队的后勤主管人员,谎称部队要大量采购相关产品,自己正在对几个厂家进行考察、比较,如能符合条件,部队将在今后与其建立长期供货关系。并且,甲某还毫不犹豫地承诺:只要使他“满意”,产品的价格可以高于市场价。甲抛出的客观的利润骗得了某企业老总乙的青睐,主动请甲到高档酒店进行高档消费,晚间甲安排了一名女舞者向乙进行脱衣舞表演,后甲身份暴露被查获。甲的行为属于什么性质? 应当怎样处理? 乙的行为是否应受到治安处罚?

一、治安管理处罚的概念及特征

治安管理处罚有狭义、广义之分。狭义的治安管理处罚,是指公安机关依照《治安管理处罚法》对违反治安管理的行为人所运用的行政处罚;广义的治安管理处罚,是指公安机关根据《治安管理处罚法》以及与治安管理处罚相关的法律、行政法规、部门规章、地方性法规和地方性规章等规范性文件,对违反治安管理的行为人所运用的行政处罚。治安管理处罚具有以下几个特征:

(1) 治安管理处罚是维护社会治安秩序的一种行政处罚方法。治安管理处罚是维护社会治安秩序的方法,具有行政处罚的共同特点。

(2) 治安管理处罚的对象只能是违反治安管理的行为人。治安管理处罚适用的对象只能是违反法律规范,构成违反治安管理行为而被公安机关依法实施治安管理处罚的行为人。

(3) 治安管理处罚适用的主体只能是公安机关。其他国家机关、社会团体、企事业单位,均不能适用治安管理处罚。

(4) 构成治安管理处罚法律关系双方的法律地位具有差异性。作为构成治安管理处罚法律关系的当事人之一,公安机关始终处于主导、支配的一方。

(5) 治安管理处罚具有武装行政强制性。处罚方法具有强制性,是任何法律制裁所共有的,武装行政强制性则是其他行政处罚所不具有的,而属于治安管理处罚所具有的一个显著特点。例如,在强制传唤、行政拘留送达执行中,公安机关认为有必要的,可以使用械具。

二、治安管理处罚与其他法律制裁的区别

(一) 治安管理处罚与刑罚的区别

刑罚是人民法院依法对犯罪分子适用的刑事处罚方法。治安管理处罚与刑罚的区别主要有以三个方面:

(1)两者的性质不同。治安管理处罚是对违反治安管理但尚未构成刑事犯罪的人适用的行政处罚方法,而刑罚是对犯罪分子适用的刑事处罚方法。

(1)两者的严厉程度不同。治安管理处罚远没有刑罚严厉。

(3)两者的适用程序不同。

(二) 治安管理处罚与民事责任的区别

第一,治安管理处罚所依据的法律是行政法律,它所调节的是行政法律关系,因而违反治安管理的人所受的治安管理处罚是国家给予的制裁,受处罚人因此而承担的责任是直接对国家承担的责任;民事责任的依据是民法,而民法所调整的是平等的主体之间的财产关系和人身关系,因而民事违法行为人所承担的民事责任,是对因其侵权行为受到损害的人所承担的责任,而不是对国家承担的责任。

第二,适用治安管理处罚时,要求做到处罚的严厉程度与行为的危害程度大体相当,即过罚相当,但并不要求做到也无法做到两者完全等量;民事责任侵权人承担的责任与被侵害人受到的损失是等价的,即损害多少,赔偿多少。

(三) 治安管理处罚与行政处分的区别

行政处分是国家机关、社会团体、企事业单位对本单位内部违反纪律、政策、法律的人所适用的纪律处分方法。治安管理处罚与行政处分的区别主要表现为:(1)适用主体不同。(2)适用范围不同。(3)适用对象不同。(4)法律救济途径不同。

三、治安管理处罚法的基本原则

治安管理处罚法的基本原则,是指导和规范治安管理处罚法的立法、执法以及指导、规范治安案件查处、治安管理处罚的执行实施和行政争议的处理的基础性规范。

（一）治安管理处罚法的实体性原则

1. 以事实为依据原则

我国《治安管理处罚法》第5条规定，治安管理处罚必须以事实为依据。

2. 尊重和保障人权原则

我国《治安管理处罚法》第5条规定，实施治安管理处罚必须尊重和保障人权，保护公民的人格尊严。这一原则要求：第一，公安机关在实施治安管理处罚的过程中，不仅要尊重和保障受侵害人的人权，也要尊重和保障违反治安管理行为人的人权，还要尊重和保障其他相关人的人权。不能以为违反治安管理行为人违法了，就可以降低对其人权的尊重和保障标准。第二，公安机关尊重与保障人权、保护公民人格尊严应当贯穿在实施治安管理处罚过程的始终。在治安案件查处的整个过程中，都必须始终不渝地尊重和保障人权，而不是仅局限于调查、决定、执行的个别阶段或环节。

3. 过罚相当原则（比例原则）

过罚相当原则，又称为比例原则。过罚相当，简言之，就是重过重罚、轻过轻罚，罚当其过。治安管理处罚法规定的过罚相当原则，具体含义有以下几个方面：

首先，治安管理处罚的立法在设定治安管理处罚的种类、规定违反治安管理行为及其对各种违反治安管理行为在处罚的配置上，应当根据其行为的性质确定其处罚的种类和处罚的幅度。

其次，治安管理处罚在实施上，也应当坚持过罚相当原则。

最后，在决定处罚时，对于有从轻、减轻、不予处罚、从重处罚的情节，也要坚持过罚相当的原则，将其体现在处罚决定的内容上。

（二）治安管理处罚法的程序性原则

1. 公开原则

公开原则主要包含以下几层含义：

其一，实施治安管理处罚的法律依据要依法公开。

其二，实施治安管理处罚行为要公开。这一要求有两个方面：调查行为要公开；处罚决定事前和事后要公开。

其三，听证要依法公开。

2. 公正原则

公正原则的具体要求是：第一，要求公安机关及其人民警察本身处于客观中立的立场，不得与案件有任何利害关系，以防止腐败和权力的滥用；第二，要充分保障被处罚人有陈述、申辩、要求听证、提起复议、提起诉讼等权利，以便于被处罚人维护自己的合法权益，保证治安管理处罚的公正性。

3. 教育与处罚相结合原则

教育与处罚相结合原则的基本精神是:教育多数,处罚少数,区别对待;教育是目的,处罚是手段。办理治安案件应当坚持教育与处罚相结合的原则,要求公安机关及其人民警察在办理治安案件时要重在教育人们自觉遵守法律规范和自觉履行法律规定的义务。教育要贯穿于办理治安案件的全过程,而处罚仅是办理治安案件的结果。

第二节　治安管理处罚的种类

引导案例

某夜,在南方某市大剧院上演某国芭蕾舞团演出,赵某在该剧院门前,手持三张演出票进行出售,每张以高出票面价格 100 元的价格售出,获利 300 元,后被查获。赵某的行为该如何定性?处何处罚?依据何条款?

一、警告

警告是公安机关依法对违反治安管理行为人所作出的正式谴责和告诫,指出其违法行为及其危害,使其引起警觉、不致再犯的一种治安管理处罚。警告是最轻的一种治安管理处罚方法。

警告是一种申诫罚,它的特点主要表现为:警告是针对违法者的精神或者名誉、荣誉等方面所作的惩戒。警告不直接剥夺违法者的实体权利,但是会对违法者的实体权利带来一定的影响。

(一) 警告的适用范围

警告主要适用于一些初次、偶然违反治安管理,情节轻微,违法后认错态度较好的行为人。《治安管理处罚法》中有 10 条(分别是第 23 条、第 24 条、第 32 条、第 36 条、第 41 条、第 45 条、第 50 条、第 58 条、第 63 条、第 75 条)规定中的行为可以适用警告。

(二) 警告处罚的实际内容

警告作为一种处罚方法,其实际内容主要包括两点:一是谴责,即向行为人指出其违反治安管理行为的危害性;二是告诫,即责令行为人及时改正错误,保证以后不再犯。

警告与罚款、拘留比较,没有规定处罚幅度,没有一般警告、严重警告之分,也没有合并处罚的规定。

（三）警告与批评教育、警告处分的区别

警告与批评教育不同，主要反映在两个方面：一是在适用形式上；二是在适用的法律后果上。在形式上，警告要由公安机关依法作出决定，填写决定书，并按照法定程序执行。在法律后果上，根据《治安管理处罚法》第 20 条的规定，在 6 个月内曾受过治安管理处罚的，应当从重处罚。

警告处罚与警告处分也有着本质的区别。警告处罚是一种治安管理处罚方法，属于行政处罚范畴，它是由公安机关依法对外进行治安管理过程中所采用的处罚；警告处分是一种行政处分方法，它是行政机关以及合法组织在对内管理时所采取的一种处分，警告处分还可以分为警告和严重警告两种。

▶二、罚款

罚款是公安机关决定违反治安管理行为人在一定期限内向国家缴纳一定数额金钱的治安管理处罚。它通过给予违反治安管理行为人经济上的处罚，从而对其达到惩戒、制裁以及教育、挽救的目的。

（一）罚款的适用范围

罚款的适用范围非常广泛，但也不是所有的违反治安管理的行为都可以适用罚款，依据我国《治安管理处罚法》的规定，有 12 条（分别是第 28 条、第 29 条、第 30 条、第 31 条、第 33 条、第 39 条、第 44 条、第 45 条、第 55 条、第 74 条以及第 34 条第 1 款、第 41 条第 2 款）规定中的行为不得适用罚款。

（二）罚款的幅度规定

治安管理处罚法对不同性质的违反治安管理行为，规定了几种不同的罚款幅度，大致可分为：(1) 200 元以下；(2) 500 元以下和 200 元以上 500 元以下；(3) 1000 元以下和 500 元以上 1000 元以下；(4) 2000 元以下和 500 元以上 2000 元以下；(5) 3000 元以下和 500 元以上 3000 元以下；(6) 5000 元以下和 1000 元以上 5000 元以下。

（三）罚款与相关措施的区别

1. 罚款与罚金的区别

(1) 两者的性质不同。罚款是一种治安行政处罚方法；罚金是刑罚，属于刑罚中的附加刑。

(2) 两者的适用对象不同。罚款适用于违反治安管理行为人；罚金适用于触犯刑律的刑事被告人。

(3) 两者的法律依据不同。罚款由《治安管理处罚法》规定；罚金由《刑法》规定。

(4) 两者的适用主体及程序不同。罚款由公安机关依据治安管理法律、法规规定的程序决定并执行；罚金必须由人民法院依据刑事诉讼法规定的程序来判处。

2. 罚款与民事责任中损害赔偿的区别

治安管理处罚中的罚款也不同于民事责任中的损害赔偿。罚款是行政处罚，罚款的款项上缴国库，而损害赔偿不是处罚，损害赔偿是对被侵害人的经济赔偿。

（四）适用罚款应注意的问题

适用罚款处罚决定时应注意以下几个问题：

（1）适用罚款应注意单处与并处的条件。我国《治安管理处罚法》中对单处和并处的规定非常明确，凡条款中注明“可并处……元以下罚款”的，表示对该行为罚款可以和其他处罚并处，凡条款中注明“处……拘留或者……元以下罚款”的，表示对该行为只能单处，不能并处。

（2）要防止重罚款、轻警告或者以罚款代替行政拘留的现象。

（3）决定罚款应当考虑被处罚人的经济承受能力。如果罚款数额偏大，或是明显超出被处罚人的经济承受能力，不但难以执行，而且达不到教育的目的。

三、行政拘留

行政拘留是公安机关依法将违反治安管理行为人在一定时间内限制其人身自由的一种治安行政处罚方法，是治安管理处罚种类中最严厉的一种处罚。

（一）行政拘留的适用对象

行政拘留主要适用于违反治安管理情节较为严重的行为人。拘留的对象只能是自然人，不能是法人或其他组织。

根据我国《全国人民代表大会和地方各级人民代表大会代表法》第 30 条第 2 款、第 3 款的规定，对县级以上的各级人民代表大会代表决定行政拘留，应当经该级人民代表大会主席团或者人民代表大会常务委员会许可。对乡、民族乡、镇的人民代表大会代表决定行政拘留，公安机关应当在决定后立即报告乡、民族乡、镇的人民代表大会主席团。

（二）行政拘留的期限

行政拘留的期限为 1 日以上 15 日以下。我国《治安管理处罚法》将拘留的期限分为三个等级，分别是 5 日以下、5 日以上 10 日以下以及 15 日以下。

依据我国《治安管理处罚法》第 16 条的规定，行政拘留处罚合并执行的，最长不超过 20 日。

（三）行政拘留与刑事拘留、司法拘留的区别

这三种拘留之间有着严格的区别，不容混淆。其区别主要在于：

（1）性质不同。刑事拘留是一种刑事强制措施；司法拘留是一种司法强制措施；行政拘留是一种行政处罚。

（2）目的不同。刑事拘留在于防止现行犯或重大嫌疑分子等逃避侦查、审判或继续危害社会；司法拘留在于对妨害诉讼活动情节严重的行为人，在一定时间内限制其人身自由，以保证诉讼活动的顺利进行；行政拘留的目的在于惩罚和教育违反治安管理行为人。

（3）适用机关不同。刑事拘留由公安机关决定并执行；司法拘留由人民法院决定并交公安机关执行；行政拘留由公安机关决定。

（4）适用对象不同。刑事拘留是公安机关对现行犯或重大犯罪嫌疑人在法定的紧急情况下适用的；司法拘留适用于妨害民事、行政诉讼，情节严重，但尚未构成犯罪的行为人；行政拘留针对的是违反治安管理行为人。

（5）拘留的期限不同。刑事拘留一般为 10—14 日，符合法定情形的最多不超过 37 日；司法拘留和行政拘留分别为 1 日以上和 15 日以下。

（6）法律后果不同。刑事拘留后可能会变更为其他刑事强制措施如逮捕、取保候审、监视居住等，也可能被释放，或者转变为治安管理处罚；被处司法拘留的行为人，如果确有悔改表现，保证以后不再妨害诉讼的顺利进行，可以提前解除拘留；行政拘留属于行政处罚，执行完毕，立即解除。

（7）执行场所不同。被处刑事拘留的行为人收押于看守所监管；司法拘留和行政拘留都在拘留所执行。

▶四、吊销公安机关发放的许可证

吊销许可证是我国《治安管理处罚法》新增加的一种治安管理处罚。吊销公安机关发放的许可证，是指公安机关依法收回违反治安管理行为人已获得的从事某项活动的权利或资格的证书，从而剥夺相对人从事某种特许权利或者资格的治安管理处罚。目前，公安机关保留的行政审批项目有旅馆业、典当业、公章刻制业等特种行业许可，以及保安服务企业和保安培训机构许可等。

适用吊销公安机关发放的许可证处罚时应当注意以下两个问题：第一，这里所指的许可证，特指公安机关发放的许可证，不包括其他行政机关发放的许可证，其他行政机关发放的许可证如工商行政部门发放的营业执照等，公安机关无权吊销。第二，应当正确区分“吊销”与“撤销”“撤回”“注销”的区别。“吊销”许可证是一种行政处罚方法，而“撤销”“撤回”“注销”属于行政管理措施，公安机关依据行政许可法的规定执行即可。

▶五、限期出境与驱逐出境

限期出境，是指公安机关对违反治安管理的外国人，限定其在一定期限内离开中华人民共和国国境的治安管理处罚。驱逐出境，是指公安机关对违反治安管理的外国人，强迫其离开中华人民共和国国境的治安管理处罚。

限期出境与驱逐出境的适用对象是外国人。对违反治安管理的我国公民，包括香港、澳门特别行政区居民和台湾地区居民，不能适用限期出境与驱逐出境的处罚。

需要注意的是，限期出境与驱逐出境都只是附加处罚，它们应当与其他处罚并处，不能单独适用。同时，本法规定限期出境或驱逐出境只是“可以”对违反治安管理的外国人适用，而不是“应当”，也就是说，对违反治安管理的外国人不是一律都要适用限期出境或驱逐出境，而是要由公安机关根据案件的具体情况，灵活掌握运用。

第三节　与治安管理处罚相关的法律措施

引导案例

某县公安局在一日晚间接到群众举报王某在家中开设了一个赌局，从中收取场地费，遂到王某家中进行检查，发现赌资700余元，麻将若干，用作输赢的珍贵字画两幅，淫秽书刊和录像带若干。于是公安机关当场扣押了这批物品。王某要求在场的警察李某开具扣押物品的清单，而李某认为王某违法已经是事实，拿了清单也没有用了，东西反正是要不回来的，于是拒绝了王某的请求。后经调查，珍贵字画是王某从本市著名收藏家刘某家里偷来的，淫秽书刊和录像带属于王某的朋友钱某所有，而钱某并未参与赌博。现刘某要求归还字画，钱某要求归还书刊和录像带。警察李某不予开具清单的行为是否合法？

一、收缴与追缴

（一）收缴

1. 收缴的适用范围

收缴的适用范围是非法财物，主要包括：(1) 办理治安案件中所查获的毒品、淫秽物品等违禁品；(2) 赌具、赌资，吸食、注射毒品的器具；(3) 直接用于实施违反治安管理行为的本人所有的工具。

《公安机关办理行政案件程序规定》第168条规定，公安机关在办理行政案件中查获的下列物品应当依法予以收缴：

（1）毒品、淫秽物品等违禁品；

（2）赌具和赌资；

（3）吸食、注射毒品的器具；

（4）伪造、变造的公文、证件、证明文件、票证、印章等；

（5）倒卖的车船票、文艺演出票、体育比赛入场券等有价票证；

（6）主要用于实施违法行为的本人所有的工具以及直接用于实施毒品违法行为的资金；

（7）法律、法规规定可以收缴的其他非法财物。

前款第(6)项所列的工具，除非有证据表明属于他人合法所有，可以直接认定为归违法行为人本人所有。

违法所得的财物应当依法予以追缴或者没收。

多名违法行为人共同实施违法行为，违法所得或者非法财物无法分清所有人的，作为共同违法所得或者非法财物予以处理。

2. 收缴的决定

《公安机关办理行政案件程序规定》第 169 条第 1 款规定：收缴由县级以上公安机关决定。但是，违禁品，吸食、注射毒品的器具以及非法财物价值在 500 元以下且当事人对财物价值无异议的，公安派出所可以收缴。

3. 收缴物品的处理

依据我国《治安管理处罚法》第 11 条第 1 款的规定，公安机关对收缴的违反治安管理的非法财物应当"按照规定处理"。"按照规定处理"，是指按照法律、法规、规章以及国务院、公安机关、财政部门的有关规定，予以销毁或者上缴国库。《公安机关办理行政案件程序规定》第 170 条规定：公安机关对收缴和追缴的财物，经原决定机关负责人批准，按照下列规定分别处理：

（1）属于被侵害人或者善意第三人的合法财物，应当及时返还；

（2）没有被侵害人的，登记造册，按照规定上缴国库或者依法变卖、拍卖后，将所得款项上缴国库；

（3）违禁品、没有价值的物品，或者价值轻微，无法变卖、拍卖的物品，统一登记造册后予以销毁；

（4）对无法变卖或者拍卖的危险物品，由县级以上公安机关主管部门组织销毁或者交有关厂家回收。

（二）追缴

依据我国《治安管理处罚法》第 11 条第 2 款的规定，公安机关对追缴的违反治安管理的违法所得，有合法所有人的，应当退还原主，没有合法所有人的，公安机关应当登记造册，公开拍卖或者按照规定处理，所得款项上缴国库。

依据《公安机关办理行政案件程序规定》第 171 条的规定，对于应当退还原主的财物，应当通知原主在 6 个月内前来领取；对原主不明确的，应当采取公告方式告知原主认领。在通知原主后或者公告认领后6个月内无人认领的,按无主财物处理,登记后上缴国库,或者依法变卖或者拍卖后,将所得款项上缴国库。遇有特殊情况的,可酌情延期处理,延长期限最长不超过3个月。

二、约束

依据我国《治安管理处罚法》第15条第2款的规定:"醉酒的人在醉酒状态中,对本人有危险或者对他人的人身、财产或者公共安全有威胁的,应当对其采取保护性措施约束至酒醒。"在实际工作中,一些醉酒的人在醉酒状态中极易肇事,对本人、他人的人身、财产或者公共安全都有威胁。在这种情况下,公安机关有权依法对醉酒状态的人加以约束,直至恢复常态。

三、责令严加管教

责令严加管教的适用对象是特定的违反治安管理行为人的监护人。不满14周岁的人违反治安管理的,依据治安管理处罚法的规定,不予处罚,但是应当责令其监护人严格进行管理和教育。

四、责令严加看管和治疗

责令严加看管和治疗的适用对象是精神病人的监护人。精神病人在无法辨认或无法控制自己行为的时候违反治安管理的,不予处罚,但是应当责令其监护人严加看管和治疗。

五、责令停止活动与立即疏散

我国《治安管理处罚法》第38条规定,如果大型群体性活动的操作违反有关规定,有发生安全事故危险的,公安机关可以责令停止活动,立即疏散。

适用责令停止活动、立即疏散措施应注意以下两点:第一,对"有发生安全事故危险"的理解。在实践中,这种危险应当是一种可能性,并且是一种现实可能性,是否"有发生安全事故危险",应当由公安机关依据有关证据来判断。第二,对"停止活动"的理解。相关的宣传、推广、售票等前期准备工作,都属于"活动"的内容。只要公安机关认定"有发生安全事故危险"的可能,就可以责令停止活动,包括活动的前期准备工作。

六、禁止进入特定场所与强行带离现场

禁止进入特定场所与强行带离现场适用于我国《治安管理处罚法》第24条规定的因扰乱体育比赛秩序被处以拘留处罚的行为人。依据该条规定,对因扰

乱体育比赛秩序被处以拘留处罚的，可以同时责令其12个月内不得进入体育场馆观看同类比赛。违反规定进入体育场馆的，可以强行带离现场。我国《治安管理处罚法》将扰乱大型群众性体育比赛秩序的违反治安管理行为纳入处罚的范围，意味着我国已开始借鉴其他国家打击“足球流氓”的经验，通过立法方式确保大型群众性体育比赛的正常进行。

七、取缔

依据我国《治安管理处罚法》第54条的规定，未经许可，擅自经营按照国家规定需要由公安机关许可的行业的，除了给予相应的治安管理处罚以外，一律予以取缔。根据《公安机关执行〈中华人民共和国治安管理处罚法〉有关问题的解释》（以下简称《解释（一）》）的规定，《治安管理处罚法》第54条所说的“按照国家规定需要由公安机关许可的行业”，是指按照有关法律、行政法规和国务院决定的有关规定，需要由公安机关许可的旅馆业、典当业、公章刻制业、保安培训业等行业。根据《解释（一）》的规定，取缔应当由违反治安管理行为发生地的县级以上公安机关作出，按照治安管理处罚法的有关规定采取相应的措施，如责令停止相关经营活动、进入无证经营场所进行检查、扣押与案件有关的需要作为证据的物品等。在取缔的同时，应当依法收缴非法财物、追缴违法所得。

八、承担民事责任

违反治安管理行为应当承担的法律责任，包括行政法律责任和民事法律责任，也就是说，违反治安管理的行为人不仅应当依法受到治安管理处罚，而且应当依法承担民事责任。

第四节　治安管理处罚的适用

引导案例

沈某（18周岁）和刘某（16周岁，无前科劣迹）因琐事与陈某（18周岁）发生纠纷（非民间纠纷），两人联合起来殴打陈某，并造成陈某头面部一定伤势。当地公安机关调查后对沈某和刘某作出以殴打他人分别处行政拘留10日并处罚款500元的处罚，当场收缴了罚款，并于当日送沈某和刘某到当地拘留所执行。对刘某的拘留处罚决定能否执行，并说明理由。

一、治安管理处罚适用的含义

治安管理处罚适用,是指公安机关根据治安管理处罚法关于治安管理处罚的规定,以决定的方式将治安管理处罚的原则、规则等规定适用于具体的违反治安管理行为的行政执法活动。

二、治安管理处罚的具体适用

(一) 数种违反治安管理行为与处罚

1. 数种违反治安管理行为的认定

我国《治安管理处罚法》第 16 条规定:“有两种以上违反治安管理行为的,分别决定,合并执行。行政拘留处罚合并执行的,最长不超过 20 日。”这里所说的“有两种以上”,是专指某一具体的违反治安管理行为人有两种以上违反治安管理行为。比如,行为人连续实施两起“盗窃”,一次在甲地,另一次在乙地,这就属于两次实施同一性质的盗窃行为,不属于本条规定的有两种以上违反治安管理行为的情况。比如,行为人在上午在公交车上实施“盗窃”,下午又在某处“抢夺”他人财物,这就属于本条规定的有两种以上违反治安管理行为的情况。根据违反治安管理行为所侵犯的客体不同,“两种以上违反治安管理行为的”大体有三种情形:一是同类不同项的行为;二是不同类也不同项的行为;三是同项不同名的行为。

值得注意的是,下列情形不应视为“两种以上违反治安管理行为”:(1) 预备行为,主要指以实施一种违反治安管理行为为条件,而预谋实施另一种违反治安管理行为,由于意志之外或者中止等多种原因,致使另一种违反治安管理行为尚未能得以实施;(2) 牵连行为,即一种行为造成了多种危害结果,也即以实施某一违反治安管理行为为目的,而实施该行为的方法结果又触犯了其他条款;(3) 想象竞合行为,是指行为人以一个违反治安管理的故意,实施一种行为,触犯治安管理处罚法规定的两种行为的名称;(4) 吸收行为,是指事实上是数个不同的行为,其中一个行为吸收另一个行为;(5) 继续行为,是指一种违反治安管理行为在一定时间处于持续状态。这种行为的不法状态在没有改变之前,始终在持续之中,只有在不法状态结束时,其行为才告结束;(6) 连续行为,是指行为人在一定时间内连续数次实施治安管理处罚法规定的同一种性质完全相同的违反治安管理行为。这些行为都不能适用“分别决定,合并执行”的规定。

2. 对数种违反治安管理行为的处罚

(1) 分别决定。

(2) 合并执行。

（二）共同违反治安管理行为与处罚

我国《治安管理处罚法》第 17 条规定："共同违反治安管理的，根据违反治安管理行为人在违反治安管理行为中所起的作用，分别处罚。教唆、胁迫、诱骗他人违反治安管理的，按照其教唆、胁迫、诱骗的行为处罚。"该条是对共同违反治安管理行为处罚的具体规定。

1. 共同违反治安管理行为的认定

共同的违反治安管理行为，是指两人以上共同实施同一违反治安管理行为。两个或两个以上行为人的行为指向是同一违反治安管理行为，并互相联系、互相配合，形成一个有机联系的违反治安管理活动的整体。共同违反治安管理行为必须同时具备三个条件：一是从主体上看，必须是两个以上具有责任能力的自然人；二是客观上必须是两个以上行为人均参与实施了违反治安管理行为；三是主观上必须是两个以上的行为人具有共同违反治安管理行为的主观过错。

2. 对共同违反治安管理行为的处罚

第一，关于共同违反治安管理行为的一般处罚原则。

在通常情况下，对共同违反治安管理的行为人，应根据过罚相当原则，根据他们在违反治安管理行为中的地位主次、作用大小、情节轻重等情况分别给予处罚。根据规定，对处于主导地位、起主要作用的行为人，应当比对一般参与者或者说处于次要地位、服从地位甚至受胁迫者、情节较轻者的处罚重。

分别处罚，是指对共同违反治安管理的行为人，要根据他们在同一违反治安管理行为中的违法情节、作用，明确应承担的法律责任。因此，"分别处罚"常见的是分别作出不同的处罚。但如果这些行为人中所起的作用大小相当、甚至一样，那么"分别处罚"也可以表现为分别相同的处罚。特别指出的是，如果两人以上共同实施多次多种违反治安管理行为，那么，应逐一分解，先将每种违反治安管理行为按照《治安管理处罚法》第 17 条的规定，根据行为人所起的作用分别处罚；然后再对每个行为人按照《治安管理处罚法》第 16 条"分别决定，合并执行"的规定处理。

第二，关于教唆、胁迫、诱骗他人违反治安管理的处罚。

根据规定，教唆、胁迫、诱骗他人违反治安管理的，按照其所教唆、胁迫、诱骗的行为处罚；被教唆人、被胁迫人、被诱骗人违反治安管理的，按其所实施的行为处罚。

第三，单位违反治安管理行为与处罚。

我国《治安管理处罚法》第 18 条规定："单位违反治安管理的，对其直接负责的主管人员和其他直接责任人员依照本法的规定处罚。其他法律、行政法规对同一行为规定给予单位处罚的，依照其规定处罚。"该条是对单位违反治安管理行为处罚的具体规定。

单位违反治安管理行为，是指机关、团体、公司、企业、事业单位实施了依法应当给予治安管理处罚的行为。实践中，大量的违反治安管理行为的主体是自然人，单位作为社会活动的一个重要主体，并不是违反治安管理行为中的主要主体。但是，一些特定行业，如典当业、旅馆业、废旧物品收购业等，经常存在违反治安管理的情况，且大多既违反了经济管理、行政管理方面的法律、行政法规，同时又违反了治安管理的法律、法规。

单位违反治安管理行为的特征主要表现在两个方面：一是行为的主体，这里的单位是个广义概念，既包括机关、团体、公司、企事业单位，也包括不具备法人资格的其他组织等；二是单位违反治安管理必须是在单位意志支配下，由单位成员实施的违反治安管理行为，包括作为和不作为两种形式，主要表现为单位领导决定、单位领导集体研究、单位不作为等情形。

三、对单位违反治安管理行为的处罚

根据《解释（一）》第 4 项规定了：关于对单位违反治安管理的处罚问题。我国《治安管理处罚法》第 18 条规定，“单位违反治安管理的，对其直接负责的主管人员和其他直接责任人员依照本法的规定处罚。其他法律、行政法规对同一行为规定给予单位处罚的，依照其规定处罚”，并在第 54 条规定可以吊销公安机关发放的许可证。对单位实施《治安管理处罚法》第三章所规定的违反治安管理行为的，应当依法对其直接负责的主管人员和其他直接责任人员予以治安管理处罚；其他法律、行政法规对同一行为明确规定由公安机关给予单位警告、罚款、没收违法所得、没收非法财物等处罚，或者采取责令其限期停业整顿、取缔等强制措施的，应当依照其规定办理。对被依法吊销许可证的单位，应当同时依法收缴非法财物、追缴违法所得。参照刑法的规定，单位，是指公司、企业、事业单位、机关、团体。

四、减轻处罚或者不予处罚

所谓减轻处罚，是指在法定的处罚方式和处罚幅度最低限以下，对违反治安管理行为人适用处罚。在处罚的轻重程度上，它介于从轻处罚和不予处罚之间，即在本应给予处罚的种类档次以下的一种降格处罚，或者同一处罚幅度最低限以下处罚。也就是突破法律处罚的规定限制。此外，适用减轻处罚时，应注意它与从轻处罚的区别。

所谓不予处罚，是指依照法律的规定，考虑到法定的特殊情况存在，对本应给予处罚的违反治安管理行为人免除对其适用处罚，不再追究其法律责任。

根据我国《治安管理处罚法》第 19 条的规定，违反治安管理有以下几种情形之一的，应当减轻处罚或者不予处罚：

(1) 情节特别轻微的；

(2) 主动消除或者减轻违法后果，并取得被侵害人谅解的；

(3) 出于他人胁迫或者诱骗的；

(4) 主动投案，向公安机关如实陈述自己的违法行为的；

(5) 有立功表现的。

此外，我国《治安管理处罚法》还有几个法条体现了减轻处罚、不予处罚的适用规定。《治安管理处罚法》第 12 条对已满 14 周岁不满 18 周岁的人违反治安管理的，有应当减轻处罚的规定，对不满 14 周岁的人违反治安管理的，有应当不予处罚的规定。第 13 条对精神病人在不能辨认或者不能控制自己行为的时候违反治安管理的，有应当不予处罚的规定。第 14 条对盲人或者又聋又哑的人违反治安管理的有可以从轻、减轻或者不予处罚的规定。第 9 条对因民间纠纷引起的打架斗殴或者损毁他人财物等违反治安管理行为，情节较轻的公安机关可以调解处理。经公安机关调解，当事人达成协议并已履行的，应当不予处罚。第 71 条对非法种植罂粟不满 500 株或者其他少量毒品原植物，在成熟前自行铲除的，应当不予处罚。

根据《公安机关执行〈中华人民共和国治安管理处罚法〉有关问题的解释(二)》(以下简称《解释(二)》)的规定：违反治安管理行为人具有《治安管理处罚法》第 12 条、第 14 条、第 19 条减轻处罚情节的，按下列规定适用：

(1) 法定处罚种类只有一种，在该法定处罚种类的幅度以下减轻处罚；

(2) 法定处罚种类只有一种，在该法定处罚种类的幅度以下无法再减轻处罚的，不予处罚；

(3) 规定拘留并处罚款的，在法定处罚幅度以下单独或者同时减轻拘留和罚款，或者在法定处罚幅度内单处拘留；

(4) 规定拘留可以并处罚款的，在拘留的法定处罚幅度以下减轻处罚；在拘留的法定处罚幅度以下无法再减轻处罚的，不予处罚。

五、从轻处罚

从轻处罚，是指在法定的处罚方式和处罚幅度内，对违反治安管理行为人在法律规定的处罚方式内选择较轻的处罚种类，或者在同一处罚种类的处罚幅度内选择较低的额度进行处罚。当然，从轻处罚既不是绝对要选择适用最轻的处罚方式种类，也不是一定要在幅度最低限以下进行处罚。

我国《治安管理处罚法》中有两个法条涉及从轻处罚的规定：治安管理处罚

法第12条对已满14周岁不满18周岁的人违反治安管理的,有应当从轻或者减轻处罚的规定;第14条对盲人或者又聋又哑的人违反治安管理的,有可以从轻、减轻或者不予处罚的规定。

六、从重处罚

从重处罚,是指对违反治安管理行为人在可能的处罚方式中选择较重的或在同一类处罚种类中处罚幅度内选择较高的额度进行处罚。从重处罚可以是法定最高处罚,但不必然是法定最高处罚。另外必须注意到从重处罚不是加重处罚,加重处罚,是指可以超越法律规定的处罚种类和幅度进行处罚,加重处罚不符合处罚法定原则,在立法中已不再规定适用。根据我国《治安管理处罚法》第20条的规定,违反治安管理有如下几种情形之一的,应当从重处罚:

(1) 有较严重后果的;

(2) 教唆、胁迫、诱骗他人违反治安管理的;

(3) 对报案人、控告人、举报人、证人打击报复的;

(4) 6个月内曾受过治安管理处罚的。

此外,需要指出的是,阻碍人民警察依法执行职务和冒充军警人员招摇撞骗的违反治安管理的行为,依照治安管理处罚法的相关规定,属于应当从重处罚的范畴。

七、追究时效

(一) 追究时效的含义

违反治安管理行为的追究时效,是指违反治安管理行为发生一段时间后,没有被公安机关发现的,不再追究违反治安管理行为人的违反治安管理责任的法律制度。

(二) 追究时效的期限

从《治安管理处罚法》的规定看,我国违反治安管理行为的追究时效为6个月。即违反治安管理行为发生后,在6个月内没有被公安机关发现的,不再追究行为人的违反治安管理责任,行为人不受治安管理处罚。所谓"6个月内没有被公安机关发现",是指自违反治安管理行为发生之日起6个月内公安机关没有受理该违反治安管理行为。受理就视为公安机关已经发现了违反治安管理行为。行为人不能到案接受处罚,或者说行为人逃避、藏匿,使公安机关无法决定处罚,不能视为没有被公安机关发现。

(三) 不再处罚

不再处罚,是专指超过追究时效的期限,不再追究违反治安管理行为人受处罚制裁的法律责任。不再处罚并不等于不再处理,对违反治安管理的行为人仍然可以进行教育,只是不受处罚,但这并不影响其应该承担的其他法律责任,如我国《治安管理处罚法》第 8 条中规定的民事责任等和其他与治安管理处罚相关的法定辅助措施等。

根据《解释(一)》的规定,《治安管理处罚法》第 22 条对违反治安管理行为的追究时效作了明确规定,公安机关对超过追究时效的违反治安管理行为不再处罚,但有违禁品的,应当依法予以收缴。

八、单处与并处

单处,是指对一种违反治安管理行为适用一种治安处罚,它是相对于并处而言的。在治安管理处罚法中单处有两种情形:一是治安管理处罚法某些条文中明确规定,对某一些违反治安管理行为只能适用法律明确规定的某一种具体的处罚种类,对这些行为不能适用其他种类的处罚,如我国《治安管理处罚法》中共有 11 个法条规定了对其中的具有较为严重的社会危害性行为只能适用行政拘留处罚,不能适用警告、罚款等处罚种类,没有可供选择的余地,这些行为具有较为严重的社会危害性,这样规定,限制了公安机关的自由裁量权,防止了以罚代拘,符合立法精神;二是治安管理处罚法有一些条文中规定了对一些违反治安管理行为设置了多种可供选择的处罚种类,只能选择其中一种处罚。例如,选择了罚款的处罚,就不能再实施拘留的处罚,反之选择了拘留的处罚,就不能再实施罚款的处罚。只能择一而行之。

并处,是指对一种违反治安管理的行为,给予某种处罚的同时,再给予另一种处罚。并处必须在法律明文规定的范围内进行,不能突破这个界限。我国《治安管理处罚法》中并处规定有两种情形:一是"应当并处"的。《治安管理处罚法》中共有 17 处规定有必须并处的内容,应当并处的不能适用一种处罚,这是一种法律的硬性规定。二是"可以并处"的。《治安管理处罚法》中共有 28 处规定有可以并处的内容,可以并处的则是既可并处,又可以单处,可以并处的规定,应理解为既可以并处,又可以不并处,如果没有并处则属于单处,执法中据情况选择适用。

第五节 治安调解

引导案例

陈某(女)与杨某(女)是门对门的邻居。某日,陈某的孙子哭闹让杨某不能午休,便推出自己做小买卖的生意摊,准备出去摆摊做生意,路过陈某家门口,杨某生气地骂了几句，推着生意摊走出去。陈某在自己家听到杨某骂便冲出来与杨某对骂，还边骂边猛地将杨某的生意摊掀翻，损失价值约500元。杨某向派出所报警。公安机关经双方当事人自愿同意，进行了治安调解，达成协议：由陈某赔偿杨某300元，不再承担其他法律责任；双方和睦相处。如何理解和把握我国《治安管理处罚法》规定的治安调解的条件？

调解，是指在第三人的主持和教育疏导下，促使双方当事人交换意见、互谅互让、以一定条件和解，从而解决纠纷的一种方法。在我国，调解大致可分为人民调解、司法调解、行政调解、仲裁调解、法院调解五种。公安机关对因民间纠纷引起的治安案件所进行的调解，属于行政调解。因为调解的是治安案件，并且一般由公安机关治安管理部门主持，所以将这种调解称为“治安调解”。

一、治安调解的概念

我国《治安管理处罚法》第9条规定：“对于因民间纠纷引起的打架斗殴或者损毁他人财物等违反治安管理行为，情节较轻的，公安机关可以调解处理。”根据这一规定，作为对违反治安管理行为的一种处理方法的调解，是指对于因民间纠纷引起的打架斗殴或者损毁他人财物等违反治安管理行为，不给予治安管理处罚，而采取在公安机关主持下，由双方当事人互相协商，自愿达成解决争议协议的处理方法。

二、治安调解的适用条件

治安调解是指公安机关依法对民间纠纷引起的违反治安管理行为的调解处理。治安调解必须具备以下条件：

（1）当事人至少一方已构成违反治安管理行为；

（2）必须实施了打架斗殴或者损毁他人财物等违反治安管理行为；

（3）必须是由于民间纠纷引起的；

（4）必须是情节轻微的违反治安管理行为。

根据《公安机关办理行政案件程序规定》第153条的规定，对于因民间纠纷引起的殴打他人、故意伤害、侮辱、诽谤、诬告陷害、故意损毁财物、干扰他人正常生活、侵犯隐私、非法侵入住宅等违反治安管理行为，情节较轻，且具有下列情形之一的，可以调解处理：

（1）亲友、邻里、同事、在校学生之间因琐事发生纠纷引起的；

（2）行为人的侵害行为系由被侵害人事前的过错行为引起的；

（3）其他适用调解处理更易化解矛盾的。

对不构成违反治安管理行为的民间纠纷，应当告知当事人向人民法院或者人民调解组织申请处理。

对情节轻微、事实清楚、因果关系明确,不涉及医疗费用、物品损失或者双方当事人对医疗费用和物品损失的赔付无争议,符合治安调解条件,双方当事人同意当场调解并当场履行的治安案件,可以当场调解,并制作调解协议书。

根据《公安机关办理行政案件程序规定》第 154 条规定,有下列情形之一的,不适用调解处理:

(1) 雇凶伤害他人的;

(2) 结伙斗殴或者其他寻衅滋事的;

(3) 多次实施违反治安管理行为的;

(4) 当事人明确表示不愿意调解处理的;

(5) 当事人在治安调解过程中又针对对方实施违反治安管理行为的;

(6) 调解过程中,违法嫌疑人逃跑的;

(7) 其他不宜调解处理的。

三、适用治安调解的原则

根据《公安机关办理行政案件程序规定》第 155 条的规定,公安机关在进行治安调解处理时,应当查明事实,收集证据,并遵循合法、公正、自愿、及时的原则,注重教育和疏导,化解矛盾。

四、治安调解的程序

(一) 治安调解的基本程序

治安调解的基本方法是说服教育,依法疏导,明确是非,促使双方当事人互谅互让,协商言和,使纠纷得以妥善解决。进行治安调解时,应遵循以下程序:

1. 依法受理

受理是治安调解的第一道程序,要做好受理工作,必须抓住两个环节:

(1) 认真接待,稳定情绪。

(2) 分清纠纷类型,作出正确处置。

2. 查明纠纷主要事实,分清是非责任

决定受理后,公安机关应当根据案件的性质,开展调查工作,认真调查纠纷的具体情况、动向、产生的原因,了解案件的事实,掌握当事人双方的意见和请求、群众对此事的看法,全面掌握第一手材料。对治安纠纷的调查,应当像办理其他治安案件一样,询问违反治安管理行为人,询问当事人,询问证人,现场勘验,收集当事人提交的物证书证等,对所获取的材料要进行分析,去粗取精,去伪存真,力求全面、准确、充分,只有在对纠纷的主要事实查明以后,才能分清双方当事人的是非责任,才便于正确进行治安调解,否则,只能会出现久调不解甚至使纠纷激化、转化。

3. 斡旋劝说,促进治安调解

斡旋劝说是纠纷调解的重要环节。治安调解人员在进行治安调解过程中,应遵循以下步骤:

(1) 分别对纠纷当事人进行治安调解。因为双方当事人由于矛盾没有缓解,情绪没有稳定,还处于对立状态,在这种情况下,不宜让他们同时参加调解。治安调解人员应该分别与被调解者进行交谈,从而保证交流的质量。

(2) 引导纠纷当事人进一步认清纠纷事实真相,逐步分清自己的责任。

(3) 治安调解人员依据国家法律、党的政策、社会公德,对当事人进行说服疏导,以提高当事人的思想道德觉悟、法律意识。

(4) 在了解全部事实真相基础上,把握时机,依法明断是非,分清责任,并提出公正合理的调解意见。

(5) 调解工作做通后,纠纷当事人双方意见达成一致,表示愿意接受治安调解。

4. 依法办事,结束治安调解

结束治安调解有两种情况:一是经过自愿协商达成协议,治安调解成立而结束;二是经过协商不能达成协议,治安调解不成而结束或者治安调解达成协议后又反悔的。

(1) 达成协议,治安调解成立而结束调解。

第一,制作调解笔录。应当将治安调解的基本情况记入调解笔录,由双方当事人核对后签名或盖章。案情特别简单,不需要制作《治安调解书》的,应当将治安调解过程、协议记入调解笔录。

第二,制作《治安调解书》。治安调解达成协议,应制作《治安调解书》,并加盖调解机关公章。《治安调解书》的内容包括当事人的基本情况、简明案由、达成的协议内容、时间、双方当事人及主持调解的民警的签名。《治安调解书》一式三份,双方当事人各执一份,公安机关留一份备案。治安调解协议自《治安调解书》送达双方当事人手中,双方当事人均表示同意时起生效。

第三,归档立卷。由于治安调解的前提是违反治安管理行为,公安机关在调解处理前,往往已通过受理,立为治安案件,形成一定的案件材料。因此,有必要归档立卷存档,制作治安调解案卷。

(2) 治安调解不成或达成协议后反悔的。

《治安管理处罚法》第 9 条规定,经公安机关调解,当事人达成协议的,不予处罚。经调解未达成协议或者达成协议后不履行的,公安机关应当依照本法的规定对违反治安管理行为人给予处罚，并告知当事人可以就民事争议依法向人民法院提起民事诉讼。根据该规定，公安机关对治安调解不成或达成协议后又反悔的，有权终止调解。经治安调解达成的协议，如果当事人一方或双方没有履行或者没有完全履行，在一方或双方向公安机关提出并且经过核查属实后，公安机关有权撤销调解协议。对调解不成或达成协议后《治安调解书》送达前反悔的，对治安违法部分由公安机关依法给予治安处罚；对民事侵权行为及其所造成的损失和伤害部分的调解处理不服的，应告知当事人到人民法院按民事案件起诉。

（二）进行治安调解应当注意的问题

为了保证治安调解的质量，必须认真规范公安机关进行治安调解的行为。根据我国《治安管理处罚法》和《公安机关办理行政案件程序规定》，公安机关在进行治安调解时应当注意以下问题：

1. 讲究调解的效率

为了提高治安调解的效率，避免出现久调不解的状况，《公安机关办理行政案件程序规定》第 158 条特别规定："调解一般为一次。对一次调解不成，公安机关认为有必要或者当事人申请的，可以再次调解，并应当在第一次调解后的 7 个工作日内完成。调解应当制作笔录。"这就要求公安机关在决定受理调解纠纷后，应当迅速查明案件事实真相，认真组织调解，及时调结案件，不能久调不解。

2. 注意保障未成年人的合法权益

《公安机关办理行政案件程序规定》第 156 条规定，当事人中有未成年人的，调解时应当通知其父母或者其他监护人到场。但是，当事人为年满 16 周岁以上的未成年人，以自己的劳动收入为主要生活来源，本人同意不通知的，可以不通知。被侵害人委托其他人参加调解的，应当向公安机关提交委托书，并写明委托权限。违法嫌疑人不得委托他人参加调解。

3. 注意调解的方法

调解的方法对于做好调解工作至关重要。在进行调解工作中，在调解的方法上应当坚持"四宜四不宜"：(1) 宜解不宜结。就是从解决双方当事人的矛盾入手，通过调解，进行教育、疏导，促使双方重归于好。(2) 宜和不宜激。在调解时，先要努力缓和双方当事人的对立情绪，然后再讲理讲法，分清是非，使矛盾得到解决。(3) 宜缓不宜急。就是在处理时不要急于下结论，因为这类案件的当事人在纠纷发生的一段时间内，双方对立情绪都很大，此时调解难度很大，一旦双方冷静下来后，是能够认识错误的。急于下结论不利于消除矛盾。(4) 宜宽不宜严。就是当这类案件调解不成，需要对违反治安管理行为人进行处罚时，要尽量依法从轻处理，以避免双方矛盾再次激化。

4. 做好调查取证工作

对于符合调解处理条件的案件，公安机关受理后，不论将来是否适用调解处理，都要及时做好深入细致的调查取证工作。目前实践中存在一种错误倾向，就是有的公安民警认为，既然是可以适用调解处理的治安案件，到时候组织双方当事人调解即可，没有必要花时间、精力去做调查取证工作。一旦调解不成或出现调解协议不履行的情况，就可能事过境迁，该有的证据无法取到，不仅导致难以认定是哪一方的过错，造成案件调解不下去，而且等到需要作出处罚决定时，也因为事实不清、证据不足而处罚不了。这不仅不利于化解矛盾、解决纠纷，而且会影响法律的尊严和公安机关的威信。因此，即使对可以适用调解的案件，公安机关也必须及时依法调查取证，查清事实真相，收集足够的证据。这既可以为调解创造有利条件，便于说服教育当事人，也可以为调解不成时作出处罚决定奠定坚实的基础。

5. 正确理解治安调解协议的法律效力

公安机关对违反治安管理行为调解处理，是一种执法活动。在公安机关主持下，双方当事人自愿达成调解协议，自《治安调解书》送达双方当事人手中，双方当事人均表示同意时起即具有法律效力，当事人和公安机关都要受调解协议的约束：当事人应当履行协议所规定自己承担的义务，不能在没有正当理由的情况下，拒绝或者拖延履行义务；公安机关在协议没有被依法撤销前，不能再对同一违反治安管理行为裁决处罚。

值得注意的是，治安调解达成的协议虽然具有法律效力，但不能强制执行。当事人无正当理由拒绝或者拖延履行协议所规定的义务的，公安机关应当进行说服教育，促使其提高认识，自觉履行。如果双方当事人或者一方当事人拒绝接受教育，坚持不履行协议的，公安机关可以依照一方或双方当事人的请求，撤销调解协议，依法对违反治安管理行为人予以处罚；对违法行为造成的损害赔偿纠纷，应当告知纠纷各方向人民法院提起民事诉讼。不得用行政手段强制当事人接受调解或强制执行调解协议。

第六节　治安案件的受理、管辖和回避

引导案例

张某退休后在家颐养天年，一日外出，碰到同样已退休的同事袁某(61 岁)，二人本来相谈甚欢，但谈到某一共同关心的话题时，意见发生了严重分歧，既而发生激烈争吵，张某对此怀恨在心，回家后将此事告诉了其子张 A 某(19 岁)与

张B某(16岁),并要求他们替自己去教训一下袁某。张A某与张B某遂找到袁某,二话不说,就开始殴打袁某,将袁某打致轻微伤。袁某报案后,A区公安分局派民警肖某负责此案。但袁某以肖某系张某的亲外侄、并且往来甚密为由,申请肖某回避。肖某是否应当回避?为什么?其是否回避由谁来决定?在作出回避决定前,肖某该如何做?

一、治安案件的受理

治安案件的受理,以前称为立案,即对构成违反治安管理应予处罚的行为,予以受理立案。在我国,《公安机关办理行政案件程序规定》称为受案,《治安管理处罚法》表述为受理和登记,本书简称为受理。

(一) 治安案件受理的概念

我国《治安管理处罚法》第77条规定,公安机关对报案、控告、举报或者违反治安管理行为人主动投案,以及其他行政主管部门、司法机关移送的违反治安管理案件,应当及时受理,并进行登记。治安案件的受理,是指公安机关对报案、控告、举报或者违反治安管理行为人主动投案,以及其他行政主管部门、司法机关移送的违反治安管理案件,表示接受,并拟作为治安案件调查处理的一种程序上的法律活动。

(二) 治安案件受理的来源

控告、检举、揭发、申诉等都是宪法赋予公民的基本权利。群众在自身的合法权益或者国家、集体、他人的权益受到侵害时,有权向公安机关报告、扭送不法分子。而接受并受理报案则是国家赋予公安机关的职责。

根据我国《治安管理处罚法》第77条规定,治安案件受理案件来源主要有以下几个方面:

(1) 报案。报案是指违法犯罪行为发生后,公民、法人、其他组织或者被侵害人主动报告公安机关,反映其发现的违法事实和违反治安管理行为人,要求公安机关对案件依法进行调查的行为。这是公安机关受理违反治安管理案件的主要来源之一。其报案的形式多种多样,有的通过电话,特别是“110”报警台报案,有的自己到公安机关报案。

(2) 控告。控告是指被侵害人及其近亲属、代理人、监护人因被侵害人的人身、财产权利遭受到违反治安管理行为人的不法侵害,而向公安机关告发,要求公安机关依法查处的行为。控告是被侵害人维护自己合法权益的重要举措,也是其寻求法律帮助的重要途径。

(3) 举报。举报是指被侵害人以外的公民、法人和其他组织发现违法事实和违反治安管理行为人而向公安机关告发或者提供案件线索、证据,请求公安机关依法查处的行为。实践中,举报是公安机关受理的违反治安管理案件的最重要的来源之一,为治安案件查处工作提供了极大的帮助,有益于对治安案件的及时查破和对违法行为人的及时处理。举报的方式很多,有的是电话,有的是信函,更多的还是“群众扭送”。

(4) 投案。投案是指违反治安管理行为人实施违反治安管理行为后,主动到公安机关投案,如实交代自己的违法行为,并主动接受调查和处罚的行为。

(5) 移送。治安案件受理的来源还包括公安机关自身发现的案件、公安机关内部各业务部门移送的案件、其他无管辖权的公安机关移送的案件以及新闻媒体报道的案件等。公安机关自身发现的违反治安管理案件,是指公安机关治安管理部门和公安派出所在日常的业务工作,如在公共复杂场所管理、特种行业管理、危险物品管理和进行巡逻、社会调查等工作中发现的案件。公安机关内部各业务部门移送的违反治安管理案件,是指公安机关内部刑事侦查部门、经济文化保卫部门、安全保卫部门等在从事其业务工作中发现的案件,将其移交给治安管理部门办理。其他无管辖权的公安机关移送的案件,是指根据案件管辖原则,原受理的公安机关经调查后认为不属于其自己管辖的案件,而将其移送给有管辖权的公安机关。新闻媒体报道的案件,是指通过广播、电视等途径,向公众公开报道的违反治安管理行为事实。

(三) 治安案件受理的条件

公安机关在接到公民、组织、单位的报案、控告、举报、投案后,并不是都要将其作为治安案件进行调查处理,而应当区分具体情况,分析其是犯罪行为、违反治安管理行为还是相当轻微的违法行为甚至是违规行为,有的甚至还属于错告、诬告的情形。为此,必须明确治安案件受理的条件:

(1) 有违反治安管理行为事实存在。公安机关调查治安案件的前提是必须有违法事实客观发生,违法行为性质是违反治安管理行为,而且有初步的证据材料能够证明违反治安管理行为事实的存在。但是,受理审查阶段的证据材料只要能够证明违法事实存在即可,无须证明案件的每一情节。

(2) 必须是需要追究治安行政责任。违反治安管理行为的法律结果是对违反治安管理行为人依法追究治安行政责任;违反治安管理行为人对自己的违法行为承担治安行政责任是治安案件查处的最终目的。因此,公安机关调查的治安案件必须是依法应当对行为人追究治安行政责任的案件。

根据规定,不需要追究治安行政责任的主要情形有三种:一是没有违法事实;二是违法情节轻微,不需要追究治安行政责任;三是有其他依法不追究治安行政责任情形。例如,违法行为人未达到 14 周岁的法定责任年龄,或者不具有责任能力,或者违反治安管理行为已经超过追究时效,或者违法行为人已经死亡等。

(3) 必须是属于本公安机关自己管辖的案件。属于本公安机关自己管辖，是指根据地域管辖、级别管辖和职能管辖等规定，确定案件归受理案件的公安机关自己管辖。否则，案件即使符合前两个条件，也应移送有管辖权的公安机关处理。

(四) 治安案件受理的步骤

公安机关在接受报案，决定是否受理的工作过程中，应当按照受理、审查、决定的程序进行。

1. 接受报案，登记备查

(1) 热情、及时接受报案。接受报案时，应特别注意态度和方式方法。值班接待人员必须热情、周到，同时，对报案人可能的过激言行要冷静对待，帮助其恢复情绪，促使其客观、详尽地叙述案情；切忌态度冷漠、动作怠慢的“衙门”作风。

接受报案时应当重点注意：第一，认真接待。在多数情况下，群众对所报案件的性质，公安机关内部机构的职责分工和案件管辖范围等并不清楚，只是就近报案。因此，公安机关对群众的最初报案都必须接待，问清情况。第二，认真解释。对不属公安机关管辖的案件，应向报案者解释清楚，告知其到有管辖权的机关报案，有些情况下还应直接移送有管辖权的机关。认为不属于违反治安管理行为的，应当告知报案人、控告人、投案人，并应说明理由。第三，当场处置。遇有现行违法行为或群众扭送的，首先应当制止不法行为和对行为人采取控制措施，随后问明案情，对属本部门管辖的，依法处理；对不属本部门管辖的，直接移送有管辖权的部门处理。

(2) 严格依法办事，对报案情况作好记录。报案既可以采用书面形式，也可以采用口头形式。凡接受口头报案的，要让对方把事情说清、说全、说完，接待人员应当全面、认真作好记录。对于书面提出的，要注意审查内容、材料是否完备，不完备的要通过询问补充完整。

接报时，接报人员应制作接报记录，记录内容一般包括：第一，报案人、控告人、举报人及投案人的身份情况(姓名、性别、年龄、职业、单位和住址等)；第二，报案人与案件的关系；第三，简要案情、损失物品、人员伤亡等，包括所报案件发生的时间、地点、人物、起因、经过、后果等事实及其证据和理由；第四，控告、举报的目的、要求等；第五，接受报案、控告、举报及投案的公安机关的名称和接报人员姓名等。接报人员要在接待记录上签署自己的姓名、工作单位、职务和接待日期。

(3) 收集报案材料、证据。报案材料首先是证明违法行为是否真实存在，是否属于违反治安管理行为，是否应当作为治安案件调查的重要依据，也是调查取证的重要线索来源,甚至有可能是处理治安案件的证据。因此,接报人员应当从职业纪律要求出发,认真、全面收集报案材料,并养成良好的职业习惯。同时,报案人、控告人、举报人或者投案人在报案或者投案时也有可能同时提交能够证明案情的物品、文件等,接报人员应当树立强烈的证据意识,随时收集、登记相关证据,并妥善保管。

2. 对报案材料进行审查

治安案件的受理审查,是指接受报案、控告、举报及投案的公安机关,经过对接受报案、控告、举报及投案所形成的材料进行审查,确认是否属于违反治安管理行为,并拟作为治安案件调查的一种法律活动。这种确认是判断违反治安管理行为是否存在的活动。

3. 作出处理决定

公安机关办案人员对受理的治安案件经过审查,在初步确定案件性质、是否应当追究治安行政责任和管辖权限等情况的基础上,将对治安案件作出以下不同处理:

(1) 作为治安案件调查处理。对经审查认为属于违反治安管理行为,需要追究治安行政责任,且属于自己管辖的案件,办案人员应当立即提出调查处理的受理意见,及时报办案部门负责人审批并进行调查。

(2) 作出不予处理决定。对经审查,认为没有违法事实,或者违法情节轻微,不需要追究行政责任,或者有其他依法不追究行政责任情形的,经办案部门以上负责人批准,不予处理;其中,对受害人报案的,应当制作不予处理决定书,在3日内送达报案人;无法送达的,应当注明。

(3) 作出不予受理决定。对不属于公安机关管辖的案件,不予受理,但应当告知报案人或者违法嫌疑人向有管辖权的机关报案或者投案。

(五) 治安案件受理的要求

公安机关应认真接待单位和个人报案或者违法行为人投案,并按照以下要求做好治安案件受理工作:

(1) 认真接待,并对报案情况如实登记。公安机关对报案的群众必须认真负责、热情接待,保持冷静的头脑,严格依法办事,促使报案人把案情说清、说全,务求弄清事实真相。公安机关依法保护控告、申诉人的合法权利,对公民、法人和其他组织依据规定提出的控告、申诉都应接受,不得置之不理或者敷衍塞责;不准对控告人、申诉人歧视、刁难和打击报复。目前,公安机关实行警务公开制度,有的地方公安机关采取在网上公开治安案件受理、查破情况的方式,报案人可以在网上查询所报案件的处理情况,便于群众监督。

(2) 登记报案人提供的有关证据材料、物品,并妥善保管。依法登记,妥善保管有关证据材料和物品,既是进一步调查处理案件的需要,也是保护当事人合法权益、打击违法犯罪活动的需要。根据要求,对报案人提供的有关证据材料、物品,首先,要进行登记,对物品,要写明名称、规格、数量、特征、明显标记等;对其他文字材料,要写明份数、起止页码等。其次,要妥善保管,保证报案人所提供的证据材料、物品的真实性、准确性,不得损毁、转移、遗失或者挪作他用,更不准将控告材料转给被控告人。对认定不属于治安案件,公安机关将案件移交给有关主管部门依法处理的,应当同时将上述物品一并移交,并将有关情况告知报案人、举报人、控告人、投案人。对认定不属于治安案件,公安机关告知报案人、举报人、控告人、投案人向有管辖权的机关报案、举报、控告、投案的,应当将上述物品退还报案人、举报人、控告人、投案人。

(3)立即派出警力,赶赴现场。对违法行为正在发生,需要立即制止或者抓捕违法行为人,以及需要赶赴现场进行调查的,公安机关接警后要立即组织警力快速赶赴案发现场,实地查看、询问、勘验检查、取证,及时制止危害行为、控制事态发展,马上开展调查取证,及时控制违反治安管理行为人。必要时可将受理、取证等程序交叉或同步进行。

(4)遵守保密规定。保障报案人、举报人、控告人及其亲属的安全,是当前形势下同违法犯罪行为作斗争的迫切需要。《公安机关办理行政案件程序规定》第49条规定:“报案人不愿意公开自己的姓名和报案行为的,公安机关应当在受案登记时注明,并为其保密。”

(5)受理案件后的处理。根据《公安机关办理行政案件程序规定》第47条规定,公安机关对报案、控告、举报、群众扭送或者违法嫌疑人投案,以及其他行政主管部门、司法机关移送的案件,应当及时受理,制作受案登记表,并分别作出以下处理:

第一,对属于本单位管辖范围内的事项,应当及时调查处理;

第二,对属于公安机关职责范围,但不属于本单位管辖的,应当在受理后的24小时内移送有管辖权的单位处理,并告知报案人、控告人、举报人、扭送人、投案人;

第三,对不属于公安机关职责范围内的事项,书面告知报案人、控告人、举报人、扭送人、投案人向其他有关主管机关报案或者投案。

公安机关接受案件时,应当制作受案回执单一式二份,一份交报案人、控告人、举报人、扭送人,一份附卷。

公安机关及其人民警察在日常执法执勤中发现的违法行为,适用第一款的规定。

《公安机关办理行政案件程序规定》第48条规定,属于公安机关职责范围但不属于本单位管辖的案件,具有下列情形之一的,受理案件或者发现案件的公安机关及其人民警察应当依法先行采取必要的强制措施或者其他处置措施,再移送有管辖权的单位处理:

第一,违法嫌疑人正在实施危害行为的;

第二,正在实施违法行为或者违法后即时被发现的现行犯被扭送至公安机关的;

第三,在逃的违法嫌疑人已被抓获或者被发现的;

第四,有人员伤亡,需要立即采取救治措施的;

第五,其他应当采取紧急措施的情形。

行政案件移送管辖的,询问查证时间和扣押等措施的期限重新计算。

《公安机关办理行政案件程序规定》第 50 条规定,对报案人、控告人、举报人、扭送人、投案人提供的有关证据材料、物品等应当登记,出具接受证据清单,并妥善保管。必要时,应当拍照、录音、录像。移送案件时,应当将有关证据材料和物品一并移交。

《公安机关办理行政案件程序规定》第 51 条规定, 公安机关对发现或者受理的案件暂时无法确定为刑事案件或者行政案件的,可以按照行政案件的程序办理。在办理过程中,认为涉嫌构成犯罪的,应当按照《公安机关办理刑事案件程序规定》办理。

▶二、治安案件的管辖

治安案件的管辖,是指公安机关受理、调查治安案件时在事务、地域和层级等方面的分工,或者说是确定某个违反治安管理行为应当由哪一级和哪一个公安机关受理、调查的法律制度。

(一) 地域管辖

根据《公安机关办理行政案件程序规定》第 9 条的规定,行政案件由违法行为地的公安机关管辖。由违法行为人居住地公安机关管辖更为适宜的,可以由违法行为人居住地公安机关管辖,但是涉及卖淫、嫖娼、赌博、毒品的案件除外。

移交违法行为人居住地公安机关管辖的行政案件,违法行为地公安机关在移交前应当及时收集证据,并配合违法行为人居住地公安机关开展调查取证工作。

(二) 级别管辖

级别管辖,是指根据各级公安机关的职责确定其对治安案件的调查管辖范围。它是从纵向上划分上下级公安机关之间对治安案件的管辖分工。

级别管辖主要根据违反治安管理行为的危害性、复杂程度,结合公安机关的职能、任务来确定。一般来说,治安案件由公安派出所进行管辖,对于案情重大、性质严重、情况复杂、危害影响较大或者违反治安管理行为人身份特殊和跨地区作案等案件,为了便于调动警力、物力,及时有效查处案件,由县级以上公安机关治安管理部门组织查破。

(三) 共同管辖

共同管辖,是指两个或者两个以上公安机关对同一治安案件都有管辖权时,确定具体由哪个公安机关管辖的制度。共同管辖是由于治安案件具有某些牵连关系而产生的管辖制度,属于地域管辖的一种特殊情况。

根据《公安机关办理行政案件程序规定》第 10 条的规定,几个公安机关都有权管辖的行政案件,由最初受理的公安机关管辖。必要时,可以由主要违法行为地公安机关管辖。

(四) 指定管辖

指定管辖,是指两个或两个以上的公安机关之间因治安案件管辖权问题发生争议无法协商一致,报请共同的上一级公安机关以决定方式指定其中某一公安机关管辖该案件的情形。根据《公安机关办理行政案件程序规定》第 11 条的规定:对管辖权发生争议的,报请共同的上级公安机关指定管辖。对于重大、复杂的案件,上级公安机关可以直接办理或者指定管辖。上级公安机关直接办理或者指定管辖的,应当书面通知被指定管辖的公安机关和其他有关的公安机关。原受理案件的公安机关自收到上级公安机关书面通知之日起不再行使管辖权,并立即将案卷材料移送被指定管辖的公安机关或者办理的上级公安机关,及时书面通知当事人。

(五) 专门管辖

专门管辖,是相对于一般管辖而言的,是指对发生在专门系统内的某一具有特定性质的治安案件,依照规定应当由专门公安机关管辖的制度。这里的“专门公安机关”,是指铁路、港航、民航、林业等专门公安机关。专门管辖首先要遵循一般管辖的各项管辖原则,如地域管辖、级别管辖等。

根据《公安机关办理行政案件程序规定》第 12 条的规定,铁路公安机关管辖列车上,火车站工作区域内,铁路系统的机关、厂、段、所、队等单位内发生的行政案件,以及在铁路线上放置障碍物或者损毁、移动铁路设施等可能影响铁路运输安全、盗窃铁路设施的行政案件。交通公安机关管辖港航管理机构管理的轮船上、港口、码头工作区域内和港航系统的机关、厂、所、队等单位内发生的行政案件。民航公安机关管辖民航管理机构管理的机场工作区域以及民航系统的机关、厂、所、队等单位内和民航飞机上发生的行政案件。国有林区的森林公安机关管辖林区内发生的行政案件。海关缉私机构管辖阻碍海关缉私警察依法执行职务的治安案件。

(六) 移送管辖

移送管辖,是指对某一治安案件本无管辖权的公安机关将已经受理的治安案件,依法移送有管辖权的机关或者部门办理的情形。其意义在于防止治安案件由于管辖权不明而久拖不决,确保公安行政执法活动的顺利进行。对此《公安机关办理行政案件程序规定》第47条第1款第(2)项规定:"对属于公安机关职责范围,但不属于自己管辖的案件,应当在受理后的24小时内移送有管辖权的单位处理,并告知报案人、控告人、举报人、押送人、投案人。"

三、治安案件的回避

回避制度作为现代程序法的重要制度,不仅是司法诉讼程序制度的重要组成部分,也是包括治安案件办理程序在内的行政办案程序的重要制度。为此,我国《行政处罚法》《治安管理处罚法》和《公安机关办理行政案件程序规定》均对治安案件办理程序中的回避制度作出了规定。

(一) 治安案件回避的概念

治安案件的回避,是指办理治安案件的人民警察因与所办案件或者案件的当事人有利害关系或者其他关系,可能影响案件公正处理时,依照法律规定不参加办理该案件调查处理的法律制度。建立回避制度的根本目的是为了更好地保护公民、法人或者其他组织的合法权益,保证人民警察能够客观、公正地查处治安案件,防止人民警察因与案件或者案件当事人存在利害关系或者其他关系而徇私舞弊,影响案件公正处理。

(二) 治安案件回避适用对象

办理治安案件过程中,回避的适用对象包括以下人员:

(1) 办理治安案件的办案人员。办案人员即具体负责办理治安案件的公安机关人民警察。

(2) 办理治安案件的公安机关负责人。公安机关负责人虽然不负责具体治安案件的办理,但负责治安案件的受理、调查、决定等工作,所以也应在回避之列。

(3) 鉴定人和翻译人员。根据《公安机关办理行政案件程序规定》第20条规定,在行政案件调查过程中,鉴定人和翻译人员需要回避的,适用本章的规定。鉴定人、翻译人员的回避,由指派或者聘请的公安机关决定。

(三) 治安案件回避的情形

回避必须有正当的理由。根据我国《治安管理处罚法》第81条规定,人民警察在办理治安案件过程中,应当回避的法定情形包括:

(1) 是本案当事人或者当事人的近亲属的。本案,是指承办的具体案件。当事人,即本案的违反治安管理行为人、被侵害人。近亲属,是指当事人的夫妻、父母、子女、同胞兄弟姐妹。如果公安机关负责人、办案人员是本案的违反治安管理行为人、被侵害人,即案件当事人,或者是其中一方当事人的近亲属,由于案件的处理与他们有切身的利害关系,他们极有可能从维护自身利益出发左右案件的处理结果,进而妨碍到案件的客观、公正处理,因而,应当回避。

(2) 本人或者其近亲属与本案有利害关系的。公安机关负责人、办案人员虽然不是本案当事人或者当事人的近亲属,但与本案有利害关系,即本案的处理结果对公安机关负责人、办案人员或者近亲属的利益将产生某种影响。在这种存在利害关系的情况下,公安机关负责人、办案人员如果参与本案的办理,可能发生偏袒、不公,从而影响案件客观、公正处理,所以应当回避。

(3) 与本案当事人有其他关系,可能影响案件公正处理的。公安机关负责人和办案人员与本案违反治安管理行为人或者被侵害人有其他关系,可能影响案件公正处理的。其他关系,是指除上述两项以外的关系,如恩仇关系、亲朋关系、同学同事关系、上下级关系、邻里关系、战友关系等。仅有这些关系还不足以构成回避的条件,关键要看其是否可能影响案件的公正处理。只有由于与本案当事人有其他关系,而且又可能影响案件公正处理这两个要件同时具备,才构成这一回避条件。此外,如果公安机关负责人、办案人员是本案的证人或者鉴定人、代理人,已经提供过证言或鉴定结论,或者已经履行代理事务的,对某一事实已经形成自己的看法,如果再由他们充当本案的办案人员,容易先入为主,主观臆断,将会影响对案件事实的正确认定和公正处理,所以也应当作为这一情形予以回避。

(四) 治安案件回避的程序及效力

1. 回避的形式

根据我国《行政处罚法》和《公安机关办理行政案件程序规定》,治安案件回避分为自行回避、申请回避和指令回避三种形式。

(1) 自行回避。自行回避,是指公安机关负责人、办案人员知道自己具有应当回避的情形时,自行主动向所在机关或者有权决定的公安机关负责人提出回避申请的制度。

公安机关办理治安案件时,公安机关负责人、办案人员自行提出回避申请的,其申请方式既可以为口头方式,也可以是书面方式。在实践中,为了方便公安机关及时进行审核,申请最好以书面方式提出,对于口头申请,公安机关应当记录在案。而且,申请时应当说明属于法律规定的哪种回避情形和理由。对于回避理由成立的,公安机关应及时作出回避的决定。

（2）申请回避。申请回避，是指违反治安管理行为人、被侵害人或者其法定代理人认为公安机关负责人、办案人员具有应当回避的法定情形，而公安机关负责人、办案人员没有主动自行回避时，依法提出申请，要求其回避的制度。

（3）指令回避。指令回避，是指公安机关负责人、办案人员具有应当回避的情形，本人没有自行申请回避，当事人及其法定代理人也没有申请其回避的，公安机关负责人有权作出决定，指令他们回避的制度。《公安机关办理行政案件程序规定》第19条规定："公安机关负责人、办案人员具有应当回避的情形之一，本人没有申请回避，当事人及其法定代理人也没有申请他们回避的，有权决定其回避的公安机关可以指令他们回避。"指令回避体现了加强公安机关内部执法监督的宗旨，有利于保证公安行政执法活动客观、公正地进行，防止出现不必要的失误。

人民警察在办理治安案件过程中，应当回避而没有回避的，属于程序违法，所作出的治安处罚决定无效。

2. 回避的决定

我国《治安管理处罚法》第81条第2款规定："人民警察的回避，由其所属的公安机关决定；公安机关负责人的回避，由上一级公安机关决定。"因此，关于治安案件回避的决定机关，一般办案人员的回避，由其所属公安机关负责人决定；公安机关负责人的回避，由上一级公安机关负责人决定。

3. 申请回避的期间

回避的期间，即公安机关负责人、办案人员自行回避，或者当事人及其法定代理人向公安机关提出回避申请的起止时限。对此，目前尚无法律规定，但根据办理治安案件的实践，可以将回避的期间确定为治安案件受理之后的任何阶段，当事人及其法定代理人都可以提出申请回避。

4. 回避决定作出前不停止对案件的调查

根据《公安机关办理行政案件程序规定》第21条的规定，在公安机关作出回避决定前，办案人民警察不得停止对行政案件的调查。这是由公安执法工作的特殊性决定的。公安行政执法活动具有连续性和紧迫性，追求一定的行政效率。况且，公安机关负责人、办案人员是否回避尚处于一种不确定的状态，如果在审查是否回避期间停止对案件的调查，很可能导致违法行为人逃跑，证据灭失，甚至造成无法挽回的损失，给治安案件调查、处理带来困难。但作出回避决定后，公安机关负责人、办案的人民警察不得再参与该行政案件的调查和审核、审批工作。

5. 回避决定作出前的行为对案件的影响

根据《公安机关办理行政案件程序规定》第22条的规定，被决定回避的公安机关负责人、办案人员、鉴定人和翻译人员，在回避决定作以前所进行的与案件有关的活动是否有效，由作出回避决定的公安机关根据案件情况决定。

被决定回避的公安机关负责人、办案人员、鉴定人和翻译人员通常和案件有一定的利害关系，可能存在不能正确履行职责的因素，且在回避决定作出前，他们通常都进行了一定的调查取证工作，比如办案人员的询问调查、鉴定人员的鉴定等，这些与案件有关的活动是否具有法律效力，是一个较为复杂的问题，需要根据具体情况进行甄别，不能一概而论。因此，由作出回避决定的公安机关根据案件情况决定其是否有效，有利于保障治安调查的顺利进行。

第七节　治安案件的证据与调查

引导案例

民警刘某在办理一起治安案件时，需要传唤违法嫌疑人马某，于是民警刘某和协勤张某前往马某的住所，以口头传唤的形式将马某传唤到公安机关。民警的做法对吗？

一、治安案件的证据

（一）治安案件证据的含义

治安案件的证据是证明和认定违反治安管理事实的依据。治安案件的调查过程就是收集有关证据材料的过程，治安管理处罚决定的事实依据就是调查所获得的证据材料。因此，证据问题是治安案件查处的核心问题。

关于治安案件证据的含义，治安管理处罚法及相关的治安管理法律规范并未作具体规定。根据证据学的有关理论和查处治安案件工作的实际，治安案件的证据，是指公安机关和人民警察依法收集的，能够确定或者否定违反治安管理行为事实，证明违反治安管理行为人是否违反治安管理以及违反治安管理行为情节轻重的一切客观事实。

根据治安案件证据的含义及证据学的有关理论，治安案件证据具有以下三个特征：

（1）客观性。任何违反治安管理行为都是在一定的时间、空间和条件下进行的，其活动作用于客观外界必然会引起一定的变化，这种变化会通过痕迹、物品或其他物质形态反映出来。这些客观的反映，无论其形式如何，均是违反治安管理行为事实的真实反映。因此，治安案件证据必须是客观存在的事实，任何主观臆想、推测、假设都不能成为证据。治安案件证据的这一特征要求办案人员在查处治安案件过程中，一方面必须忠实于事实真相，客观、全面地调查取证；另一方面应认真、仔细地审查、判断各种证据，以确定真伪，把经过查证属实的证据材料作为治安管理处罚的根据。

(2) 关联性。治安案件证据的关联性，是指证据必须同违反治安管理行为存在某种联系，并因此能够证明违反治安管理行为的相关事实。客观存在的事实纷繁复杂、多种多样，并非所有的客观事实都能作为证据，只有那些与案件事实情况存在着内在客观联系，借以能够认定案件事实情况的事实才能成为证据。也就是说只有那些能够证明违反治安管理行为人是否实施了违反治安管理行为，以及实施违反治安管理行为的时间、地点、情节、手段、原因、结果等案件事实才能作为证据。

证据同案件事实之间的联系是多种多样的，既可以是直接联系，也可以是间接联系；既可以是必然联系，也可以是偶然联系；既可以是肯定联系，也可以是否定联系。治安案件证据与客观事实联系的情况不同，在治安案件中的证明作用和意义也不相同。

(3) 合法性。治安案件证据的合法性，是指证据必须是公安机关和人民警察依照法定程序收集，并经查证属实，具备法定形式的客观事实材料。任何客观存在的并与违反治安管理行为相关联的事实，在公安机关依法收集之前，只是可能成为证据材料，处于自然状态。只有经过依法收集，并经公安机关查证属实，才能成为治安案件的证据，具有法律效力。

治安案件证据的合法性特征要求收集、审查、判断治安案件证据的人员必须是依据法律授权并实际承办治安案件的人民警察，其他人员无权收集、审查和判断治安案件的证据；同时，治安案件的证据必须是符合法定形式的事实和材料，否则，不具有法律效力；此外，治安案件的证据必须依法获得，使用非法手段收集的证据不能作为治安案件定案和处罚的根据。只有坚持治安案件证据的合法性，治安案件证据的客观性和关联性才能得到保障，也才能规范公安机关及其人民警察的执法行为。

(二) 治安案件的证据种类

根据我国《行政处罚法》和《公安机关办理行政案件程序规定》的规定，治安案件的证据主要包括物证，书证；被侵害人陈述和其他证人证言；违法嫌疑人的陈述和申辩；鉴定意见；勘验、检查、辩认笔录，现场笔录；视听资料、电子数据等。

1. 物证

物证，是指以其外部特征、物质属性和存在状态证明治安案件事实的物品和痕迹，如非法携带的枪支、弹药，赌场上的赌资、赌具，吸食、注射毒品用的器具，被损坏的公私财物，遗留在现场的足迹、指印等都是物证。物证除具备所有证据必须具备的客观性、关联性、合法性外,还具有以下特点:一是物证以实体物的存在证明案件事实;二是物证具有较强的稳定性和可靠性;三是物证一般表现为间接证据。

2. 书证

书证,是指以文字、符号、图形等表示的内容,证明案件真实情况的书面文件或其他物品。它具有两个显著的特点:一是书面形式。它是书证形式上的重要特征。文件、标语、传单、信件、日记、证件以及日常生活中的票证、单据、图画、图表、照片等都是书证形式。二是书面内容。以记载的内容来证明案件真实情况是书证的又一重要特征。只有当书面材料包含有与案件有关的信息,这种信息可以被人们所识读、所认识的时候,它才能成为书证。具有书面形式,但却以其存在状态、所处位置、外部特征等证明案件情况的,属于物证,而不是书证。这是区别书证与物证的重要标准。

3. 被侵害人陈述和其他证人证言

被侵害人陈述,是指治安案件中的被侵害人就自己所知道的案件情况所作的陈述。由于被侵害人经历了违反治安管理行为的侵害过程,因此对案件事实有着直接的感受,可以提供有关案件的详细情节,一般来说具有真实性,但由于受害人与案件有着直接的利害关系,出于对违反治安管理行为人的憎恨,其陈述有可能存在夸大案件事实等虚假成分,案发时的客观状况也影响被害人的判断力。因此,在运用这种证据时要注意审查它的真伪。

被侵害人陈述在治安案件调查中,对于确定是否有违反治安管理行为及性质,确定调查范围,印证、核实其他证据都具有重要的作用。

证人证言,是指证人就自己所知道的案件情况向公安机关所作的、对查明违反治安管理行为有意义的陈述。证人证言一般比较客观,并具有不可替代性。根据相关法律的规定,凡知道案件情况的人,都有作证的义务。从证据学的观点看,证人一般必须是能够辨别是非、正确表达个人意志的自然人。单位不能充当证人。此外,生理上、精神上有缺陷或者年幼不能辨别是非、不能正确表达的人,也不能作为证人。

4. 违法嫌疑人的陈述和申辩

违反治安管理行为人的陈述和申辩,是指违反治安管理行为人就治安案件的事实,向公安机关所作的供述、坦白、交代、检举、揭发和辩解,包括对自己违反治安管理行为的供认、交代,对他人违法犯罪事实的检举,以及否认自己有违反治安管理行为或对行为情节轻重的辩解等。

5. 鉴定意见

鉴定意见,是指受公安机关指派或聘请的具有专门知识的人员,运用科学技术知识和技能对治安案件中的专门性问题,经过科学的检验、分析判断后作出的书面结论。鉴定结论经查证属实后,是治安案件中正确认定案件事实的一种重要证据。作为一种独立的证据,鉴定结论具有两个基本特征:一是鉴定结论是鉴定人对治安案件中的某些专门性问题提出的客观理性意见,不是感性认识;二是鉴定结论只是鉴定人就案件中的专门性问题发表的意见,而不能解决法律问题。

在治安案件中,鉴定主要包括:(1) 法医鉴定,如伤害程度的鉴定;(2) 司法精神病鉴定,如行为人的责任能力鉴定;(3) 痕迹检验鉴定,如指纹、足迹、工具痕迹的检验鉴定;(4) 文件检验鉴定,如笔迹、印文检验鉴定;(5) 物品估价鉴定,如确定扣押物品的价格鉴定;(6) 其他物品检验鉴定,如毒品、爆炸物品、淫秽物品等的检验鉴定。

在办理治安案件过程中,通过对某些文件、物品和痕迹的鉴定,可以确认其与案件事实的联系,印证其他证据的真伪和可靠程度,揭示物证、书证的证明力。在有些案件中,运用鉴定、检测结论可以直接认定或者否定案件事实,如依照对行为人所进行的人体毒品成分的检测结论,就可以直接认定或否定其吸食、注射毒品行为。

6. 勘验、检查、辨认笔录,现场笔录

勘验笔录,是指办案人员依法对与案件有关的场所、物品及其他证据材料进行勘验所制作的笔录。检查笔录是公安机关和人民警察为了正确认定物品特征、损毁情况、人身伤害程度、场所等进行检查所作的客观记载。

勘验、检查笔录是办案人员对违反治安管理行为有关的场所、物品等进行勘验、检查的一种客观记载,它对于正确认定违反治安管理行为事实和查明行为人具有重要作用。同时,它又是公安机关保全和固定证据的重要手段。

7. 视听资料、电子数据

视听资料,是指以录音、录像设备记录的声音、图像以及其他科技设备与手段提供的信息来证明案件真实情况的证据。它是伴随着科学技术的发展普及而从物证、书证中独立出来的一种证据形式。视听资料具有直观性、直接性、准确性、可靠性等特点,往往能以形象、生动、直观的形式反映治安案件事实。依据视听资料可以直接认定某些治安案件事实,验证其他证据,具有很强的证明力。在治安案件中,安全防范系统、电视监控系统所获得的录音、录像资料等都属于视听资料。

电子数据,是指以电子形式存在的、用作证据使用能够证明案件真实情况的一切材料及其派生物。电子形式指的是由介质、磁性物、光学设备、计算机内存或类似设备生成、发送、接收、存储的信息的存在形式。

(三) 收集治安案件证据的基本要求

收集治安案件证据是治安案件调查的目的之一,是获取证据、审查证据以及运用证据的前提和基础。为达到预期目的,收集治安案件证据的工作必须符合收集证据的基本要求。

(1) 必须依法收集证据。收集治安案件的证据材料是一个执法过程,应当严格依照法律规定进行。只有严格依照规定的程序和方法收集证据,才具有法律效力。

(2) 必须客观、全面、细致地收集治安案件的证据。治安案件的证据必须是与治安案件有联系的客观事实。因此,收集证据要客观。要尊重客观事实,不能以主观臆想代替客观事实,更不能弄虚作假。事实是什么样子,就应如实反映,不能夸大,也不能缩小,更不能任意添加和去掉。

(3) 要有计划性、有目的地收集治安案件的证据。对治安案件的证据不能随意收集,要有计划、有目的地收集。要根据对案件的了解,围绕认定事实和确认违法行为性质的需要,对要证明什么问题、收集什么证据、向谁收集、从什么渠道收集、采取哪些步骤和方法收集等,都要做到心中有数,并应制订出计划,有条不紊地开展调查取证工作。同时,随着调查工作的进行,要随时修正查破案件的计划,以确定新的目的、循着新的线索收集新的证据。

(4) 必须主动及时地收集治安案件的证据。治安案件与刑事案件相比,具有发案多、情节轻、容易被忽视等特点,而且违反治安管理行为人为了掩盖其违法行为,可能会破坏现场,毁灭证据;各种自然因素也可能破坏甚至毁灭现场痕迹;保留在人们意识中的有关案件真实情况的记忆,可能会随着时间逐渐模糊、失真甚至消失。因此,为了收集到真实可靠、全面客观的证据,必须不失时机地开展调查,主动及时地收集证据。

(5) 必须及时固定和妥善保全治安案件的证据。收集证据的任务是发现、取得为查明案件事实真相所必需的各类证据。对于收集到的各类证据,应根据其各自不同的特点,采用科学合理的方法,及时加以固定,妥善保全,以保证证据的证明效力。有些无法长期保存或者不能原物附卷保存的证据,可以拍照或复制模型,并作详细记录。同时,为了有效证明证据收集的合法性,相关的法律手续必须完备,且要妥善保管。

(6) 要善于运用科学技术手段收集证据。在办理治安案件中,办案人员必须掌握必要的专业知识,运用科学技术的方法和手段收集证据。

二、治安案件的调查

治安案件的调查,就是公安机关依法了解、查证案件事实真相的法律活动。任何构成治安案件的违反治安管理行为,都是行为人在一定的时间、空间及相关的客观环境下,通过有关的人、物、事的相互联系、作用、影响和制约而实施的,每一个环节可能揭示案情或案件的一个侧面。治安案件的调查就是通过对诸多与案情相关的事实的查证,对整个案件由不知到知的认识过程,也是治安案件受理后的继续和发展。

(一) 询问违反治安管理行为人

询问违反治安管理行为人是公安机关为了查明和证实治安案件的事实真相,依法对涉嫌违反治安管理的行为人进行询问,以获取其供述和辩解的一种调查方法。根据我国《治安管理处罚法》第 83 条第 1 款的规定,公安机关传唤违反治安管理行为人后,应当及时询问查证。

1. 询问违反治安管理行为人的主要任务

对违反治安管理行为人进行询问的任务,就是通过询问涉嫌违反治安管理的行为人,听取其对自己作案行为的供述和辩解,结合其他调查,查明案件的全部真实情况。其任务主要是:

(1) 复核已掌握的案件事实和案件证据,补充收集没有掌握的事实和证据,以查清全部案件事实真相。

(2) 追查共同违反治安管理行为人,发现本案和本案以外的线索,以破获"积案"和"漏案"。

(3) 听取其辩解,全面、客观判断案情,及时发现和纠正办案工作中的疏忽和错误,防止出现错案、假案或不适当的处罚。

(4) 了解和掌握作案人或作案嫌疑人的个性特点、行为原因、认错态度,以便确定询问策略和方法。

(5) 对违反治安管理行为人进行道德、法律教育,促使其认识错误和改正错误。

2. 询问查证的时间

询问查证时间,是指公安机关每一次传唤违反治安管理行为人后对其进行询问的时间,不是指整个治安案件的全部询问查证时间。按照我国《治安管理处罚法》第 83 条的规定,对违反治安管理行为人的询问查证时间不得超过 8 小时;情况复杂,依照《治安管理处罚法》的规定可能适用行政拘留处罚的,询问查证的时间不得超过 24 小时。这里所说的询问查证时间不得超过 8 小时,是指从被传唤人到案接受调查之时起到其可以自由离开时止,总计时间不能超过 8 小时。如需延长询问查证的时间到 24 小时必须同时满足"情况复杂"和"依照《治安管理处罚法》规定可能适用行政拘留处罚"两个条件。具体来说,根据《治安管理处罚法》关于行为人实施该法第 36 条、第 56 条第 1 款、第 57 条第 1 款、第 58 条、第 75 条第 1 款所规定的行为不适用行政拘留处罚的规定,公安机关在对实施以上违反治安管理行为的行为人进行询问时,询问时间不得超过 8 小时。

对实施治安管理处罚法规定的其他违反治安管理行为，只要情况复杂，询问查证的时间都可以达到24小时。

根据《解释(一)》的规定，《治安管理处罚法》第83条第1款规定的“依照本法规定可能适用行政拘留处罚”，是指本法第3章对行为人实施的违反治安管理行为设定了行政拘留处罚，且根据其行为的性质和情节轻重，可能依法对违反治安管理行为人决定予以行政拘留的案件。

根据《治安管理处罚法》第82条和第83条的规定，需要传唤违反治安管理行为人接受调查的，给公安机关办案部门负责人批准，使用传唤证传唤。对现场发现的违反治安管理行为人，人民警察经出示工作证件，可以口头传唤，但应当在询问笔录中注明。公安机关应当将传唤的原因和依据告知被传唤人。对无正当理由不接受传唤或者逃避传唤的人，可以强制传唤。对违反治安管理行为人，公安机关传唤后应当及时询问查证，询问查证的时间不得超过8小时；情况复杂、依照本法规定可能适用行政拘留处罚的，询问查证的时间不得超过24小时。

3. 询问违反治安管理行为人应注意的问题

（1）按照规定制作询问笔录。询问笔录是公安机关人民警察在对违反治安管理行为人询问查证活动中，依法制作的如实记载调查人员提问和违反治安管理行为人陈述和辩解的文书。它是一种具有法律效力的书面文件，经过查证属实的询问笔录，是认定案件事实的证据之一，因此，在制作询问笔录时必须依法进行。《治安管理处罚法》第84条第1款的规定：“询问笔录应当交被询问人核对；对没有阅读能力的，应当向其宣读。记载有遗漏或者差错的，被询问人可以提出补充或者更正。被询问人确认笔录无误后，应当签名或者盖章，询问的人民警察也应当在笔录上签名。”如果被询问人拒绝签名或盖章的，询问的人民警察应在笔录上注明情况和原因。为方便保存，在制作询问笔录时应当使用钢笔、签字笔或者能够长期保持笔迹的墨水书写，不能使用圆珠笔或者铅笔。

（2）保障被询问人自行提供书面材料的权利。《治安管理处罚法》第84条第2款的规定：“被询问人要求就被询问事项自行提供书面材料的，应当准许；必要时，人民警察也可以要求被询问人自行书写。”人民警察收到违反治安管理行为人的书面陈述后，应当在该书面材料上注明收到的具体时间，并签名。

（3）询问不满16周岁的违反治安管理行为人应履行通知义务。《治安管理处罚法》第84条第3款明确规定：“询问不满十六周岁的违反治安管理行为人，应当通知其父母或者其他监护人到场。”

《解释(一)》《治安管理处罚法》规定，询问不满16周岁的违反治安管理行为人、被侵害人或者其他证人，应当通知其父母或者其他监护人到场。上述人员父母双亡，又没有其他监护人的，因种种原因无法找到其父母或者其他监护人的，以及其父母或者其他监护人收到通知后拒不到场或者不能及时到场的，办案民警应当将有关情况在笔录中注明。为保证询问的合法性和证据的有效性，在被询问人的父母或者其他监护人不能到场时，可以邀请办案地居(村)民委员会的人员，或者被询问人在办案地有完全行为能力的亲友，或者所在学校的教师，或者其他见证人到场。询问笔录应当由办案民警、被询问人、见证人签名或者盖章。有条件的地方，还可以对询问过程进行录音、录像。

(4) 按照规定配备翻译人员。公安机关在对违反治安管理行为人进行询问时遇到特殊情况时应为被询问人配备翻译人员。《治安管理处罚法》第 86 条的规定："询问聋哑的违反治安管理行为人、被侵害人或者其他证人，应当有通晓手语的人提供帮助，并在笔录上注明。询问不通晓当地通用的语言文字的违反治安管理行为人、被侵害人或者其他证人，应当配备翻译人员，并在笔录上注明。"按照规定配备翻译人员是公安机关的法定义务。在询问笔录中，不仅要注明被询问人的聋哑情况、不通晓当地通用语言文字的情况，而且要注明相关翻译人员的姓名、工作单位、住址、职业等基本情况，并应要求通晓手语、当地通用语言文字的人员在询问笔录上签名。

(二) 询问证人、受害人

询问被侵害人或者其他证人，是指公安机关为了查明案件事实情况，收集、核实证据，而向被侵害人或者其他证人进行查询的一种调查活动。我国《治安管理处罚法》第 85 条第 1 款规定："人民警察询问被侵害人或者其他证人，可以到其所在单位或者住处进行；必要时，也可以通知其到公安机关提供证言。"根据该规定，公安机关的人民警察在询问被侵害人或者其他证人时可以根据案件具体情况和被侵害人或者其他证人的情况确定询问地点。为了保护公民的合法权益，加强对人民警察的监督，《治安管理处罚法》第 85 条第 2 款规定："人民警察在公安机关以外询问被侵害人或者其他证人，应当出示工作证件。"

询问被侵害人时应注意重点了解三个方面的内容：一是行为人的基本情况、行为活动的详细过程、参与违法行为的人数和每个人的具体特征等；二是有关伤害和财物损失情况，如伤害程度，财物损失或被窃物品的名称、型号、数量、价值、新旧程度、有无明显特征等；三是受害人与行为人的关系，如是否相识，有何矛盾等；询问其他证人时主要应注意了解其在案发之前是否听到或看到可疑情况和可疑人，是否看到行为过程和细节，是否认识行为人、被侵害人等。总之，询问被侵害人或者其他证人时要围绕何时、何地、何人、何事、何结果(后果)、何原因、如何进行等几个方面开展调查取证工作。

根据我国《治安管理处罚法》第 85 条第 3 款的规定，询问被侵害人或者其他证人时应注意的问题和询问违反治安管理行为人时应注意的问题相同，在此不再赘述。

（三）勘验

勘验，是指为了查明案情，办理治安案件的人员对与案件有关的场所、物品进行实地勘测检验的一种调查活动，是获得有关案件的线索和信息，了解案情的有效手段。根据《公安机关办理行政案件程序规定》的规定，治安案件的办案人员对于违反治安管理行为的案发现场，必要时可以进行勘验，以便提取与案件有关的证据材料，为案件的调查提供方向和范围。对案发现场进行勘验必须做到全面、及时、合法、客观、公正，不先入为主、主观臆断。

（四）检查

检查，是指公安机关为了查明案情，依法对与违反治安管理行为有关的场所、物品、人身进行实地查看、寻找、检验，以发现和收集有关证据的一种调查活动。针对我国办理治安案件的实际需要，《治安管理处罚法》第 87 条明确规定："公安机关对与违反治安管理行为有关的场所、物品、人身可以进行检查。检查时，人民警察不得少于 2 人，并应当出示工作证件和县级以上人民政府公安机关开具的检查证明文件。对确有必要立即进行检查的，人民警察经出示工作证件，可以当场检查，但检查公民住所应当出示县级以上人民政府公安机关开具的检查证明文件。检查妇女的身体，应当由女性工作人员进行。"

1. 检查权的适用对象

根据规定，检查只能适用于与违反治安管理行为有关的场所、物品、人身。对与违反治安管理行为无关的场所、物品、人身，则不得检查。与违反治安管理行为有关的场所，是指实施违反治安管理行为的现场、现场周边以及其他可能留有或者隐蔽违反治安管理行为的证据的地方，包括违反治安管理行为人的住所或其他可能隐蔽违反治安管理行为人或者证据的场所。与违反治安管理行为有关的物品，是指用于违反治安管理行为的工具、违反治安管理的非法所得和非法财物、现场遗留物等，包括违反治安管理行为人随身携带的物品。与违反治安管理行为有关的人身，是指违反治安管理行为人或者被侵害人的身体。通常人身检查的目的主要有两个方面：一是收集证据；二是确定与违反治安管理行为有关的人的某些身体特征、伤害情况、生理状态等。

2. 检查权的执法主体

为了既能够保护被检查人的合法权益，防止检查人员违法行使或者滥用检查权，又能保护人民警察的合法权益和人身安全，治安管理处罚法明确规定，行使检查权的执法主体必须是公安机关的人民警察，并且在具体实施检查权时的执法主体不得少于两人。实践中，不具有人民警察身份的人员，如治安员、联防队员、协勤员等，一律不得替代人民警察行使检查职责。

同时,根据规定,检查妇女的身体,应当由女性工作人员进行。这里的女性工作人员,不仅包括公安机关的女性人民警察及聘用、雇用的女性工作人员,也包括为了实施检查而临时借用的女性医务工作者或者其他女性工作人员。

3. 检查权的具体适用

根据规定,公安机关人民警察对与违反治安管理行为有关的场所、物品和人身进行检查时,应当出示人民警察的工作证件和县级以上人民政府公安机关开具的检查证明文件。对与违反治安管理行为有关的场所、物品、人身确有必要立即进行检查的,人民警察经出示工作证件后,可以当场检查。所谓“确有必要立即进行检查的”,主要是指需要立即进行检查的紧急情况,如果不立即进行检查,就有可能导致证据被转移、毁灭或者违反治安管理行为人逃脱等情况的发生,从而贻误战机,影响案件调查工作的顺利开展。比如,人民警察在执法执勤中发现的有违法犯罪嫌疑的人员,或者在110接处警时需要对有关场所、物品、人身进行立即检查的,等等。实践中可由办案人民警察根据当时的情形、案件调查工作的需要等情况综合判断是否“确有必要立即进行检查”,但必须遵循合法、合理、必要的原则进行。

为了保护公民的住宅不受非法搜查和侵入,治安管理处罚法明确规定,公安机关的人民警察需要对公民住所进行检查时,无论在什么情况下,都必须出示人民警察工作证件和县级以上人民政府公安机关开具的检查证。没有检查证和不出示人民警察的工作证件,任何人都不得对公民的住所进行检查。

对违反治安管理行为人和被侵害人的人身进行检查时,要尊重被检查人的人格,不得以有损人格尊严的方式进行检查。

《治安管理处罚法》第88条规定:“检查的情况应当制作检查笔录,由检查人、被检查人和见证人签名或者盖章;被检查人拒绝签名的,人民警察应当在笔录上注明。”公安机关在对与违反治安管理行为有关的物品、人身进行检查时必须就检查的情况按要求制作检查笔录。

4. 检查公民住所的特殊规定

根据《公安机关办理行政案件程序规定》第68条的规定,对与违法行为有关的场所、物品、人身可以进行检查。检查时,人民警察不得少于二人,并应当出示工作证件和县级以上公安机关开具的检查证。对确有必要立即进行检查的,人民警察经出示工作证件,可以当场检查;但检查公民住所的,必须有证据表明或者有群众报警公民住所内正在发生危害公共安全或者公民人身安全的案(事)件,或者违法存放危险物质,不立即检查可能会对公共安全或者公民人身、财产安全造成重大危害。

此外,根据《解释(二)》的规定,违反治安管理行为人的居住场所与其在工商行政管理部门注册登记的经营场所合一的,在经营时间内对其检查时,应当按照检查经营场所办理相关手续;在非经营时间内对其检查时,应当按照检查公民住所办理相关手续。

5. 鉴定

鉴定,是指公安机关为了查明案情,解决案件中有争议的专门性问题,而指派或者聘请具有专门知识的人员,对案件中有争议的专门性问题进行鉴别和判断的一种调查活动。《治安管理处罚法》第 90 条规定:"为了查明案情,需要解决案件中有争议的专门性问题的,应当指派或者聘请具有专门知识的人员进行鉴定;鉴定人鉴定后,应当写出鉴定意见,并且签名。"在办理治安案件中,鉴定是一种重要的调查手段,它对及时收集证据,准确揭露违法行为,正确认定案件事实,有着重要作用。从办理治安案件的实践来看,需要通过鉴定解决的专门性问题主要包括:

(1) 伤情鉴定。伤情鉴定即人身伤害的部位、程度、成因、后果以及身体恢复情况等。根据《公安机关办理行政案件程序规定》第 75、76 条的规定,人身伤害案件具有下列情形之一的,公安机关应当进行伤情鉴定:受伤程度较重,可能构成轻伤以上伤害程度的;被侵害人要求作伤情鉴定的;违法嫌疑人、被侵害人对伤害程度有争议的。

对需要进行伤情鉴定的案件,被侵害人拒绝提供诊断证明或者拒绝进行伤情鉴定的,公安机关应当将有关情况记录在案,并可以根据已认定的事实作出处理决定。经公安机关通知,被侵害人无正当理由未在公安机关确定的时间内作伤情鉴定的,视为拒绝鉴定。

(2) 价格鉴定。价格鉴定,是指对违反治安管理所涉及的需要进行价格鉴定的物品进行估价。公安机关在办理治安案件中,对价格不明、价格有争议或价格难以确定需要估价的涉案物品,应依法委托县级以上人民政府价格主管部门设立的价格鉴定机构对涉案物品的价格进行评估、计算和确认。在委托价格鉴定机构对涉案物品进行鉴定时,公安机关应出具涉案物品价格鉴定委托书,并如实提供有关情况和资料,委托书一般应载明价格鉴定的目的和要求、价格鉴定的范围、委托鉴定事项的名称(包括牌号)、种类、数量、来源、价格鉴定费用的支付方式、委托机关的名称、印章和委托日期等内容。

(3) 淫秽物品鉴定。淫秽物品鉴定即有关部门对治安案件的涉案财物中的书刊、影片、录像带、录音带、图片等是否为淫秽物品进行鉴定。根据公安部《对〈关于鉴定淫秽物品有关问题的请示〉的批复》(公复字〔1998〕8 号)规定,公安机关查获的物品需审查认定是否为淫秽物品的,可以由县级以上公安机关治安部门负责鉴定。

(4) 精神病鉴定。根据《公安机关办理行政案件程序规定》第74条的规定,对精神病的鉴定,由有精神病鉴定资格的鉴定机构进行。

(5) 音像资料鉴定。音像资料鉴定包括对录音带、录像带、磁盘、光盘、图片等载体上记录的声音、图像信息的真实性、完整性及其所反映的情况过程进行的鉴定和对记录的声音、图像中的语言、人体、物体作出种类或同一认定。音像资料的鉴定,由公安机关依法进行。

鉴定人对以上几方面鉴定后,应当写出书面鉴定意见。鉴定意见应当对公安机关办案部门提出鉴定的问题作出明确的回答,不能模棱两可。确实难以作出结论的,应当实事求是地予以说明。鉴定人必须在鉴定意见上签名,以示对鉴定结论的真实性、客观性负责。鉴定人故意作虚假鉴定的,要依法追究其法律责任。此外,公安机关应当将鉴定结论复印件交违法行为人和受害人各一份。行为人或受害人对鉴定结论有意见的,可以提出重新鉴定的申请,经县级以上公安机关负责人批准后,进行重新鉴定,但申请重新鉴定以一次为限。

(五) 检测

公安机关对治安案件调查取证过程中主要在以下两种情况运用检测这种调查方法:一是根据1998年公安部《关于对吸食、注射毒品人员成瘾标准界定问题的批复》(公复字〔1998〕3号)的规定,有证据证明其吸毒,且查获时尿样毒品检测为阳性的,认定为成瘾;对曾经吸过毒,但有证据证明其没有继续吸毒,且查获时尿样毒品检测为阴性的,不认定为成瘾。二是正在执法的交通民警对有酒后驾驶机动车辆嫌疑的人可以对其进行酒精度检测。一般认为,通过检测,车辆驾驶人员血液中的酒精含量大于或等于20mg/100ml,小于80mg/100ml的驾驶行为为饮酒驾驶;车辆驾驶人员血液中的酒精含量大于或者等于80mg/100ml的驾驶行为为醉酒驾驶。

(六) 辨认

为了查明案情,办案人民警察可以让违法嫌疑人、被侵害人或者其他证人对与违法行为有关的物品、场所或者违法嫌疑人进行辨认。

辨认由二名以上办案人民警察主持。组织辨认前,应当向辨认人详细询问辨认对象的具体特征,并避免辨认人见到辨认对象。多名辨认人对同一辨认对象或者一名辨认人对多名辨认对象进行辨认时,应当个别进行。辨认时,应当将辨认对象混杂在特征相类似的其他对象中,不得给辨认人任何暗示。辨认违法嫌疑人时,被辨认的人数不得少于七人;对违法嫌疑人照片进行辨认的,不得少于十人的照片。辨认每一件物品时,混杂的同类物品不得少于五件。同一辨认人对与同一案件有关的辨认对象进行多组辨认的,不得重复使用陪衬照片或者陪衬人。

辨认经过和结果，应当制作辨认笔录，由办案人民警察和辨认人签名或者捺指印。必要时，应当对辨认过程进行录音、录像。

（七）抽样取证

抽样取证，是指治安案件的办案人员从数量很多的物品中随机抽取一部分物品作为样品进行检验，以此推断出物品整体是否可以作为证据使用的调查方法。根据《公安机关办理行政案件程序规定》第93条的规定，收集证据时，经公安机关办案部门负责人批准，可以采取抽样取证的方法。抽样取证应当采取随机的方式，抽取样品的数量以能够认定本品的品质特征为限。抽样取证时，应当对抽样取证的现场、被抽样物品及被抽取的样品进行拍照或者对抽样过程进行录像。对抽取的样品应当及时进行检验。经检验，能够作为证据使用的，应当依法扣押、先行登记保存或者登记；不属于证据的，应当及时返还样品。样品有减损的，应当予以补偿。

（八）先行登记保存

根据《公安机关办理行政案件程序规定》的规定，在证据可能灭失或者以后难以取得的情况下，经公安机关办案部门负责人批准，可以先行登记保存。先行登记保存期间，证据持有人及其他人员不得损毁或者转移证据。对先行登记保存的证据，应当在7日内作出处理决定。逾期不作出处理决定的，视为自动解除。先行登记保存应当会同当事人查点清楚，制作并当场交付证据保全决定书。必要时，应当对采取证据保全措施的证据进行拍照或者对采取证据保全的过程进行录像。证据保全决定书应当载明下列事项：(1) 当事人的姓名或者名称、地址；(2) 抽样取证、先行登记保存、扣押、扣留、查封的理由、依据和期限；(3) 申请行政复议或者提起行政诉讼的途径和期限；(4) 作出决定的公安机关的名称、印章和日期。证据保全决定书应当附清单，载明被采取证据保全措施的场所、设施、物品的名称、规格、数量、特征等，由办案人民警察和当事人签名后，一份交当事人，一份附卷。有见证人的，还应当由见证人签名。当事人或者见证人拒绝签名的，办案人民警察应当在证据保全清单上注明。对可以作为证据使用的录音带、录像带、电子数据存储介质，在扣押时应当予以检查，记明案由、内容以及录取和复制的时间、地点等，并妥为保管。

（九）扣押与登记

扣押，是指公安机关在办理治安案件过程中，发现能够证明违反治安管理行为人有无违反治安管理行为的物品，可以依法予以扣留的调查措施。

1. 扣押的范围和程序

我国《治安管理处罚法》第89条第1款规定："公安机关办理治安案件，对与案件有关的需要作为证据的物品，可以扣押；对被侵害人或者善意第三人合法占有的财产,不得扣押,应当予以登记。对与案件无关的物品,不得扣押。”与案件有关,是指与公安机关正在办理的治安案件有关联。需要作为证据的物品,是指能够证明案件真实情况,需要作为定案根据的物证、书证和视听资料等。根据该条规定,以下两类物品不得扣押:一是与案件无关的物品不得扣押;二是对被侵害人或者善意第三人合法占有的财产不得扣押。但是,对被侵害人或者善意第三人合法占有的财产,应当予以登记。

为了保证扣押的合法性和公正性,加强群众对公安机关扣押工作的监督,防止案件调查人员遗失或私自截留、私分、侵占被扣押物品,我国《治安管理处罚法》第 89 条第 2 款规定:“对扣押的物品,应当会同在场见证人和被扣押物品持有人查点清楚,当场开列清单一式二份,由调查人员、见证人和持有人签名或者盖章,一份交给持有人,另一份附卷备查。”

2. 扣押物品的处理

我国《治安管理处罚法》第 89 条第 3 款规定:“对扣押的物品,应当妥善保管,不得挪作他用;对不宜长期保存的物品,按照有关规定处理。经查明与案件无关的,应当及时退还;经核实属于他人合法财产的,应当登记后立即退还;满 6 个月无人对该财产主张权利或者无法查清权利人的,应当公开拍卖或者按照国家有关规定处理,所得款项上缴国库。”根据此规定,公安机关对被扣押的物品应该区分不同的情况区别处理:

(1) 对于被扣押的物品,公安机关应当妥善保管,不得挪作他用;对不宜长期保存的物品,按照有关规定处理。这里所说的“不宜长期保存的物品”,主要是指容易腐烂变质、灭损或者无法保管的物品,如蔬菜、水果、鲜活海鲜等。对这些物品,应当通过登记、拍照等方式保存证据后,及时退还其合法所有人,以避免当事人的权益不致因案件的处理而受到损害。如果无人对上述物品主张权利或者无法查清权利人的,则可以公开拍卖或者变卖,并将所得款项上缴国库。所谓“按照有关规定处理”,是指依照有关法律、法规及有关规定处理。例如,《行政执法机关移送涉嫌犯罪案件的规定》第 4 条规定:对易腐烂、变质等不宜或者不易保管的涉案物品,应当采取必要措施,留取证据。《公安机关办理行政案件程序规定》第 166 条规定:对容易腐烂变质及其他不易保管的物品、危险物品,经公安机关负责人批准,在拍照或者录像后依法变卖或者拍卖,变卖或者拍卖的价款暂予保存,待结案后按有关规定处理。对易燃、易爆、毒害性、放射性等危险物品应当存放在符合危险物品存放条件的专门场所。对属于被侵害人或者善意第三人合法占有的财物,应当在登记、拍照或者录像、估价后及时返还,并在案卷中注明返还的理由,将原物照片、清单和领取手续存卷备查。对不宜入卷的物证,应当拍照入卷,原物在结案后按照有关规定处理。

(2) 经查明与案件无关的,应当及时退还,不得以任何理由继续扣押;经核实属于他人(包括被侵害人)合法财产的,应当登记后立即退还。

(3) 自查明被扣押财物为他人合法财物之日起满 6 个月无人对该财产主张权利或者无法查清权利人的,应当公开拍卖或者按照国家有关规定处理,所得款项上缴国库。

(4) 根据《公安机关办理行政案件程序规定》第 96 条的规定,扣押、扣留、查封期限为 30 日,情况复杂的,经县级以上公安机关负责人批准,可以延长 30 日;法律、行政法规另有规定的除外。延长扣押、扣留、查封期限的,应当及时书面告知当事人,并说明理由。对物品需要进行鉴定的,鉴定期间不计入扣押、扣留、查封期间,但应当将鉴定的期间书面告知当事人。

第八节　治安管理处罚的决定

引导案例

某录像厅老板严某在录像厅内播放淫秽光盘,后有群众将其举报,当地派出所接到报案后展开调查,并对严某作出治安拘留 10 日并处罚款 1000 元的治安管理处罚决定。派出所能否直接对严某作出处罚决定?

一、治安管理处罚决定概述

(一) 治安管理处罚决定的含义

治安管理处罚的决定,是指公安机关根据治安管理处罚法和其他有关法律法规的规定,对调查终结的治安案件或当场发现的违反治安管理行为,在查清违反治安管理行为人的违法事实、性质、情节、后果的基础上,依照法定的处罚种类及幅度和法定程序、权限作出处罚决定的一种适用法律的活动。

理解治安管理处罚决定的含义应从以下几个方面把握:

(1) 治安管理处罚决定的主体是国家赋予治安管理处罚权的公安机关及其人民警察。

(2) 治安管理处罚决定的适用对象是违反治安管理行为人。

(3) 治安管理处罚决定的实质是适用法律的活动。

(4) 治安管理处罚决定的内容包括决定处罚的种类、幅度,也包括决定采取的相关法律措施。

(二) 治安管理处罚决定的法律效力

治安管理处罚决定一经作出,即具有以下法律效力,主要表现在:

（1）稳定性。

（2）排他性。

（3）强制性。

（三）治安管理处罚决定的前提和标准

1. 治安管理处罚决定的前提

（1）查明证实有违反治安管理行为。

（2）依据治安管理处罚法，能够对违法行为人实施处罚。

（3）办案机关和办案人员具有法律授予的决定权。

（4）依法履行相关程序。决定治安管理处罚必须依照法定程序，只有程序公正，才能保证治安管理处罚的合理合法，从而取得良好的社会效益。

2. 治安管理处罚决定的标准

（1）事实清楚。

（2）证据确凿。

（3）定性准确。

（4）裁量适当。即选择的处罚种类、幅度与所认定的违反治安管理行为种类、情形相一致，必须是在法定的处罚种类与幅度内进行决定，同时还应注意是否有法定处罚的情节。

（5）程序合法。即经过普通程序裁决治安案件，受理、传唤、调查、告知、听证、审核、决定等均应符合行政处罚法和治安管理处罚法规定的程序、规则和手续。对适用简易程序处理的治安案件，也应符合法律规定的程序。程序不合法，必然带来决定结果不合法。

（6）法律文书规范。即治安案件查处过程中形成的法律文书和案件材料必须符合法律文书制作的要求。例如，鉴定意见书、询问笔录、检查记录等法律文书要制作清楚、准确、规范。法律文书的规范是治安案件查处合法的外在表现。

（四）治安管理处罚的决定权限

治安管理处罚的决定权限，是指公安机关在治安管理处罚决定权上的分工与限制。我国《治安管理处罚法》第 2 条规定，治安管理处罚的实施机关是公安机关。《治安管理处罚法》第 91 条规定："治安管理处罚由县级以上人民政府公安机关决定；其中警告、500 元以下的罚款可以由公安派出所决定。"这是对公安机关处罚决定权内部分工的规定。根据本条规定，只有县级以上公安机关才有对违反治安管理行为实施处罚的决定权。公安派出所，只能对警告，500 元以下罚款有决定权，超过这个限度，必须由县级以上公安机关决定。

县级以上公安机关，既包括县级以上人民政府公安机关，也包括铁路、民航、交通、林业等专业部门的县级以上公安机关。铁路、交通、民航、林业公安派出所、公安科可以行使警告、500 元以下罚款处罚的决定权。铁路、交通、民航、林业公安派出所与上一级公安机关不在同一县、市的，对违反治安管理人处罚超过 500 元的罚款或拘留处罚的，送请所在地的县、市公安局、公安分局决定。

客运列车，客运轮船运行中发生的违反治安管理行为，客运乘警和客运轮船乘警可以行使警告、200 元以下罚款处罚的当场处罚决定权。超过权限的处罚，可以将违反治安管理的人连同证据材料交到前方站、港或违反治安管理人的终点站、港的公安派出所处理。

此外，根据我国《治安管理处罚法》第 100 条的规定，违反治安管理行为事实清楚，证据确凿，处警告或者 200 元以下罚款的，人民警察可以当场作出治安管理处罚决定。

二、治安管理处罚的简易程序

（一）简易程序的概念

简易程序也称当场处罚程序，是指人民警察在依法执行职务时，对违法事实确凿、情节简单、因果关系明确的违反治安管理行为，依照法律规定，当场作出处罚决定的法律活动。当场处罚，是指人民警察对于当场违反治安管理的行为人直接作出治安管理处罚决定的一种处罚程序。当场处罚制度对于公安机关及其人民警察及时维护社会治安秩序，迅速处理简单的治安案件，高效履行治安管理职责，具有积极的作用。

（二）简易程序适用的条件

我国《治安管理处罚法》第 100 条规定：“违反治安管理行为事实清楚，证据确凿，处警告或者 200 元以下罚款的，可以当场作出治安管理处罚决定。”依据该规定，适用简易程序时必须具备以下条件：

（1）执法主体是在依法执行职务中发现违反治安管理行为的人民警察。当场处罚是法律赋予人民警察维护社会治安的职权，应当是人民警察在依法执行职务时对当场发现的违反治安管理行为适用。

（2）违法事实清楚、证据确凿。适用当场处罚的治安案件必须是案情简单，情节轻微，因果关系分明，证据充分确凿，不需要进行多方查证即能认定违法事实，且不涉及其他违法犯罪案件的违反治安管理行为。同时被处罚人应承认违法事实，即违法行为客观存在，并且已被查明属实。

（3）有法定依据。是指适用简易程序的违反治安管理行为，应由现行有效的法律、法规或规章所明确、具体规定，包括该违反治安管理行为应予治安管理处罚有法律、法规的规定和适用简易程序应符合法定的其他条件。

（4）符合法定处罚种类和幅度。根据我国《治安管理处罚法》第 100 条的规定,可适用当场处罚的种类是罚款或警告处罚。当场罚款处罚的幅度是 200 元以下。此外,《公安机关办理行政案件程序规定》第 34 条还规定,涉及卖淫、嫖娼、赌博、毒品的案件,不适用当场处罚。

(三)简易程序的步骤

(1)主动向违法行为人表明执法身份,口头告知其拟作出治安处罚的事实、理由、依据及其依法享有的权利。

(2)听取违反治安管理行为人的陈述和申辩。人民警察对违反治安管理行为人的陈述和申辩,应当充分听取。违法行为人提出的事实、理由或者证据成立的,应当采纳。适用当场处罚应该做到事实清楚,责任明确,客观公正。尤其应注意的是,要坚持正确的执法目的,不得因当事人的申辩而加重处罚。

(3)填写处罚决定书。决定当场处罚的人民警察要填写处罚决定书,填写的处罚决定书上应当载明被处罚人的姓名、违法行为、处罚依据、处罚种类(如果是罚款,应当写明罚款具体数额)、处罚时间、处罚地点以及公安机关名称,并由经办的人民警察签名或者盖章。公安机关名称,是指当场作出治安管理处罚的人民警察所属的公安机关名称,包括公安派出所。

(4)当场送达处罚决定。是指执法人员将按照法定的格式、要求填写完毕后,将处罚决定书当场交付当事人,并由当事人签名或盖章。有被侵害人的,应将决定书副本抄送被侵害人。

(5)告知诉讼权。即告知当事人对当场作出的治安管理处罚决定不服的,可以依法申请行政复议或者提起行政诉讼。

(6)收缴罚款。见本章第九节治安管理处罚决定的执行。

▶三、治安管理处罚的一般程序

治安管理处罚的一般程序,是指查处治安案件一般的、通常适用的程序。是指公安机关对适用简易程序以外的治安案件,经过受理、传唤、调查、告知、审核审批、听证、决定、送达等环节进行处理的法律过程。为保障公安机关依法行政,保护相对人的合法权益,避免在治安管理处罚的决定过程中出现"重实体、轻程序"的问题,行政处罚法、治安管理处罚法在办案程序上作出了明确的规定。

(一)受理

(二)传唤

传唤,是指公安机关通知违反治安管理行为人于指定时间到达指定地点接受询问的法律措施。传唤并非治安案件查处的必经程序,只是为顺利查明案件事实而依法采取的法律措施,随案件调查的需要而使用。

1. 传唤的方式

我国《治安管理处罚法》第82条规定:"需要传唤违反治安管理行为人接受调查的,经公安机关办案部门负责人批准,使用传唤证传唤。对现场发现的违反治安管理行为人,人民警察经出示工作证件,可以口头传唤,但应当在询问笔录中注明。公安机关应当将传唤的原因和依据告知被传唤人。对无正当理由不接受传唤或者逃避传唤的人,可以强制传唤。"因此传唤的方式主要有口头传唤与书面传唤两种。

(1) 书面传唤。即指用"传唤证"进行传唤。"传唤证"是为传唤当事人于指定时间到案接受询问的法律文书,"传唤证"须载明被传唤人的姓名、性别、住址和传唤事由,到案时间、地点及其他应予记载的事项,一般须先期送达,也可以随票到案。被传唤人收到传唤证后必须在附联上签名和注明收到的时间,并根据公安机关的要求在指定时间到达指定地点接受询问。在传唤过程中人民警察应当将传唤的原因和依据告知被传唤人。回执由送证人带回后入卷。

(2) 口头传唤。是指对于现场发现的违反治安管理行为人,人民警察经出示工作证件,口头通知其到案接受询问的一种方法。口头传唤不必使用"传唤证"。现场发现,既包括人民警察在违反治安管理行为的实施现场发现或抓获行为人的情况,也包括人民警察在违反治安管理实施现场以外的地点发现或抓获已受理的治安案件的违反治安管理行为人的情况。口头传唤有利于人民警察及时有效地制止违反治安管理行为、抓获违反治安管理行为人,防止或减轻可能造成的危害,及时作出处罚决定,提高工作效率。适用口头传唤应注意以下几个问题:一是人民警察应主动出示工作证件;二是只适用于现场发现的违反治安管理行为人;三是应当将传唤的原因和依据告知被传唤人;四是口头传唤的过程应当在之后的询问笔录中得到体现。

违反治安管理行为人一经合法传唤,除有正当理由不能按时到案外,应当在指定时间到指定地点接受询问。经过合法传唤,没有正当理由而不到案的,或者逃避传唤的,公安机关可以强制传唤。

强制传唤,是指公安机关对无正当理由不接受传唤或者逃避传唤的违反治安管理行为人,采取强制的方法将其带到公安机关或其他地点接受询问的一种法律强制措施。因涉及公民的人身自由,在使用强制传唤时必须慎重,同时,应当注意以下几点:一是必须符合治安管理处罚法规定的条件,即必须是经过合法传唤,没有正当理由而不接受传唤或者逃避传唤的;二是必须由公安机关执行;三是必须事先进行告诫,进行必要的教育;四是措施必须得当,强制方法应以能将传唤人传唤到案为限度,必要时,可以使用手铐、警绳等约束性警械。

2. 传唤的要求

(1) 只有对需要传唤的,才能传唤。为了切实保障人民群众的合法权益,防止公安机关滥用传唤权,我国《治安管理处罚法》第82条明确规定,只有对"需要传唤"的,才适用传唤措施,即对一些不必要进行传唤的,就没有必要采取传唤措施。

(2) 传唤必须依照法律规定,严格履行法律手续。使用传唤证传唤,需经公安机关办案部门负责人批准。适用口头传唤,人民警察应主动出示工作证件。无论是书面传唤还是口头传唤都应当将传唤的原因和依据告知被传唤人。

(3) 禁止传唤证人或与案件无关的人。

(4) 送达传唤证时,如果被传唤人拒绝签名的,根据《公安机关办理行政案件程序规定》第54条的规定使用传唤证传唤的,违法嫌疑人被传唤到案后和询问查证结束后,应当由其在传唤证上填写到案和离开时间并签名。拒绝填写或者签名的,办案人民警察应当在传唤证上注明。

(5) 正确运用传唤法律措施,区别传唤与盘查、继续盘问的关系,禁止用继续盘问来代替传唤。根据我国《人民警察法》第9条的规定,治安盘查,是指人民警察在执行职务活动中为发现或确认违法犯罪行为,对可能具有违法或犯罪行为的嫌疑人进行仔细盘问和检查的法律活动。继续盘问,是指公安机关的人民警察对当场盘问、检查后,仍不能排除或是证实违法犯罪嫌疑的人员,符合法定情形的,依法将其带至公安机关,经该公安机关批准,对其继续审查的法律活动。继续盘问的对象主要是针对有违法犯罪嫌疑的人员,对违反治安管理行为人不能适用继续盘问,而只能根据需要适用治安传唤。在适用继续盘问的过程中,查明只有违反治安管理行为的,应当解除继续盘问,按查处治安案件的一般程序处理。

(三) 调查

详细内容见本章第七节治安案件的证据与调查。

(四) 告知

1. 告知的含义

告知程序是一种基本的行政程序制度。行政主体作出影响行政相对人权益的行为,应事先告知该行为的内容,包括行为的时间、地点、主要过程,作出该行为的事实根据和法律根据,相对人对该行为依法享有的权利等,以及事后享有的法律救济权利,从而保证行政程序的公正,保护公民的合法权益,防止行政权力的滥用和不当行政行为的发生而妨害社会公正。我国《治安管理处罚法》第94条第1款规定:"公安机关作出治安管理处罚决定前,应当告知违反治安管理行为人作出治安管理处罚的事实、理由及依据,并告知违反治安管理行为人依法享有的权利。”

告知是治安管理处罚的必经程序。对当事人来说,是法定的权利;对公安机关来说,是法定的义务。

2. 告知的内容

根据我国《治安管理处罚法》第 94 条的规定,告知的内容包括两方面:一是告知当事人作出行政处罚决定的事实、理由及依据。应当注意的是,这里“作出行政处罚决定”应当是具体而明确的决定。二是告知当事人依法享有的权利,即当事人依法享有的陈述、申辩权。

拟作出的治安管理处罚种类和幅度符合听证范围的,公安机关还应向当事人告知其有要求听证的权利。当事人要求听证的,则进入听证程序。

3. 告知的方式

根据《公安机关办理行政案件程序规定》第 35 条和第 150 条的规定,告知的方式有口头告知和书面告知两种。当场处罚的,采取口头方式进行告知;适用一般程序作出治安管理处罚决定的,则必须采取书面形式或笔录形式告知。

当事人收到告知书后,可以以书面或者口头形式对被告知处罚的事实、理由、依据进行陈述、申辩或者提出对自己有利的事实和证据。公安机关办案部门对违反治安管理行为人提出的事实、理由和依据,应当进行复核,能够成立的,公安机关应当采纳,不得因违反治安管理行为人的陈述、申辩而加重处罚。

(五) 听证

在治安管理处罚中,听证是一种选择性的程序,只有符合法定条件,且被处罚人要求听证的,听证方才举行。详细内容请见下文“治安管理处罚的听证程序”。

(六) 审核、审批

1. 审核

(1) 上报审核前的准备

经调查取证,违反治安管理行为事实清楚,证据充分,需要给予行为人治安管理处罚的,办案人员应填写《治安管理处罚审批表》,并由办案部门负责人签署意见,然后连同有关案件材料一并上报。

(2) 审核的内容

一是应审核违反治安管理行为人的基本情况是否清楚。

二是应审核案件事实是否清楚,证据是否确凿。

三是应审核定性和适用法律是否正确。

四是应审查量罚是否适当。

五是应审核程序是否合法。

六是审核法律文书是否规范、完备。

(3) 审核的意见

审核部门认为案件事实不清、证据不足的,提出具体退查意见,退回承办单位或承办人限期进行补充调查。

2. 审批

审批,是指公安机关的负责人对经审核后的治安案件进行审查并签署处罚意见的过程。审批体现了治安管理处罚决定的权限。

我国《行政处罚法》第38条规定:对情节复杂或者重大违法行为给予较重的行政处罚,行政机关的负责人应当集体讨论决定。从实践来看,下列治安案件须集体讨论决定:(1) 涉外案件,涉港、涉澳、涉台人员违反治安管理的;(2) 各级人大代表、政协委员、知名人士等违反治安管理的;(3) 群体性违反治安管理的;(4) 有可能引发突发性事件的;(5) 介于刑事、治安案件之间的;(6) 承办单位与案件审核部门意见不一致的;(7) 上级公安机关或党政领导过问、交办的;(8) 其他疑难、复杂的案件。

(七) 制作治安管理处罚决定书

公安机关作出治安管理处罚决定的,应当制作"治安管理处罚决定书"。决定书应当载明下列内容:被处罚人的姓名、性别、年龄、身份证件的名称和号码、住址;违法事实和证据;处罚的种类和依据;处罚的执行方式和期限;对处罚决定不服,申请行政复议、提起行政诉讼的途径和期限;作出处罚决定的公安机关的名称和作出决定的日期;作出处罚决定的公安机关的印章。

被决定行政拘留处罚的,还应填写治安管理处罚执行行政拘留处罚通知书;需要采取收容教育、强制戒毒等行政强制措施的,依照有关法律、法规规定,填制相应的法律文书。

(八) 送达治安管理处罚决定书

我国《治安管理处罚法》第97条规定:"公安机关应当向被处罚人宣告治安管理处罚决定书,并当场交付被处罚人;无法当场向被处罚人宣告的,应当在2日内送达被处罚人。决定给予行政拘留处罚的,应当及时通知被处罚人的家属。有被侵害人的,公安机关应当将决定书副本抄送被侵害人。"该条对治安管理处罚决定书的宣布和送达作出了具体规定。

1. 治安管理处罚决定书的交付

公安机关依法作出治安管理处罚决定后,应当及时按照法律要求制作治安管理处罚决定书。决定书向被处罚人宣告,并将决定书当场交付被处罚人,由被处罚人在决定书附卷联上签名;被处罚人拒绝签名的,由办案人员在决定书附卷联上注明。当场宣告不仅使被处罚人了解自己所受处罚情况,而且便于其依法履行治安管理处罚决定,同时也为被处罚人不服处罚而申请法律救济提供了条件,是教育与处罚相结合原则的具体体现。

2. 治安管理处罚决定书的送达

公安机关无法当场向被处罚人宣告的,应当在2日内将治安管理处罚决定书送达被处罚人。治安管理处罚法对送达方式没有作出规定,根据行政处罚法的规定,公安机关应当依照民事诉讼法的规定进行送达。对此《公安机关办理行政案件程序规定》进行了规定。

(1) 直接送达。是指送达机关派专人将有关法律文书直接交付给受送达人。送达机关直接送达时,受送达人不在,可以交付给和他同住的成年家属签收。

(2) 留置送达。受送达人本人或者代收人拒绝接收或者拒绝签名和捺指印的,送达人可以邀请其邻居或者其他见证人到场,说明情况。也可以对拒收的情况进行录音录像,把文书留在受送达人处,在附卷的法律文书上记明拒绝的事由、送达日期,由送达人和见证人签名,即视为送达。

(3) 委托送达。是指无法直接送达的,送达机关可以委托受送达人居住地的公安机关代为送达。

(4) 邮寄送达。是指通过邮寄方式进行送达。邮寄送达时,挂号的回执为送达凭证,收件人的签收日期为送达日期。

(5) 公告送达。经采取上述送达方式仍无法送达的,可以公告送达。公告的范围和方式应当便于公民知晓,公告期限不得少于60日。

此外,根据规定,决定给予行政拘留处罚的,应当及时通知被处罚人的家属。有被侵害人的,公安机关应当将决定书副本抄送被侵害人。

四、治安管理处罚的听证程序

(一) 听证程序的概念

治安管理处罚的听证程序,是指公安机关在对法定处罚形式和内容作出决定前,听取违反治安管理行为人的陈述和申辩,并由听证程序的参加人就有关事实相互进行质问、辩论和反驳,从而查明事实,以保证处罚公正合理的法律过程。

(二) 听证程序的适用范围

听证程序并非所有行政处罚决定的必经程序。在治安管理处罚中,听证是一种选择性的程序,只有符合法定条件,且拟被处罚人要求听证的,听证方才举行。

(三) 听证人员和听证参加人

1. 听证人员

根据规定,听证设听证主持人1名,负责组织听证;记录员1名,负责制作听证笔录。必要时,可以设听证员1—2名,协助听证主持人进行听证。听证主持人由公安机关负责人指定,一般由法制部门负责人担任。本案调查人员不得担任听证主持人、听证员或者记录员。听证主持人在听证活动中行使下列职权:(1)确定举行听证的时间、地点;(2)决定听证是否公开举行;(3)要求听证参加人到场参加听证,提供或者补充证据;(4)决定听证的延期、中止或者终止;(5)主持听证,并就案件的事实、理由、证据、程序、适用法律等组织质证和辩论;(6)维持听证秩序,对违反听证纪律的行为予以制止;(7)决定其他听证员、记录员的回避;(8)依法享有的其他职权。

2. 听证参加人

听证参加人包括:当事人及其代理人;本案办案人员;证人、鉴定人、翻译人员;其他有关人员。与听证案件处理结果有直接利害关系的其他公民、法人或者其他组织,作为第三人申请参加听证的,应当允许。为查明案情,必要时,听证主持人也可以通知其参加听证。当事人在听证活动中享有下列权利:(1)申请回避;(2)委托1—2人代理参加听证;(3)进行陈述、申辩和质证;(4)核对、补正听证笔录;(5)依法享有的其他权利。

(四)听证的告知申请和受理

对适用听证程序的行政案件,办案部门在提出处罚意见后,应当告知违法嫌疑人拟作出的行政处罚和有要求举行听证的权利。违法嫌疑人要求听证的,应当在公安机关告知后3日内提出申请。违法嫌疑人放弃听证或者撤回听证要求后,处罚决定作出前,又提出听证要求的,只要在听证申请有效期限内,应当允许。

公安机关收到听证申请后,应当在2日内决定是否受理。认为违法嫌疑人的要求不符合听证条件,决定不予受理的,应当制作不予受理听证通知书,告知听证申请人。逾期不通知听证申请人的,视为受理。

公安机关受理听证后,应当在举行听证的7日前将举行听证通知书送达听证申请人,并将举行听证的时间、地点通知其他听证参加人。听证应当在公安机关收到听证申请之日起10日内举行。

(五)听证的举行

1. 听证的步骤

(1)确定听证会主持人。听证会主持人,是指在行政机关举行听证会上负责组织听证活动正常进行的人员,由行政机关指定的工作人员担任。听证会主持人应符合以下条件:应是行政机关中具有相对独立地位的专门人员或部门;未直接参与本案的调查取证;与本案无直接利害关系。

(2)确定听证会的当事人和其他参加人。听证会的当事人就是指具体行政处罚案件中的承办单位或承办人以及被处罚的相对人。听证会的其他参与人，是指与案件的处理结果有直接利害关系的第三人，以及必要的证人、鉴定人、翻译人员等。听证程序的当事人及第三人可以亲自参加听证会，也可以委托他人作为代理人参加听证会。

（3）听证会的准备。当行政机关得知当事人已要求听证后，应及时指定听证主持人，由其为举行听证会作必要的准备。一般准备的事项包括：调阅案卷；确定并通知当事人和其他听证参加人；公告，即将举行听证会的时间、地点、案由及听证要求人的姓名或名称公布于众。

（4）听证会的举行。听证会除涉及国家秘密、商业秘密或个人隐私外，一律公开进行。其具体步骤一般是：

主持人宣布听证会开始；

由对案件调查取证的执法人员提出当事人违法的事实根据、法律凭证和行政处罚建议；

由当事人针对指控的事实及相关问题进行申辩质证；

调查取证人员与当事人互相辩论；

当事人作最后陈诉；

主持人宣布听证会结束。

（5）听证笔录。记录员应当将举行听证的情况记入听证笔录。听证笔录应当载明下列内容：案由；举行听证的时间、地点和方式；听证人员的姓名、职务；听证参加人的姓名、单位或者住址；办案人员陈述的事实、证据和法律依据以及行政处罚意见；违法嫌疑人或者其代理人的陈述和申辩；第三人陈述的事实和理由；办案人员、违法嫌疑人或者其代理人、第三人质证、辩论的内容；证人陈述的事实；违法嫌疑人、第三人、办案人员的最后陈述意见；其他事项。听证笔录应当交违法嫌疑人阅读或者向其宣读。听证笔录中的证人陈述部分，应当交证人阅读或者向其宣读。违法嫌疑人或者证人认为听证笔录有误的，可以请求补充或者改正。违法嫌疑人或者证人审核无误后签名或者捺指印。拒绝签名或者捺指印的，由记录员在听证笔录上记明情况。

听证笔录经听证主持人审阅后，由听证主持人、听证员和记录员签名。

2. 中止听证与终止听证的法定情形

中止听证。根据规定，听证过程中，遇有下列情形之一的，听证主持人可以中止听证：（1）需要通知新的证人到会、调取新的证据或者需要重新鉴定或者勘验的；（2）因当事人提出回避申请，致使听证不能继续进行的；（3）其他需要中止听证的。中止听证的情形消除后，听证主持人应当及时恢复听证。

终止听证。根据规定，有下列情形之一的，应当终止听证：（1）违法嫌疑人撤回听证申请的;(2) 违法嫌疑人及其代理人无正当理由拒不出席或者未经听证主持人许可中途退出听证的;(3) 违法嫌疑人死亡或者作为违法嫌疑人的法人或者其他组织被撤销、解散的;(4) 听证过程中,违法嫌疑人或者其代理人扰乱听证秩序,不听劝阻,致使听证不能正常进行的;(5) 其他需要终止听证的。

3. 报告书的制作

听证结束后,听证主持人应当写出听证报告书,连同听证笔录一并报送公安机关负责人。听证报告书应当包括下列内容:(1) 案由;(2) 听证人员和听证参加人的基本情况;(3) 举行听证的时间、地点和方式;(4) 听证会的基本情况;(5) 案件事实;(6) 处理意见和建议。

公安机关负责人应当根据听证情况,按照规定作出处理决定。

第九节　治安管理处罚决定的执行

一、行政拘留的执行

行政拘留处罚是治安管理处罚法中适用最为广泛的处罚种类。由于其直接涉及公民人身权利,所以我国《治安管理处罚法》对行政拘留处罚执行的方式进行了严格的规定,包括直接执行、不执行和暂缓执行三种。

(一) 拘留处罚的直接执行

我国《治安管理处罚法》第 103 条规定:“对被决定给予行政拘留处罚的人,由作出决定的公安机关送达拘留所执行。”

根据公安部的解释规定,行政拘留的执行时间从入所的次日起计算。根据《治安管理处罚法》第 92 条规定,对于在行政拘留前已经采取强制措施限制人身自由的,限制人身自由 1 日,折抵行政拘留 1 日。

根据《解释(一)》规定,《治安管理处罚法》第 92 条规定的“强制措施限制人身自由的时间”,包括被行政拘留人在被行政拘留前因同一行为被依法刑事拘留、逮捕时间。如果被行政拘留人被刑事拘留、逮捕的时间已超过被行政拘留的时间的,则行政拘留不再执行,但办案部门必须将《治安管理处罚决定书》送达被处罚人。

根据公安部《治安拘留所管理办法(试行)》的规定,拘留所在执行时应当查验《治安管理处罚决定书》和被拘留人的居民身份证。在接受被处罚人时,如发现有本法第 21 条规定的不执行行政拘留的情形之一的,不应收所执行,已经收所的,要立即释放,并及时通知作出决定的公安机关。拘留所在管理中必须遵循严格的管理制度,组织被处罚人进行法制学习,并适当地安排劳动。治安管理处罚法没有规定被拘留人负担伙食费,即意味着应当由国家负担被拘留人在行政拘留期间的伙食费。

（二）拘留处罚的不执行

为了体现尊重和保障人权的原则和以人为本的现代管理理念,治安管理处罚法对几类特殊主体作出了不执行行政拘留的规定。对这几类特殊主体依法作出行政拘留处罚决定,体现了治安管理过罚相当的原则,是对其行为的否定性评价。不实际执行,体现了法律的人道主义本质,其目的在于体现对弱势群体的特殊保护。根据我国《治安管理处罚法》第 21 条的规定,有下列情形之一的,可作出行政拘留的处罚决定,但不执行行政拘留:

（1）已满 14 周岁不满 16 周岁的。

（2）已满 16 周岁不满 18 周岁,初次违反治安管理的。根据《解释(二)》规定,《治安管理处罚法》第 21 条第 2 项规定的“初次违反治安管理”,是指行为人的违反治安管理行为第一次被公安机关发现或者查处的。但具有下列情形之一的,不属于“初次违反治安管理”:曾违反治安管理,虽未被公安机关发现或者查处,但仍在法定追究时效内的;曾因不满 16 周岁违反治安管理,不执行行政拘留的;曾违反治安管理,经公安机关调解结案的;曾被收容教养、劳动教养的;曾因实施扰乱公共秩序,妨害公共安全,侵犯人身权利、财产权利,妨害社会管理的行为被人民法院判处刑罚或者免除刑事处罚的。

（3）70 周岁以上的。

（4）怀孕或者哺乳自己不满一周岁婴儿的。

（三）拘留处罚的暂缓执行

1. 暂缓执行的条件

我国《治安管理处罚法》第 107 条规定:“被处罚人不服行政拘留处罚决定,申请行政复议、提起行政诉讼的,可以向公安机关提出暂缓执行行政拘留的申请。公安机关认为暂缓执行行政拘留不致发生社会危险的,由被处罚人或者其近亲属提出符合本法第 108 条规定条件的担保人,或者按每日行政拘留 200 元的标准交纳保证金,行政拘留的处罚决定暂缓执行。”从此规定看暂缓执行必须符合以下条件:

（1）暂缓执行只限于行政拘留处罚,并由被拘留人提出了申请。

（2）被处罚人申请了行政复议或者提起了行政诉讼。

（3）公安机关认为暂缓执行行政拘留不致发生社会危险。

（4）被处罚人及其近亲属必须提供一定的保证措施。

只有同时符合上述四个条件,行政拘留才能暂缓执行。

2. 担保人的条件

根据我国《治安管理处罚法》第 108 条的规定,担保人必须同时具备以下四个条件:

(1) 与本案无牵连。是指担保人与被处罚人所涉及的治安案件没有任何利害关系。

(2) 享有政治权利,人身自由未受限制。

(3) 在当地有常住户口和固定住所。

(4) 有能力履行担保义务。

3. 担保人的义务与责任

为了保证担保人履行职责,法律规定了担保人的义务和责任。我国《治安管理处罚法》第 109 条规定:"担保人应当保证被担保人不逃避行政拘留处罚的执行。担保人不履行担保义务,致使被担保人逃避行政拘留处罚的执行的,由公安机关对其处 3000 元以下罚款。"担保人的义务,是指在行政拘留暂缓执行期间,担保被担保人不实施逃避行政拘留处罚的执行的行为。在被处罚人申请暂缓执行行政拘留期间,担保人要通过语言劝解、监督、督促、提醒等多种方式,保证被处罚人认真配合公安机关和人民法院的工作,既不能阻碍公安机关的调查取证工作、行政复议工作和人民法院的审理工作,也不能以申请暂缓执行为名逃避治安管理处罚。

4. 保证金的处理

第一,关于保证金的没收。我国《治安管理处罚法》第 110 条规定:"被决定给予行政拘留处罚的人交纳保证金,暂缓行政拘留后,逃避行政拘留处罚的执行的,保证金予以没收并上缴国库,已经作出的行政拘留决定仍应执行。"根据该条规定,被决定给予行政拘留处罚的人交纳保证金,暂缓行政拘留后,逃避行政拘留处罚的,保证金予以没收。对于没收的保证金,必须按照规定上缴国库。没收被拘留人的保证金,是对其逃避行政拘留处罚执行的一种惩罚。

根据我国《治安管理处罚法》第 110 条规定,在没收保证金的同时,已经作出的行政拘留处罚仍应执行。没收保证金只是对被处罚人逃避行政拘留处罚的行为的一种处罚措施,并不能代替其因违反治安管理行为所应受的行政拘留处罚。在没收保证金后,行政拘留决定仍应执行。这就从根本上杜绝了被处罚人妄想通过暂缓执行来逃避行政拘留的企图,这也是公平原则在法律中的体现。

第二,关于保证金的退还。我国《治安管理处罚法》第 111 条规定:"行政拘留的处罚决定被撤销,或者行政拘留处罚开始执行的,公安机关收取的保证金应当及时退还交纳人。"在暂缓执行行政拘留时,交纳保证金是一种临时性保障措施。当这种需要不存在时,保证金就应当及时退还。退还保证金包括两种情形:

一是经过行政复议、行政诉讼，原先的行政拘留决定被撤销的，原处罚决定不再有效，公安机关不得执行原处罚决定，而将保证金退还给交纳人；二是原行政拘留处罚决定被维持，或者处罚幅度变更，但公安机关已经开始执行行政拘留，而将保证金退还给交纳人。

二、罚款的执行

罚款是治安行政处罚中适用较为广泛的处罚种类，由于直接涉及被处罚人的经济利益，也是执行过程中难度较大的处罚之一。为了保证罚款的有效执行，行政处罚法和治安管理处罚法对罚款的执行原则、方式、期限和方法等都作了严格的规定。

（一）罚款执行的原则

我国《行政处罚法》第46条第1款、第2款规定："作出罚款决定的行政机关应当与收缴罚款的机构分离。除依照本法第47条、第48条的规定当场收缴的罚款外，作出行政处罚决定的行政机关及其执法人员不得自行收缴罚款。"罚款决定和执行相分离，是行政处罚法规定的一项重要制度，也是治安管理处罚执行中必须遵循的基本原则。行政处罚法规定的罚款决定与执行相分离，是指行政机关对当事人作出处罚决定时只开具罚款决定书，由当事人自己持行政处罚决定书，在规定的时间内到指定的金融机构缴纳罚款的一种制度。

（二）罚款执行的方式

1. 自动履行

自动履行，是指由被处罚人在一定时间内到指定的银行主动缴纳治安管理处罚决定书所确定的罚款，这是罚款执行的主要方式。我国《治安管理处罚法》第104条规定："受到罚款处罚的人应当自收到处罚决定书之日起15日内，到指定的银行缴纳罚款。"指定银行，是指治安管理处罚决定书上标明的办理代收罚款业务的银行。被处罚人缴纳罚款的期限为自收到罚款决定书之日起15日内。

2. 当场收缴

结合执法实践中的特殊情况，为减少执法成本，方便被处罚人，保证罚款决定的执行，治安管理处罚法基本承袭了行政处罚法的规定，设定了当场收缴制度。

当场收缴的条件。根据我国《治安管理处罚法》第104条的规定，下列三种情况可以当场收缴罚款：

（1）被处50元以下罚款，被处罚人对罚款无异议的。根据这项规定，人民警察当场收缴罚款必须同时具备两项条件：罚款金额只能在50元以下；被处罚人对处罚决定无异议。治安管理处罚法确定的当场收缴金额高于行政处罚法的

20 元限额，相对于行政处罚法来说，治安管理处罚法属于特别法，根据特别法效力优于一般法的原则，应当适用治安管理处罚法规定。

（2）在边远、水上、交通不便地区，公安机关及其人民警察依照《治安管理处罚法》的规定作出罚款决定后，被处罚人向指定银行缴纳确有困难，经被处罚人提出的。这是针对特殊地区收缴罚款所遇到的特殊情况而作出的特别规定。根据这一规定，人民警察当场收缴罚款必须同时具备三项条件：一是当场收缴只限于边远、水上、交通不便地区；二是被处罚人向指定银行缴纳确有困难；三是必须由被处罚人提出要求。这是当场收缴罚款的必备条件，三个条件缺一不可。在边远、水上、交通不便地区，银行网点少，地理位置偏远，交通十分不便，公安机关及其人民警察依法作出罚款决定后，如果要求被处罚人到指定银行缴纳罚款，对被处罚人来说确有困难，给实际执行造成不必要的麻烦，也背离了罚缴分离制度建立的初衷。为了保证严肃执法，同时，为了方便被处罚人执行罚款决定，被处罚人可以向人民警察提出当场缴纳罚款。经被处罚人要求后，人民警察可以当场收缴罚款。

（3）被处罚人在当地没有固定住所，不当场收缴事后难以执行的。这项规定是针对在当地，即作出处罚决定的公安机关所在地没有固定住所的临时外来人员。对这类对象如不当场收缴罚款，事后难以执行。

当场收缴的程序。为了既监督人民警察的执法行为，又方便人民警察的工作，《治安管理处罚法》第 105 条规定："人民警察当场收缴的罚款，应当自收缴罚款之日起 2 日内，交至所属的公安机关；在水上、旅客列车上当场收缴的罚款，应当自抵岸或者到站之日起 2 日内，交至所属的公安机关；公安机关应当自收到罚款之日起 2 日内将罚款缴付指定的银行。"这里对人民警察当场收缴的罚款规定了两种上交期限：第一种是在一般情况下，人民警察当场收缴的罚款，应当自收到罚款之日起 2 个工作日内，交至所属的公安机关。如果期满日为节假日时，节假日后的第一个工作日为期满日。第二种是在水上、旅客列车上当场收缴的罚款，人民警察应当在抵岸或者到站后的两个工作日内，交至所属的公安机关。

人民警察当场收缴罚款的，必须出具罚款收据。《治安管理处罚法》第 106 条规定："人民警察当场收缴罚款的，应当向被处罚人出具省、自治区、直辖市人民政府财政部门统一制发的罚款收据；不出具统一制发的罚款收据的，被处罚人有权拒绝缴纳罚款。"人民警察出具的罚款收据必须由省、自治区、直辖市人民政府财政部门统一制作和发放，不得擅自印制非法定罚款收据。这样便于财政部门对罚款的监管，对于防止公安机关及其人民警察截留、挪用、贪污、私分罚款等现象起到有效的预防作用，促进廉政建设。同时该条还规定，对于不出具统一制发的罚款收据的，被处罚人有权拒绝缴纳罚款。使被处罚人也成为监督公安机关及其人民警察依法行政的重要力量，也便于保护被处罚人的合法权益。

3. 暂缓或分期缴纳

我国《行政处罚法》第 52 条规定："当事人确有经济困难，需要延期或者分期缴纳罚款的，经当事人申请和行政机关批准，可以暂缓或者分期缴纳。"在正常的行政处罚的罚款收缴程序之外，可能出现受处罚人因有特殊经济困难，需要延期或者分期缴纳罚款的情况。在这种情况下，受处罚人不是主观上拒交罚款，而是客观上有经济困难，没有如期履行罚款义务的能力。因此，必须与受处罚的当事人故意拒绝或者拖延缴纳罚款的行为区分开来，允许有特殊经济困难的当事人暂缓或者分期履行罚款义务。

受处罚的当事人确有经济困难，需要延期或者分期缴纳罚款的，应当向作出罚款决定的行政机关提出申请，说明不能按期缴纳罚款的原因和理由，并提出申请延期的期限或者缴纳罚款的次数。行政机关在收到当事人的申请后，应当进行严格审查，确定其是否有履行罚款的能力。行政机关经过审查，认为当事人申请理由不成立的，应当驳回申请；认为申请理由成立的，应当作出批准延期或者分期缴纳的决定。行政机关作出批准延期或者分期缴纳决定后，应当制作决定书，银行依照行政机关的决定收缴罚款。

4. 强制执行

我国《治安管理处罚法》没有规定对不按期缴纳罚款的违反治安管理行为人如何强制执行，但该法第 3 条规定："治安管理处罚的程序，适用本法的规定；本法没有规定的，适用《中华人民共和国行政处罚法》的有关规定。"根据《行政处罚法》第 51 条的规定，当事人逾期不履行行政处罚决定的，作出行政处罚决定的行政机关可以采取下列措施：

（1）逾期不缴纳罚款的，每日按罚款数额的 3% 加处罚款。

（2）根据法律规定，将查封、扣押的财物拍卖或者将冻结的存款划拨抵缴罚款。

（3）申请人民法院强制执行。

一、思考题

1. 治安调解的适用条件是什么？
2. 治安管理处罚的种类及措施。
3. 治安案件的管辖制度有哪些？
4. 治安案件回避的理由是什么？

二、案例分析

某日晚6时左右,刘某因在其帮忙的某宾馆3楼与一熟人打招呼,忽然被该镇派出所几名干警带回,以涉嫌卖淫对其进行盘问。到晚上9时,在没有做笔录也没有查出任何事实后,警察用手铐将其双手铐在发烫的暖气片上,致使其双手有轻度灼伤。这期间刘某多次要求通知其家人,均遭拒绝。直至次日晚9时警察在未进行任何调查就口头向刘某宣布对其"卖淫"行为处以3000元罚款,并让其找家属来交钱才放人。刘某在绝望下,吞食了重达5.5克的金戒指,想以此证明自身清白,后经医院抢救脱离危险。

问题:本案中,公安机关的哪些做法不符合我国《治安管理处罚法》的规定?对于违法的公安机关及其警察应该怎样处理?

三、延伸阅读书目

1. 陈菊娟、陈家逊主编:《治安管理处罚卷宗组装指南》,群众出版社2008年版。

2. 裴兆斌、吴华清、邹涛编著:《案例导读:治安管理处罚法及配套规定适用与解析》,法律出版社2013年版。

3. 于沛霖等编著:《中华人民共和国治安管理处罚法配套解读与实例》,法律出版社2014年版。

4. 陈家逊编著:《公安机关办案程序规范》,群众出版社2003年版。

5. 王国庆、陈万虎主编:《〈公安机关办理行政案件程序规定〉实施手册》,吉林人民出版社2003年版。

第三编　刑 事 执 法

第六章　刑法

教学要求

通过本章教学，使学生理解我国刑法学的基本理论、基本原则、基本知识和基本概念，系统掌握我国刑法及其所规定的犯罪、刑事责任和刑罚，培养学生运用刑法知识和刑法理论分析和解决问题的能力，为参加刑事法律实践工作奠定基础。通过本课程的学习，学生应当达到以下基本要求：

1. 了解刑法学和我国刑事立法的发展概况。

2. 明确刑法学的研究对象、研究方法及其理论体系。

3. 掌握刑法学的基本概念、基本理论和基本知识以及我国刑法的基本精神和具体规定。

4. 学会运用刑法学理论并根据刑法规定，分析和解决实际刑事案件中的问题。

本章概要

刑法学是研究犯罪与刑事责任的学科,刑法学体系以犯罪和刑事责任为主线分为总论和分论。本章中,第一至十一节是刑法总论部分,刑法学总论主要介绍了:刑法概述,刑法的基本原则,刑法的效力范围,犯罪构成,排除犯罪性的行为,共同犯罪,刑罚概述,刑罚裁量,刑罚执行等内容。第十二至二十二节为刑法分论部分,各论部分在总论的基础上,分述了刑法中的十大类犯罪及其构成要件。在每一类犯罪中具体阐述了每一具体犯罪应当具备的要件,每一具体犯罪相应的刑事责任。

重要概念

刑法的概念、特征、功能、体系　刑法的基本原则　刑法的效力范围　犯罪构成　犯罪停止形态　共同犯罪　刑罚目的、体系、裁量、执行　分则各罪名、罪状、刑罚裁量

第一节 刑法概述

一、刑法的概念

刑法是规定犯罪、刑事责任和刑罚的法律，是掌握政权的统治阶级为了维护本阶级政治上的统治和经济上的利益，根据其阶级意志，规定哪些行为是犯罪并应当负刑事责任，给予犯罪人何种刑事处罚的法律。刑法有广义刑法与狭义刑法之分。广义刑法是指一切规定犯罪、刑事责任和刑罚的法律规范的总和，包括刑法典、单行刑法以及非刑事法律中的刑事责任条款。狭义刑法是指刑法典，即《中华人民共和国刑法》。

二、刑法的性质

我国刑法学者通常认为，刑法的性质包括两种含义，一是刑法具有的阶级属性，二是刑法具有的法律属性。

（一）刑法的阶级属性

刑法的阶级属性表现为下列几点：

首先，刑法的阶级属性表现为刑法是阶级社会的产物。刑法不是自古以来就有的，它是人类社会发展到一定历史阶段的产物。在原始社会后期，出现了私有制、阶级、国家之后，为了镇压被统治阶级的反抗，统治阶级把反对统治关系的行为规定为犯罪，以刑罚进行惩罚，由此便产生了刑法。

其次，刑法的阶级属性表现为刑法是统治阶级意志的反映。刑法的基本内容都是由统治阶级根据自己的意志和利益制定的。当然，为了统治阶级的整体利益，刑法也处罚统治阶级内部的一些犯罪人，也规定一些所谓保护全体人民利益的法律条款，但从本质上仍体现为维护统治阶级的利益。

最后，刑法的阶级性质由国家的阶级性质所决定。一切剥削阶级国家的刑法，都是以生产资料私有制为基础，反映剥削阶级意志并为剥削阶级利益服务的。与剥削阶级国家刑法不同，我国刑法是社会主义类型的刑法，它是建立在我国社会主义经济基础之上的上层建筑的重要组成部分，反映了广大人民群众的意志，体现了广大人民群众当前及长远的利益。

（二）刑法的法律属性

刑法的法律属性，是刑法作为国家法律体系中的基本法律部门所具有的特征。与民法、行政法、经济法等基本部门法相比，刑法具有两个显著特征：

首先，刑法保护范围的广泛性。民法、行政法等都以特定某类社会关系为调整对象，而刑法则是调整各种领域的社会关系，包括政治、经济、人身、婚姻、社会秩序等各个领域,从这个意义上,可以说刑法是其他部门法的保护法。没有刑法做后盾和保证,其他部门法往往很难得到彻底的贯彻实施。

其次,刑法的强制性最为严厉。任何法律都有强制性,但刑法因刑罚处罚手段不仅可限制人身自由,甚至可剥夺人的生命而显得最为严厉。

三、刑法的功能与任务

(一)刑法的功能

刑法的功能是指刑法发挥的积极作用和表现出来的积极效果。刑法的功能与刑法的性质密切相关,刑法的性质决定刑法的功能,刑法的功能反映刑法的性质。理论界一般认为,刑法具有惩罚功能、保障功能、引导功能和评价功能等。

(1)惩罚功能,刑法的惩罚功能是指刑法对犯罪人及犯罪行为的惩罚。

(2)保障功能,刑法的保障功能是指刑法对法益的保障和对人权的保护。

(3)引导功能,又称规范功能,是指刑法具有引导人们实施某种行为、不实施某种行为的功能。

(4)评价功能,刑法的评价功能是指刑法具有的评价人们各种行为的功能。

(二)刑法的任务

我国《刑法》第2条规定:"中华人民共和国刑法的任务,是用刑罚同一切犯罪行为作斗争,以保卫国家安全,保卫人民民主专政和社会主义制度,保护国有财产和劳动群众集体所有的财产,保护公民私人所有的财产,保护公民的人身权利、民主权利和其他权利,维护社会秩序、经济秩序,保障社会主义建设事业的顺利进行。"

根据这一规定,理论界一般认为,我国刑法的任务包括两个方面的内容:一是使用刑法惩罚犯罪,二是使用刑法保护人民。这两个方面密切联系,有机统一。

四、刑法的体系

所谓刑法的体系,就是刑法的组成和结构,也就是刑法篇章的构成和刑法范围的表达形式。

我国刑法分为总则、分则和附则三个部分。刑法总则是关于犯罪、刑事责任和刑罚的一般原理的规范体系,分为刑法的任务、基本原则和适用范围、犯罪、刑罚、刑罚的具体运用、其他规定五章,这些规范是认定犯罪、确定刑事责任和适用刑罚的共同规则。刑法分则是关于具体犯罪的罪状及其相应的刑罚幅度的规范体系,分为十章,即危害国家安全罪、危害公共安全罪、破坏社会主义市场经济秩序罪、侵犯公民人身权利、民主权利罪、侵犯财产罪、妨害社会管理秩序罪、危害国防利益罪、贪污贿赂罪、渎职罪、军人违反职责罪，这些规范是定罪量刑的具体标准。刑法总则的第二、三、四章和刑法分则的第三、六章又分为若干节。刑法附则部分以一个条文规定了两个内容：一是规定修订后的刑法自1997年10月1日起施行；二是规定以往的单行刑法除有关行政处罚和行政措施的规定有效外，其刑事规范失效或予以废止。

第二节　刑法的基本原则

引导案例

某甲残害流浪猫多达30余只，手段十分残忍，且将其残害的过程制作为视频发布到网上，引起网民们的极大愤慨，造成了恶劣的社会影响。民众纷纷要求司法机关对甲的行为予以严惩。甲的行为是否构成犯罪？

刑法的基本原则是刑法本身所具有的，贯穿于刑法始终，必须得到普遍遵循的具有全局性、根本性的准则。我国刑法明文规定了三个基本原则。即罪刑法定原则、适用刑法人人平等原则、罪责刑相适应原则。

一、罪刑法定原则

（一）罪刑法定原则的含义

我国《刑法》第3条明文规定："法律明文规定为犯罪行为的，依照法律定罪处刑；法律没有明文规定为犯罪行为的，不得定罪处刑。"罪刑法定原则是资产阶级革命的产物，是人类社会民主法制发展的客观要求，成为世界各国刑法中普遍采用的原则。

（二）罪刑法定原则的立法体现

1. 罪之法定

罪之法定是刑之法定的前提，也是罪刑法定原则的首要要求。我国刑法中的罪之法定，主要是通过以下三个层次的内容体现出来的：一是对犯罪概念的规定，《刑法》第13条对犯罪定义作了完整、科学的规定："一切危害国家主权、领土完整和安全，分裂国家、颠覆人民民主专政的政权和推翻社会主义制度，破坏社会秩序和经济秩序，侵犯国有财产或者劳动群众集体所有的财产，侵犯公民私人所有的财产，侵犯公民的人身权利、民主权利和其他权利，以及其他危害社会的行为，依照法律应当受到刑罚处罚的，都是犯罪，但是情节显著轻微危害不大的，不认为是犯罪。"这一法定概念从根本上回答了什么行为是犯罪以及为什么这些行为是犯罪的问题，为划分罪与非罪的界限确定了原则性的标准。二是对犯罪构成要件的规定。我国《刑法》对犯罪构成的要件作了明确规定。三是对具体犯罪的规定,我国刑法分则对各种犯罪都作了明确的规定,从而为司法实践定罪工作提供了具体的标准。比如,向公司、企业或者其他单位的工作人员(非国家工作人员)介绍贿赂的行为,没有被刑法规定为犯罪,所以,对这种行为只能以无罪论处。

2. 刑之法定

我国刑法中的刑之法定通过三个层次内容体现出来:

(1) 对刑罚种类的规定;根据我国刑法规定,刑罚分为主刑和附加刑。主刑包括管制、拘役、有期徒刑、无期徒刑和死刑;附加刑包括罚金、剥夺政治权利、没收财产等。

(2) 对量刑原则及制度的规定;在《刑法》第 17 条、第 20 条等法条中对量刑作以规定。

(3) 明确规定了各种犯罪的法定刑。司法工作人员可以在法定刑限度内,根据犯罪分子的具体犯罪情节,判处适合犯罪分子的刑罚。

(三) 罪刑法定原则的具体要求

(1) 司法机关必须以事实为根据,以法律为准绳,认真把握犯罪的本质和具体的构成要件,严格区分罪与非罪、此罪与彼罪的界限,定性准确,量刑适当,不枉不纵。

(2) 司法解释不能违背刑事立法的意图,不能代替立法。

二、适用刑法人人平等原则

(一) 适用刑法平等原则的含义

我国刑法中的适用刑法平等原则,是指对于任何人的犯罪行为都应当平等地适用刑法,依法追究刑事责任,不允许有任何超越法律的特权;对任何人的合法权益都要平等地加以保护,不允许有任何歧视。这一原则有三层含义:

(1) 平等是指在适用刑法上的平等,适用对象为犯罪分子,而非所有公民;

(2) 司法机关在适用刑法时,对我国市场经济主体都平等地加以保护;

(3) 平等地适用刑法,不允许有任何超越法律的特权。

(二) 适用刑法平等原则的立法体现

刑法在总则中对适用范围作了明确的规定:《刑法》第 6 条至第 12 条对刑法的适用范围作了明确的规定;第 13 条对犯罪的定义作了完整的阐述。在第 4 条中规定了任何人犯罪都平等地适用刑法。刑法分则是对刑法总则的具体化,它具体规定了不同的犯罪和相应的刑罚,充分体现了适用刑法平等原则。

（三）平等适用刑法的具体要求

（1）定罪平等。对任何人犯罪，都适用相同的定罪标准，不能因人而异，对同样的犯罪事实确定不同的犯罪性质。

（2）量刑平等。在犯罪性质相同的情况下，如果具备相同的犯罪情节，应适用相同的量刑标准。

（3）行刑平等。执行刑罚时，不允许有特殊的受刑人，在执行减刑、假释等行刑制度上不允许有特权人物存在。

三、罪刑相适应原则

（一）罪刑相适应原则的含义

我国刑法中的罪刑相适应原则，是指对犯罪分子量刑时，应根据其所犯罪行和承担的刑事责任大小决定判处刑罚的轻重。罪、刑、责的关系：刑罚适用以犯罪行为为前提，以刑事责任的大小为判决刑罚的标准。刑事责任是介于犯罪与刑罚之间的桥梁，是罪刑关系的调节器。

（二）罪刑相适应原则的立法体现

（1）我国刑法确定了一个科学的刑罚体系；我国刑法总则确立了科学的刑罚体系，司法工作人员可以根据犯罪的各种情况灵活运用；刑法分则规定了相应的法定刑和量刑幅度，便于司法工作人员作出正确的刑罚。

（2）对刑事责任年龄和刑事责任能力的规定，明确了承担刑事责任的前提条件；我国《刑法》总则第 17 条、第 18 条和第 19 条对于刑事责任年龄和刑事责任能力作了明确的规定。

（3）根据犯罪人的犯罪形态，主观恶意程度规定了一系列的刑罚制度；例如，对防卫过当、避险过当及犯罪的各种形态结合主观性作出规定。

（4）罪刑相适应原则是建立刑法分则体系的根据。根据我国犯罪构成理论，刑法分则各类犯罪的排列基本上是按犯罪的社会危害性的大小、罪行轻重决定的。

（三）罪刑相适应原则的具体要求

（1）贯彻量刑原则，解决好定罪、刑事责任与量刑的对应问题。

（2）解决好量刑的精确化问题。立法中对许多罪的法定刑规定可供选择的刑罚种类较多，刑罚幅度较宽，这就要求法官认真贯彻罪责刑相适应原则，根据个案中罪行的轻重准确确立被告人刑事责任的大小，继而精确地判处刑罚。

（3）正确适用有关刑罚制度。我国刑法中规定有关刑罚的制度：有考虑从轻、从重、减轻、免除刑罚的法定情节制度，有累犯从重处罚制度，有自首和立功从轻、减轻、免除处罚制度，有数罪并罚制度，有缓刑制度，还有减刑制度，假释制度等。

第三节 刑法的效力范围

引导案例

甲是美国公民，一日我国某货轮停泊在美国港口时，甲向船上射击，将该船上一名朝鲜籍船员射死。对于甲的行为，我国刑法有无管辖权？

刑法的效力范围，即刑法的使用范围，是指刑法在什么地方对什么人和在什么时间内具有效力。刑法的效力范围包括两方面的内容：刑法的空间效力和刑法的时间效力。

一、刑法的空间效力

（一）空间效力概述

刑法的空间效力，是指刑法在哪些地方对哪些人有拘束力，它解决的是国家刑事管辖权的范围。

1. 属地原则

属地原则，是指凡是在本国领域内的犯罪，无论犯罪人是本国人还是外国人，都适用本国刑法。这一原则体现了国家主权原则。在刑法空间效力上坚持属地原则是十分重要的。

2. 属人原则

属人原则，是指凡是具有本国国籍的人，无论其在本国领域内还是在本国领域外犯罪，都适用本国刑法。一国公民有遵守本国法律的义务，将刑事管辖权延伸于本国领域外犯罪的本国人是理所应当的。

3. 保护原则

保护原则，是指凡是侵害本国国家或公民利益的犯罪，不论犯罪人是本国人还是外国人，犯罪地是在本国领域内还是在本国领域外，都适用本国刑法。

4. 普遍管辖原则

普遍管辖原则，是指凡是侵害了由国际条约、公约所保护的国际社会共同利益的犯罪，不论犯罪人是本国人还是外国人，也不论犯罪地是在本国领域内还是本国领域外，都适用本国刑法。

对于以上原则，世界通行的做法是：以属地原则为基础，兼采取其他原则。我国刑法有关空间效力的规定，也采取以属地原则为基础，兼采取其他原则。

（二）我国刑法的属地管辖权

我国《刑法》第 6 条第 1 款规定："凡在中华人民共和国领域内犯罪的，除法律有特别规定的以外，都适用本法。”这是我国刑法对属地管辖的规定。

1. 中华人民共和国领域的含义及范围

领域即领土，包括领陆、领水和领空。此外，根据国际公约和国际惯例，我国的船舶或航空器，我国的驻外使领馆属于领土的延伸，称为拟制领土。

2. “在本国领域内犯罪”的规定

我国《刑法》第6条3款规定，在我国领域内犯罪包括三种情况：

(1) 犯罪行为与犯罪结果均发生在我国领域内；

(2) 犯罪行为发生在我国领域内，而结果发生在我国领域外；

(3) 犯罪行为发生在我国领域外，而结果发生在我国领域内。

3. “法律有特别规定”的情形

(1) 享有外交特权和豁免权的外国人的刑事责任，通过外交途径解决。所谓外交特权与豁免权，是指根据国际公约，在国家间互惠对等的基础上，为保证驻在本国的外交代表机构及其工作人员正常执行职务而给予的一种特别权利和优遇。根据1961年的《维也纳外交关系公约》和我国1986年9月5日通过的《中华人民共和国外交特权与豁免条例》，与刑事有关的外交特权与豁免权的主要内容包括：使馆馆舍不受侵犯，外交代表、外交信使人身不受侵犯，不受逮捕或者拘留，外交代表享有刑事管辖豁免权等。

(2) 民族自治地方的特别规定：

其一，这种例外规定不同于外交特权或豁免权；

其二，必须由自治区或省的权力机关制定并报请全国人大常委会批准；

其三，不能违背刑法规定的基本原则。

(3) 香港、澳门特别行政区《基本法》作出的例外规定。根据“一国两制”政策，我国《刑法》在香港、澳门特别行政区不能适用。

(4) 刑法施行后制定的单行刑法和附属刑法的规定。单行刑法和附属刑法的规定如果与刑法典不同，根据“特别法优于普通法”的原则，适用这些特别规定而不适用刑法典的规定。

(三) 我国刑法的属人管辖权

我国《刑法》第7条规定：“中华人民共和国公民在中华人民共和国领域外犯本法规定之罪的，适用本法，但是按本法规定的最高刑为3年以下有期徒刑的，可以不予追究。中华人民共和国国家工作人员和军人在中华人民共和国领域外犯本法规定之罪的，适用本法。”对于我国刑法的属人管辖权具体含义是：

(1) 我国公民在领域外犯罪依我国刑法最高刑为3年以下的，可不予追究。

(2) 我国国家工作人员和军人在领域外犯本法规定之罪的，不受法定刑的限制。

(3) 在领域外犯罪,不受外国审判效力的约束。

(四) 我国刑法的保护管辖权

我国《刑法》第8条规定:"外国人在中华人民共和国领域外对中华人民共和国国家或者公民犯罪的,而按本法规定的最低刑为3年以上有期徒刑的,可以适用本法,但是按照犯罪地的法律不受处罚的除外。"

外国人在我国领域外对我国家或公民犯罪,我国刑法有管辖权,但条件是:

(1) 该罪犯按照我国刑法规定最低刑必须是3年以上有期徒刑。

(2) 按照犯罪地的法律也应受刑罚处罚。

(五) 我国刑法的普遍管辖权

凡是我国缔结或参加的国际条约中规定的罪行,在承担义务的范围内,行使管辖权。

这类犯罪主要有:劫持航空器、危害民用航空安全、走私核材料、走私贩卖运输制造毒品、种族隔离、劫持人质、侵害应受国际保护人员包括外交代表的罪行等等。

二、刑法的时间效力

(一) 刑法的时间效力的概述

刑法的时间效力,是指刑法的生效、失效时间以及刑法的溯及力问题。

1. 刑法的生效时间

刑法的生效时间,即刑法发生法律效力的时间。纵观各国立法,主要有两种规定方式:一是从公布之日起生效;二是在公布一段时间后再施行。

2. 刑法的失效时间

刑法的失效时间,即刑法效力终止的时间。刑法的失效时间有两种情况,即由立法机关明确宣布失效或自然失效。

3. 刑法的溯及力

刑法的溯及力,是指刑法实施后,对其生效前发生的未经宣判或者判决尚未确定的行为能否适用的问题。对于此问题,各国采取的原则是不同的,主要有以下几种:

(1) 从旧原则。即新刑法对其生效前的行为一概没有溯及力,全部适用旧刑法。

(2) 从新原则。即新刑法对其生效前未经审判或判决尚未确定的行为一律适用,新刑法有溯及力。

(3) 从新兼从轻原则。即新刑法原则上有溯及力,但旧刑法不认为是犯罪或处刑较轻时,则按旧刑法处理。

(4) 从旧兼从轻原则。即新刑法原则上没有溯及力,但新刑法不认为是犯罪或处刑较轻时,则按新刑法处理。

（二）我国刑法关于时间效力的规定

1. 生效时间

我国刑法典于1997年3月14日通过,1997年10月1日起施行。截至目前,我国已对其进行了九次修正。分别是:1999年的刑法修正案(一)、2001年的刑法修正案(二)、2002年的刑法修正案(三)(四)、2005年的刑法修正案(五)、2006年的刑法修正案(六)、2009年的刑法修正案(七)、2011年的刑法修正案(八)、2015年的刑法修正案(九)。

2. 失效时间

失效时间有两种情况,即在新法中规定旧法失效和自然失效。

3. 我国刑法的溯及力

(1) 旧法不认为犯罪,新法认为是犯罪,从旧法。

(2) 旧法认为犯罪,新法不认为犯罪,从新法。

(3) 新旧法都认为犯罪,原则上从旧法,新法比旧法处罚轻时,从新法。

(4) 比较处罚轻重时,应以某种犯罪较轻的法定刑为准。

(5) 新法施行前,旧法已作出生效判决的,继续有效。

第四节　犯　　罪

引导案例

2010年3月28日,中煤集团华晋公司王家岭矿北翼盘区101回风顺槽发生透水事故。事故造成153人被困。经全力抢险,115人获救,另有38名矿工遇难。请结合矿难从犯罪的概念和特征分析,矿难责任方所为是否是犯罪行为?

一、犯罪的概念

我国刑法中的犯罪概念:一切危害国家主权、领土完整和安全,分裂国家、颠覆人民民主专政的政权和推翻社会主义制度,破坏社会秩序和经济秩序,侵犯国有财产或者劳动群众集体所有的财产,侵犯公民私人所有的财产,侵犯公民的人身权利、民主权利和其他权利,以及其他危害社会的行为,依照法律应当受到刑罚处罚的,都是犯罪,但是情节显著轻微、危害不大的,不认为是犯罪。

二、犯罪的基本特征

（一）犯罪是严重危害社会的行为

社会危害性是指犯罪行为危害某一社会形态中某种社会关系及其表现出来

的利益形式的属性,它是犯罪的本质特征。影响社会危害性程度的因素有:

(1) 行为侵犯的客体。即指行为侵犯了什么样的社会关系,这是决定行为的社会危害性的首要因素。侵犯的社会关系与国家和人民的利益关系越重大,行为的社会危害性也就越严重。

(2) 行为的手段、方法以及时间、地点。即行为的手段是否凶狠、残酷,行为是否采用暴力方法、是否使用危险器具、是否在法律禁止的时间、地点实施行为,都与行为的社会危害性直接相关,甚至会决定社会危害性的有无。

(3) 行为造成的危害结果。即行为是否造成了现实的危害结果、造成的危害结果的种类和程度等,这些因素与行为的社会危害性及其程度直接相关。

(4) 行为人的个人情况。即行为人是否具有刑事责任能力、是否具有法律规定的特殊身份或者特定职责,是初犯还是累犯。

(5) 行为人的主观心理状态。即行为是出于故意还是出于过失,有没有经过预谋等,直接决定行为人的主观恶性程度,从而制约行为的社会危害性。

(二) 犯罪是触犯刑律的行为

从广义上讲,只要行为人有意识地实施了可能对法律保护的社会关系构成损害的行为,就应当认为行为具有社会危害性。但是,具有社会危害性的行为不一定都是犯罪行为。这些行为有的可能仅仅违反道德准则,或者违反民法、经济法、行政法的规定,有的可能触犯刑律的规定,有的则可能违反任何社会规范。其中,只有触犯刑律的严重危害社会的行为,才是现代刑法意义上的犯罪。

(三) 犯罪是应受刑罚惩罚的行为

犯罪是刑罚的前提,刑罚是犯罪的法律后果。即只有承担国家刑罚处罚法律后果的行为,才是犯罪行为。严重的社会危害性、刑事违法性和应受刑罚惩罚性是犯罪缺一不可的基本特征。

第五节 犯罪构成

引导案例

甲在车间工作时,不小心使一根铁钻刺入乙的心脏,甲没有立即将乙送往医院而是选择逃亡外地。医院证明,即使将乙送往医院,乙也得不到救治。本案中甲是否应承担刑事责任?承担何种刑事责任?

一、犯罪构成的概念

犯罪构成,是指依照刑法规定决定某种行为的社会危害性及其程度,为该行为构成犯罪所必须具备的主观要件和客观要件的有机统一,是使行为人承担刑事责任的根据。

(1) 犯罪构成所要求的主观要件和客观要件,都必须是我国刑法所规定的。这是罪刑法定原则的基本要求和具体体现,任何犯罪都必须是违反刑法规定的行为。

(2) 犯罪构成是我国刑法的主观要件和客观要件的有机统一。这符合主客观相统一原则。我国刑法强调犯罪的成立,必须是符合刑法规定的主观要件和客观要件的有机统一。

(3) 犯罪构成主观要件和客观要件说明的是犯罪成立所要求的基本事实特征,而不是一般的事实描述,更不是案件全部事实与情节不加选择的堆砌。

二、犯罪构成的共同要件

按照我国犯罪构成的一般理论,我国刑法所规定的犯罪都必须具备犯罪客体、犯罪的客观方面、犯罪主体和犯罪的主观方面这四个共同要件。

(一) 犯罪客体

犯罪客体,是指我国刑法所保护的,而为犯罪所侵害的社会主义社会关系。我国《刑法》第 13 条和分则条文,具体指明了刑法所保护的社会关系的种类。例如,《刑法》第 133 条规定的交通肇事罪,侵害的是交通运输方面的公共安全。《刑法》第 178 条规定的伪造、变造有价证券罪,侵害的是国家对有价证券的管理制度。《刑法》第 258 条规定的重婚罪,侵害的是我国婚姻法规定的一夫一妻制的婚姻关系。任何犯罪都一定是危害了我国社会中某一方面的社会关系,都一定具有某种犯罪客体。缺少犯罪客体就不能构成犯罪。

(二) 犯罪客观方面

犯罪客观方面,是指刑法所规定的,构成犯罪在客观上必须具备的危害社会的行为和由这种行为所引起的危害社会的结果。这说明了犯罪客体在什么条件下,通过什么样的危害行为而受到什么样的侵害。因而,犯罪客观方面是犯罪构成不可缺少的条件。

(三) 犯罪主体

犯罪主体,是指实施了犯罪行为,依法应当承担刑事责任的人。我国刑法对犯罪主体的规定包含了两种人。一是达到刑事责任年龄,具有刑事责任能力,实施了犯罪行为的自然人;另一种是实施了犯罪行为的企事业单位。

(四) 犯罪主观方面

犯罪主观方面,是指犯罪主体对自己实施的危害社会行为及其结果所持的心理态度。我国刑法规定,故意和过失作为犯罪的主观要件,也是构成犯罪不可缺少的要件之一。

三、犯罪客体

（一）犯罪客体的含义

犯罪客体，是指我国刑法所保护的，而为犯罪行为所侵害的社会主义社会关系。根据这一概念，我国刑法理论中的犯罪客体包括以下内容：

（1）犯罪客体是指我国社会主义社会关系。所谓社会关系，是指人们在共同生产和生活中所形成的人与人之间的相互关系。我国刑法的根本任务，就是运用刑罚这个武器，同一切危害国家安全和刑事犯罪行为作斗争，来保护社会主义的社会关系。

（2）犯罪客体是刑法所保护的社会关系。社会主义社会关系是多方面的，但是，并非所有的社会关系都由刑事法律来保护和调整。不是刑法所保护的社会关系，不是犯罪客体。

（3）犯罪客体是犯罪行为所侵害的社会关系。我国刑法所保护的社会关系，只有当它受到犯罪的侵害时，才能成为犯罪的客体。

（二）犯罪客体的分类

1. 犯罪一般客体

犯罪一般客体，是指一切犯罪所共同侵害的客体。在我国犯罪的一般客体，就是刑法所保护的社会主义社会关系，而不是某些具体犯罪侵犯的社会关系的一部分。

2. 犯罪同类客体

犯罪同类客体，是指某一类犯罪所共同侵害的客体，也就是刑法所保护的社会主义社会关系的某一部分或者某一方面。

3. 犯罪直接客体

犯罪直接客体，是指某一具体犯罪直接侵害的客体，也就是刑法所保护的社会主义社会关系的具体部分。

（三）犯罪客体与犯罪对象

1. 犯罪对象的含义

犯罪对象是犯罪行为所直接指向的人或物，是社会关系的具体表现形式或承担者、承受者，如被杀的人、被盗窃的财产等。犯罪对象作为危害行为直接作用的具体人或具体物，是具体社会关系的物质表现或者具体社会关系的主体或参加者。

2. 犯罪客体与犯罪对象的关系

（1）犯罪客体与犯罪对象的联系表现为：

其一，犯罪客体是一种社会关系，犯罪对象是社会关系的物质载体。

其二，犯罪对象在不同的场合会表现为不同的犯罪客体。

（2）犯罪客体与犯罪对象的区别表现为：

其一，犯罪客体决定犯罪性质，犯罪对象一般不能决定。

其二，犯罪客体是犯罪构成的必备要件，犯罪对象则不是不可缺少的，如脱逃罪、偷越国境罪等。

其三，犯罪客体必然因犯罪行为而受到侵犯，犯罪对象则不一定受到损害，如盗窃行为、拐卖妇女行为等。

其四，犯罪客体是对犯罪进行分类的根据，犯罪对象对犯罪分类则没有影响。

四、犯罪的客观方面

（一）犯罪客观方面的概念及特征

犯罪的客观方面，是指刑法所规定的、说明行为对刑法所保护的社会关系的侵犯性，而为行为成立犯罪所必须具备的客观事实特征。包括危害行为、危害结果、犯罪的时间、地点、方法等。

犯罪的客观方面具有以下特征：

（1）是犯罪构成客观要件的重要组成部分，同犯罪客体有直接关系，说明什么样的行为在何种特定的客观条件下，怎样威胁或损害某种客体，以及产生了什么样的危害结果，即说明犯罪客体是如何受到侵犯的。

（2）是犯罪的主观方面的客观外在表现，同犯罪的主观方面有密切的联系，是主观见之于客观的事实情况。

（3）在犯罪构成四个方面的要件中居于关键地位，是行为人承担刑事责任的客观基础。

犯罪客观方面的内容有：危害行为，危害结果，刑法上的因果关系，犯罪的时间、地点和方法。

（二）危害行为

1. 危害行为的概念

危害行为，是指行为人因故意或过失实施的、危害社会的、为刑法所禁止的行为。

研究危害行为需要注意以下几点：

（1）危害行为是行为人负刑事责任的客观依据，我国刑法不承认“思想犯罪”。

（2）危害行为是行为人的有意识、有意志的行为。

2. 危害行为的基本形式

(1) 作为

作为,是指行为人以其积极的动作去实施的,为我国刑法所禁止的危害社会的行为。

(2) 不作为

不作为,是指行为人有义务并且能够实行某种行为,却消极地不去履行这种义务,因而造成严重的危害后果的行为。

不作为构成犯罪必须具备下列条件:

其一,行为人负有实施某种行为的特定义务。

特定义务的来源有:法律明文规定的义务;职务上或业务上要求履行的义务;由行为人已经实施的行为所产生的责任。

其二,行为人能够履行这种特定的义务。

其三,行为人不履行特定义务而引起危害社会的后果。

(三) 危害结果

危害结果,是指犯罪行为所引起的危害社会的结果。危害结果以是否由犯罪行为直接引起分为直接危害结果和间接危害结果;以犯罪结果能否计量为标准分为物质性危害结果和非物质性危害结果。

(四) 刑法上的因果关系

1. 刑法上因果关系的概念

辩证唯物主义认为,引起一定现象发生的现象是原因,被一定现象引起的现象是结果,这种现象与现象之间引起与被引起的联系,就是因果关系。

刑法上的因果关系,是指人的危害社会的犯罪行为规律性引起某种危害结果的内在联系。

行为人的行为与危害结果之间有因果关系,是行为人对危害结果负刑事责任的根据。

2. 刑法上因果关系的特性

(1) 因果关系的客观性

辩证唯物主义认为,因果关系是各种社会现象或者自然现象之间的不以人们的意志为转移的客观联系,它是独立于人们的意识之外的客观存在,绝不是任何人主观臆造出来的。以唯物辩证法为指导的刑法上的因果关系也是如此,它是案件中危害行为与危害结果之间的客观存在的因果关系在司法人员头脑中的反映,绝不是司法人员凭空臆造的。这也决定了在处理案件时,必须从案件的实际情况出发,客观地判断和认识被告人的行为和危害结果之间是否存在着因果关系。因果关系的客观性还表现在,它不仅不依司法人员的主观意志为转移,而且还不以行为人是否预见到为前提。

(2) 因果关系的相对性

辩证唯物主义认为,因果关系不仅是客观存在,而且还是相对的。客观世界是普遍联系、相互制约的一个整体。在这个整体中,许多现象错综复杂,形成了一个相互关系的因果关系"锁链"。

(3) 因果关系的顺序性

关于因果关系的顺序性,从发生的时间上看,原因在先,结果在后。因此,在实际办案中,只能从危害结果以前的行为找原因,而不能相反。虽然因果关系从时间上看原因在先,结果在后,但是不能因此说凡是发生在结果之前的行为就必然是结果发生的原因。

(4) 因果关系的条件性

因果关系是在一定条件下的因果关系。一种行为引起什么样的结果,会随着条件的不同而发生变化,绝没有一个一成不变的因果关系的模式。这要求我们在研究因果关系时,要从具体的时间、地点、条件出发,实事求是地确定行为人的行为与危害结果之间的因果关系。

(5) 因果关系的复杂性

一种犯罪行为引起一个危害结果,这种一因一果的现象在司法实践中是比较常见的。但是,从司法实践中看,不仅存在着一因一果的现象,而且还大量存在着一因多果或多因一果的现象。

(6) 因果关系的必然性与偶然性

在犯罪中,既存在必然因果关系,也存在偶然因果关系。不仅必然因果关系是行为人负刑事责任的基础,而且偶然因果关系,在一定情况下也是行为人负刑事责任的基础。

(五) 犯罪的时间、地点和方法

犯罪的时间、地点和方法,都是犯罪客观方面的选择要件。

任何犯罪都是在一定时间和地点,采取一定的方法实施的。但是,我国刑法分则规定的大部分犯罪都不以一定的时间、地点和手段为要件。例如故意杀人罪、盗窃罪、走私罪,不论实施的时间在白天还是黑夜,在繁华地区还是穷乡僻壤,都不影响犯罪的性质。但是,在法律明文规定的条件下,是否具有法律要求的时间、地点和方法,是划分罪与非罪的重要标准。

在法律对犯罪时间、地点和方法没有明确要求的案件中,由于犯罪在不同的时间、地点,采用不同的方法,对社会产生的震动和危害有不同,例如,在城市商业区的大街上公然抢劫、杀人,与在僻静小巷子里实施同样的犯罪产生的社会效果就有很大不同,因此,这些案件中犯罪的时间、地点和方法,对于确定犯罪的危害程度,量刑是有一定意义的。

五、犯罪主体

（一）犯罪主体的概念和特征

犯罪主体是指实施了危害社会的行为、依照刑事法律的规定应当负刑事责任的自然人及单位。犯罪主体具有以下特征：

（1）犯罪主体是自然人和单位。自然人犯罪是指具有刑事责任能力的人进行的犯罪行为。我国原刑法中没有单位犯罪，1997 年修订的《刑法》在总则中首次规定了单位犯罪。

（2）犯罪主体是实施了危害社会行为的自然人和单位。

（3）犯罪主体是依照刑事法律的规定应当负刑事责任的自然人或者单位。这是罪刑法定原则的要求。

（二）自然人犯罪主体

自然人犯罪主体，是指达到刑事责任年龄，具备刑事责任能力，实施了严重危害社会行为的人。

1. 自然人犯罪主体的一般条件

（1）达到刑事责任年龄。刑事责任年龄，是指刑法所规定的，行为人对自己实施的严重危害社会行为负刑事责任必须达到的年龄。刑事责任的立法划分如下：

其一，不满 14 周岁为绝对无刑事责任年龄时期。根据我国刑法的规定，行为人年龄不满 14 周岁的，其行为不构成犯罪，一概不追究责任。其二，14 周岁到 16 周岁为相对无刑事责任年龄时期。已满 14 周岁不满 16 周岁的人，只对故意杀人、故意伤害致人重伤或死亡、强奸、抢劫、贩卖毒品、放火、爆炸、投放危险物质罪，应当承担刑事责任。其三，16 周岁以上为完全负刑事责任年龄时期。已满 16 周岁的人犯罪，应当承担刑事责任。其四，14 周岁至 18 周岁为从宽负刑事责任年龄时期。对于实施了犯罪并需要负刑事责任的已满 14 周岁不满 18 周岁的人，应当从轻或者减轻处罚。

（2）具有刑事责任能力。刑事责任能力，是指行为人认识自己行为的性质、意义、作用和后果，并能控制自己行为的方向和对自己行为承担刑事责任的能力。

几种“特殊人”的刑事责任能力问题：

其一，精神病人。我国刑法规定：精神病人在不能辨认或者不能控制自己行为的时候造成危害结果，经法定程序鉴定确认的，不负刑事责任；间歇性的精神病人在精神正常的时候犯罪，应当负刑事责任；尚未完全丧失辨认或者控制自己行为能力的精神病人犯罪的，应当负刑事责任，但是可以从轻或者减轻处罚。

其二，醉酒的人。我国刑法规定：醉酒的人犯罪，应当负刑事责任。

其三，又聋又哑的人和盲人。我国刑法规定：又聋又哑的人或者盲人犯罪，可以从轻、减轻或者免除处罚。

2. 自然人犯罪主体的特殊条件

（1）从特定公职人员主体的角度规定特殊条件：国家工作人员；国家机关工作人员；司法工作人员；邮政工作人员；国有公司、企业负责人；军人。

（2）从特定法律义务主体的角度规定特殊条件：纳税义务人；抚养义务人。

（3）从特定法律关系主体的角度规定特殊条件：证人、鉴定人等；辩护人等；在押罪犯等；首要分子等。

（4）从特殊从业人员主体的角度规定特殊条件：航空人员；铁路职工；生产作业人员。

（三）单位犯罪主体

1. 单位犯罪的概念和特征

单位犯罪，是指公司、企业、事业单位、机关、团体实施的依法应当承担刑事责任的危害社会的行为。以前理论界称为“法人犯罪”，后者的范围较窄。单位除法人外，还包括合伙、外国公司的分支机构、公司的筹备组织、公司的清算组织等在内，但它们都不是法人。

单位犯罪的特征如下：

第一，犯罪主体必须是单位，即公司、企业、事业单位、机关、团体。（1）这些单位必须是依法成立的合法单位。（2）必须是独立的单位，而不能是单位的内部机构。

第二，行为必须经过单位决策程序的批准。

第三，必须实施了犯罪行为，该种行为符合《刑法》第13条规定的犯罪的特征。

第四，必须有处罚单位犯罪的明确的分则性规定。

2. 我国单位犯罪的立法规定

《刑法》第30条规定了单位的范围和单位负刑事责任的范围，表明单位只对刑法规定可以由其构成的犯罪才负刑事责任；第31条则规定了对单位追究刑事责任的具体处罚原则，即“单位犯罪的，对单位判处罚金，并对其直接负责的主管人员和其他直接责任人员判处刑罚。本法分则和其他法律另有规定的，依照规定”。

3. 认定单位犯罪应注意的问题

单位犯罪是由单位的决策机构按照单位的决策程序决定，由直接责任人员实施的。因此，单位内部成员未经单位决策机构批准、同意或者认可而实施犯罪的，或者单位内部成员实施与其职务活动无关的犯罪行为的，都不属于单位犯罪。

六、犯罪主观方面

（一）犯罪主观方面

犯罪主观方面，是指刑法规定的成立犯罪必须具备的犯罪主体对其实施的危害行为及其危害结果所持的心理态度。包括故意、过失（合称罪过），以及动机和目的。其中罪过是必要要件，目的是选择要件，动机不是犯罪构成的要件，但能够反映行为人主观恶性的大小。

（二）犯罪故意

犯罪故意，是指明知自己的行为会发生危害社会的结果，并且希望或者放任这种结果发生的一种心理态度。

犯罪故意由两个因素构成：一是认识因素，即行为人明知自己的行为会发生危害社会的结果；二是意志因素，即行为人希望或者放任危害结果的发生。

1. 直接故意

直接故意，是指明知自己的行为会发生危害社会的结果，并且希望这种结果发生的心理态度。

直接故意的认识因素是明知自己的行为会发生危害社会的结果；认识因素是希望危害结果发生。

例：某甲欲至仇人某乙于死地，一日乘某乙不备，将其从二十多层的高楼上猛推下去，某乙当即摔死。某甲明知这种行为必然导致某乙死亡的后果仍决意为之，其主观方面的心态就是直接故意。

2. 间接故意

间接故意，是指明知自己的行为可能发生危害社会的结果，并且放任这种结果发生的心理态度。

间接故意的认识因素是明知自己的行为可能发生危害社会的结果；意志因素是放任危害结果的发生。

间接故意的发生有三种情况：

（1）为了实现某种非犯罪意图而放任危害结果的发生；

（2）为了实现某种犯罪意图而放任另一危害结果的发生；

（3）行为人并非追求具体结果，而是在瞬间的情绪冲动下，不计后果地实施危害行为，放任危害结果的发生。

3. 直接故意和间接故意的区别

（1）认识因素有所不同，直接故意包括明知可能和明知必然两种情况，间接故意只有明知可能一种情形；

（2）对危害结果发生的意志因素明显不同。直接故意的意志因素是希望，间接故意则是放任，即听之任之、满不在乎，容忍、同意危害结果的发生；

(3) 特定危害结果发生与否，对两种故意及其支配之下的行为定罪的意义也不同；

(4) 直接故意的主观恶性大于间接故意。

(三) 犯罪过失

犯罪过失，是指应当预见自己的行为可能发生危害社会的结果，因为疏忽大意而没有预见，或者已经预见而轻信能够避免，以致发生这种结果的心理态度。

犯罪过失由认识因素和意志因素构成。

1. 疏忽大意的过失

疏忽大意的过失，是指应当预见自己的行为可能发生危害社会的结果，因为疏忽大意而没有预见，以致发生这种结果的心理态度。

疏忽大意的过失具有如下特征：

(1) 行为人对自己的行为可能发生危害社会的结果，应当预见而没有预见。应当预见而没有预见是疏忽大意过失的认识因素。

(2) 有预见这种危害结果发生的原因是疏忽大意。疏忽大意是这种过失的意志因素。

2. 过于自信的过失

过于自信的过失，是指已经预见自己的行为可能发生危害社会的结果，但轻信能够避免，以致发生这种结果的心理态度。

过于自信的过失具有如下特征：

(1) 行为人已经预见到自己的行为可能发生危害社会的结果。已经预见是过于自信过失的认识因素。

(2) 轻信能够避免这种危害结果的发生。轻信能够避免是过于自信过失的意志因素。

过于自信的过失与间接故意的相似之处是都有预见，都不希望危害结果发生；区别之处是过于自信的过失不仅不希望危害结果发生，而且希望并相信能够避免危害结果发生。间接故意虽不是希望危害结果发生，但也不是希望它不发生，而是不追求，也不设法避免。

(四) 犯罪目的与犯罪动机

犯罪目的是行为人通过实施危害社会的行为所希望达到的结果。例如，实施盗窃行为，就希望达到非法占有公私财物的结果。犯罪目的对犯罪目标的直接指向性，说明了犯罪目的的罪过必须具有直接追求性。犯罪目的直接指出了行为人追求的目标，这个目标往往直接体现了犯罪行为所侵害的犯罪客体，或者集中体现了该行为的社会危害性。

犯罪动机是行为人实施犯罪的内心起因。我国刑法对犯罪动机没有明文规定,因此,它不是犯罪构成的必备要件。但是,我国刑法分则不少条文规定了情节严重、情节恶劣或情节轻微,犯罪动机无疑是能说明情节的重要因素之一。

(五)意外事件和不可抗力

1. 意外事件

意外事件,是指行为在客观上虽然造成了损害结果,但却不是出于行为人的故意或者过失,而是由于不能抗拒或不能预见的原因所引起的情形。

意外事件的主要特征是:

第一,行为在客观上造成了损害结果。

第二,行为人主观上没有故意或者过失。

第三,损害结果是由于不能抗拒或者不能预见的原因引起的。

意外事件与疏忽大意过失的相似之处是对自己行为的结果均缺乏预见,对危害结果均抱否定的心理态度;区别之处是意外事件对危害结果不能预见而未预见,疏忽大意过失是应当预见而没有预见。

2. 不可抗力

不可抗力是指行为在客观上造成了损害,但是行为人在主观上既没有故意也没有过失,而是由于不能抗拒的原因造成的,这种情况是不可抗力。在不可抗力的情况下,行为人不构成犯罪。

不可抗力的条件是:

(1)客观上造成了损害结果;

(2)主观上没有罪过;

(3)损害结果的发生是由于不能抗拒的原因所引起的。行为人遇见了自身所不能控制和排除的外来力量,即使他要避免危险结果的发生,由于个人能力和客观条件的限制,仍然无法避免。

第六节　排除犯罪性的行为

引导案例

一天晚上,田华从同学家归来,路过一条偏僻的胡同时,从胡同口处跳出一个持刀青年黄某。黄某把刀逼向田华并让他交出钱和手表。田华扭头就跑,结果跑进了死胡同,而黄某持刀紧随其后,慌乱害怕中,田华拿起墙角的一根木棒,向黄某挥去,黄某应声倒下。田华立即向派出所投案,后经查验,黄某已死亡。如何认定田华的行为?

一、排除犯罪性行为概述

（一）排除犯罪性行为的概念

排除犯罪性行为，是指客观上造成一定损害结果，形式上符合某些犯罪的客观要件，但实质上不具有社会危害性和刑事违法性，从而不构成犯罪的行为。

（二）排除犯罪性行为的特征

（1）形式上具备某种犯罪的客观要件。

（2）实质上不符合某种犯罪的构成特征。

（三）排除犯罪性行为的种类

我国刑法明文规定的排除犯罪性的行为只有正当防卫和紧急避险两种。但是在刑法理论中，排除犯罪性的行为通常有以下几种：

（1）正当防卫；

（2）紧急避险；

（3）执行命令行为；

（4）正当业务行为；

（5）科学研究和探险行为；

（6）受害人承诺的行为和推定受害人承诺的行为。

二、正当防卫

（一）正当防卫的概念和意义

1. 正当防卫的概念

正当防卫，是指为了使国家、公共利益、本人或他人的人身、财产和其他权利免受正在进行的不法侵害，而对不法侵害者实施的制止其不法侵害且未明显超过必要限度的损害行为。

正当防卫具有三层含义：

（1）正当防卫是目的的正义性与行为的防卫性的统一。

（2）正当防卫是主观上的防卫意图与客观上的防卫行为的统一。

（3）正当防卫是社会政治评价与法律评价的统一。

2. 正当防卫的意义

我国刑法规定的正当防卫，有助于及时有效地保障合法权益免受不法侵害；它是法律规定的各种权益最直接的保障。正当防卫有利于震慑犯罪分子，达到预防和减少犯罪的目的；同时，正当防卫有利于培养互助互爱，见义勇为的良好社会道德风尚。

（二）正当防卫的条件

1. 正当防卫的起因条件——不法侵害行为

（1）必须有不法侵害存在；

(2) 不法侵害必须是现实存在的;

(3) 通常应是人的不法侵害。

2. 正当防卫的时间条件——不法侵害正在进行

正当防卫只能对正在进行的不法侵害实行,而不允许在不法侵害尚未开始或者已经结束之后实行,否则就是“防卫不适时”,不是正当防卫。

3. 正当防卫的主观条件——为保护合法权益免受不法侵害

防卫挑拨,相互的非法侵害行为以及为保护非法利益而实施的防卫行为,都不具有防卫行为的正当性,因此,都不是正当防卫。

4. 正当防卫的对象条件——针对不法侵害者本人

实行正当防卫,目的在于制止正在进行的不法侵害,以保护合法利益。这就注定了正当防卫只能对不法侵害者本人实行,而不能对没有实施侵害的第三者实行。

5. 正当防卫的限度条件——不能超过必要限度,造成重大损害

关于正当防卫必要限度如何理解和掌握,有“客观必需说”“基本相适应说”和“相当说”,多数人主张“相当说”,“相当说”的基本内容是以“必需说”为标准,但在手段、强度等方面,不要过于悬殊。

我国《刑法》第 20 条第 3 款规定:“对正在进行行凶、杀人、抢劫、强奸、绑架以及其他严重危及人身安全的暴力犯罪,采取防卫行为,造成不法侵害人伤亡的,不属于防卫过当,不负刑事责任。”这是刑法对在特殊条件下,对特定不法侵害行为所作的实行特别防卫行为的规定。即赋予公民实行无限防卫的权利。

(三) 防卫过当及其刑事责任

防卫过当,是指防卫明显超过必要限度造成重大损害应当负刑事责任的行为。

我国《刑法》第 20 条第 2 款规定:“正当防卫明显超过必要限度造成重大损害的,应当负刑事责任,但是应当减轻或者免除处罚。”在我国刑法中,防卫过当并不是一个独立的罪名。因此,在司法实践中,对于防卫过当应当根据行为人的主观罪过与客观后果,援引相应的刑法分则条文定罪。根据我国刑法规定,对于防卫过当的,应当减轻或者免除处罚。

三、紧急避险

(一) 紧急避险的概念

我国《刑法》第 21 条第 1 款规定:“为了使国家、公共利益、本人或者他人的人身、财产和其他权利免受正在发生的危险,不得已采取的紧急避险行为,造成损害的,不负刑事责任。”

根据刑法这一规定，所谓紧急避险，是指在法律所保护的权益遇到危险而不可能采用其他措施加以避免时，不得已而采用的损害另一个较小的权益以保护较大的权益免遭损害的行为。

紧急避险之所以不负刑事责任，是因为，从主观上看，实行紧急避险的目的，是为了使国家、公共利益、本人或者他人的人身、财产和其他权利免受正在发生的危险；从客观上看，它是在处于紧急危险的状态下，不得已采取的以损害较小的合法权益来保全较大的合法权益的行为。因此，紧急避险行为不具备犯罪构成。从总体上说，它不仅没有社会危害性，而且是有利于社会的行为。

（二）紧急避险的条件

1. 紧急避险的起因条件——危险

危险来自自然的力量、动物的侵袭，非法侵害行为和人的生理、病理过程。

2. 紧急避险的时间条件——正在遭受危险

事前避险或事后避险属避险不适时，造成损害达到犯罪程度，负刑事责任。

3. 紧急避险的主观条件——保全较大的合法权益

乘机损害、巧合避险以及故意损害他人合法利益的，应追究法律责任。

4. 紧急避险的对象条件——第三人的合法权益

5. 紧急避险的限制性条件——迫不得已

6. 紧急避险的限度条件——损害的合法权益小于保护的合法权益

权衡的一般标准为：人身权大于财产权，人身权中生命权为最高权利。财产权大小依财产价值衡量。

7. 紧急避险的禁止条件——不适用职务上、业务上负有特定责任的人

（三）避险过当及其刑事责任

避险过当，是指避险行为超过必要限度造成不应有的损害的行为。

避险过当须具备两个条件，一是在主观上对避险过当行为具有罪过；二是在客观上实施了超过必要限度的避险行为，造成了合法权益不应有的损害。

我国《刑法》第 21 条第 2 款规定：“紧急避险超过必要限度造成不应有的损害的，应当负刑事责任，但是应当减轻或者免除处罚。”避险过当不是一个罪名，在追究其刑事责任时，应当在确定其罪过形式的基础上，以其所触犯的我国刑法分则有关条文定罪量刑。在避险过当的罪过形式中，大多数是疏忽大意的过失，就是应当预见到紧急避险所损害的权益大于或相当于其所保全的权益，却因行为人的疏忽大意没有预见到。

当然，在少数或个别情况下，可能由间接故意或过于自信的过失构成避险过当。由于避险过当在主观上是出于保全合法权益的动机和目的，在客观上发生在紧迫的情况下，因此，对于避险过当应当减轻或者免除处罚。

第七节　故意犯罪过程中的停止形态

引导案例

李某深夜潜入本单位财务室,意图盗窃保险柜中的财物。李某用尽了各种方法,也未能将保险柜打开,感到十分沮丧。正要离开时,恰逢保安员巡逻至此。保安员发现财务室的门虚掩,即进去查看,与李某撞个正着。李某用撬棍将保安员打昏后逃走。回到家中后,李某恐保安员醒来后认出自己,就拿了一把匕首,欲将保安员杀死灭口。刚刚返回单位大门,即被接到报案赶来的公安人员抓获。请分析李某的行为属于哪种犯罪形态,如何定性?

故意犯罪过程中的形态,是指故意犯罪在其发生、发展和完成的过程与阶段中,因主客观原因而停止下来的各种状态。包括两种类型:一是犯罪完成形态,既犯罪既遂形态;二是犯罪未完成形态,具体包括犯罪预备、犯罪未遂和犯罪中止三种状态。

一、犯罪既遂

犯罪既遂,是指行为人所故意实施的危害行为已经具备了某种具体犯罪构成的全部要件。

犯罪既遂是以具备刑法条文所规定的某一犯罪的全部构成要件为标准,不是以达到行为人的犯罪目的为标准,也不是以发生犯罪结果为标准。

(一)犯罪既遂的类型

根据我国刑法分则对各种直接故意犯罪构成的不同规定,犯罪既遂通常有以下形态:

(1)结果犯。结果犯,是指不仅要实施具体犯罪构成客观要件的行为,而且必须要发生法定的犯罪结果才构成既遂的犯罪。即以法定的犯罪结果发生与否作为犯罪既遂与否的标志。

(2)行为犯。行为犯,是指以法定的犯罪行为的完成作为既遂标志的犯罪。这类犯罪的既遂并不要求有犯罪结果,而是以行为完成为标志。

(3)危险犯。危险犯,是指以行为人实施的危害行为造成法律规定的发生某种危害结果的危险状态作为既遂标志的犯罪。通常可以理解为"足以造成某种危害结果,尚未造成的"即构成犯罪既遂。这类犯罪以法定的客观危险状态作为标志。

(4)举动犯。举动犯,是指按照法律规定,行为人一经着手犯罪实行行为,犯罪即告完成并完全符合犯罪的全部构成要件，从而构成犯罪既遂的犯罪。

（二）对既遂犯的处罚

对于行为人的行为符合犯罪既遂特征的既遂犯，我国刑法要求根据其犯罪性质，在刑法总则一般量刑原则的指导与约束的基础上，直接按照刑法分则有关具体犯罪条文规定的法定刑幅度予以处罚。

二、犯罪预备

犯罪预备，是指行为人已经实施为了犯罪而准备工具、制造条件的行为，由于行为人意志以外的原因而未能着手犯罪实行行为的犯罪停止形态。

（一）犯罪预备特征

（1）在客观方面，行为人实施了犯罪的预备行为，这是预备犯承担刑事责任的客观基础。在司法实践中，犯罪预备行为的表现形式是多种多样的，但归纳起来有以下两种类型：

第一，准备犯罪工具，即搜取可供实施犯罪所利用的各种物品，包括制造犯罪工具、寻求犯罪工具、为适合于犯罪的需要而加工犯罪工具等。所谓犯罪工具，是指行为人在实施犯罪过程中所利用的各种器械物品，总之，凡是与犯罪活动联系在一起、能够帮助犯罪人实行犯罪活动的物品，均可以成为犯罪工具。从犯罪工具的性质看，既可以是违禁物品，也可以是非违禁物品；从犯罪工具的来源途径看，既可以是自己购买的，也可以是向他人借来的，还可以是自己制造或者盗窃来的。一般而言，犯罪工具的性质及其来源如何，并不影响犯罪预备的成立。需要指出的是，在一定意义上，准备犯罪工具也属于制造犯罪条件的范畴，但由于准备犯罪工具是最常见的犯罪预备行为，因此，我国《刑法》第 22 条将其单列出来，予以特别表明。

第二，制造犯罪条件。即除去准备犯罪工具之外的、为保证实施犯罪而进行的其他准备活动。例如，策划犯罪的行动方案，勾结共同犯罪人进行预谋，事先调查犯罪场所、时机和被害人的行踪，追踪被害人、守候被害人的到来以及引诱被害人来到犯罪的预定地点，事先排除实施犯罪的障碍，练习犯罪技能，筹集犯罪资金等。

（2）在主观方面，行为人具有进行犯罪预备活动的意图和目的，这是预备犯承担刑事责任的主观基础。由于工具本身的性质、取得工具的方式以及制造条件的属性均不能单独决定行为的性质，因此，只从准备工具、制造条件方面是难以确定某一行为是否属于犯罪预备行为。只有行为人准备工具、制造条件的意图和目的是为了顺利地着手实施犯罪和完成犯罪，才使得其预备行为融入反社会的属性，揭示出预备犯的主观恶性。如果我们仅从行为人的准备工具、制造条件方面,就确定其行为属于犯罪的预备活动,则会陷入“客观归罪”的泥潭。

(二) 对预备犯的处罚

由于犯罪预备行为尚不能直接导致危害结果的发生和对社会尚不能构成直接威胁。我国《刑法》第22条第2款规定:“对于预备犯,可以比照既遂犯从轻、减轻或者免除处罚。”预备犯,是指处于犯罪预备形态的犯罪分子。在司法实践中,对预备犯的处罚应注意以下两点:

(1) 对预备犯的从轻、减轻或者免除处罚,是“可以”而不是“应当”。即对预备可以从宽处罚,也可以与既遂犯同等处罚。

(2) 如果预备犯的犯罪预备行为本身可独立构成犯罪的,一般不实行数罪并罚,而是按牵连犯的原则择一重罪处罚,如盗窃枪支、准备杀人,不以盗窃枪支罪与故意杀人罪并罚,因未着手实施杀人行为,只构成盗窃枪支罪。

三、犯罪未遂

犯罪未遂,是指已经着手实行犯罪,由于犯罪分子意志以外的原因而未得逞的行为状态。

(一) 犯罪未遂的特征:

(1) 行为人已经着手实行犯罪。所谓“已经着手实行犯罪”,是指行为人已经开始实施刑法分则所规定的某一具体犯罪构成要件中的犯罪行为。它标志着犯罪实行行为的开始,说明行为人已经从犯罪预备的行为状态进入犯罪的实行状态,已经对刑法所保护的具体权益造成直接的威胁。由此可见,行为人是否已经着手实行犯罪,是区别犯罪未遂与犯罪预备的根本标志。

(2) 犯罪未得逞。犯罪未得逞,是指犯罪行为没有完全具备刑法分则关于某种具体犯罪构成的全部要件。即未达到既遂状态而停止下来。在不同的直接故意犯罪中,犯罪未得逞的含义不同。主要表现为:一是法定的犯罪结果没有发生。例如,刑法分则中规定,非法剥夺他人生命是构成故意杀人罪的客观要件,如果行为人实行了杀人行为而没有造成他人死亡的犯罪结果,即犯罪未得逞。第二种是法定的犯罪行为没有完成。第三种是法定的危险状态尚未具备。

(3) 犯罪未得逞是由于犯罪分子意志以外的原因造成的。意志以外的原因包括犯罪人自身的客观原因,犯罪人自身以外的客观原因以及犯罪人主观上的认识错误。在认定犯罪分子“意志以外的原因”时,应当体现质与量的有机统一,以“足以阻止犯罪分子继续实施犯罪的意志的原因”作为标准。同时,是否足以阻止犯罪分子的意志,应从犯罪分子的主观感受和影响犯罪完成的因素的客观性质两方面综合予以考察判断。在司法实践中,犯罪分子意志以外的原因是多种多样的,概括起来,主要有以下两大类:

第一,客观方面的原因,包括:被害人的发现、反抗、逃避;其他人的制止、抓获;自然力的阻碍;物质障碍;犯罪分子自身缺乏完成犯罪的能力;环境时机对犯罪分子不利;其他意外情况的发生等。

第二,主观方面的原因,包括:对于实施犯罪的方法、犯罪的对象或者犯罪工具,犯罪分子在认识上发生了错误,因而使得犯罪没有按照犯罪分子的主观愿望去完成;犯罪分子对作案现场的客观情况在认识上发生了错误等。在具体案件中,上述两大类原因有可能单独发生,也可能同时发生。

综上所述,第一个和第二个要件揭示了犯罪未遂的客观特征,第三个要件则说明犯罪未遂的主观特征。这三个特征是主观与客观方面相统一的有机整体,必须同时具备,才能构成犯罪未遂。

(二) 对未遂犯的处罚

由于犯罪未遂的行为人在主观上具有实施犯罪的直接故意,显示出其主观恶性,而且其未遂行为在客观上又对刑法所保护的社会关系构成直接的危险,因此,一方面,从“主客观相统一”上看,未遂犯具备了主观犯罪故意与客观危害行为的有机统一,具有可罚性,应当予以刑事处罚;另一方面,从犯罪未遂与其他的犯罪停止形态相比较上看,犯罪未遂已经进入犯罪的实行阶段,行为人在主观上也并未放弃犯罪意图,其社会危害性明显大于犯罪预备、犯罪中止,但与犯罪既遂相比较,未遂犯毕竟还没有造成犯罪分子预期的、属于具体犯罪构成客观要件的犯罪结果,其社会危害性要小于犯罪既遂,所以未遂犯承担刑事责任的程度也应相对地有所区别。据此,我国《刑法》第 23 条第 2 款明确规定:“对于未遂犯,可以比照既遂犯从轻或者减轻处罚。”

四、犯罪中止

犯罪中止,是指在犯罪的过程中,行为人自动放弃犯罪或者自动有效地防止犯罪结果发生,因而未完成犯罪的一种犯罪停止形态。

犯罪中止分为两种类型:普通的犯罪中止即自动放弃犯罪中止和特殊的犯罪中止即自动有效地防止犯罪结果发生的中止。

(一) 犯罪中止的特征

1. 普通的犯罪中止

根据法律规定,普通的犯罪中止,即自动放弃犯罪的犯罪中止的成立,必须同时具备以下三个要件:

(1) 时空性,即必须在犯罪的过程中放弃犯罪,这是犯罪中止成立的前提条件。所谓犯罪的过程,是指从犯罪预备行为的开始,到形成犯罪既遂状态之前的过程。犯罪中止的时空特征意味着,如果犯罪行为已经达到既遂状态,就不可能出现犯罪中止的问题。因此,对于犯罪行为已经既遂之后的自动恢复原状或者主动赔偿损失的行为,以犯罪中止发生的时空范围为标准,可以将犯罪中止划分为预备阶段的中止、未实行终了的中止和实行终了的中止三种类型。

(2) 自动性,即行为人必须是自动地放弃犯罪,这是犯罪中止的本质特征,也是犯罪中止形态区别于犯罪预备形态和犯罪未遂形态的根本要点。所谓"自动",是指行为人出于自己的意志而放弃了自己认为当时可以进行下去的犯罪行为。这包含着两层含义:其一,行为人自己认为当时可以继续实施犯罪和完成犯罪。其二,行为人必须是出于本人的意志而放弃了犯罪,并不是出于外力的强制,或者因外界的直接强力而形成内心压力的情况下,被迫放弃了犯罪。

(3) 彻底性,即行为人必须是彻底地放弃了原来的犯罪。这表明了行为人中止犯罪的决心和真诚悔悟的程度,包含着两层含义:其一,行为人在主观上坚决、完全地打消了原来的犯罪意图,在客观上彻底地放弃了原本自认为可以继续实施的犯罪,而不是暂时的中断;其二,彻底放弃的犯罪是相对于某个具体犯罪而言的,即行为人在主客观上彻底地放弃了已经实施预备或者着手实行的某个具体的犯罪,而不是行为人在以后任何时候都不再犯同种犯罪或者犯任何罪。

2. 特殊的犯罪中止

一般而言,犯罪行为在实行终了以后,不存在犯罪中止的问题。但是,在某种特殊情况下,如果行为人在犯罪行为已经实行终了但距离犯罪结果的发生还有一段时间的时候,能够采取积极的措施,还是可以有效地防止危害结果的发生。在刑事立法上,为了鼓励犯罪人有效地减轻其已经开始进行的犯罪行为对社会所造成的危害程度,就有必要将这种特殊的犯罪形态规定为犯罪中止。根据我国刑法的规定,特殊的犯罪中止的成立,不仅应具备普通的犯罪中止的成立三要件,而且还应当具备"有效性"。如果行为人尽管采取了防止犯罪结果发生的积极措施,但实际上还是没有避免危害结果的发生,则不能视为犯罪中止。

(二) 对中止犯的处罚

对于中止犯的处罚,我国《刑法》第 24 条第 2 款明确规定:"对于中止犯,没有造成损害的,应当免除处罚;造成损害的,应当减轻处罚。"在正确适用犯罪中止的处罚原则时,应当注意以下几点:

第一,对于犯罪中止的处罚原则的规定,我国刑法采用的法律措辞是"应当",而不是"可以",即对于中止犯必须免除或者减轻处罚,不允许审判人员根据案件的具体情况予以斟酌。

第二,在对中止犯是适用"免除处罚"的从宽情节,还是适用"减轻处罚"的从宽情节时,应当区分其损害程度的两种不同情形。如果中止犯的行为没有造成损害,就予以"免除处罚";倘若其行为造成损害,则予以"减轻处罚"。

第八节　共 同 犯 罪

引导案例

甲、乙夫妇因8岁的儿子严重残疾，生活完全不能自理而非常痛苦。一天，甲往儿子要喝的牛奶里放入“毒鼠强”时被乙看到，乙说：“这是毒药吧，你给他喝呀?”见甲不说话，乙叹了口气后就走开了。毒死儿子后，甲、乙二人一起掩埋尸体并对外人说儿子因病而死。关于甲、乙的行为如何定性?

一、共同犯罪的概念

共同犯罪，是指二人以上共同故意犯罪。我国《刑法》第25条第2款规定：“二人以上共同过失犯罪，不以共同犯罪论处；应当负刑事责任的，按照他们所犯的罪分别处罚。”这款是对共同犯罪概念的重要说明。

二、共同犯罪的构成条件

根据我国《刑法》第25条的规定，共同犯罪的成立必须同时具有以下三个要件：

(1) 共同犯罪的主体要件：必须是“两人以上”。这里所说的“人”，一般是指达到刑事责任年龄、具有刑事力的自然人。依据我国《刑法》第17条和第18条的规定，凡两个以上已满16周岁、具有辨认和控制自己行为的能力的自然人，共同故意犯罪的，则构成共同犯罪；两个以上已满14周岁不满16周岁、具有一定的辨认和控制自己行为的能力的自然人，共同故意犯《刑法》第17条第2款规定的故意杀人、故意伤害致人重伤或者死亡、强奸、抢劫、贩卖毒品、放火、爆炸、投毒罪的，也成立共同犯罪；如果两人中的一人已满16周岁、具有辨认和控制自己行为的能力，而另外一人已满14周岁不满16周岁的人不构成犯罪，因而不成立共同犯罪。因此，虽然有的危害社会的行为是由多数人共同实施的，但如果其中只有一人达到刑事责任年龄、具有刑事责任能力，而其他人都未达到刑事责任年龄或者不具有一定的辨认和控制自己行为的能力，也不构成共同犯罪。因为后者不能成为犯罪主体，他们实际上只是实施犯罪时所利用的工具，应当依法认定是前者的个人单独犯罪。

(2) 共同犯罪的客观要件：必须具有共同的犯罪行为。这是共同犯罪人承担刑事责任的客观基础。

所谓共同的犯罪行为，是指各个共同犯罪人的行为都是指向同一的目标，彼此联系,互相配合,结成一个有机的犯罪行为整体,共同造成犯罪的结果。共同犯罪行为主要有两层含义:一是各个共同犯罪人的行为是紧密联系,互相配合的。虽然各个共同犯罪人在实施某种或者几种犯罪活动中所处的地位、具体的分工、参与的程度甚至参与的时间等有所不同,但是,各个共同犯罪人的犯罪行为都是指向一个共同的犯罪目标,为了达到同一犯罪目的,从而使得他们的犯罪行为彼此联系,互相配合,互为条件,相互作用,在客观上形成一个有机的犯罪活动整体,每个人的行为都是这个整体行为的必要组成部分;二是各个共同犯罪人的犯罪行为都与发生的犯罪结果之间具有因果关系。

共同犯罪行为的表现形式,大多数是共同的作为形式,但也可表现为共同的不作为形式,还可以体现为作为与不作为的组合。此外,各个共同犯罪人的行为既可以都是实行行为;也可以有的是实行行为,有的是教唆行为,有的是帮助行为。

(3) 共同犯罪的主观要件:必须具有共同的犯罪故意。这是共同犯罪人承担刑事责任的主观基础。

所谓共同的犯罪故意,是指两人以上在对于共同犯罪行为具有同一认识的基础上,对其所会造成的危害结果所持的希望或者放任的心理态度。共同犯罪的故意主要有两层含义:一是共同的认识,即每个共同犯罪人不仅认识到自己是在故意地实施犯罪,而且还认识到有其他犯罪人和自己一起共同实施这种犯罪。二是共同的意向,即每个共同犯罪人对他们共同犯罪的行为会导致的犯罪结果,都是明知并且抱有希望或者放任的心理态度。

综上所述,上述的主体要件、客观要件和主观要件是构成共同犯罪不可缺少的条件,只有同时具备,才能构成共同犯罪。

三、共同犯罪人的分类及其刑事责任

(一) 共同犯罪人的分类

我国刑法将共同犯罪人分为四种:主犯、从犯、胁从犯和教唆犯。

(二) 共同犯罪人及其刑事责任

1. 主犯

主犯,是指在犯罪集团或者聚众犯罪中起组织、领导、策划、指挥作用的或者在共同犯罪中起主要作用的犯罪分子。

主犯包括三种:

(1) 组织、领导犯罪集团进行犯罪活动的犯罪分子。

(2) 在聚众犯罪中起组织、策划、指挥作用的犯罪分子。

(3) 在共同犯罪中起主要作用的犯罪分子。

主犯应承担的刑事责任有以下几种：

(1) 组织、领导犯罪集团的首要分子，按集团的全部罪行处罚。

(2) 对犯罪集团首要分子以外的主犯，按其参与或组织的、指挥的全部犯罪处罚。

(3) 分则已有规定的，按分则规定处罚。

2. 从犯

从犯，是指在共同犯罪中起次要作用或者辅助作用的犯罪分子。

从犯有两种；

(1) 在共同犯罪中起次要作用的犯罪分子。

(2) 在共同犯罪中起辅助作用的犯罪分子。

对于从犯，应当从轻、减轻或者免除处罚。

3. 胁从犯

胁从犯，是指被胁迫参加犯罪的人。

胁从犯的特征：

(1) 客观上实施了犯罪行为；

(2) 主观上认识到自己实施的是犯罪行为；

(3) 是受到他人的胁迫而参加犯罪的。

对于胁从犯，应当按他的犯罪情节减轻处罚或者免除处罚。

4. 教唆犯

教唆犯，是指故意教唆使他人实施犯罪的人。

教唆犯的基本特征是教唆他人实施犯罪，去实现自己的犯罪意图。

教唆犯的基本条件是：

(1) 有教唆他人犯罪的故意。

(2) 实施了教唆他人犯罪的行为。

(3) 教唆的对象必须是达到刑事责任年龄，具有刑事责任能力的特定人。

教唆犯应承担的刑事责任有以下几种：

(1) 被教唆的人犯了被教唆的罪，对教唆犯应当按照他在共同犯罪中所起的作用处罚。

(2) 教唆不满 18 周岁的人犯罪的，应当从重处罚。

(3) 如果被教唆的人没有犯教唆的罪，对于教唆犯可以从轻或者减轻处罚。

第九节 刑罚概述

引导案例

甲女因抢劫杀人被逮捕，羁押期间不慎摔伤流产。一个月后，甲被提起公诉。对甲的刑罚适用如何处理？

一、刑罚的概念和特征

（一）刑罚的概念

刑罚，是指刑法规定的由国家审判机关依法对犯罪分子适用的限制或剥夺其某种权益的最严厉的法律强制方法。

（二）刑罚的特征

（1）刑罚由《刑法》明文规定。

（2）刑罚的对象只能是犯罪人。

（3）刑罚的适用主体只能是人民法院。

（4）刑罚是最严厉的惩罚方法。

二、刑罚的目的

刑罚的目的，是预防和减少犯罪。具体内容表现为：

（一）特殊预防

特殊预防，是指通过对犯罪分子适用刑罚，造成犯罪人一定的人身痛苦或财产损失，以防止他们重新犯罪。

（一）一般预防

一般预防，是指通过对犯罪分子适用刑罚，防止尚未犯罪的人走上犯罪道路。

三、刑罚的体系

刑罚的体系，是指由刑法所规定的并按照一定次序排列的各种刑罚方法的总和。

我国刑罚体系具有以下特点：

（1）体系完整，结构严谨，适应论理需要。

（2）方法人道，内容合理，体现了社会主义、人道主义精神。

（3）宽严相济，目标统一，体现了惩办与宽大相结合、惩办与教育改造相结合的政策。

四、刑罚的种类

(一) 主刑

主刑,是对犯罪分子适用的主要的刑罚方法。

主刑只能独立适用,不能附加适用。主刑包括管制、拘役、有期徒刑、无期徒刑和死刑五个刑种。

1. 管制

管制,是指对犯罪分子不予关押,但限制其一定自由,由公安机关予以执行的刑罚方法。

管制具有以下特征:

(1) 不予关押。

(2) 限制一定自由。

(3) 有期限。3 个月至 2 年,数罪并罚不超过 3 年。减刑后实际执行不少于原判的 1/2。先前羁押的,羁押 1 日折抵刑期 2 日。

(4) 同工同酬。

(5) 公安机关是执行机关。

2. 拘役

拘役,是指短期剥夺犯罪分子的人身自由,就近执行并实行劳动改造的刑罚方法。

拘役具有以下特征:

(1) 剥夺罪犯自由。

(2) 剥夺自由期限较短。1 个月至 6 个月,数罪并罚不超过 1 年。减刑后实际执行不少于原判的 1/2。先前羁押的,羁押 1 日折抵刑期 1 日。

(3) 每月回家 1—2 天,参加劳动酌量发给报酬。

(4) 由公安机关就近执行。

(5) 适用对象是罪行较轻,又必须短期剥夺人身自由的罪犯。

3. 有期徒刑

有期徒刑,是指剥夺犯罪分子一定期限的人身自由,强制其进行劳动并接受教育改造的刑罚方法。

有期徒刑具有以下特征:

(1) 剥夺人身自由。

(2) 有一定期限。6 个月至 15 年,数罪并罚不超 20 年。死缓可减为 25 年有期徒刑。减刑后实际执行的刑期不少于原判决的 1/2。先前羁押的,羁押 1 日折抵 1 日。

(3) 监狱为执行机关。

(4) 强制劳动、无报酬。

4. 无期徒刑

无期徒刑,是剥夺犯罪分子的终身自由,强制其参加劳动并接受教育改造的刑罚方法。无期徒刑具有以下特征:

(1) 没有刑期限制。

(2) 先前羁押时间不能折抵刑期。

(3) 强制劳动,无报酬。

(4) 剥夺政治权利终身。

5. 死刑

死刑,是指剥夺犯罪分子生命的刑罚方法。

我国适用死刑的限制性规定:

(1) 从适用死刑的条件上加以限制——只适用罪行极其严重的犯罪分子。

(2) 从适用死刑的对象上加以限制——犯罪时不满18周岁的人和审判时怀孕的妇女,不适用死刑。

(3) 从死刑的核准程序上加以限制——统一由最高人民法院核准。

(4) 从死刑的执行制度上加以限制——可以缓期2年执行。

死缓有以下三种处理办法:

(1) 没有故意犯罪,2年后减为无期。

(2) 确有重大立功表现,2年后减为25年。

(3) 如故意犯罪,情节恶劣的,报请最高人民法院核准后执行死刑。

(4) 对于故意犯罪未执行死刑的,死刑缓期执行的期间重新计算,并报最高人民法院备案。

死缓执行从判决确定之日起计算,减为有期的刑期,从死缓期满之日起算。

(二) 附加刑

附加刑,是补充主刑适用的刑罚方法。附加刑具有能独立适用,又能附加适用的特点。附加刑包括罚金、剥夺政治权利、没收财产和驱逐出境四个刑种。

五、非刑罚处理方法

非刑罚处理方法,是指法院根据案件的不同情况,对犯罪分子直接适用或建议主管部门适用的刑罚以外的其他处理方法的总称。

(一) 经济性的非刑罚处理方法

1. 刑事损害赔偿

刑事损害赔偿,是就被害人的经济损失对受到刑罚处罚的犯罪分子判处给

予被害人一定的经济赔偿。其适用条件是:

(1) 被害人遭受了一定的经济损失。

(2) 该经济损失是被告人的犯罪行为造成的。

(3) 适用对象是犯罪分子。

2. 赔偿损失

赔偿损失,是指人民法院根据犯罪行为对被害人造成的经济损失情况,责令犯罪分子给予被害人一定的经济赔偿的一种非刑罚处理方法。

(二) 教育性的非刑罚处理方法

1. 训诫

训诫,是指法院对犯罪分子当庭予以批评或者谴责,责令其改正的一种非刑罚处理方法。

2. 责令具结悔过

责令具结悔过,是指人民法院责令犯罪分子用书面的方式保证悔改的一种非刑罚处理方法。

3. 赔礼道歉

赔礼道歉,是指人民法院责令犯罪分子向被害人承认错误、表示歉意的一种非刑罚处理方法。

(三) 行政性的非刑罚处理方法

1. 行政处罚

行政处罚,是指法院建议主管部门对犯罪分子予以行政处罚。

2. 行政处分

行政处分,是指由主管部门对内部行政工作人员给予的处分。

非刑罚处理方法具有以下适用条件:行为人构成犯罪;犯罪情节轻微而被免予刑事处罚;根据案件情况又需要给予恰当处理。

第十节　刑罚裁量

引导案例

甲和乙共同入户抢劫并致人死亡后分头逃跑,后甲因犯盗窃罪被抓获归案。在羁押期间,甲向公安人员供述了自己和乙共同所犯的抢劫罪行,并提供了乙因犯强奸罪被关押在另一城市的看守所的有关情况,使乙所犯的抢劫罪受到刑事追究。请分析如何对甲适用刑罚?

一、刑罚裁量概念

刑罚裁量，也称为量刑，是指人民法院对于犯罪分子依法裁量决定刑罚的活动。正确定罪和适当量刑是刑事审判实现刑法任务的重要环节。我国《刑法》第 61 条规定："对于犯罪分子决定刑罚的时候，应当根据犯罪的事实、犯罪的性质、情节和对于社会的危害程度，依照本法的有关规定判处。"

二、累犯

累犯，作为一种特殊的犯罪人类型，是指因犯罪受过一定刑罚处罚，在刑罚执行完毕或者赦免以后，在法定期限内又犯一定之罪的犯罪人。累犯制度，亦称累犯从严制度或累犯从重制度，是现代各国刑事立法普遍确立的一种量刑制度。关于累犯的概念和其构成条件的规定，各国立法规定并不一致。我国刑法分别规定了普通累犯和特殊累犯的概念及其构成条件。

（一）普通累犯的概念及其构成条件

普通累犯，又称一般累犯，根据我国《刑法》第 65 条规定，普通累犯是指被判处有期徒刑以上刑罚的犯罪分子，在刑罚执行完毕或者赦免以后，在 5 年内再犯应当判处有期徒刑以上刑罚之罪的犯罪分子。其构成条件为：

（1）前罪和后罪都是故意犯罪。此为构成累犯的主观方面的要件。普通累犯所犯的前罪和后罪从罪过形式看，都必须是故意犯罪。如果行为人实施的前罪与后罪均为过失犯罪，或者前罪与后罪之一是过失犯罪，都不构成累犯。我国刑法将过失犯罪排除在累犯之外，对累犯的主观构成条件作了严格的限制规定。之所以如此，一方面是实现我国刑法任务的要求，另一方面，体现了我国刑法对累犯范围从严控制的精神。

（2）前罪所判处的刑罚和新罪应当判处的刑罚均是有期徒刑以上。此为构成累犯的刑度条件或罪质条件。如果前后两罪中有一罪被判处有期徒刑以下刑罚的，则不构成累犯。应当指出，《刑法》第 65 条规定："应当判处有期徒刑以上刑罚"，是指根据后罪社会危害性的大小，实际上应当判处有期徒刑以上刑罚，而不是说该罪的法定刑中包含有有期徒刑以上的刑罚即成立累犯。否则，势必会无限制扩大累犯的范围，因为我国刑法规定的每一犯罪的法定刑都包含有期徒刑。

（3）后罪发生在前罪刑罚执行完毕或者赦免后的 5 年之内。这是构成累犯的时间条件。我国 1979 年《刑法》规定累犯成立的时间条件是 3 年，修订后的《刑法》将构成累犯的前后两罪的法定期限从 3 年延长到 5 年，这是从有效遏制累犯率上升，实现刑罚特殊预防的目的，从保护社会出发扩大了累犯构成的范围,体现了刑法对累犯从严处罚的精神。这里的“刑罚执行完毕”,是指主刑执行完毕,不包括附加刑在内。主刑执行完毕附加刑在执行中的犯罪分子又犯新罪的,不影响累犯的构成。所谓“赦免”,根据我国宪法规定,是指特赦而言。关于“5 年以内”期限的计算,已经执行刑罚或者被赦免的犯罪分子,从刑罚执行完毕之日或者赦免之日起计算;“被假释的犯罪分子,从假释期满之日起计算。”如果被假释的犯罪分子在假释考验期内又犯新罪,撤销假释,按数罪并罚处理,不构成累犯。

(4) 前后两罪至少有一个不属于危害国家安全罪。这是普通累犯区别于特殊累犯的重要之处。如果前后两罪均是危害国家安全罪,则构成特殊累犯。

(二) 特殊累犯的概念及其构成条件

特殊累犯,又称特别累犯、特种累犯,是指曾犯一定之罪后再犯此一定罪或同类之罪,就构成累犯。根据《刑法》第 66 条规定,我国刑法中的特殊累犯就是危害国家安全的犯罪分子在刑罚执行完毕或赦免之后,在任何时候再犯危害国家安全罪的,构成危害国家安全的累犯。其构成要件如下:

(1) 前罪和后罪都是危害国家安全罪。前后两罪中只有一个是危害国家安全罪的,不能构成特殊累犯。

(2) 后罪发生在前罪刑罚执行完毕或赦免以后。但后罪的发生不受两罪相隔时间长短的限制。

与 1979 年《刑法》相比,我国现行《刑法》对于国家安全危害最大的分裂国家或武装叛乱等的累犯即危害国家安全罪累犯的适用范围更大了。

(三) 对累犯的处罚

对累犯从严处罚,这是各国刑事立法对累犯的量刑采取的毫无例外的态度。但是,由于各国的累犯制度并不相同,因而所采取的对累犯从严处罚的具体原则也不一样。我国刑法规定了对累犯应当从重处罚的原则。我国《刑法》第 65 条规定,对累犯,应当从重处罚。对于“从重处罚”的原则,应当从以下几点把握:

(1) 对累犯是“从重”处罚。即在决定刑幅度以内处以较重的刑罚。即在刑法规定的几个刑种中选择一个较重或者最重的刑种,或者在刑法规定的某一刑罚幅度内判处较长或者最长的刑期。从重处罚只能在法定刑的幅度内“从重”,而不能突破法定刑的上限,判处重于法定刑的刑罚,进行“加重”处罚。这是罪刑法定原则所不能允许的。

(2) 对累犯是“应当”从重处罚。也就是说,无论具备普通累犯的构成条件,或是具备危害国家安全罪累犯的构成条件,都必须对其在法定刑的限度以内,判处相对较重的刑罚即适用较重的刑种或较长的刑期,没有灵活的余地。

(3) 对累犯应当比照不构成累犯的初犯或其他犯罪人从重处罚。这就意味着对累犯的从重,不是无原则、无限制的从重处罚,而应以不构成累犯的初犯或其他犯罪人为参照系,在此基础上从重处罚。

(4) 对累犯从重处罚并非一律"顶格"判处。对于累犯从重处罚,必须根据其所实施的犯罪行为的性质、情节和社会危害程度,确定具体应判处的刑罚,应切忌毫无事实根据地对累犯一律判处决定最高刑。从司法实践看,有的审判人员习惯于对累犯判处法定最高刑,这是不妥的,要根据案件的全部情况综合考虑。

(5) "对于累犯,不适用缓刑"。这是我国《刑法》第74条明确规定的。之所以对累犯不适用缓刑,是因为缓刑的适用是以犯罪人具有悔罪表现,不致再危害社会为条件的。而累犯则是屡教不改,具有较大人身危险性的人。对累犯适用缓刑,不能保证社会的安全,也不利于对累犯的改造。

三、自首和立功

自首和立功是我国现行《刑法》中规定的刑罚裁量中的两项从宽处罚制度,也是两个重要的从宽处罚情节。我国1979年《刑法》中没有规定立功制度,仅是在规定自首制度、减刑制度和死缓制度时,谈及了犯罪人的立功表现。可以说,在我国刑法发展史上,1997年修订的《刑法》首次明确、系统地规定了犯罪人立功从宽处罚的制度。

(一) 自首

新中国成立以来颁布的所有规定自首制度的法律,包括1979年刑法典在内,均只是抽象、笼统地规定了对自首可以从宽处罚,并没有对什么是自首作出界定。就什么是自首这一问题,在理论界和司法实践部门一直存有争议。1997年修订的《刑法》在第67条中明确规定了自首的概念,即"犯罪以后自动投案,如实供述自己罪行的,是自首"。现行《刑法》将长期以来理论探讨的自首概念法律化,无疑是立法上的一大进步。它可以起到统一理论界和司法界的思想认识,规范认定自首的尺度的作用,从而保证刑法的正确实施。

1. 自首成立的条件

我国刑法关于自首的规定,与刑法修订前的有关司法解释相比,实际上是放宽了自首成立的条件。原来的司法解释要求自首成立需具备三个条件,即自动投案,如实交代所犯罪行和接受国家审查、裁判。现行刑法则仅将启动投案、如实供述所犯罪行作为成立自首的条件。

(1) 自动投案

所谓自动投案,是指犯罪人在犯罪之后,归案之前,出于自己的意志而向有关机关或个人承认自己实施了犯罪,并自愿置于有关机关或个人的控制之下,等

待进一步交代犯罪事实的行为。自动投案是自首成立的前提条件,应从以下几个方面加以把握:

其一,投案时间。投案行为必须发生在犯罪人尚未归案之前。既可以是犯罪事实被发觉之前,也可以是犯罪事实被发觉之后。犯罪分子在犯罪以后,犯罪事实未被司法机关发现以前,或者犯罪事实虽被发现,而犯罪分子还未被发觉以前,或者犯罪事实和犯罪分子均已被发觉,但犯罪分子尚未受到司法机关传唤、讯问或者尚未被采取强制措施的时候,都被认为是可能成立自首的时间。经查实犯罪分子确已准备去投案,或正在去投案的途中,被公安机关逮捕的;犯罪分子犯罪后逃避,在被通缉、追捕过程中投案的,均应被视为自动投案。

其二,投案对象。自动投案的对象是有关机关或个人。"机关"首先是指对犯罪负有侦查、起诉、审判职能的公、检、法机关及其派出单位。其次,是指公、检、法以外的其他国家机关以及犯罪人所属的国家企业、事业单位、人民团体等。在农村则是指犯罪人所属的乡、村政府及其治保组织。"个人"主要是指非在执行职务之中的司法机关及其他国家机关、企业、事业单位的国家工作人员。在农村,"个人"主要是指某些基层干部,如党支部书记、村长等。

其三,投案动机。自动投案的动机,无论是出于真诚悔罪,还是为了争取宽大处理,或者慑于国家司法机关的威力,感到别无出路,或者经亲友规劝陪同投案的,都属于自动投案。

(2) 如实交代自己罪行

犯罪分子自动投案之后,只有主动交代自己的犯罪事实,才足以证明其悔罪服法,为司法机关追诉其犯罪行为提供客观根据,使追究犯罪人刑事责任的诉讼活动得以顺利进行。因此,主动如实交代自己的罪行,即"如实供述自己的罪行"是自首成立的必备条件之一。其一,投案人供述的必须是犯罪行为。其二,投案人供述的必须是自己的犯罪事实。其三,投案人必须如实供述所犯罪行。

2. 关于余罪的自首问题

我国《刑法》第 67 条第 2 款明确规定:"被采取强制措施的犯罪嫌疑人、被告人和正在服刑的罪犯,如实供述司法机关还未掌握的本人其他罪行的,以自首论。"这一规定,实际上是明确规定了余罪自首制度,解决了理论界长期争论不休,司法实践部门又必须经常面对的余罪自首以坦白论,还是以自首论的问题。

(1) 余罪自首适用的对象是已被采取强制措施的犯罪嫌疑人、被告人和正在服刑的罪犯。根据我国有关法律规定,处于公安机关侦查、预审阶段的案犯和检察机关审查、起诉阶段的案犯称为犯罪嫌疑人,处于人民法院审判阶段的案犯称为被告人。而判决生效正在执行刑罚的人为正在服刑的罪犯。

(2) 如实供述了自己的其他罪行。所谓"其他"罪行,又称"余罪",是相对于已被查获的罪行而言的，指的是犯罪嫌疑人、被告人和正在服刑的罪犯被指控、处理的罪行以外的罪行。

(3) 所供述的罪行须尚未被司法机关发觉。这是由余罪自首的案犯已因某罪归案待审或正在服刑的特殊情况决定的。

余罪的自首是一种特殊形式的自首，其特殊性在于投案的方式和场所与通常的自首不同。这种自首，在刑法理论上称为准自首。不过从实质来看，余罪自首和通常的自首并无二致，都是案犯主观上认罪、悔罪或者悔改的一种表现。

3. 自首的从宽处罚原则

自首从宽处罚已经成为一项世界性的刑罚制度。但究竟如何从宽处罚，各国立法例不尽一致。有的采取相对从宽处罚原则，有的采取绝对从宽处罚原则。我国现行刑法对自首犯采用的是相对从宽原则，即“可以”从宽处罚，而对于犯罪以后自首并有重大立功表现的，采取的是绝对从宽原则。

根据我国《刑法》第 67 条和第 68 条的规定，对于自首的量刑原则有以下三种情况：

(1)“对于自首的犯罪分子，可以从轻或者减轻处罚”。犯罪以后自首的，“可以”从宽处罚，表明我国刑法对于自首采取的是相对从宽处罚原则。从轻处罚、减轻处罚和免除处罚，是自首以后得以从宽处罚的三个幅度。凡犯罪以后自首的，都可以根据不同情况分别予以从轻处罚或者减轻处罚。

(2)“犯罪较轻的，可以免除处罚”。这就是说，犯罪人犯有较轻之罪而自首的，不仅可以从轻处罚或者减轻处罚，而且可以得到免除处罚。犯罪较轻是可以免除处罚的前提。

(3)“犯罪后自首又有重大立功表现的，应当减轻或者免除处罚”。立功与自首一样，是犯罪分子犯罪后的一种应予以肯定的良性表现。当一个人犯罪后不仅自首了，而且还有立功表现时，予以从宽处罚的幅度显然应当大于单纯的自首和单纯的立功。所以法律规定：“应当减轻或者免除处罚。”也就是说对于犯罪后自首并有重大立功表现的，不是“可以”，而是必须予以从宽处罚，应当根据具体情况确定是减轻处罚还是免除处罚。

(二) 立功

1. 立功的概念

根据我国《刑法》第 68 条规定，所谓立功，是指犯罪分子有揭发他人犯罪行为，查证属实的，或者提供重要线索，从而得以侦破其他案件等的情形。可见，刑法规定属于立功的情况有两种：

(1) 揭发他人犯罪行为且查证属实。犯罪分子之间，往往相互了解对方一定的犯罪情况，如果一人归案后，揭发其他犯罪人的犯罪行为，查证属实的，这样便节省了许多国家司法成本的投入,又体现了刑罚的必然性,可以视为立功表现。

(2) 提供重要线索,使司法机关得以侦破其他案件。这种情形也为国家节省了司法机关人力和物力的投入,又体现了犯罪分子本人的悔罪表现,应当鼓励,也属于立功表现。

2. 对立功的从宽处罚

根据我国《刑法》第 68 条规定,将立功分为一般立功和重大立功,根据不同的立功标准,从宽处罚的原则和幅度也不尽相同。

根据犯罪人揭发并查实和提供线索并侦破的他人犯罪案件的轻重程度不同,可以将犯罪人的立功分为一般立功和重大立功。如果犯罪人揭发并查证属实的他人的罪行属于较轻的一般罪行,或者提供线索并侦破的案件属于一般案件,则其立功属于一般立功;相反,则是重大立功。对于一般立功,刑法规定"可以从轻或者减轻处罚"。对于重大立功"可以减轻或者免除处罚"。

我国《刑法》第 68 条第 2 款规定:"犯罪后自首又有重大立功表现的,应当减轻或者免除处罚"。这样可以把立功分为自首犯的立功和被抓获归案的犯罪人的立功。犯罪后自首又有重大立功表现的,应当减轻或者免除处罚,采取的是绝对从宽处罚的原则。对于被抓获归案的犯罪人的立功,则应根据第 68 条第 1 款的规定,视立功的大小予以适当从宽处罚。而对于自首后仅有一般立功表现的如何处罚,法律没有明确规定,还需要解释。我们认为,根据自首和立功的立法精神,可以采取相对从宽的处罚原则,即"可以减轻或者免除处罚"。

四、数罪并罚

我国刑法中的数罪并罚,是指人民法院对行为人在法定时间界限内所犯数罪分别定罪量刑,然后按照刑法规定的原则决定应执行的刑罚。

(一) 数罪并罚的特征

根据我国刑法规定,数罪并罚制度有以下三个主要特征:

(1) 数罪特征,即一个人犯有数罪。这是适用数罪并罚的前提。行为人以两个或两个以上的犯罪故意或过失,实施两个或两个以上的行为,具备两个或两个以上犯罪构成的,就是数罪。只有对实施了数罪的人,才能进行并罚。

(2) 时间特征,即数罪必须发生在法定期限以内。我国刑法数罪并罚的适用以刑罚执行完毕所犯数罪作为适用并罚的最后时间界限,同时对于在不同的刑事法律关系发展阶段内实施或发现的数罪,采用不同的刑罚方法。

(3) 原则特征,即对一人所犯数罪进行合并处罚,应在对各罪分别定罪量刑的基础上,按照法定的原则决定应执行的刑罚。从此可以看出,数罪并罚实际上是分与合两个过程的统一。

（二）数罪并罚的适用

根据我国《刑法》第69条的规定，我国数罪并罚制度采用的是折中原则。其适用如下：

（1）判决宣告的数个主刑中有数个死刑或最重刑为死刑的，或数个主刑中有数个无期徒刑或最重刑为无期徒刑的，就应当执行死刑或无期徒刑。也就是说，我国刑法对犯数罪的死刑犯和无期徒刑犯采用的是吸收原则。这是由于死刑和无期徒刑的性质决定的。

（2）判决宣告的数个主刑为有期自由刑即有期徒刑、拘役、管制的，采取限制加重原则。即在总和刑期以下，数刑中最高刑期以上，酌情决定执行的刑期，但管制最高不能超过3年，拘役最高不能超过1年，有期徒刑最高不能超过20年。数罪中有判处有期徒刑和拘役的，执行有期徒刑。数罪中有判处有期徒刑和管制，或者拘役和管制的，有期徒刑、拘役执行完毕后，管制仍须执行。

（3）数罪中有判处附加刑的，采用并科原则，按照我国《刑法》第69条第3款规定，如果数罪中有判处附加刑的，附加刑仍须执行。

（三）数罪并罚的几种不同情况

1. 判决宣告前一人犯数罪的并罚

根据《刑法》第69条规定，我国刑法规定的数罪并罚原则及由此而决定的基本规则，是以判决宣告前一人犯数罪的并罚情形为标准确立的。由此可以看出，这是数罪并罚中最常见的、最基本的情形。此种情形的并罚，存有争议的问题是应予合并处罚的数罪是否包括同种数罪在内。所谓同种数罪，即行为人实施的数个行为均可独立构成犯罪，但属于性质相同罪名相同的数罪。我国刑法学界一般认为对同种数罪不应实行并罚，只按一罪酌情从重处罚。但也有学者有不同认识。刑法对同种数罪应如何并罚没有规定，我们认为应通过立法途径来补充、完善。

由于缓刑是附条件的暂不执行原判刑罚，不存在所谓“已经执行的刑罚”或“前罪没有执行的刑罚”，因此在缓刑考验期内再犯新罪或发现漏罪的，同判决宣告前一人犯数罪的处理结果没有差别。故《刑法》第77条将上述情况也按照判决宣告前一人犯数罪情况并罚。需要说明的是，此时不论是同种数罪或异种数罪一律实行并罚。

2. 判决宣告后发现漏罪的并罚

依照我国《刑法》第70条的规定，对于判决宣告以后，刑罚执行完毕以前发现漏罪的，不论与前罪的性质是否相同，都应当单独作出判决，然后把前罪所判处的刑罚同漏罪所判处的刑罚，按照数罪并罚的原则，决定执行的刑罚，已经执行的刑期,应从决定的刑期中扣除。这种刑期计算方法,称为“先并后减”。

数罪并罚后刑罚执行过程中又发现漏罪的应如何并罚?即漏判之罪的刑罚是与原判数罪的刑罚并罚,还是与原判决定执行的刑罚并罚?我国刑法学界一种意见认为前一种处理方法不会轻纵罪犯,相对较为合理。而另一种意见认为后一种处理方法比较符合立法精神。这需要作出解释或从立法完善方面解决。

根据我国《刑法》第 86 条第 2 款的规定,被假释的犯罪分子,在假释考验期内,发现在判决宣告前还有其他罪没有判决的,应当撤销假释,依照“先并后减”方法实行数罪并罚。

3. 判决宣告后又犯新罪的并罚

根据我国《刑法》第 71 条的规定,对判决宣告以后刑罚执行完毕以前又犯新罪的,应当对新犯的罪作出判决,把前罪没有执行的刑罚和后罪所判处的刑罚,依照相应的原则,决定执行的刑罚,即通常所谓的“先减后并”。对于所犯新罪,无论是否为同种罪,都应合并处罚。

“先减后并”的刑期计算方法较之“先并后减”的刑期计算方法,在一定条件下,可能给予犯罪分子更为严厉的刑罚。这主要体现在有期徒刑的并罚当中。它主要表现在以下几个方面:

(1) 决定执行刑罚的最低期限较高。在新罪所判的刑期比前罪残刑刑期长的条件下,决定执行刑罚的最低期限提高了。

(2) 实际执行的刑罚可能超过数罪并罚法定最高刑期的限制。在前罪和后罪都判处较长刑期的情况下,用“先减后并”的方法并罚,犯罪分子实际执行的有期徒刑的刑期可能超过 20 年。

(3) 犯罪分子在刑罚执行越临近结束期间犯新罪,数罪并罚时决定执行刑罚的最低期限及实际执行的刑期的最低限度越高。

由此可以看出,对于在刑罚执行期间又犯新罪的犯罪人,由于他具有较大的人身危险性,并没有从刑罚中受到教育和改造,所以我国刑法规定对这些人的并罚方法与判决宣告后发现漏罪的并罚方法有所区别,以便给予较重的惩罚。这样对受刑人形成一种强化的威慑力量,为贯彻罪责刑相适应原则、提高行刑活动的效能提供了制度保障。

此外,我国《刑法》第 86 条规定,被假释的犯罪分子,在假释考验期限内,再犯新罪,应当撤销假释,依照《刑法》第 71 条的规定实行数罪并罚。

五、缓刑

缓刑是指人民法院对于被判处拘役、3 年以下有期徒刑的犯罪分子,根据其犯罪情节和悔罪表现,认为暂不执行原判刑罚,确实不致再危害社会的,规定一定的考验期,暂缓其刑罚的执行。在此期间,犯罪分子如不再犯新罪,原判的刑罚就不再执行的一种刑罚制度。

(一)缓刑的特征

缓刑的基本特征是:判处刑罚,同时宣告暂缓执行,但又在一定时期内保持执行的可能性。如在一定期限内能够遵守一定条件,原判刑罚就不再执行;如果违反应遵守的条件,原判刑罚仍要执行。

缓刑不是刑种,而是刑罚具体适用上的一项制度。宣告缓刑必须以判处刑罚为前提。缓刑不能脱离原判刑罚而存在。

(二)缓刑的适用条件

依照我国《刑法》第72条和第74条的规定,适用缓刑的法定条件有以下几个:

(1)犯罪分子被判处的是拘役或3年以下有期徒刑的刑罚。由于缓刑是附条件不执行原判刑罚,因此一般只适用于罪行轻的罪犯,而判处3年以上有期徒刑的相对来说都是罪行较重的,根据其犯罪情节,一般不宜判处缓刑。这里所说的"3年以下有期徒刑"是指宣告刑而不是法定刑。犯罪分子所犯之罪的法定刑虽然是3年以上有期徒刑,但他具有减轻处罚的情节,宣告刑是3年以下有期徒刑,可以适用缓刑。

(2)根据犯罪分子的犯罪情节和悔罪表现,认为适用缓刑确实不致危害社会。这是适用缓刑实质性的条件。宣告缓刑是以犯罪的社会危害程度为标准的。只有确认将犯罪分子留在社会上不予关押也不会再危害社会的,才能适用缓刑。认定犯罪分子确实不致再危害社会,应当根据犯罪的情节、悔罪程度以及犯罪分子的一贯表现,加以综合判断。从审判实践看,主要应考虑两点:一是犯罪分子真诚悔罪,确有痛改前非、重新做人的决心。这是保证接受改造,不再危害社会的主观条件,也是适用缓刑的重要基础。二是把犯罪分子放在社会上,有较好的改造环境。

(3)犯罪分子不是累犯。累犯不适用缓刑,因为累犯屡教不改。主观恶性较深,适用缓刑难以防止其重新犯罪。因此,将其排除在缓刑适用对象之外。

(三)缓刑的考验期

缓刑考验期,是指对被宣告缓刑的犯罪分子进行考察的一定期限。人民法院在宣告缓刑的同时,应当确定适当的缓刑考验期。我国《刑法》第73条规定拘役的缓刑考验期限为原判刑期以上1年以下,但是不能少于2个月;有期徒刑的缓刑考验期为原判刑期以上5年以下,但是不能少于1年。刑法的这一规定,既体现了罪责刑相适应原则,又符合区别对待刑事政策的要求,同时给审判机关留下了一定程度的裁量余地,有利于实现缓刑考验期的个别化。缓刑考验期从判决确定之日起计算。判决前先行羁押的日期,不予折抵缓刑考验期,因为二者的性质不同。

(四) 缓刑的撤销

根据我国《刑法》第 77 条的规定,被宣告缓刑的犯罪分子如果在缓刑考验期内有下列情况之一的,都要被撤销缓刑:

(1) 被宣告缓刑的犯罪分子再犯新罪。适用缓刑的关键条件是认为犯罪分子不致再危害社会。如果缓刑犯在缓刑考验期内再犯新罪,则说明其对社会仍有危害,当然应撤销缓刑;把前罪和后罪实行数罪并罚,决定应执行的刑罚。

(2) 发现未判决的漏罪。缓刑只适用于较轻的犯罪,而且缓刑只是对判决过的罪行的综合情况进行评价作出的。而发现漏罪,当然应该撤销针对原罪的缓刑。

(3) 因违法或违反缓刑监督管理规定而撤销缓刑。缓刑犯在缓刑考验期内违法或违反缓刑监督管理规定,说明其并没有真诚悔过,对社会还有一定的危害。所以应撤销缓刑,收监执行原判刑罚。应当注意,被宣告缓刑的犯罪分子,在缓刑考验期限内,违反法律、行政法规或者国务院公安部门有关缓刑的监督管理规定,只有情节严重的才能撤销缓刑,执行原判刑罚。

如果缓刑犯在缓刑考验期内未出现上述情况,则缓刑考验期期满,原判刑罚就不再执行,并进行公开宣告。

第十一节　刑罚执行

引导案例

1994 年 7 月,王某因实施暴力强奸而被人民法院依法以强奸罪判处有期徒刑 15 年。后其服刑表现不错,2006 年 7 月被假释。2008 年 3 月的一天,王某盗窃一辆汽车(价值 8 万元多元)而未被发现。2010 年 4 月,王某因参与以传播“甲流”相威胁敲诈某市多所高校钱财的行为而被逮捕,其后交代了自己在假释考验期限内盗窃汽车的行为。根据上述案情,请分析对王某适用假释是否合法,为什么?对王某是否还需要撤销假释?为什么?王某上述盗窃行为应如何处理?对王某上述敲诈高校钱财的行为应如何处理?对王某最后的刑罚应当如何确定?

一、刑罚执行的概念及意义

刑罚的执行,是指人民法院判决所确定的具体刑罚内容得以实现的措施和过程,也是使判处的刑罚付诸实施的刑事司法活动。

刑罚的执行是国家刑事司法活动的有机组成部分。这是因为,人民法院所作出的刑事判决,只有经过实际执行,才能确实收到刑罚的效果,才能完全实现国家的刑罚权。同时,也只有通过刑罚的执行,才能体现国家法律的公正和威严,发挥刑罚的作用。

刑罚的执行涉及方方面面,不仅在刑法,而且在刑事诉讼法及监狱法中都有关于刑罚执行的规定。通过对这些规定的学习,我们可以掌握我国刑罚执行的一般原则、制度及具体方法。

二、减刑

减刑,是指对被判处管制、拘役、有期徒刑或者无期徒刑的受刑人,因其在刑罚执行期间确有悔改表现或者立功表现,而适当减轻其原判刑罚的制度。

(一) 减刑的适用条件

我国《刑法》第 78 条规定了两种减刑,即相对减刑与绝对减刑制度。"被判处管制、拘役、有期徒刑、无期徒刑的犯罪分子,在执行期间,如果认真遵守监规,接受教育改造,确有悔改表现的,或者有立功表现的,可以减刑";即相对减刑,能否减刑仍需人民法院裁量决定。"有下列重大立功表现之一的,应当减刑"。根据第 78 条规定,适用减刑必须符合下述条件:

(1) 减刑的对象是被判处管制、拘役、有期徒刑、无期徒刑的犯罪分子。这是适用减刑,包括相对减刑和绝对减刑的前提条件。由此可以看出,减刑只受刑种的限制,不受犯罪性质和刑期长短的限制。但死缓减刑是依照法律的特别规定按期进行的,不属于减刑制度的适用范围。

(2) 减刑的根据即其实质条件是在执行期间确有悔改表现或者立功表现,以及重大立功表现。确有悔改表现或有立功表现,是相对减刑的条件;而具有重大立功表现的,则应当减刑。根据最高人民法院《关于办理减刑假释案件具体应用法律若干问题的规定》的规定,确有悔改表现是指犯罪分子在刑罚执行期间认罪服法,一贯遵守罪犯改造行为规范;积极参加政治、文化、技术学习;积极参加劳动,爱护公物,完成各项任务。上述条件同时具备,即可认为罪犯确有悔改表现,可予以适当减刑。所谓确有立功表现,是指揭发、检举监狱内外犯罪分子的犯罪活动,经查证属实的;制止他人逃跑、行凶、破坏活动的;有其他有利于国家和人民突出事迹的。上述行为,只要具备其中一项,即可以减刑。

(3) 适用减刑的限度条件,即判处管制、拘役、有期徒刑的,犯罪分子经过减刑以后实际执行的刑期不得少于原判刑期的 1/2;判处无期徒刑的,不能少于 10 年。

关于减刑的开始时间及减刑的幅度我国刑法没有具体规定，目前依据最高人民法院 1997 年 11 月 8 日起施行的《关于办理减刑假释案件具体应用法律若干问题的规定》处理。而对于绝对减刑而言，原则上应在有重大立功产生时，即应予以及时减刑，其减刑的起始和间隔时间可不受上述规定中关于期限的限制。这样可以促进罪犯积极改造，努力符合有关条件和要求，早日复归社会。我国现行《刑法》关于减刑的规定删去了 1979 年《刑法》中减刑限度规定中"经过一次或者几次减刑"的内容，我们的理解是这并不意味着对一个犯罪分子只能减刑一次。减刑如果减得太少，不利于鼓励罪犯改造，但减得太多，又会妨碍原判决的严肃性与稳定性，难以罪刑相称。因此，现行《刑法》第 78 条第 2 款规定了减刑的限度。

三、假释

假释是指对被判处有期徒刑、无期徒刑的犯罪分子，因其在执行一定刑期之后，确有悔改表现，不致再危害社会，而附条件地予以提前释放的一种刑罚制度。假释与刑满释放都是对罪犯解除监禁，恢复人身自由。但二者的性质不同，假释是有条件地提前释放；刑满释放是原判刑罚已经执行完毕，无条件地释放。

（一）假释的适用条件

由于适用假释，意味着对其解除关押，放归社会，这是对原判刑罚执行的改变，应当遵守有关条件。依据我国《刑法》第 81 条规定，假释的适用应当具备下列条件：

（1）假释的对象只能是被判处有期徒刑或无期徒刑的犯罪分子，但是对累犯以及杀人、爆炸、抢劫、强奸、绑架等暴力性犯罪被判处 10 年以上有期徒刑或无期徒刑的犯罪分子除外。假释的性质和特点，决定了它只能适用于被剥夺人身自由的罪犯。管制并未对罪犯予以关押，因而不适用假释；拘役虽也剥夺罪犯的人身自由，但刑期较短，如果确有悔改或者立功表现，可以适用减刑，不必假释；死刑犯也谈不上假释。因此，只有被判处有期徒刑或者无期徒刑的罪犯，才能成为假释的适用对象。按有关司法解释，对死缓犯减为无期徒刑或者有期徒刑后，符合假释其他条件的，可以适用假释。关于犯罪的性质或者罪犯的身份影响假释的适用，我国刑法规定对累犯以及因杀人、爆炸、抢劫、强奸、绑架等暴力性犯罪被判处 10 年以上有期徒刑或无期徒刑的犯罪分子，不得假释。因为案犯及因暴力性犯罪被判重刑的犯罪分子都表现出较大的人身危险性，其悔改困难且危害社会的可能性较大，因而限制适用假释。这样的规定肯定了原判刑罚的尊严及假释适用的严格性，并对加强刑罚预防作用具有一定意义。

（2）被判处有期徒刑或无期徒刑的犯罪分子必须是已经执行一部分刑期。

只有经过一定期间劳动改造，才能比较准确地判断和检验出犯罪分子是否已经有改恶从善的表现，不致再危害社会；才能保持人民法院判决的稳定性和法律的严肃性。按照我国《刑法》规定，被判处有期徒刑的，要执行原判刑期的1/2以上；被判处无期徒刑的，则必须实际执行10年以上。罪犯由无期徒刑减为有期徒刑以后又需要假释的，仍必须按原判无期徒刑实际执行10年以上，不能理解为按减为有期徒刑后已执行刑期1/2以上，来考虑适用假释。《刑法》同时规定，如果有特殊情况，经最高人民法院核准，可以不受上述执行刑期的限制。所谓特殊情况，根据最高人民法院1997年11月8日起施行的《关于办理减刑、假释案件具体应用法律若干问题的规定》中指出，"特殊情况"是指具有国家政治、国防、外交等方面特殊需要的情况。

（3）犯罪分子必须有悔改表现，不致再危害社会的。这是决定能够假释的关键性条件。从《刑法》第81条可以看出，犯罪分子认真遵守监规、接受教育改造是具有悔改表现的一种形式。至于具体衡量悔改表现的标准，则与对减刑悔改表现的要求基本相同。如果罪犯拒不认罪，假释后还有可能继续犯罪的，即使服够了一定的刑期，也不能给予假释。

只有同时具备上述条件，才能适用假释。有期徒刑的假释考验期，为没有执行完毕的刑期，无期徒刑的假释考验期限为10年。假释考验期限，从假释之日起计算。假释犯在考验期内，由公安机关予以监督。

（二）假释的考验及撤销

我国1979年《刑法》在假释考验问题上只规定"由公安机关予以监督"，过于概括，缺乏细则性规定。1997年修订的《刑法》第84条对被宣告假释的犯罪分子，在假释考验期间应当遵守的规定加以明文列举，既方便公安机关监督，也有利于被宣告假释的犯罪分子的遵守，是对我国假释制度的进一步完善。

我国《刑法》第84条规定，被宣告假释的犯罪分子，应当遵守下列规定：（1）遵守法律、行政法规，服从监督；（2）按照监督机关的规定报告自己的活动情况；（3）遵守监督机关关于会客的规定；（4）离开所居住的市、县或者迁居，应当报经监督机关批准。

关于假释的撤销，根据我国《刑法》第86条规定有以下三种情况：

（1）在假释考验期内，再犯新罪，应当撤销假释，依照《刑法》第71条规定实行数罪并罚。

（2）发现在判决宣告前还有其他罪没有判决的，撤销假释，依照《刑法》第70条规定并罚。

（3）假释犯违反法律、行政法规或者国务院公安部门有关假释的监督管理规定，尚未构成新的犯罪的，依法定程序撤销假释，收监执行未执行完毕的刑罚。

我国1979年《刑法》没有规定假释的程序，1997年修订的《刑法》第82条规定了假释的程序，使假释程序于法有据。假释的程序依照该法第79条规定进行，与减刑程序相同。本条规定，旨在从程序上对假释加以限制，防止滥用假释，具有积极意义。

四、赦免

赦免，就是国家元首或者国家权力机关以发布命令的形式，对犯罪分子免予追诉，或者免除执行全部或部分刑罚的一项法律制度。从赦免的产生和发展来看，赦免制度是国家最高权力者特权的一种体现。现代的赦免制度，事实上已经成为国家刑事政策的重要内容。在一定条件下，对一定的犯罪或犯罪人实行赦免，可以为其创造一个复归社会、重新做人的机会；同时也为其他的犯罪人保留一种求得赦宥的希望，促使其真诚悔过，争取得到从宽处理。

赦免，从各国的法律规定来看，通常分为大赦和特赦两种。它们的主要区别是：第一，适用的对象不同。大赦是对不特定的多数犯罪分子的赦免；而特赦则只适用于特定的犯罪分子。第二，赦免的内容不同。大赦是宣告免予追诉或者免除刑罚的全部或者部分的执行；而特赦则只限于免除罪犯刑罚的全部或者部分的执行。大赦和特赦通常是由国家元首或者国家最高权力机关以命令公布执行。

我国1954年制定实施的《宪法》中曾有大赦和特赦的规定，但在以后的实践中并没有实行过大赦，而只实行过特赦。根据我国的实际情况，1982年制定实施的《宪法》只规定了特赦，而未规定大赦。因此，我国《刑法》第65条、第66条所提及的赦免，仅指我国《宪法》所规定的特赦。

第十二节　刑法分则概述

一、刑法分则的概念及其意义

我国刑法由总则和分则两部分组成。刑法总则规定刑法的任务、基本原则以及关于犯罪、刑事责任与刑罚的一般原理和制度。不同于总则，刑法分则规定各种具体的犯罪，以及对实施具体的犯罪规定适用的刑罚。因此，刑法分则，是指规定具体犯罪罪状与法定刑的刑法规范以及属于分则的一些特殊性规范的系统化整体。分则首先是刑法规范的系统化整体，而不是刑法规范的无序的拼凑。其次，这个系统化整体是由载有具体犯罪罪状与法定刑的规范以及属于分则的一些特殊性规范构成的。一般说来，刑法分则规范的功能是描述具体犯罪行为的构成并规定相应的法定刑。但是，在我国刑法中也存在一些不具有前述功能或者不完全具有前述功能的规范,如只载明类罪概念的规范、对某类犯罪可以适用战时缓刑的规范、对某类罪可以适用附加刑的规范等。毫无疑问,这类规范是从属于分则的,但它们又没有规定具体的罪状和法定刑或者只择其一,因而称其为属于分则的特殊性规范。

刑法分则作为刑法的组成部分与刑法总则具有不可分割的联系。这种不可分割性表现在:一方面,分则规范只有以总则规范为指导并与其相结合,才能正确实施。另一方面,离开刑法分则关于各种具体犯罪及其法定刑的规范,总则规定的原则、原理就无法实现。

刑法分则的意义首先在于,它规定了各种具体犯罪的概念和特征,通过对其分析并借助于总则的有关规范,能够确定行为是否构成犯罪或构成何等罪,以准确惩罚犯罪和保障无辜的人不受追诉。

其次,绝大多数的刑法分则规范对各种不同犯罪备有轻重不同的法定刑和处罚规则。在正确定罪的基础上,通过对各种犯罪的法定刑和处罚规则的分析并结合刑法总则的有关规范,有助于准确地适用刑罚,做到罚当其罪。

最后,刑法分则载有类罪名(章名)或者类罪的立法定义。通过对它们的分析研究,有助于认识它们的共同点。当增补新罪名时,据此可以确定它们在分则体系中的位置。

二、刑法分则的体系

(一)刑法分则体系的概念

刑法分则体系是指分则对犯罪的分类及排列次序。分则是规定具体犯罪及其刑事责任的,而具体犯罪的种类相当多,这就需要以一定标准将具体犯罪分为若干类(类罪),再以一定标准对类罪进行合理排列,同时对各类罪中的具体犯罪进行排列,从而形成分则体系。由此可见,分则体系实际上是犯罪分类问题。

犯罪分类是罪刑法定主义的要求。罪刑法定主义要求以成文刑法明确规定犯罪的构成要件与刑事责任;只有对社会生活中发生的各种犯罪进行合理分类,进而规定各种犯罪的构成要件,才能实现罪刑法定主义的要求。如果不对犯罪进行分类,就意味着没有具体犯罪的构成要件与刑事责任,意味着刑法规定“凡犯罪者处……”就够了,这便违反了罪刑法定主义。

(二)我国刑法分则体系的特点

我国刑法分则将具体犯罪分为10类,每一章规定一类犯罪,其排列顺序依次为:危害国家安全罪,危害公共安全罪,破坏社会主义市场经济秩序罪,侵犯公民人身权利、民主权利罪,侵犯财产罪,妨害社会管理秩序罪,危害国防利益罪,贪污贿赂罪,渎职罪,军人违反职责罪。刑法分则体系就是根据上述分类建立起

来的,其特点如下:

(1) 原则上依据犯罪的同类客体对犯罪进行分类。不同种类的犯罪所侵犯的合法权益不同,因而其社会危害性不同;根据犯罪的同类客体对犯罪进行分类,有利于把握各类犯罪的性质、特征与社会危害程度,有利于贯彻区别对待的政策,有利于司法机关正确定罪量刑。

(2) 依据各类犯罪的社会危害程度对类罪进行排列。类罪的排列反映了刑法的矛头所向与打击重点,反映了立法者。对各类犯罪的认识与态度。我国刑法基本上以各类犯罪的社会危害程度为依据,按由重到轻的顺序进行排列。

(3) 依据犯罪的社会危害程度以及犯罪之间的内在联系对具体犯罪进行安排。刑法分则在安排各类犯罪中的具体犯罪时,首先考虑的是具体犯罪社会危害性的大小,如将叛国罪、放火罪、故意杀人罪、抢劫罪等分别规定在各章之首,就是因为这些犯罪在各章之中最为严重,与此同时,刑法分则又考虑了具体犯罪之间的内在联系,如在故意杀人罪之后规定过失致死罪,在重婚罪之后规定破坏军人婚姻罪,就是照顾到它们之间的内在联系。

(4) 依据犯罪的主要客体对复杂客体的犯罪进行归类。复杂客体的犯罪侵犯了两种以上的合法权益,刑法分则根据该犯罪的主要(或较为重要的)客体将其归入不同的类罪。如将抢劫罪归入侵犯财产罪,将诬告陷害罪归入侵犯公民人身权利、民主权利罪等。

第十三节　危害国家安全罪

引导案例

某国间谍戴某,结识了我某国家机关机要员黄某。戴某谎称来华投资建厂需了解政策动向,让黄某借工作之便为其搞到密级为“机密”的《内参报告》4 份。戴某拿到文件后送给黄某一部手机,并为其子前往某国留学提供了 6 万元资金。对黄某的行为如何定罪处罚?

一、危害国家安全罪的概念

危害国家安全罪,是指故意危害中华人民共和国国家的主权、领土完整和安全,分裂国家、颠覆国家政权、推翻社会主义制度的行为。

二、危害国家安全罪的特征

(1) 侵犯的客体是中华人民共和国的国家安全;

(2) 犯罪主体多数为一般主体,少数犯罪只能由特殊主体构成;
(3) 客观方面表现为危害中华人民共和国国家安全的行为;
(4) 犯罪主观方面是故意,绝大多数罪表现为直接故意。

三、危害国家安全罪的种类

根据我国《刑法》分则第一章对 14 种危害国家安全罪的具体规定,按照它们在形式上相同或相似的特征,可将其归纳为以下几个部分;

(1) 危害政权、分裂国家犯罪:背叛国家罪,分裂国家罪,煽动分裂国家罪,武装叛乱罪,武装暴乱罪,颠覆国家政权罪,煽动颠覆国家政权罪,资助危害国家安全罪。

(2) 叛变、叛逃犯罪:投敌叛变罪,叛逃罪。

(3) 间谍、资敌犯罪:间谍罪,窃取、刺探、收买、非法提供国家秘密或情报罪,资敌罪。

四、危害国家安全罪的刑事责任

危害国家安全罪是对国家危害性最严重的一类犯罪,关系到国家的存亡和命运。我国《宪法》第 54 条和《国家安全法》第 3、4 条规定:中华人民共和国公民有维护国家的安全、荣誉和利益的义务,不得有危害国家的安全、荣誉和利益的行为。任何组织和个人进行危害中华人民共和国国家安全的行为都必须受到法律追究。为了坚决保卫我国人民民主专政的国家政权和社会主义制度,保卫国家安全、荣誉和利益,我们必须坚持四项基本原则,坚持“两手抓”“两手都要硬”。运用刑法武器,严惩各种危害国家安全的犯罪活动。

《刑法》本章各条对危害国家安全犯罪的具体犯罪,基于其严重的社会危害性,规定了严厉的刑罚。第一,《刑法》第 113 条对危害国家安全罪的死刑运用和附加刑运用作了专门规定。对于煽动分裂国家罪、颠覆国家政权罪、煽动颠覆国家政权罪、资助危害国家安全罪、叛逃罪都不得适用死刑,只是对那些危害特别严重、情节特别恶劣的犯罪即勾结外国背叛国家罪,勾结境外机构、组织、个人背叛国家罪,分裂国家罪,武装叛乱罪,武装暴乱罪,投敌叛变罪,间谍罪,窃取、刺探、收买非法提供国家秘密或情报罪,战时资敌罪可以判处死刑。体现了我国严格限制适用死刑的慎重态度。第二,犯本章危害国家安全罪的,可以并处没收财产。第三,《刑法》第 56 条规定,对于危害国家安全的犯罪分子应当附加剥夺政治权利,第 103 条、第 104 条、第 105 条、第 107 条、第 109 条、第 111 条都有独立适用剥夺政治权利的规定。

第十四节　危害公共安全罪概述

引导案例

被告人陈某与被害人陆某两家东西相邻,2002年7月下旬两人因修路及其他琐事多次发生口角并互相谩骂,陈某遂怀恨在心,决意报复。7月25日晚9时许,陈某从自家水池边找来一支一次性注射器,再从家中柴房内的甲胺磷农药瓶中抽取半针筒甲胺磷农药后,潜行至陆某家院门前丝瓜棚处,将农药打入瓜藤上所结的多条丝瓜中。次日晚,陆某及其外孙女黄某食用了被注射有甲胺磷农药的丝瓜后,出现上吐下泻等中毒症状。其中,黄某经抢救后脱险,陆某在被送往医院抢救后,因甲胺磷农药中毒后引发糖尿病中毒引发糖尿病高渗性昏迷性低钾血症,医院对此诊断不当,而仅以糖尿病和高血压进行救治,陆某因抢救无效于次日早晨死亡。陆某死后,其亲属邻里在门前瓜棚下为其办理丧事中,发现未被采摘的丝瓜中有的有小黑斑,遂怀疑他人投毒,故向公安机关报案,经侦察,陈某被抓获。请分析:(1) 被告人陈某的行为与被害人陆某的死亡结果之间是否有刑法上的因果关系?(2) 对被告人陈某往被害人户外种植的丝瓜中注射农药危及他人生命的行为,是否危害公共安全,应当如何定性?

一、危害公共安全罪的概念

危害公共安全罪,是指故意或者过失地实施危害不特定的多数人的生命、健康和重大公私财产以及国家生产、生活安全的行为。

二、危害公共安全罪的特征

危害公共安全罪在构成上具有以下特征:

(1) 侵犯的客体是社会的公共安全,即不特定的多数人的生命、健康和重大公私财产安全。不特定性是本类罪侵犯客体的基本特征。不特定性意在表明危害公共安全的行为的对象具有广泛性和不确定性,不限于特定的个人或财产,行为具有造成不特定的众多人员伤亡或重大公私财产广泛损害的性质。

(2) 客观方面表现为实施了危害公共安全的行为。危害公共安全的行为的表现形式大多数是积极的作为,如放火、爆炸、投毒、劫持航空器等;少数犯罪的行为形式也可以表现为消极的不作为,如失火罪等大多数过失危害公共安全的犯罪。由行为的危害性质所决定,危害公共安全的行为既包括已经造成实际损害结果的行为(实害犯),也包括虽然尚未造成实际损害结果,但却足以危害不特定多数人生命、健康或者重大公私财产安全的行为(危险犯),如破坏交通工具罪、破坏交通设施罪。但过失危害公共安全的行为,则必须造成法定的实际损害结果,才能构成犯罪。

(3)犯罪主体多数是一般主体,凡年满16周岁具有刑事责任能力的自然人都可以成为本罪主体,但是,已满14周岁不满16周岁的未成年人犯放火、爆炸、投毒罪的,也应当负刑事责任。少数犯罪主体则是特殊主体,行为人必须具有法定的特殊身份或者从事特定业务,才能成为犯罪主体。

(4)主观方面既可以出于故意,也可以出于过失。本类犯罪中过失犯罪占据一定的比例。

三、危害公共安全罪的分类

《刑法》分则第二章规定的危害公共安全罪,共26个条文规定了危害公共安全罪的具体罪名与法定刑。可归纳为以下几部分:

(1)以危险方法危害公共安全的犯罪。包括放火罪、决水罪、爆炸罪、投毒罪;失火罪、过失决水罪、过失爆炸罪、过失投毒罪;故意以其他危险方法危害公共安全罪,过失以危险方法危害公共安全罪。

(2)危害交通运输、公用设施、设备的犯罪。包括破坏交通工具罪,破坏交通设施罪,破坏电力设备罪,破坏易燃易爆设备罪;过失损毁交通工具罪,过失损毁交通设施罪,过失损毁易燃易爆设备罪;过失损毁广播电视、公用电信设施罪。

(3)实施恐怖危险活动的犯罪。包括组织、领导、参加恐怖组织罪;劫持航空器罪,劫持船只、汽车罪,暴力危及飞行安全罪。

(4)违反枪支、弹药、爆炸物、核材料管理的犯罪。包括非法制造、买卖、运输、邮寄、储存枪支、弹药、爆炸物罪;非法制造、买卖、运输、储存危险物质罪;违规制造、销售枪支罪;盗窃、抢夺枪支、弹药、爆炸物、危险物质罪;抢劫枪支、弹药、爆炸物、危险物质罪;盗窃、抢夺国家机关、军警、民兵枪支、弹药、爆炸物罪;非法持有、私藏枪支、弹药罪;非法出租、出借公务用枪罪,非法出租、出借配置枪支罪;丢失枪支罪;非法携带枪支、弹药、管制刀具、危险物品进入公共场所、公共交通工具罪。

(5)过失造成重大责任事故的犯罪。包括重大飞行事故罪;铁路运营安全事故罪;交通肇事罪;危险驾驶罪;重大责任事故罪;强令违章冒险作业罪;重大劳动安全事故罪;大型群众性活动重大安全事故罪;危险物品肇事罪;工程重大安全事故罪;教育设施管理重大安全事故罪;消防责任事故罪;不报、谎报安全事故罪。

第十五节　破坏社会主义市场经济秩序罪

引导案例

被告人胡某和唐某共谋建立地下工厂，非法经营食盐。二人承租铺面作为厂房，先后购买了2公斤无产地、无合格证、无使用说明的“碘”。大量仿制具有注册商标权的“晶山牌”碘盐包装袋和防伪标识。后两被告人又雇佣多人私自加工“食用碘盐”。胡某等人将私自生产的“食用碘盐”分别批发销售给多个个体商贩，销售金额14.64万元。经某市产品质量监督检验所对查获的成品假碘盐抽样检验，其“碘盐”均不含碘。问：胡某等人的行为符合哪些犯罪构成？

一、破坏社会主义市场经济秩序罪概念

破坏社会主义市场经济秩序罪，是指违反国家市场经济秩序管理法规，干扰国家对市场经济的管理活动，破坏社会主义市场经济秩序，使国民经济发展受到严重损害的行为。

二、破坏社会主义市场经济秩序罪特征

（1）侵犯的客体是社会主义市场经济秩序，即国家通过法律、法规对由市场进行资源配置的经济运行过程进行调节所形成的正常、协调、有序的状态；

（2）犯罪主体多数是一般主体，既包括自然人，也包括单位，少数是特殊主体；

（3）客观方面表现为违反国家市场经济管理法规，干扰国家对市场经济的管理活动，破坏社会主义市场经济秩序，使国民经济受到严重损害的行为。

（4）主观方面多数出于故意，只有少数是出于过失。

三、破坏社会主义市场经济秩序罪的种类

我国《刑法》分则第三章从第140条至第231条，将破坏社会主义市场经济秩序罪划分为以下8类犯罪：生产、销售伪劣商品罪；走私罪；妨害对公司、企业的管理秩序罪；破坏金融管理秩序罪；金融诈骗罪；危害税收征管罪；侵犯知识产权罪；扰乱市场秩序罪。同时，又在以上每小类犯罪中，规定了许多具体的罪名，从而形成了一个完整的罪刑结构体系。

四、常见的犯罪

（一）生产、销售伪劣商品罪

1. 生产、销售伪劣产品罪的概念和特征

生产、销售伪劣产品罪，是指生产者、销售者在产品中掺杂、掺假，以假充真，以次充好或者以不合格产品冒充合格产品，销售金额在5万元以上的行为。生产、销售伪劣产品罪的主要特征是：

（1）侵犯的客体是复杂客体，既侵犯了国家关于产品质量的管理制度，也损害了用户和消费者的合法权益。

（2）客观方面表现为，行为人必须具有生产、销售伪劣产品的行为。具体指以下几种情形：其一，在生产中掺杂、掺假，例如在酒中掺水，在羊毛中掺砂子等；其二，以次充好，例如以二级产品冒充一级产品，以二锅头酒冒充茅台酒等；其三，以假充真，例如以自来水冒充矿泉水，将党参冒充人参等；其四，以不合格产品冒充合格产品，例如以次品冒充正品等。行为人只要具有上述行为之一，即符合本罪在客观方面的构成要件。

（3）犯罪主体必须是生产、销售产品的自然人或者单位，用户、消费者则不能构成本罪。

（4）主观方面表现为故意。过失不构成本罪。

2. 生产、销售伪劣产品罪的处罚

根据《刑法》第140条的规定，对于犯生产、销售伪劣产品罪的个人，依据其销售金额的不同，进行处罚。根据《刑法》第150条的规定，单位犯本罪的，对单位判处罚金，并对其直接负责的主管人员和其他直接责任人员，依照个人犯本罪的量刑标准处罚。

（二）生产、销售假药罪

1. 生产、销售假药罪的概念和特征

生产、销售假药罪，是指违反国家的药品管理法规，生产、销售假药，对人体健康造成严重危害或者有其他严重情节的行为。生产、销售假药罪的主要特征是：

（1）侵犯的客体是复杂客体，既侵犯了国家的药品管理制度，也危害着公民的生命权、健康权。

（2）客观方面表现为行为人必须具有生产、销售假药，对人体健康造成严重危害或者有其他严重情节的行为。

（3）犯罪主体是一般主体，自然人和单位均可构成本罪。

（4）主观方面，表现为故意。

2. 生产、销售假药罪的处罚

根据《刑法》第 141 条的规定，对于犯生产、销售假药罪的个人，按不同档次的法定刑进行量刑。同时，根据《刑法》第 150 条的规定，单位犯本罪的，对单位判处罚金，并对其直接负责的主管人员和其他直接责任人员，依照个人犯本罪的量刑标准处罚。

（三）走私武器、弹药罪

1. 走私武器、弹药罪的概念和特征

走私武器、弹药罪，是指违反海关法规，逃避海关监督，走私武器、弹药的行为。走私武器、弹药罪的主要特征是：

（1）侵犯的客体是我国的对外贸易管理制度。

（2）客观方面表现为必须具有违反海关法规，逃避海关监管，进行走私武器、弹药进出国（边）境的行为。

（3）犯罪主体是一般主体。任何达到法定刑事责任年龄、具有刑事责任能力的自然人均可构成本罪。

（4）主观方面表现为故意。过失不能构成本罪。

2. 走私、武器弹药罪的处罚

根据《刑法》第 151 条第 1 款的规定，走私武器、弹药、核材料或者伪造的货币的，处 7 年以上有期徒刑，并处罚金或者没收财产；情节特别严重的，处无期徒刑，并处没收财产；情节较轻，处 3 年以上 7 年以下有期徒刑，并处罚金。根据《刑法》第 151 条第 5 款的规定，单位犯本罪的，对单位判处罚金，并对其直接负责的主管人员和其他直接责任人员，依照个人犯本罪的量刑标准处罚。

（四）走私文物罪

1. 走私文物罪的概念和特征

走私文物罪，是指违反海关法规，逃避海关监管，走私国家禁止出口的文物的行为。走私文物罪的主要特征是：

（1）侵犯的客体是复杂客体，既侵害了我国的对外贸易管理制度，同时也侵犯着国家对文物的保护管理秩序。

（2）客观方面，表现为必须具有走私国家禁止出口的文物的行为。

（3）犯罪主体是一般主体，自然人和单位均可构成本罪。

（4）主观方面表现为故意。

2. 走私文物罪的处罚

根据《刑法》第 151 条第 2 款、第 4 款的规定，对于犯走私文物罪的个人进行处罚。根据《刑法》第 151 条第 5 款的规定，单位犯罪的，对单位判处罚金，并对其直接负责的主管人员和其他直接责任人员，依照个人犯本罪的量刑标准处罚。

(五) 伪造货币罪

1. 伪造货币罪的概念和特征

伪造货币罪是指无权制造货币的行为人,仿照人民币或外币的样式,非法制作假货币,冒充真货币的行为。伪造货币罪的特征:

(1) 侵犯的客体是国家的货币制度。

(2) 客观方面表现为具有伪造货币的行为。

(3) 犯罪的主体是一般主体。凡达到法定刑事责任年龄、具有刑事责任能力的自然人都构成本罪。

(4) 主观方面表现为故意。

2. 伪造货币罪的处罚

《刑法修正案》(九)将《刑法》第 170 条修改为:“伪造货币的,处 3 年以上 10 年以下有期徒刑,并处罚金;有下列情形之一的,处 10 年以上有期徒刑或者无期徒刑,并处罚金或者没收财产:(1) 伪造货币集团的首要分子;(2) 伪造货币数额特别巨大的;(3) 有其他特别严重情节的。”

第十六节　侵犯公民人身权利、民主权利罪

引导案例

被告人梁某某冒充王某刚(云南省建水县第三中学学生,时年 14 岁)的亲戚打电话到云南省建水县第三中学小卖部,谎称王某刚的父亲因出车祸住院,将王某刚骗至建水县曲江大桥西侧泵房处后,与王某刚发生争执。梁某某遂勒王某刚的颈部、捂王某刚的嘴,致王某刚昏迷。梁某某以为王某刚死亡,将王藏匿于附近的水沟中。次日凌晨,梁某某将写好的恐吓信放置于王某刚家门口,称王某刚被绑架,让王的母亲拿 2.5 万元到曲江大桥处赎人。同月 30 日,王某刚的尸体在曲江河内被发现。经鉴定,王某刚系溺水死亡。本案中梁某某的行为构成何罪?

一、侵犯公民人身权利、民主权利罪概念

侵犯公民人身权利、民主权利罪,是指故意或者过失地侵犯他人人身权利和其他与人身权利直接有关的权利,以及非法剥夺或者妨害公民自由行使依法享有的管理国家事务和参加社会政治活动等各项权利的行为。

二、侵犯公民人身权利、民主权利罪特征

(1) 侵犯的客体是公民的人身权利和其他与人身权利有关的权利以及民主权利。

(2) 犯罪主体既包括一般主体,如故意杀人罪、拐卖妇女、儿童罪、侮辱罪等,也包括特殊主体,如刑讯逼供罪、报复陷害罪、私自开拆、隐匿、毁弃邮件、电报罪等;绝大多数的犯罪主体都是自然人,也有个别犯罪的主体是单位,如强迫职工劳动罪,但在处罚时实行单罚制,即处罚单位的直接责任人员。

(3) 客观方面表现为侵犯他人的人身权利和其他与人身权利直接有关的权利,以及非法剥夺或者妨害公民自由行使依法享有的管理国家事务和参加社会政治活动等各项权利的行为。

(4) 主观方面既包括故意,也包括过失。

三、侵犯公民人身权利、民主权利罪的种类

根据我国《刑法》第 232 条至第 262 条之规定,侵犯公民人身权利、民主权利罪共有 37 种具体犯罪,分为以下三类:

(1) 侵犯公民人身权利和其他与人身直接有关的权利的犯罪:故意杀人罪,过失致人死亡罪,故意伤害罪,组织出卖人体器官罪,过失致人重伤罪,强奸罪,强制猥亵、侮辱妇女罪,猥亵儿童罪,非法拘禁罪,绑架罪,拐卖妇女、儿童罪,收买被拐卖的妇女、儿童罪,聚众阻碍解救被收买的妇女、儿童罪,诬告陷害罪,强迫职工劳动罪,雇用童工从事危重劳动罪,非法搜查罪,非法侵入住宅罪,侮辱罪,诽谤罪,刑讯逼供罪,暴力取证罪,虐待被监管人罪。

(2) 侵犯公民民主权利的犯罪:煽动民族仇恨、民族歧视罪,出版歧视、侮辱少数民族作品罪,非法剥夺公民宗教信仰自由罪,侵犯少数民族风俗习惯罪,妨害通信自由罪,私自开拆、隐匿、毁弃邮件、电报罪,出售、非法提供公民个人信息罪,非法获取公民个人信息罪,报复陷害罪,打击报复会计、统计人员罪,破坏选举罪。

(3) 妨害婚姻家庭权利的犯罪:暴力干涉婚姻自由罪,重婚罪,破坏军婚罪,虐待罪,遗弃罪,拐骗儿童罪,组织残疾人、儿童乞讨罪,组织未成年人进行违反治安管理活动罪。

四、常见的犯罪

(一) 故意杀人罪

1. 故意杀人罪的概念和特征

故意杀人罪是指故意非法剥夺他人生命的行为。故意杀人罪的主要特征:

（1）侵犯的客体是他人的生命权利。

（2）客观方面表现为行为人非法剥夺他人生命的行为。

（3）犯罪主体为一般主体。凡是达到刑事责任年龄，承担刑事责任的自然人都成为故意杀人罪的犯罪主体。

（4）主观方面表现为故意，包括直接故意和间接故意。

2. 故意杀人罪的处罚

根据《刑法》第232条的规定，犯故意杀人罪的，处死刑、无期徒刑或者10年以上有期徒刑；情节较轻的，处3年以上10年以下有期徒刑。

（二）故意伤害罪

1. 故意伤害罪的概念和特征

故意伤害罪是指故意非法损害他人身体健康的行为。故意伤害罪的主要特征：

（1）侵犯的客体是他人的身体健康权。

（2）客观方面表现为行为人非法地损害他人身体健康的行为。

（3）犯罪主体是一般主体。

（4）主观方面表现为故意，包括直接故意和间接故意。

2. 故意伤害罪的处罚

根据《刑法》第234条的规定，对于犯故意伤害罪的人进行量刑处罚。

（三）强奸罪

1. 强奸罪的概念和特征

强奸罪是指违背妇女的意志，使用暴力、胁迫或者其他手段，强行与其发生性交的行为。强奸罪的主要特征：

（1）侵犯的客体是妇女性的不可侵犯的权利。

（2）客观方面表现为违背妇女的意志，使用暴力、胁迫或者其他手段，强行与其发生性交的行为。

（3）犯罪主体为一般主体。

（4）主观方面表现为直接故意，并且具有奸淫的目的。

2. 强奸罪的处罚

对于犯强奸罪的行为人，《刑法》第236条第1款、第3款规定处以3年以上10年以下有期徒刑，行为恶劣的，处以10年以上有期徒刑、无期徒刑或者死刑。

第十七节 侵犯财产罪

引导案例

某天,张某(19 岁)对王某(18 岁)和李某(17 岁)说有一个富商住在县城的某个旅馆中,可以从富商那里弄些钱来花,随后二人也表示赞同,并在张某的带领下“踩点”,察看路线。某天半夜,李某在旅馆房间外望风,张某、王某二人顺着窗户爬进了富商的房间,将躺在床上睡觉的富商捆绑起来并持刀威胁其不许出声,随即搜遍了富商的全身及其房间的各个角落,但是二人没有发现钱和任何值钱的财物。张某认为一定是富商将钱财全部藏了起来,但因担心在旅馆房间中逗留时间过长可能会被发现,随即将富商带到了附近闲置的房屋中。直到第二天早上 6 点,张某等三人才发现绑的这个人不是富商,而是暂住旅馆的外地打工人员,的确已经身无分文,便将其放回。本案中,三人的行为构成何种犯罪?

一、侵犯财产罪的概念

侵犯财产罪是以非法占有为目的,掠取公私财物,或者故意毁坏公私财物的行为。

二、侵犯财产罪的主要特征

(1) 侵犯的客体是公共财产和公民私人所有财产的所有权。

(2) 客观方面表现为行为人实施掠取公私财物,或者故意毁损公私财物的行为。

(3) 犯罪的主体是一般主体。

(4) 主观方面表现为故意。

三、侵犯财产罪的种类

侵犯财产罪共有 14 种具体犯罪,即抢劫罪、盗窃罪、诈骗罪、抢夺罪、聚众哄抢罪、侵占罪、职务侵占罪、挪用资金罪、挪用公款罪、挪用特定款物罪、敲诈勒索罪、故意毁坏财物罪、破坏生产经营罪,拒不支付劳动报酬罪。

四、常见的犯罪

（一）抢劫罪

1. 抢劫罪的概念和特征

抢劫罪是以非法占有为目的，当场使用暴力、胁迫或者其他方法，强行劫取公私财物的行为。抢劫罪的主要特征：

（1）侵犯的客体是公共财产的所有权和被害人的人身权利。

（2）客观方面表现为行为人实施了当场使用暴力、胁迫或者其他方法，强行劫取公私财物的行为。

（3）犯罪主体为一般主体。

（4）主观方面表现为直接故意，并且具有非法占有公私财物的目的。

2. 抢劫罪的处罚

根据我国《刑法》第263条规定，根据情节对于犯本罪的行为人处3年以上有期徒刑直至死刑的刑罚。

（二）盗窃罪

1. 盗窃罪的概念和特征

盗窃罪是以非法占有为目的，秘密窃取数额较大的公私财物，或者多次秘密窃取公私财物的行为。盗窃罪的主要特征：

（1）侵犯的客体是公私财物的所有权。

（2）客观方面表现为实施了秘密窃取或者多次盗窃公私财物的行为。

（3）犯罪主体是一般主体。

（4）主观方面表现为直接故意，并且具有非法占有的目的。

2. 盗窃罪的处罚

我国《刑法》第264条的规定，对于犯本罪的行为人处以3年以下有期徒刑、拘役或者管制直至死刑的刑罚。

（三）诈骗罪

1. 诈骗罪的概念和特征

诈骗罪是以非法占有为目的，使用虚构事实或者隐瞒真相的方法，骗取数额较大的公私财物的行为。诈骗罪的主要特征：

（1）侵犯的客体是公私财物的所有权。

（2）客观方面表现为行为人以虚构事实或者隐瞒真相的方法，骗取公私财物的行为。

(3)犯罪主体是一般主体。

(4)主观方面表现为故意，并且具有非法占有公私财物的目的。

2. 诈骗罪的处罚

根据诈骗罪行为人的情节，对于犯本罪的行为人处以3年以下有期徒刑、拘役或者管制直至无期徒刑的刑罚。

第十八节　妨害社会管理秩序罪

引导案例

民警李某胞兄涉嫌受贿被逮捕，为使其胞兄免受刑事处罚，李某上门威胁证人蔡某，让其改变原向检察机关所作的证言，并亲自草拟了书面证明材料两份，内容是证明胞兄索要蔡某的欠款财物属私人借贷关系，且均已归还，蔡某无奈在材料上签字，后李某将材料送到检察院，胞兄后被释放。李某的行为应该如何定性？

一、妨害社会管理秩序罪的概念

妨害社会管理秩序罪，是指妨害国家机关对社会的管理活动，破坏社会秩序，情节严重的行为。

二、妨害社会管理秩序罪的特征

妨害社会管理秩序罪具有以下特征：

（1）侵犯的客体是社会管理秩序，即国家机关依法对社会进行管理而形成的正常的社会秩序。

（2）客观方面表现为妨害国家机关对社会的管理活动，破坏社会秩序，情节严重的行为。

（3）多数犯罪的主体只能是自然人，少数犯罪的主体既可以是自然人，也可以是单位（如扰乱无线电通讯管理秩序罪、骗取出境证件罪、倒卖文物罪、破坏环境资源保护罪等），个别罪名则只能由单位实施（采集、供应血液、制作、供应血液制品事故罪）。

（4）绝大多数犯罪在主观方面必须出于故意，只有个别犯罪属于过失犯罪。

三、常见的犯罪

（一）妨害公务罪

1. 妨害公务罪的概念和特征

妨害公务罪，是指以暴力、威胁方法阻碍国家机关工作人员依法执行职务或者以暴力,威胁方法阻碍全国人大和地方各级人大代表依法执行代表职务或者在自然灾害和突发事件中以暴力、威胁方法阻碍红十字会工作人员依法履行职责的行为。妨害公务罪的主要特征是:

(1) 侵犯的客体主要是国家机关包括立法机关、行政机关和司法机关的正常管理活动,犯罪对象则是正在依法执行职务的上述国家机关的工作人员。

(2) 客观方面一般表现为采用暴力或者威胁的方法,阻碍国家机关工作人员依法执行职务、阻碍人民代表依法执行代表职务,或者在自然灾害和突发事件中阻碍红十字会工作人员依法履行职责的行为。

(3) 犯罪主体是一般主体,即必须是已满 16 周岁并且具有辨认和控制自己行为能力的自然人。

(4) 主观方面表现为故意,即行为人明知国家机关工作人员正在依法执行职务,而故意予以阻碍。

2. 妨害公务罪的处罚

根据我国《刑法》第 277 条的规定,犯妨害公务罪的,处 3 年以下有期徒刑、拘役、管制或者罚金,暴力袭击正在依法执行职务的人民警察的,依照第 1 款的规定从重处罚。

(二) 聚众扰乱社会秩序罪

1. 聚众扰乱社会秩序罪的概念和特征

聚众扰乱社会秩序罪,是指聚众扰乱社会秩序,情节严重,致使工作、生产、营业和教学科研无法进行,造成严重损失的行为。聚众扰乱社会秩序罪的主要特征是:

(1) 侵犯的客体是社会公共秩序。

(2) 客观方面表现为聚众扰乱社会秩序,情节严重,致使工作、生产、营业和教学、科研无法进行,造成严重损失的行为。

(3) 犯罪主体是一般主体,凡年满 16 周岁的具有刑事责任能力的自然人都可以成为本罪的主体。

(4) 主观方面表现为故意,即不仅有本人参与扰乱社会秩序的故意,而且还要有纠集他人共同扰乱社会秩序的故意。

2. 聚众扰乱社会秩序罪的处罚

《刑法修正案》(九)将我国《刑法》第 290 条第 1 款的规定修改为:"聚众扰乱社会秩序,情节严重,致使工作、生产、营业和教学、科研、医疗无法进行,造成严重损失的,对首要分子,处 3 年以上 7 年以下有期徒刑;对其他积极参加的,处 3 年以下有期徒刑、拘役、管制或者剥夺政治权利。"增加二款作为第三款、第四款:"多次扰乱国家机关工作秩序,经行政处罚后仍不改正,造成严重后果的,处

3 年以下有期徒刑、拘役或者管制。”“多次组织、资助他人非法聚集，扰乱社会秩序，情节严重的，依照前款的规定处罚。”

（三）寻衅滋事罪

1. 寻衅滋事罪的概念和特征

寻衅滋事罪是在公共场所寻衅滋事，破坏社会秩序，情节恶劣或者后果严重的行为。寻衅滋事罪的主要特征：

（1）侵犯的客体是社会公共秩序。

（2）客观方面表现为实施寻衅滋事、破坏社会秩序的行为。

（3）犯罪主体是一般主体。

（4）主观方面表现为故意，而且一般是出于发泄、耍威风等流氓动机。

2. 寻衅滋事罪的处罚

根据我国《刑法》第 293 条的规定，对于犯本罪的行为人，处 5 年以上 10 年以下有期徒刑、拘役或者管制。

（四）伪证罪

1. 伪证罪的概念和特征

伪证罪是指在刑事诉讼中，证人、鉴定人、记录人、翻译人对与案件有重要关系的情节，故意作虚假的证明、鉴定、记录、翻译，意图陷害他人或者隐匿罪证的行为。伪证罪的主要特征有：

（1）侵犯的客体是国际司法机关的正常活动。

（2）客观方面表现为在刑事诉讼中，证人、鉴定人、记录人、翻译人对与案件有重要关系的情节，故意作虚假的证明、鉴定、记录、翻译，意图陷害他人或者隐匿罪证的行为。

（3）犯罪主体只能是证人、鉴定人、记录人、翻译人员。

（4）主观方面只能是故意。

2. 伪证罪的处罚

根据我国《刑法》第 305 条的规定，对于犯伪证罪的行为人按不同情节进行量刑处罚。

（五）走私、贩卖、运输、制造毒品罪

1. 走私、贩卖、运输、制造毒品罪的概念和特征

走私、贩卖、运输、制造毒品罪指违反国家毒品管制法规，走私、贩卖、运输、制造毒品的行为。走私、贩卖、运输、制造毒品罪的主要特征有：

（1）侵犯的客体是国家对毒品的管制。

（2）客观方面行为人实施了走私、贩卖、运输、制造毒品的行为。

（3）犯罪主体是一般主体。

(4)主观方面表现为故意。

2. 走私、贩卖、运输、制造毒品罪的处罚

根据我国《刑法》第347条、第356条和第357条的规定,犯本罪的行为人按其走私、贩卖、运输、制造毒品的重量、纯度进行量刑处罚,情节严重的,处以死刑。

第十九节　危害国防利益罪

引导案例

村民张某,为了筹集结婚费用,动起了盗窃国防通信线路的念头,先后三次用钢丝钳等工具,偷剪该线路电缆2000余米,价值2万元,销赃后得赃款3000元,致使该线路中断通信3个多小时。张某的行为构成何罪?

一、危害国防利益罪概念

危害国防利益罪是指故意或者过失危害国防利益,依照法律应受刑罚处罚的一类犯罪行为。这类犯罪侵犯的同类客体是国防利益。这是本类犯罪区别于其他犯罪的共同特点。

二、危害国防利益罪特征

(1) 侵犯的客体是国家的国防利益。

(2) 客观方面表现为违反国防管理法规,危害国防利益的行为。

(3) 主观方面一般出于故意,只有过失提供不合格武器装备、军事设施罪才能由过失构成。

(4) 犯罪主体多数为一般主体,只有个别犯罪的主体是特殊主体。如战时拒绝、故意延误军事订货罪只能由单位实施。

三、危害国防利益罪的种类

《刑法》分则第七章用14个条文规定了危害国防利益罪。根据危害国防利益行为构成犯罪的时间是否限于战时,我们将危害国防利益罪分为以下几类:

(1) 不限于战时的危害国防利益罪,即平时和战时都能构成的危害国防利益罪,包括阻碍军人执行职务罪,阻碍军事行动罪,破坏武器装备、军事设施、军事通信罪,过先损坏武器、军事设施、军事通信罪,故意提供不合格武器装备、军事设施罪,过失提供不合格武器装备、军事设施罪,聚众冲击军事禁区罪,聚众扰

乱军事管理区秩序罪，冒充军人招摇撞骗罪，煽动军人逃离部队罪，雇用逃离部队军人罪，接送不合格兵员罪，伪造、变造、买卖、武装部队公文、证件、印章罪，盗窃、抢夺武装部队公文、证件、印章罪，非法生产、买卖武装部队制式服装罪，伪造、盗窃、买卖、非法提供、非法使用武装部队专用标志罪。

（2）限于战时的危害国防利益罪，包括战时拒绝、逃避征召、军事训练罪，战时拒绝、逃避服役罪，战时故意提供虚假敌情罪，战时扰乱军心罪，战时窝藏逃离部队军人罪，战时拒绝、故意延误军事订货罪，战时拒绝军事征用罪。

第二十节　贪污贿赂罪

引导案例

林某在任某市人民医院筹委会副主任期间，向他人提供有关工程承建信息，帮助吴某去的医院医技楼的承建权，并索要5万元。由于吴某资金紧缺，后经商定，吴某按林某的意思写下2张共10万元的借条，约定1年后支付。到案发时，林某未能实际获得财物。对于林某的行为应如何定性？

一、贪污贿赂罪的概念

贪污贿赂罪，是指国家工作人员利用职务上的便利，贪污、挪用、私分公共财物，索取、收受贿赂，破坏公物行为的廉洁性，或者以国家机关、国有单位为对象进行贿赂，收买公务行为的犯罪的总称。

二、贪污贿赂罪的特征

（1）贪污贿赂罪侵犯的客体主要是国家工作人员公务行为的廉洁性，多数犯罪同时也侵犯了公共财产或者国有资产的所有权，少数犯罪如贿赂犯罪则属于典型的权钱交易型犯罪，行为人在中饱私囊、亵渎公务行为的廉洁性的同时，也间接侵犯了公共财产或者他人财产所有权。贪污贿赂罪的本质在于以公权谋取私利，具有渎职性犯罪与贪利性犯罪的双重特点。

（2）贪污贿赂罪在客观方面一般表现为国家工作人员利用职务上的便利，实施贪污、挪用、私分公共财物或者国有资产，收受或者索取贿赂，牟取非法利益，亵渎公务的行为。少数犯罪如行贿罪、介绍贿赂罪，虽然非国家工作人员利用职务之便实施，但是以国家工作人员的公务行为为收买对象，与国家工作人员实施的受贿罪具有对合性或者关联性。本类犯罪在行为形态上多数由作为构成，个别犯罪如隐瞒境外存款罪则由不作为构成，另有个别犯罪如巨额财产来源不明罪则属于持有型犯罪。本类犯罪属于结果犯,只有当行为人实际牟取了非法经济利益,并且数额达到一定标准时,才能构成犯罪。

(3) 贪污贿赂罪中多数犯罪的主体是特殊主体,如贪污罪、受贿罪、挪用公款罪、巨额财产来源不明罪、隐瞒境外存款罪、私分国有资产罪、私分罚没财物罪等,即必须是国家工作人员。少数与受贿具有对向性或者撮合性的犯罪的主体则是一般主体,如行贿罪、对单位行贿罪和介绍贿赂罪即是。大多数犯罪只能由自然人实施,但少数犯罪则只能由单位实施,行贿罪则既可以由自然人实施,也可以由单位实施。就单位来说,则既有纯正的单位犯罪,如私分国有资产罪、私分罚没财物罪,又有不纯正的单位犯罪,如单位行贿罪、单位受贿罪;既有一般的单位犯罪,又有专以单位为主体的单位犯罪。

(4) 本类犯罪在主观方面只能由直接故意构成,行为人一般具有明确的犯罪目的,过失不能构成本罪。

▶三、贪污贿赂罪的种类

我国《刑法》第382条至第396条规定了贪污贿赂罪的具体罪名。包括贪污罪,挪用公款罪,受贿罪,单位受贿罪,利用影响力受贿罪,行贿罪,对单位行贿罪,介绍贿赂罪,单位行贿罪,巨额财产来源不明罪,隐瞒境外存款罪,私分国有资产罪,私分罚没财物罪。

第二十一节　渎　职　罪

引导案例

某晚一歹徒窜入村民夏某家,将其9岁的女儿从床上抱走。夏某拨打"110"报警,"110"指挥中心指令派出所出警。派出所值班民警吴某接到指令后,因与夏某有仇,既未向所里值班领导汇报,也未告知其他值班民警,也没按指令出警。后夏某的女儿被歹徒拐卖至外地。对于吴某的行为,应当如何处理?

▶一、渎职罪的概念

渎职罪,是指国家机关工作人员滥用职权、玩忽职守、徇私舞弊,妨害国家机关的正常活动,致使国家和人民的利益遭受重大损失的行为。

▶二、渎职罪的特征

渎职罪在构成上具有以下特征:

(1) 侵犯的客体是国家机关的正常活动。

（2）犯罪主体为特殊主体，即国家机关工作人员。
（3）客观方面表现为滥用职权、玩忽职守、徇私舞弊的行为。
（4）主观方面多数犯罪由故意构成。

三、渎职罪的种类

我国《刑法》第 397 条至第 419 条规定了渎职罪的具体罪名，即滥用职权罪，玩忽职守罪，故意泄露国家秘密罪，过失泄露国家秘密罪，徇私枉法罪，民事、行政枉法裁判罪，执行判决、裁定滥用职权罪，枉法仲裁罪，私放在押人员罪，失职致使在押人员脱逃罪，徇私舞弊减刑、假释、暂予监外执行罪，徇私舞弊不移交刑事案件罪，滥用管理公司、证券职权罪，徇私舞弊不征、少征税款罪，徇私舞弊发售发票、抵扣税款、出口退税罪，违法提供出口退税凭证罪，国家机关工作人员签订、履行合同失职被骗罪，违法发放林木采伐许可证罪，环境监管失职罪，传染病防治失职罪，非法批准征用、占用土地罪，非法低价出让国有土地使用权罪，放纵走私罪，商检徇私舞弊罪，商检失职罪，动植物检疫徇私舞弊罪，动植物检疫失职罪，放纵制售伪劣商品犯罪行为罪，办理偷越国（边）境人员出入境证件罪，放行偷越国（边）境人员罪，不解救被拐卖、绑架妇女、儿童罪，阻碍解救被拐卖、绑架妇女、儿童罪，帮助犯罪分子逃避处罚罪，招收公务员、学生徇私舞弊罪，失职造成珍贵文物损毁、流失罪。

第二十二节　军人违反职责罪

引导案例

战时，战士小刘因贪生怕死，畏惧战斗，当阵地遭敌人攻击时，躲在掩体内不敢积极还击，其行为构成什么犯罪？

一、军人违反职责罪的概念

军人违反职责罪，是指军人违反职责，危害国家军事利益，依照法律应当受刑罚处罚的行为。

二、军人违反职责罪的特征

军人违反职责罪在构成上具有以下特征：
（1）侵犯的客体是国家军事利益。
（2）客观方面表现为军人违反职责，实施危害国家军事利益的行为。

(3) 犯罪主体为特殊主体,即中华人民共和国的军人。

(4) 主观方面多数表现为故意犯罪、少数表现为过失犯罪。过失泄露军事秘密罪、武器装备肇事罪、遗失武器装备罪等为过失犯罪。

三、军人违反职责罪的种类

根据我国《刑法》第420条至第451条规定了军人违反职责罪的具体罪名,即战时违抗命令罪;隐瞒、谎报军情罪;拒传、假传军令罪;投降罪;战时临阵脱逃罪;擅离、玩忽军事职守罪;指使部属违反职责罪;违令作战消极罪拒不救援友邻部队罪;军人叛逃罪;非法获取军事秘密罪;故意泄露军事秘密罪;过失泄露军事秘密罪;战时造谣惑众罪;战时自伤罪;逃离部队罪;武器装备肇事罪;擅自改变武器装备编配用途罪;;盗窃、抢夺武器装备、军用物资罪;非法出卖、转让武器装备罪;遗弃武器装备罪;遗失武器装备罪;擅自出卖、转让军队房地产罪;虐待部属罪;遗弃伤病军人罪;战时拒不救治伤病军人罪;战时残害居民、掠夺居民财物罪;私放俘虏罪;虐待俘虏罪。

一、思考题

1. 犯罪的基本特征及其相互关系;犯罪的构成要件及其分类。

2. 直接故意与间接故意的界限;间接故意与过于自信过失的界限;过于自信过失与疏忽大意过失的界限;疏忽大意过失与意外事件的界限。

3. 一般累犯的成立条件、特殊累犯的成立条件、累犯的法律后果;一般自首的成立条件、特殊自首的成立条件、立功的成立条件、自首和立功的法律后果;数罪并罚的基本规则;缓刑的适用条件及法律后果。

4. 抢劫罪;抢夺罪;盗窃罪;诈骗罪;敲诈勒索罪;侵占罪;职务侵占罪;故意毁坏财物罪的认定和区分。

二、案例分析

1. 2011年10月12日,甲(25岁)的女友提出要到某地游玩,甲遂找到欠其债务(1万元)的刑警乙提出借枪防身,表示可免除债务。乙将所配公务用枪借给甲,并叮嘱甲小心使用。甲带女友乘公共交通工具前往某地游玩。丙(17周岁)将其二人的旅行包盗走,回家后,发现内有现金1万元,六四式手枪1把,遂将手枪藏于家中,钱挥霍。甲发现枪丢后返回告知乙,乙令甲保密。乙以理由对其单位隐瞒丢枪真相,1个月后,丙带枪在公共场所出没时被民警发现,枪支被缴获。侦查人员丁仅凭警官证对乙家进行搜查,经查乙利用其刑警身份以执行任务、打靶为名领取六四式子弹,目前家中藏匿1000余发子弹。

（1）甲的行为构成何罪？

（2）乙的行为构成何罪？

（3）丙的行为构成何罪？为什么？

（4）甲被公安机关抓获后，又供述自己在1年前与朋友李某抢劫犯罪事实。是否成立自首？

（5）甲曾因盗窃罪被判处有期徒刑1年，2010年11月释放，现因该案被判处有期徒刑2年，在服刑满1年后，确有悔改表现，是否可以假释？为什么？

三、推荐延伸阅读

1. 〔意〕贝卡利亚：《论犯罪与刑罚》，黄风译，中国法制出版社2015年版。
2. 张明楷：《刑法的基本立场》，中国法制出版社2002年版。
3. 张明楷：《刑法的私塾》，北京大学出版社2014年版。
4. 陈兴良：《刑法的启蒙》，法律出版社2007年版。
5. 张军：《刑法纵横谈》，北京大学出版社2008年版。
6. 高铭暄、马克昌主编：《刑法学》（第六版），北京大学出版社2014年版。

第四编　诉　讼　法

第七章　民事诉讼法

教学要求

1. 全面了解《民事诉讼法》的体系、结构，对民事诉讼法学形成一个整体的认识。

2. 掌握民事诉讼法的基本概念、基本理论以及有关的法律制度。具体来说，就是结合我国的民事诉讼立法及司法实践，系统阐述民事诉讼法学的基本理论，使学生通过学习，能全面了解民事诉讼法的原理及学说。

3. 旨在培养和提高学生分析问题和解决问题的能力，对纠纷解决的诉讼实践有较为深刻的认识。

本章概要

本章第一节主要介绍了民事诉讼法的基本概念、基本原则。第二节讲解了民事诉讼法的管辖内容。第三节概括出民事诉讼法的参加人，深化对诉讼行为的理解和学习。第四节阐述诉的基本含义、诉的权利、诉的种类等法律理论。第五节深化民事诉讼行为中证据的概念、种类、时效、保全、交换等内容。第六节深入学习财产保全与先予执行的知识。第七节学习并掌握我国民事诉讼行为中的一审程序、二审程序、审判监督程序。

重要概念

民事诉讼法的概念、原则　民事诉讼管辖概念基本内容　民事诉讼中的参加人的内容　诉的基本含义　证据的概念、种类　财产的保全概念　先予执行的概念　民事诉讼的一审程序含义、二审程序含义、审判监督含义

第一节　民事诉讼法概述

一、民事诉讼与民事诉讼法

（一）民事诉讼的概念

民事诉讼是指人民法院在当事人和其他诉讼参与人的参加下，审理和解决民事权益纠纷以及法律规定的其他事项的活动。广义的民事诉讼包括民事审判程序和民事执行程序；狭义的民事诉讼仅仅指民事审判程序，其中主要包括诉讼程序和非讼程序。诉讼程序是人民法院在当事人以及其他诉讼参与人参加下，审理民事纠纷的程序，它是解决民事纠纷的程序。非讼程序是人民法院审理法律规定的非讼事件的程序，如认定公民为无民事行为能力、限制行为能力，宣告公民失踪、宣告公民死亡的程序等，它不是解决民事纠纷的程序。我国现行的民事诉讼法所规定的民事诉讼程序，是广义的民事诉讼程序。

民事诉讼与其他的诉讼相比具有自身的特点，即在人民法院的主持下，当事人在自愿的基础上可以进行和解。

（二）民事诉讼法的概念

民事诉讼法，是指由国家制定或认可的，用以调整人民法院与当事人及其他诉讼参与人的诉讼活动和诉讼关系的法律规范的总和。

民事诉讼法有狭义和广义之分。狭义的民事诉讼法是指《中华人民共和国民事诉讼法》（以下简称《民事诉讼法》）；广义的民事诉讼法是指除了《民事诉讼法》之外，存在于其他法律、法规和司法解释中有关民事诉讼程序的法律规范的总称。

二、民事诉讼法的基本原则

民事诉讼法基本原则是指贯穿于民事诉讼法和民事诉讼过程中的根本性和指导性规则。

民事诉讼法基本原则分为两大类：一类是各种诉讼法共有的原则；另一类是民事诉讼法特有的原则。现将其特有原则介绍如下：

（一）诉讼权利平等原则

这条原则的基本含义是：在民事诉讼中，法律赋予当事人的权利和地位是平等的。保障诉讼当事人平等地行使诉讼权利，是人民法院的职责。法院在审理民事案件的过程中，应当对双方当事人一视同仁，为当事人行使诉讼权利提供同等机会，并创造必要的条件。

（二）辩论原则

我国《民事诉讼法》第 12 条规定："人民法院审理民事案件时，当事人有权进行辩论。"这是辩论原则的立法依据，辩论原则应该作如下理解：第一，民事诉讼中的辩论，是在人民法院的主持下进行的，参加者是当事人双方及其诉讼代理人；第二，辩论的内容涉及争议的实体性问题和程序性问题；第三，辩论的形式有口头形式和书面形式；第四，辩论权的行使贯穿于整个诉讼过程；第五，人民法院应充分保证当事人行使辩论权，未经法庭辩论和质证的证据不得采纳。

（三）处分原则

处分原则是指当事人在民事诉讼中有权支配自己的决定权和诉讼权利。当事人行使处分权主要表现在以下方面：原告有权提起诉讼，撤回起诉，放弃、变更、诉讼请求；被告有权提出反诉，承认原告的诉讼请求；原、被告可以进行和解，双方对一审判决不服均有上诉权。

（四）调解原则

我国《民事诉讼法》第 9 条规定："人民法院审理民事案件，应当根据自愿和合法的原则进行调解，调解不成功的，应当及时判决。"据此，调节原则的基本含义是：第一，在民事诉讼整个过程中，人民法院都可以主持调解；第二，调解必须坚持自愿、合法原则；第三，调解不成，应及时判决，不应久调不决。当事人达成调节协议的，应当履行，不愿调解、调解不成或反悔的，可以向人民法院起诉。

（五）支持起诉原则

支持起诉原则是指对于损害国家、集体或个人民事权益的行为，国家机关、社会团体、企事业单位可以支持受损害的单位或者个人向人民法院起诉。但适用这一原则，有一定的限制。社会支持起诉的案件只限于侵权案件和追索抚养费、赡养费、扶养费等案件。支持起诉的行为只能在受害人尚未起诉时进行，并且一般仅限于为诉讼外的一些行为，不能以当事人的名义直接参加诉讼。

第二节　民事诉讼管辖

引导案例

张三为杭州市西湖区立平公司法定代表人。自 2003 年起，立平公司就向温州市鹿城区李四所开的恒洋汽配店供油漆。当时合同约定由张三代为托运，发生纠纷时，由原告或被告所在地都能起诉或仲裁。通过杭州市上城区王五所在的飞脚快运公司送货，收货人为李四的表弟钱六（江西景德镇人）运货单上标明"收货人付款"。2005 年 10 月起，李四就开始不支付货款，至今累计 9 万元。张三遂起诉他。张三发现恒洋汽配店并未在工商局登记。在同一地点工商登记上写的是丽亮汽配店。又查,发现丽亮是李四的爱人。

请分析:本案的当事人及管辖?

一、民事诉讼管辖的概念

民事诉讼管辖是指确定上下级人民法院之间和同级人民法院之间受理第一审民事案件的分工和权限。即确定人民法院受理第一审民事案件的权限及起诉人应该向哪个法院提起诉讼。只有当某个民事案件属于人民法院管辖权范围内,该法院才有权受理,拥有管辖权。

二、民事诉讼管辖的种类

我国民事诉讼管辖,一般可分级别管辖、地域管辖、协议管辖、移送管辖和指定管辖。

(一) 级别管辖

级别管辖是指确定各级人民法院之间受理第一审民事案件的分工和权限。级别管辖的特点在于,它是从人民法院系统的纵向方面来划分第一审民事案件的管辖法院。划分级别管辖的标准包括案件影响的大小、案件的性质、各级人民法院工作的繁重程度等。根据《民事诉讼法》的规定我国各级人民法院管辖第一审民事案件的分工为:

(1) 基层人民法院管辖的第一审民事案件:除法律规定由中级人民法院、高级人民法院和最高人民法院管辖的第一审民事案件外,其余的都由基层人民法院管辖。

(2) 中级人民法院管辖的第一审民事案件:第一,重大涉外案件;第二,在本辖区内有重大影响的案件;第三,最高人民法院确定由中级人民法院管辖的案件。此外,争议标的额较大的案件、跨省的案件一般也由中级人民法院管辖。

(3) 高级人民法院管辖的第一审民事案件:在本辖区内有重大影响的民事案件由高级人民法院管辖。

(4) 最高人民法院管辖的第一审民事案件有两类:一是在全国有重大影响的案件;二是认为应当由本院审理的案件。

(二) 地域管辖

地域管辖是指同级人民法院之间在各自区域内受理第一审民事案件的分工和权限。级别管辖是地域管辖的前提,地域管辖是级别管辖的条件,一个具体的案件首先被确定由哪一级人民法院管辖之后,才产生同级不同地人民法院管辖的问题。地域管辖又分一般地域管辖、特殊地域管辖、专属管辖、协议管辖以及共同管辖。

1. 一般地域管辖

一般地域管辖是指按照当事人所在地与人民法院辖区的隶属关系所确定的管辖。该类管辖遵循"原告就被告"的原则,《民事诉讼法》第22条规定:"民事诉讼,由原告住所地人民法院管辖;原告住所地与经常居住地不一致的,由原告经常居住地人民法院管辖。"对法人或者其他组织提起的民事诉讼,由原告住所地人民法院管辖。住所地是指公民的户籍所在地。经常居住地是指公民离开住所地至起诉时已连续居住满1年以上的地方,公民住院就医的除外。

2. 特殊地域管辖

特殊地域管辖是指以诉讼标的所在地、被告住所地与法院辖区之间的关系确定的管辖。特殊地域管辖有以下几种:

(1) 因合同纠纷提起的诉讼,由被告住所地或者合同履行地人民法院管辖。

(2) 因保险合同纠纷提起的诉讼,由被告住所地或者保险标的物所在地人民法院管辖。

(3) 因票据纠纷提起的诉讼,由票据支付地或者被告住所地人民法院管辖。

(4) 因公司设立、确认股东资格、分配利润、解散等纠纷提起的诉讼,由公司住所地人民法院管辖。

(5) 因铁路、公路、水上、航空运输和联合运输合同纠纷提起的诉讼,由运输始发地、目的地或者被告住所地人民法院管辖。

(6) 因侵权行为提起的诉讼,由侵权行为地或者被告住所地人民法院管辖。

(7) 因铁路、公路、水上和航空事故请求损害赔偿提起的诉讼,由事故发生地或者车辆、船舶最先到达地、航空器最先降落地或者被告住所地人民法院管辖。

(8) 因船舶碰撞或者其他海事损害事故请求损害赔偿提起的诉讼,由碰撞发生地、碰撞船舶最先到达地、加害船舶最先到达地、加害船舶被扣留地或者被告住所地人民法院管辖。

(9) 因海难救助费用提起的诉讼,由救助地或者被救助的船舶最先到达地人民法院管辖。

(10) 因共同海损提起的诉讼,由船舶最先到达地、共同海损理算地或者航程终止地的人民法院管辖。

(三) 专属管辖

专属管辖,是指法律对某些具有特殊性质的案件,强制性规定只能由特定的人民法院管辖。根据我国《民事诉讼法》33条的规定,下列案件,属于专属管辖:(1)因不动产纠纷提起的诉讼,由不动产所在地人民法院管辖;(2)因港口作业中发生纠纷提起的诉讼,由港口所在地人民法院管辖;(3)因继承遗产纠纷提起的诉讼,由被继承人死亡时住所地或者主要遗产所在地人民法院管辖。

专属管辖的最大特点在于:属于专属管辖的案件,只能由法律规定的法院管辖,其他法院无权管辖,也不允许当事人以协议的方式变更管辖法院。

(四) 协议管辖

协议管辖,是指双方当事人在纠纷发生之前或纠纷发生之后,通过协商确定案件的管辖法院,又称约定管辖或合意管辖。

法律上设立协议管辖制度的主要目的在于尊重当事人的意愿,根据当事人的意思来确定案件的管辖法院。我国在管辖的确定上采取了以法律的强制性规定为原则,同时又以当事人的协议管辖为补充的做法。

(五) 共同管辖与选择管辖

共同管辖是指法律规定数个人民法院对同一案件拥有管辖权的情形。对这种情形,当事人可以选择其中的一个法院提起诉讼,如原告向其中两个以上法院起诉的,由最先立案的人民法院管辖。

(六) 指定管辖、移送管辖及管辖权异议

移送管辖,是指人民法院受理案件后,发现本院对该案无管辖权,依法将案件移送给有管辖权的法院。移送管辖一般发生在人民法院对案件审理之前,或者当事人提出管辖异议正确的情况下。人民法院发现已受理的案件本院无管辖权时,应当将案件移送给有管辖权的人民法院,受移送的人民法院不能拒绝接受,也不得再自行移送。如果接受移送的法院认为该案不属于本院管辖时,应当报送与移送法院共同的上级人民法院,由该上级人民法院指定管辖。

指定管辖,是指上级人民法院按照法律规定,指定其辖区内的下级人民法院对某一具体案件行使管辖权。指定管辖的发生有两种情况:一是有管辖权的人民法院由于特殊原因不能行使管辖权,由上级人民法院指定管辖。如有管辖权的人民法院的全体审判员应当回避,无法组成合议庭,则由上级法院指定其他下级法院管辖。二是人民法院之间因管辖权发生争议,协商解决不了的,报请它们的共同上级法院指定管辖。

管辖权异议,是指当事人认为受诉人民法院对该案无管辖权,而向受诉人民法院提出的不服该法院管辖的意见和主张。提出管辖权异议必须具备两个条件:(1) 提出管辖权异议的主体只能是本案的被告。(2) 被告提出管辖权异议必须在提交答辩状期间提出,即被告收到人民法院发送的起诉状副本之日起15日内提出。人民法院收到当事人的管辖权异议申请后,经审查,认为异议成立的,应及时裁定,将案件移送给有管辖权的人民法院;认为异议不成立的,应裁定驳回申请。

第三节 民事诉讼参加人

引导案例

王娟与刘英是邻居，一日两人因一点小事发生争吵，随即扭打起来，刘英的母亲听到吵闹声，赶来拉架，反被王娟的女儿推倒。事后，刘英以自己母亲被王娟女儿推倒造成骨折，自己被王娟打成脑震荡为由，要求王娟赔偿损失4000元。

请分析：(1) 在审理过程中，能否将刘英的母亲追加为共同原告，把王娟的女儿追加为共同被告？请说明理由。(2) 能否把刘英的母亲及王娟的女儿追加为第三人？请说明理由。

民事诉讼参加人的内容是民事诉讼法的重要组成部分。没有诉讼参加人参加诉讼，就无法形成民事诉讼。民事诉讼参加人主要包括当事人和民事诉讼代理人。

一、当事人的概念

民事诉讼的当事人是指因民事权利义务关系发生纠纷，以自己的名义进行诉讼，并受人民法院裁判拘束的利害关系人。当事人有广义和狭义之分，狭义的当事人只包括原告和被告，广义的当事人还包括共同诉讼人、诉讼代表人和第三人。在我国，公民、法人和其他组织都可以作为民事诉讼当事人，法人由其法定代表人进行诉讼，其他组织由其主要负责人进行诉讼。

民事主体之间因民事上的权利义务关系发生争执，诉讼到人民法院，则成为民事诉讼当事人。向人民法院提起诉讼的一方，成为民事诉讼的原告；被提起诉讼的一方，成为民事诉讼的被告。原告和被告是民事案件中互相对立的双方，他们与案件有直接的利害关系。人民法院审理民事案件，就是要解决原告与被告之间的纠纷，无论是调解结案还是裁判结案，都对他们有拘束力。

二、共同诉讼人

共同诉讼人是指当事人一方或双方为二人以上的诉讼。共同诉讼中人数为二人以上的一方当事人称为共同诉讼人。其中，原告为二人以上的称为共同原告；被告为二人以上的称为共同被告。共同诉讼人根据其在诉讼中所处的地位而享有原告或被告的诉讼权利。

共同诉讼分为必要的共同诉讼和普通的共同诉讼。

（一）必要的共同诉讼

必要的共同诉讼是指当事人一方或者双方为二人以上，其诉讼标的是同一的共同诉讼。必要的共同诉讼要求当事人必须共同参加诉讼，共同享有权利或者共同承担义务。据此，人民法院应当通知当事人一同起诉或应诉，法院一并审理和判决。

（二）普通的共同诉讼

1. 普通的共同诉讼的概念

普通的共同诉讼是指当事人一方或双方为二人以上，其诉讼标的是同一种类，人民法院认为可以合并审理，当事人也同意合并审理的诉讼。所谓的诉讼标的是同一种类的，是指各个共同诉讼人与对方当事人争议的法律关系相同，即他们各自享有的权利和承担的义务属于同一类型。

2. 普通共同诉讼的条件

普通共同诉讼应具备以下条件：第一，几个当事人具有诉讼标的属同种类的诉讼；第二，几个诉讼必须属于同一个人民法院管辖；第三，几个诉讼的当事人愿意合并审理；第四，人民法院认为将几个诉讼合并审理能够达到提高诉讼效益的目的而同意将几个诉讼合并审理。

人民法院对构成普通共同诉讼的几个诉讼虽然是合并审理，但应当对普通共同诉讼中的每个当事人分别作出判决。

▶三、诉讼代表人

诉讼代表人是指由人数众多的一方当事人推选出来的，代表其利益实施诉讼行为的人。人数众多一般是指 10 人以上，可以选出代表人 2 人至 5 人参加诉讼，每一名代表可以委托 1 人至 2 人为委托代理人。诉讼代表人具有以下特征：(1) 诉讼代表人必须是人数众多一方当事人的成员；(2) 诉讼代表人能够代表全体当事人的共同利益，可能影响其公正履行代表职责的人，不能被推选为代表人；(3) 诉讼代表人必须具备诉讼行为能力。诉讼代表人的诉讼行为对其所代表的全体当事人发生效力，但是，代表人变更、放弃诉讼请求或者承认对方当事人的诉讼请求，进行和解，必须经被代表的当事人同意。

代表人诉讼分为起诉时人数确定的代表人诉讼和起诉时人数不确定的代表人诉讼。

▶四、第三人

（一）第三人的概念

民事诉讼的第三人，是指对原告和被告所争议的诉讼标的有独立的请求，或者虽没有独立的请求权,但案件的处理结果与其有法律上的利害关系,因而参加到已经开始的诉讼中去的人。第三人具有如下特征:(1) 必须是为了维护自己的民事权益,以自己的名义参加诉讼;(2) 必须是他人的诉讼已经开始,但法院尚未作出判决或裁定;(3) 必须对他人的诉讼标的有独立请求权或案件的处理结果同自己有法律上的利害关系。

(二) 第三人的分类

第三人可分为有独立请求权的第三人和无独立请求权的第三人。

(1) 有独立请求权的第三人。是指自己对其他当事人之间的诉讼标的有部分或全部的独立请求权,以独立的实体权利人资格向法院提出诉讼请求而参加诉讼的人。实际上,这是提起了一个不同于原诉的新的诉讼,把原诉的双方当事人都当作被告,而把自己当作原告,这样就形成了两个诉讼的合并审理。

(2) 无独立请求权的第三人。无独立请求权的第三人是指在他人的诉讼开始后,对他人之间的诉讼标的不能独立主张权利,但其与本案的处理结果有法律上的利害关系,为了维护自己的合法权益而参加到诉讼中去的诉讼参加人。

五、诉讼代理人

诉讼代理人,是指根据法律规定或者当事人的委托,以被代理人的名义,在代理权限范围内,进行诉讼活动的人。诉讼代理人分为法定代理人、委托代理人和指定代理人。

(一) 法定代理人

法定代理人,是指依据法律的规定直接行使代理权的人。法律规定,无行为能力人或限制行为能力人由他们的监护人作为法定代理人参加诉讼。法定代理人在诉讼上的行为,视为当事人的诉讼行为,与当事人的行为有同等的法律效力。

(二) 委托代理人

委托代理人,是指受当事人、法定代表人、法定代理人的委托代为诉讼行为的人。在诉讼中,每个当事人可以委托 1 至 2 人作为诉讼代理人参加诉讼。当事人可以委托律师、近亲属、有关的社会团体或者所在单位推荐的人以及经人民法院许可的其他公民作为诉讼代理人。当事人委托他人代为诉讼,必须向人民法院提交由委托人签名或盖章的授权委托书。授权委托书必须记明委托的事项和权限。诉讼代理人代为承认、放弃、变更诉讼请求,进行和解,提起反诉或者上诉,必须有委托人的特别授权。委托代理人在代理权限范围内所为的诉讼行为,视为当事人的行为,对当事人发生法律效力。

(三) 指定代理人

指定代理人,是指无诉讼行为能力的人在没有法定代理人,或虽有法院代理人，但不能行使代理权的情况下，经人民法院指定代理当事人进行诉讼的人。指定代理人的产生是基于人民法院的指定，而非基于当事人的意思表示。指定代理人与法定代理人具有相同的诉讼地位。

第四节 民事诉讼中的诉

一、诉的概念和要素

（一）诉与诉权

诉就是指当事人对发生的纠纷向人民法院提出解决纠纷、保护其实体权益的请求。诉权，是指当事人在其权利受到侵害或与他人发生争执时，请求人民法院审判的权利。它是民事诉讼法意义上的当事人的一项权利。诉权只解决当事人向人民法院提出诉讼请求的根据问题，是联系实体法权利与法院审判权之间的桥梁。诉是联系当事人与人民法院的媒介，是人民法院启动司法程序的直接原因，直接引起诉讼法律关系的发生。诉权是诉存在的前提，诉是诉权的表现形式。

（二）诉的要素

诉的要素，是指构成一个诉所具有的基本要素。通常认为，诉的要素有二：一是诉讼标的；二是诉讼理由。

（1）诉讼标的。诉讼标的是指存在于当事人之间，发生争议并要求人民法院以裁判的形式予以解决的法律关系。

（2）诉讼理由。诉讼理由是指当事人提起诉讼和进行诉讼的事实上和法律上的根据。

二、诉的种类

根据当事人诉讼请求的目的和内容的不同，可以把诉分为确认之诉、给付之诉和变更之诉。

（一）确认之诉

确认之诉是指原告请求法院确认他与被告之间存在或不存在某种法律关系的诉讼。确认之诉的特点是当事人只要求确认当事人之间发生争议法律关系的存在状态，并不直接要求法院判令某种给付。确认之诉所涉及的法律关系具有的突出特点是，双方当事人对该法律关系是否存在有争议。

（二）给付之诉

给付之诉是指原告请求法院判决被告履行一定义务的诉讼。给付之诉的特点是原告要求法院判决被告履行一定的给付义务。该给付义务可能基于一个没有争议的法律关系,也可能基于双方有争议的法律关系。

(三)变更之诉

变更之诉是指原告要求变更或撤销他与被告之间一定法律关系的诉讼。变更之诉的特点是当事人双方对现存的法律关系没有争议,但对是否要变更或如何变更这一法律关系有争议,如解除合同即属于这种情况。

三、诉权与诉讼权利

诉权,是指当事人在其权利受到侵害或与他人发生争执时,请求人民法院审判的权利。诉讼权利主要是指在诉讼中,民事诉讼法律关系主体所享有的程序权利。诉权与诉讼权利的区别主要表现在:两者产生的时间不同,诉权在诉讼之前就存在,是当事人进入人民法院的前提性权利,而诉讼权利主要是在诉讼以后才存在;两者的主体不同,诉权的主体只能是当事人,而诉讼权利的主体既包括当事人也包括其他诉讼参与人;两者的内容不同,诉权是请求法院审判的权利,诉讼权利的内容是广泛的,如向法院提出意见和主张的权利、调查取证的权利、申请回避的权利、上诉的权利、申请再审的权利等。诉权与诉讼权利的联系主要表现在:只有当事人行使诉权以后,民事诉讼法律关系的主体才能够具体地享有和行使诉讼权利,可以说,没有当事人诉权就没有诉讼权利;诉讼权利是诉权的具体的实现手段,诉权是当事人要求法院行使审判权获得司法保护的权利,在民事诉讼过程中,诉讼权利的行使使得诉权的内容得到具体的实现。

四、反诉

反诉是指本诉的被告以本诉的原告为被告,就与本诉有联系的事由,向本诉中的原告提出独立的诉讼请求,要求人民法院将本诉与反诉一并审理。我国《民事诉讼法》第 51 条规定,被告有权提起反诉。反诉的特点是以本诉为前提,反诉的原告是本诉的被告,反诉的被告是本诉的原告,反诉的事项必须是与本案有关。

五、诉讼费用

诉讼费用是指民事诉讼当事人向人民法院交纳的法定费用。诉讼费用应由原告预交,但被告提出反诉以及第三人提出与本诉有关的诉讼请求时,也应预交有关的诉讼费用。

诉讼费用包括案件受理费和其他诉讼费用(如勘验费、鉴定费、公告费、翻译费等)。非财产案件只交纳案件受理费,财产案件除交纳案件受理费外,还应交纳其他诉讼费用。

当事人交纳诉讼费用确有困难的,可以按照规定向人民法院申请缓交、减交或者免交,缓交、减交、免交诉讼费用,仅适用自然人,不适用法人与其他经济组织。

当事人应当交纳的诉讼费用,最后由谁负担,人民法院应当在判决书中予以确定。一般是由败诉一方或者进行不当的诉讼行为者负担。

第五节　民事诉讼证据

引导案例

2011 年 10 月 15 日,原告李某与被告电子学校、电子公司签订了一份《培训合同》。合同附件《招生简章》约定:原告李某交付 2 万元学费,参加电子学校主办、电子公司协办的技术培训班,原告李某接受培训的期限为 2 年零 2 个月,其中,第 1—9 个月在校学习,第 9—14 个月在维修公司实操,第 14—26 个月在公司实操培训 1 年,实操培训期间在维修公司见习,享受公司员工同等待遇,保证原告李某 4 个月至 1 年的收入可收回全部学费 2 万元,不足部分由公司补够。合同签订后,原告李某即依约交付了学费 2 万元,并进校接受培训,完成了 14 个月的在校、公司的(理论和实践)学习阶段和 12 个月的实操培训阶段。原告李某在实操培训阶段共收取了工资 3000 元。2013 年 3 月 13 日,电子公司发出《通知》将原告李某调到电子公司的分公司工作,从同年 3 月开始至实操培训阶段结束(以培训合同签署日期为准),其薪酬按每月 1200 元保底计算等。同年 8 月 12 日,电子公司又发出《通知》,内容为公司和学校对下岗维修师、实习生进行分流安置推荐单位,要求下岗维修师、实习生报名,逾期报名或不报名者,公司和学校不推荐就业,实行无薪放假 1 年的安排等。基于上述情况,原告李某认为电子学校、电子公司不能兑现培训合同中的承诺,构成违约,要求两被告返还 2 万元,双方因此发生纠纷。原告李某诉至法院。

请分析:(1) 该案中哪些证据对原告有利?(2) 该案的证据是书证还是物证?(3) 原、被告的证明责任如何分配?

一、证据的概念和种类

(一) 民事诉讼证据的概念

民事诉讼证据,是指能够证明案件真实情况的客观事实,是当事人用来证明诉讼请求或答辩的主要手段。证据必须经过查证属实,才能作为认定案件事实的根据。

(二) 民事诉讼证据的种类

根据我国《民事诉讼法》的规定,民事诉讼证据有以下八种:

1. 当事人陈述

当事人陈述是指当事人在诉讼过程中向人民法院所作的有关案件事实的叙述。当事人陈述的内容包括两个方面:一是对诉讼请求的根据进行的叙述和说明;二是对对方当事人的主张所作的承认和否认。

2. 书证

书证是指以文字、符号、图案等所记录或表示的内容证明案件事实的书面材料。书证的根本特点在于,它以其思想内容来证明案件事实,这种思想内容由记载于一定物品上的文字、符号、图形所表达。如各种合同文本、各种单据、票据、账本、信函等。

3. 物证

物证是指以自己的存在或外部形态、质量、特征等证明案件事实的物品。如买卖合同纠纷中质量有争议的标的物,专利侵权案件中的专利产品等。

4. 视听资料

视听资料是指以录音、录像等方法记录下来的音响或图像,或以电子计算机储存的数据和资料来证明案件事实的证据。视听资料包括录音带、录像带、电话录音、传真资料、电子计算机贮存的数据和资料等。

5. 电子数据

电子数据是指基于计算机应用、通信和现代管理技术等电子化技术手段形成包括文字、图形符号、数字、字母等的客观资料。

6. 证人证言

证人证言是指了解案件真实情况,被人民法院传唤出庭作证的人向法庭就案情所作的陈述。依照法律规定,凡是知道案件情况的人都有义务出庭作证。证人确有困难不能出庭的,经人民法院许可,可以提交书面证言。不能正确表达意志的人,不能作证。

7. 鉴定意见

鉴定意见是指人民法院将案件涉及的某些专门性或技术性问题,交由指定的具有专门知识的人进行调查、鉴别和判断所得出的结论。鉴定通常有文书鉴定、会计鉴定、技术鉴定、医疗鉴定、产品质量鉴定等。

8. 勘验笔录

勘验笔录是指人民法院的审判人员为查明案件事实,对有争议的现场或物品进行检验、勘测、检查时所作的文字记录。勘验物证或现场,勘验人必须出示人民法院的证件,并邀请有关单位参加,勘验笔录由勘验人、当事人和被邀请参加的见证人签名或盖章。

二、举证责任

举证责任是指当事人对自己提出的主张,有提供证据并加以证明的责任。

(一) 举证责任的负担

我国《民事诉讼法》第 64 条规定:“当事人对自己提出的主张,有责任提供证据。”这说明我国法律规定的证据规则是:“谁主张,谁举证。”无论是原告、被告、共同诉讼人、诉讼代表人,还是有独立请求权的第三人,都有责任对自己的主张提供证据加以证明。只有法律规定无须证明的事实,当事人方可不负举证责任。

(二) 举证责任的倒置

根据最高人民法院的有关司法解释,对于下列特殊侵权案件,对原告提出的侵权事实,被告否认的,由被告负举证责任:(1) 因产品制造方法发明专利引起的专利侵权诉讼;(2) 高度危险作业致人损害的侵权诉讼;(3) 因环境污染引起的损害赔偿的诉讼;(4) 建筑物或者其他设施以及建筑物上的搁置物、悬挂物发生倒塌、脱落、坠落致人损害的侵权诉讼;(5) 饲养动物致人损害的侵权诉讼;(6) 有关法律规定的由被告承担举证责任的。

三、举证期限

举证期限指当事人应当在法律规定或者法院指定的期限内向人民法院提交证据材料,否则将产生证据失效的法律后果的制度。

根据最高人民法院的《关于民事诉讼证据的若干规定》,人民法院在送达案件受理通知和应诉通知的同时,应明确指定举证期限,该期限不得少于 30 日。当事人应当在法院指定的期限内提交证据材料,如果在举证期限内提交证据材料有困难的,可以在举证期限内申请延期举证。当事人既未申请延期举证,又未在法院指定的期限内提交证据材料的,视为放弃举证权利。对于当事人逾期提交的证据材料,人民法院将不组织质证,但对方当事人同意质证的除外。

另外,当事人增加、变更诉讼请求或者提起反诉的,也应当在举证期限届满前提出。

当事人在一审程序中提供的新证据的,应当在一审开庭前或者开庭审理时提出。当事人在二审程序中提供新证据的,应当在二审开庭前或者开庭审理时提出;二审不需要开庭审理的,应当在人民法院指定的期限内提出。当事人在再审程序中提供新证据的,应当在申请再审时提出。此外,当事人经法院准许延期举证，但因客观原因未能在准许的期限内提供，且不审理该证据可能导致裁判明显不公的，其提供的证据也可视为新的证据。

四、人民法院调查收集证据

在民事诉讼中，举证责任由当事人承担并不意味着人民法院绝对不调查收集证据。根据最高人民法院的《关于民事诉讼证据的若干规定》，由人民法院调查收集证据的情况有两种：

（一）人民法院依职权调查收集证据

在民事诉讼中，由人民法院依职权调查收集证据，指以下两种情况：

（1）涉及可能有损害国家利益、社会公共利益或者他人合法权益的事实；

（2）涉及依职权追加当事人、中止诉讼、终结诉讼、回避等与实体争议无关的程序事项。

（二）人民法院依当事人申请调查收集证据

在民事诉讼中，人民法院调查收集证据，主要是当事人及其诉讼代理人因客观原因不能自行收集证据，请求人民法院予以救济的。这种证据有 3 种：

（1）证据属于国家有关部门保存并须人民法院依职权调取的档案材料；

（2）涉及国家秘密、商业秘密、个人隐私的材料；

（3）当事人及其诉讼代理人确因客观原因不能自行收集的其他材料。

当事人请求人民法院调查收集证据，应当提出申请，而且不得迟于举证期限届满前 7 日。

鉴定也是取得证据的手段之一。当事人申请鉴定，应当在举证期限内提出。鉴定机构和鉴定人员由双方当事人协商确定；协商不成的，由人民法院指定。当事人申请重新鉴定，应当提出证据证明鉴定结论有以下情形之一：

（1）鉴定机构或者鉴定人员不具有相关鉴定资格的；

（2）鉴定程序严重违法的；

（3）鉴定结论明显证据不足的；

（4）经过质证认定不能作为证据使用的其他情形。如果鉴定结论仅仅是有缺陷，可以通过补充鉴定、重新质证或者补充质证等方法解决的，则不予重新鉴定。

人民法院依照当事人申请调查收集的证据，应当作为提出申请的一方当事人提供的证据。

五、证据保全

证据保全，指人民法院根据当事人的申请，对民事争议的有关证据予以提取、保存或者封存的一种措施。

（一）证据保全的条件

证据保全应当符合以下条件：

（1）情况紧急，如果不及时采取保全措施，证据便可能灭失或者难以取得；

（2）请求保全的证据对当事人的请求具有证明作用；

（3）申请保全的人是民事争议的当事人。

（二）证据保全的程序

证据保全有起诉前的，也有诉讼中的。

诉讼中的证据保全由受诉法院管辖，一般由当事人提出申请而开始，是否需要担保由受诉法院决定。

六、证据交换

证据交换，指人民法院对于证据较多或者复杂疑难的案件，在开庭审理前，为整理争点、固定争点和证据而采取的一种措施。

（一）交换证据的范围

在民事诉讼中，需要交换证据的，仅限证据较多或者复杂疑难的案件。原因是这类案件仅仅通过当事人限期举证尚不能达到明确争点、固定证据的效果，无法进入庭审程序。只有进一步通过交换证据，才能把案件的争执焦点整理出来，把证据固定下来。至于证据不多或者案情简单的案件，由于争执焦点比较明确，仅仅通过限期举证便可以完成固定争点和证据的任务，自然不需要再组织交换证据。

（二）证据交换的时间

根据最高人民法院《关于民事诉讼证据的若干规定》，交换证据的时间可以由人民法院指定，也可以经双方当事人商议之后再经人民法院认可。证据交换是举证时限的组成部分，因此证据交换之日便是举证时限届满的时间。

（三）证据交换的程序和效力

根据最高人民法院《关于民事诉讼证据的若干规定》，证据交换是在审判人员的主持下进行的。主持证据交换的审判人员，可以是合议庭的组成人员，也可以是合议庭之外的审判人员或者书记员。

在交换证据的过程中，一方当事人收到对方当事人的证据后提出新证据予以反驳的，人民法院应当准许对方当事人就反驳证据再次举证反驳，即再次组织证据交换。

证据交换一般不超过两次。但重大、疑难和案情特别复杂的案件，人民法院如果认为确有必要再次进行证据交换的，也可以不受两次的限制。

七、质证和认证

（一）质证

质证，指双方当事人对法庭上出示的证据材料，用辨认、审核、质疑、说明等形式进行对质核实，以便人民法院确认其证据资格和证明力大小的诉讼活动。

（1）质证的主体。质证的主体是当事人及其诉讼代理人。人民法院只是质证活动的组织者和指挥者，其在质证活动中的主要任务是听证。

（2）质证的对象。质证的对象是法庭上出示的各种证据材料，既包括当事人提供的，也包括人民法院依职权收集的。人民法院依照当事人申请调查收集的证据，作为提出申请的一方当事人提供的证据。

（3）质证的内容。当事人的质证活动应当围绕证据的真实性、关联性、合法性，并针对证据有无证明力和证明力大小进行。根据最高人民法院的《关于民事诉讼证据的若干规定》，质证时，证人、鉴定人和勘验人均应出庭接受当事人的质询，回答当事人和审判人员的询问。为了确保当事人的合法权益能够得到司法保护，质证前，当事人可以向人民法院申请由1—2名具有专门知识的人员出庭就案件的专门性问题进行说明。人民法院准许其申请的，有关费用由提出申请的当事人负担。质证时，审判人员和当事人可以对出庭的具有专门知识的人员进行询问，双方当事人各自聘请的有专门知识的人员可以就案件的有关问题进行质证。

（4）质证的顺序。质证按下列顺序进行：

第一，原告出示证据，被告、第三人与原告进行质证；

第二，被告出示证据，原告、第三人与被告进行质证；

第三，第三人出示证据，原告、被告与第三人进行质证。

（二）认证

认证，指对经过法庭质证的证据材料，由审判人员进行分析研究，确认其证据资格和证明力大小的审判活动。

认证是在举证和质证的基础上进行的，是举证和质证目的的实现，是人民法院对案件事实作出认定的基础。认证的主体是案件的审判人员。

在认证的具体操作中，应当掌握以下认证规则：

（1）以侵害他人合法权益或者违反法律禁止性规定的方法取得的证据，不能作为认定案件事实的依据。

（2）未成年人所作的与其年龄和智力状况不相当的证言，与一方当事人或者其代理人有利害关系的证人出具的证言，存有疑点的视听资料，无法与原件、原物核对的复印件、复制品，无正当理由未出庭作证的证人证言，不能单独作为认定案件事实的依据。只有当事人本人的陈述而没有其他相关证据的,其主张不予支持,但对方当事人认可的除外。

(3) 在诉讼中,当事人为达成调解协议或者和解的目的作出妥协所涉及的对案件事实的认可不得在其后的诉讼中作为对其不利的证据。

(4) 有证据证明一方当事人持有证据无正当理由拒不提供,如果对方当事人主张该证据的内容不利于证据持有人,可以推定该主张成立。

(5) 一方当事人提出的下列证据,对方当事人提出异议但没有足以反驳的相反证据的,人民法院应当确认其证明力:

第一,书证原件或者与书证原件核对无误的复印件、照片、副本、节录本;

第二,物证原物或者与物证原物核对无误的复制件、照片、录像资料等;

第三,有其他证据佐证并以合法手段取得的、无疑点的视听资料或者与视听资料核对无误的复制件;

第四,一方当事人申请人民法院依照法定程序制作的对物证或者现场的勘验笔录。

(6) 人民法院委托鉴定部门作出的鉴定意见,当事人没有足以反驳的相反证据和理由的,可以认定其证明力。一方当事人提出的证据,另一方当事人认可或者提出的相反证据不足以反驳的,人民法院可以确认其证明力。一方当事人提出的证据,另一方当事人有异议并提出反驳证据,对方当事人对反驳证据认可的,可以确认反驳证据的证明力。

(7) 当事人在起诉状、答辩状、陈述及其委托代理人的代理词中承认的对己方不利的事实和认可的证据,人民法院应当予以确认,但当事人反悔并有相反证据足以推翻的除外。

第六节 财产保全与先予执行

引导案例

2009年8月8日,河南省A县甲公司与河北省B县乙公司签订了一份《水泥购销售合同》,合同约定由甲公司向乙公司供应300吨优质水泥,乙公司在货到后付款。甲公司依约于同年9月20日将货全部发给了乙公司,但乙公司收到水泥后屡次拖延付款。甲公司后来派人直接到乙公司要货款,发现乙公司原来是一家濒临倒闭的公司,已没有什么财产。乙公司的总经理也称自己公司已没有任何财产,不能偿还甲公司的货款。后来甲公司在浙江省杭州市的业务友好单位丙公司告诉甲公司:乙公司在杭州市C区有一批即将出售的水泥,约150吨,甲公司遂准备申请诉前财产保全。

请分析:(1) 甲公司诉前财产保全向哪个人民法院申请? 其依据何在? (2) 人民法院如果接受保全申请应当在什么期限内作出裁定? 在什么期限内执行? (3) 人民法院采取保全措施后依据申请人的起诉,对保全有撤销权吗? 乙公司若因甲公司在法定期间内没有起诉而遭受了财产损失,乙公司应向哪个人民法院起诉?

一、财产保全

(一) 财产保全的概念和种类

财产保全,是指人民法院根据利害关系人或当事人的申请,或者在必要时依职权对当事人的财产采取的限制其处分的强制性措施。

民事诉讼的财产保全有以下两种情况:

1. 诉讼财产保全

诉讼财产保全,是指在民事诉讼过程中,人民法院根据当事人的申请或依职权,对当事人争执的标的物或财产所采取的强制性措施。适用诉讼财产保全,应当具备一定的条件:(1) 必须是具有财产给付内容的案件。即适用于给付之诉,对确认之诉和变更之诉一般不能适用财产保全。(2) 必须是由于一方当事人的行为或者其他原因,有可能使判决将来不能执行或难以执行。所谓一方当事人的行为,是指一方当事人可能将争议的标的物出卖、转移、隐匿、损毁、挥霍或者将自己的资金抽走、动产带出国外等行为。所谓其他原因,主要是指由于客观上的原因使争议的标的物无法保存,如不宜长期保存的物品可能变质、腐烂等。(3) 根据一方当事人的申请,必要时,人民法院也可以依职权采取保全措施。

当事人的申请符合上述条件的,人民法院应当裁定采取财产保全措施;也可以在责令申请人提供担保后,采取财产保全措施。对于情况紧急的,人民法院还应当在接受申请后 48 小时之内作出裁定,并开始执行。

2. 诉前财产保全

诉前财产保全,是指在起诉前,人民法院根据利害关系人的申请,对被申请人的财产采取的强制性措施。适用诉前财产保全,应当具备以下条件:(1) 发生了财产权益争议。(2) 利害关系人的合法权益可能受到难以弥补的损害。这种损害既可能因对方当事人的行为所引起,也可能因其他原因而引起。(3) 情况紧急,不能立即提起诉讼。(4) 必须由利害关系向人民法院提出申请并提供可靠的担保。

人民法院接受利害关系人的申请后,应当在 48 小时之内进行审查,并作出裁定。对于不符合条件的申请,裁定驳回;对于符合条件的申请,裁定采取保全措施,并立即开始执行。

申请人在人民法院采取保全措施后15日内,可以向有管辖权的人民法院起诉。申请人在人民法院采取保全措施后15日内不起诉的,采取财产保全的法院应当解除财产保全。

（二）财产保全的范围和措施

财产保全的范围,限于申请人请求的范围,或者与本案有关的财物。保全财产的价值相当于权利请求或诉讼请求的价值或金额,不能大于权利请求或诉讼请求的价值或金额。

人民法院对需要保全的财物,应当视案件的不同情况采取查封、扣押、冻结或者法律规定的其他方法。财产已被查封、冻结的,其他单位或其他人民法院不得重复查封、冻结。人民法院对抵押物、留置物可以采取财产保全措施,但抵押权人和留置权人有优先受偿权。对第三人有到期债权的,人民法院可依申请人的申请裁定该第三人不得对被申请人清偿,第三人要求清偿的,可以向人民法院提存财物或价款。

在人民法院采取保全措施后,如果被申请人提供了担保,人民法院应当解除财产保全。申请财产保全有错误的,申请人应当赔偿被申请人因财产保全所遭受的财产损失。在人民法院作出财产保全的裁定后,当事人对裁定不服的,可以申请复议一次。复议期间,不停止裁定的执行。

二、先予执行

先予执行,是指人民法院在对某些案件作出判决以前,根据一方当事人的申请,责令对方当事人预先履行义务的一种临时性措施。先予执行的适用必须具备一定的条件:(1) 当事人之间的权利义务关系明确,申请人是权利人,被申请人是法律上的义务承担者;(2) 不先予执行将严重影响申请人的生活和生产经营;(3) 被申请人有履行能力;(4) 必须由申请人向人民法院提出申请。人民法院接受申请后,应当进行审查,符合条件的,裁定先予执行;不符合条件的,裁定驳回申请。当事人对先予执行的裁定不服的,可以向作出裁定的法院申请复议一次。复议期间,不停止裁定的执行。人民法院对当事人的先予执行申请,在裁定作出之前,还可以责令申请人提供担保,申请人不提供担保的,驳回申请,不裁定先予执行。

在民事诉讼实践中,先予执行适用的案件范围主要有:(1) 追索赡养费、抚养费、抚育费、抚恤金、医疗费用的案件;(2) 追索劳动报酬的案件;(3) 因情况紧急需要先予执行的,如需要立即停止侵害、排除妨碍的,需要立即制止某项行为等。

人民法院裁定先予执行后,经审理,申请人胜诉的,人民法院应当在判决中载明先予执行的情况，并在被申请人应支付的总额中扣除预先支付的数额；申请人败诉的，申请人应当将因先予执行取得的财产返还给申请人，被申请人因先予执行遭受损失的，应由申请人赔偿。

第七节　民事诉讼程序

引导案例

甲于2006年5月向某县人民法院起诉，请求法院判决确认被乙抢占的北房3间归自己所有，并判令被告搬走，经审理，原告甲拿不出证据，被告乙坚决否认，但也拿不出证据，人民法院收集不到证据，房屋所有权处于不明状态，县法院于8月5日作出判决，驳回原告的诉讼请求，同月15日送达判决书，同月24日原告甲找到了该房在土改时的所有权证书，当即送交县法院，要求改判，县法院经审查，认为证据确凿，原判确有错误，即由院长提交审判委员会讨论，决定再审，8月30日县法院再审判决，判决甲胜诉，送达书后，双方均表示无异议。

请分析：某县法院的做法是否符合有关程序？为什么？

民事诉讼程序包括审判程序和执行程序，审判程序又有第一审普通程序、简易程序、第二审程序、特别程序、审判监督程序和其他审判程序。

一、第一审普通程序

第一审普通程序是人民法院审理第一审民事案件通常所适用的程序。它是审判程序中最基本、最完备的程序，民事诉讼法的基本原则和制度在普通程序中得以最充分的体现。因此，第一审普通程序是整个民事审判程序的基础。第一审普通程序可分为起诉和受理、审理前的准备、开庭审理等阶段。

（一）起诉和受理

起诉是指公民、法人和其他组织认为自己的民事权益受到侵害或与他人发生争议，以自己的名义请求人民法院通过审判予以法律保护的诉讼行为。起诉必须符合以下四个条件：(1) 原告是与本案有直接利害关系的公民、法人和其他组织；(2) 有明确的被告；(3) 有具体的诉讼请求和事实、理由；(4) 属于人民法院受理民事诉讼的范围和受诉人民法院管辖。

原告起诉的方式有两种：书面形式和口头形式。一般情况下，起诉应当向人民法院递交起诉状，并按照被告人数提交副本。书写起诉状确有困难的，才可以口头起诉，由人民法院记入笔录，并告知对方当事人。

受理是指人民法院对当事人的起诉经审查后，认为符合法定条件的，决定立案审理,从而引起诉讼程序开始的诉讼行为。起诉是当事人的诉讼行为,受理是人民法院的诉讼行为,任何一个具体民事诉讼程序的开始,都是这两个诉讼行为的结合。

人民法院收到起诉状或者口头起诉,经审查,认为符合起诉条件的,应当在7日内立案,并通知当事人;认为不符合起诉条件的,应当在7日内裁定不予受理。原告对裁定不服的,可以提起上诉。

(二)审理前的准备

审理前的准备是普通程序中的一个法定阶段,其主要目的在于保证开庭审理的顺利进行。

人民法院应当在立案之日起5日内将起诉状副本发送被告。被告在收到之日起15日内提出答辩状。被告提出答辩状的,人民法院应当在收到之日起5日内将答辩状副本发送原告;经合法送达而被告不提出答辩状的,不影响人民法院审理。

在开庭审判前,审判人员必须认真审核诉讼材料,调查收集必要的证据。人民法院在必要时可以委托外地人民法院调查。

(三)开庭审理

开庭审理是民事诉讼程序的重要阶段,也是人民法院查明案件事实,分清是非责任,正确适用法律,解决当事人之间的民事权利义务争议的一项重要的诉讼活动。

开庭审理的方式有两种,即公开审理和不公开审理。公开审理是开庭审理的基本方式,除涉及国家机密、个人隐私或者法律另有规定的以外,应当公开审理。离婚案件、涉及商业秘密的案件,当事人申请不公开审理的,可以不公开审理。

开庭审理的步骤是:

1. 开庭前的准备

其中包括:开庭3日前通知当事人和其他诉讼参与人;公告当事人的姓名、案由、开庭的时间和地点;查明当事人及其他诉讼参与人是否到庭,宣布法庭纪律;审判长核对当事人,宣布案由,宣布审判人员、书记员名单,告知当事人有关的诉讼权利和义务;询问当事人是否申请回避等。

2. 法庭调查

法庭调查的任务是听取当事人的陈述及核实证据,全面查清案情。法庭调查的事项有:(1)当事人分别陈述诉讼请求及其理由;(2)审判长根据当事人分别陈述的诉讼请求归纳案件争议焦点,或者法庭调查重点,并征求当事人意见;(3)当事人各自举证及互相质证;(4)法院出示其依职权调查收集的证据及当事人质证;(5) 审判人员认证及就法庭调查的事实和当事人争议的问题归纳总结。

3. 法庭辩论

法庭辩论是双方当事人为维护自己的请求和反驳对方的主张,在法庭调查的基础上互相进行辩论的诉讼活动。法庭调查的顺序是:(1) 原告及其诉讼代理人发言;(2) 被告及其诉讼代理人答辩;(3) 第三人及其诉讼代理人发言或答辩;(4) 互相辩论。法庭辩论终结,由审判长按照原告、被告、第三人的先后顺序征询各方的最后意见。如有调解的,审判长还可以再次组织双方当事人进行调解。调解达成协议的,应制作调解书,并终结诉讼。调解不成的,依法判决。

4. 评议和宣判

法庭辩论终结后,除达成调解协议的外,由审判长宣布休庭,合议庭成员进行评议,合议庭评议案件实行少数服从多数原则。合议庭评议结束后,应制作判决书。人民法院宣告判决,一律公开进行。当庭宣判的,应当在 10 日内将判决书发送当事人;定期宣判的,宣判后立即将判决书发送当事人。宣告判决时,必须告知当事人上诉权利、上诉期限和上诉法庭。

5. 审结期限

人民法院适用普通程序审理的案件,应当在立案之日起 6 个月内审结。有特殊情况需要延长的,由本院院长批准,可以延长 6 个月。如果在延长的 6 个月内仍不能审结,还需要延长的,报请上级人民法院批准。

▶二、简易程序

(一) 简易程序的概念

简易程序是我国基层人民法院及其派出法庭审理简单的民事案件所适用的程序。简易程序是与普通程序并存的独立的第一审程序之一。虽然内容上简易程序比普通程序简化,但它并不是普通程序的辅助性程序,它有自己的适用范围。

(二) 简易程序的适用范围

只有基层人民法院和它的派出法庭可以适用简易程序,中级以上人民法院审理第一审民事案件都不得适用简易程序。

适用简易程序的民事案件,仅限于事实清楚、权利义务关系明确、争议不大的简单民事案件。根据最高人民法院的司法解释,在把握简易程序的适用范围时,必须注意以下几个问题:第一,起诉时被告一方下落不明的案件,不得适用简易程序。第二,已经按照简易程序审理的案件,在审理过程中发现案情复杂,需要转为普通程序的,可以转为普通程序,由合议庭进行审理;但已经按照普通程序审理的案件,在审理过程中无论情况是否发生了变化,都不得改变简易程序。

第三,发回重审和按照审判监督程序再审的案件,不得适用简易程序审理。

(三) 简易程序的特点

(1) 起诉方式简便。简单的民事案件可以口头起诉,人民法院对口头起诉进行审查并进行记录,以适当的方式通知对方当事人。

(2) 受理案件的程序简便。简单的民事案件当事人可以双方同时到人民法院或其派出法庭,请求解决纠纷。受诉的法院或法庭可以即时审查、当即受理并予以审理,也可以另定审理日期。

(3) 传唤或通知当事人或其他诉讼参与人的方式简便。人民法院审理简单的民事案件可以用简便的方式通知当事人到庭,如电话通知、托人捎信等。传唤的时间也不受普通程序所规定的时间限制。

(4) 实行独任制。按照简易程序审理的简单民事案件,由审判员一人独任审理,书记员担任记录,但不得由审判员自审自记。

(5) 审判程序简便。根据《民事诉讼法》的规定,适用简易程序审理的案件,可以不受《民事诉讼法》第 136、138、141 条规定的限制。即不受普通程序规定的法庭审理阶段的顺序限制。

(6) 审结期限较短。人民法院适用简易程序审理案件,应当在立案之日起 3 个月内审结。

三、第二审程序

第二审程序又称上诉审程序,是指当事人不服第一审人民法院未生效的裁判,在法定期限内向上一级人民法院提起上诉,上一级人民法院对案件进行审理所适用的程序。第二审程序是民事诉讼程序的重要组成部分。

(一) 上诉的提起和受理

上诉的提起,必须具备一定的条件:(1) 必须是依法允许上诉的裁判。即地方各级人民法院按照第一审程序所作的未生效的判决和部分裁定。可以上诉的裁定有不予受理、驳回起诉及管辖权异议的裁定三种。(2) 必须有合格的上诉人和被上诉人。即第一审程序中的原告、被告、共同诉讼人、诉讼代表人、有独立请求权的第三人和人民法院判决承担实体义务的无独立请求权的第三人。(3) 必须在法定的期限内提出上诉。不服第一审判决的上诉期限为 15 日,不服第一审裁定的上诉期限为 10 日。(4) 必须递交上诉状。上诉状的内容包括:当事人的姓名,法人的名称及其法定代表人的姓名或者其他组织的名称及其主要负责人的姓名;原审人民法院的名称、案由和案件的编号;上诉的请求和理由。

当事人提起上诉,原则上应通过原审人民法院提交上诉状,并按照对方当事人的人数提出副本。当事人不愿意通过原审人民法院提出上诉的,也可以将上诉状直接送交上一级人民法院。

（二）上诉案件的审理

第二审人民法院审理上诉案件一律采取合议制，开庭审理。审理时应当对上诉请求的有关事实和适用法律进行审查。审理中可以进行调解，达成协议的应当制作调解书，调解书送达后，原审人民法院的判决即视为撤销。合议庭认为不需要开庭审理的也可以径行判决、裁定。

第二审人民法院对上诉案件经过审理，按照下列情形分别处理：（1）原判决、裁定认定事实清楚，适用法律正确的，以判决、裁定方式驳回上诉，维持原判决、裁定；（2）原判决、裁定认定事实错误或者适用法律错误的，以判决、裁定方式依法改判、撤销或者变更；（3）原判决认定基本事实不清的，裁定撤销原判决，发回原审人民法院重审，或者查清事实后改判；（4）原判决遗漏当事人或者违法缺席判决等严重违反法定程序的，裁定撤销原判决，发回原审人民法院重审。原审人民法院对发回重审的案件作出判断后，当事人提起上诉的，第二审人民法院不得再次发回重审。第二审人民法院的判决、裁定，是终审的判决、裁定。

人民法院审理对判决的上诉案件，应当在第二审立案之日起 3 个月内审结。有特殊情况需要延长的，由本院院长批准。人民法院审理对裁定的上诉案件，应当在第二审立案之日起 30 日内作出终审裁定。

四、审判监督程序

审判监督程序亦称再审程序，是指人民法院对确有错误的，已经发生法律效力的民事判决、裁定或调解协议，依照法律规定再行审理的程序。审判监督程序并不是审理每一个案件必经的程序，它是人民法院为纠正已经发生法律效力的错误裁判或调解协议所适用的一种补救程序。

（一）审判监督程序的发生

审判监督程序的发生有三种情况：

1. 人民法院依审判监督程序决定再审

人民法院对发生法律效力确有错误的裁判可依一定的程序提起再审：（1）各级人民法院院长对本院已经发生法律效力的判决、裁定，发现确有错误，需要再审的，提交审判委员会讨论决定再审。（2）最高人民法院对地方各级人民法院已经发生法律效力的判决、裁定，发现确有错误的，有权提审或指令下级人民法院再审。（3）上级人民法院对下级人民法院已经发生法律效力的判决、裁定，发现确有错误的，有权提审或指令下级人民法院再审。

2. 当事人申请再审

当事人申请再审，必须具备一定的条件：（1）当事人申请再审，应当在判决、裁定发生法律效力后2年内提出;(2)应当向原审人民法院或者上一级人民法院提出;(3)必须符合法定的情形。申请再审的法定情形包括:(1)有新的证据,足以推翻原判决、裁定的;(2)原判决、裁定认定的基本事实缺乏证据证明的;(3)原判决、裁定认定事实的主要证据是伪造的;(4)原判决、裁定认定事实的主要证据未经质证的;(5)对审理案件需要的主要证据,当事人因客观原因不能自行收集,书面申请人民法院调查收集,人民法院未调查收集的;(6)原判决、裁定适用法律确有错误的;(7)审判组织的组成不合法或者依法应当回避的审判人员没有回避的;(8)无诉讼行为能力人未经法定代理人代为诉讼或者应当参加诉讼的当事人,因不能归责于本人或者其诉讼代理人的事由,未参加诉讼的;(9)违反法律规定,剥夺当事人辩论权利的;(10)未经传票传唤,缺席判决的;(11)原判决、裁定遗漏或者超出诉讼请求的;(12)据以作出原判决、裁定的法律文书被撤销或者变更的;(13)审判人员审理该案件时有贪污受贿,徇私舞弊,枉法裁判行为的。

3. 人民检察院抗诉提起再审

抗诉,是指人民检察院对人民法院已经生效的判决、裁定,发现确有错误,要求人民法院再行审理,纠正错误的诉讼活动。

我国《民事诉讼法》第208条规定,最高人民检察院对各级人民法院已经发生法律效力的判决、裁定,上级人民检察院对下级人民法院已经发生法律效力的判决、裁定,发现有本法第二百条规定情形之一的,或者发现调解书损害国家利益、社会公共利益的,应当提出抗诉。地方各级人民检察院对同级人民法院已经发生法律效力的判决、裁定,发现有本法第200条规定情形之一的,或者发现调解书损害国家利益、社会公共利益的,可以向同级人民法院提出检察建议,并报上级人民检察院备案;也可以提请上级人民检察院向同级人民法院提出抗诉。各级人民检察院对审判监督程序以外的其他审判程序中审判人员的违法行为,有权向同级人民法院提出检察建议。

(二)再审案件的审判

人民法院依审判监督程序决定再审的案件,应裁定中止原判决的的执行,并另行组成合议庭审理案件。对于发生法律效力的裁判是由第一审人民法院作出的,按照第一审程序进行审理,所作的判决、裁定,当事人可以上诉;发生法律效力的裁判是由第二审人民法院作出的,按照第二审程序进行审理,所作的判决、裁定是发生法律效力的判决、裁定,当事人不能上诉;最高人民法院或者上级人民法院按照审判监督程序提审的案件,适用第二审程序进行审理,所作判决、裁定是发生法律效力的判决、裁定。

一、思考题

1. 如何理解民事诉讼法的定义及原则？
2. 什么是民事诉讼管辖？具体包括哪些内容？
3. 什么是证据？包括哪些内容？
4. 如何理解财产保全、先予执行？
5. 简述我国民事诉讼程序。

二、案例分析

1. 原告甲在某商亭购买了一箱啤酒，在开启啤酒时，啤酒瓶突然爆炸，将甲的手炸伤。为此，甲起诉到法院，要求该商亭和生产啤酒的厂家赔偿损失。

问：(1) 甲应以谁为被告起诉？(2) 甲应向何地法院起诉？(3) 甲应向法院提供哪些证据来证明其主张？

2. 张老汉住在某市某区，有二子一女，分别是张山、张水、张燕。张山与其父亲同住一个城市，张水与张燕在外地工作。张老汉立一遗嘱交给其女张燕。遗嘱中说，其遗产房屋全部由张燕继承。张老汉去世后，丧葬费用均由张山承担。张山为其父办完丧事后，便将其父遗留的房屋卖给了李海，得价款6万元。张水回来后，向法院提起诉讼，要求继承遗产。在诉讼过程中，张水因病死亡，张水之子张明和女儿张红要求参加诉讼。某市某区法院受理此案后，张燕也从外地赶来，在该法院尚未开始审理时向该法院递交诉状，并附有其父遗嘱，请求该法院将房屋判给自己。问：

1. 张山、张水、张燕、李海、张明、张红在诉讼中各处于什么样的诉讼地位？

2. 如果张老汉没有上述遗嘱，张燕要求同其兄长一起继承遗产，张燕的诉讼地位是什么？

3. 如果张老汉没有上述遗嘱，而张燕不知其父已死，法院应当如何处理？

4. 如果张燕在张水诉张山一案进入二审后才闻讯请求参加诉讼，第二审人民法院应当怎么做？

三、延伸阅读书目

1. 江伟主编：《民事诉讼法学》(第三版)，北京大学出版社2015年版。
2. 〔日〕高桥宏志：《民事诉讼法》，林剑锋译，法律出版社2003年版。
3. 叶自强：《中国民事诉讼法》，法律出版社2004年版。
4. 张卫平：《民事诉讼法》(第三版)，法律出版社2013年版。
5. 齐树洁：《民事诉讼法》(第四版)，中国人民大学出版社2015年版。
6. 谭兵主编：《民事诉讼法学》，法律出版社2004年版。

第八章　刑事诉讼法

教学要求

培养学生现代刑事诉讼法的价值观，使其系统地掌握刑事诉讼法的基本理论，具有解决实际问题的能力。在理论体系的选择上，要注意避免学生走向司法岗位后出现理论与司法环境脱节，在授课方式上应综合运用讲授、案例、辩论等多种教学方法。实践能力的培养可通过案例讨论和实训课程得到加强。

本章概要

在诸多法律中，刑事诉讼法是历史悠久的重要部门法之一。刑事诉讼法的概念、任务、基本理念、基本原则、专门机关、诉讼参与人、证据制度、强制措施、立案、侦查、起诉、审判、执行、特别程序等是本章的主要内容。本章以我国现行刑事诉讼法为根据，系统地阐述了我国的刑事诉讼制度，坚持理论与实际相结合。

重要概念

刑事诉讼法　管辖　回避　辩护　证据　强制措施　立案　侦查行为　提起公诉　审判　执行

第一节　刑事诉讼法概述

引导案例

1998年4月，昆明市公安局通讯处女警员王晓湘和该市路南县公安局副局长王俊波双双被枪杀，惨死在一辆“昌河”微型车上。这桩残忍的凶杀案震惊全省，缉拿疑犯成为警方的重点任务。1998年7月2日，王晓湘的丈夫杜培武被警方以涉嫌故意杀人刑事拘留，随后被逮捕。杜培武被拘留后，侦查人员采用不准睡觉连续审讯、拳打脚踢、用手铐把杜吊挂在防盗门上等一系列刑讯手段直至杜屈打成招，承认了“杀人”的犯罪“事实”，指认了“作案现场”。1999年10月20日，云南省高级人民法院鉴于“杜案”扑朔迷离，案情中疑点难释，遂改判杜培武死刑、缓期2年执行。当年11月12日，杜培武被送进云南省第一监狱服刑。

2000年6月，昆明警方破获一起特大杀人盗车团伙。其中一名案犯供述，1998年的王晓湘、王俊波被害案是他们干的。枪杀王晓湘、王俊波的真凶——“杀人魔王”杨天勇等人就此落入法网，证明杜培武显属无辜。2000年7月11日，云南省高级人民法院公开宣告杜培武无罪。

结合本案谈谈你对“刑事诉讼法制定的目的和作用”的认识。

一、刑事诉讼法的概念

诉讼是指国家司法机关在当事人和其他诉讼参与人的参加下，依照法定程序，解决权益争端的活动。诉讼在本质上是一种国家公力救济的体现，是在冲突主体依靠自身的力量无法解决争议时，诉诸国家司法机关的力量。现代意义上的诉讼，根据诉讼任务和诉讼形式不同，可以分为刑事诉讼、民事诉讼和行政诉讼三大类，而仲裁则是依靠社会民间力量解决民事权益纷争的活动。其中，刑事诉讼指的是国家专门机关在当事人和其他诉讼参与人的参加下，依照法定诉讼程序，揭露和证实犯罪，裁决犯罪嫌疑人、被告人刑事责任的活动。

刑事诉讼法是国家统治阶级按照自己的意志制定的，规定国家专门机关进行刑事诉讼活动和当事人及其他诉讼参与人参加刑事诉讼活动所必须遵守的法律规范。刑事诉讼法是国家的基本部门法之一，是程序法，具体规定了国家专门机关处理刑事案件的职权范围，应当遵守的基本原则和制度，当事人和其他诉讼参与人的诉讼权利与义务，证据制度及证据运用规则，以及处理刑事案件的立案、侦查、起诉、审判和执行等具体诉讼程序与诉讼制度。

刑事诉讼法有广义和狭义之分，狭义的刑事诉讼法仅指刑事诉讼法典，在我国即为1979年第五届全国人大第二次会议通过,1996年、2012年两次修订的现行《刑事诉讼法》。广义的刑事诉讼法,是指一切调整刑事诉讼程序法律规范的总和。它不仅包括刑事诉讼法典,也包括一切与刑事诉讼程序有关的法律规范。在我国一般包括:《刑事诉讼法》;国家立法机关制定的其他法律、法令中有关刑事诉讼程序的规定;国家立法机关就刑事诉讼程序相关问题所作的决定或补充规定;最高人民法院和最高人民检察院就具体运用《刑事诉讼法》所作的司法解释和规定等。

二、刑事诉讼法的制定目的、根据和任务

我国《刑事诉讼法》第1条规定:"为了保证刑法的正确实施,惩罚犯罪,保护人民,保障国家安全和社会公共安全,维护社会主义社会秩序,根据宪法,制定本法。"这就是刑事诉讼法制定的目的,是国家制定和实施刑事诉讼法的出发点和追求的结果。

根据《刑事诉讼法》第2条的规定,我国刑事诉讼法的任务可分为总任务和具体任务。总任务是:维护社会主义法制,尊重和保障人权,保护公民的人身权利、财产权利、民主权利和其他权利,保障社会主义建设事业的顺利进行。具体任务是:(1)保证准确、及时地查明犯罪事实,正确应用法律,惩罚犯罪分子;(2)保障无罪的人不受刑事追究;(3)教育公民自觉遵守法律,积极同犯罪分子作斗争。总任务和具体任务是相辅相成、不可分割的整体。总任务是各项具体任务应当实现的目标,各项具体任务是实现总任务的手段和方法。

第二节　刑事诉讼法的基本原则

引导案例

在一个偏僻山村,农民周某某(男,19岁)强奸了同村的女青年李某某(18岁)。为了解决这一问题,村长和其他几名村干部商议后决定,由村长主持对本案进行调解,以防止家丑外扬。村长在双方家长的参加下,与其他村干部协商,让双方家长达成了以下调解协议:(1)周某某向李某某赔礼道歉;(2)周家向李家赔偿损失2000元;(3)周某某承诺今后一定娶李某某为妻;(4)李某某承诺不向司法机关告发。事后不久,李某某不同意嫁给周某某,并向司法机关告发。司法机关在追究周某某刑事责任的同时,也追究了村长包庇犯罪的刑事责任。村长面对判决一脸茫然,不理解自己做了一件化解纠纷的好事,却反而要吃官司。

请分析:请运用我国《刑事诉讼法》中规定的基本原则分析本案中的现象。

刑事诉讼法的基本原则,是指刑事诉讼法所规定的贯穿于整个刑事诉讼过程或主要诉讼阶段,对刑事诉讼的进行有普遍指导意义,为国家专门机关和诉讼参与人进行或参与刑事诉讼必须遵循的基本行为准则。它对于指导司法机关的诉讼活动,保证诉讼的顺利进行,实现刑事诉讼法的任务有着重要的意义。

一、尊重和保障人权

人权,是指在一定的社会历史条件下每个人按其本质和尊严享有或应该享有的基本权利,本质特征和要求是自由和平等,实质内容和目标是人的生存和发展。刑事诉讼法中的尊重和保障人权原则,即在整个刑事诉讼过程中,既要尊重和保护被害人、自诉人、犯罪嫌疑人、被告人、刑事附带民事诉讼当事人的权利,也要尊重和保护其他诉讼参与人的权利;既要尊重和保护他们的实体权利,也要尊重和保护他们的程序权利。

我国《刑事诉讼法》第 2 条规定,刑事诉讼法的任务,是保证准确、及时地查明犯罪事实,正确应用法律,惩罚犯罪分子,保障无罪的人不受刑事追究,教育公民自觉遵守法律,积极同犯罪行为作斗争,维护社会主义法制,尊重和保障人权,保护公民的人身权利、财产权利、民主权利和其他权利,保障社会主义建设事业的顺利进行。既是对我国刑事诉讼法任务的明确规定,也是首次在刑事诉讼法中明确以法律条文形式确立尊重和保障人权原则。

二、侦查权、检察权、审判权由专门机关依法行使

根据我国《刑事诉讼法》第 3 条第 1 款规定,这一原则包括三方面的内容:(1) 侦查权、检察权、审判权依法只能由公安机关、人民检察院、人民法院三机关行使。除法律特别规定的以外,其他任何机关、团体和个人都无权行使。(2) 公、检、法三机关只能分别行使各自的职权,不能互相混淆和代替,即公安机关行使侦查、拘留、执行逮捕、预审的职权;检察机关行使检察、批准逮捕、检察机关直接受理的案件的侦查、提起公诉等职权;人民法院行使对公诉案件的判决或裁定、对自诉案件和附带民事诉讼案件的调解等审判职权。(3) 公、检、法三机关依法行使侦查权、检察权、审判权,是国家赋予它们的职权,同时又是它们的职责。

三、严格遵守法律程序

我国《刑事诉讼法》第 3 条第 2 款规定:"人民法院、人民检察院和公安机关进行刑事诉讼,必须严格遵守本法和其他法律的有关规定。"严格遵守法律程序原则有以下三点基本要求:一是人民法院、人民检察院、公安机关进行诉讼活动

时,必须严格按照诉讼法规定的程序、步骤、方式、方法进行,不得违反;二是办案机关及其人员应该严格遵守其他法律中关于程序内容的规定;三是当事人和其他诉讼参与人参加诉讼活动时,要遵守诉讼法的程序要求,正当行使各项诉讼权利,依法履行所承担的诉讼义务。

▶四、人民法院、人民检察院依法独立行使职权

根据我国《刑事诉讼法》第5条的规定,这一原则包括三方面的内容:(1)人民法院、人民检察院进行刑事诉讼活动时,依照法律规定,独立自主地处理案件,任何行政机关、社会团体和个人都不得干涉。(2)人民法院、人民检察院独立行使职权时,必须严格依法办事,只能在法律规定的范围内,按照法律规定的程序和方法办事,不得任意行事。(3)通过行使职权所作出的各项决定,必须符合事实和法律。人民法院、人民检察院及其司法人员,都不得借口独立而滥用职权。

▶五、分工负责,互相配合,互相制约

我国《刑事诉讼法》第7条规定:"人民法院、人民检察院和公安机关进行刑事诉讼,应当分工负责,互相配合,互相制约,以保证准确有效地执行法律。"分工负责,是指公、检、法三机关在分工的基础上,各司其职,各负其责,不允许互相取代或者超越职权范围进行诉讼活动。互相配合,是指公、检、法三机关在分工的基础上,互相支持,通力协作,共同完成查明案件事实,揭露犯罪,惩罚犯罪分子,保障无罪的人不受刑事追究的诉讼任务。互相制约,是指三机关在分工的基础上,相互监督,防止可能发生的错误,有了错误及时发现,及时纠正,以保证准确有效地执行法律,做到不枉不漏,公正执法。分工负责、互相配合、互相制约是一个完整的、统一的整体,三者缺一不可。分工负责是互相配合、互相制约的前提。互相配合、互相制约是分工负责的落实和保障。

▶六、犯罪嫌疑人、被告人有权获得辩护

在刑事诉讼中,犯罪嫌疑人、被告人有权获得辩护,这是保护其合法权益的基本要求。辩护权是指在刑事诉讼中,犯罪嫌疑人、被告人及其辩护人为反驳控诉而在事实上和法律上所拥有的提出和论证对犯罪嫌疑人、被告人有利的证据和理由的权利,辩护权是犯罪嫌疑人、被告人所享有的基本诉讼权利。对此,我国《宪法》第125条规定,人民法院审理案件,被告人有权获得辩护。《刑事诉讼法》第11条也规定,人民法院审判案件,被告人有权获得辩护,人民法院有义务保证被告人获得辩护。

▶七、未经人民法院依法判决,对任何人都不得确定有罪

根据我国《刑事诉讼法》第12条的规定,这一原则包括:(1)只有人民法院

经过依法审判，才能对被告人作出有罪判决，认定被告人有罪。(2) 人民法院的判决必须按照《刑事诉讼法》规定的程序，以《刑法》为依据作出。(3) 在人民法院作出有罪判决之前，犯罪嫌疑人、被告人只能看成是诉讼一方当事人，必须保护他们的合法权利。认真贯彻这项原则，可以有效地保护公民的合法权利，准确地惩罚犯罪，保障无罪的人不受刑事追究，有利于刑事诉讼双重目的正确实施。

八、依照法定情形不予追究刑事责任

我国《刑事诉讼法》第 15 条规定："有下列情形之一的，不追究刑事责任，已经追究的，应当撤销案件，或者不起诉，或者终止审理，或者宣告无罪：(一) 情节显著轻微、危害不大，不认为是犯罪的；(二) 犯罪已过追诉时效期限的；(三) 经特赦令免除刑罚的；(四) 依照《刑法》告诉才处理的犯罪，没有告诉或者撤回告诉的；(五) 犯罪嫌疑人、被告人死亡的；(六) 其他法律规定免予追究刑事责任的。"这一原则包括两方面的内容：一是规定了不予追究刑事责任的情形；二是对具有法定不追究刑事责任案件的处理。在刑事诉讼开始之前发现的，就不应当立案；在立案后发现的，在侦查阶段，应当撤销案件；在起诉阶段，应当作出不起诉的决定；在审判阶段，应当宣告无罪或者终止审理。

九、国际刑事司法协助

我国《刑事诉讼法》第 17 条规定："根据中华人民共和国缔结或者参加的国际条约，或者按照互惠原则，我国司法机关和外国司法机关可以互相请求刑事司法协助。"国际刑事司法协助，是一国司法机关应另一国司法机关的请求，根据国际条约或者互惠原则，在办理刑事案件的过程中互相协助，接受对方委托代为行使某些诉讼行为。当前我国国际刑事司法协助的主要形式有：(1) 文书送达和代为调查取证；(2) 引渡；(3) 诉讼移管；(4) 外国囚犯移管。国际刑事司法协助必须尊重被请求国的主权、安全和公共秩序，按照互惠原则和双重归罪原则进行。

第三节　刑事诉讼中的诉讼参与人

引导案例

某甲，男，16 岁。某乙，男，17 岁。一日，甲与乙因故发生口角，经当时在场的丙劝说无效，继而打斗。甲用石块砸乙头部，致使乙当场倒地昏迷，后被送往医院。公安机关立案侦查此案，指派本单位法医丁对乙的伤情作了鉴定，鉴定结论为重伤致残。公安机关在讯问甲时，通知甲的父亲到场。在人民法院审理此案时，乙的母亲提起了附带民事诉讼，要求赔偿物质损失。李律师接受委托，依

法出庭为乙提供法律服务。丙被人民法院通知出庭。

请分析：本案中的各相关人员是哪一种诉讼参与人？

一、诉讼参与人的概念

刑事诉讼参与人，是指国家专门机关以外的以个人名义参加诉讼，享有诉讼权利并承担诉讼义务的人。参与人也是刑事诉讼法律关系的主体，只有通过诉讼参与人的参与和活动，刑事诉讼活动才不会变成一种单纯的国家职权活动，才具有诉讼的性质，才得以顺利进行。根据我国《刑事诉讼法》第106条第4项的规定，诉讼参与人可分为：当事人和其他诉讼参与人两大类。这两类诉讼参与人在诉讼地位、参与诉讼活动的范围和方式以及对刑事诉讼过程的影响等方面存在很大的差异。

二、刑事诉讼参与人的种类

（一）当事人

当事人，是指与案件事实和诉讼结果有直接利害关系，在诉讼中处于控告或被控告地位并享有较大诉讼权利的诉讼参与人。它包括被害人、自诉人、犯罪嫌疑人、被告人、附带民事诉讼的原告人和被告人。

1. 被害人

被害人，是指其人身、财产及其他权益遭受犯罪行为侵害的人。我国《刑事诉讼法》中所列的被害人专指公诉案件的被害人，不包括自诉案件的被害人，他是执行控诉职能的当事人。

被害人的诉讼权利主要有：请求立案；申请回避；委托诉讼代理人；要求赔偿损失；对不起诉的决定向上一级检察院申诉或者直接向人民法院起诉；在庭审阶段出席法庭并陈述案情，向被告人发问，参与证据调查与质证，申请通知新的证人到庭；调取新的物证，重新鉴定或勘验，参加法庭辩论，对一审判决在法定期限内请求抗诉，对生效判决或裁定提出申诉，要求重新审判，提起附带民事诉讼等。被害人在享有权利的同时，还必须在诉讼过程中承担一定的诉讼义务：如实向公安机关陈述案件事实的义务；接受公安司法机关对其人身检查的义务；接受公安司法机关传唤的义务；在法庭上接受询问和回答问题的义务；遵守法庭秩序的义务等。

2. 自诉人

自诉人，是指在自诉案件中以个人名义直接向人民法院提起刑事诉讼，请求追究被告人刑事责任的自然人。自诉人通常是被害人，被害人死亡或者丧失行为能力的，其法定代理人、近亲属有权向人民法院起诉。在告诉才处理的案件中，如果被害人因受强制、威吓而无法告诉的，被害人的近亲属也可以代被害人提起自诉。

自诉人的诉讼权利有：向人民法院直接提起自诉和委托诉讼代理人；申请撤回自诉；提起附带民事诉讼；作为原告人出席法庭，参加法庭审判和同被告人辩论；申请回避；提出上诉；对生效的判决、裁定提出申诉，请求重新审判等。自诉人的义务有：负有举证的义务；按时出庭的义务；如实提供案件真实情况的义务；执行人民法院生效的判决、裁定或者调解协定的义务。

3. 犯罪嫌疑人

犯罪嫌疑人，是指在公诉案件中因涉嫌犯罪正在被立案侦查和审查起诉的当事人。公诉案件，受刑事追诉者在检察机关向法院提起公诉以前，称为"犯罪嫌疑人"，在检察机关正式向法院提起公诉以后，则称为"被告人"。

犯罪嫌疑人是拥有一系列诉讼权利的诉讼主体，居于当事人的地位。在刑事诉讼中，犯罪嫌疑人的诉讼权利有：有权用本民族的语言文字进行诉讼；有权对于侦查人员、检察人员、审判人员侵犯自己诉讼权利和人身侮辱的行为提出控告；有权依法申请回避；有权拒绝回答与本案无关的讯问；有权依法申请取保候审和要求解除超过法定期限的强制措施；有权在侦查机关第一次讯问后或者采取强制措施之日起聘请律师提供法律帮助；有权自行辩护和自案件移送审查之日起委托辩护人；有权了解讯问笔录并提出修改与补充意见；有权了解侦查机关用作证据的鉴定结论，并可以申请重新鉴定或补充鉴定；对于人民检察院依照《刑事诉讼法》第 173 条第 2 款作出的不起诉决定不服的，有权在收到决定书后 7 日内向人民检察院申诉。犯罪嫌疑人的义务是：接受司法机关对他进行的侦查、审查起诉，不得逃避；不得伪造、隐匿、毁灭证据；对侦查人员、检察人员的讯问，应当如实回答；接受依法采取的强制措施；等等。

4. 被告人

被告人，是指被检察机关或自诉人向人民法院指控犯有某种罪行，并被起诉到人民法院的当事人。

被告人的诉讼权利有：有权使用本民族语言文字进行诉讼；有权对侦查人员、检察人员、审判人员侵犯自己诉讼权利和人身侮辱的行为提出控告；有权依法申请回避；有权了解被指控的罪行及获得开庭通知；有权自行辩护或委托辩护人辩护以及拒绝辩护人继续为其辩护；有权依法参加法庭调查和法庭辩论；有权申请调取新的物证和通知新的证人到庭，申请重新鉴定或勘验；有权在法庭辩论结束后作最后的陈述；有权阅读或听取法庭笔录并提出修改或补充意见；有权依法对地方各级人民法院的一审裁判提出上诉；有权对生效裁判提出申诉；自诉案件的被告人有权提出反诉；等等。

被告人的义务与犯罪嫌疑人基本相同,在审判中,被告人还必须遵守法庭秩序。

5. 附带民事诉讼的原告人和被告人

附带民事诉讼的原告人和被告人都是案件的当事人,具有独立的诉讼地位,享有广泛的诉讼权利。如使用本民族语言文字进行诉讼;申请回避权;有权参加法庭调查和法庭辩论;对附带民事诉讼部分请求调解和自行和解;委托诉讼代理人参加诉讼;对附带民事诉讼部分的一审判决不服依法提出上诉以及对生效裁判不服的申诉权;原告人享有申请诉讼保全和先行给付的权利;等等。附带民事诉讼的原告人和被告人的诉讼义务分别与自诉案件的自诉人和被告人的诉讼义务基本相同。

(二) 其他诉讼参与人

其他诉讼参与人,是指除当事人以外的与案件没有直接利害关系而参加诉讼的人,根据我国《刑事诉讼法》第 106 条第 4 项的规定,包括法定代理人、诉讼代理人、辩护人、证人、鉴定人和翻译人员。依照法律的规定,每一位诉讼参与人,无论其所处地位如何,都有法律规定的应当享有的权利和承担的义务。

第四节　管辖和回避

引导案例

被告人理查德,男,30 岁,法国人。1998 年,乘坐一架民航客机,登机前,将事先准备好的一把长约 2 尺的匕首和重约 2 公斤的炸药带入飞机。该客机由法国 A 市飞往我国 B 市。理查德趁领航员上厕所之际,将机械师骗出驾驶舱,随后锁上驾驶门,持刀威胁正在驾驶飞机的机长。机长被迫改变航向,迫降在我国甲市的农田里。后被我国司法机关抓获。经查,理查德为法国普通公民,不享有外交特权与豁免权。

依据我国修订前后《刑事诉讼法》的规定,应分别如何处理?

一、管辖

刑事诉讼中的管辖,是指人民法院、人民检察院和公安机关依照法律规定立案受理刑事案件以及人民法院系统内部审判第一审刑事案件的分工制度。管辖分为公安机关、人民法院、人民检察院之间的立案管辖和人民法院系统内审判第一审刑事案件的审判管辖。

（一）立案管辖

立案管辖，是指公安机关、人民检察院、人民法院之间在受理刑事案件范围上的分工。我国《刑事诉讼法》第18条对公安机关、人民检察院、人民法院的立案管辖作了明确的规定。

1. 公安机关直接受理的案件

《刑事诉讼法》第18条第1款规定："刑事案件的侦查由公安机关进行，法律另有规定的除外。"这里主要是指除由人民法院直接受理和人民检察院自行侦查的刑事案件以外的其他绝大多数刑事案件。法律的除外规定，是指《刑事诉讼法》第4条规定的"国家安全机关依照法律规定，办理危害国家安全的刑事案件，行使与公安机关相同的职权。"《刑事诉讼法》第290条规定的"军队保卫部门对军队内部发生的刑事案件行使侦查权。对罪犯在监狱内犯罪的案件由监狱进行侦查。军队保卫部门、监狱办理刑事案件，适用本法的有关规定。"

2. 人民检察院直接受理的刑事案件

《刑事诉讼法》第18条第2款规定："贪污贿赂犯罪，国家工作人员的渎职犯罪，国家机关工作人员利用职权实施的非法拘禁、刑讯逼供、报复陷害、非法搜查的侵犯公民人身权利的犯罪以及侵犯公民民主权利的犯罪，由人民检察院立案侦查。对于国家机关工作人员利用职权实施的其他重大的犯罪案件，需要由人民检察院直接受理的时候，经省级以上人民检察院决定，可以由人民检察院立案侦查。"由人民检察院直接受理的上述刑事案件，其犯罪主体限于国家工作人员，而且属于国家工作人员职务上的犯罪或者利用职务上的便利进行的犯罪。

3. 人民法院直接受理的刑事案件

由人民法院直接受理的刑事案件，是指刑事案件不需要经过公安机关或者人民检察院立案侦查，不通过人民检察院提起公诉，而由人民法院对当事人提起的诉讼直接立案和审判。《刑事诉讼法》第18条第3款规定："自诉案件，由人民法院直接受理。"根据《刑事诉讼法》第204条的规定，自诉案件包括：(1) 告诉才处理的案件；(2) 被害人有证据证明的轻微刑事案件；(3) 被害人有证据证明对被告人侵犯自己人身、财产权利的行为应当依法追究刑事责任，而公安机关或者人民检察院不予追究被告人刑事责任的案件。这类案件必须符合以下限制性条件：被害人有证据证明被告人侵犯了自己的人身权利、财产权利，应当追究刑事责任，而且公安机关或者人民检察院不予追究，已经作出书面决定的。此外，被害人对人民检察院不起诉决定不服而向人民法院起诉的案件，也属于自诉案件。

（二）审判管辖

审判管辖，是指各级人民法院之间、同级人民法院之间以及普通人民法院与专门人民法院、各专门人民法院之间在审理第一审刑事案件范围上的分工。分为级别管辖、地区管辖、指定管辖、专门管辖四种。

1. 级别管辖

级别管辖是指人民法院审判第一审刑事案件权限范围上的分工。我国《刑事诉讼法》第19条至第22条规定:(1) 基层人民法院管辖第一审普通刑事案件,但是依照本法由上级人民法院管辖的除外。(2) 中级人民法院管辖下列第一审刑事案件:危害国家安全的案件、恐怖活动案件;可能判处无期徒刑、死刑的案件;(3) 高级人民法院管辖的第一审刑事案件,是全省(自治区、直辖市)性的重大刑事案件。(4) 最高人民法院管辖的第一审刑事案件,是全国性的重大的刑事案件。

我国《刑事诉讼法》对案件的级别管辖进行原则规定的同时,又针对实践中的具体情况作出了一定的变通性规定,主要包括两种情况:上级人民法院在必要的时候,可以审判下级人民法院管辖的第一审刑事案件;下级人民法院认为案情重大、复杂需要由上级人民法院审判的第一审刑事案件,可以请求移送上一级人民法院审判。

2. 地区管辖

地区管辖,是指同级人民法院之间审判第一审刑事案件范围上的分工。我国《刑事诉讼法》第24条规定:"刑事案件由犯罪地的人民法院管辖。如果由被告人居住地人民法院审判更为适宜的,可以由被告人居住地的人民法院管辖。"犯罪地,是指与犯罪有直接关联的地点,一般包括犯罪预备地、犯罪行为实施地、犯罪结果地和销赃地等。被告人居住地,是指起诉时被告人的住所所在地,既可以是被告人的户籍所在地,也可以是被告人的工作或者学习的地点。

我国《刑事诉讼法》第25条规定:"几个同级人民法院都有权管辖的案件,由最初受理的人民法院审判。在必要的时候,可以移送主要犯罪地的人民法院审判。"主要犯罪地指的是一种罪行中的某个主要犯罪事实的发生地或数个罪行中主要犯罪发生地。

3. 指定管辖

指定管辖,是指刑事案件的犯罪地管辖不明确时,可以由上级人民法院指定某一下级人民法院审判。指定管辖可以避免案件无人管辖或者因管辖争议而延误案件的处理。

4. 专门管辖

专门管辖,是指专门人民法院之间以及专门人民法院与普通人民法院之间对受理第一审刑事案件范围上的分工。

二、回避

回避，是指侦查人员、检察人员、审判人员等因与案件或者与案件当事人有利害关系或者其他特殊关系，可能影响案件公正处理而不得参与该案件诉讼活动的一项诉讼制度。

根据实施方式的不同，回避可以分为自行回避、申请回避和指令回避三种。

根据我国《刑事诉讼法》第28条规定，具备下列情形之一种的，审判人员、检察人员、侦查人员应当自行回避，当事人及其法定代理人也有权要求他们回避：(1) 是本案的当事人或者是当事人的近亲属的；(2) 本人或者他的近亲属和本案有利害关系的；(3) 担任过本案的证人、鉴定人、辩护人和诉讼代理人的；(4) 与本案当事人有其他关系，可能影响公正处理案件的。我国《刑事诉讼法》第29条规定："审判人员、检察人员、侦查人员不得接受当事人及其委托的人的请客送礼，不得违反规定会见当事人及其委托的人。审判人员、检察人员、侦查人员违反前款规定的，应当依法追究法律责任。当事人及其法定代理人有权要求他们回避。"

根据我国《刑事诉讼法》第28条、第31条第1款的规定，适用回避的人员包括：侦查人员、检察人员、审判人员以及在侦查、起诉、审判活动中的书记员、鉴定人和翻译人员。

第五节　辩护与代理

引导案例

郑某(16岁)殴打王某，致王某重伤一案，由M市公安局侦查。公安机关在对犯罪嫌疑人第一次讯问后的第2日，通知犯罪嫌疑人有权委托辩护人。郑某因系父母双亡的孤儿，寄居于二叔家，他认为自己已经给二叔带来不少麻烦，委托律师恐怕又要给二叔增添负担，而且二叔也不会为自己出这笔费用，因此没有委托律师。鉴于此，M市公安局便指定了王律师为其辩护。王律师要求会见郑某，看守所在5日内安排会见。王律师在会见中向犯罪嫌疑人核实了有关的证据材料。王律师为郑某申请取保候审，公安机关认为王律师不享有申请变更强制措施的权利，于是不予同意。在检察院审查起诉过程中，王律师提出要复印公安机关制作的起诉意见书。人民检察院以保守秘密为由予以拒绝。

请分析：根据我国的《刑事诉讼法》的规定，本案的诉讼程序有无违法之处？

▶一、辩护

辩护,是指刑事案件的犯罪嫌疑人、被告人及其辩护人针对控诉方的指控,证明犯罪嫌疑人、被告人无罪、罪轻或者应当减轻、免除刑罚,维护犯罪嫌疑人、被告人合法权益的活动。根据我国《刑事诉讼法》第32条、第34条的规定,辩护可分为自行辩护、委托辩护和指定辩护。

自行辩护,是指犯罪嫌疑人、被告人自己针对指控进行反驳、申辩的行为。自行辩护不受诉讼阶段的限制。

委托辩护,是指犯罪嫌疑人、被告人及其法定代理人通过委托的方式聘请法律允许的人,为自己提出无罪、罪轻、减轻或者免除刑事责任的意见,代为反驳控诉,维护犯罪嫌疑人、被告人的合法权益。《刑事诉讼法》第32条规定的辩护人的范围相当广泛,包括:律师;人民团体或者犯罪嫌疑人、被告人所在单位推荐的人;犯罪嫌疑人、被告人的监护人、亲友。正在被执行刑罚或者依法被剥夺、限制人身自由的人,不得担任辩护人。委托辩护人的时间,公诉案件自案件移送审查起诉之日起,犯罪嫌疑人有权委托辩护人,自诉案件的被告人有权随时委托辩护人。

法律援助辩护,作为委托辩护的补充方式,我国2012年修订的《刑事诉讼法》对原来规定的由人民法院实施的指定辩护作出调整,赋予了新的含义,它是指法律援助机构依据法定情形,为没有委托辩护人的犯罪嫌疑人、被告人指派律师,协助其进行辩护。我国《刑事诉讼法》第34条第1款规定:“犯罪嫌疑人、被告人因经济困难或者其他原因没有委托辩护人的,本人及其近亲属可以向法律援助机构提出申请。对符合法律援助条件的,法律援助机构应当指派律师为其提供辩护”。第2款规定:“犯罪嫌疑人、被告人是盲、聋、哑人,或者是尚未完全丧失辨认或者控制自己行为能力的精神病人,没有委托辩护人的,人民法院、人民检察院和公安机关应当通知法律援助机构指派律师为其提供辩护。”第3款规定:“犯罪嫌疑人、被告人可能被判处无期徒刑、死刑,没有委托辩护人的,人民法院、人民检察院和公安机关应当通知法律援助机构指派律师为其提供辩护。”《刑事诉讼法》第267条规定:“未成年犯罪嫌疑人、被告人没有委托辩护人的,人民法院、人民检察院、公安机关应当通知法律援助机构指派律师为其提供辩护。”

在刑事诉讼中,辩护人作为独立的诉讼参与人,具有独立的诉讼地位,享有诉讼权利,同时承担诉讼义务。根据我国《刑事诉讼法》的规定,辩护人的诉讼权利包括:(1) 职务保障权。辩护人依法履行职责,受国家法律保护,其人身权利和诉讼权利不受侵犯。辩护人依法独立进行辩护,不受任何机关、团体和个人的干涉与限制，也不受委托人的意志限制。（2）案情知悉权。为了充分发挥辩护人的辩护职能，首先是要保证他们熟悉了解案件情况。（3）会见、通信权。（4）调查取证权。（5）申请质证权。一方面辩护人有权利对证据的收集过程提出质疑，另一方面辩护人也有权利对证据本身所要证明的内容提出质疑。（6）抗辩申诉权。辩护人在接受委托以后，享有广泛的抗辩权利。（7）获得通知权。辩护人享有获得通知权使其能够把握诉讼进程，适应案件发展的节奏，有利于做好充分准备，发挥其辩护职能。（8）拒绝辩护权。根据我国《律师法》的规定，律师接受委托后，无正当理由的，不得拒绝辩护或者代理。但是，委托事项违法、委托人利用律师提供的服务从事违法活动或者委托人故意隐瞒与案件有关的重要事实的，律师有权拒绝辩护或者代理。根据《刑事诉讼法》的规定，辩护人的诉讼义务有：（1）不得实施违法行为。（2）承担保密义务。（3）应当履行告知义务。（4）遵守法庭秩序。（5）遵守职业操守。

▶二、代理

刑事诉讼中的代理，又称刑事代理，是指代理人接受公诉案件被害人及其法定代理人或者近亲属、自诉案件自诉人及其法定代理人、附带民事诉讼的当事人及其法定代理人的委托，以被代理人的名义参加诉讼，在授权范围内进行活动，由被代理人承担法律后果的一项法律制度。

我国刑事诉讼中的代理包括：公诉案件中的代理、自诉案件的代理和刑事附带民事诉讼中的代理。公诉案件中的代理，是指诉讼代理人接受公诉案件的被害人及其法定代理人或者近亲属的委托，代理被害人参加诉讼，以维护被害人的合法权益。自诉案件的代理，是指代理人接受自诉人及其法定代理人的委托参加诉讼，以维护自诉人的合法权益。刑事附带民事诉讼中的代理，是指接受附带民事诉讼当事人及其法定代理人的委托，以诉讼代理人的身份进行活动，是刑事自诉案件中诉讼代理与公诉案件中诉讼代理的重要组成部分。

第六节　证　　据

引导案例

张某因婚外情与丈夫刘某吵架，张某乘刘某不备，将其杀死，并碎尸、移尸。这一过程被邻家的一个10岁的小女孩看见，并把看到的一切如实告诉了父母，其父母领着她到公安局报了案。开庭审理时，对该女孩的陈述是否可以作为证据使用产生了分歧。一种意见认为，女孩能够将看到的情况真实表述出来，可以作为证人；另一种意见认为，该女孩年仅10岁，还不能作为证人。最后法庭采纳了该女孩的证言，经过核实认定了张某碎尸、移尸的具体情节。

法院采纳小女孩的陈述作为认定犯罪事实的证据是否正确？

一、证据的概念和意义

刑事诉讼中的证据，是指以法律规定的形式表现出来的，能够证明案件真实情况的一切相关材料。我国《刑事诉讼法》第48条第1款规定："可以用于证明案件事实的材料，都是证据。"

证据具有客观性、相关性、合法性的三个特征：(1) 它必须是客观存在的事实。(2) 它必须是与案件具有客观必然联系的事实。(3) 它必须是依照法律规定的程序进行收集、固定、保全和审查认定的，即本身必须绝对真实可靠。证据的上述三个特征互相联系，缺一不可。

证据是刑事诉讼中最重要、最实际的问题。它是司法机关进行刑事诉讼的依据，是揭露证实犯罪的重要手段，是防止冤、假、错案发生的重要保证，也是对群众进行法制教育的重要事实。

二、法定证据的种类

证据种类，是指刑事证据的各种表现形式。根据我国《刑事诉讼法》第48条的规定，证据有下列八种：

（一）物证

物证，是指能够证明案件真实情况的一切物品和痕迹。物证是以其外部形状、物质特性、存在的情形等来证明案件事实的。常见的物证主要有犯罪使用的工具；犯罪遗留下来的物质痕迹；犯罪行为侵犯的客体物；犯罪现场留下的物品以及其他可以用来发现犯罪行为和查获犯罪分子的存在物。

（二）书证

书证，是指用文字、符号、图画等所表达的思想内容来证明案件事实的书面材料。书证是以一定的物质材料作为载体的书面材料，从广义上说，它也属于物证的范畴，但书证是以文字、符号、图画等所表达的思想内容来证明案件事实，它的外部特征、存在情况则与案件事实无关。书证在贪污、诬告陷害、伪造票证等案件中起着决定性作用。

（三）证人证言

证人证言，是指证人就自己知道的案件情况向公安司法机关所作的陈述。证人证言一般是口头陈述，以证人证言笔录加以固定。经办案人员同意也可以由证人亲笔书写书面证词。

证人作证是法律规定的义务，证人无权拒绝。《刑事诉讼法》第60条规定：

“凡是知道案件情况的人,都有作证的义务。生理上、精神上有缺陷或者年幼,不能辨别是非、不能正确表达的人,不能作证人。”

(四) 被害人陈述

被害人陈述,是指受犯罪行为直接侵害的人向司法机关就其遭受犯罪行为侵害的事实和有关犯罪嫌疑人、被告人的情况所作的陈述。被害人是犯罪行为的直接受害者,他的陈述有利于司法人员查明犯罪事实,查获犯罪嫌疑人。但被害人由于受到侵害,也有夸大事实的可能,因此,对被害人陈述要慎重对待。

(五) 犯罪嫌疑人、被告人供述和辩解

犯罪嫌疑人、被告人的供述和辩解,是指犯罪嫌疑人、被告人就有关案件情况,向司法人员所作的陈述,即通常所说的口供。它主要包括:一是犯罪嫌疑人、被告人承认自己犯罪事实的供述;二是犯罪嫌疑人、被告人说明自己无罪或罪轻的辩解;三是犯罪嫌疑人、被告人揭发检举他人犯罪行为的陈述。口供可能全面直接地反映案件真实情况,但它的虚假性也较大,因此,口供具有双重的抗拒诉讼的性质。《刑事诉讼法》第 53 条第 1 款规定:“对一切案件的判处都要重证据,重调查研究,不轻信口供。只有被告人供述,没有其他证据的,不能认定被告人有罪和处以刑罚;没有被告人供述,证据确实、充分的,可以认定被告人有罪和处以刑罚。”

(六) 鉴定意见

鉴定意见,是指由公、检、法机关指派或聘请的专家,对案件中的某些专门问题采用现代科学技术手段鉴定后,所出具的书面意见。鉴定意见是鉴定人对案件中的专门性问题所作出的书面意见,它不能对案件的有关事实作出法律评价。常见的鉴定种类有:法医鉴定、司法精神病鉴定、痕迹鉴定、化学鉴定、会计鉴定、文书书法鉴定等。

(七) 勘验、检查、辨认、侦查实验笔录

勘验、检查笔录,是指司法人员对于与案件有关的场所、物品、人身、尸体进行勘验、检查所作的书面记录。勘验、检查笔录不仅包括文字记录,也包括现场绘图、现场照片等。勘验、检查笔录主要有现场勘验笔录、尸体检验笔录、物证检验笔录以及人身检查笔录 4 种。勘验、检查笔录是案件发生后由司法人员制作的,是司法人员运用自己的感官或器材直接观察和测量所作的如实记录,不具有分析、判断的因素。它客观地记载勘验、检查中发现的各种情况,具有综合证明作用,是一种可靠性较大的证据。

辨认笔录是以笔录的方式全面、客观地记录辨认的全过程和辨认结果并有在场相关人员签名的笔录。

侦查实验笔录是侦查机关对进行侦查实验的时间、地点、实验条件以及实验经过和结果等所作的客观记录,并由进行实验的侦查人员、其他参加人员所做的客观记录,并由进行实验的侦查人员、其他人员和见证人签名的笔录。

(八) 视听资料、电子数据

视听资料,是指以录音、录像、电子计算机以及其他科技设备所储存的信息资料,证明案件真实情况的一种证据。视听资料是通过声音、影像、储存的信息资料所表现的内容来证明案件真实情况,具有较强的客观性、直观性、动态性和连续性。但其缺陷是伪造方便,易篡改,因此,对视听资料要认真审查。

电子数据是指以电子形式存在的证据。它既包括电子信息本身,也包括电子信息形成、变化过程的电子记录。

三、运用证据的指导原则

(一) 重证据,重调查研究,不轻信口供

我国《刑事诉讼法》第 53 条规定:“对一切案件的判处都要重证据,重调查研究,不轻信口供。”据此,公安司法人员在办理刑事案件时,必须把证据作为定案处理的基础,把调查研究作为收集、审查判断证据的可靠方法。不轻信口供,不是不要口供,而是要慎重对待犯罪嫌疑人、被告人的口供。只有犯罪嫌疑人、被告人供述,没有其他证据的,不能认定被告人有罪和处以刑罚;没有犯罪嫌疑人、被告人供述,其他证据确实充分的,可以认定被告人有罪和处以刑罚。

(二) 严禁刑讯逼供

刑讯逼供,是指使用肉刑或变相肉刑强迫犯罪嫌疑人、被告人招供的一种审讯方式,它与我国刑事诉讼的基本制度相背离。刑讯逼供无助于查清案件事实,用它来证明案情,极有可能造成冤假错案。我国《刑事诉讼法》第 50 条规定,严禁刑讯逼供和以威胁、引诱、欺骗以及其他非法的方法收集证据,不得强迫任何人证实自己有罪。《刑法》第 247 条专门规定了刑讯逼供罪,对使用刑讯逼供手段获取证据的公安司法人员要追究法律责任。

(三) 一切证据必须查证属实

我国《刑事诉讼法》第 48 条第 3 款规定:“证据必须经过查证属实,才能作为定案的根据。”任何一种证据的形成过程都是复杂的,有多种因素可能影响证据的真实性。故只有对收集来的证据查证属实,且必须查证属实,才能作为定案的根据,否则就不能保证正确认定案件事实,正确处理案件。

(四) 必须忠于事实真相

我国《刑事诉讼法》第 51 条规定:“公安机关提请批准逮捕书、人民检察院起诉书、人民法院判决书,必须忠于事实真相。故意隐瞒事实真相的,应当追究责任。”这就要求公、检、法三机关在收集证据、运用证据认定案件事实时,必须尊重客观事实,忠于事实真相。既不能主观臆断,择己所需,也不能屈从于压力和权势,更不能徇私枉法,伪造证据,捏造事实。对故意隐瞒事实真相的公安司法人员,不管出于什么动机、目的,都要追究其法律责任。

四、证明要求、证明对象、证明责任

(一)证明要求

证明要求,是指法律规定的司法人员运用证据证明案件事实要求达到的程度。根据我国《刑事诉讼法》第160条、第172条、第195条的规定,公安机关、人民检察院、人民法院办理刑事案件,必须做到犯罪事实清楚,证据确实、充分。这是我国刑事诉讼中认定案件事实的基本要求。事实清楚,是指与定罪量刑有关的事实和情节都必须查清,如犯罪行为是否为犯罪嫌疑人、被告人所为,犯罪的目的、动机、手段、后果是什么?犯罪的时间、地点是否清楚,犯罪嫌疑人、被告人是否达到刑事责任年龄,精神是否正常,犯罪后的表现如何等。证据确实、充分,是指证据真实、可靠,达到一定的数量。根据司法经验,证据确实、充分应具备四个条件:(1)据以定案的每一个证据均经过查证,确实是客观存在的事实;(2)据以定案的证据与案件事实之间存在着客观联系;(3)证据之间、证据与案件事实之间的矛盾得到合理排除;(4)案件事实都有相应的证据予以证明,认定的结论是肯定的、唯一的,足以排除其他可能性。

(二)证明对象

证明对象,是指需要用证据加以证明的与刑事案件有关的各种问题,既包括需要证明的刑事案件的主要事实,也包括需要证明的与刑事案件有关的其他事实。凡是与追究犯罪嫌疑人、被告人刑事责任有关的一切需要证明的事实,都是证明的对象,主要分为:

1. 实体法事实

实体法事实,是指对犯罪嫌疑人、被告人正确定罪量刑有影响的案件事实。包括有关犯罪构成要件的事实,作为从轻、从重、减轻或者免除处罚根据的事实,以及有关犯罪嫌疑人、被告人的个人情况和犯罪后的表现等事实。

根据《最高人民法院关于适用〈中华人民共和国刑事诉讼法〉的解释》(以下简称《刑诉法解释》)第64条的规定,应当运用证据证明的案件事实包括:被告人、被害人的身份;被指控的犯罪是否存在;被指控的犯罪是否为被告人所实施;被告人有无刑事责任能力,有无罪过,实施犯罪的动机、目的;实施犯罪的时间、地点、手段、后果以及案件起因等;被告人在共同犯罪中的地位、作用;被告人有无从重、从轻、减轻、免除处罚情节;有关附带民事诉讼、涉案财物处理的事实;有关管辖、回避、延期审理等的程序事实;与定罪量刑有关的其他事实。

2. 程序法事实

程序法事实,是指对解决刑事诉讼程序问题有影响的事实。包括:有无回避的理由,有无影响强制措施的采取的理由,有无影响诉讼期限的事由,以及违反法定程序而可能影响正确判决的事由等。

(三) 证明责任

证明责任,是指公安司法机关应当承担收集证据、证明案件事实的法律责任。根据我国《刑事诉讼法》第 50 条的规定,审判人员、检察人员、侦查人员必须依照法定程序,收集能够证实犯罪嫌疑人、被告人有罪或无罪、犯罪情节轻重的各种证据。据此,在我国,公诉案件中的证明责任由人民法院、人民检察院和公安机关承担,当然,各机关在不同的诉讼阶段承担证明责任的具体内容不同。

自诉案件中,自诉人负有证明责任。人民法院对于缺乏证据的,可以要求自诉人补充证据,如果自诉人不能提出补充证据,应当说服自诉人撤诉或者裁定驳回;对于自诉人因客观原因不能取得并提供有关证据而申请人民法院调取证据,人民法院认为有必要的,可以依法调取。

五、证据的收集、审查和判断

(一) 证据的收集

证据的收集,是指公安、司法机关依照法定程序,发现、固定、提取和保全证据的活动。根据《刑事诉讼法》的有关规定和司法实践经验,收集证据必须符合以下基本要求:

1. 收集证据要主动、及时

公安、司法人员收集证据必须做到主动、及时,这是刑事案件本身的特点所决定的。如果错过有利时机,情况发生变化,将会给收集证据带来很大困难,甚至出现证据因消失而无法取得的情况,结果形成证据不足而使刑事诉讼难以顺利进行。

2. 收集证据要客观、全面

证据是能够证明案情的客观事实,一切证据必须从案件的实际情况出发,实事求是。同时,收集证据必须全面,既要收集能证明犯罪嫌疑人、被告人有罪、罪重的证据,又要收集能证明犯罪嫌疑人、被告人无罪、罪轻的证据。收集证据更不能弄虚作假,歪曲事实,制造伪证。

3. 收集证据要依靠群众和运用科学技术手段

收集证据必须依靠群众,公安司法人员收集证据时必须深入到群众中进行调查,收集揭露、证实犯罪的证据。另外,必须充分运用现代科学技术手段来发现、收集和固定证据。

4. 收集证据要严格依法进行

我国《刑事诉讼法》第 50 条对收集证据的程序、方法等作了一系列明确规定:"审判人员、检察人员、侦查人员必须依照法定程序,收集能够证实犯罪嫌疑人、被告人有罪或者无罪、犯罪情节轻重的各种证据。严禁刑讯逼供和以威胁、引诱、欺骗以及其他非法的方法收集证据,不得强迫任何人证实自己有罪。"公安司法人员必须严格执行这些规定,这样收集的证据才具有合法性。

第七节 强制措施

引导案例

2012 年 10 月 8 日,某市凤城区派出所接到报案,称在该派出所附近有人拦路抢劫。派出所干警迅速出动,根据当事人的指认,当场将又欲抢劫的李某抓获。派出所所长签发了拘留证,对李某实施了拘留,并于当晚对李某进行了讯问,公安机关认为李某不仅有当晚抢劫的事实,还有多次抢劫的作案嫌疑,遂于 2003 年 10 月 13 日提请人民检察院批准逮捕。人民检察院经审查后认为证据不足,于 10 月 22 日决定不批准逮捕,并作出了补充侦查的决定。公安机关接到补充侦查的决定后,抓紧对被继续关押的李某进行讯问并进而收集了其他证据。当公安机关再次提请审查批捕时,人民检察院于 4 日后作出了批准逮捕的决定。公安机关在接到决定后立即向李某出示了逮捕证,并通知李某的家属。在李某关押期间,公安机关对其犯罪继续侦查,而此时,李某患上了急性肝炎,呕吐不止,李某的家属为其申请取保候审,公安机关同意了其家属的申请,在交纳了 2000 元保证金后,并要求其提供保证人。

本案中公安司法机关对李某采取强制措施的程序中哪些不正确?为什么?

一、强制措施的概念和性质

强制措施,是指公安机关、人民检察院和人民法院为了保证刑事诉讼活动的顺利进行,防止犯罪嫌疑人、被告人逃避或妨碍侦查、起诉和审判,依法对其适用暂时限制或剥夺其人身自由的各种强制方法。我国刑事诉讼的强制措施有拘传、取保候审、监视居住、拘留和逮捕五种。

二、强制措施的种类

(一) 拘传

拘传,是指公安机关、人民检察院和人民法院对于未被羁押的犯罪嫌疑人、被告人强制其到案接受讯问的一种强制方法，拘传是最轻的一种强制措施。公安机关、人民检察院和人民法院在刑事诉讼过程中都有权决定是否适用拘传。拘传的对象是经过司法机关合法传唤，无正当理由而又拒不到案的犯罪嫌疑人、被告人，但传唤不是拘传的必经程序，公安司法机关可以不经传唤而直接拘传。

拘传的具体程序是：首先由办案人员提出申请，经部门负责人审核同意后，报县级以上公安机关负责人、人民检察院检察长或人民法院院长决定，填写拘传证。执行拘传应当到被拘传对象所在的县、市进行。执行人员不得少于2人，并出示拘传证。对于抗拒拘传的犯罪嫌疑人、被告人，执行人员可以使用戒具强制到案接受讯问，拘传后应当立即讯问，拘传持续的最长时间不得超过12小时，案情特别重大、复杂，需要采取拘留、逮捕措施的，拘传持续的时间不得超过24小时，不得以连续拘传的方式变相拘禁犯罪嫌疑人、被告人。

（二）取保候审

取保候审，是指人民法院、人民检察院和公安机关对未被羁押的犯罪嫌疑人、被告人依法责令其提供保证人或者交纳保证金，保证不逃避或者妨碍侦查、起诉和审判，并随传随到的一种强制方法。

根据我国《刑事诉讼法》第65条、第89条、第96条规定，对具有下列情形之一的犯罪嫌疑人、被告人可以采取取保候审：

（1）可能判处管制、拘役或者独立适用附加刑的；

（2）可能判处徒刑以上刑罚，采取取保候审不致发生社会危险性的；

（3）患有严重疾病、生活不能自理，怀孕或者正在哺乳自己婴儿的妇女，采取取保候审不致发生社会危险性的；

（4）羁押期限届满，案件尚未办结，需要采取取保候审的；

（5）提请批准逮捕后，检察机关不批准逮捕，但需要继续侦查的；

（6）被羁押的犯罪嫌疑人、被告人，不能在法定的侦查羁押、审查起诉、审判期限内办结，需要继续查证、审理的。

刑事诉讼法的规定表明，取保候审一般是针对犯罪情节较轻、证据不足或者因其他特殊原因暂时不适宜逮捕的犯罪嫌疑人、被告人。对情节严重的犯罪嫌疑人、被告人不能取保候审。

根据《刑事诉讼法》第69条规定，被取保候审的犯罪嫌疑人、被告人，在取保候审期间应当遵守下列规定：

未经执行机关批准不得离开所居住的市、县；住址、工作单位和联系方式发生变动的，在24小时以内向执行机关报告；在传讯的时候及时到案；不得以任何形式干扰证人作证；不得毁灭、伪造证据或者串供。

公安机关、人民检察院和人民法院可以根据案件情况，责令被取保候审的犯罪嫌疑人、被告人遵守以下一项或者多项规定：不得进入特定的场所；不得与特定的人员会见或者通信；不得从事特定的活动；将护照等出入境证件、驾驶证件交执行机关保存。

在我国，取保候审的适用方式有保证人保证、保证金保证两种。取保候审的决定机关是县级以上的公安机关、人民检察院和人民法院。取保候审的执行机关是公安机关。取保候审最长期限不得超过12个月。

（三）监视居住

监视居住，是指人民法院、人民检察院和公安机关对未被羁押的犯罪嫌疑人、被告人依法责令其不得擅自离开住处或居所，并对其活动加以监视和控制的一种强制方法。刑事诉讼法对监视居住作了较大的修改，将监视居住定位于逮捕的替代措施。主要是对符合逮捕条件，由于犯罪嫌疑人、被告人和案件的特殊情况或者办理案件需要的情况下采用的；对于符合取保候审条件，但不具备取保能力的犯罪嫌疑人、被告人，也可以采用监视居住措施。法律从刑事诉讼需要和公民人身权利保护的角度，对监视居住措施进行重新定位，既有利于发挥这一措施保证诉讼正常进行的作用，也体现了人道主义和对公民人身权利的维护和保障。

根据我国《刑事诉讼法》第72条第1款规定，对于符合逮捕条件，有下列情形之一的犯罪嫌疑人、被告人，可以监视居住：

（1）患有严重疾病、生活不能自理的；

（2）怀孕或者正在哺乳自己婴儿的妇女；

（3）系生活不能自理的人的唯一扶养人；

（4）因为案件的特殊情况或者办理案件的需要，采取监视居住措施更为适宜的；

（5）羁押期限届满，案件尚未办结，需要采取监视居住措施的。

此外，根据我国《刑事诉讼法》第72条第2款、第89条、第96条规定，有下列情形之一的犯罪嫌疑人、被告人，也可以监视居住：

（1）对于符合取保候审条件，但犯罪嫌疑人、被告人不能提出保证人，也不交纳保证金的；

（2）公安机关提请批准逮捕后，检察机关不批准逮捕。对于需要继续侦查，并且符合监视居住条件的；

（3）被羁押的犯罪嫌疑人、被告人，不能在法定的侦查羁押、审查起诉、审判期限内办结，需要继续查证、审理的。

根据我国《刑事诉讼法》第75条的规定，被监视居住的犯罪嫌疑人、被告人应当遵守以下规定：

第一,未经执行机关批准不得离开执行监视居住的处所。

第二,未经执行机关批准不得会见他人或者通信。所谓“他人”,是指与被监视居住人共同居住的家庭成员及其聘请的辩护人以外的其他人,也不得与这些人以外的其他人通信。这里的“通信”除了一般的信件往来外,也包括通过新的通讯方式,比如通过电话、传真、电子邮件,手机短信等进行的沟通和交流。

第三,在传讯的时候及时到案。

第四,不得以任何形式干扰证人作证。

第五,不得毁灭、伪造证据或者串供。

第六,将护照等出入境证件、身份证件、驾驶证件交执行机关保存。

监视居住的最长期限为 6 个月。对超过法定期限的,被执行人及其法定代理人、近亲属、辩护人有权要求解除。

(四) 拘留

刑事拘留,是指公安机关、人民检察院在法定的紧急情况下,对现行犯或重大嫌疑分子采取的临时剥夺其人身自由的一种强制方法。

根据我国《刑事诉讼法》第 80 条的规定,公安机关对于有下列情形之一的,可以先行拘留:(1) 正在预备犯罪、实行犯罪或者在犯罪后即时被发觉的;(2) 被害人或者在场亲眼看见的人指认他犯罪的;(3) 在身边或者住处发现有犯罪证据的;(4) 犯罪后企图自杀、逃跑或者在逃的;(5) 有毁灭、伪造证据或者串供可能的;(6) 不讲真实姓名、住址、身份不明的;(7) 有流窜作案、多次作案、结伙作案重大嫌疑的。

公安机关如果需要拘留现行犯或者重大嫌疑分子,应由承办部门填写呈请拘留报告书,由县级以上公安机关负责人批准,签发拘留证,交承办单位执行。人民检察院依法需要拘留犯罪嫌疑人的,应由办案人员提出意见,部门负责人审核,检察长决定,然后送达公安机关签发拘留证:并负责执行。对县级以上各级人民代表的拘留,决定拘留的机关应征得该级人民代表大会主席团或常委会的同意,方可决定拘留。公安机关执行拘留的时候,必须向被拘留人出示拘留证,并责令被拘留人签名捺手印,拒绝签名的,应注明情况。如果被拘留人抗拒执行,执行人员可以采取适度的人身强制,必要情况下可以使用武器、戒具等。拘留后,应当立即将被拘留人送看守所羁押,至迟不得超过 24 小时。除无法通知或者涉嫌危害国家安全犯罪、恐怖活动犯罪通知可能有碍侦查的情形以外,应当在拘留后 24 小时以内,通知被拘留人的家属。有碍侦查的情形消失以后,应当立即通知被拘留人的家属。公安机关对被拘留的人,应当在拘留后的 24 小时以内进行讯问。在发现不应当拘留的时候,必须立即释放,发给释放证明。认为需要逮捕的,应当在拘留后的 3 日内,提请人民检察院审查批准,特殊情况下,可以延长1日至4日。对于流窜作案、结伙作案和多次作案的重大嫌疑分子，提请审查批捕的时间可延长至30日。

（五）逮捕

逮捕，是指公安机关、人民检察院和人民法院为了防止犯罪嫌疑人、被告人逃避侦查、起诉和审判，防止其发生社会危险性，依法采取的在一段时间内剥夺其人身自由，予以羁押的强制方法。它是刑事诉讼强制措施中最严厉的一种。

我国《刑事诉讼法》第79条第1款规定了逮捕的一般条件。根据该规定，逮捕应当同时具备以下三个条件：

（1）有证据证明有犯罪事实，即证据条件。具体而言包括三个方面的内容：一是有证据证明发生了犯罪事实；二是有证据证明犯罪事实是犯罪嫌疑人实施的；三是证明犯罪嫌疑人实施犯罪行为的证据已有查证属实的。这里的犯罪事实，可以是犯罪嫌疑人实施的数个犯罪行为中的一个。

（2）可能判处徒刑以上刑罚，即罪责条件。在有证据证明有犯罪事实的基础上，还必须根据刑法的有关规定，考虑犯罪的严重程度是否可能判处有期徒刑以上刑罚。对可能判处管制、拘役、有期徒刑缓刑的，一般不予逮捕。因为逮捕意味着对犯罪嫌疑人、被告人将在较长时间内予以羁押。如果最后经过法院判决有罪，其羁押期限将可折抵刑期。假如最后经过判决，被告人只能判处拘役、管制等较轻的刑罚，那么原来逮捕后的羁押期限便无法与所判刑罚折抵，从而使司法工作陷于被动。

（3）采取取保候审尚不足以防止发生下列社会危险性的，应当予以逮捕，即社会危险性条件：可能实施新的犯罪的；有危害国家安全、公共安全或者社会秩序的现实危险的；可能毁灭、伪造证据，干扰证人作证或者串供的；可能对被害人、举报人、控告人实施打击报复的；企图自杀或者逃跑的。

上述三个条件互相联系，构成逮捕的必备条件，缺少任何一个条件，都不应当对其适用逮捕。

公安机关没有决定逮捕的权力，需要逮捕的，应由县级以上公安机关负责人批准，制作提请批准逮捕书，连同案卷材料、证据一并移送同级人民检察院审查批准。公安机关有执行逮捕的权力，人民检察院批准逮捕或者决定逮捕的，以及人民法院决定逮捕的，都交由公安机关执行。公安机关执行逮捕时，应当有2名以上侦查人员，必须出示逮捕证，并责令被逮捕人签名或捺手印，拒绝签名的应记录在案。被逮捕人抗拒逮捕的，执行人员可以使用武器、戒具。逮捕后，应当在24小时内进行讯问，除无法通知的情形外，应在24小时内将逮捕的原因和羁押的处所，通知被逮捕人的家属或所在单位。

第八节 立　案

引导案例

2008年7月13日凌晨4时许，犯罪嫌疑人莫某某、庞×贵伙同庞×添到被害人龙女士位于佛山市顺德区某街道一处住宅车库附近，莫某某驾驶摩托车在附近接应，庞×贵和庞×添则戴上白色手套，并各持一个铁制钻头守候在被害人住宅车库两旁。5时15分许，庞×贵、庞×添见被害人龙女士驾驶小汽车从车库出来，庞×添走到汽车驾驶室旁，庞×贵走到汽车副驾驶室旁，分别用铁制钻头敲打两边的汽车玻璃，抢走龙女士放在副驾驶座的一个装有80360元现金和票据的手袋。

在得手后，两人立即朝摩托车接应的地方跑去。莫某某即启动摩托车搭载庞×添和庞×贵逃跑。龙女士见此，驾驶汽车追赶，欲取回被抢财物。当追至小区二期北面的绿化带时，被害人驾驶汽车将摩托车连同摩托车上的三人撞倒。莫某某、庞×贵被撞倒后爬起逃跑并分别躲藏起来，庞×添则当场死亡。

公安民警接到报案后赶到现场，先后抓获被告人莫某某、庞×贵，并在现场缴获被抢赃物以及作案工具。根据有关的证据，公安机关未对龙女士致死庞×添的行为进行追究。

请分析：公安机关的做法是否符合法律规定？

一、立案的概念

立案，是指公安机关、人民检察院和人民法院按照刑事案件管辖范围的分工，对控告、举报和犯罪人的自首以及各自在工作中直接获取的犯罪材料进行审查后，认为有犯罪事实存在并且依法需要追究刑事责任的时候，决定作为刑事案件进行侦查或者审判的一种诉讼活动。

根据《刑事诉讼法》的规定，有权决定立案的机关主要是公安机关、人民检察院和人民法院。国家安全机关、军队保卫部门和监狱，对于属于其管辖范围的刑事案件有权决定立案。除上述机关以外，其他机关、团体、企事业单位和公民个人，在其发现犯罪行为、犯罪事实和犯罪嫌疑人时，只能向有权决定立案的机关报案、控告或举报，而不得立案侦查或审判，否则就是违法。

二、立案的材料来源

立案的材料来源，是指与犯罪事实有关的材料。这些材料是司法机关决定

立案与否的依据。根据我国《刑事诉讼法》的规定和办案实践,立案的材料来源主要有以下五个方面:

(一) 单位、个人的报案或举报

《刑事诉讼法》第 108 条第 1 款规定,任何单位和个人发现有犯罪事实或者犯罪嫌疑人,有权利也有义务向公安机关、人民检察院或者人民法院报案或者举报。

(二) 被害人的报案和控告

《刑事诉讼法》第 108 条第 2 款规定,被害人发现侵害其人身财产安全的犯罪事实或者犯罪嫌疑人,有权向公安机关、人民检察院或者人民法院报案或者控告。被害人的报案、控告是立案的重要材料来源之一,同时也将成为公安、检察、法院三机关据以定案的重要证据,要认真审查和处理。

(三) 犯罪嫌疑人的自首

自首,是指犯罪分子作案后自动投案,如实交代自己的犯罪事实的行为。自首也是立案材料的来源之一。根据《刑事诉讼法》的规定,犯罪人自首的,公安司法机关应当接受,然后移交主管机关。

(四) 公安司法机关在工作中对犯罪事实或犯罪嫌疑人的发现

《刑事诉讼法》第 107 条规定,公安机关或者人民检察院发现犯罪事实或者犯罪嫌疑人,应当按照管辖范围,立案侦查。公安机关和人民检察院是专门同犯罪行为作斗争的机关,在其依法履行职务过程中,常常会发现或获得一些犯罪事实或线索,对于需要进行刑事追究的,应当主动立案追查。

(五) 其他途径

在司法实践中,立案的材料来源常见的还有:(1) 上级机关交办的案件。(2) 群众的扭送。《刑事诉讼法》第 82 条规定,人民群众发现重大犯罪嫌疑分子或现行犯,都可以将其立即扭送至公安机关、人民检察院或人民法院处理。公安、检察院、法院三机关接到人民群众的扭送后,无论是否属于自己管辖,都应当立即接受,问明情况并制作笔录。(3) 党的纪检部门查处后移送追究刑事责任的案件等。

三、立案的条件

立案条件,是指法律上对案件成立所规定的要件,也是司法机关确认刑事案件成立的法定依据。

根据我国《刑事诉讼法》第 110 条的规定,立案应同时具备以下条件:(1) 有犯罪事实。这是决定立案的事实条件,犯罪事实是指客观上有材料证明危害社会的犯罪行为确实存在,包括预备犯罪、正在进行的犯罪和犯罪已经实施完毕、犯罪未遂和犯罪中止。(2)需要追究刑事责任。这是立案必须具备的法律条件。只有犯罪事实的存在还不能作出立案的决定,只有当这种犯罪事实是依法需要追究行为人的刑事责任的,方能立案。

此外,我国《刑事诉讼法》第15条和第110条还规定了不应立案的三种情形:第一类是没有犯罪事实。即没有危害社会的行为发生或虽有危害社会的后果,但不属于犯罪事实。第二类是虽有危害社会的行为,但情节显著轻微,危害不大,《刑法》不认为是犯罪的。第三类是虽有犯罪行为发生,但犯罪嫌疑人、被告人具有不应当追究刑事责任的情形:犯罪已过追诉时效期限的;经特赦令免除刑罚的;依照《刑法》告诉才处理的犯罪,没有告诉或者撤回告诉的;犯罪嫌疑人、被告人死亡的;其他法律规定免予追究刑事责任的。对于上述各类情形如已立案追究的,应当撤销案件,或者不起诉,或者终止审理,或者宣告无罪。

▶四、立案的程序

立案的程序,是立案阶段中各种诉讼活动的次序和形式,它包括对立案材料的接受、审查和处理三个步骤。

(一)对立案材料的接受

公安机关、人民检察院和人民法院对于报案、控告、举报或者自首的材料,不论是否属于自己管辖,都应及时接受。不得以任何理由加以拒绝、推诿或拖延。对于不属于本机关管辖的,应当先接受下来,再根据管辖范围及时移送主管机关处理,并通知有关控告人、举报人;对于不属于自己管辖又必须采取紧急措施的,应当先采取紧急措施,然后移送主管机关处理,以防止犯罪嫌疑人逃跑、自杀、行凶或毁灭证据等情况发生。

(二)对立案材料的审查

我国《刑事诉讼法》第110条规定,公安机关、人民检察院和人民法院对于报案、控告、举报和犯罪人的自首材料,应当按照管辖范围及时进行审查,只要认为有犯罪事实存在,并且依法需要追究刑事责任的,应当决定立案。

(三)对立案材料的处理

对立案材料的处理,是指公安机关、人民检察院和人民法院对报案、控告、举报和自首等材料审查后,依据事实和法律所作出的结论和处置。经过审查认为有犯罪事实发生需要追究刑事责任,且属于本机关管辖的,应报本机关主管负责人批准决定立案。根据我国《刑事诉讼法》第112条的规定,对于自诉案件,被害人有权向人民法院直接起诉。被害人死亡或者丧失行为能力的,被害人的法定代理人、近亲属有权向人民法院起诉,人民法院应当依法受理。经过审查认为没有犯罪事实,或者情节显著轻微,危害不大,不需要追究刑事责任的,应当作出不予立案的决定,并制作不立案决定书,在7日内将不立案决定书送达控告人、报案人、举报人,说明不立案的原因和理由,控告人如果不服不立案决定,可以申请复议。

(四) 立案监督

人民检察院对立案的监督,是指人民检察院依法对公安机关的立案活动是否合法进行监督。我国《刑事诉讼法》第111条规定:“人民检察院认为公安机关对应立案侦查的案件而不立案侦查的,或者被害人认为公安机关对应当立案侦查的案件而不立案侦查,向人民检察院提出的,人民检察院应当要求公安机关说明不立案的理由。人民检察院认为公安机关不立案理由不能成立的,应当通知公安机关立案,公安机关接到通知后应立案。”

第九节 侦　　查

引导案例

一天夜里11时许,王某(男,28岁)在公路上持刀拦截一辆货车,将车门玻璃砸碎强行将驾驶员孔某拖下车搜身遭孔某反抗,王某持刀将孔某捅成重伤并劫走其身上现金1500元。正在货车车厢里睡觉的姚某和李某听到动静后下车将王某抓获并向公安机关报案。公安机关立即派员赶赴现场将王某带至公安机关进行审查。

公安机关在办理此案时应当进行哪些侦查行为?

一、侦查的概念和原则

侦查,是指公安机关、人民检察院在办理刑事案件过程中,依照法律进行的专门调查工作和有关的强制性措施。在我国,侦查的主体是公安机关、人民检察院以及其他法律特别授予侦查权的机关,如国家安全机关、军队的保卫部门、监狱等。

侦查是一个独立的诉讼阶段,其任务就是查明案情和查获犯罪人。侦查是刑事诉讼中独立的诉讼阶段,是公诉案件的必经程序,是提起公诉和审判的基础,若侦查的根基不牢,起诉、审判就不能顺利进行。侦查权是依法收集证据,揭露和证实犯罪,查获犯罪人,并采取必要的强制措施的权力。它与审判权、检察权同属于司法权,是国家权力的重要组成。

二、侦查行为

侦查要经过侦查人员一系列的具体行为才能完成。根据《刑事诉讼法》的规定,侦查主要包括以下行为:

(一)讯问犯罪嫌疑人

讯问犯罪嫌疑人,是指侦查人员为了查明案情和其他与案件有关的情况,依照法定程序,以言词方式正面审问犯罪嫌疑人,直接取得犯罪嫌疑人供述和辩解的一种侦查活动。讯问犯罪嫌疑人是一项十分复杂艰巨的工作,侦查人员在讯问时必须遵守法律规定的程序。

(二)询问证人、被害人

询问证人,是指侦查人员依照法定程序,以言词方式向证人了解案件情况的一种诉讼行为。询问证人只能由侦查人员进行,询问时,可以到证人所在单位或者住处进行,但必须出示有关的证明文件,在必要时,也可以通知证人到人民检察院或者公安机关来提供证言。

询问被害人,是指侦查人员依照法定程序以言词方式向直接遭受犯罪行为侵害的人就其遭受的侵害以及犯罪嫌疑人的有关情况进行调查询问的一项侦查活动。

(三)勘验、检查

勘验、检查,是指侦查人员对与犯罪有关的场所、物品、人身、尸体亲临查看、了解与检查,以发现和固定犯罪活动所遗留下来的各种痕迹和物品的一种诉讼活动。勘验、检查可以分为现场勘验、物证检查、人身检查、尸体检验和侦查实验。

(四)搜查

搜查,是指侦查人员为了收集证据、查获犯罪人而对犯罪嫌疑人以及可能隐藏罪犯或者犯罪证据的人的身体、物品、住处和其他有关的地方进行搜索检查的一种侦查活动。搜查的目的是收集犯罪证据,查获犯罪人。搜查直接关系到公民的人身自由和住宅不受侵犯的权利。在侦查中,搜查只能由公安机关或者人民检察院的侦查人员进行,其他任何机关、团体和个人都无权对公民的人身或住宅进行搜查。非法搜查他人身体、住宅是一种违法犯罪行为。

(五)查封、扣押

查封、扣押,是指侦查机关依法强行查封、扣留和提存与案件有关的财物、文件的一种侦查活动。我国《刑事诉讼法》第139条第1款规定:"在侦查活动中发现的可用以证明犯罪嫌疑人有罪或者无罪的各种财物、文件,应当查封、扣押;与案件无关的财物、文件,不得查封、扣押。"在侦查过程中,侦查机关查封、扣押与案件有关的财物、文件,可以获取和保全物证、书证、视听资料、电子数据等证据,防止其损毁和被隐匿,从而用以认定案情,查明犯罪,保障刑事诉讼活动的顺利进行。

(六) 查询、冻结

查询、冻结,是指侦查机关根据侦查犯罪的需要而依法向银行或者其他金融机构、邮电机关查询犯罪嫌疑人的存款、汇款,在必要时予以冻结的一种侦查活动。我国《刑事诉讼法》第142条第1款规定:"人民检察院、公安机关根据侦查犯罪的需要,可以依照规定查询、冻结犯罪嫌疑人的存款、汇款、债券、股票、基金份额等财产。有关单位和个人应当配合。"

(七) 鉴定

鉴定,是指公安机关、人民检察院为了查明案情,指派或者聘请具有专门知识的人对案件中的专门性问题进行鉴别和判断的一种侦查活动。鉴定是一种重要的侦查手段,为了保证其客观、公正,鉴定人只能由侦查机关指派或者聘请的同案件以及案件当事人无利害关系而又具有专门知识的人担任。侦查中经常采用的鉴定有:法医鉴定、刑事科学技术鉴定、司法精神病学鉴定、文物鉴定、会计鉴定和一般技术鉴定等。

(八) 辨认

辨认,是指侦查人员为了查明案情,让被害人、证人以及犯罪嫌疑人对与犯罪有关的物品、文件、尸体、场所或者让被害人、证人对犯罪嫌疑人进行分辨、指认的侦查行为。辨认对于核实证据、查获犯罪嫌疑人具有重要意义。

(九) 技术侦查

我国《刑事诉讼法》第148条规定:"公安机关在立案后,对于危害国家安全犯罪、恐怖活动犯罪、黑社会性质的组织犯罪、重大毒品犯罪或者其他严重危害社会的犯罪案件,根据侦查犯罪的需要,经过严格的批准手续,可以采取技术侦查措施。人民检察院在立案后,对于重大的贪污、贿赂犯罪案件以及利用职权实施的严重侵犯公民人身权利的重大犯罪案件,根据侦查犯罪的需要,经过严格的批准手续,可以采取技术侦查措施,按照规定交有关机关执行。追捕被通缉或者批准、决定逮捕的在逃的犯罪嫌疑人、被告人,经过批准,可以采取追捕所必需的技术侦查措施。"

技术侦查措施涉及公民的各种权利,如果使用不当,会严重侵害相关人的自由权、隐私权、名誉权、肖像权等多种权利。因此,必须严格按照法律规定和相关要求进行。

(十) 通缉

通缉,是指公安机关通令缉拿应当逮捕而在逃的犯罪嫌疑人的一种侦查措施。通缉的对象必须是依法应当逮捕而在逃的犯罪嫌疑人,包括已经被逮捕在羁押期间逃跑的犯罪嫌疑人。通缉令只能由公安机关发布,检察机关需要通缉的,由检察长决定,报送公安机关,由公安机关发布通缉令。

三、侦查终结

侦查终结,是指侦查机关对于自己立案侦查的案件,经过一系列的侦查活动,根据已经查明的事实、证据和有关的法律规定,足以认定犯罪嫌疑人是否有罪和应否对其追究刑事责任而决定结束侦查,依法对案件作出处理或提出处理意见的一项诉讼活动。侦查终结的案件,应当做到犯罪事实清楚,证据确实、充分,并且写出起诉意见书,连同案卷材料、证据一并移送同级人民检察院审查决定。侦查终结必须具备三个条件,即案件事实已经查清,证据确实充分,法律手续完备。

四、补充侦查

补充侦查,是指公安机关或者人民检察院依照法定程序,在原有侦查工作的基础上,就案件中的部分事实、情节重新进行查证的一种侦查活动。补充侦查是刑事诉讼中的一个重要程序,是对原侦查工作的继续和补充,根据我国《刑事诉讼法》的规定,补充侦查有下列两种形式:

(1) 退回补充侦查。是指决定补充侦查的人民检察院将案件退回公安机关进行补充侦查。退回补充侦查的案件,必须是公安机关立案侦查的案件,人民检察院不能将自己直接受理的刑事案件退回给公安机关进行补充侦查。

(2) 自行补充侦查。是指决定补充侦查的人民检察院不将案件退回公安机关,而自行对案件进行补充侦查。在审查起诉和法庭审理阶段的补充侦查,人民检察院都可以自行补充侦查。

我国《刑事诉讼法》第 171 条规定,人民检察院审查起诉的案件,对于需要补充侦查的,可以退回公安机关补充侦查,也可以自行侦查。对于补充侦查的案件,应当在 1 个月内补充侦查完毕。补充侦查以两次为限。

第十节　起　诉

引导案例

2009 年 9 月,某县一居民郑某家中发生了一起盗窃案。县公安局经立案侦查后认为李某有重大嫌疑。侦查终结后,县公安局于 2009 年 10 月 31 日将案件移送至县人民检察院审查起诉。县检察院接到县公安局移送起诉的案件,对犯罪嫌疑人进行了讯问,认为证据不足,遂于 11 月 12 日退回县公安局补充侦查。

12月19日，县公安局补充侦查完毕，再次移送起诉。县人民检察院经审查，认为证据仍然不足以证明李某实施了盗窃行为，于2010年2月10日作出证据不足不起诉的决定，公开宣布，并于2月12日将不起诉决定送达公安局、犯罪嫌疑人李某、被害人郑某。县公安局认为不起诉决定不当，继续羁押李某，向上一级检察院提请复议，上级检察院维持了不起诉决定；郑某对不起诉决定不服，向人民法院提起诉讼，法院以未先行向检察机关申诉为由拒绝受理。

请分析：本案刑事诉讼程序有何不当之处？并说明理由。

起诉，是指享有控诉权的国家机关或者公民，依法向法院提起诉讼，请求法院对指控的内容进行审判，以确定被告人的刑事责任并依法对被告人予以刑事制裁的诉讼活动。根据行使权的主体不同，刑事起诉分为公诉与自诉两种方式。公诉的追诉权主体是国家专门机关，人民检察院是我国唯一的公诉机关；自诉的追诉权主体是刑事被害人及其法定代理人、近亲属等。在我国，只有少数由人民法院直接受理的刑事案件由被害人等自诉，绝大多数刑事案件都由人民检察院代表国家公诉。

一、提起公诉的程序

公诉，即人民检察院代表国家向人民法院起诉，指控犯罪的诉讼活动。提起公诉是人民检察院的主要职能之一，是由一系列职权活动构成，包括审查起诉、提起公诉、出庭支持公诉以及由提起公诉派生出来的不起诉。

（一）审查起诉

审查起诉，是指案件侦查终结后由人民检察院对侦查机关确认的犯罪事实和证据进行全面审查核实，决定是否将犯罪嫌疑人提交人民法院审判的一项诉讼活动。

我国《刑事诉讼法》第167条规定，凡需要提起公诉的案件，一律由人民检察院审查决定。根据我国《刑事诉讼法》第168条的规定，人民检察院审查起诉的内容包括以下五个方面：(1) 犯罪事实、情节是否清楚，证据是否确实、充分，犯罪性质和罪名的认定是否正确。(2)有无遗漏罪行和其他应当追究刑事责任的人。(3) 是否属于不应当追究刑事责任的情况。(4) 有无刑事附带民事诉讼。(5) 侦查活动是否合法。

审查起诉的步骤和方法包括：(1) 审阅案卷材料和证据。(2) 讯问犯罪嫌疑人。(3) 听取犯罪嫌疑人委托的人的意见。(4) 听取被害人及其委托的人的意见。(5) 询问证人。(6) 调查核实其他证据。(7) 补充侦查。根据我国《刑事诉讼法》第169条以及第171条第2款、第3款和第4款的规定，人民检察院对于公安机关移送起诉的案件，应当在1个月以内作出决定，重大复杂的案件，可以延长半个月;对于符合起诉条件的案件应提起公诉;对于需要补充侦查的,可以退回公安机关补充侦查,也可以自行侦查;对于经补充侦查仍然认为证据不足,不符合起诉条件的,可以作出不起诉的决定。

(二) 提起公诉

提起公诉,是指人民检察院代表国家指控被告人犯罪,请求人民法院审判被告人的行为,确定被告人刑事责任并予以刑事制裁的诉讼活动。

根据我国《刑事诉讼法》第172条的规定,人民检察院决定提起公诉的案件,必须同时具备以下三个条件:(1) 犯罪事实已经查清。这是决定提起公诉的事实根据。犯罪事实,是指对定罪量刑有影响的全部犯罪事实,没有遗漏罪行和犯罪事实。若审查后发现未具备此条件,则不能作出提起公诉的决定。(2) 证据确实、充分。这是决定提起公诉的证据要求。即已经查清的犯罪事实,必须有确实、充分的证据加以证明,不存在任何矛盾和疑点。证据不可靠或者证据不足,不能作出提起公诉的决定。(3) 依法应当追究犯罪嫌疑人的刑事责任。这是决定提起公诉的法律标准。如果犯罪嫌疑人的行为没有构成犯罪或者虽然构成犯罪,但依法不应当追究刑事责任的,也不能作出提起公诉的决定。

(三) 不起诉

不起诉,是指人民检察院对公安机关侦查终结移送起诉的案件或自行侦查终结的案件进行审查后,认为犯罪嫌疑人的行为不构成犯罪,或者依法不应当追究刑事责任,或者犯罪情节轻微,依法不需要判处刑罚或可以免除刑罚的,以及证据不足不符合起诉条件的,作出不将犯罪嫌疑人提交人民法院审判的一种诉讼活动。

根据我国《刑事诉讼法》第173条第1款、第2款、第171条第4款、第271条和第279条的规定,不起诉有五种情况:

(1) 法定不起诉。法定不起诉,是指起诉机关对侦查终结移送起诉的案件审查后,认为案件符合不追究刑事责任的法定情形,就应当作出不起诉决定的诉讼活动。法定情形是指:情节显著轻微,危害不大,不认为是犯罪的;犯罪已过追诉时效期限的;经特赦令免除刑罚的;依照刑法告诉才处理的犯罪,没有告诉或者撤回告诉的;犯罪嫌疑人、被告人死亡的;其他法律规定免予追究刑事责任的。此外,人民检察院在审查起诉中发现犯罪嫌疑人的行为不构成犯罪或者根本就没有犯罪事实的,也应当作出不起诉的决定。

(2) 酌定不起诉。酌定不起诉,是指起诉机关对侦查终结移送起诉的案件审查后,可以依照法律酌情考虑,既可以起诉也可以不起诉。在这种情况下,起诉机关拥有自由裁量权,可以根据具体案件和被告人的悔罪表现来决定起诉还是不起诉,又称相对不起诉。从《刑事诉讼法》的规定看,酌定不起诉的适用必须同时具备两个条件:一是犯罪嫌疑人的行为已经构成犯罪,应当负刑事责任;二是犯罪行为情节轻微,依照《刑法》规定不需要判处刑罚或者免除刑罚。

(3) 证据不足不起诉。这也是酌定不起诉的一种情形。具体指《刑事诉讼法》第 171 条第 4 款规定的不起诉,即对于补充侦查的案件,人民检察院仍然认为证据不足,不符合起诉条件的,可以作出不起诉的决定。这是无罪推定原则的具体体现,对于保护犯罪嫌疑人的合法权益,解决对犯罪嫌疑人久羁不决的问题,具有重要意义。但是,对于证据不足不起诉的案件,如果发现新的证据,符合起诉条件的,只要不超过法定追诉时效的期限,人民检察院可以撤销不起诉的决定,决定提起公诉。

(4) 附条件不起诉。附条件不起诉,是指人民检察院对于涉嫌《刑法》分则第四、五、六章规定的犯罪,可能判处一年有期徒刑以下刑罚,符合起诉条件但有悔罪表现的未成年犯罪嫌疑人,给予一定的考验期,期满没有法定情形便不再起诉的一种不起诉决定。

(5) 刑事和解不起诉。《刑事诉讼法》第 279 条规定:"对于达成和解协议的案件,公安机关可以向人民检察院提出从宽处理的建议。人民检察院可以向人民法院提出从宽处罚的建议;对于犯罪情节轻微,不需要判处刑罚的,可以作出不起诉的决定。"对因亲友、邻里及同学同事之间纠纷等引发的轻微刑事案件,要本着"冤家宜解不宜结"的精神,着重从化解矛盾、解决纠纷的角度正确处理。对于轻微刑事案件中犯罪嫌疑人认罪悔过、赔礼道歉、积极赔偿损失并得到被害人谅解,双方达成刑事和解并切实履行的,可以依法不起诉。

人民检察院决定不起诉,应当制作《不起诉决定书》,主要内容包括:被不起诉人的基本情况;案由和案件来源;案件事实;不起诉的根据与理由和有关告知事项。《不起诉决定书》应当公开宣布,一经公开宣布即发生法律效力,如果被告人在押,应当立即释放。人民检察院应当将《不起诉决定书》送达被不起诉人和他的所在单位、原侦查机关。有被害人的案件还应当送达被害人。

二、提起自诉的程序

自诉,是指被害人及其法定代理人或者近亲属自行向人民法院起诉,指控犯罪的诉讼活动。我国《刑事诉讼法》及其有关司法解释对自诉的程序作了明确的规定。

提起自诉应当具备以下条件:(1) 自诉人是本案的被害人或者其法定代理人、近亲属。(2) 案件属于自诉案件的范围。(3) 有明确的被告人、具体的诉讼请求和证明被告人犯罪事实的证据。(4) 受诉人民法院有管辖权。

提起自诉,应当向人民法院提交刑事自诉状;提起附带民事诉讼的,应当提交刑事附带民事诉讼状。自诉人书写自诉状确有困难的,可以口头告诉,由工作人员制作告诉笔录,向自诉人宣读,自诉人确认无误后,应当签名或者盖章。

人民法院应当在收到自诉状或者口头告诉的第二日起 15 日以内作出是否立案的决定,并书面通知自诉人或者代为告诉人。

第十一节 审判程序

引导案例

张某、王某、李某共同诈骗一案,县人民法院在庭前初步审查过程中,认为起诉书事实不清、证据不足,退回人民检察院补充侦查。检察机关补充侦查后再起诉。一审法院经过审理,以诈骗罪判处张某有期徒刑 8 年,王某有期徒刑 5 年,李某有期徒刑 2 年,缓刑 2 年。一审宣判后,张某向市中级人民法院提出上诉,王某、李某表示不上诉。于是一审人民法院在将判决书送达给三被告的次日,将被告王某、李某交付执行,张某由市中级人民法院进行二审。二审人民法院经过审理认为一审适用法律不当,裁定撤销原判,将案件发回一审法院重审。一审人民法院由原合议庭成员对案件重新审理后,改判张某有期徒刑 9 年。张某不服提出上诉,二审人民法院认为判决认定事实仍不清,于是再次裁定撤销原判,将案件发回一审人民法院重审。

根据我国《刑事诉讼法》的规定,此案在处理上,存在哪些诉讼程序上的错误,并简要说明理由。

一、刑事审判概述

(一) 刑事审判的概念与任务

刑事审判,是指人民法院依照法律规定的权限和程序对人民检察院提起公诉或自诉人提起自诉的案件进行审理和裁判的诉讼活动。它是整个刑事诉讼的最重要阶段,是国家权威和法治的具体体现。

根据《刑事诉讼法》的规定,我国人民法院的刑事审判可分为第一审、第二审、死刑复核和审判监督四种,四种审判的原则、制度和程序以及任务各不相同。

(二) 审判组织

审判组织,是指人民法院审判案件的组织形式。我国的审判组织形式有独任制和合议制。审判委员会是人民法院内部对审判工作实行集体领导的组织形式。根据我国《刑事诉讼法》第 178 条、第 179 条、第 180 条的规定:基层人民法院、中级人民法院审判第一审案件,应当由审判员 3 人或者由审判员和人民陪审员共3人组成合议庭进行，但基层人民法院适用简易程序的案件可以由审判员1人独任审判。合议庭由院长或者庭长指定审判员1人担任审判长。院长或者庭长参加审判案件的时候，自己担任审判长。合议庭进行评议的时候，如果意见分歧，应当按多数人的意见作出决定，但少数人的意见应当写入笔录。评议笔录由合议庭的组成人员签名。合议庭开庭审理并且评议后，应当作出判决。对于疑难、复杂、重大的案件，合议庭认为难以作出决定的，由合议庭提请院长决定提交审判委员会讨论决定。审判委员会的决定，合议庭应当执行。

二、第一审程序

第一审程序，是指人民法院对人民检察院提起公诉和自诉人提起自诉的案件进行初次审判的活动程序。第一审是审判的必经程序。根据我国《刑事诉讼法》的规定，第一审程序分为第一审普通程序与简易程序。

（一）第一审普通程序

根据起诉主体的不同，第一审程序分为公诉案件的第一审程序、自诉案件的第一审程序。

公诉案件的第一审普通程序的具体步骤包括庭前审查、开庭准备、法庭审判。

1. 庭前审查

人民法院收到人民检察院的起诉书后，应当对案件进行庭前审查，并决定是否开庭审理。对于起诉书中有明确的指控犯罪事实并且附有证据目录、证人名单和主要证据复印件或者照片的，应当决定开庭审判。对于不属于本院管辖的或者被告人不在案的，应当退回人民检察院；对于需要补送材料的，应当通知人民检察院在3日内补送；对于符合《刑事诉讼法》第15条第(2)项至第(6)项规定情形的，应当裁定中止审理或者决定不予审理。

2. 开庭准备

根据我国《刑事诉讼法》第182条的规定，人民法院决定开庭审判后，应当进行下列开庭准备工作：(1) 确定合议庭的组成人员。(2) 将人民检察院的起诉书副本至迟在开庭10日以前送达被告人。对于被告人未委托辩护人的，告知被告人可以委托辩护人，或者在必要的时候指定承担法律援助义务的律师为其提供辩护。(3) 将开庭的时间、地点在开庭3日以前通知人民检察院。(4) 传唤当事人，通知辩护人、诉讼代理人、证人、鉴定人和翻译人员，传票和通知书至迟在开庭3日以前送达。(5) 公开审判的案件，在开庭3日以前先期公布案由、被告人姓名、开庭时间和地点。

3. 法庭审判

(1) 开庭。审判长宣布开庭,并传唤当事人到庭。查明当事人是否到庭后,宣布案由;宣布合议庭的组成人员、书记员、公诉人、辩护人、诉讼代理人、鉴定人和翻译人员的名单;告知当事人有权对合议庭组成人员、书记员、公诉人、鉴定人和翻译人员申请回避;告知被告人享有辩护权利。

(2) 法庭调查。公诉人宣读起诉书后,被告人、被害人可以就起诉书指控的犯罪事实进行陈述,公诉人可以讯问被告人。被害人、附带民事诉讼的原告人和辩护人、诉讼代理人,经审判长许可,可以向被告人发问。审判人员可以讯问被告人、公诉人、当事人或者辩护人、诉讼代理人对证人证言有异议,且该证人证言对案件定罪量刑有重大影响,人民法院认为证人有必要出庭作证的,证人应当出庭作证。人民警察就其执行职务时目击的犯罪情况作为证人出庭作证,适用前款规定。公诉人、当事人或者辩护人、诉讼代理人对鉴定意见有异议,人民法院认为鉴定人有必要出庭的,鉴定人应当出庭作证。经人民法院通知,鉴定人拒不出庭作证的,鉴定意见不得作为定案的根据。经人民法院通知,证人没有正当理由不出庭作证的,人民法院可以强制其到庭,但是被告人的配偶、父母、子女除外。证人没有正当理由拒绝出庭或者出庭后拒绝作证的,予以训诫,情节严重的,经院长批准,处以10日以下的拘留。被处罚人对拘留决定不服的,可以向上一级人民法院申请复议。复议期间不停止执行。证人作证,审判人员应当告知他要如实地提供证言和有意作伪证或者隐匿罪证要负的法律责任。公诉人、当事人和辩护人、诉讼代理人经审判长许可,可以对证人、鉴定人发问。审判长认为发问的内容与案件无关的时候,应当制止。审判人员可以询问证人、鉴定人。公诉人、辩护人应当向法庭出示物证,让当事人辨认,对未到庭的证人的证言笔录、鉴定人的鉴定意见、勘验笔录和其他作为证据的文书,应当当庭宣读。审判人员应当听取公诉人、当事人和辩护人、诉讼代理人的意见。法庭审理过程中,合议庭对证据有疑问的,可以宣布休庭,对证据进行调查核实。人民法院调查核实证据,可以进行勘验、检查、查封、扣押、鉴定和查询、冻结。

(3) 法庭辩论。经审判长许可,公诉人、当事人和辩护人、诉讼代理人可以对案件事实、相关证据和适用法律等问题发表意见、互相辩论。在辩论中如果发现新的事实、合议庭认为有必要调查的,审判长可以宣布停止法庭辩论,恢复法庭调查。

(4) 被告人的最后陈述。这是刑事审判特有的一个独立阶段,是被告人最后一次为自己辩护的机会。如果被告人在最后陈述中提出新的事实、证据,合议庭认为可能影响正确裁判的,应当恢复法庭调查。

(5) 评议与宣判。审判长宣布休庭后,合议庭进行评议,根据已经查明的事实、证据和有关的法律规定，分别作出以下判决：① 案件事实清楚，证据确实、充分，依据法律认定被告人有罪，应当作出有罪判决；② 依据法律认定被告人无罪的，应当作出无罪判决；③ 证据不足，不能认定被告人有罪的，应当作出证据不足、指控的犯罪不能成立的无罪判决。合议庭评议一律不公开，但是，宣告判决一律公开进行。

根据我国《刑事诉讼法》第 202 条的规定：人民法院审理公诉案件，应当在受理后 2 个月以内宣判，至迟不得超过 3 个月。对于可能判处死刑的案件或者附带民事诉讼的案件，以及有本法第 156 条规定情形之一的，经上一级人民法院批准，可以延长 3 个月；因特殊情况还需要延长的，报请最高人民法院批准。

人民法院改变管辖的案件，从改变后的人民法院收到案件之日起计算审理期限。

自诉案件的第一审普通程序与公诉案件的基本相同。但由于自诉案件是由享有自诉权的人提起的直接侵害公民个人合法权益的轻微刑事案件，《刑事诉讼法》对其审判程序作了一些特殊的规定：(1) 对于告诉才处理的案件或者被害人有证据证明的轻微刑事案件，人民法院可以调解结案。(2) 自诉人在宣告判决前，可以同被告自行和解或者撤回自诉。自诉人经两次依法传唤，无正当理由拒不到庭的，或者未经法庭许可中途退庭，按撤诉处理。(3) 告诉才处理的案件或者被害人有证据证明的轻微刑事案件的被告人及其法定代理人，在诉讼过程中，可以对自诉人提起反诉，即被告人作为被害人向人民法院提起诉讼，控告自诉人犯有与本案有关的犯罪行为，要求追究自诉人刑事责任。

（二）简易程序

简易程序，是指在第一审程序中，基层人民法院审理某些事实清楚、情节简单、犯罪轻微的刑事案件所适用的较普通程序相对简化的程序。

根据我国《刑事诉讼法》第 208 条的规定：人民法院对于下列案件，可以适用简易程序：基层人民法院管辖的案件，符合下列条件的，可以适用简易程序审判：(1) 案件事实清楚、证据充分的；(2) 被告人承认自己所犯罪行，对指控的犯罪事实没有异议的；(3) 被告人对适用简易程序没有异议的。人民检察院在提起公诉的时候，可以建议人民法院适用简易程序。

根据我国《刑事诉讼法》第 209 条和《刑诉法解释》第 290 条的规定，有下列情形之一的，不适用简易程序：

(1) 被告人是盲、聋、哑人；(2) 被告人是尚未完全丧失辨认或者控制自己行为能力的精神病人；(3) 有重大社会影响的；(4) 共同犯罪案件中部分被告人不认罪或者对适用简易程序有异议的；(5) 辩护人作无罪辩护的；(6) 被告人认罪但经审查认为可能不构成犯罪的；(7) 其他不宜适用简易程序审理的。

适用简易程序审理的案件,人民法院应当在受理后 20 日审结;对可能判处的有期徒刑超过 3 年的,可以延长至 1 个半月。

三、第二审程序

第二审程序,是指上一级人民法院根据当事人的上诉或人民检察院的抗诉,对于下一级人民法院未生效的判决或裁定进行重新审理所适用的程序。

(一)上诉、抗诉的提起

上诉,是指当事人及其法定代理人不服第一审法院的判决或裁定,在法定期限内依照法定程序要求上一级人民法院对案件重新审判的诉讼行为。根据我国《刑事诉讼法》第 216 条的规定,有权提起上诉的人员是:(1)自诉人及其法定代理人。(2)被告人及其法定代理人。(3)经被告人同意的辩护人、近亲属。(4)附带民事诉讼的当事人及其法定代理人有权对附带民事诉讼部分判决、裁定提出上诉。

关于上诉的理由,我国《刑事诉讼法》没有规定任何限制性条件。因此,上诉人在法定期间内提出上诉,不论理由是否充分,人民法院都应当受理。

抗诉,是指地方各级人民检察院认为本级人民法院的第一审判决或裁定确有错误,在法定抗诉期限内,依照法定程序提请上千级人民法院对案件重新审理的诉讼活动。有权提出抗诉的机关是认为本级人民法院第一审判决或裁定确有错误的地方各级人民检察院。

关于抗诉的理由,根据我国《刑事诉讼法》第 217 条的规定,人民检察院只有在有充分的根据认定原判决、裁定"确有错误"时,才能提出抗诉。

根据我国《刑事诉讼法》第 219 条的规定,不服判决的上诉和抗诉的期限是 10 日,不服裁定的上诉和抗诉的期限是 5 日。期限从接到判决书、裁定书的第 2 日起算。

被害人及其法定代理人不服地方各级人民法院第一审判决的,自收到判决书后 5 日以内,有权请求人民检察院提出抗诉。人民检察院应当立即对请求人的资格、请求的时间和理由进行审查,并自收到请求后 5 日内作出是否抗诉的决定,答复请求人。

(二)上诉、抗诉案件的审判

1. 第二审程序的审判原则

(1)全面审查原则。即第二审人民法院应当就第一审判决认定的事实和适用法律进行全面审查,不受上诉或者抗诉范围的限制。共同犯罪的案件只有部分被告人上诉的,应当对全案进行审查,一并处理。

(2)上诉不加刑原则。即第二审人民法院审判被告人一方上诉的案件不得以任何理由加重被告人刑罚。但是人民检察院提出抗诉或者自诉人提出上诉的,不受该原则的限制。

2. 第二审案件审理后的处理

根据我国《刑事诉讼法》第225条至第227条的规定,第二审人民法院对不服第一审判决的上诉、抗诉案件进行审理后,应按下列情形分别作出处理:(1) 原判决认定事实正确,证据确实、充分,适用法律正确,量刑适当的,应当裁定驳回上诉或抗诉,维持原判。(2) 原判决认定事实没有错误,但适用法律有错误,或者量刑不当的,应当改判。(3) 原判决事实不清楚或证据不足的,可以在查清事实后改判,也可以裁定撤销原判,发回原审人民法院重新审判。(4) 第二审人民法院发现第一审人民法院有违反法律规定的诉讼程序的情形的,应当裁定撤销原判,发回原审人民法院重新审判。

发回重新审判的案件,原审人民法院应按照第一审程序另行组成合议庭进行审理,对其判决、裁定仍可上诉或抗诉。

第二审人民法院受理上诉、抗诉案件,应当在2个月以内审结。对于可能判处死刑的案件或者附带民事诉讼的案件,以及有《刑事诉讼法》第156条规定情形之一的,经省、自治区、直辖市高级人民法院批准或者决定,可以延长2个月;因特殊情况还需要延长的,报请最高人民法院批准。但是,最高人民法院受理上诉、抗诉案件,案件需要延长审理期限的,由最高人民法院决定。

第十二节 执　　行

引导案例

叶某在愚昧思想的驱使下,私掘他人坟墓并侮辱尸体,损害了社会风俗,涉嫌侮辱尸体罪,于2012年4月7日被公安机关逮捕并羁押于当地看守所。2012年7月4日,当地人民法院作出判决,判处叶某有期徒刑1年。判决生效后,人民法院将判决书、执行通知书交看守所。看守所没有将叶某押往监狱执行,而是放在看守所代为执行。

结合我国《刑事诉讼法》的规定,本案中看守所的做法是否符合法律规定?

刑事诉讼中的执行,是指人民法院、人民检察院、公安机关及刑罚执行机关等将已经发生法律效力的判决、裁定所确定的内容依法付诸实施,以及解决实施中出现的变更执行等问题而进行的活动。

执行是刑事诉讼立案、侦查、起诉、审判和执行五个阶段中的最后一个阶段,也是使刑罚权得以实现的关键程序。但是,并非判决、裁定的整个执行过程和一切活动都属于刑事诉讼的范围。刑事执行中,属于刑事诉讼范畴的执行活动仅包括以下两个方面的内容:一是将已经发生法律效力的判决、裁定确定的刑罚等内容付诸实施的执行活动;二是处理判决、裁定执行过程中发生的刑罚变更等问题所进行的活动。而执行机关对罪犯进行的监管、教育、组织劳动生产等活动,则属于司法行政活动,而非刑事诉讼性质的活动。

各种判决的执行包括:(1) 死刑立即执行判决的执行;(2) 死刑缓期两年执行、无期徒刑、有期徒刑判决的执行;(3) 拘役判决的执行;(4) 管制、宣告缓刑判决的执行;(5) 剥夺政治权利判决的执行;(6) 罚金、没收财产、附带民事诉讼判决的执行;(7) 无罪、免除刑事处罚判决的执行。

执行的变更,是指人民法院、监狱及其他执行机关对生效判决在交付执行或执行过程中出现法定需要改变刑罚种类或执行方法的情形后,依照法定程序予以改变的活动。执行的变更包括:(1) 死刑立即执行的变更;(2) 死刑缓期二年的执行的变更;(3) 暂予监外执行;(4) 减刑;(5) 假释;(6) 对新罪、漏罪的追究;(7) 对错判和申诉的处理。

第十三节　特殊程序

引导案例

青年张某,男,1994 年 7 月 10 日出生。2011 年 1 月因迷恋网络游戏,在没有钱去网吧上网的情况下,在公共汽车上趁女士王某不注意,盗取了她的手袋。后因王某及时发现手袋丢失,在公交车上与热心人一起寻找,将张某所盗其手袋发现,里面有现金 3000 元。由于 3000 元已经达到我国《刑法》中盗窃罪的起刑点,公安机关在侦查终结后,认为张某是未成年人,一贯表现良好,悔罪态度诚恳,他的行为并未造成严重的社会危害后果,为此决定对其使用附条件不起诉。

请谈谈你对本案的认识。

一、死刑复核程序

死刑复核程序,是指人民法院对判处死刑的案件进行复审核准所遵循的特别审判程序。死刑复核程序是一项特殊而又十分重要的审判程序,设立该程序的意义在于:可以确保适用死刑的正确性,正确贯彻“少杀、慎杀”方针,防止死刑的滥用,同时也有利于从诉讼程序上保证统一死刑的执法尺度,防止地区之间宽严不一。

(一) 判处死刑立即执行案件的复核程序

死刑案件核准权自2007年1月1日开始收归最高人民法院统一行使,死刑核准制度重大改革如期实施到位。

最高人民法院复核死刑案件,应当由审判员3人组成合议庭进行。最高人民法院对于报请核准的案件经过复核以后,根据不同情况,分别作出如下处理:(1)原审判决认定事实和适用法律正确、量刑适当的,裁定核准死刑(2)原审判决认定事实错误或者证据不足的,裁定撤销原判,发回原审人民法院重新审判。(3)原审判决认定事实正确,但适用法律错误,或者量刑不当,不同意判处死刑的,应当改判。(4)发现第一审人民法院或者第二审人民法院违反法律规定的诉讼程序,可能影响正确判决的,应当裁定撤销原判,发回第一审或者第二审人民法院重新审判。

以上核准死刑的决定和改判的判决均为终审裁判,立即生效。而发回原审人民法院重新审判的案件,重新审判后所作的判决、裁定,被告人可以提出上诉,人民检察院可以提出抗诉。

2012年修订的《刑事诉讼法》在死刑复核程序方面又增加了第239条和第240条,进一步完善了我国死刑复核程序的内容。

(二) 判处死刑缓期二年执行案件的复核程序

我国《刑法》第48条第1款规定:"对于应当判处死刑的犯罪分子,如果不是必须立即执行的,可以判处死刑同时宣告缓期二年执行。"由此可见,死刑缓期两年执行属于死刑范畴,而不是轻于死刑的一个刑种,它是我国独创的一种死刑执行制度。死刑缓期二年执行虽不立即执行死刑,但是如果在缓期二年执行期间故意犯罪的仍可能执行死刑,因此,法律规定的死刑复核程序中,也包括对判处死刑缓期二年执行的案件的复核,从诉讼程序上对其加以严格限制和监督。

我国《刑事诉讼法》第237条规定:"中级人民法院判处死刑缓期二年执行的案件,由高级人民法院核准。"可见,有死刑缓期二年执行案件核准权的,是各省、自治区、直辖市的高级人民法院和军事法院。

根据我国《刑事诉讼法》第238条的规定,高级人民法院复核死缓案件,应当由审判员三人组成合议庭进行。高级人民法院核准死刑缓期二年执行的案件,应当作出核准或者不核准的决定,不得以提高审级等方式加重被告人的刑罚。

二、审判监督程序

审判监督程序,又称再审程序,是指人民法院、人民检察院对已经发生法律效力的判决、裁定,发现其在认定事实或适用法律上确有错误,依法决定或提出对该案重新审判,由人民法院对案件重新进行审判所应采取的方式、方法等的总称。

审判监督程序是我国刑事审判程序的重要组成部分,但它并不是每个案件都必经的程序,只有对于已经发生法律效力而又确有错误的判决和裁定才能适用。因此,审判监督程序是刑事诉讼中的一种特殊程序。

1. 审判监督程序的材料来源

(1) 当事人及其法定代理人、近亲属的申诉;(2) 各级人民代表大会代表提出的纠正错案意见;(3) 人民群众的来信来访;(4) 司法机关通过办案或者复查案件对错案的发现;(5) 机关、团体、企业、事业单位和新闻媒体、网络等对生效裁判反映的意见。

2. 申诉

指有申诉权的人对已经发生法律效力的判决、裁定不服,要求人民法院或者人民检察院对案件进行重新审查并纠正错误判决的一种诉讼行为。有申诉权的人是指当事人及其法定代理人、近亲属。申诉权人提出的申诉是审判监督程序的重要材料来源,在司法实践中占有很大比重,是司法机关发现错误裁判的一个重要途径。

申诉是法律赋予当事人及其法定代理人、近亲属的一项重要的诉讼权利,申诉权人既可以向人民法院提出,也可以向人民检察院提出。刑事诉讼法对于提出申诉的时间没有期限性规定,不管生效的判决和裁定是何时作出的,判处的刑罚是否已经执行完毕,申诉权人只要认为有错误,就可以提出申诉。申诉是提起审判监督程序的重要材料来源,但它并不必然能够引起审判监督程序,是否进入审判监督程序,必须由司法机关根据事实和法律来确定。申诉的提出不能停止判决、裁定的执行。

3. 提起审判监督程序的主体

根据我国《刑事诉讼法》第 243 条的规定,我国法律对有权提起审判监督程序的主体及其权限作了严格限制。有权提起审判监督程序的机关、人员及其权限如下:

(1) 各级人民法院院长和审判委员会;(2) 最高人民法院对各级人民法院和上级人民法;(3) 最高人民检察院和上级人民检察。

▶三、未成年人犯罪案件诉讼程序

未成年人犯罪案件诉讼程序,是指对已满 14 岁不满 18 岁的人犯罪案件的处理程序。未成年人犯罪案件的诉讼程序是刑事诉讼中的特殊程序,其特点主要表现在犯罪主体的特殊性和诉讼程序的特殊性。

未成年人刑事诉讼除了应当遵循我国刑事诉讼法所规定的基本原则外，还应当根据未成年人案件诉讼程序特点，遵循如下原则：(1) 教育为主、惩罚为辅原则；(2) 分案处理原则；(3) 不公开审理原则；(4) 社会调查制度；(5) 犯罪记录封存。

1. 立案程序

在立案前的审查中，除了查明立案的条件外，还需要查明犯罪嫌疑人确切的出生时间，未成年人犯罪案件同成年人犯罪案件最根本的区别就在于对象的不同，未成年人案件是指已满 14 周岁不满 18 周岁的未成年人犯罪的刑事案件。所以在接受、处理立案材料时，应当首先重点查明未成年人的准确的出生年、月、日。另外，还应当查明是否有成年的教唆犯和其他共犯，以及未成年嫌疑人的生活、居住环境，学习教育条件、心理性格特征等有关未成年人的材料。只要对认定案情有意义的，都要进行查证。

2. 侦查程序

(1) 侦查主体具有特殊性；(2) 侦查应当全面；(3) 慎用强制措施；(4) 传唤和讯问程序适当。

3. 起诉程序

依据我国《刑事诉讼法》及相关司法解释的规定，我国未成年人起诉程序除了遵循普通刑事案件程序规定外，还有一些特殊规定。

4. 审判程序

我国未成年人案件的法庭审判程序与普通刑事审判程序一样，但又具有自身的特点。

5. 执行程序

我国目前关于未成年犯的执行除了遵循普通刑事案件程序规定外，还有需要注意的内容。

四、当事人和解的公诉案件诉讼程序

当事人和解的公诉案件程序是我国 2012 年修订的《刑事诉讼法》中新增的特别程序，是指在法定范围的公诉案件中，犯罪嫌疑人、被告人真诚悔罪，通过向被害人赔偿损失、赔礼道歉等方式获得被害人谅解、双方当事人自愿达成协议的，公安机关、人民检察院、人民法院可以对犯罪嫌疑人、被告人作出不同方式的从宽处理的程序。所谓“法定范围的公诉案件”是指因民间纠纷引起的，涉嫌侵犯公民人身权利、民主权利的犯罪以及侵犯财产罪的刑事案件，可能判处三年有期徒刑以下刑罚的公诉案件，以及除渎职犯罪犯罪以外的可能判处七年有期徒刑以下刑罚的过失犯罪案件。

我国《刑事诉讼法》第 277 条采取明确列举和禁止的方式规定了公诉案件当事人和解程序的适用范围:(1) 因民间纠纷引起,涉嫌《刑法》分则第四章、第五章规定的犯罪案件,可能判处 3 处有期徒刑以下刑罚的。(2) 除渎职犯罪以外的可能判处 7 年有期徒刑以下刑罚的过失犯罪案件。(3) 犯罪嫌疑人、被告人在 5 年以内曾经故意犯罪的案件不得适用当事人和解程序。

我国《刑事诉讼法》第 277 条规定的公诉案件当事人和解诉讼程序的适用条件如下:(1) 犯罪嫌疑人、被告人真诚悔罪。(2) 犯罪嫌疑人、被告人获得被害人谅解且被害人自愿和解。

五、犯罪嫌疑人、被告人逃匿、死亡案件违法所得的没收程序

犯罪嫌疑人、被告人逃匿、死亡案件违法所得的没收程序是我国 2012 年《刑事诉讼法》修改所新增的一种特别程序。这一没收程序针对的是对逃匿、死亡的犯罪嫌疑人、被告人的违法所得及其涉案财产的处理,与针对犯罪嫌疑人、被告人的定罪量刑的程序不同,这一程序不以对犯罪嫌疑人、被告人定罪为前提,而是一种相对独立的对物的诉讼程序,解决的是如何及时冻结、追缴犯罪所得的问题。

(一) 适用的案件范围

按照我国《刑事诉讼法》第 280 的规定,犯罪嫌疑人、被告人逃匿、死亡案件违法所得的没收程序适用的案件范围是“贪污贿赂犯罪、恐怖活动犯罪等重大犯罪案件”。

(二) 没收程序的启动条件

犯罪嫌疑人、被告人逃匿、死亡案件违法所得没收程序的启动条件有三:一是犯罪嫌疑人、被告人在公安司法机关立案后逃匿的,并且在通缉 1 年以后仍不能到案的;二是犯罪嫌疑人、被告人死亡的,即根据已收集的证据能够明确认定犯罪嫌疑人、被告人已经死亡的。三是人民检察院向人民法院提出没收违法所得的申请。

(三) 没收的对象条件

没收的对象仅限于两个方面:一是违法所得,指的是通过被追诉的违法犯罪行为所直接或间接获得的一切财产,即我们通常所称的赃款赃物及其孳息;二是其他涉案财产,包括犯罪过程中涉及的违禁品和犯罪工具及其他用于犯罪的财物。犯罪嫌疑人、被告人及其亲属所有的合法财产不得纳入没收的范围。

六、依法不负刑事责任的精神病人的强制医疗程序

强制医疗程序,是指公安司法机关对经法定程序鉴定依法不负刑事责任且

有继续危害社会可能的精神病人采取强制治疗措施的特别诉讼程序。

我国《刑事诉讼法》第284条规定:“实施暴力行为,危害公共安全或者严重危害公民人身安全,经法定程序鉴定依法不负刑事责任的精神病人,有继续危害社会可能的,可以予以强制医疗。”按照本条规定,强制医疗的对象应当同时具备以下条件:(1)只有在行为人实施了暴力行为,危害公共安全或者严重危害公共安全的情况下才有可能适用;(2)强制医疗只能对经法定程序鉴定依法不负刑事责任的精神病人才有可能适用;(3)行为人有继续危害社会的可能性。

一、思考题

1. 刑事诉讼中的专门机关有哪些?
2. 刑事诉讼参与人包括哪些?
3. 管辖的分类是什么?
4. 被取保候审人应当遵守的规定是什么?
5. 被监视居住人应当遵守的规定是什么?
6. 拘留的条件是什么?

二、案例分析

在某县发生了一起爆炸案。受害的是该县公安局局长的私人住宅。为此,该县公安局成立了专案组,并以局长为专案组组长。在侦查过程中,相继有了3名犯罪嫌疑人被抓获。其中,1名犯罪嫌疑人要求公安局局长回避,县公安局局长召开局办公室特别会议,决定驳回回避申请,并告知不得复议。案件最终被起诉至法院。在法院开庭审理时,公安局局长提出要求法庭书记员回避,理由是该名书记员曾经打算到县公安局工作,正是由于自己作为局长没有批准才使其未能如愿。审判长采纳了公安局局长的要求,更换了书记员。

(1)本案中公安局局长应否回避,其回避应由谁作出决定?县公安局的做法是否有错误?

(2)公安局局长在法庭审理时是否有权申请书记员回避?

(3)对该案的法庭书记员的回避,应由谁决定?

三、延伸阅读书目

1. 〔法〕勒内·佛洛里奥:《错案》,赵淑美、张洪竹译,法律出版社2013年版。

2. 何家弘:《迟到的正义》,中国法制出版社2014年版。

3. 陈光中:《〈中华人民共和国刑事诉讼法〉修改条文释义与点评》,人民法院出版社 2012 年版。

4. 刘方:《刑事诉讼法适用重点难点问题详解》,法律出版社 2014 年版。

5. 黄尔梅:《新刑事诉讼法及司法解释案例精析与理解适用》,法律出版社 2013 年版。

第九章　公安行政诉讼法

教学要求

通过教学，使学生掌握行政诉讼法的基本理论和基本知识，在司法实践中能够正确理解行政诉讼法规范，正确适用行政诉讼法，真正做到用司法权来监督行政权的合法、正确行使。课程教学的基本要求：

1. 了解掌握和运用行政诉讼法各基本原则，使这些原则作为一种理念，深入学生的思想，进而转化为学生思考和解决问题的方法之一。

2. 了解掌握行政诉讼法基本理论和概念，并能运用基本理论和概念，判断和解决实际问题。

3. 了解行政诉讼法的各种程序。

4. 培养学生的法治观念和法律意识，增强学生懂法守法的自觉性。

本章概要

行政诉讼法是为了规范和保障人民法院能够正确、及时地审理行政案件，是法院审理行政案件和行政诉讼参加人（原告、被告、代理人等）进行诉讼活动必须遵守的准则。行政诉讼法规定法院审理行政案件程序方面的法律规范和行政诉讼参加人行使权利、承担义务的各种法律规范。本章主要内容主要包含行政诉讼法的概念、特征、法律原则和行政诉讼的各项程序性规则。

重要概念

行政诉讼的管辖　行政诉讼的参加人　行政诉讼的受案范围　起诉　受理　上诉

第一节　公安行政诉讼概述

引导案例

某高校学生李某，在考试中因严重违纪被发现，学校因此对他作出了开除学籍的处理决定。但实际上李某一直没有离学校，仍与其他同学一样在学校学习，学校也同样收取了李某的学费及其他同学须交的费用，而且每年给李某注册。但到毕业时，学校以李某被学校开除为由，拒绝发给李某毕业证书及学士学位证书。李某不服，向主管教育机关提出复议，主管教育机关审理后维持了学校的决定。李某因此向人民法院提起行政诉讼。

请分析：人民法院能否受理李某的行政诉讼请求？为什么？

一、行政诉讼

（一）行政诉讼的概念

行政诉讼是指公民、法人或者其他组织认为行政机关和法律法规授权的组织作出的行政行为侵犯其合法权益，依法定程序向人民法院起诉，人民法院在当事人及其他诉讼参与人的参加下，对行政行为的合法性进行审查并作出裁决的制度。

行政诉讼是人民法院运用国家审判权来监督行政机关依法行使职权和履行职责，以保护公民、法人和其他组织的合法权益不受行政机关违法行政行为侵害的一种司法活动。行政诉讼的根本目的是通过处理解决行政案件，防范或纠正行政机关违法行政行为造成的侵害，以实现对公民、法人或其他组织合法权益的有效保护，同时这种目的又决定了它具有监督行政机关依法进行行政活动的性质。实质上行政诉讼是国家审判机关对国家行政机关行政活动的一种司法监督，是以国家审判机关的司法权来督促国家行政机关行政权的合法、正确行使，实践证明它是一种十分有效的监督方式。行政诉讼的这一性质是其他诉讼制度所不具备的。

（二）行政诉讼的特点

行政诉讼是法院应公民、法人或者其他组织的请求，通过审查行政行为合法性的方式，解决特定范围内行政争议的活动。在我国，行政诉讼与刑事诉讼、民事诉讼并称为三大诉讼，是国家诉讼制度的基本形式之一。

（1）行政诉讼是法院通过审判方式进行的一种司法活动。行政诉讼称之为司法活动，是因为解决行政争议的方式和途径不止司法一种，有行政复议机关的复议活动，也有行政申诉处理活动，还有权力机关的监督处理活动。行政诉讼专指法院动用诉讼程序解决行政争议的活动。根据我国宪法规定，各级人民法院是国家的审判机关，法院是通过审判方式解决行政争议的唯一机关。所谓诉讼活动，是指司法机关运用诉讼程序进行的活动。必须由法院主持，当事人各方参加，采用开庭举证、质证、辩论、陈述和法院裁判等诉讼形式解决行政争议。法院诉讼活动的种类很多。如法院代表国家行使刑罚权，追究犯罪人刑事责任的活动是刑事诉讼。法院代表国家解决民事纠纷进行的司法活动是民事诉讼。只有法院解决行政争议的司法活动才能称之为行政诉讼。

（2）行政诉讼是通过审查行政行为合法性的方式解决行政争议的活动。行政诉讼以审查行政行为为核心内容。行政诉讼的审理形式及裁判形式都不同于一般的民事诉讼和刑事诉讼，独具特色。如行政诉讼案件不适用调解；被告对具体行政行为合法性负举证责任；行政诉讼的裁判以撤销、维持判决为主要形式等。

（3）行政诉讼是解决特定范围内行政争议的活动。行政争议是行政机关行使职权实施公务活动时引发的纠纷。此类争议形式多样，种类繁多，既有行政机关与行政机关之间，行政机关与公务人员之间的内部争议，也有行政机关与公民、法人或者其他组织之间的外部争议；既有因行政机关实施抽象行政行为引发的争议，也有行政机关实施具体行政行为引发的争议；既有行政机关实施法律行为引起的争议，也有行政机关实施事实行为引起的争议。并非所有的行政争议都能够通过法院的诉讼活动得到解决，法院解决的行政争议是特定范围内的争议。按照我国行政诉讼法的规定，法院只解决行政机关实施具体行政行为时与公民、法人或者其他组织发生的争议。《行政诉讼法》第 2 条规定："公民、法人或者其他组织认为行政机关和行政机关工作人员的行政行为侵犯其合法权益，有权依照本法向人民法院提起诉讼。前款所称行政行为，包括法律、法规、规章授权的组织作出的行政行为。"《行政诉讼法》第 13 条规定的排除范围内的行政争议不属于行政诉讼解决的争议，由另外的救济途径解决。如抽象行政行为引发的争议可以通过行政复议程序解决。

（4）行政诉讼当事人地位具有特殊性。一方面，行政诉讼的原告恒定为作为行政管理相对一方的公民、法人和其他组织；行政诉讼的被告恒定为作为行政主体的行政机关和法律、法规授权的组织。当行政机关与法律、法规授权的组织不是作为行政主体，而是作为管理相对人时，行政机关也可以成为行政诉讼原告。行政诉讼当事人的恒定是由行政管理活动的特点决定的。因为在我国，行政机关享有国家法律赋予的命令权、强制权等，行政机关完全可通过自身享有的这些权力迫使当事人服从行政命令，履行行政义务，行政机关无须通过向法院起诉的方式达到行政目标。作为行政管理相对一方的公民、法人或者其他组织则不然,他们有义务服从行政管理,不得直接与行政机关相对抗。这是保障行政机关实施管理、行使权力,维护社会秩序和公共利益的重要前提。如果公民、法人或者其他组织认为行政机关的行政行为侵犯其权益,可以通过行政复议或行政诉讼等方式寻求救济,请求法院审查行政行为的合法性并作裁判。另一方面,行政诉讼当事人的权利义务具有特定性。行政诉讼原告享有起诉权、撤诉权,而被告不享有起诉权和反诉权,同时对行政行为合法性承担举证责任。

二、公安行政诉讼

(一)公安行政诉讼的概念

公安行政诉讼,是指公民、法人或者其他组织认为公安机关或者公安机关人民警察的行政行为侵犯其合法权益,起诉到人民法院,由人民法院对行政案件进行审理、裁决和执行的活动。简单地说,公安行政诉讼就是通过人民法院对公安具体行政行为进行合法性审查的活动。公安行政诉讼是行政诉讼的一种,与行政诉讼是部分与整体的关系。

(二)公安行政诉讼的特点

公安行政诉讼有较为鲜明的特点,其具体表现为以下几个方面:

(1)公安行政诉讼的被告是公安机关。公安行政诉讼的被告是公安机关,但被告是公安机关的诉讼并不都是公安行政诉讼,这是由公安活动的性质决定的。公安机关的职权活动具有双重性质,一方面,公安机关是行政机关,法律授予其社会管理的职权,其行为是行政行为;另一方面,公安机关是司法机关,在刑事诉讼过程中,行使侦查权,其行为是司法行为。行政行为引起行政诉讼,司法行为可以引起国家刑事赔偿诉讼。此外,公安机关还要参加一些民事活动,如购买办公用品等,在民事活动中发生纠纷被提起诉讼成为被告的,这是民事诉讼。

(2)公安行政诉讼的审理对象是公安行政行为。公安行政诉讼的主要内容就是人民法院对公安行政行为进行审查,以判定公安行政行为是否合法。

第一,具体行政行为,是指行政机关针对特定的公民、法人或者其他组织,就特定的具体事项作出的有关权利、义务的单方行为。具体行政行为是与抽象行政行为并列存在的,抽象行政行为是行政机关制定规范性文件或者发布具有普遍约束力的决定、命令的行为。区分具体行政行为和抽象行政行为有三项标准:首先,看行为针对的对象是否特定。针对特定对象的是具体行政行为,针对不特定对象的是抽象行政行为。例如,公安机关针对甲、乙、丙、丁 4 个人的赌博行为,分别给予罚款的行政处罚是具体行政行为,因为赌博行为是特定的,甲、乙、丙、丁 4 个人也是特定的;哈尔滨市人民政府制定“七不准的通告”是抽象行政行为，因为针对的对象是不特定的，立法的时候不知道谁将会实施法律禁止的行为。其次，看行为是否直接产生法律后果。具体行政行为直接产生法律后果，对赌博的人进行罚款直接影响他的经济利益；抽象行政行为需要借助于具体行政行为间接产生法律后果，"七不准的通告"制定出来以后，如果无人实施，将成为一纸空文，它需要有关机关通过具体行政行为来实施，实施以后才会产生法律后果。最后，看行为是否可以反复适用。具体行政行为只能适用一次，行政处罚法规定了"一事不再罚"的原则，对于同一个违法行为只能给予一次行政处罚；抽象行政行为可以反复适用，谁违反了抽象行政行为的规定就对谁适用。区分具体行政行为和抽象行政行为的重要意义在于，针对具体行政行为可以提起行政诉讼，针对抽象行政行为则不能提起行政诉讼。

第二，公安具体行政行为，是指公安机关或者公安机关的人民警察针对特定的公民、法人或者其他组织，就特定的具体事项作出的有关该公民、法人或者其他组织权利、义务的单方行为。但是，公安机关针对和它有隶属关系的下属机构和人民警察作出的有关工资、奖金和福利待遇等具体行政行为属于内部行政行为，不能提起行政诉讼。

（3）公安行政诉讼的法律依据具有广泛性。

第一，作为公安行政诉讼的法律依据在种类上具有广泛性，既包括实体法，如《人民警察法》《集会游行示威法》《道路交通安全法》等，也包括程序法，如《行政诉讼法》《治安管理处罚法》《行政处罚法》中有关程序的规定。

第二，公安行政诉讼的法律依据在层次上具有广泛性，既包括全国人民代表大会及其常务委员会制定的法律、国务院制定的行政法规、地方人民代表大会及其常务委员会制定的地方性法规，也包括民族自治地方的人民代表大会及其常务委员会制定的自治条例和单行条例。另外，人民法院在审理行政诉讼案件时，还要参照行政规章。对于不与法律、行政法规、地方性法规相抵触的规范性文件，也可作为证据予以采纳。

（4）公安行政诉讼的法律规则具有特殊性。公安机关在行使法律授予的维护社会治安职责的过程中，具有许多其他行政机关没有的行政职权，如行政拘留权、强制戒毒权、收容教育权、等只有公安机关能够行使，针对这些行政行为提起的行政诉讼也为公安行政诉讼所独有，形成了一些公安行政诉讼特殊的法律规则。

第二节　公安行政诉讼的受案范围及管辖

引导案例

原告罗某家住某军区大院内。2012年9月20日，罗某家中被盗，损失很大。罗某立即去当地的公安分局报案，但是公安分局以“该案不属于我们管”为由拒绝立案侦查。于是，罗某向法院提起行政诉讼，要求公安分局立案侦查。

请分析：对原告的起诉，法院是否应当受理？简述理由。

一、公安行政诉讼的受案范围

（一）公安行政诉讼受案范围的概念

公安行政诉讼受案范围，是指人民法院受理公安行政案件的范围，简单地说，就是明确人民法院有权审查哪些公安具体行政行为。受案范围是进行公安行政诉讼首先要解决的一个重要问题，对公安机关来说，受案范围确定了哪些公安具体行政行为要接受人民法院的司法审查；对公民、法人或者其他组织来说，受案范围确定了对哪些公安具体行政行为不服可以向人民法院提起诉讼；对人民法院来说，受案范围确定了人民法院对哪些公安具体行政行为可以进行审查。

（二）公安行政诉讼受案范围的规定方式

世界各国行政诉讼法在受案范围的规定上有三种模式，即概括式、列举式和混合式。我国行政诉讼法在受案范围上采用混合式。首先，《行政诉讼法》第2条采用概括式规定了人民法院受理行政案件的标准，即“公民、法人或者其他组织认为行政机关和行政工作人员的行政行为侵犯其合法权益，有权依照本法向人民法院起诉，前款所称行政行为，包括法律、法规、规章授权的组织作出的行政行为。”；其次，《行政诉讼法》第12条、第13条采用列举的方法分别列举了12类可以提起行政诉讼的行政行为和4类不能提起行政诉讼的行政行为。

（三）公安行政诉讼受案范围的具体内容

根据我国《行政诉讼法》的具体规定和公安行政诉讼的实际情况，人民法院受理下列公安行政行为：

（1）对公安行政处罚不服的。行政处罚是行政机关行使行政职权，对违反行政管理法律、法规的公民、法人或者其他组织给予的一种行政制裁。公安行政处罚是公安机关行使的行政处罚权。

根据我国《行政处罚法》的规定，公安行政处罚具体包括以下种类：

第一，行政拘留。行政拘留，是指公安机关对违法行为人在法定期限内剥夺其人身自由的一种行政处罚。行政拘留权只能由公安机关行使,其他行政机关没有这项权力。行政拘留是 公安行政处罚中最严厉的一种,拘留的期限为 1 日以上,15 日以下。

第二,罚款。罚款,是指行政机关强制违法行为人缴纳一定数额金钱的行政处罚。罚款是所有行政处罚中适用最广泛的一种。公安机关在适用罚款的过程中,需要遵循下列规则:① 一事不再罚。对同一违法行为,不得给予两次以上罚款的行政处罚。② 罚收分离。作出罚款决定的机关和收缴罚款的机关应当分开。③ 有法定依据。能够作为罚款依据的只有法律、行政法规、地方性法规和行政规章,其他规范性文件不能作为罚款的依据。④ 出具合法票据。实施罚款必须给被处罚人出具省级以上财政部门统一制发的罚款专用票据。

第三,没收财物。没收财物,是指行政机关将违法行为人的涉案财务强制无偿收归国有的一种行政处罚。没收的对象有两种:一是违法所得,就是违法行为人从事违法活动所获取的财物,如生产假冒伪劣商品获得的财物;二是非法财物,就是不允许私人或者单位持有的财物,如枪支、毒品、淫秽物品,及赌博使用的麻将、牌九、扑克等违法行为的工具。

第四,责令停产停业。责令停产停业,是指行政机关对违法经营的企业或者其他组织强制命令其停止生产经营的一种行政处罚。责令停产停业限制的是生产经营能力,如公安消防部门对消防设施不合格的宾馆、饭店可以责令其停产停业。责令停产停业不是对违法行为的最终处理,行政机关一般规定一定的整顿期限,整改完毕,经验收合格以后,应当允许其重新开业。

第五,暂扣或者吊销许可证、暂扣或者吊销执照。暂扣或者吊销许可证、暂扣或者吊销执照,是指行政机关对违法行为人暂时扣留或者吊销其许可证或者执照的一种行政处罚。许可证和执照是行政许可的书面表现形式,公民、法人或者其他组织要从事法律规定的特定活动,必须经过申请,取得行政机关颁发的许可证或者执照以后,才能进行。例如,公安交通管理部门可以暂扣或者吊销违章司机的驾驶证。许可证和执照被暂扣或者吊销以后,在暂扣期限内和吊销以后,公民、法人或者其他组织就不能再继续从事相关的特定活动。

第六,警告。警告是公安行政执法主体对违法者实施的一种书面形式的谴责和告诫。它既有教育性质,又具有制裁性质,目的是向违法者发出警诫,声明行为人的行为已经违法,避免其再犯。警告适用于违法情节轻微或没有造成实际危害后果的违法权利、侵犯公民财物、扰乱公共秩序、妨害公共安全等数十种行为。警告既可以单处,也可以并处。

(2) 对公安行政强制措施和公安行政强制执行不服的。公安行政强制措施是公安机关为制止正在进行的违法犯罪活动,防止可能发生的危险或者为了保存证据而采取的,针对人身和财产的暂时限制措施。公安行政强制执行是指公安机关依职权或依法申请人民法院对拒不履行生效的公安行政行为所确定义务的行政相对人,依照法定的强制方式强制其履行义务或达到与履行义务相同状态的行为。

公安行政强制措施分为限制人身自由的公安行政强制措施和限制财产的公安行政强制措施两大类。限制人身自由的公安行政强制措施有强制隔离戒毒、收容教育、强制约束、留置盘查等;限制财产的公安行政强制措施包括对财产的查封、扣押、冻结等。

公安行政强制执行的方式主要有:加处罚款或者滞纳金;划拨存款、汇款;拍卖或者依法处理查封、扣押的场所、设施或者财物;排除妨碍、恢复原状;代履行等。

(3) 申请公安行政许可,公安机关拒绝或者在法定期限内不予答复,或者对公安机关作出的有关行政许可的其他决定不服的。公安行政许可,是公安机关根据行政相对人的申请,经依法审查,赋予特定的行政相对人从事某种活动或实施某种行为的权利或资格的行政行为。公安行政许可的种类主要有:社会治安行政许可,如特种行业许可,集会、游行、示威许可,危险物品的生产,使用许可,户口迁移许可等;出入境许可,包括颁发护照,签证等;道路交通管理行政许可;消防行政许可和计算机网络安全许可。

(4) 对公安机关的征收、征用决定及其补偿决定不服的。行政征收、征用行为,是指行政主体为了实现公共利益目的,必要时,依照有关法律的规定,强制取得行政相对人财产的所有权或使用权,并对因此而造成的财产损失给予补偿的具体行政行为。在我国《人民警察法》《戒严法》《国家安全法》等法律中对此都有规定。

(5) 申请公安机关履行保护人身权、财产权等合法权益的法定职责,公安机关拒绝履行或者不予答复的。申请人申请公安机关履行保护人身权、财产权的法定职责,公安机关拒绝履行或者不予答复的行为,公安机关的行政不作为,这种不作为一方面是一种失职行为,另一方面也是对违法犯罪行为的放纵。《行政诉讼法》赋予公民、法人或者其他组织行政诉讼权,有利于保护公民、法人或者其他组织的合法权益,也有利于人民法院有效监督公安机关依法行政。

(6) 认为公安机关侵犯其经营自主权或者农村土地承包经营权、农村土地经营权的。侵犯经营自主权和土地经营权的行为主要表现为干预企业、经济组织或农村土地承包经营户对自己人、财、物的调配使用权,对产品生产、销售方面的决定权及对土地的使用权等。

(7) 认为公安机关滥用行政权力排除或者限制竞争的。滥用行政权力排除或者限制竞争，是一种滥用经济职权的违法行为，这种行为可以是直接的，也可以是间接的，主要表现为限制其他经营者正当的经营活动，如限定他人购买其指定的经营者的商品。

(8) 认为公安机关违法集资、摊派费用或者违法要求履行其他义务的。这种行为属于公安机关违法要求履行义务的行为。违法要求履行义务有两种情况：一是违背法律规定要求履行义务，前提是有义务，但超越了法律规定要求履行义务，违法集资、摊派费用就属于这种情况；二是要求履行义务没有法律依据，前提是没有义务，要求履行义务。违法要求履行义务是对公民、法人或者其他组织合法权益的损害。

(9) 认为公安机关侵犯其他人身权、财产权等合法权益的。这是一个“兜底”条款，除了前面列举的情形外，认为公安机关侵犯其他人身权、财产权等合法权益的行为，也是行政诉讼的案件的受案范围。这里所说的合法权益，不仅仅限于人身权、财产权，还包括人身权、财产权以外的法律法规规定属于公民、组织合法权益的，如受教育权、劳动权等。

根据我国《行政诉讼法》的具体规定和最高人民法院的司法解释，人民法院不受理下列公安行政行为：

(1) 抽象公安行政行为。抽象公安行政行为，是指公安机关制定行政规章，制定发布具有普遍约束力的决定、命令的行为。具有普遍约束力的决定、命令，是指行政机关针对不特定对象发布的能反复适用的行政规范性文件。

我国的立法机关即全国人民代表大会，有权撤销与宪法、法律相抵触的抽象行政行为；上级行政机关有权撤销下级行政机关的抽象行政行为，人民法院无权管辖。但是，行政诉讼法同时规定，公民、法人或者其他组织认为行政行为所依据的国务院部门和地方人民政府及其部门制定的规范性文件不合法，在对行政行为提起诉讼时，可以一并请求对该规范性文件进行审查(该规范性文件不含规章)。

(2) 公安内部行政行为。公安内部行政行为，是指公安机关对有隶属关系的人民警察采取的奖惩、任免等行为。

人民警察对公安内部行政行为不服的，可以通过申诉的方式，由上一级公安机关、监察机关或者人事机关解决，但不能提起行政诉讼。

(3) 公安机关最终裁决的行政行为。公安机关最终裁决的行政行为，是指根据法律规定公安机关对特定的人和特定事项享有最终裁决权的行为。享有最终裁决权表明，公安机关作出裁决后，人民法院无权审查，当事人亦无权提起行政诉讼。公安机关享有最终裁决权必须由法律规定，行政法规、行政规章、地方性法规都不得作此类规定。

在现行法律当中，公安机关最终裁决的行政行为只有一类，根据《外国人入境出境管理法》和《公民出境入境管理法》的规定，当事人对公安机关拘留或罚款处罚不服的，可以向上一级公安机关申请行政复议，也可以向人民法院提起行政诉讼，选择行政复议的，上一级公安机关作出的裁决就是最终裁决，当事人不得向人民法院提起行政诉讼。

（4）公安机关依照《刑事诉讼法》的明确授权实施的刑事司法行为。公安机关在刑事诉讼过程中，根据《刑事诉讼法》的规定对犯罪嫌疑人实施的拘传、取保候审、监视居住、刑事拘留、逮捕，对财产采取的扣押和对存款的冻结等行为，当事人无权提起行政诉讼。

（5）公安机关的调解行为。公安机关的民事调解行为不属于行政诉讼的受案范围。

公安机关在办理治安案件的过程中，对于因民间纠纷引起的殴打他人造成轻微伤的案件，因民间纠纷造成他人财物损毁情节轻微的案件，可以进行调解。公安机关在办理交通肇事案件的过程中，对民事损害赔偿问题可以进行调解。调解在双方当事人自愿的基础上进行，对于调解达成的协议当事人应当履行。对于公安机关的调解行为，当事人不能提起行政诉讼。但是公安机关违背当事人的意愿强制调解的行为除外。

（6）公安机关的不具有强制力的行政指导行为。行政指导行为是以倡导、示范、建议等方式，引导公民自愿配合而达到行政管理目的的行为，公民是否遵从，完全取决于其自身意愿。但是，如果公安机关假借行政指导之名，强迫或变相强迫相对人服从行政决定的，这种行为实际上是具体行政行为，具有可诉性。

（7）驳回当事人对公安行政行为提起申诉的重复处理行为。从公安机关的工作程序来看，公安机关可以在任何时候对自己作出的生效决定进行重新审查，再次处理，可以撤销、改变自己也已作出的行政决定，但这是公安机关的权利而不是相对人的权利。相对人有申诉的权利，公安机关应当对相对人的申诉进行审查并负责答复相对人。如果公安机关驳回相对人的申诉，在公安机关与相对人之间并没有产生新的法律关系。重复处理行为属于行政法上的第二次行为，由于没有产生新的权力义务关系，因此应当是不可诉的行为。

（8）其他对行政相对人的权利、义务不产生实际影响的行为。

二、公安行政诉讼的管辖

公安行政诉讼的管辖，是指人民法院之间在受理第一审公安行政诉讼案件上的分工和权限。受案范围解决的是哪些公安具体行政行为人民法院可以受理的问题，管辖解决的是一个具体的行政案件由哪一个人民法院审理的问题。我国的人民法院分为四级，即最高人民法院、高级人民法院、中级人民法院和基层人民法院，出现一个行政案件，就要确定由哪一级、哪一个人民法院来审理，这是管辖所要解决的问题。管辖分为三类，即级别管辖、地域管辖和裁定管辖。

（一）级别管辖

级别管辖就是上下级人民法院之间在受理第一审行政案件上的分工和权限。

根据我国《行政诉讼法》的规定，各级人民法院管辖范围如下：

（1）最高人民法院管辖全国范围内重大、复杂的第一审行政案件。

（2）高级人民法院管辖本辖区内重大、复杂的第一审行政案件。

（3）中级人民法院管辖下列第一审行政案件：

第一，对国务院部门或者县级以上地方人民政府所作的行政行为提起诉讼的案件；

第二，海关处理的案件；

第三，本辖区内重大、复杂的案件；

“本辖区内重大、复杂的案件”是指：社会影响重大的共同诉讼、集团诉讼案件；重大涉外或者涉及香港特别行政区、澳门特别行政区、台湾地区的案件；其他重大、复杂案件。

第四，其他法律规定由中级人民法院管辖的案件。

（4）基层人民法院管辖除最高人民法院、高级人民法院、中级人民法院管辖以外的其他第一审行政案件。

（二）地域管辖

地域管辖，是指同级人民法院在受理第一审行政案件上的分工和权限。地域管辖分为一般地域管辖和特殊地域管辖。

1. 一般地域管辖。

一般地域管辖适用于法律没有特殊规定的公安行政诉讼案件。

一般地域管辖的原则是“原告就被告”。我国《行政诉讼法》第 18 条第 1 款规定：“行政案件由最初作出行政行为的行政机关所在地人民法院管辖。经复议的案件，也可以由复议机关所在地人民法院管辖。”行政机关所在地指行政机关整个或者主要机构所在的人民法院辖区区域。经过复议的案件有两种情况：一是复议机关维持了原具体行政行为，二是复议机关改变了原具体行政行为。这种情况下出现了共同管辖，既可以由作出原具体行政行为的行政机关所在地人民法院管辖，也可以由复议机关所在地的人民法院管辖。

同时，为了解决行政案件审理难的问题，减少地方政府对行政审判的干预，保证案件的公正审理，我国《行政诉讼法》第 18 条第 2 款规定：“经最高人民法院批准,高级人民法院可以根据审判工作的实际情况,确定若干人民法院跨行政区域管辖行政案件。”

2. 特殊地域管辖

特殊地域管辖,是指法律针对特殊案件列举规定的管辖制度。

在具体适用上特殊地域管辖优先于一般地域管辖。特殊地域管辖有两种情况:一是我国《行政诉讼法》第 19 条规定:“对限制人身自由的行政强制措施不服提起的诉讼,由被告所在地或者原告所在地人民法院管辖。”限制人身自由的行政强制措施绝大多数由公安机关行使。原告所在地指原告的户籍所在地、经常居住地和被限制人身自由地。经常居住地,是指原告最后连续居住满一年以上的地方,被限制人身自由地就是原告被羁押的区域。二是我国《行政诉讼法》第 20 条规定:“因不动产提起的行政诉讼,由不动产所在地人民法院管辖。”不动产,是指形体上不可移动或者移动就会损失其经济价值的财产,如土地、房屋、森林、草原等。对不动产提起的行政诉讼由不动产所在地人民法院管辖是世界各国管辖制度通行的惯例,一方面方便人民法院调查取证,另一方面方便人民法院执行已经生效的判决和裁定。

在一般地域管辖和特殊地域管辖的规则当中,都出现了共同管辖,即两个以上法院对同一个诉讼案件都有管辖权的情况。例如,经过复议的案件,可以由原行政机关所在地人民法院和复议机关所在地人民法院管辖;限制人身自由的行政强制措施,由原告所在地和被告所在地人民法院管辖。对此,《行政诉讼法》第 21 条规定:“两个以上人民法院都有管辖权的案件,原告可以选择其中一个人民法院提起诉讼。原告向两个以上有管辖权的人民法院提起诉讼的,由最先立案的人民法院管辖。”

(三) 裁定管辖

裁定管辖,是指根据人民法院的裁定确定的管辖。裁定管辖有三种,即移送管辖、指定管辖和管辖权的转移。

1. 移送管辖

移送管辖,是指法院受理案件以后,发现自己对受理的案件没有管辖权,因而作出裁定,将案件移送给有管辖权的人民法院审理的一种管辖制度。根据我国《行政诉讼法》第 22 条规定,人民法院发现受理的案件不属于本院管辖的,应当移送有管辖权的人民法院,受移送的人民法院应当受理。受移送的人民法院认为受移送的案件按照规定不属于本院管辖的,应当报请上级人民法院指定管辖,不得再自行移送。移送管辖发生在同级异地人民法院之间,以人民法院错误受理没有管辖权的案件为前提。

2. 指定管辖

指定管辖,是指上级人民法院通过指定将案件交由下级人民法院管辖的制度。指定管辖有两种情况:

(1) 由于特殊原因,有管辖权的法院不能行使管辖权。特殊原因或者是事实方面的原因,如自然灾害、战争;或者是法律方面的原因,如当事人申请回避等。

(2) 人民法院之间发生了管辖冲突。管辖冲突有两种:一种是积极的冲突;另一种是消极的冲突。积极的冲突表现为两个以上人民法院争夺一个案件的管辖权;消极的冲突表现为两个以上人民法院都拒绝受理一个行政案件。发生管辖冲突以后,冲突人民法院应当进行协商,协商不成的,报共同上一级人民法院指定管辖。

3. 管辖权的转移

管辖权的转移,是指上级人民法院审理下级人民法院有管辖权的案件或者上级人民法院将自己有管辖权的案件交由下级人民法院审理的管辖制度。

我国《行政诉讼法》第 24 条规定:"上级人民法院有权审理下级人民法院管辖的第一审行政案件。下级人民法院对其管辖的第一审行政案件,认为需要由上级人民法院审理或者指定管辖的,可以报请上级人民法院决定。"

管辖权的转移发生在有隶属关系的上下级人民法院之间。

第三节　公安行政诉讼参加人

引导案例

郭某系精神病患者,无民事行为能力。其夫张某持离婚协议书在农场计划生育办公室(受县民政局委托办理婚姻登记)办理了离婚登记,领取了第 0234 号离婚证。郭某的父亲知道了其女儿的离婚情况,以郭某是无民事行为能力人,协议离婚不是其真实意思表示,农场为其登记离婚是不合法的为由,将农场作为被告向县法院提起行政诉讼,要求撤销 0234 号离婚登记。

请分析:本案的诉讼参加人如何确定?

一、公安行政诉讼参加人的概念

公安行政诉讼参加人,是指与公安具体行政行为有利害关系,因而参加到行政诉讼活动中来的人。公安行政诉讼参加人包括当事人和诉讼代理人两大类。

在公安行政诉讼中,参与诉讼活动的还有证人、鉴定人、翻译人、勘验人,称为其他诉讼参与人。他们与公安行政诉讼参加人的区别在于与案件涉及的公安具体行政行为没有利害关系,他们参加行政诉讼的目的是帮助人民法院查明案件的真实情况。

二、公安行政诉讼的当事人

公安行政诉讼的当事人,是指与公安具体行政行为有利害关系,以自己的名义参加诉讼,并受人民法院裁判约束的公民、法人或者其他组织。公安行政诉讼的当事人有下列特征:

(1) 当事人与公安具体行政行为有利害关系。当事人或者是行政争议双方中的一方,或者是公安具体行政行为侵犯其合法权益的人。

(2) 当事人以自己的名义参加诉讼。是否以自己的名义参加诉讼是当事人与其他诉讼参与人的重要区别,不以自己的名义而是以他人名义进行诉讼的是诉讼代理人。

(3) 当事人受人民法院裁判约束。人民法院在裁判中确定当事人享有的权利或者应当承担的义务,对于拒不履行人民法院判决、裁定的当事人,人民法院可以强制执行。

三、公安行政诉讼的原告

公安行政诉讼的原告,是指与具体行政行为有法律上的利害关系,以自己的名义向人民法院提起诉讼的公民、法人或者其他组织。与具体行政行为有法律上的利害关系,是指具体行政行为对其权利义务产生了直接的实际的影响。包括行政相对人本人以及其他与行政行为有利害关系的公民、法人或者其他组织。我国《行政诉讼法》第 25 条第 1 款规定:“行政行为的相对人以及其他与行政行为有利害关系的公民、法人或者其他组织,有权提起诉讼。”而根据国民待遇原则,在我国生活、居住的外国人、无国籍人,成立的外国组织也可以成为公安行政诉讼的原告。

行政诉讼和民事诉讼奉行“不告不理”的基本规则,原告起诉是行政诉讼开始的必要条件,无原告则无行政诉讼。

原告资格在下列两种情况下可以发生转移:一是有权提起诉讼的公民死亡,其近亲属可以提起诉讼。近亲属包括配偶、父母、子女、兄弟姐妹、祖父母、外祖父母、孙子女、外孙子女和其他具有扶养、赡养关系的亲属。二是有权提起诉讼的法人或者其他组织终止,承受其权利的法人或者其他组织可以提起诉讼。

在原告资格发生转移的情况下,取得诉讼权的公民、法人或者其他组织有权以自己的名义提起诉讼,这一点与代理人不同。

公民因被限制人身自由而不能提起诉讼的,其近亲属可以依其口头或者书面委托以该公民的名义提起诉讼。

四、公安行政诉讼的被告

被告,是指被原告起诉由人民法院通知应诉的行政机关。公安行政诉讼的被告,是指被原告起诉由人民法院通知应诉的公安机关。

根据我国《行政诉讼法》的规定,公安行政诉讼的被告有下列几种情况:

(1) 公民、法人或者其他组织直接向人民法院提起诉讼的,作出具体行政行为的公安机关是被告。

(2) 经复议的案件,复议机关决定维持原行政行为的,作出原行政行为的行政机关和复议机关是共同被告;复议机关改变原行政行为的,复议机关是被告。

复议机关在法定期限内未作出复议决定,公民、法人或者其他组织起诉原行政行为的,作出原行政行为的行政机关是被告;起诉复议机关不作为的,复议机关是被告。

公安行政复议机关有两种:一是上级公安机关,二是同级人民政府的法制部门。

(3) 两个以上行政机关作出同一具体行政行为的,共同作出具体行政行为的行政机关是共同被告。公安机关有时会与其他行政机关一起共同作出具体行政行为,这时公安机关和其他行政机关就成为共同被告。

(4) 由公安行政机关委托的组织所作的具体行政行为,委托的公安行政机关是被告。

(5) 公安行政机关被撤销或者职权变更的,继续行使其职权的行政机关是被告。

五、公安行政诉讼的第三人

(一) 公安行政诉讼的第三人的概念

公安行政诉讼的第三人,是指与被诉的公安具体行政行为有利害关系,参加到行政诉讼中来的公民、法人或者其他组织。第三人既不是原告,也不是被告,而是原告、被告以外的人。在一个行政诉讼中,原告是第一人,被告是第二人,原告、被告之外参加到诉讼中来的人就是第三人。在公安行政诉讼中,第三人有独立的诉讼地位,它参加诉讼是为了维护自己的合法权益。第三人既可能站在原告一边要求人民法院撤销公安具体行政行为,也可能站在被告公安机关一边要求人民法院维持公安具体行政行为,还可能不依附于原告、被告任何一方,只是提出自己的主张,以避免对自己不利的诉讼后果。

（二）公安行政诉讼的第三人的种类

公安行政诉讼的第三人主要有下列几种情况：

（1）行政处罚案件的受害人和违法行为人。在一个行政处罚案件中，违法行为人不服公安机关的行政处罚提起行政诉讼的，受害人可以作为第三人参加诉讼；受害人不服公安机关的行政处罚或者针对公安机关的不作为提起行政诉讼的，违法行为人可以作为第三人参加诉讼。

（2）行政处罚案件中的共同违法行为人。在同一行政处罚案件中，公安机关处罚了两个以上的违法行为人，其中一部分违法行为人向人民法院提起行政诉讼的，其余的违法行为人可以作为第三人参加诉讼。

（三）第三人参加公安行政诉讼的程序

（1）第三人参加诉讼的时间为原告与被告之间的诉讼开始以后，人民法院审理终结之前。

（2）第三人参加诉讼的方式有两种：一是第三人提出参加诉讼的申请，人民法院审查后决定是否准许；二是第三人未主动申请，由人民法院通知参加诉讼的。第三人参加诉讼的，同原告、被告一样，享有一定的诉讼权利，如聘请律师、提供证据、提起上诉或者申诉等；同时也应承担一定的诉讼义务，如遵守法庭纪律、履行生效的判决裁定等。

六、公安行政诉讼的代理人

行政诉讼的代理人，是指在代理权限内，以被代理人的名义进行行政诉讼活动的人。

公安行政诉讼的代理人，是指在公安行政诉讼中，在代理权限内以被代理人的名义进行诉讼活动的人。

在行政诉讼中设立代理制度，是为了帮助未成年人、精神病人以及对法律不甚熟悉和了解的人更好地进行诉讼活动，代理人包括法定代理人和委托代理人两种。

（一）法定代理人

法定代理人是指根据法律规定享有并行使代理权的人。我国《行政诉讼法》第30条前段规定："没有诉讼行为能力的公民，由其法定代理人代为诉讼。"法定代理人专为无诉讼行为能力的人设立。未成年人或者精神病人的监护人是其法定代理人，代理人与被代理人之间一般是近亲属关系，如配偶、父母、子女、兄弟姐妹等。无行为能力人的近亲属死亡的，由未成年人父母所在单位或精神病人所在单位，或者他们住所所在地的居民委员会、村民委员会作为法定代理人。

法定代理人具有与当事人基本相同的地位，法定代理人实施的诉讼行为视同当事人的行为。法定代理人参加诉讼无须出具代理手续，只需证明与被代理人的关系即可。

此外，我国《行政诉讼法》第 30 条后段规定："法定代理人互相推诿代理责任的，由人民法院指定其中一人代为诉讼。"指定代理人也是为无诉讼行为能力人设立的，是对法定代理人制度的补充。指定代理一般为全权代理。

（二）委托代理人

委托代理人，是指根据委托进行诉讼活动的人。我国《行政诉讼法》第 31 条规定："当事人、法定代理人，可以委托一至二人作为诉讼代理人。下列人员可以被委托为诉讼代理人：(1) 律师、基层法律服务工作者；(2) 当事人的近亲属或者工作人员；(3) 当事人所在社区、单位以及有关社会团体推荐的公民。"

委托代理人主要是为当事人提供法律帮助，以弥补当事人法律知识的不足。委托代理分为一般代理和全权代理，委托代理权限的范围由当事人和代理人事先约定。委托代理人包括当事人委托的代理人和诉讼代理人委托的代理人两种，后一种代理是一种再代理。

最高人民法院《关于执行〈中华人民共和国行政诉讼法〉若干问题的解释》(以下简称 2000 年《行政诉讼法解释》) 规定："当事人委托诉讼代理人，应当向人民法院提交由委托人签名或者盖章的授权委托书。委托书应当载明委托事项和具体权限。公民在特殊情况下无法书面委托的，也可以口头委托。口头委托的，人民法院应当核实并记录在卷；被诉机关或者其他有义务协助的机关拒绝人民法院向被限制人身自由的公民核实的，视为委托成立。当事人解除或者变更委托的，应当书面报告人民法院，由人民法院通知其他当事人。"

代理诉讼的律师，有权按照规定查阅、复制本案有关材料，有权向有关组织和公民调查，收集与本案有关的证据。对涉及国家秘密、商业秘密和个人隐私的材料，应当依照法律规定保密。当事人和其他诉讼代理人有权按照规定查阅、复制本案庭审材料，但涉及国家秘密、商业秘密和个人隐私的内容除外。

第四节　公安行政诉讼证据

引导案例

某市环保局根据《环境保护法》的有关规定对 A 工厂的违法行为进行了处罚。A 工厂不服处罚向法院提起行政诉讼。经审理，第一审法院变更了环保局的行政处罚决定。对法院的判决，双方当事人均不服，因此在收到判决书之日，环保局就开始收集有关的材料，向有关证人进行调查，并对有关数据进行复核。

一方面为上诉作准备，一方面也为以后更好地进行管理收集材料。但是，一审法院却禁止了环保局的上述行为。

请分析：环保局的行为是否应该被禁止？

一、证据概述

（一）证据的概念

证据，是指能够证明案件真实情况的一切材料。在我国，行政诉讼的证据制度主要由《行政诉讼法》、2000年《行政诉讼法的解释》和最高人民法院《关于行政诉讼证据若干问题的规定》（以下简称《行政诉讼证据规定》）三个法律文件具体规定。

（二）证据的特征

证据有三大特征，即证据的客观性、关联性和合法性，它们贯穿于举证、取证、质证和认证的全过程，直接决定着证据证明力的大小。

（1）证据的客观性。证据必须是客观存在的事实。证据的客观性，指证据是在社会中实际发生，或者是实际存在的事实，而不是主观推测、主观想象或者是人为捏造的东西。证据所具有的客观性，是由案件事实本身的客观性所决定的。

（2）证据的关联性。证据的关联性，是指证据与案件事实之间的逻辑联系，对案件事实有证明作用的材料才能成为证据。证据的关联性反映的是证据与案件事实之间的实际联系，如果存在某项证据，案件事实存在的可能性就越大，否则，案件事实存在的可能性就越小，那么该证据与案件事实之间就存在关联性；如果某项证据存在与否与案件事实是否清楚之间没有关系，那么两者之间就不存在关联性。例如，某公安机关对违法行为人李某按照寻衅滋事作出行政拘留的处罚，李某不服，向人民法院提起行政诉讼，庭审过程中，公安机关向法庭提供了几年来李某因赌博、打架斗殴、酗酒闹事受到处罚的历史，作为证明此次构成寻衅滋事行为的证据。李某以前的不良行为不能必然说明此次当然实施了违法行为，故两者之间没有关联性。

证据的关联性是人民法院首先审查的内容，如果证据不具有关联性，人民法院即直接予以排除，对其合法性和真实性不再考虑。

（3）证据的合法性。证据的合法性是指证据的形式和取得程序必须符合法律规定，或者不得侵犯他人合法权益。

证据的合法性要求当事人、人民法院获取证据应当符合法律的规定，不能不择手段。如果证据具有关联性，人民法院继续审查其是否具有合法性，如果不具有合法性，人民法院即直接予以排除，不再继续审查其是否具有真实性。

（三）证据的种类

根据我国《行政诉讼法》第33条的规定，证据有以下几种：书证，物证，视听资料，电子数据，证人证言，当事人的陈述，鉴定意见，勘验笔录、现场笔录。以上证据经法庭审查属实，才能作为认定案件事实的根据。

二、举证责任

（一）举证责任的概念

行政诉讼的举证责任，是指当事人对法律规定的事项或者当事人自己提出的主张，应当举出证据加以证明，否则将承担败诉风险或者不利法律后果的制度。

（二）公安行政诉讼举证责任的分配

在行政诉讼中，举证责任的分配原则是：被告对作出的具体行政行为的合法性负有举证责任；原告在特定情况下承担一定的举证责任。

1. 被告的举证责任

被告负举证责任是行政诉讼的一项重要原则，被告应当举证证明具体行政行为合法。《行政诉讼法》第34条规定："被告对作出的具体行政行为负有举证责任，应当提供作出该具体行政行为的证据和所依据的规范性文件。被告不提供或者无正当理由逾期提供证据，视为没有相应证据。但是，被诉行政行为涉及第三人合法权益，第三人提供证据的除外。" 事实清楚，证据确凿，适用法律、法规正确时具体行政行为合法有效的必备条件，缺少任何一个因素，这个具体行政行为就是有瑕疵的，违法的。因此被告行政机关要证明被诉具体行政行为是合法的，就必须提供作出具体行政行为的事实证据和法律依据。在公安行政诉讼中，公安机关对公安具体行政行为是否合法承担举证责任。

根据行政程序"先取证、后裁决"的规则，被告作出具体行政行为以行政程序中调查取证为基础，必须在已经取得的证据的基础上认定事实，并作出裁决，在作出具体行政行为以后，就不能再为证明具体行政行为合法而收集新的证据。因此，《行政诉讼法》第35条规定："在诉讼过程中，被告及其诉讼代理人不得自行向原告、第三人和证人收集证据。"

2. 原告的举证责任

在行政诉讼中，被告负举证责任并不排除原告在特定情况下的举证责任。但原告承担举证责任的事项仅限于法律的特别规定。下列事项由原告承担举证责任：

（1）证明起诉符合法定条件，但被告认为原告起诉超过起诉期限的除外。

（2）在起诉被告不履行法定职责的案件中，原告应当提供其向被告提出申请的证据。但有下列情形之一的除外:一是被告应当依职权主动履行法定职责的;二是原告因正当理由不能提供证据的。

(3) 在行政赔偿、补偿的案件中,原告应当对行政行为造成的损害提供证据。因被告的原因导致原告无法举证的,由被告承担举证责任。

(4) 其他应当由原告承担举证责任的事项。

(三) 举证期限

1. 被告的举证期限

《行政诉讼法解释》第 26 条规定:"被告应当在收到起诉状副本之日起 10 日内提交答辩状,并提供作出具体行政行为时的证据、依据;被告不提供或者无正当理由逾期提供的,应当认定该具体行政行为没有证据、依据。"该法条规定了公安机关不提供证据或者逾期提供证据的结果责任,即败诉风险。依据《行政诉讼法》第 36 条规定:"被告在作出行政行为时已经收集了证据,但因不可抗力等正当事由不能提供的,经人民法院准许,可以延期提供。原告或者第三人提出了其在行政处理程序中没有提出的理由或者证据的,经人民法院准许,被告可以补充证据。"

被告因不可抗力或者客观上不能控制的其他正当事由,不能在前款规定的期限内提供证据的,应当在收到起诉状副本之日起 10 日内向人民法院提出延期提供证据的书面申请。人民法院准许延期提供的,被告应当在正当事由消除后 10 日内提供证据。逾期提供的,视为被诉具体行政行为没有相应的证据。

2. 原告和第三人的举证期限

原告或者第三人应当在开庭审理前或法院指定的交换证据之日提供证据。因正当事由申请延期提供的,经法院准许,可以在法庭调查中提供。逾期提供证据的,视为放弃举证权利。原告或第三人在第一审程序中正当事由未提供而在第二审程序中提供的证据,法院不予接纳。

三、证据的调取和保全

(一) 证据调取

在诉讼过程中,当事人负有举证责任,如果当事人提供的证据不足,人民法院有权要求当事人提供或者补充证据。在特殊情况下,人民法院可以依职权向有关行政机关以及其他组织、公民调取证据。需要由人民法院收集和调查的证据,主要有两类:

一是人民法院依职权调取的证据。包括两种情形:(1) 相关事实认定涉及国家利益、公共利益或者他人合法权益的。此类事项往往与当事人的利益无关,甚至对当事人不利,当事人可能怠于提供证据,甚至故意隐瞒证据,此时需要人民法院主动调取证据;(2) 涉及依职权追加当事人、终止诉讼、终结诉讼、回避等程序性事项。

二是人民法院依申请调取的证据。《行政诉讼法》第 41 条规定:与本案有关的下列证据,原告或者第三人不能自行收集的,可以申请人民法院调取:(1) 由国家机关保存而须由人民法院调取的证据;(2) 涉及国家秘密、商业秘密和个人隐私的证据;(3) 确因客观原因不能自行收集的其他证据。

人民法院调查和收集证据的基本方式有调查询问、调取有关材料、提交鉴定和勘验检查。

(二) 证据保全

证据保全是指人民法院在证据可能灭失或以后难以取得的情况下,根据诉讼参加人的申请或依职权主动采取措施,对证据加以确定和保护的制度。证据保全,既是保证当事人提供证据的补救方法,也是人民法院获取证据的一种手段,它对于保护当事人的合法权益,保证行政诉讼的顺利进行具有重要的意义和作用。

证据保全具有以下种类和方法:

(1) 证据保全既可以发生在诉讼开始前,也可以发生在诉讼之中。诉前证据保全须由利害关系人申请,而诉中证据保全既可以应申请也可以依职权进行。当事人向人民法院申请保全证据的,应当在举证期限届满前以书面形式提出,并说明证据的名称和地点、保全的内容和范围、申请保全的理由等事项;当事人申请保全证据的,人民法院可以要求其提供相应的担保。

(2) 人民法院保全证据的,可以根据具体情况,采取查封、扣押、拍照、录音、录像、复制、鉴定、勘验、制作询问笔录等保全措施;人民法院在保全证据时,可以要求当事人或者其诉讼代理人到场。

▶四、质证与认证

(一) 质证

行政诉讼的质证,是指在审判人员的主持下,诉讼参与人按照法定程序,针对证据材料的证据资格和证明力进行解释、说明、质疑和反驳的证明行为。我国《行政诉讼法》第 43 条中规定:"证据应当在法庭上出示,并由当事人互相质证。"质证应是行政诉讼的必经程序,是人民法院审查、核实当事人所举证据的主要方法。

行政诉讼中的质证应当遵循以下规则:

(1) 开庭质证,应当充分展示当事人所举证据。如对物证,必须交当事人当庭辨认;出示书证,应当尽可能出示原件,不能提供原件而提供复制件的,应当说明复制件的真实合法性;若证人出庭作证,应允许另一方当事人充分询问。若证人不出庭作证,宣读证人证言应准确完整;视听资料要完整,且应当庭播放;鉴定结论、勘验笔录、现场笔录等的副本或复印件应交送各方当事人;对法院调查取得的证据,也应由法庭宣读,由当事人进行质证。这样,使当事人能够充分地对证据提出质询,对证据效力提出看法,以便法庭对证据去伪存真。

(2) 质证应进行充分的质对、辩驳。应当允许当事人互相发问、向证人或鉴定人发问。原告应对被告提供的证明被诉具体行政行为合法的事实根据、法律依据等进行一一质对。被告应针对为支持其诉讼请求而提出的证据进行辩驳。同时,原、被告或第三人也有权对法院调查取得的证据以及经法院委托作出的鉴定结论等证据提出质证意见,还可申请重新鉴定。并且经人民法院准许重新鉴定的结论,应再次开庭质证,当事人可就证据的证明力进行充分辩论。

(3) 质证应在法官的指导下进行。行政诉讼中,法官加强对质证活动的指导非常必要。在庭审过程中,法官要指导当事人特别是原告紧紧围绕证据与被诉具体行政行为的合法性及其诉讼请求的关系进行质证,并应当指出当事人之间争议的焦点:采取一事一证一质或其他方式循序进行,以提高质证的效率、保证质证的效果。

(二) 认证

所谓行政诉讼的认证,是指人民法院在庭审中对当事人所举证据在充分质证的基础上,就所有证据的客观性、关联性及合法性进行综合审查判断,并当庭或庭后决定是否作为定案证据的司法活动。这是人民法院行使行政案件审判权的直接体现,是法官在举证、取证并质证的基础上进行的一种理性思维活动。

行政诉讼中的认证应当遵循以下规则:

第一,证据裁判主义规则。即人民法院裁判行政案件,应当以证据证明的案件事实为依据。过去一般认为,“以事实为根据”就是要求司法人员在审理案件过程中,必须以客观存在的案件事实为依据。由于案件都是发生在过去的事情,法官通过证据“重建”的案件事实,只能是带有主观色彩的“虚拟”的事实。因此,“客观事实”在诉讼中是不能实现的,诉讼也没有必要达到客观真实。证据裁判主义规则的确立具有划时代的意义,标志着以客观事实作为裁判依据时代的结束,开创了以法律事实为裁判基础的新纪元。

第二,非法证据排除规则。非法证据,是指以违反法律禁止性规定或者侵犯他人合法权益的方法取得的证据。非法证据不能作为定案根据。总结行政诉讼证据规定的内容,非法证据共有 17 种情形:

(1) 未经庭审质证的证据。

(2) 经合法传唤,被告无正当理由拒不到庭质证,且需要依法缺席判决的,被告方提供的证据。

（3）证人根据其经历所作的判断、证人的推测或者评论。

（4）严重违反法定程序收集的证据材料。

（5）以偷拍、偷录、窃听等手段获取侵害他人合法权益的证据材料。

（6）以引诱、欺诈、胁迫、暴力等不正当手段获取的证据材料。

（7）当事人无正当事由超出举证期限提供的证据材料。

（8）在中华人民共和国领域以外或者在中华人民共和国香港特别行政区、澳门特别行政区和台湾地区形成的未办理法定证明手续的域外证据材料。

（9）当事人无正当理由拒不提供原件、原物，又无其他证据印证，且对方当事人不予认可的无法印证的复制件或者复制品。

（10）被当事人或者他人进行技术处理而无法辨明真伪的证据材料。

（11）不能正确表达意志的证人提供的证言。

（12）被告及其诉讼代理人在作出具体行政行为后或者在诉讼程序中自行收集的证据。

（13）被告在行政程序中非法剥夺公民、法人或者其他组织依法享有的陈述、申辩或者听证权利所采用的证据。

（14）原告或者第三人在诉讼程序中提供的，被告在行政程序中未作为具体行政行为依据的证据。

（15）复议机关在复议程序中收集和补充的证据，或者作出原具体行政行为的行政机关在复议程序中未向复议机关提交的证据，不能作为人民法院认定原具体行政行为合法的依据。

（16）鉴定人不具备鉴定资格；鉴定程序严重违法；鉴定意见错误、不明确或者内容不完整的鉴定意见。

（17）不具备合法性和真实性的其他证据材料。

第三，补强证据规则。补强证据，是指本身不能单独作为认定案件事实的根据，必须在其他证据的印证下才能认定案件事实的证据。补强证据规则是对法官自由裁量的限制。在我国补强证据规则不仅适用于言词证据，还适用于视听资料、书证、物证等。补强证据应当具备两个条件：一是必须具备证据资格；二是与被补强的证据材料相结合才能证明案件事实。补强证据主要有以下几类：

（1）未成年人所作的与其年龄和智力状况不相适应的证言；

（2）与一方当事人有亲属关系或者其他密切关系的证人所作的对该当事人有利的证言，或者与一方当事人有不利关系的证人所作的对该当事人不利的证言；

（3）应当出庭作证而无正当理由不出庭作证的证人证言；

（4）难以识别是否经过修改的视听资料；

(5) 无法与原件、原物核对的复制件或者复制品；

(6) 经一方当事人或者他人改动，对方当事人不予以认可的证据材料；

(7) 其他不能单独作为定案依据的证据材料。

第四，优势证据规则。优势证据规则也称最佳证据规则，是指数个证据对某一特定的与案件有关的事实都有证明力，只能采用可能得到的最令人信服和最有说服力的证据予以证明的制度。

行政诉讼最佳证据规则的主要内容有：

(1) 国家机关以及其他职能部门依职权制作的公文文书优于其他书证；

(2) 鉴定意见、现场笔录、勘验笔录、档案材料以及经过公证或者登记的书证优于其他书证、视听资料和证人证言；

(3) 原件、原物优于复制件、复制品；

(4) 法定鉴定部门的鉴定意见优于其他鉴定部门的鉴定意见；

(5) 法庭主持勘验所制作的勘验笔录优于其他部门主持勘验所制作的勘验笔录；

(6) 原始证据优于传来证据；

(7) 其他证人证言优于与当事人有亲属关系或者其他密切关系的证人提供的对该当事人有利的证言；

(8) 出庭作证的证人证言优于未出庭作证的证人证言；

(9) 数个种类不同、内容一致的证据优于一个孤立的证据；

(10) 以有形载体固定或者显示的电子数据交换、电子邮件以及其他数据资料，其制作情况和真实性经对方当事人确认，或者以公证等其他有效方式予以证明的，与原件具有同等的证明效力。

第五，自认证据规则。自认，是指一方当事人对对方当事人所主张的不利于己的案件事实承认其真实的意思表示。自认不包括对对方诉讼请求的承诺。自认规则解决的是如何认定一方当事人对他方当事人的事实陈述或者提供的证据给予承认的效力问题，自认可以免除当事人的举证责任。

行政诉讼自认规则的主要内容有：

(1) 在庭审中一方当事人或者其代理人在代理权限范围内对另一方当事人陈述的案件事实明确表示认可的，人民法院可以对该事实予以认定。但有相反证据足以推翻的除外。

(2) 在行政赔偿诉讼中，人民法院主持调解时当事人为达成调解协议而对案件事实的认可，不得在其后的诉讼中作为对其不利的证据。

(3) 在不受外力影响的情况下，一方当事人提供的证据，对方当事人明确表示认可的，可以认定该证据的证明效力；对方当事人予以否认，但不能提供充分的证据进行反驳的，可以综合全案情况审查认定该证据的证明效力。

第六，司法认知与推定规则。司法认知，是指人民法院以宣告的形式直接认定某一个事实的真实性，以消除当事人无谓的争议，确保审判顺利进行的一种诉讼证明方式。司法认知是举证责任的例外情形，当事人在其主张可因属自然规律、众所周知的事实使法官无须进一步认定时，无须举证。

推定是一种法律规则，法律规定，根据已知的事实可以认定推定事实存在，除非有相反的证据推翻这种推论。其中前一事实称为基础事实，后一事实称为推定事实。推定分为法律推定和事实推定。法律推定，是指根据法律的规定，当某一事实条件存在时，必然推定另一事实的存在，如婚姻关系期间所生子女即婚生子女。事实推定，是指法庭依据日常生活经验法则就某一已知事实推论出未知事实的证明规则，如聋哑人听不见声音等。

司法认知主要有以下五项内容，对下列事实法庭可以直接认定：

(1) 众所周知的事实；

(2) 自然规律及定理；

(3) 按照法律规定推定的事实；

(4) 已经依法证明的事实；

(5) 根据日常生活经验法则推定的事实。

前款第1、3、4、5项，当事人有相反证据足以推翻的除外。

行政诉讼推定规则主要有以下两项内容：

(1) 原告确有证据证明被告持有的证据对原告有利，被告无正当事由拒不提供的，可以推定原告的主张成立。

(2) 生效的人民法院裁判文书或者仲裁机构裁决文书确认的事实，可以作为定案依据。但是发现裁判文书或者裁决文书认定的事实有重大问题的，应当中止诉讼，通过法定程序予以纠正后恢复诉讼。

第五节　公安行政诉讼的起诉及受理

引导案例

原告李三不服公安机关对其作出的治安行政拘留15天的处罚，依法向人民法院提起行政诉讼，法院依法受理。经审理，法院作出变更判决，将拘留15天变更为5天。当事人双方均未上诉。判决生效后，公安机关对李三执行拘留。但是，5天过后，公安机关没有释放李三。因此，李三以公安机关违法限制人身自由为由再次向法院起诉。但是，法院没有受理。法院不予受理的行为是否正确？本案应当怎样处理？简述理由。

一、公安行政诉讼的起诉

（一）起诉的概念

起诉，是指公民、法人或者其他组织认为公安机关所作的具体行政行为侵犯其合法权益时，向人民法院提出司法保护请求的行为。起诉是原告的单方行为，是一个行政诉讼的开始。

公安行政诉讼的起诉，是指原告针对公安具体行政行为向人民法院提出司法保护请求的行为。

（二）起诉的条件

根据我国《行政诉讼法》第49条的规定，提起公安行政诉讼应当符合下列条件：

（1）原告是行政行为的相对人以及其他与行政行为有利害关系的公民、法人或者其他组织。这是对原告资格的要求。首先，原告在类型上应当是公民、法人或者其他组织三者中的其中之一，外国人、无国籍人根据“国民待遇原则”作为行政诉讼的原告可以归入公民一类，行政机关作为原告可以归入法人一类，外国组织作为原告可以归入其他组织一类。其次，原告应与具体行政行为有法律上的利害关系。与具体行政行为有利害关系，是指具体行政行为对其权利义务产生了直接的实际的影响。包括行政行为的相对人以及其他与行政行为有利害关系的公民、法人或者其他组织。如行政复议案件的第三人，虽然不是行政行政相对人，但是复议结果对他的权利义务有直接影响，因此可以作为原告向法院提起诉讼。再次，原告资格在两种情况下会发生转移：一是有权提起诉讼的公民死亡，其近亲属可以提起诉讼；二是有权提起诉讼的法人或者其他组织终止，承受其权利的法人或者其他组织可以提起诉讼。

（2）有明确的被告。行政诉讼的目的是审查具体行政行为，起诉时原告必须明确指出被告的全称，即具体行政行为是由哪一个行政机关实施的。在公安行政诉讼中，原告应指出被告是哪一级、哪一个公安机关。一般来说，原告在起诉状中还须写明该公安机关的地址和法定代表人的姓名、职务。如果原告不知道造成自己合法权益损害的行为是由哪一个公安机关实施的，就无法向人民法院提起行政诉讼。

（3）有具体的诉讼请求和事实根据。诉讼请求，就是原告要求人民法院进行司法保护的具体内容。公安行政诉讼中的诉讼请求一般为：请求人民法院撤销被告的具体行政行为并赔偿因具体行政行为给原告造成的经济损失，或者请求人民法院判令被告履行法定职责，或者请求人民法院变更显失公正的行政处罚行为。

事实根据，就是原告要求人民法院进行司法保护的事实和证据。这里的事实，是指原告与公安机关之间的行政争议是否存在的事实，即公安机关针对原告作出了某一具体行政行为或者接到申请拒绝履行法定职责的事实；这里的证据，是指能够证明具体行政行为或者拒绝履行法定职责行为的证据，而不是证明具体行政行为违法的证据，因为在行政诉讼中，具体行政行为是否违法由公安机关举证证明。行政机关作出具体行政行为时，没有制作或者没有送达法律文书，公民、法人或者其他组织不服向人民法院起诉的，只要能证明具体行政行为的存在，人民法院就应当依法受理。

(4) 属于人民法院受案范围和受诉人民法院管辖。首先，原告起诉针对的公安具体行政行为必须属于人民法院的受案范围，属于人民法院主管的行政案件的范围；其次，这一行政案件属于接受诉讼的人民法院管辖。

一个行政案件只有同时符合上述这四个条件，人民法院才能受理。

(三) 起诉的期限

我国《行政诉讼法》规定公安行政诉讼的起诉期限有两类：

(1) 原告直接向人民法院起诉的期限。我国《行政诉讼法》第 46 条第 1 款规定："公民、法人或者其他组织直接向人民法院提起诉讼的，应当自知道或者应当知道作出行政行为之日起 6 个月内提出。法律另有规定的除外。"

(2) 经过复议的行政案件的起诉期限。公安行政诉讼中，在起诉和行政复议的关系上以自由选择为原则，以复议前置为例外。当事人对公安具体行政行为不服可以直接向人民法院提起行政诉讼，也可以在经过复议之后，对复议决定不服再向人民法院提起行政诉讼。2000 年《行政诉讼法的解释》第 33 条规定："法律、法规规定应当先申请复议，公民、法人或者其他组织未申请复议直接提起诉讼的，人民法院不予受理。复议机关不受理复议申请或者在法定期限内不作出复议决定，公民、法人或者其他组织不服，依法向人民法院提起诉讼的，人民法院应当依法受理。"该《解释》第 34 条规定："法律、法规未规定行政复议为提起行政诉讼必经程序，公民、法人或者其他组织既提起诉讼又申请行政复议的，由先受理的机关管辖；同时受理的，由公民、法人或者其他组织选择。公民、法人或者其他组织已经申请行政复议，在法定复议期间内又向人民法院提起诉讼的，人民法院不予受理。"该《解释》第 35 条规定："法律、法规未规定行政复议为提起行政诉讼必经程序，公民、法人或者其他组织向复议机关申请行政复议后，又经复议机关同意撤回复议申请，在法定起诉期限内对原具体行政行为提起诉讼的，人民法院应当依法受理。"

根据我国《行政复议法》的规定，公民、法人或者其他组织向行政机关申请复议的，复议机关应当在收到申请书之日起 2 个月内作出决定。这类情况起诉

期限又分为两种:

第一,公民、法人或者其他组织不服复议决定的,可以在收到复议决定书之日起15日内向人民法院提起诉讼;

第二,复议机关逾期不作决定的,申请人可以在复议期满之日起15日内向人民法院提起诉讼。法律另有规定的除外。

(3)行政机关不履行法定职责的起诉期限。我国《行政诉讼法》第47条规定:"公民、法人或者其他组织申请行政机关履行保护其人身权、财产权等合法权益的法定职责,行政机关在接到申请之日起两个月内不履行的,公民、法人或者其他组织可以向人民法院提起诉讼。法律、法规对行政机关履行职责的期限另有规定的,从其规定。公民、法人或者其他组织在紧急情况下请求行政机关履行保护其人身权、财产权等合法权益的法定职责,行政机关不履行的,提起诉讼不受前款规定期限的限制。"

(4)起诉期限的延长规定。2000年《行政诉讼法的解释》规定了两种特殊情况下的起诉期限:

第一,未告知诉权或起诉期限的情况。行政机关作出具体行政行为时,未告知公民、法人或者其他组织诉权或者起诉期限的,起诉期限从公民、法人或者其他组织知道或者应当知道诉权或者起诉期限之日起计算,但从知道或者应当知道具体行政行为内容之日起最长不得超过2年。复议决定未告知公民、法人或者其他组织诉权或者法定起诉期限的,适用前款规定。

第二,当事人不知道具体行政行为内容的情况。公民、法人或者其他组织不知道行政机关作出的具体行政行为内容的,其起诉期限从知道或者应当知道该具体行政行为内容之日起计算。对涉及不动产的具体行政行为从作出之日起超过20年、其他具体行政行为从作出之日起超过5年提起诉讼的,人民法院不予受理。

公民、法人或者其他组织因不可抗力或者其他不属于其自身的原因耽误起诉期限的,被耽误的时间不计算在起诉期限内。

公民、法人或者其他组织因前款规定以外的其他特殊情况耽误起诉期限的,在障碍消除后10日内,可以申请延长期限,是否准许由人民法院决定。

(四)起诉的程序条件

(1)当事人可以自由选择救济途径,可以申请复议,也可以提起诉讼,在选择复议后,对复议不服仍可以再起诉。公民、法人或其他组织既提起诉讼又申请复议的,由先受理的机关管辖。同时受理的由当事人选择。公民、法人或其他组织已经申请行政复议,在法定复议期间内又向人民法院起诉的,人民法院不予受理。公民、法人或其他组织向行政机关申请复议后,又经复议机关同意撤回复议申请的,在法定期限内对原具体行政行为提起诉讼的,人民法院应当受理。

(2) 当事人有权选择行政诉讼或者行政复议,但是一旦当事人选择了行政复议,行政复议决定即为发生法律效力的终局决定,当事人将因选择复议丧失提起诉讼的权利。对终局行政行为,只有全国人大及其常委会制定的法律才有权规定。

(3) 当事人对具体行政行为不服,必须先申请复议,对复议不服的才可向人民法院起诉,否则人民法院不予受理。

(五) 起诉的方式

我国《行政诉讼法》第50条规定:"起诉应当向人民法院递交起诉状,并按照被告人数提出副本。书写起诉状确有困难的,可以口头起诉,由人民法院记入笔录,出具注明日期的书面凭证,并告知对方当事人。"由此可见,起诉的形式以书面起诉为主,即向人民法院递交起诉状。起诉状应当包括下列主要内容:

(1) 当事人的基本情况。原告是公民的,应当写明姓名、性别、年龄、民族、职业、住址;原告是法人的,应当写明法人的全称、地址、法定代表人的姓名和职务;原告是其他组织的,应当写明组织的全称、地址、主要负责人的姓名和职务。

(2) 诉讼请求。

(3) 起诉所依据的事实和理由。

(4) 证据和证据来源。

(5) 受诉人民法院的名称和起诉日期。

(6) 原告人签名盖章。

二、公安行政诉讼的受理

(一) 受理的概念

受理,是人民法院对原告的起诉状进行审查,认为符合法律规定的起诉条件,决定立案审理的诉讼行为。

起诉是受理的前提,但起诉并不必然导致受理,受理是人民法院对起诉进行审查并作出选择的结果。起诉与受理结合构成行政诉讼的开始,只有起诉没有受理,行政诉讼就无法继续进行。

(二) 人民法院对起诉的处理

人民法院应对起诉及时进行审查并作出不同的处理:

(1) 直接立案受理或决定受理。我国《行政诉讼法》第51条第1款规定:"人民法院在接到起诉状时对符合本法规定的起诉条件的,应当登记立案。"对当场不能判定是否符合本法规定的起诉条件的,应当接收起诉状,出具注明收到日期的书面凭证,并在七日内决定是否立案。通过审查符合起诉条件的,受诉人民法院应当在收到起诉状之日起7日内立案,即正式受理。

(2)裁定不予立案受理。通过审查,对不符合起诉条件的,人民法院应当在收到起诉状之日起7日内作出不予立案的裁定。裁定书应当载明不予立案的理由。原告对裁定不服的,可以在接到裁定书之日起10日内向上一级人民法院提出上诉,上一级人民法院的裁定为终局裁定。人民法院裁定准许原告撤诉后,原告以同一事实和理由重新起诉的,人民法院不予受理。

(3)要求补正材料。对于起诉状内容欠缺或者有其他错误的,人民法院应当给予指导和释明,并一次性告知当事人需要补正的内容。不得未经指导和释明即以起诉不符合条件为由不接收起诉状。起诉人补正后经审查符合法定条件,人民法院应当依法受理。

对于不接收起诉状、接收起诉状后不出具书面凭证,以及不一次性告知当事人需要补正的起诉状内容的,当事人可以向上级人民法院投诉,上级人民法院应当责令改正,并对直接负责的主管人员和其他直接责任人员依法给予处分。

人民法院既不立案,又不作出不予立案裁定的,当事人可以向上一级人民法院起诉。上一级人民法院认为符合起诉条件的,应当立案、审理,也可以指定其他下级人民法院立案、审理。

第六节　公安行政诉讼案件的审判

引导案例

张某系一个体工商户,经营一个小食品店,两年来一直未向税务机关交足税款,此事被乡政府在一次对市场经营的食品质量进行检查时发现。乡政府以自己的名义给张某下达两次补交税款1100元的通知,张某均未按通知补税。1992年5月24日乡政府扣押了张某的一台电冰箱与部分食品,当时未办理任何手续。张某对此不服,在同年7月2日向县人民法院提起诉讼。县人民法院受理此案。县人民法院对乡人民政府的行为应当如何判决?

一、人民法院审理行政案件的特有原则和基本制度

(一)人民法院审理行政案件的特有原则

人民法院审理民事案件、刑事案件、行政案件必须遵循的原则称为诉讼的一般原则,包括人民法院依法独立行使审判权原则,以事实为根据、以法律为准绳原则,当事人法律地位平等原则,辩论原则,民族语言、文字原则,人民检察院法律监督原则。除了一般原则外,人民法院审理行政案件还必须遵循下列特有

原则：

(1) 合法性审查原则。我国《行政诉讼法》第 6 条规定："人民法院审理行政案件，对行政行为是否合法进行审查。"合法性审查原则揭示了人民法院审理行政案件的实质就是要对行政行为是否合法进行审查。

(2) 起诉不停止执行原则。行政行为具有"效力先定性"，一经作出即发生法律效力。原告向人民法院提起行政诉讼，并不影响行政机关对行政行为的执行。这一原则与我国《行政复议法》规定的复议不停止执行原则相辅相成。

起诉不停止执行也有例外，我国《行政诉讼法》规定："诉讼期间，不停止行政行为的执行。但有下列情形之一的，裁定停止执行：(一) 被告认为需要停止执行的；(二) 原告或者利害关系人申请停止执行，人民法院认为该行政行为的执行会造成难以弥补的损失，并且停止执行不损害国家利益、社会公共利益的；(三) 人民法院认为该行政行为的执行会给国家利益、社会公共利益造成重大损害的；(四) 法律、法规规定停止执行的。"

当事人对停止执行或者不停止执行的裁定不服的，可以申请复议一次。

(3) 行政诉讼不适用调解原则。调解是民事诉讼的一项重要原则，被西方国家称为"东方的经验"，但是行政诉讼不适用调解。原因在于行政诉讼不具备调解的前提条件，调解的前提条件是当事人双方对自己的权利可以放弃，作为行政诉讼一方当事人的行政机关行使的是行政权，行政权是国家主权的一个组成部分，国家主权不能放弃是国际法的基本原理，既然行政机关不能放弃行政权，行政诉讼就不适用调解。

但是在行政赔偿诉讼中可以适用调解，我国《行政诉讼法》第 60 条规定："人民法院审理行政案件，不适用调解。但是，行政赔偿、补偿以及行政机关行使法律、法规规定的自由裁量权的案件可以调解。调解应当遵循自愿、合法原则，不得损害国家利益、社会公共利益和他人合法权益。"

(4) 被告负举证责任原则。这一原则是指作为行政诉讼被告的行政机关在行政诉讼中，对行政行为负有向人民法院提交事实证据和法律法规等规范性文件依据的责任，对被诉行政行为的事实依据和法律法规依据如不进行举证以及举证不充足，则可能承担败诉的法律后果。

事实清楚，证据确凿，适用法律、法规正确时具体行政行为合法有效的必备条件，缺少任何一个因素，这个具体行政行为就是有瑕疵的，违法的。因此被告行政机关要证明被诉具体行政行为是合法的，就必须提供作出具体行政行为的事实证据和法律依据。在公安行政诉讼中，公安机关对公安具体行政行为是否合法承担举证责任。

(5) 人民法院特定主管原则。人民法院特定主管，是指人民法院只主管法律规定管辖的那一部分行政案件,这与刑事案件、民事案件统归人民法院管辖是不同的。如对行政机关所作的国防、外交等国家行为以及行政机关内部的行政处分行为不服的案件,就不属于行政诉讼范围,人民法院不能管辖。

(二) 人民法院审理行政案件的基本制度

(1) 合议制。合议制,就是由几个审判员组成一个审判集体对行政案件进行审理的制度。我国《行政诉讼法》第 68 条规定:“人民法院审理行政案件,由审判员组成合议庭,或者由审判员、陪审员组成合议庭。合议庭的成员,应当是三人以上的单数。”合议制的组织称为合议庭,合议庭的组成人员为 3 人以上的单数,因为合议庭内部实行少数服从多数,3 人以上单数有利于作出决断。

合议制作为一种审判组织形式和独任制相对,独任制就是由一个审判员代表人民法院对案件进行审理的制度。行政诉讼法规定,如果符合简易程序审理条件,并且当事人各方同意适用简易程序的,可以适用简易程序审理。适用简易程序审理的行政案件,由审判员一人独任审理。这是合议制的例外规定。

(2) 回避制。回避制,是指与案件有利害关系的人员应当避开案件的审理制度。回避制的目的是保证审判的公正。回避的人员有审判人员、书记员、鉴定人、翻译人和勘验人。回避的条件是与本案有利害关系或者其他关系可能影响公正审判。回避的方式有主动回避和当事人申请回避两种。回避的决定方式包括:院长担任审判长时的回避,由审判委员会决定;审判人员的回避,由院长决定;其他人员的回避,由审判长决定。

当事人对人民法院的回避决定不服的,可以申请复议一次。

(3) 公开审判制。公开审判制,就是人民法院审理行政诉讼案件,除特殊情况外,审理过程和审理结果应对社会和群众公开的制度。公开审判制的目的是加强对人民法院诉讼活动的监督,增加审判的透明度,尽量防止和减少冤假错案的发生。对于涉及国家机密、个人隐私和法律另有规定的案件一般不公开审理。涉及商业秘密的案件,当事人申请不公开审理的,可以不公开审理。人民法院对公开审理和不公开审理的案件,一律公开宣告判决。

(4) 两审终审制。两审终审制,就是一个案件经过两级人民法院的审判即告终结的制度。只有最高人民法院审理的案件是一审终审制。

二、第一审程序

第一审程序是人民法院第一次对行政案件进行审理的程序。第一审程序是整个行政诉讼程序的基础,第二审程序和审判监督程序以及执行程序都是在第一审程序的基础上发生的。第一审程序是人民法院审理行政案件的必经程序,如果当事人不上诉就没有第二审程序,当事人不申诉就没有审判监督程序,当事人不申请执行就没有执行程序，只有第一审程序必不可少。第一审程序是最基本的程序，具有相对的完整性，从原告起诉到人民法院裁判，全部程序都有明确的规定和科学的安排。第一审程序包括审理前的准备、开庭审理、评议宣判等阶段。

（一）审理前的准备

审理前的准备，是指人民法院受理行政案件以后，直到开庭审理前，为保证开庭审理的顺利进行，审判人员所做的一系列准备工作。这一阶段的任务就是为开庭审理创造必要的条件、准备基本材料。审理前的准备主要包括组成合议庭、法律文书的发送和审查案卷材料三个方面的工作。

（1）组成合议庭。除适用简易程序独任审理的案件外，人民法院首先应当指定审判人员组成合议庭，作为行政案件的审判组织，具体负责案件的审理工作。

（2）法律文书的发送。原告起诉时要向人民法院递交起诉状，并按被告的人数递交起诉状副本。人民法院应当在立案之日起 5 日内将起诉状副本发送给被告。被告应当在收到起诉状副本之日起 15 日内向人民法院提交作出行政行为的证据和所依据的规范性文件，并提出答辩状。人民法院应当在收到答辩状之日起 5 日内，将答辩状副本发送原告。被告不提出答辩状的，不影响人民法院审理。经过法律文书的发送，原告拥有被告的起诉状副本，被告拥有原告的答辩状副本，双方对于各自的主张和证据有所了解，就为下一步的开庭审理打下了基础。

（3）审查案卷材料。通过对起诉状、答辩状和各种证据材料的审查，全面了解案情。在了解案情的基础上，人民法院可以更换或者追加当事人，决定或者通知第三人参加诉讼，人民法院还可以调取证据或者采取证据保全措施。

根据行政诉讼法的规定，有一些案件人民法院可以决定合并审理，如在涉及行政许可、登记、征收、征用和行政机关对民事争议所作的裁决的行政诉讼中，当事人申请一并解决相关民事争议的，人民法院可以一并审理；行政机关就同一事实对若干公民、法人或者其他组织分别作出具体行政行为，公民、法人或者其他组织不服分别向同一人民法院起诉的，人民法院可以一并审理。合并审理既方便当事人，也会提高人民法院的办案效率。

（二）开庭审理

开庭审理，是指审判人员在当事人和其他诉讼参与人的参加下，依照法律规定的方式和程序在法庭上对案件进行全面审查并作出裁判的诉讼活动。开庭审理是公安行政诉讼整个过程的核心，包括开庭审理的准备阶段、法庭调查阶段和法庭辩论阶段。

1. 开庭审理的准备阶段

开庭审理的准备阶段应当完成下列具体工作：

（1）决定开庭审理的方式。开庭审理有公开审理和不公开审理两种方式。涉及国家机密和个人隐私的案件以及法律另有规定的案件不公开审理；涉及商业秘密的案件经当事人申请一般不公开审理。公开审理的案件，应当在开庭3日前公告当事人的姓名、案由和开庭时间、地点，便于群众参与旁听和新闻记者采访报道。

（2）确定开庭时间、地点并通知当事人和其他诉讼参与人。人民法院应当在开庭3日前，将开庭时间、地点通知当事人和其他诉讼参与人。通知当事人使用传票，通知其他诉讼参与人使用通知书。

（3）查明当事人和其他诉讼参与人到庭情况。开庭当天，人民法院书记员首先应当查明当事人和其他诉讼参与人是否到庭。经人民法院传票传唤，原告无正当理由拒不到庭，或者未经法庭许可中途退庭的，可以按照撤诉处理；被告无正当理由拒不到庭，或者未经法庭许可中途退庭的，可以缺席判决。如果当事人和其他诉讼参与人都已到庭，书记员报告审判长准时开庭。

（4）宣布开庭。法庭准备工作完成以后，审判长宣布开庭，并宣布案由和审判人员、书记员名单，核对当事人及其代理人的身份，告知当事人诉讼权利和诉讼义务，询问当事人是否申请回避。

2. 法庭调查阶段

法庭调查的主要任务是全面查清案件事实，审查各种证据，为正确认定事实和适用法律奠定基础。

法庭调查依下列顺序进行：

（1）当事人陈述。法庭调查开始，首先，由原告宣读起诉状，被告宣读答辩状。然后，按照原告、原告代理人、被告、被告代理人、第三人、第三人代理人的顺序对案件事实和理由进行陈述。

（2）证人作证。告知证人的权利和义务，证人作证，当事人及其代理人对证人发问，宣读未到庭证人的证言。

（3）宣读鉴定意见，询问鉴定人。

（4）出示书证、物证、视听资料和电子数据。

（5）宣读勘验笔录和现场笔录。

法庭调查阶段结束，进入法庭辩论阶段。

3. 法庭辩论阶段

法庭辩论是对法庭调查阶段有争议的问题进行进一步的审查，以查明案情的诉讼活动。双方当事人及其代理人以口头的方式，就案件涉及的事实、证据和适用法律等问题,陈述自己的意见,反驳对方的意见,以维护自己的合法权益。

法庭辩论的顺序是:先原告,后被告,再第三人,最后互相辩论。

(三) 评议宣判

评议宣判是第一审程序的最后阶段。评议宣判的任务是认定案件事实,在此基础上适用法律,判明具体行政行为是否合法。合议庭评议案件实行少数服从多数。评议结束后,可以当庭宣判也可以定期宣判。当庭宣判的,应当在10日内发送判决书;定期宣判的,宣判后立即发给判决书。无论是当庭宣判还是定期宣判,宣判时必须告知当事人上诉权、上诉期限和上诉人民法院。

三、审理中几种特殊情况的处理

(一) 撤诉

根据我国《行政诉讼法》的规定,在人民法院判决裁定宣告以前,原告申请撤回诉讼的,经人民法院准许,可以撤回。人民法院准许原告撤诉应具备以下条件:

(1) 撤诉申请人必须是原告或经他们特别授权的代理人。被告或第三人均不得提出撤诉申请。

(2) 申请撤诉必须基于当事人自己真实的意思表示,出于当事人自愿。撤诉是原告放弃诉讼权利的自觉活动,行政机关都不能强制原告撤诉。

(3) 撤诉必须符合法律规定,不得规避法律,也不能损害公共利益和他人利益。

(4) 撤诉申请必须在人民法院宣判前作出。

(5) 撤诉必须经人民法院准许。人民法院应当对撤诉申请进行审查,申请符合条件的,裁定准予撤诉,案件审理终结;申请不符合条件的. 裁定驳回申请,案件继续审理。

此外,我国《行政诉讼法》规定,经人民法院两次合法传唤,原告无正当理由拒不到庭的,视为申请撤诉。

(二) 诉讼中止

诉讼中止,即在诉讼进行过程中,诉讼程序因特殊情况的发生而中途停止的一种法律制度。根据行政诉讼法的规定,在诉讼过程中,有下列情况之一的,中止诉讼:

(1) 作为原告的自然人死亡,需要等待其近亲属表明是否需要参加诉讼的;

(2) 作为原告的自然人丧失诉讼行为能力,尚未确定法定代理人的;

(3) 作为原告的法人或其他组织终止,尚未确定权利义务承受人的;

(4) 一方当事人因不可抗力的事由,不能参加诉讼的;

(5) 被告行政机关被撤销,尚未确定继续行使其职权的行政机关的;

(6) 案件涉及法律适用问题,需要送请有权机关作出解释或者确认的;

(7) 案件的审判须以相关民事、刑事或者其他行政案件的审理结果为依据,而相关案件尚未审结的;

(8) 其他应当中止诉讼的情形。

中止诉讼的情形消除后,人民法院应当依照申请或者依职权恢复诉讼程序,并通知当事人继续进行诉讼活动。诉讼程序恢复后,当事人在诉讼中止前进行的诉讼行为,依然继续有效。

(三) 诉讼终结

诉讼终结,是指在诉讼进行过程中,因特殊情况的发生而结束正在进行的诉讼程序的法律制度。

行政诉讼终结的特殊情况主要是指使诉讼活动不能继续进行下去或继续进行已无任何意义的情况。根据行政诉讼法的规定,诉讼终结主要有以下几种:

(1) 原告申请撤诉(包括视为申请撤诉的情况)被人民法院裁定准许后,进而使诉讼终结;

(2) 作为原告的自然人死亡,没有近亲属或者近亲属放弃权利的;

(3) 作为原告的法人或者其他组织终止后,其权利义务的承受人放弃诉讼权利的;

(4) 法律规定应当终结诉讼的其他情况。

诉讼终结是一种特殊的非正常结案方式,人民法院作出最终的判决才是常见的结案方式。

四、简易程序

简易程序,是指人民法院审理简单行政案件时所适用的较一审普通程序简单的审判程序。之所以简便,是指它相对于第一审程序中的普通程序而言程序简单,不受询问违法嫌疑人,询问证人、鉴定人、出示证据、法庭辩论程序规定的限制。而且简易程序的审限短,易于执行、方便群众。

根据我国《行政诉讼法》第82条至第84条的规定,人民法院审理下列第一审行政案件,认为事实清楚、权利义务关系明确、争议不大的,可以适用简易程序:

(1) 被诉行政行为是依法当场作出的;

(2) 案件涉及款额2000元以下的;

(3) 属于政府信息公开案件的。

除前款规定以外的第一审行政案件,当事人各方同意适用简易程序的,可以适用简易程序。发回重审、按照审判监督程序再审的案件不适用简易程序。

适用简易程序审理的行政案件,由审判员一人独任审理,并应当在立案之日起45日内审结。

人民法院在审理过程中,发现案件不宜适用简易程序的,裁定转为普通程序。

五、第二审程序

(一)第二审程序的概念

第二审程序,是上级人民法院根据当事人的上诉对下级人民法院作出的未生效的判决和裁定,依据事实和法律进行第二次审理的程序。第二审程序是上级人民法院对下级人民法院的一种业务监督方式。

人民法院审理行政案件实行两审终审制,对于人民法院作出的第一审未生效的判决或者裁定,当事人在上诉期内可以有两种选择,服从或者不服从。如果当事人选择服从,则第一审的判决裁定发生法律效力;如果当事人选择不服从,可以提起上诉引起第二审程序,第一审判决裁定不发生法律效力。

(二)第二审程序的特点

第二审程序始于当事人的上诉,因此,第二审程序又称上诉审程序。

第二审程序的特点有以下几点:

(1)第二审程序由当事人上诉引起。根据我国《行政诉讼法》第85条的规定,当事人不服人民法院第一审判决的,有权在判决书送达之日起15日内向上一级人民法院提起上诉。当事人不服人民法院第一审裁定的,有权在裁定书送达之日起10日内向上一级人民法院提起上诉。

(2)第二审程序由第一审人民法院的上一级人民法院审理。这意味着当事人提起上诉只能向第一审人民法院或者第一审人民法院的上一级人民法院提出,不能越级上诉。对于最高人民法院作出的第一审生效的判决裁定不能提起上诉。

(3)适用第二审程序作出的判决裁定是终审判决裁定。因为人民法院审理行政案件实行两审终审制,所以,适用第二审程序作出的判决裁定是终审判决裁定,当事人不能提起上诉,如果认为终审判决裁定有错误的可以申诉。

(三)第二审程序的审理方式

(1)审判组织。第二审人民法院审理行政案件,必须由审判员组成合议庭。这一点和第一审程序不同,在第一审程序中,可以有陪审员参加合议庭。

(2)审判方式。第二审程序的审理方式有两种:

第一,开庭审理。大部分第二审案件应用开庭审理,即在审判人员的主持下，当事人和其他诉讼参与人参加诉讼，对公安具体行政行为涉及的案件事实、证据和适用法律等问题进行审查。

第二，不开庭审理。行政诉讼法规定，人民法院对上诉案件，经过阅卷、调查和询问当事人，对没有提出新的事实、证据或者理由，合议庭认为不需要开庭审理的，也可以不开庭审理。这是第二审程序区别于第一审程序的一种新的审理方式。审判人员根据案件的卷宗材料作出判决和裁定。

(3) 审理对象。第二审人民法院对第二审案件的审理，不受当事人上诉范围的限制，必须全面审查第一审人民法院认定的事实是否清楚，适用的法律、法规是否正确，有无违反法定程序。

(4) 审结期限。人民法院审理上诉案件，应当在收到上诉状之日起 3 个月内作出终审判决。有特殊情况需要延长的，由高级人民法院批准，高级人民法院审理上诉案件需要延长的，由最高人民法院批准。

(5) 判决形式。第二审人民法院经过对行政诉讼案件的审理，可以作出四种判决：

第一，维持原判决、裁定。第二审人民法院经过对行政诉讼案件的审理，认为原判决、裁定认定事实清楚，适用法律、法规正确的，判决或者裁定驳回上诉，维持原判决、裁定；维持判决、裁定是对一审判决、裁定的肯定。

第二，依法改判、撤销或者变更。第二审人民法院经过对行政诉讼案件的审理，认为原判决、裁定认定事实错误或者适用法律、法规错误的，依法改判、撤销或者变更。

第三，发回重审或改判。第二审人民法院经过对行政诉讼案件的审理，认为原判决认定基本事实不清、证据不足的，发回原审人民法院重审，或者查清事实后改判。

第四，撤销原判，发回重审。第二审人民法院经过对行政诉讼案件的审理，认为原判决遗漏当事人或者违法缺席判决等严重违反法定程序的，裁定撤销原判决，发回原审人民法院重审。

根据我国《行政诉讼法》的规定，原审人民法院对发回重审的案件作出判决后，当事人提起上诉的，第二审人民法院不得再次发回重审。

人民法院审理上诉案件，需要改变原审判决的，应当同时对被诉行政行为作出判决。

六、审判监督程序

（一）审判监督程序的概念

审判监督程序，是指人民法院发现已经发生法律效力的判决、裁定确有错误,经法定部门审查决定再次审理的程序。审判监督程序又称再审程序。审判监督程序是纠正人民法院审判错误的程序,是第二审程序的补充。

（二）提起审判监督程序的条件

提起审判监督程序有两个条件:

第一,提起审判监督程序必须具备法定理由,即发现已经发生法律效力的判决、裁定违反法律、法规的规定,确有错误。

第二,审判监督程序由有审判监督权的组织和专门人员提起。

（1）最高人民法院对地方各级人民法院作出的已经发生法律效力的判决、裁定可以提起再审程序;

（2）上级人民法院对下级人民法院作出的已经发生法律效力的判决、裁定可以提起再审程序;

（3）各级人民法院院长对本院已经发生法律效力的判决、裁定,有权提请审判委员会决定是否再审;

（4）人民检察院对人民法院作出的确有错误的已经发生法律效力的判决、裁定有权提起抗诉,对于人民检察院抗诉的案件,人民法院必须提审或者指令下级人民法院再审。

（三）再审程序

（1）中止原判决的执行。人民法院经过审查决定再审的,再审程序开始之前,应当作出中止原判决执行的裁定。

（2）重新组成合议庭。已经生效的判决裁定是第一审的,按照第一审程序组成合议庭;已经生效的判决裁定是第二审的,按照第二审程序组成合议庭。

（3）分别适用第一审程序和第二审程序。再审程序没有自己独立的程序。已经生效的判决、裁定是第一审的,再审时按照第一审程序审理,所作判决、裁定是第一审的判决、裁定,当事人可以上诉;已经生效的判决、裁定是第二审的,再审时按照第二审程序审理,所作判决、裁定是终审的判决、裁定,当事人不得上诉。

一、思考题

1. 简述我国行政诉讼法的受案范围。
2. 行政复议与行政诉讼的联系和区别。
3. 行政诉讼在举证责任上的特点是什么?
4. 行政诉讼的“判决、裁定与决定”,分别有哪些种类?

二、案例分析

被告接到举报,称原告在《城市晚报》所作的医疗广告系虚假宣传,损害消费者的权益。被告据此立案调查,查明原告以某城市医院呼吸内科的名义在《城市晚报》连续4天刊登广告,称"3个疗程(3个月)彻底治愈哮喘"。被告在对原告进行调查时,发现原告发布广告未经卫生管理部门审查,同时原告承认该宣传为虚假宣传。被告认为该广告内容违反了《中华人民共和国广告法》第4条关于"广告不得含有虚假内容,不得欺骗和误导消费者"的规定,根据《中华人民共和国广告法》第55条规定,对原告作出"罚款1万元"的处罚。同时,被告认为申请人未取得《医疗广告审查证明》发布该医疗广告,违反了《医疗广告管理办法》第3条规定,根据《医疗广告管理办法》第22条规定,对原告作出罚款1万元的处罚。被告又以原告违反《医疗广告管理办法》第5条的规定,以内部科室的名义发布广告为由,根据《医疗广告管理办法》第22条规定对原告处以1万元罚款。根据以上几项内容,被告对原告下达了处罚3万元的行政处罚决定,原告不服,向某区人民法院提起行政诉讼。

问题:本案应如何处理?

三、延伸阅读书目

1. 姜明安主编:《行政法与行政诉讼法》(第六版),北京大学出版社2015年版。

2. 应松年主编:《行政法与行政诉讼法学》(第二版),法律出版社2009年版。

3. 胡建淼:《行政诉讼法学》,法律出版社2005年版。

4. 张树义:《行政诉讼法学》,中国政法大学出版社2007年版。

5. 马怀德主编:《行政诉讼法学》(第四版),北京大学出版社2015年版。